KB052651

연 · 세전 교장 에비슨 자료집(V)

- 교육 · 선교 서한집(3) : 1920~1921 -

연 · 세전 교장 에비슨 자료집(Ⅴ)
–교육 · 선교 서한집(3) : 1920~1921–

초판 1쇄 발행 2020년 12월 30일

편　자 | 연세대학교 국학연구원 연세학풍연구소
발행인 | 윤관백
발행처 | 도서출판 선인

등록 | 제5-77호(1998.11.4)
주소 | 서울시 마포구 마포대로 4다길 4 곶마루빌딩 1층
전화 | 02)718-6252 / 6257　　팩스 | 02)718-6253
E-mail | sunin72@chol.com

정가 77,000원

ISBN 979-11-6068-428-5 94900
ISBN 978-89-5933-622-7 (세트)

· 잘못된 책은 바꿔 드립니다.

연세사료총서 7

연 · 세전 교장

에비슨 자료집(V)

- 교육 · 선교 서한집(3) : 1920~1921-

연세학풍연구소 편

책머리에

이 책은 에비슨 자료집 V권으로서, 에비슨(Oliver R. Avison, 1860~1956)이 1920~1921년간에 작성하여 발송했거나 수신한 문서들을 모은 것이다.

에비슨은 1893년 선교사로 내한하여 제중원과 세브란스병원을 운영하고 세브란스연합의학전문학교와 연희전문학교를 이끌면서 한국 근대학문과 근대의료의 기반을 놓은 분이다. 1915년 조선기독교대학을 설립한 언더우드(Horace G. Underwood, 1859~1916) 교장이 이듬해에 별세하자 이미 세브란스병원의학교의 교장으로 있던 에비슨이 1917년 초에 이 신생 대학의 2대 교장으로 선임되어 1934년까지 두 대학의 교장을 겸임하였다. 1917년 두 대학이 조선총독부로부터 연희전문학교와 세브란스연합의학전문학교로 인가받게 하였고, 재임 기간 내내 두 대학의 재원확보, 교수초빙, 교육행정 체계화에 힘써 '연세'의 기틀을 세웠다. 또한 연희전문에서 '동서고근'(東西古近) 사상을 확충하고 실용과 이론을 겸비하는 학풍을 형성하여 연세학풍의 본류를 이룰 수 있게 하였다.

연세대학교 국학연구원에서는 연세대학의 역사와 학풍 연구를 증진하기 위해 『언더우드자료집』(2005~10년)을 간행하였고, 2012년 발족된 연세학풍사업단의 교수들이 수집하고 연구에 활용한 자료들을 〈연세사료총서〉로 간행하였다. 2017년 1월에는 "연세학풍연구소"를 세워 이 분야의 자료수집과 간행을 전담하고 또한 연구하게 하였다. 이 연구소에서는 2016년부터 부터 수집된 자료들을 번역하여 2017년 에비슨자료집 Ⅰ권과 Ⅱ권을 발간하였고, 2017년부터 정책연구비의 지원을 받아 2018년과 2019년에 Ⅲ권과 Ⅳ권을 발간하였다. Ⅰ권에서는 국내에서 발행된 영문 선교저널들에 실린 에비슨의 글들을 수록하였고, Ⅱ권에서는 한글신문 · 잡지에 실린 에비슨 관련 기사들을 수록하였다. Ⅲ권부터는 1915년 이래로 에비슨이 생산한 자료들을 수집하고 번역하여 발간하면서 "교육 · 선교 서한집"이란 부제를 붙였다. 그리하여 올해 발행되는 이 자료집은 『(연 · 세전 교장) 에비슨 자료집 V —교육 · 선교 서한집(3): 1920~1921』이란 제목을 붙이게 되었다.

이 자료들은 1919년 3 · 1운동 후의 정국에서 연희전문과 세브란스의전이 어떤 어려움에 봉착하였다가 극복해갔는지를 보여준다. 세브란스의전은 3 · 1운동 후유증으로 1920년 신입생을 모집하지 못하였고, 연희전문도 교수 부족과 재정 곤란으로 1921년 학과의 수를 줄여서 운영하였다. 두 대학은 이처럼 신축적으로 대응하면서도 학교설립의 이상을 실현하기 위해 꾸준히 노력하였다. 에비슨은 언더우드 교장의 형인 존 T. 언더우드(John T. Underwood)에게 보낸 1920년 1월 5일 자 편지에서 "이 대학을 학문의 전망으로 만들 뿐만 아니라 실용성과 건축학적 표현의 모델로도 만들려고 노력해왔습니다"라고 설명하였다. 이 자료집 V권은 1920년과 1921년에 벌어진 갖은 일들과 관계자들의 수고가 어떻게 또 하나의 역사적 지층을 만들어 연세대학의 현재 지형이 형성되게 하였는지를 실감하게 해준다.

이 자료집의 문서들을 수집하는 일은 이번에도 본교의 원로 동문이신 최재건 교수께서 수고하셨다. 필라델피아의 장로교문서보관소, 뉴저지 주 드류대학교 내 연합감리교회 문헌보관소, 프린스턴 신학교 도서관, 캐나다 토론토대학 내 빅토리아대학의 문서보관소에서 문서들을 수집하셨고, 캐나다 노바스코샤 주의 핼리팩스까지 가서 에비슨의 손녀가 소장하고 있는 사진들을 찍어오셨다. 이 시기의 자료들을 골라내어 번역하는 일은 지난번과 마찬가지로 연세학풍연구소의 전문연구원인 문백란 박사가 맡아서 하였고, 교정과 윤문도 역시 연세대 사학과의 이정윤 박사생이 맡아서 하였다. 자료 수집과 번역과 교정에 힘써주신 이분들의 많은 수고에 감사드린다. 귀한 사진들을 제공해주신 에비슨 교장의 손녀이자 더글라스 B. 에비슨(Douglas B. Avison) 세브란스의전 교수의 딸인 앤 A. 블랙(Ann Avison Black) 씨에게 깊은 감사의 뜻을 표한다. 아울러 연세사료총서 발간의 기틀을 세워준 김도형 초대 연세학풍연구소 소장 및 함께 의논하고 조력해준 전문연구원 정운형 박사와 홍성표 박사에게도 감사드린다. 원문과 번역문을 나란히 싣는 힘든 편집 작업을 감수해주신 선인출판사의 편집진께도 고마운 마음을 전한다.

2020년 8월

연세대학교 국학연구원장
김성보 삼가 씀

▎일러두기 ▎

【편집】

1. 에비슨이 송·수신한 서한, 보고서, 서한에 동봉된 회의록, 회의자료 등으로 구성하였다.
2. 각 문서의 출처는 '해제'에 제시하였다. 차례상의 문서번호로 확인할 수 있다.
3. 원문과 번역문을 각각의 문서로 묶어서 원문을 쉽게 대조할 수 있게 하였다.

【번역】

1. 번역은 직역을 원칙으로 하였다. 긴 문장은 가독성을 높이기 위해 둘 이상의 문장으로 나누기도 하였다.
2. 편지 원문의 서식과 부호의 형태·위치를 번역문에서도 그대로 따랐다. 원문에 밑줄이 있는 경우에는 번역문에서도 밑줄 표기를 하였다. 그러나 경우에 따라서는 원문에는 없지만 의미소통을 위해 필요한 단어를 '[ ]' 부호로 싸서 문장에 삽입하거나, 대명사를 문맥상의 실제 지시어로 번역하기도 하였다.
3. 보고서의 경우에는 평어체로 번역하였고, 편지의 경우에는 경어체로 번역하였다. 존댓말이 과하여 분위기가 경직되지 않도록 격식을 약간 갖춘 정도의 어투로 번역하였다.
4. 이해를 돕기 위해 각주를 달았다. 각주 설명이 필요한 인명, 단체명, 특정 용어 등에 대해서는 그 명칭이 맨 처음 등장한 곳에 각주를 달았다.
5. 교단별 선교지휘부를 가리키는 'Board of Foreign Missions' 또는 그것의 약칭인 'Board'는 각 교단 총회 산하의 부서란 점에서 '선교부' 또는 '해외선교부'로 번역하였다. 한

국에 있는 선교사들의 교단별 집단을 가리키는 'Mission'은 '선교회'로, 'Mission'의 지방 거점을 가리키는 'Station'은 '선교지회'로 번역하였다. 'Board'가 대학 이사회를 가리키는 "Board of Managers"의 약칭으로 표기하거나 연전·세의전을 위한 선교부들의 후원 조직인 "Cooporating Board"의 약칭으로 표기되기도 하여 문맥에 따라 '이사회' 또는 '협력이사회'로 번역하였다.

6. 연희전문학교의 '재단법인 정관'을 뜻하는 'Act of Endowment'는 「延禧專門學校一覽」의 용례와 현재의 용례에 의거하여 '기부행위'로 번역하면서 그 곁에 '[정관]'이란 표기를 붙여 더 쉽게 이해할 수 있게 하였다. 한편 협력이사회의 'Constitution'은 그냥 '정관'으로 번역하였다.

▌차 례▌

책머리에 / 5

일러두기 / 8

해제 / 17

사진 / 33

【1920년】

1. 에비슨이 브라운에게 (1920년 1월 3일) ······ 45

2. 에비슨이 언더우드에게 (1920년 1월 5일) ······ 50

3. 에비슨이 서덜랜드에게 (1920년 1월 5일) ······ 65

4. 라이올이 에비슨에게 (1920년 1월 5일) ······ 67

5. 에비슨이 맨스필드에게 (1920년 1월 6일) ······ 70

6. 세브란스가 에비슨에게 (1920년 1월 8일) ······ 73

7. 에비슨이 암스트롱에게 (1920년 1월 12일) ······ 80

8. 에비슨이 브라운에게 (1920년 1월 12일) ······ 83

9. 에비슨이 브라운에게 (1920년 1월 12일) ······ 86

10. 에비슨이 맥케이에게 (1920년 1월 14일) ······ 88

11. 맥케이가 에비슨에게 (1920년 1월 20일) ······ 91

12. 에비슨이 스코트에게 (1920년 1월 21일) ······ 94

13. 에비슨이 굴릭에게 (1920년 1월 22일) ······ 103

14. 에비슨이 세전이사회 · 협력이사회 · 존 세브란스에게 (1920년 1월 28일) ······ 119

15. 에비슨이 아카이케에게 (1920년 2월 2일) ······ 127

16. 에비슨이 맥켄지에게 (1920년 2월 2일) ······ 130
17. 암스트롱이 에비슨에게 (1920년 2월 11일) ······ 135
18. 암스트롱이 에비슨에게 (1920년 2월 12일) ······ 139
19. 에비슨 스코트에게 (1920년 2월 16일) ······ 143
20. 에비슨의 간호사 필요성 호소 (1920년 2월 17일) ······ 148
21. 암스트롱이 에비슨에게 (1920년 2월 18일) ······ 153
22. 에비슨이 스코트에게 (1920년 2월 19일) ······ 155
23. 에비슨이 연전 이사들에게 (1920년 2월 21일) ······ 158
24. 연전 이사회 회의록 (1920년 2월 21일) ······ 168
25. 에비슨이 맥케이에게 (1920년 2월 24일) ······ 181
26. 에비슨이 스코트에게 (1920년 2월 26일) ······ 186
27. 에비슨이 브라운에게 (1920년 3월 1일) ······ 189
28. 에비슨이 스코트에게 (1920년 3월 1일) ······ 192
29. 암스트롱이 에비슨 부인에게 (1920년 3월 2일) ······ 195
30. 에비슨이 맥케이에게 (1920년 3월 2일) ······ 197
31. 에비슨이 스코트에게 (1920년 3월 3일) ······ 200
32. 세의전 이사회 회의록 (1920년 3월 6일) ······ 203
33. 에비슨이 암스트롱에게 (1920년 3월 9일) ······ 212
34. 에비슨이 브라운에게 (1920년 3월 9일) ······ 216
35. 에비슨이 서덜랜드에게 (1920년 3월 9일) ······ 222
36. 에비슨이 맥케이에게 (1920년 3월 12일) ······ 225
37. 에비슨이 브라운에게 (1920년 3월 13일) ······ 227
38. 에비슨이 스코트에게 (1920년 3월 15일) ······ 237
39. 에비슨이 서덜랜드에게 (1920년 3월 15일) ······ 240
40. 에비슨 맥케이에게 (1920년 3월 17일) ······ 242
41. 에비슨이 브라운에게 (1920년 3월 19일) ······ 244
42. 에비슨이 스코트에게 (1920년 3월 19일) ······ 248
43. 암스트롱이 에비슨에게 (1920년 3월 23일) ······ 255
44. 에비슨이 앤더슨에게 (1920년 4월 1일) ······ 257

45. 리드가 에비슨에게 (1920년 4월 2일) ··· 260
46. 암스트롱이 에비슨에게 (1) (1920년 4월 5일) ··· 262
47. 암스트롱이 에비슨에게 (2) (1920년 4월 5일) ··· 266
48. 오웬스가 에비슨에게 (1920년 4월 6일) ··· 270
49. 스코트가 에비슨에게 (1920년 4월 6일) ··· 273
50. 오웬스가 스코트에게, 에비슨과 미즈노의 면담기록 (1920년 4월 8일) ··· 275
51. 에비슨이 암스트롱에게 (1920년 4월 14일) ··· 285
52. 반버스커크가 에비슨에게 (1920년 4월 17일) ··· 290
53. 브라운이 에비슨에게 (1920년 4월 22일) ··· 300
54. 에비슨이 암스트롱에게 (1920년 5월 4일) ··· 303
55. 암스트롱이 에비슨에게 (1920년 5월 13일) ··· 306
56. 에비슨이 암스트롱에게 (1920년 6월 3일) ··· 308
57. 암스트롱이 에비슨에게 (1920년 6월 19일) ··· 311
58. 에비슨이 대너, 패튼, 플레처에게 (1920년 8월 14일) ··· 316
59. 스코트가 에비슨에게 (1920년 8월 19일) ··· 323
60. 에비슨이 스코트에게 (1920년 8월 25일) ··· 327
61. 에비슨이 에드거튼에게 (1920년 8월 27일) ··· 335
62. 에비슨이 암스트롱에게 (1920년 9월 13일) ··· 337
63. 에비슨이 보건에게 (1920년 9월 13일) ··· 347
64. 암스트롱이 에비슨에게 (1920년 9월 16일) ··· 349
65. 에비슨이 퍼펙트에게 (1920년 9월 17일) ··· 351
66. 에비슨이 암스트롱에게 (1920년 9월 18일) ··· 355
67. 에비슨이 브라운에게 (1920년 9월 18일) ··· 358
68. 에비슨이 맥콘키에게 (1920년 9월 18일) ··· 362
69. 모스가 에비슨에게 (1920년 9월 23일) ··· 365
70. 암스트롱이 에비슨에게 (1920년 9월 27일) ··· 370
71. 에비슨이 서덜랜드에게 (1920년 9월 27일) ··· 374
72. 에비슨이 모스에게 (1920년 9월 28일) ··· 376
73. 에비슨이 암스트롱에게 (1920년 9월 29일) ··· 378

74. 에비슨이 암스트롱에게 (1920년 10월 5일) ········· 381
75. 암스트롱이 에비슨에게 (1920년 10월 6일) ········· 384
76. 보건이 에비슨에게 (1920년 10월 8일) ········· 389
77. 암스트롱이 에비슨에게 (1920년 10월 20일) ········· 391
78. 서덜랜드가 에비슨에게 (1920년 10월 23일) ········· 398
79. 암스트롱이 에비슨에게 (1920년 10월 27일) ········· 400
80. 맥케이가 에비슨에게 (1920년 10월 28일) ········· 402
81. 에비슨이 암스트롱에게 (1920년 10월 29일) ········· 404
82. 에비슨이 노스에게 (1920년 10월 29일) ········· 411
83. 에비슨이 암스트롱에게 (1920년 11월 3일) ········· 414
84. 에비슨이 암스트롱에게 (1920년 11월 3일) ········· 418
85. 에비슨이 맥케이에게 (1920년 11월 3일) ········· 422
86. 암스트롱이 에비슨에게 (1920년 11월 4일) ········· 424
87. 서덜랜드가 에비슨에게 (1920년 11월 5일) ········· 428
88. 에비슨이 북감리회 선교부 선교지원자 심사부에 (1920년 11월 12일) ········· 430
89. 암스트롱이 에비슨에게 (1920년 11월 17일) ········· 432
90. 스코트가 에비슨에게 (1920년 11월 17일) ········· 434
91. 암스트롱이 에비슨에게 (1920년 11월 20일) ········· 436
92. 암스트롱이 에비슨에게 (1920년 12월 1일) ········· 438
93. 암스트롱이 더글라스 에비슨에게 (1920년 12월 1일) ········· 440
94. 에비슨이 암스트롱에게 (1920년 12월 10일) ········· 442
95. 암스트롱이 에비슨에게 (1920년 12월 16일) ········· 444

【1921년】

96. 암스트롱이 에비슨에게 (1921년 1월 14일) ········· 448
97. 협력이사회 회의순서－에비슨 참석 (1921년 1월) ········· 451
98. 암스트롱이 에비슨에게 (1921년 2월 11일) ········· 454
99. 암스트롱이 에비슨에게 (1921년 2월 15일) ········· 456

100. 세전 이사회 보고서와 회의록 (1921년 2월 16일) ······ 461
101. 에비슨이 암스트롱에게 (1921년 3월 17일) ······ 469
102. 연전 교장 보고서, 이사회 회의록 (1921년 3월 23일) ······ 471
103. 에비슨이 암스트롱에게 (1921년 4월 4일) ······ 497
104. 세의전 이사회 회의록 (1921년 4월 14일) ······ 500
105. 에비슨이 가우처에게 (1921년 4월 15일) ······ 509
106. 에비슨이 북감리회 선교부에 (1921년 4월 16일) ······ 512
107. 에비슨이 스코트에게 (1921년 4월 16일) ······ 518
108. 에비슨이 암스트롱에게 (1921년 4월 26일) ······ 525
109. 에비슨이 스코트에게 (1921년 4월 26일) ······ 528
110. 에비슨이 서덜랜드에게 (1921년 4월 26일) ······ 531
111. 세의전 교장 보고서 개요서 (1921년 4월 26일) ······ 534
112. 에비슨이 노스에게 (1921년 4월 27일) ······ 539
113. 암스트롱이 에비슨에게 (1921년 5월 10일) ······ 541
114. 암스트롱이 에비슨에게 (1921년 5월 20일) (1) ······ 544
115. 암스트롱이 에비슨에게 (1921년 5월 20일) (2) ······ 546
116. 에비슨이 대너에게 (1921년 5월 31일) ······ 549
117. 에비슨이 스코트에게 (1921년 5월 31일) ······ 551
118. 모스가 에비슨에게 (1921년 5월 31일) ······ 553
119. 구라선교회 한국위원회 회의록 (1921년 6월 5일) ······ 555
120. 에비슨이 암스트롱에게 (1921년 6월 8일) ······ 613
121. 에비슨이 암스트롱에게 (1921년 6월 13일) (1) ······ 616
122. 에비슨이 암스트롱에게 (1921년 6월 13일) (2) ······ 620
123. 에비슨이 서덜랜드에게 (1921년 6월 13일) ······ 623
124. 암스트롱이 에비슨에게 (1921년 6월 16일) ······ 625
125. 서덜랜드가 에비슨에게 (1921년 6월 30일) ······ 629
126. 암스트롱이 에비슨에게 (1921년 7월 15일) ······ 632
127. 에비슨이 굴릭에게 (1921년 7월 19일) ······ 639
128. 에비슨이 암스트롱에게 (1921년 8월 16일) ······ 646

129. 에비슨이 스코트에게 (1921년 9월 9일) ········ 651
130. 노스가 에비슨에게 (1921년 9월 9일) ········ 655
131. 연전 이사회 회의록 (1921년 9월 23일) ········ 657
132. 에비슨이 노스에게 (1921년 10월 4일) ········ 662
133. 언더우드관과 아펜젤러관 정초식 (1921년 10월 5일) ········ 667
134. 이하영이 에비슨에게 (1921년 10월 10일) ········ 672
135. 밀러가 에비슨에게 (1921년 10월 28일) ········ 675
136. 노스가 에비슨에게 (1921년 11월 4일) ········ 678
137. 에비슨이 서덜랜드에게 (1921년 11월 20일) ········ 682
138. 에비슨이 서덜랜드에게 (1921년 11월 22일) ········ 684
139. 에비슨이 노스에게 (1921년 11월 28일) ········ 687

찾아보기 / 689

▌해 제▌

1. 자료 소개

본 자료집 Ⅴ권(서한집 3권)은 1920~21년간에 에비슨(Oliver R. Avison, 1860~1956)이 송수신한 편지글들을 수록하고 있다. Ⅲ권(서한집 1권)은 1915~17년의 글을, Ⅳ권(서한집 2권)은 1918~19년의 글을 수록하고 있는데, 이 Ⅲ · Ⅳ권처럼 Ⅴ권도 우편으로 발송된 서신, 보고서, 회의록 등으로 구성되어 있다. 이 문서들은 에비슨 본인과 비서 또는 대학 이사회와 협력이사회의 핵심 인사가 써서 미국과 캐나다의 후원단체에 발송했거나 수신한 것들로서, 세브란스병원과 세브란스연합의학전문학교 그리고 연희전문학교의 문제들을 다룬 것이 대다수이다.

에비슨은 1917년 2월 연희전문의 2대 교장으로 선임되어 1934년까지 연전과 세브란스의전의 교장을 17년간 겸임하였다. 그 기간에 두 학교의 법적 토대를 구축하고 운영 체계를 확립하며 캠퍼스를 조성하여 한국의 대표적인 사학으로 발전시켰다. 이 모든 일은 갖은 난관과 싸우면서 이룬 것이었다. 세브란스의전에서는 1919년 3 · 1운동의 여파가 커서 1920년 신입생을 받지 못하였다. 연희전문에서는 경제적 어려움과 교수 부족으로 지원생이 10명 미만인 학과를 개강시키지 않는 방침을 세워 1921년 3개 과(문과, 상과, 수물과)만 운영하였다. 연희전문의 설립과 관련한 선교계의 내부갈등도 여전하였다. 캠퍼스 건축공사를 위해서는 훨씬 많은 후원금이 필요하였다. 이런 문제들을 해결하기 위해 에비슨 교장은 교수들과 미국 선교본부의 요청에 따라 이 기간에 또다시 미국에 다녀왔다. 교장과 교수들은 힘든 여건 속에서도 세브란스의 나병과 결핵 치료사업, 연전의 음악과 설치와 여자학과 설치 등을 시도하였고, 두 학교의 운영 체계와 시설 인프라의 구축 작업을 착실하게 진행하였다.

이러한 제반 사항을 다룬 자료집 Ⅴ권의 문서는 총 139편이다. 이를 내용별로 보면, 연전에 관한 글이 46편, 병원과 세의전에 관한 글이 70편이고, 두 곳을 함께 다룬 글이 13편이다. 그 밖에 일제의 3 · 1운동 진압과 이후 정국 변화에 관한 글이 3편, 연전 설립 논란에 관한 글이 1편, 선교문제에 관한 글이 5편이다. 이런 점들에서 이 문서들은 의학사, 병원사, 대학사, 교육사, 선교사, 독립운동사의 측면에서 참고할만한 가치가 있다. 이 여러 분야의 연구를 위해 본 자료집에서도 각 문서의 원문 사진을 번역문 바로 뒤에 배치하여 제공하고자 한다.

이 문서들을 수집한 곳은 다음과 같다.

① 필라델피아 소재의 장로교문서보관소(Presbyterian Historical Society) 소장 자료로서 마이크로필름 형태로 제공된 "Presbyterian Church in the U.S.A. Board of Foreign Missions, Korea Mission Records 1903~1957"; "Presbyterian Church in the U.S.A. Commission on Ecumenical Mission and Relations. Secretaries Files: Korea Mission, 1903-1972"; "Korea Mission records, 1904~1960." 이하 약칭 PHS.

② 뉴저지 드류대학교(Drew University)의 연합감리교 문헌보관소(The United Methodist Archives Center)에 소장된 문서들. 이하 약칭 UMAC.

③ 토론토대학 내 빅토리아대학 소장 자료로서 마이크로필름으로 제공된 "Correspondences of Presbyterian Church in Canada Foreign Mission Committee, Eastern Section Board of Foreign Missions Korea Mission 1898-1925." 이하 약칭 PCC & UCC.

④ 펜실베이니아 프린스턴신학교 도서관(Princeton Theological Seminary Library)에 있는 Special Collections의 "Moffett Korea Collection"에 포함된 에비슨 자료. 이하 약칭 PTS.

2. 주요 내용과 쟁점 소개

본 자료집에 있는 139편의 문서들은 그 당시에 세브란스병원, 세브란스연합의학전문학교, 세브란스의전 부속 간호부양성소, 그리고 연희전문학교에서 어떠한 현안들이 처리되었는지를 알 수 있다. 그 과정에서 에비슨의 비젼, 업무 스타일, 지도력이 어떻게 발휘되었는지를 알 수 있다.

1) 세브란스병원·연합의학전문학교·간호부양성소

(1) 3·1운동 후의 교수 부족 사태와 그 대응

세브란스의전도 3·1운동 후에 많은 시련을 겪었다. 세브란스는 1919년 한 해 내내 몰려드는 만세 시위 부상자들과 전염병 환자들로 인해 운영의 어려움을 겪고 의사들과 간호사들도 과중한 업무를 감당하였다. 민족대표 33인의 일원으로 참여했던 이갑성 등의 한국인 직원들을 잃으면서 어려움도 더해졌다. 에비슨은 1920년 1월 21일 자 편지에서 다음과 같이 썼다.

> 지난 3월 이후 올해에 일어난 사건들로 인해 우리는 최상의 조력자들을 일부 빼앗겼습니다. 그래서 능력이 미흡한 본토인 직원들을 데리고 더 많은 일을 해내야 하였고, 이런 것은 외국인 직원들에게도 영향을 주어 많은 이들의 신체적 효율성을 떨어뜨렸으며, 그러는 한편으로 우리 외국인 직원들의 수도 줄어들었습니다(12).

1920년 중에 세균학 교수 스코필드(F. W. Schofield)와 치과 교수 쉐플리(W. J. Scheifley)가 정규 안식년 기간을 맞았는데, 이 일은 그들의 사임으로 이어졌다. 내과의 허스트는 다른 여러 사정으로 단기 안식년을 가졌고(6), 정신과 의사 맥라렌(C. I. Mclaren)의 부임은 호주장로회 선교부의 결정으로 또다시 연기되었다(4, 32). 에비슨의 설명에 따르면, 세브란스에는 해부학, 조직학, 내복약, 진단법, 약리학 치료법, 뢴트겐선학, 이비인후과, 정형외과, 소아과, 신경학, 정신의학을 가르칠 교수가 없었고, 교수들의 안식년으로 세균학, 위생학, 부인과, 산과, 치과를 가르칠 교수가 없어질 예정이었으며, 제조와 판매를 맡을 사업 매니저가 없는 상태에서, 서양인 내과 의사 두 명(A. I. Ludlow, J. D. VanBuskirk)이 한국인 1명(오긍선)과 일본인 의사(도꾸미쓰, 기쉬마)를 데리고 모든 전문업무를 이끌고 있었다(12). 설상가상으로 러들로와 반버스커크마저 1921년에 안식년을 가질 예정이었다(104). 쉐플리 치과 의사는 동료들의 귀환 요청에 선교부가 자신을 다시 파송해주면 돌아오겠다고 약속하였으나, 결국 돌아오지 못하였다(104, 106, 129).

에비슨은 간호사도 부족하여 10명이 할 일이 4명이 하고 있고 몇 달 내에 2명(K. M. Esteb, Battles)만 남을 예정이라고 호소하였다(12, 20). 얼마 후에는 에스텝만 홀로 남아 130개 병상의 입원 환자 간호업무와 10개 과 진료실의 간호업무와 간호학생 40명의 교육과 훈련을 돌보는 일을 밤낮으로 감당하고 있다고 호소하였다(81, 92). 그러면서 의사들과 간호사들이 극도로 소진되어 있으므로 즉각적인 임명과 예산 확대로 구호를 받을 필요가 있다고 호소하였다(12).

이런 상황에서 에비슨과 교수들은 1920년 신입생 선발을 포기하고 교수 부족 사태를 해결하기 위해 총력을 다하였다. 신입생 선발을 포기한 것은 1학년의 기초과목인 해부학과 조직학의 교수가 없고, 교수 부족으로 총독부 요구 수준을 채울 수 없기 때문이었으며, "과로하는 교수들이 잠시 숨을 고를 여유를 갖게 하기" 위해서였다. 교수 부족은 에비슨이 또다시 미국에 가는 주된 이유가 되었다. 그는 교수를 구하는 일 외에 학교 운영과 건축 계획 이행을 위한 후원금을 얻고 대학설립을 둘러싼 선교사들의 논쟁에서 연전 설립을 지지하는 소수파의 입장을 미국 북장로회 총회에서 옹호하기 위해서도 미국에 가야 하였다. 이에 1920년 4월 2일 서울을 떠나 미국과 캐나다의 여러 주요 도시들을 순회하고 1921년 3월 15일 서울로 돌아왔다(32, 34).

교수를 구하는 일은 큰 성과를 얻지 못하였다. 그는 간호사를 구하기 위해서도 열심히 노력했으나, 겨우 얻은 지원자들은 마지막 순간에 한국행을 포기하였다(79, 81). 그는 특히 1919년 가을에 사임한 쉐핑(E. J. Shepping)의 뒤를 이어 사회봉사 분야를 담당할 간호사를 구하기를 원하였다(32, 64). 사회봉사간호는 병원에 올 수 없는 이웃 주민을 찾아가서 돌보는 보건간호 활동이었는데, 그는 "이 정도의 의료기관이라면 반드시 해야 하는 사회봉사 사역"이라고 하며 이 사역에 대해 강한 의지를 나타냈다(12).

세브란스 교수들은 1921년에도 교수 부족으로 2년 연속 입학생을 받지 못하면 학교가 사실상으로 사라지게 되리라고 판단하였다. 이에 1921년 초에 반버스커크 의사가 일본에 가서 한국 귀환 중에 일본에서 기항한 에비슨을 만나 함께 돌아다니면서 해부학, 조직학, 물리학, 화학, 일본어, 수신, 세균학을 가르칠 교수와 약사를 찾으려고 노력하였으나, 역시 성공하지 못하였다(100, 101).

그런데 얼마 지나지 않아 치과 의사 부츠((J. L. Boots)와 간호사 로렌스(Edna Lawrence)

가 북장로회 선교부의 파송을 받고 세브란스에 왔다. 에비슨의 3남인 더글라스(D. B. Avison)도 북장로회 선교부에서 파송 받아 1921년 에비슨과 같은 배로 한국에 왔다(45, 104). 교내에서는 1920년 초에 부임한 후 보직에 불만을 품고 사임을 선언하여 파문을 일으켰던 캐나다장로교 선교사 맨스필드(T. D. Mansfield)가 사임을 철회하고 해부학 강의를 맡았다(34, 48, 56, 57, 77, 81, 86 103, 104). 정신과 의사 맥라렌도 정식으로 부임하지는 않았지만, 봄 학기부터 강의를 맡았고, 에비슨의 비서로서 이사회에서 총무를 맡은 오웬스는 사업 매니저를 맡기로 하였다(104).

세브란스의전은 마침내 20명의 신입생을 받아들여 정상 운영을 하게 되었고, 이후에는 졸업생들이 시험을 치지 않고 의료면허를 받을 수 있도록 총독부와 협상할 준비를 하였다(104). 이사회는 또한 세브란스의 장래를 위해 졸업생들을 교수로 육성할 필요성이 있음을 절감하고 대학원 공부를 위해 다른 대학으로 내보내는 일을 중요하게 여기기로 하였다(104, 118).

(2) 스코필드 의사의 사임

스코필드는 세브란스의전에서 세균학과 위생학을 가르치는 동안 부인의 건강 문제로 인해 부인을 캐나다에 두고 떨어져 지냈다. 부인은 한국에 가기를 희망했으나, 그들의 선교부가 허락하지 않았고, 스코필드도 한국 사역을 위해 얼마 동안 떨어져 지내는 것을 감수할 결심을 하였다(4권 17). 그는 원래 1919년에 안식년을 갖도록 예정되어 있었지만, 이사회가 1919년 2월 6일 회의 때 그에게 안식년을 1920년으로 미루고 기간도 단축하여 9개월 동안만 갖도록 권고하였다(45). 그리하여 그는 1920년 3월 말경에 한국을 떠났는데, 에비슨은 이때 그가 가족 문제로 돌아오지 못하게 될까 염려하였다(34). 그러면서 그가 한국인들에게 큰 신망을 얻었기 때문에 돌아오지 않으면 교수진이 심대한 타격을 입을 것이라고 예상하였다(34, 40). 스코필드가 속한 캐나다장로회 선교부의 총무 암스트롱도 그가 아내를 캐나다에 남겨두고 한국에 돌아가고 싶어 하지 않을 수도 있을 것이라고 예상하였다. 이에 암스트롱은 에비슨 부인에게 편지를 써서 에비슨의 아들 더글라스가 선교사가 되어 스코필드 대신 세브란스로 가면 좋을 듯하다는 의견을 제시하였다(29). 토론토에서 살고 있던 더글라스는 그 후 선교사가 되기를 지원하여 1921년 4월 에비슨과 함께 한국에 왔다.

1920년 4월 2일 서울을 떠나 캐나다에 도착한 에비슨은 캐나다장로회 선교부에 스코필드가 세브란스로 돌아가게 될지를 거듭 질의하였다(89, 90). 암스트롱 총무는 스코필드가 5월에 영국에 가서 두세 달 동안 대학원 공부를 한 후 8월쯤 출항하여 수에즈 운하를 거쳐 한국에 돌아갈 계획을 세웠다는 사실을 알렸다(98, 99). 그러면서 그가 아내와 아이를 캐나다에 두고 봉급을 쪼개어 부양하는 방법을 써서라도 반드시 한국에 가겠다는 의지를 보이고 있다고 설명하였다. 그러나 암스트롱은 얼마 후 1921년 5월 10일 자 편지에서 그의 사임을 다음과 같이 통보하고 그 이유를 설명하였다.

> 오늘 스코필드가 찾아와서 한국에 갈 수 없다는 실망스러운 정보를 알렸다는 사실을 말해주기 위해 협력이사회와 다른 선교부들의 회의에 참석하려고 뉴욕으로 떠나기 전에 짧게 글을 씁니다. 그는 모든 일이 해결되었으므로 돌아갈 수 있게 되었다고 생각하였습니다. 그 이유는 그가 이곳에 머물 수 없을 것만 같았고, 굳이 머무르지 않아도 될 만큼 아내가 나아진 듯했기 때문입니다. 그러나 지난 두 주 동안 아내와 있으면서 그녀가 매우 달라지고 심리상태가 그처럼 좋아진 것을 보면서 자기가 남는 것이 자신의 의무라고 느꼈다고 합니다. 당신이 알듯이, 그는 한국으로 돌아가기를 갈망하고 있고, 언젠가는 반드시 돌아갈 것이라고 여기고 있습니다.
>
> 그래서 오늘 당신에게 간략히 "스코필드 사임함"이란 전보를 쳤습니다. 당신은 그가 어쩔 수 없이 한국 사역을 사임하게 되었다는 뜻이 거기에 담겨 있음을 이해할 것입니다. 그는 캐나다에서 다른 일을 할 생각을 해야 하여 어떤 성경공부 과정을, 어쩌면 이곳에 있는 성경대학에서, 밟을 수 있기를 바라고 있습니다. 그가 말했듯이, 캐나다에서 계속 살아야 하는 것이 분명해지면, 목회할 생각에서 녹스 컬리지에 들어갈 준비를 하려 할 것입니다.(113)

에비슨은 답장에서 그가 돌아올 수 없게 되어 크게 실망하였다고 말하면서, 그가 가을에 돌아올 것을 전제하고 수업일정표를 작성하여 그의 강의가 이미 배정되었다고 설명하였다(120).

이상과 같은 자료집 V권의 기록을 좇아 그의 사임 전후의 사정을 정리하면, 스코필드는 건강이 좋지 못한 부인을 캐나다에 두고 한국에서 홀로 사역하다 1919년 3·1운동이 벌어지기 전에 변경된 안식년 일정에 따라 1920년 3월 한국을 떠났고, 캐나다에 도착한 후 세브란스에 돌아가려 하였지만, 결국은 가족 문제로 인해 돌아가기를 포기하였던 것으로 이해할 수 있다(일반적으로 스코필드가 3·1운동 후 일제에 의해 추방되었다는 일반적인 해석과 다른 점도 있었다). 더불어 스코필드가 돌아가지 못할 것에 대비하여, 에비슨의 아들 더글라스가 대신 가는 방안을 구상한 것이 더글라스 에비슨의 한국 사역의 단초가 되었던 것으로 이해할 수 있다.

(3) 나병과 결핵 치료·연구·교육 사업의 추진과 무산

세브란스병원·의전, 연희전문은 1918년 1월에 결성되어 뉴욕에 사무실을 둔 협력이사회의 후원을 받고 있었다. 협력이사회에는 6개 교단(미국 남·북장로회, 남·북감리회, 캐나다장로회, 호주장로회) 선교부들이 참여하고 있었으나, 연희전문에 대해서는 이들 가운데 남장로회와 호주장로회를 뺀 4개 교단의 선교부들이 후원에 참여하였다. 이 이사회는 세의전과 연전, 두 학교에 재단의 기본재산과 학교 운영 경상비를 제공하고 교수를 파송하는(적임자를 구해서 보내고 봉급을 부담하는) 책임을 분담하였고, 학교 측에서는 그들에게 학교 이사회 회의록과 교장·학감·회계 보고서 등을 제출하고 재정 지원과 교수 임명을 요청하였다. 두 학교는 그러는 한편으로 협력이사회 밖에서도 지원금을 얻기 위해 노력하였다.

그러한 사례의 하나로서 세의전에서는 세브란스(John L. Severance)와 그의 자매 프렌티스 부인(Elizabeth Prentiss)의 개인적인 지원금으로 연구부를 운영하였다. 그런데 연구부를 담당했던 밀즈(Ralph G. Mills) 교수가 1919년 사임하고 북경 의대로 떠나자 세브란스는 연 $2,500의 연구기금 제공을 중단하고 그 대신 학교 경상비를 위한 지원금을 증액하겠다고 통고하였다(27, 32). 이에 에비슨과 학교 이사회는 그간의 연구 성과를 설명하면서 연구비를 계속 지원해주기를 호소하였다(32, 52).

세의전에서는 또한 세계 각지에서 한센병(이하에서 당시 용어를 좇아 '나병'으로 표기함) 치료사업을 벌이고 있던 구라(驅癩)선교회(The Mission to Lepers)에서 지원금을 받기를 희망하였다. 에비슨은 이 지원금을 사용하여 세브란스의 치료·연구·교육사역의 범위를 나병으로 확대하려 하였고, 겸하여 결핵 치료사업까지 출범시키려 하였다. 이는 북장로교 선교사로서 대구에서 구라선교회의 지원을 받아 구라(驅癩)사역을 하던 플레처(A. G. Fletcher) 의사가 결핵에 걸렸다가 미국에서 완치된 후, 1919년 2월 13일 자 편지로 에비슨에게 대구의 이전 임지가 아닌 세브란스에 와서 결핵 치료사역을 하기를 원하는 뜻을 밝힌 일에서 시작되었다. 에비슨은 이 제의를 좋게 여기고 그를 영입하기를 희망하였다. 그런데 1919년 7월 구라선교회의 총무 앤더슨(W. H. P. Anderson)이 에비슨에게 편지를 보내 세브란스 측에서 연구와 교육을 위한 그들의 지원금을 받아 구라사역에 동참할 것을 제의하였다(에비슨 자료집 4권 76, 5권 60). 구라선교회의 미국 지부인 미국위원회도 에비슨에게 한국에서 나환자수용소를 운영하는 다른 교단 선교사와 함께 실행제안서를 만들도록 요청하였다(60). 이에 에비슨은 세브란스에 나병과와 결핵과를 신설할 계획을 세우고 플레처를 책임자로 세워 구라선교회의 기금으로 구라사역을 하면서 다른 기금으로 결핵 치료 사역도 겸하게 하려 하였다(에비슨 자료집 4권 87, 91, 99, 102). 더 나아가 소록도에서 나환자수용소를 운영하는 총독부와 광주 · 대구 · 부산에서 나환자수용소를 운영하는 선교사들과 연대하여 전국적으로 나병 근절사업을 벌이면서 세브란스를 이 사업의 중심기관으로 만들려 하였다.

구라선교회의 지부인 미국위원회는 플레처가 이끄는 세브란스 구라사역에 대한 자금 지원을 약속하였다. 총독부도 세브란스의 나환자 병동 개설을 허가하였다(2). 그런데 이 일을 위해서는 플레처의 생활비, 여비, 봉급, 자녀수당, 주택비, 의료비, 어학선생 급여, 나병 병동 건설비, 나병과의 운영 경비가 필요하였다(58). 구라선교회는 매년 최소 $5,000을 7년 이상 제공하고(58), 1921년 4월 1일부터 플레처에게 봉급을 지급하기로 하였다(32). 또한 북장로회 선교부가 그 돈을 대신 받아서 세브란스에 전해주기로 하였다(58. 59).

그러나 그 후 구라선교회 본부가 태도를 바꾸어 소극적이 되었다(58). 이에 미국위원회가 자신들이 본부 대신 특별기금 $5,000를 조성하여 북장로회 선교부에 맡기겠다고 약속하였다(58, 60). 그러면서 플레처에 대해 그가 이전처럼 북장로회 선교부에서 선교사로 파송 받아 한국에 가기를 원하였고, 에비슨도 이 절차가 속히 진행되기를 원하였다(60). 그리하여 플레처가 다시 대구에 가서 2년 기한으로 북장로교 선교사로 일하도록 조정되었다. 에비슨은 그가 대구와 서울을 오가면서 세브란스에서 강의하고 구라사역을 이끌 수 있을 것으로 보았다(60, 119).

한국에서 나병 근절을 위한 연구와 치료 사역을 하도록 에비슨에게 먼저 제안했던 구라선교회 본부가 도중에 물러선 것은 전후의 경제 여건으로 영국에서 후원금 모금이 힘들어졌고, 1920년 그들이 새로 임명한 극동아시아 담당 총무인 파울러(Henry Fowler) 의사가 동아시아에서 실행되는 모든 사업의 현황을 파악할 시간적 여유를 2년간 갖기를 원했기 때문이었다(60, 119). 그 후 1921년 6월 6일, 파울러가 나환자 사역을 하는 광주의 윌슨(R. M. Wilson)과 엉거(J. K. Unger)와 부산의 맥켄지(F. Noble McKenzie), 세브란스의 에비슨과 회의를 열고 구라선교회의 한국 지부인 한국위원회를 결성하였다(119). 이 자리에서 파울러는 자신이 중국에서 사역해본 경험에 근거하여 한국의 상황을 재단하였다. 또한 세브란스의 플레처 계획을 무시하고 호주장로회 측이 통영에 나환자수용소를 세우는 것을 지지하였으며, 세브란스의 나병 치료법 교육 계획에 반대하였다. 이로써 세브란스가 그 계획을 추진할 수 없게 된 것이 명백해졌다.

(4) 시설확장 계획

에비슨은 1918년 존 L. 세브란스에게 병원과 의학교 확장계획을 설명하여 $32,550의 기부를 약속받았고, 다른 자금원들로부터도 기금을 얻기 위해 노력하였다. 그런 가운데 1919년 후반 총독부가 경성역을 새로 짓고 도로를 넓히려는 계획을 세우면서 오히려 부지를 일부 수용당하게 되었다. 에비슨은 세브란스에게 확장계획의 이행을 위해 서둘러 새 땅을 사야 한다고 하며 지원을 호소하였다. 이에 1920년 1월 세브란스는 요청받은 비용이 과도하게 많지만 에비슨이 최종적으로 결론을 내리면 무조건 따르겠다고 답변하였다(6).

이 말에 책임감을 느낀 에비슨과 교수들은 그 후 전체 상황을 재조사하고 확장계획을 변경하였다(14). 그들은 건물들을 "U"자형으로 배치하고 2층 건물을 3층으로 올리며 전면의 방향을 바꾸도록 조정하였고, 이로써 땅을 새로 살 필요가 없게 만들어 대지구입비 ¥120,000을 줄일 수 있게 하였다. 이사회가 이 변경안을 승인함으로써 기존의 땅 안에서 필요한 건물들을 짓는 계획을 진행하게 되었다(22).

2) 연희전문학교

(1) 학교운영 상황

시도한 일: 교육과정 변경, 음악과 설치, 동서 융합의 농업교육, 여자학과 설치

시작한 일: 채플과 성경 과목의 오전 시간 편성, 학과 수의 축소와 3개 과 운영

교육과정 변경: 연희전문 운영진은 총독부가 초등 · 중등학교의 교육 연한을 일본 수준

으로 늘리는 계획을 세운 것을 알고 그에 발맞추어 교육과정 개정안을 만들었다. 그것은 신입생이 처음 2년간 예비과정으로서 교양과목을 수강하고 이후 3년간 각과의 전공과목을 수강하게 하는 것이었다(7). 대학 이사회는 이 개정안을 1920년 2월 21일 회의 때 상정하여 통과시키면서 이 문제에 관해 총독부 학무국과 사전에 연락해보게 하였다(24). 그 후 1921년 4월 에비슨은 교육과정 개정안을 학무과가 승인하였다고 보고하였다(108). 이때 승인한 개정안이 구체적으로 어떤 것이었는지는 확실히 알 수 없지만, 개정된 것들에는 일본어 수업시수가 주당 두세 시간으로 줄고 영어가 주당 8시간으로 느는 것이 포함되어 있었다.

음악과 설치: 교육과정의 개편과 함께 음악과를 설치하고 음악 수업 시수를 늘리려는 시도가 이루어졌다. 대학 이사회는 1920년 2월 21일 회의에서 음악과를 신설하는 문제를 논의하고 모든 학생이 적어도 1년간 주 2시간씩 필수과목으로 음악을 수강하게 하였으며, 당시에 미국에서 안식년을 보내고 있던 베커 교수에게 음악과의 필요성이 논의되고 있음을 알리게 하였다. 이는 베커의 부인이 처음부터 이 학교에서 음악교육을 맡고 있었기 때문이었다. 그러나 음악과 설치 문제는 심의를 보류하기로 하였다(24).

농업 교육: 1920년에 연희전문 농과에서는 제국대학을 졸업한 일본인 교수 이치지마(市島吉太郎, 1921년 사임)가 담임하고 네브라스카대학을 졸업한 한국인 교수(1921년 3월 23일자 학감 보고서에서 이치지마와 함께 농과에서 가르치다 사임한 사실이 보고된 H. C. Lee로 추정된다)가 함께 가르치고 있었는데, 에비슨은 북미 대륙의 농업을 더 철저히 터득한 교수를 얻기를 희망하였다(16, 68). 그는 "우리는 서양식 교육으로 학생들에게 유익을 끼칠 사람을 얻어 동양과 서양의 최고지식을 융합시킬 수 있기를 바라고 있습니다"라고 하여 1932년의 교육방침에서 천명된 연희전문의 화충학풍(동서융합의 학풍)의 초기형태가 될 만한 발언을 하였다(16). 그는 총독부가 육우 혈통의 개량을 권장하고 돼지 사육도 크게 발전하고 있으므로 축산과 축산품 가공 분야의 전문가가 필요하다고 보았다(16, 102).

여자학과: 에비슨은 미국에 있는 동안 연희전문 안에 여자학과를 설치하라는 제안을 받았다. 이 일은 이화여학교 대학부를 교파연합 여자대학으로 만들기 위해 고안된 것이었다

(102). 당시에 감리교 선교사들은 협력이사회의 감리교 측 이사인 가우처(John F. Goucher)가 1919년 한국에 왔을 때 논의를 시작하여 교파연합 여자대학의 설립을 추진하고 있었다. 그런데 그들이 여자대학을 연희전문 근처의 산에 두려고 계획하는 과정에서 연희전문 여자학과 설치안이 제기되었다. 에비슨은 연전에 여자학과를 설치하면 연전의 시설과 교수들을 활용할 수 있으므로 경제적, 교육적인 측면에서 혜택을 누릴 것이라고 보았다(102). 그뿐 아니라 여자연합대학을 세우기 위한 총독부와의 협상을 연희전문학교의 설립허가안에서 진행하면 쉽게 풀릴 것이라고 보았다(105). 연희전문 측은 여자학과의 설립 제안을 수용하고 어떤 형식으로는 최선을 다해 감리교 측의 여자대학 설립 운동을 돕겠다고 약속하였다(102, 105, 107, 110, 131). 에비슨은 여자학과를 여자대학으로 발전시키면, 컬럼비아대학과 바너드(Barnard) 여자대학의 관계 또는 하버드대학과 래드클리프(Radcliff) 여자대학의 관계처럼 교수들을 공유할 수 있을 것이라고 진술하였다(105). 다만 문과의 피셔 교수는 여자대학의 설립은 지지하나 여자대학을 연희전문의 한 과로 두는 것은 바람직하지 않게 여긴다는 의견을 표명하였다(131).

종교교육: 1920년 초에 연희전문에서는 총독부가 1915년 개정사립학교규칙에 따라 등록한 사립학교들에게 정규 교과과정 안에서 종교교육 시간을 편성할 자유를 허용할 것이라고 보았다. 그런 기대감에서 대학 이사회는 1920년 2월 21일 회의 때 모든 학생이 성경공부를 최소한 주 2시간씩 필수과목으로 이수하게 하도록 결정하였고, 매일 채플 시간을 가지며 채플 참석을 의무화하라는 권고안을 통과시켰다(24). 그러나 총독부가 허용하지 않을 것을 알게 된 에비슨은 1920년 4월 1일 미즈노 렌타로(水野錬太郎) 정무총감과 면담하였다(50). 이때 미즈노는 연희전문이 방과 후에만 가질 수 있는 종교교육 시간을, 학생들이 자발적으로 참석하게 한다는 조건 아래, 오전 10시와 11시 사이에 가질 수 있게 하였다. 이에 에비슨은 오전의 해당 시간에 신과를 제외한 모든 과의 수업 시간을 비워놓고 학생들이 신과 수업을 선택하는 방식으로 종교교육을 하는 방안을 검토해주도록 이사회에 요청하였다(50). 이로써 1920년부터 매일 오전에 채플 또는 성경교육 시간을 갖는 일이 시작되었다.

학과 수 축소: 대학 이사회는 1921년 3월 23일 열린 회의에서 어떤 과의 입학생이 10명

에 못 미치면 입학생을 받지 말자는 안건을 통과시켰다(102). 이 결정은 현재의 교수진과 수입으로는 6개 과를 감당하기 힘들고 교수의 수를 줄이면 경비를 절감하여 개강한 과들에 힘을 집중할 수 있을 것이라는 생각에서 내려졌다(107, 128). 교수회는 그 결정에 따라 1921년 4월 기존의 6개 과 가운데 문과, 상과, 수물과만 개학시키고 57명의 신입생을 받았다(107, 108, 110). 그래도 전체 학생 수는 106명이 되어 두 배로 늘었다. 이로써 1921년부터 세 과만 운영하게 되었다.

(2) 캠퍼스 조성과 교육관·기숙사·사택 건축

연희전문 운영진은 교육기관을 세우는 것만으로 만족하지 않고 캠퍼스를 실용성과 건축학적 표현의 모델로 만들기 위해서도 노력하였다(2). 1920년 초에 그들은 건축공사를 스팀슨관은 80%, 로즈 교수 사택은 85%, 밀러 교수 사택은 95%를, 고용인 숙소 2채는 85%를 진행하였고, 도로의 토목공사를 끝냈고, 아펜젤러관(과학관)의 바닥 토목공사를 3/4가량 진행하였다(19). 이 해에는 한국인 교수 사택 4채, 일본인 교수 사택 2채, 모범촌 주택 10채를 짓기를 희망하였고, 기숙사 · 도로 · 급수 및 하수시설 · 운동장 확장 · 평지의 개울 · 창고 · 전력 시설 · 다리 · 울타리 또는 담의 공사도 기금을 얻는 대로 시작하기로 하였다(24). 이 모든 건물에 쓸 중앙난방 설비와 각종 배관 설비를 미국에 주문하기로 하면서 서양식과 동양식의 수세식 변기도 주문 품목에 포함하였다(42). 에비슨은 미국에 있는 동안 언더우드 교장의 형인 브루클린의 존 T. 언더우드와 상의하고 뉴욕에 있는 최고 수준의 난방회사들의 한 곳을 선정하여 난방, 조명, 전력, 급수, 하수 등의 기계설비를 위한 계획을 세우기로 하였다(102).

그들은 건축계획 이행을 위해 루카스(A. E. Lucas)를 1920년 1월부터 교수로 채용하여, 머피 앤 다나(Murphy & Dana) 회사가 설계한 건물들(스팀슨관, 언더우드관, 아펜젤러관)의 건축감독, 나머지 건물들(사택, 기숙사 등)의 설계, 시방서 작성, 건축학 등 공학 과목들의 강의, 산업부(수공부) 작업 감독의 임무를 맡겼다(24). 루카스는 그해 5월 중순에 도미하여 컬럼비아대학에서 전공 공부를 한 후, 1년 만에 직무에 복귀하였고, 존 T. 언더우드가 그의 봉급을 지급하였다(34, 102, 131).

그들은 또한 언더우드관과 아펜젤러관의 건축을 준비하였다. 언더우드관은 존 T. 언더우드가 1918년 동생인 언더우드 교장을 기념하도록 캠퍼스 배치도의 중앙건물을 위해 기부함에 따라 그렇게 명명되었고, 학관(교육관, Liberal Arts Building)용 본관으로 쓰도록 예정되었다. 그들은 이 건물을 짓는 데에 최소 십오만 달러가 들고 십칠만 오천 달러가 들 수도 있다고 예상하였다(74). 1920년 9월 굴착공사를 시작하였고, 건물이 도로와 바로 연결되도록 공사하였다(71, 73).

아펜젤러관(과학관)을 위해서는 1918년 남감리회 측이 먼저 건축비를 댈 뜻을 밝혔다가 침묵하였고, 이듬해에 매사추세츠의 피츠필드에 있는 북감리교회가 비용의 부담을 희망하였다. 이에 에비슨이 피츠필드에 가서 그 교회의 결단을 이끌어 건축이 진행될 수 있게 하였다(1, 69, 74, 102, 110). 대학 측은 이 건물을 완공하면 치원관(임시교육관, 제3공학관 자리에 소재)에 남겨둔 과학실험실들을 그곳으로 옮길 계획을 세웠다(1).

그들은 스팀슨관, 언더우드관, 아펜젤러관 외에도 1921년 중에 기숙사 1채, 선교사 교수 사택 2~3채, 한국인 교수 사택 6채, 일본인 교수 사택 1채, 모범촌의 주택 몇 채를 짓기로 하였고, 그리하여 이 해에 캠퍼스 부지에서 대대적인 건축공사가 진행되었다(107, 108, 110, 138). 선교사 주택 가운데 북감리회 소속인 빌링스(B. W. Billings)와 베커 (A. L. Becker)의 집은 북장로회 여자선교부가 주선한 세이지 유산(Sage Legacy)의 기부금으로 건축하게 되었다(2, 102). 이는 1919년부터 북감리회의 돈으로 지은 집 2채에 북장로회 소속의 밀러와 로즈가 입주하게 된 것에 상응하는 조치였다. 또한 남감리교 선교부 측에서 $40,000의 건축기금을 제공하여, 그 돈으로 남감리교 선교사인 피셔(E. Fisher) 교수의 집을 짓고 일본인 사택과 모범촌 안의 한국인 교수와 학생 주택 몇 채를 함께 짓게 되었다(102, 110, 121). 그러나 일본인 교수의 사택 건축은 1921년 11월 시점에 아직 진행되지 않고 있었다(138).

언더우드관과 아펜젤러관의 정초식은 1921년 10월 5일 동시에 거행되었다(133, 134). 그들은 스팀슨관의 정초식을 1919년 4월 19일 한국인들이 3 · 1운동으로 거의 참석하지 못한 채 조촐하게 거행하였던 것을 떠올리면서, 이번 행사를 지역사회에 대학을 최대한 많이 알리는 기회로 활용하려 하였다. 그들은 신문에 광고를 내고 300장가량의 특별 초대장을 두루 발송하였다. 사이토 총독에게도 초청장을 보냈으나, 그는 몸이 아파 참석하지 않았고, 300명의 내빈과 700명의 일반 청중이 행사장을 채웠다. 아펜젤러관을 위해서는 북감리회의 웰치 감독이 머릿돌을 놓았고, 언더우드관을 위해서는 언더우드 교장의 아들 원한경(Horace H. Underwood)이 머릿돌을 놓았다. 행사가 끝난 후 참석자들이 케익 상자를 증정받았고, 그들은 방금 세워진 '신촌역'에 가서 3시 50분 기차로 귀경하였다.

3) 3·1운동 후 상황 보고

에비슨은 미연방교회협의회(Federal Council of Churches) 산하 동양관계위원회(Commission on Oriental Relations)의 통신회원으로서 그 위원회의 총무인 굴릭에게 1920년 1월 22일 자 편지와 1921년 7월 19일 자 편지를 보내 3·1운동으로 인한 한국인 피해 상황과 이후의 사회 동향 및 일제의 개혁조치 실태 등을 보고하였다(13, 127).

에비슨은 먼저 1920년 1월 22일 자 편지에서 총독부가 공식적으로 집계해서 제공한 1919년 3월 1일부터 독립운동으로 체포된 사람들의 법적 처리 결과를 전하였다. 그와 동시에 대구 지방에서 선교활동을 하는 블레어(H. E. Blair), 브루엔(H. M. Bruen), 어드만(W. C. Erdman)이 정리한 그 일대의 한국인 피해 상황을 전하였다(13). 에비슨이 제시한 피체포자들의 통계는 오웬스(H. T. Owens)가 총독부의 통지를 받고 경찰서에 가서 받아온 것이었다. 3월 1일부터 7월 20일까지의 통계에 따르면, 총 28,934명이 체포되었는데, 그중 4,065명이 석방되고 13,185명이 재판을 위해 검사에게 이첩되었으며, 헌병경찰의 약식 재판으로 531명이 징역형을, 293명이 벌금형을, 9,078명 태형을 받았고, 1,782명이 계류 중에 있었다. 또한 3월 1일부터 10월 31일까지 검사들이 총 17,999건을 넘겨받아 처리하였는데, 그중 7,116명이 석방되었고, 1,890명이 다른 재판소로 이송되었거나 계류 중에 있었으며, 나머지는 노역, 벌금, 징역, 태형 등의 선고를 받았다. 검사들의 처리 건수가 피체포자의 총수보다 적은 것은 헌병경찰들이 자체적으로 처리하였기 때문이었다.

에비슨은 피체포자 현황에 이어 새 총독이 부임한 후의 상황을 설명하였다. 그는 헌병경찰과 경찰의 기능이 분리되어 민간인이 경찰을 지휘하고 있는 중에서도 여전히 야만적인 일들의 소식이 들려오고 있고, 불탄 마을들을 위한 구호비와 교회와 학교의 재건 비용을 지급했다는 말은 들리지만 상세한 내용은 알려지지 않고 있으며, 헌병경찰과 군대가 구체적으로 어떤 처벌을 받았는지도 알 수 없다고 설명하였다. 전 황제의 기일을 맞이하여 세의전을 포함한 여러 학교 학생들이 수업을 중단하고 추념하였으며, 왕자와 일본 공주의 혼례로 사방이 분노에 차 있고, 스코필드가 만세운동에 관한 책의 출판을 준비하고 있다고 설명하였다.

에비슨은 이 편지에 대구의 세 선교사가 작성한 문서들을 동봉하였다. 그들 가운데 연희전문의 이사이기도 한 블레어는 일제 통치에 대해 한국인의 반감이 더 깊어진 것밖에 없고 일본인들은 현 상황을 희망차게 보고 있을지라도 "상황은 결코 희망적이지 않다"라고 단언하였다(13). 개혁안들의 실행이나 고통의 경감을 예상하게 하는 증거는 없고 한국인들이 지속적인 소요로 자신들을 위한 정의를 대망할 것이라고 하였다. 그의 관할구역에서 한국인들이 입은 피해 상황을 정리하여 제시하면서 시위에 참가하지 않았는데도 체포되어 징역형을 받거나 도피 중에 사형 선고를 받은 사람들이 있으며, 여러 군에서 수백 명이 체포되고 구타를 당하였다고 설명하였다. 총독부의 개혁조치에 관해서는 묘지법이 퇴행적으로 바뀌었고, 누구나 담배를 재배할 수 있게 되었으며, 개와 돼지의 도축세를 내지 않게 되었고, 태형, 구타, 체포가 예전과 달라지지 않았다고 설명하였다.

1921년 7월 19일에 보낸 편지에서는 에비슨이 한국의 전반적인 상황을 설명하였다(127). 이는 미국에서 동양관계위원회가 9월 회의 때 자료로 사용하도록 보낸 것이었다. 그는 한국사회가 전반적으로 조용하고 한국인들이 독립을 포기하지는 않았어도 2년 전보다는 신속한 독립의 실현을 추구하지 않고 있고, 임시정부가 선전 활동 이상의 일을 하기 어렵다는 사실을 깨달아 관심을 교육 방면으로 돌리는 한편, 제한적이나마 지방자치에 참여하기 시작하였다고 설명하였다. 중국 국경에서는 게릴라 부대가 자주 한국 본토에 들어와 독립 자금을 요구하고 있고, 만주에서는 군대 철수에 이어 헌병경찰이 진주하고 있으며, 지난해 군사작전으로 서만주의 한국교회가 크게 위축되고 교인들이 크게 가난해졌다고 설명하였다. 총독부 관리들은 선교사들에게 더 호의적이 되었고, 사이토 총독이 에비슨과 다른 선교사들을 자기 집으로 몇 차례 초대하였으며, 경찰 개혁이 발표되고 선교사들의 항의로 몇몇 경찰 책임자가 해임되었고 평안남도에서는 모든 경찰이 기독교를 이해하도록 호주머니에 신약성경을 지니게 하고 있다고 설명하였다. 관립학교들과 미션계 학교들이 동맹휴학을 벌이고, 경찰이 예비심문 과정에서 고문을 자행하고 있다고 설명하였다.

이상과 같이 에비슨은 세브란스병원장, 세브란스의전 및 연희전문학교 양교 교장으로서 대학 이사들과 교수들, 미국과 캐나다의 선교지도자들과 교회 지도자들, 조선총독부 관리들을 상대하면서 학교의 발전을 위해 여러 방면에서 노력하였고, 일제의 통치행태와 정책 및 한국사회의 동향을 다소 비판적으로 전하였다. 그는 이 밖에도 경찰의 교회 내 횡포(15), 정신여학교 문제(37), 미션계 자산의 소유권 등기(41), 미국 북장로회 총회 문제(53), 북감리회 선교부의 에비슨에 대한 오해(130, 132, 136) 등에 대응하는 편지들을 남겼다. (문백란)

▌사 진▐

▲ 세브란스연합의학전문학교(남대문로 방면)와 세브란스병원(정면)
(출처: *Severance Union Medical College Catalogue, 1917~18; 1925-6.* 연세대학교 중앙도서관)
※ 두 카탈로그에 동일한 사진이 수록되어 있다.

▲ 경성부민기념 전염병실

에비슨은 1919년부터 한센병과 결핵을 치료할 계획을 세웠다. 한센병 치료계획은 1921년 결국 무산되었지만, 결핵 치료계획은 1926년 서울 시민의 성금으로 이 건물을 세움으로써 실현되었다.
(출처: 에비슨 교장의 손녀이자 Douglas B. Avison의 딸인 Ann Avison Black(캐나다 노바스코샤 핼리팩스 거주) 개인 소장〈이하 Ann Avison Black〉)

▲ James D. VanBuskirk (1881~1969)

북감리회 선교사로 1913~33년 세브란스 내과에서 활동하며 부교장과 부원장을 역임하였다. 1920~21년 부교장으로서 도미 중인 교장을 대행하였다. (출처: 1933년 세의전 졸업앨범. PHS)

▲ John L. Boots(1894~1983)

사임한 치과 의사 쉐플리의 후임으로 북장로회 선교부에 의해 임명되어 1921년 내한한 후, 1939년까지 세브란스에서 활동하였다. (출처: 1933년 세의전 졸업앨범. PHS)

▲ Gordon W. Avison(1891~1967)

에비슨의 2남. 1925년부터 YMCA 선교사로 광주에서 농촌운동을 벌였다. 1921년 그를 세의전 체육 교사로 초청하려 하였다. (출처: "Y.M.C.A. to hear in Chris," Newark Evening News, Mar. 15, 1939)

▲ Duglas B. Avison (1893~1952)

에비슨의 3남. 북장로회 선교사로 1920년 내한하였고, 1923~39년 세브란스 소아과에서 활동하며 병원장을 역임하였다. (출처: Ann Avison Black)

▲ 1921년 미국에서 한국으로 오는 도중 호놀룰루에 기착한 에비슨 가족

에비슨은 1920년 4월 도미하여 1921년 3월 15일 서울에 도착하였다. 에비슨 부부와 더글라스 부부가 같은 배로 함께 왔다. 선교사로 온 더글라스는 선천 미동병원으로 발령받았다가 1923년 세브란스에 부임하였다.

▲ 에비슨 교장의 가족사진, 연대 미상

에비슨은 6남 1녀의 자녀를 두었다. 7남 3녀를 낳았으나 첫아들 아더는 토론토에서 태어나 3년 만에 죽었고, 6번째로 태어난 여아 쌍둥이는 1895년 서울에서 태어나 그해에 죽었다. 뒷줄 가운데 여성은 며느리로 보인다. 그 오른편 여성은 딸 Lera이다.

(출처: Ann Avison Black)

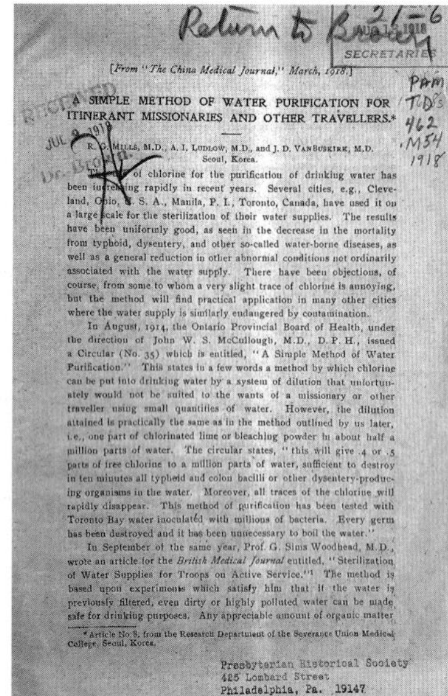

[From "The China Medical Journal," March, 1918.]

A SIMPLE METHOD OF WATER PURIFICATION FOR ITINERANT MISSIONARIES AND OTHER TRAVELLERS.*

R. G. MILLS, M.D., A. I. LUDLOW, M.D., and J. D. VANBUSKIRK, M.D.
Seoul, Korea.

The use of chlorine for the purification of drinking water has been increasing rapidly in recent years. Several cities, e.g., Cleveland, Ohio, U. S. A., Manila, P. I., Toronto, Canada, have used it on a large scale for the sterilization of their water supplies. The results have been uniformly good, as seen in the decrease in the mortality from typhoid, dysentery, and other so-called water-borne diseases, as well as a general reduction in other abnormal conditions not ordinarily associated with the water supply. There have been objections, of course, from some to whom a very slight trace of chlorine is annoying, but the method will find practical application in many other cities where the water supply is similarly endangered by contamination.

In August, 1914, the Ontario Provincial Board of Health, under the direction of John W. S. McCullough, M.D., D. P. H., issued a Circular (No. 35) which is entitled, "A Simple Method of Water Purification." This states in a few words a method by which chlorine can be put into drinking water by a system of dilution that unfortunately would not be suited to the wants of a missionary or other traveller using small quantities of water. However, the dilution attained is practically the same as in the method outlined by us later, i.e., one part of chlorinated lime or bleaching powder in about half a million parts of water. The circular states, "this will give .4 or .5 parts of free chlorine to a million parts of water, sufficient to destroy in ten minutes all typhoid and colon bacilli or other dysentery-producing organisms in the water. Moreover, all traces of the chlorine will rapidly disappear. This method of purification has been tested with Toronto Bay water inoculated with millions of bacteria. Every germ has been destroyed and it has been unnecessary to boil the water."

In September of the same year, Prof. G. Sims Woodhead, M.D., wrote an article for the *British Medical Journal* entitled, "Sterilization of Water Supplies for Troops on Active Service."[1] The method is based upon experiments which satisfy him that if the water is previously filtered, even dirty or highly polluted water can be made safe for drinking purposes. Any appreciable amount of organic matter

* Article No 8, from the Research Department of the Severance Union Medical College, Seoul, Korea.

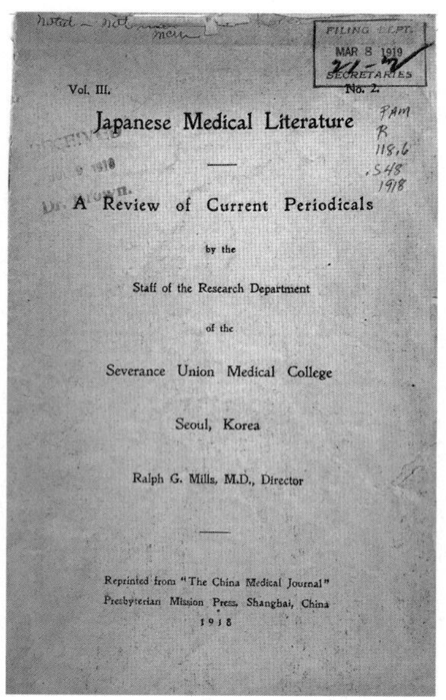

Vol. III. No. 2.

Japanese Medical Literature

A Review of Current Periodicals

by the

Staff of the Research Department

of the

Severance Union Medical College

Seoul, Korea

Ralph G. Mills, M.D., Director

Reprinted from "The China Medical Journal"
Presbyterian Mission Press, Shanghai, China
1918

▲ 세브란스의전 연구부의 식수 정화법 연구(좌)와 일본 의학서 조사연구(우)

밀즈(R. G. Mills) 교수가 수행한 두 연구는 *The Chinese Medical Journal*(1918)에서 발표되었다. 1920년 4월 반버스커크 교수는 에비슨 교장의 요청에 따라, 연구부에 대한 후원을 호소하기 위해, 1916년부터 그때까지의 연구 결과물들을 요약 정리하였다. (출처: PHS)

◀ 세브란스연합의학전문학교 부속 간호부양성소 졸업생, 1920년(상)과 1921년(하)

(출처: 사립세브란스연합 의학전문학교 간호부양성소 일람 1918년)

※ 연세대학교 중앙도서관에 소장된 이 책자는 표지의 1918년 표시와 달리 1921년 졸업생 명부가 합본 되어 있다.

▲ 1922년 이미 완공된 스팀슨관(좌)과 건축 중인 언더우드관(우)

스팀슨관은 1920년 완공되었고, 언더우드관과 그 곁의 나무에 가려진 아펜젤러관은 1921년 10월 5일 같은 날 정초식이 거행되어 1924년 완공되었다. (출처: PHS)

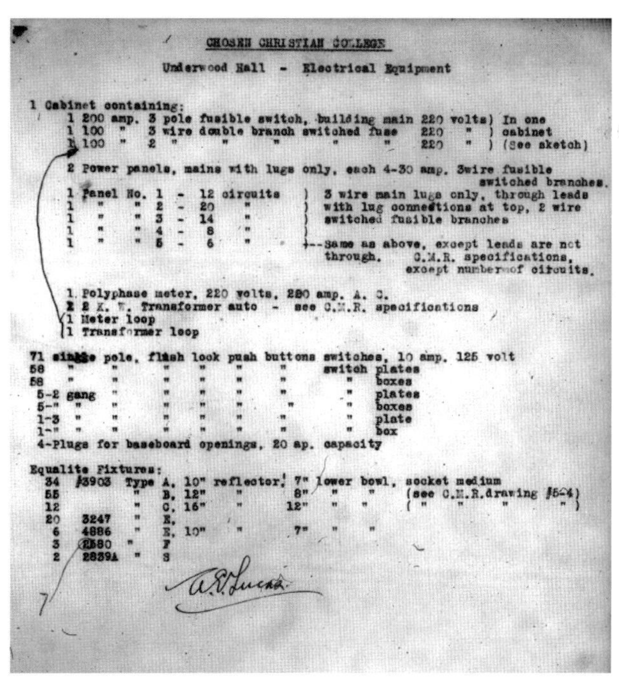

CHOSEN CHRISTIAN COLLEGE

Underwood Hall - Electrical Equipment

1 Cabinet containing:
1 200 amp. 3 pole fusible switch, building main 220 volts) In one
1 100 " 3 wire double branch switched fuse 220 ") cabinet
1 100 " 2 " " " " " 220 ") (See sketch)

2 Power panels, mains with lugs only, each 4-30 amp. 3wire fusible switched branches.

1 Panel No. 1 - 12 circuits) 3 wire main lugs only, through leads
1 " " 2 - 20 ") with lug connections at top, 2 wire
1 " " 3 - 14 ") switched fusible branches
1 " " 4 - 8 ")
1 " " 5 - 6 " +--Same as above, except leads are not through. C.M.R. specifications, except number of circuits.

1 Polyphase meter, 220 volts, 280 amp. A. C.
2 2 K. W. Transformer auto - see C.M.R. specifications
1 Meter loop
1 Transformer loop

71 single pole, flush lock push buttons switches, 10 amp. 125 volt
58 " " " " " " switch plates
58 " " " " " " " boxes
5-2 gang " " " " " " plates
5-" " " " " " " " boxes
1-3 " " " " " " " plate
1-" " " " " " " " box
4-Plugs for baseboard openings, 20 ap. capacity

Equalite Fixtures:
34 #3903 Type A, 10" reflector, 7" lower bowl, socket medium
55 " B, 12" " 8" " " (see C.M.R.drawing #5-4)
12 " C, 16" " 12" " " (" " " ")
20 3247 " E,
6 4886 " E, 10" " 7" " "
3 2580 " F
2 2839A " S

A. E. Lucas

▲ 1922년 루카스 건축 감독이 작성한 언더우드관 전기설비 명세

(출처: Letter of A. E. Lucas to G. F. Sutherland, Nov. 9, 1922, 연합감리교회 아카이브)

▲ 1921~22년에 건축된 연희전문 최초의 기숙사

학교 측은 60명을 수용할 수 있는 기숙사 건물을 4~8채 짓고자 하였으나, 이 계획을 실행하지 못하였다. 핀슨관으로 명명된 이 건물은 오늘날 윤동주 기념관으로 활용되고 있다.

▲ 연희전문 캠퍼스 내 빌링스 부교장의 집(좌)과 피셔 교수의 집(우)

1922년 세이지 유산(Sage Legacy)과 남감리회의 기부금으로 건축되었다. 에비슨은 1919년 말 남감리회로부터 피셔 사택 건축비를 받았고, 1920년 세이지 유산에서 기부금을 받아 빌링스와 베커의 사택을 짓고자 하였다. 왼편 사진은 그의 희망이 실현되었음을 보여준다.

(출처: Ann Avison Black)

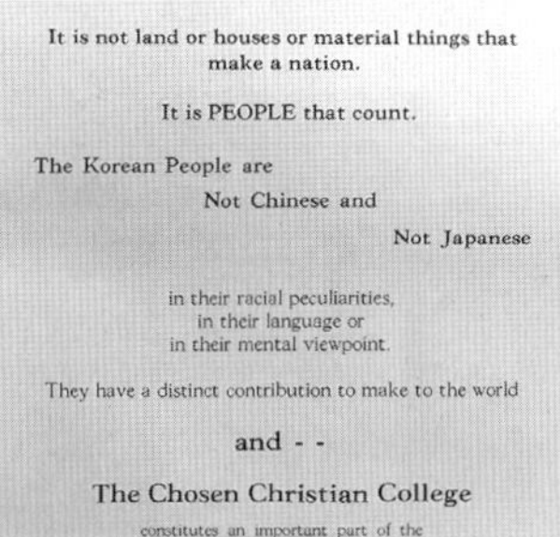
It is not land or houses or material things that make a nation.

It is PEOPLE that count.

The Korean People are
Not Chinese and
Not Japanese

in their racial peculiarities,
in their language or
in their mental viewpoint.

They have a distinct contribution to make to the world

and - -

The Chosen Christian College

constitutes an important part of the machinery that is to help them do it.

The next few pages show

The Development of Western Education in Korea

Read them in order to understand the uniqueness of the plan and the natural sequence of the events

▲ 연희전문학교 홍보 책자(1930)의 표지와 9 · 13쪽.

에비슨은 1920~21년 홍보 팸플릿 발행 계획을 세웠다. 이때 한국 근대교육의 발전과정을 보여주면서 연희전문학교 교육의 역사적 의의를 부각하려 하였다. 13쪽은 이 구상이 실행된 것을 보여주고 있다. 9쪽은 한국인이 중국인, 일본인과는 다른 인종적 특징, 언어, 관점으로 세계 형성에 공헌하고 있으며 연희전문학교가 이 일을 돕고 있다는 주장을 펴고 있다. 이는 1930년 학내의 조선학운동을 반영한 것이다. (출처: PHS)

▲ 1921년 10월 29일 연희전문학교 학생기독청년회 창립 제6회 기념

스팀슨관 앞에서 찍은 교직원들과 학생들의 모습이다. 교직원은 왼편에서부터 원한경(심리학), 밀러(화학), 노준택(학감 조수), 베커(물리학), 빌링스(영어), 노정일(신학), 김도희(한문), 미상, 로즈(신학)이다. (출처: 1922년 연희전문학교 졸업생기념사진첩, 연세대학교 박물관)

▲ Adolf E. Lucas(1885~1948)

1916년 YMCA 선교사로 내한하였고, 1920년 1~6월, 1921년 9월~1924년 연희전문 건축 감독으로 활동하였다.

▲ Herbert T. Owens(1882~1958)

1918년 8월 내한하여 에비슨의 비서, 세의전과 연전 양 이사회의 총무 또는 회계, 세브란스 사무장으로 활동하였다.

▲ James W. Hitch(1880~?)

1907년 남감리회 선교사로 내한한 후, 1920년부터 연전 이사로 활동하다 1923~27년 문과 교수로 활동하였다.

▲ James E. Fisher(1886~1989)

1919년 남감리회 선교사로 내한한 후부터 1935년까지 연희전문 문과 교수로 활동하였다.

(출처: 1922년 연희전문학교 졸업생기념사진첩)

▲ 연희전문 도서실

▲ 연희전문 야구 선수들

(출처: 1922년 연희전문학교 졸업생기념사진첩)

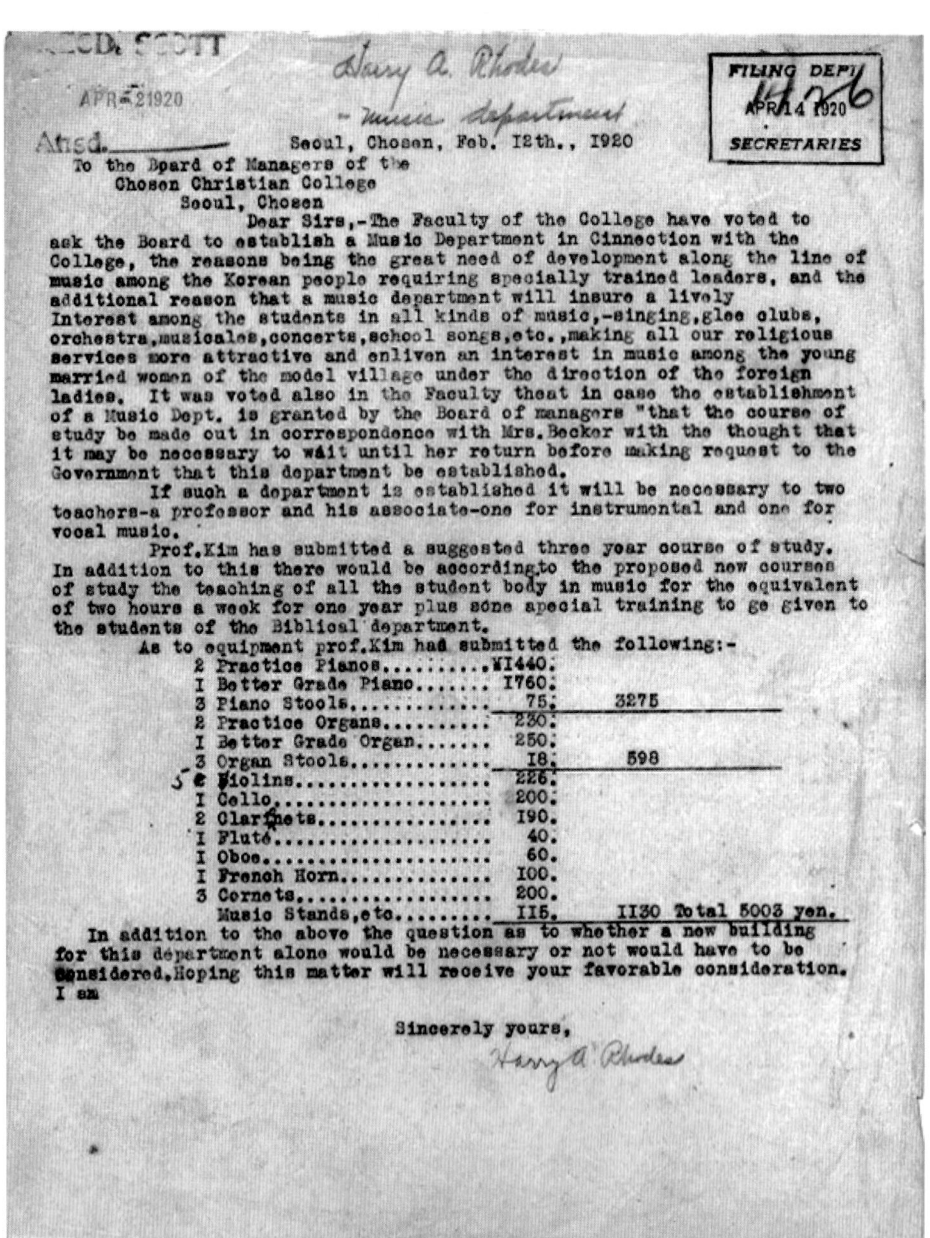

RECD. SCOTT
APR 2 1920
Harry A. Rhodes
– music department

FILING DEPT
1476
APR 14 1920
SECRETARIES

Ansd.______ Seoul, Chosen, Feb. I2th., I920

To the Board of Managers of the
Chosen Christian College
Seoul, Chosen

Dear Sirs,-The Faculty of the College have voted to ask the Board to establish a Music Department in Cinnection with the College, the reasons being the great need of development along the line of music among the Korean people requiring specially trained leaders, and the additional reason that a music department will insure a lively Interest among the students in all kinds of music,-singing,glee clubs, orchestra,musicales,concerts,school songs,etc.,making all our religious services more attractive and enliven an interest in music among the young married women of the model village under the direction of the foreign ladies. It was voted also in the Faculty theat in case the establishment of a Music Dept. is granted by the Board of managers "that the course of study be made out in correspondence with Mrs.Becker with the thought that it may be necessary to wait until her return before making request to the Government that this department be established.

If such a department is established it will be necessary to two teachers-a professor and his associate-one for instrumental and one for vocal music.

Prof.Kim has submitted a suggested three year course of study. In addition to this there would be according to the proposed new courses of study the teaching of all the student body in music for the equivalent of two hours a week for one year plus sone special training to ge given to the students of the Biblical department.

As to equipment prof.Kim had submitted the following:-

2	Practice Pianos..........	¥I440.	
I	Better Grade Piano.......	I760.	
3	Piano Stools.............	75.	3275
2	Practice Organs..........	230.	
I	Better Grade Organ.......	250.	
3	Organ Stools.............	I8.	598
5 ~~2~~	Violins..................	225.	
I	Cello....................	200.	
2	Clarinets................	I90.	
I	Flute....................	40.	
I	Oboe.....................	60.	
I	French Horn..............	I00.	
3	Cornets..................	200.	
	Music Stands,etc.........	II5.	II30 Total 5003 yen.

In addition to the above the question as to whether a new building for this department alone would be necessary or not would have to be considered.Hoping this matter will receive your favorable consideration. I am

Sincerely yours,
Harry A. Rhodes

▲ 1920년 교수회의 음악과 설치 요청서

이 요청서는 교수회가 1920년 2월 12일 작성하였고, 로즈(Harry A. Rhodes) 학감 대행이 2월 21일 열린 이사회 회의에서 제출하였다. 이 문서에서 교수회는 3년제 음악과 설치, 교수 추가 영입, 음악관 건립, 악기 구입을 요청하였다. 그러나 이사회는 이 회의에서 음악과 설치 문제의 심의를 보류하였다.

(출처: Dean's Report to the Board of Managers Chosen Christian College, Feb. 21, 1920. 연합감리교회 아카이브)

교육 · 선교 서한집

1920~1921년

1. 에비슨이 브라운에게

서울, 조선 (한국)

참조: G. F. 서덜랜드 씨, 1920년 1월 3일

아더 J. 브라운 박사,*
조선 기독교 교육을 위한 협력이사회** 총무 대행,
뉴욕 시, 뉴욕 주.

친애하는 브라운 박사님:

겨울이 오기 전에 스팀슨관의 지붕을 얹어 추운 계절에도 내부공사를 많이 진행할 수 있게 된 사실을 당신이 알면 기뻐하실 것입니다. 여기에 그 건물의 사진을 동봉합니다. 그것을 보면 시공업자가 건축가의 의도대로 얼마나 잘 해내고 있는지를 알게 될 것입니다. 우리는 4월 1일쯤에는 그 건물에 입주할 수 있기를 희망하였지만, 이 희망이 실현되기는 어려울 것 같습니다. 미국에 살면서 20층짜리 고층 건물이 두세 달 만에 올라가는 것을 보고 있는 여러분은 아마도 이곳에서 우리가 건물을 느리게 짓는 것을 이상하게 여길 것입니다. 그러나 우리는 동작이 굼뜬 일꾼들과 이보다도 더 느린 운송 수단을 의존하기 때문에 건물을 짓는 데에 시간이 얼마나 걸릴지를 결코 예단할 수 없습니다. 지금 우리는 다른 여러 이유도 있지만 바로 이런 이유에서 올봄에는 과학관[아펜젤러관]의 건축을 시작하는 계획을 세우기를 바라고 있습니다.

스팀슨관이 완공되면 우리가 문과는 곧바로 농업관***에서 그곳으로 옮길 것이지만, 과학실험실들은 그 자리에 남겨둘 것입니다. 이렇게 하면 농업관이 대학의 본관 부지에서

---

* A. J. Brown(1856~1963)은 1895~1929년에 북장로회 선교부의 총무로서 선임 총무들인 F. F. Elliwood, R. E. Speer와 함께 세계 선교를 지휘하였고, 1903년부터 한국선교를 직접 지휘하였다. 한국을 두 번(1901년, 1909년) 방문하였다.

** 협력이사회(Cooperating Board for Christian Education in Chosen)는 한국에서 선교하는 주요 6개 교단의 선교부들이 고등교육 사업을 협력하기 위해 1918년 1월에 조직한 단체로서 세브란스의전과 연희전문을 위한 재단이사회의 역할을 하였다. 연희전문에는 4개 선교부가 후원하였다.

*** 1918년 4월에 완공된 치원관을 가리킨다. 치원관은 현재의 제3공학관 자리에 있었다.

멀리 떨어져 있기 때문에, 두 과의 학생들과 교수들이 시간을 많이 빼앗길 것입니다. 과학 수업도 새 과학관에 실험실을 설치하여 쓸 수 있게 될 때까지는 지장을 받을 것이고, 그래서 과학 분야의 발전도 지체될 것입니다.

그러므로 우리는 당신이 그곳[뉴욕]에서 이 건물[과학관]의 건축기금을 구할 곳을 정해주고, 올봄 안에 그 기금에서 첫 번째 지급이 이루어지게 조정해주기를 간절히 원하고 있습니다. 당신은 남감리교인들이 이 건물의 건축비를 대고 싶다는 희망을 피력하였다고 내가 1918년에 보고하였던 사실을 기억할 것입니다. 그러나 그들은 그 일을 책임지겠다는 말도, 올해는 그 일을 하기를 희망한다는 말도 지금까지 확실하게 하지 않고 있습니다. 당신은 지난해에 매사추세츠 주의 피츠필드(Pittsfield)에 있는 북감리교회가 그 건물을 맡아서 기념관으로 만들고 싶다는 뜻을 피력하여 북감리회와 남감리회 사이에서 결정이 나도록 내가 이 문제를 협력이사회에 회부하였던 일도 기억할 것입니다. 이제 이 문제를 해결해야만 할 때가 되었습니다. 내가 2, 3주 전에 롤링스(Rawlings) 박사와 상의했는데, 그는 그때 그의 선교부가 지금 그 문제를 다룰 수 있게 되었다고 말해줄 수 없어서 피츠필드 사람들에게 그 건물의 건축을 기꺼이 양보하겠다는 뜻을 나타내었습니다. 그러므로 이 문제가 더 지체되지 않고 그렇게 결정되어 기금을 얻을 수 있도록 당신이 조정하여 올봄에 건축을 시작할 수 있게 해주기를 희망합니다. 4월이나 5월경에는 그 기금을 1차로 지급하여 이곳에 보내야 하고, 1921년 여름이나 가을 전에는 반드시 최종 지급을 해야 하리라고 판단됩니다. 피츠필드 교회가 과연 그처럼 짧은 기간에 기금 전체를 감당하는 계획을 세우려 할지는 알 수 없습니다. 그러나 만일 그렇게 하지 않는다면, 협력이사회가 북감리회 선교부와 상의하여 다른 어떤 기금을 임시로 이 건축계획에 쓰게 만들어 적절한 시기 안에 건축을 끝내게 할 수도 있을 것입니다.

머피(Murphy) 씨와 다나(Dana) 씨가 이미 만들어놓은 그 건물의 설계도는 내부를 아주 조금만 바꾸면 되므로 건축비나 시설비에 영향을 주지 않을 것입니다. [북장로회 선교부의] 그리스월드(Griswold) 씨로부터 편지를 받았는데, 우리에게 건축비를 책정할 때 난방비, 조명비, 그리고 완공과 입주에 필요한 다른 모든 항목을 넣으라고 조언하였습니다. 우리가 당신처럼 미국에 있다면 아주 흔쾌히 이렇게 하겠다고 했을 것입니다. 당신은 그곳에서 운송문제를 포함하여 이 모든 것의 계획을 세우고 입찰을 받음으로써 견적서의 원본들을 확보하고 그것들을 통해 온갖 정보를 모을 수 있습니다. 그러나 우리는 시공자가 이곳 현지에서 공급받을 수 있는 것들에 대해서만 계약할 수 있으므로 이렇게 할 수 없다는 사실을 당신은 알아야 합니다. 그리고 우리는 그가 부른 가격에다 본국에서 드는 난방, 배관, 조명, 철물의 비용을 더해야 하고, 반드시 미국에서 사와야 할 다른 설비의 비용을 더해야 합니다. 그 외에도 선적할 때 통용되는 화물운송비가 전체 가격에 영향을 줄 것입니다. 이곳에 물건들을 보낼 때 기존 관세를 적용할 수 있는가의 문제도 영향을 줄 것입니다. 내화성의 건물들을 지으려면 별도로 강화철에 대한 입찰을 받는 것도 필요한데, 이것은 이쪽에서 우리가 할 수 있는 일입니다. 시공업자가 건축비에 강화철의 가격을 추가하여 산정한 확실한 입찰가를 내가 당신에게 짧은 시일 안에 보낼 수 있기를 바라고 있습니다. 이쪽에서 개정한 계획서 사본을 보내면, 그쪽에서 당신이 거기에 적힌 설비에 대해 입찰을 받을 수 있을 것입니다. 만일 당신이 운송비에 대해 확실한 정보를 얻는다면 전체 건축비가 얼마나 될지를 알 수 있을 것입니다. 그러나 그러는 동안에 당신은 당신이 이미 보유한 청사진들을 사용하여 이런 것들에 관한 정보를 거의 모두 얻을 수 있습니다. 내가 말했듯이 우리가 더 정확한 계획서를 당신에게 아주 빨리 보낼지라도 당신은 그 전에 얻을 수 있습니다.

이 편지를 쓰는 주된 목적은 날씨가 풀려서 올봄에 건축공사가 가능해지면 곧바로 시작할 수 있게 그쪽에서 조정해달라고 촉구하기 위한 것입니다. 그때는 아마도 3월 말쯤이 될 것입니다. 그동안 우리는 외벽에 쓸 석재를 준비하여 공사가 전면적으로 지체되지 않게 할 것입니다. 그렇게 하면 당신으로부터 소식을 받자마자 시작할 수 있을 것입니다.

스코트* 씨가 편지를 보내 그가 지금부터 바로 9일 후인 1월 12일경에 이곳에 도착한다는 사실을 알려주었습니다. 그는 서울에서 일주일가량 보낼 것이고, 우리는 건축계획을 포함하여 대학의 모든 문제를 토의할 좋은 기회를 가질 것입니다.

과학관의 건축에 관해 [우리에게] 전해줄 분명한 메시지가 생기면 당신이 곧바로 내게 전보를 쳐주면 좋겠습니다.

안녕히 계십시오.

O. R. 에비슨

출처: UMAC

---

* George T. Scott는 북장로회 선교부 총무들의 1인으로서 이때 협력이사회 총무를 맡고 있었다.

延 禧 專 門 學 校
CHOSEN CHRISTIAN COLLEGE

校 長 室
OFFICE OF PRESIDENT
Tel. No. 870
電話八七〇

朝 鮮 京 城
Seoul, Chosen (Korea)

For information of Mr. G. F. Sutherland: January 3, 1920.

Dr. Arthur J. Brown,
Acting Secretary, Co-operating Board for Christian Education in Chosen
New York, N.Y.

Dear Dr. Brown:

You will be pleased to know that the roof of the Stimson Building was boarded over before the oncoming of winter, so that a good deal of interior work can be carried on even during the cold season. I will enclose in this a photo of the building, which will give you an idea of how well the intentions of the architect are being carried out by the contractor. We had hoped to have been able to occupy the building about April 1st, but it is scarcely likely that this hope will materialize. I suppose you who live in America and see 20-storey skyscrapers go up in two or three months wonder at the slowness with which we erect our buildings here, but we are so dependent upon slow workmen and still slower transportation that we never can know beforehand just how long a given building will take for its erection. For this reason, amongst others, we now wish to plan for the beginning of Science Hall with the opening of the coming Spring.

As soon as the Stimson Building is completed we shall move the Literary Classes into it from the Agricultural Building but the Science Laboratories will be left where they are. This will mean a good deal of loss of time on the part of both students and teachers as the Agricultural Building is quite a distance from the main site of the College. The Science work also will be handicapped until we are able to use the laboratories as they will be equipped in the new Science Building, and so the development of the scientific departments will be delayed.

We are therefore anxious to have you determine at that end from what source the funds for this building are to be secured, and to make arrangements for the first payments upon account of that fund to be made during the coming Spring. You will remember that in 1918 I reported that the Southern Methodists had expressed a hope that they would secure the funds for this building, but up to the present time they have not definitely stated that they will be responsible for it or that they can hope to undertake it this year. You will also remember that last year the Methodist Church in Pittsfield, Mass., also expressed a willingness to undertake this building as a memorial, and that I referred the matter to the Co-operating Board to secure a decision on the matter as between the Northern Methodist and the Southern Methodist Boards. The time has now come when this matter should be settled. I had a conference with Dr. Rawlings two or three weeks ago, and he was then unable to say that his Board could handle the matter at this time and he expressed a willingness to have the building erected by the Pittsfield people. I hope therefore you can arrange to have this so decided without further delay and that funds can be made available so that a beginning can be made this Spring. The first payments will have to be made here about April or May and I judge that the final payments would not have to be made before the summer or fall of 1921. I do not know whether the Pittsfield church will have planned to handle the whole amount within so short a period, but if not perhaps the Co-operating Board can arrange with the Northern Methodist Board to allow certain other funds to be temporarily applied to this project, and so enable it to be completed within a reasonable time.

Co-operating Board 2.

The plan of the building will be practically that already prepared by Messrs. Murphy & Dana, with some slight changes in the interior arrangement which will not affect the cost of the building itself or of its equipment. I received a letter from Mr. Griswold suggesting that when we name the cost of a building we at the same time include an estimate for heating, lighting and all other items necessary to its completion and occupancy. I would be very glad to do this were we situated as you are in America, where you can get all these things planned for and bids secured including transportation so as to collect all the information in the original estimate, but you will realize that we cannot do this because we can only make a contract with the builder here for the things which he can supply locally, and that we must depend upon you at home to add to his price the cost of heating, plumbing, lighting and hardware, and also of such other equipment as must be purchased in America, and that even then the total price will be dependent upon the freight rates which prevail at time of shipment, and also upon whether they can be delivered here under a known Customs duty. In constructing fireproof buildings also we have to get a separate bid for the reinforcing steel, but this we can do at this end. I expect to be able to send you a definite contractor's bid for the building itself plus the reinforcing steel within a short time and there will go from here a copy of the revised plans so that you can secure at that end bids on the equipment mentioned, which if you can secure definite information as to transportation rates will enable you to know what the total cost of the building will be. In the meantime, however, you can make use of the blueprints already in your possession for getting most of this information, although as I said we will give you the more exact plans within a very short time.

The main object of this letter, however, is to urge that arrangements be made for beginning the building this Spring as soon as construction work may be made possible by climatic conditions, which will probably be about the end of March. In the meantime, we are getting out stone for the walls so that all delay will be avoided and we shall be able to begin as soon as we can hear from you.

A letter from Mr. Scott says he will reach here about January 12t just nine days from now. He will spend a week or so in Seoul and we will have a good opportunity to discuss all the problems of the College as well as its building program.

I think it would be worth while for you to cable me as soon as you have a definite message concerning the erection of the Science Building.

Very sincerely,

O. R. Avison

2. 에비슨이 언더우드에게

참조: 스코트 씨

1920년 1월 5일

존 T. 언더우드 씨,
30 베시 스트리트,
뉴욕 시, 뉴욕 주.

나의 친애하는 언더우드 씨:

크리스마스 바로 전에 그리스월드 박사가 보낸 편지를 받았는데, 대학의 몇 가지 문제들에 관해 당신이 진술한 것이 그 편지에 거론되어 있습니다. 우리가 그 문제들을 미리 다 알렸으면 좋았겠지만, 그렇지 못하였습니다. 나는 곧장 그리스월드 박사에게 편지를 썼고, 그것의 사본을 당신과 서덜랜드(Sutherland)* 씨에게도 보냈습니다. 그쪽에서 충분히 이해되지 못한 몇 가지 점들이 밝히 해명되면 좋겠습니다. 당신이 보낸 편지도 받았습니다. 그래서 지금까지의 일을 가능한 한 여기에서 모두 알려드리도록 노력하겠습니다.

겨울이 정말로 닥치기 전에 스팀슨관의 지붕을 덮었습니다. 기와는 아직 얹지 않았지만 말입니다. 지붕을 올린 직후에 찍은 이 건물 사진을 협력이사회가 활용하도록 그리스월드 박사에게 보내겠습니다.** 그것은 지금 우리에게 있는 유일한 인화 사진입니다. 더 있다면 당신에게도 한 장을 보내려 했을 것입니다. 우리가 이 건물의 사진을 직접 찍을 예정이므로 며칠 내에 당신에게 한 장을 보내겠습니다. 협력이사회의 가우처(Goucher) 박사가 몇 주 전에 이곳에 와서 이 건물을 보고 크게 만족해하였습니다.

루카스(Lucas) 씨를 만나는 문제에 관해 10월 23일 서덜랜드 박사에게 편지를 쓰고 그것의 사본을 당신에게 보냈습니다. 루카스가 마침내 결정을 내려 우리와 함께 6개월간 머물기로 하였습니다. 그 일이 자기에게 맞는지를 시험해보고 자기가 건축감독과 수공부 경영에 집중하는 사역에 만족하게 될지를 알아보기 위해서입니다. 그의 봉급은 그가 얼마나

* George F. Sutherland는 북감리회 선교부 소속으로 협력이사회의 회계를 역임하고 있었다.

** University of Southern California 도서관에 건축공사 중인 스팀슨관 사진이 소장되어 있는데, 지붕이 눈에 덮인 스팀슨관 앞에 에비슨으로 보이는 인물이 서 있는 사진이다. 이 사진이 여기에서 언급된 사진과 어떤 관계가 있는지 생각해볼 만하다.

많은 건물을 맡게 될지에 따라 그리고 부동산의 전체 비용에 따라 책정될 것입니다. 그는 사택들의 설계도를 준비하는 데에 꽤 많은 시간을 들일 것이고, 산업교육을 발전시킬 계획도 세울 것입니다. 그리하여 이 학교에 대한 루카스의 봉사가 가치 있는 것으로 판명되면, 우리가 이 금액의 지출을 합당하게 여기게 될 것입니다.

교수 사택들의 크기와 비용에 관해 말하자면, 오늘 아침 그리스월드 박사에게 우리가 방금 지은 사택 2채의 설계도 청사진을 보냈습니다. 그 집들의 사진들도 보냈는데, 다 지은 후에 찍은 것입니다. 내게 또 다른 청사진 세트도 있는데, 당신에게 며칠 내로 보내려고 만든 것입니다. 이 편지와 함께 그 사진들의 사본도 보낼 것입니다. 당신은 그 집들이 매우 작은 것을 볼 것입니다. 특별히 로즈 씨가 살 집이 그러합니다. 우리가 밀러 씨 집의 설계도를 정한 후에 아무 설비도 없는 건물 자체만을 위해서도 $5,000 이상의 비용이 든다는 사실을 알게 되었습니다. 우리는 많은 시간을 들여서 두 번째 집을 그보다 더 작게 설계하려고 노력하였습니다. 아래층에 방 하나를 더 붙여서 넓이를 조금 늘리고 위층의 방 하나를 줄여 건물의 높이를 1½층으로 낮췄기 때문에 비용은 좀 더 든다는 점을 말씀드립니다. 우리는 머피 씨로부터 이렇게 하라는 강력한 권고를 받았습니다. 그 부지가 있는 언덕과 계곡에 더 잘 어울리게 만들기 위해서였고, 우리 스스로도 그의 조언을 좋게 느꼈습니다. 우리는 이미 이 대학에 많은 돈을 투입해왔고, 이 대학을 학문의 전망으로 만들 뿐만 아니라 실용성과 건축학적 표현의 모델로도 만들려고 노력해왔습니다. 우리는 한 채 당 몇백 원씩을 아끼기 위해 높고 각이 진 2층짜리 집들을 지어 그 땅의 전체 경관을 해치는 것은 매우 지혜롭지 못한 일이 되리라고 느꼈습니다. 특별히 이 집들은 영구히 사용될 터인데, 우리가 잘못된 판단으로 그런 건축을 한 데 대해 책임을 져야 한다는 말을 모든 세월 동안 듣게 될 것을 깨닫고 그렇게 생각하였습니다. 내가 이전 편지에서 썼듯이, 우리가 상의했던 모든 사람이 이렇게 생각하였습니다. 물론 비용의 추가는 주로 자재비와 임금이 크게 오른 것에서 발생하였습니다. 당신이 도면을 받으면 그것들을 주의깊게 돌아보는 데에 시간을 많이 들지 않아도 된다는 것을 알게 될 것입니다. 나는 그것들에 대한 당신의 지적을 매우 기쁘게 받아들일 것입니다. 어떻게 하면 그 크기를 줄이면서도 가정집으로 적합하고 필요할 때면 손님을 맞을 여력도 갖추게 할 수 있을지에 관해 당신이 제안해주면, 그 제안도 매우 기쁘게 받아들이겠습니다. 거의 모든 선교사의 집이 거의 일 년 내내 손님들을 맞으라는 요청을 받고 있습니다. 내가 아는 바로 우리 집에도 거의 항상 한 명에서 세 명이나 네 명의 손님이 와있습니다.

당신이 우리가 그리스월드 박사에게 보낸 편지의 사본을 읽으면 배관, 난방, 조명 설비의 견적을 건물의 견적에 포함하는 문제를 다룬 것을 볼 것입니다. 이런 제안을 우리가 여기에서 실행할 수 있게 된다면 너무 기쁠 것입니다. 그러나 우리는 이런 것들의 견적을 여기에서는 얻을 수 없고 미국에서만 얻어야 하며 건물만의 건축 견적에 그 견적을 더해야 한다는 사실을 알게 되었습니다. 그래서 그것이 전체 비용을 파악하는 유일한 방법인 것을 깨달았고, 그렇게 하고도 운송과 파손에 대비하여 금액을 얼마간 더 책정해야 한다는 것을 깨달았습니다. 우리는 심의 중인 사택 두 채의 설비를 위해 견적을 얻어달라는 요청서를 협력이사회에 보냈을 때 건물들의 도면과 견적을 내는 데에 필요한 정보들도 같이 보냈습니다. 당신이 그리스월드 박사에게 받아쓰게 해서 보낸 당신의 편지를 보면, 그 도면들과 정보가 협력이사회에 도착하지 않았던 것으로 판단됩니다. 그러므로 위에서 말했듯이 우리는 다른 청사진들을 보내려 합니다. 그것은 업자들이 우리에게 필요한 것들의 견적을 정확히 낼 수 있게 해줄 것입니다. 당신도 우리처럼 그 건물들에는 그런 설비를 해야 한다고 느끼리라고 확신합니다. 우리는 세브란스 부지에 있는 사택들의 설비공사를 하면서 그런 용도에는 $1,200이면 충분하다는 것을 알게 되었습니다. 그러나 지금의 시장 상황에서는 그 금액이 크게 오를 것 같아서 염려됩니다.

땅을 더 구하는 문제에 관해서는, 총독부가 기증할 의사를 보이지 않으면 땅을 더 사지 말라고 당신이 우리에게 제안했던 것을 주목합니다. 그러나 만일 당신이 이곳에 와서 상황을 잘 알게 된다면, 총독부에 대해 그런 부담을 지는 자리에 학교를 두기를 원치 않을 것이라고 생각합니다. 더 많은 땅이 필요한 것에 관해, 지금 우리가 소유한 땅과 구입하면 좋을 땅이 표시된 지도를 당신에게 보낼 생각입니다. 우리가 지금 사려고 하는 땅은 원래 계획에 없던 새로운 것이 아니고, 개인 소유자들이 매물로 내어놓아야 살 수 있는 필지들로 이루어져 이제까지 살 수 없었던 것이었습니다. 그 모든 땅이 대학의 농업과를 위해 실제로 필요합니다. 우리에게 필요한 모든 산지는 두 번의 큰 매매를 통해 총독부로부터 샀습니다. 그 도면들은 지금 우리가 소유한 땅이 무엇이고 그것이 어떤 특징—산이나 계곡이나 농지—을 지니고 있는지를 보여줄 것이고, 그 땅의 장차 사용 용도를 보여줄 것입니다. 그러므로 당신은 이것으로 현재 상황을 명확히 파악할 수 있을 것입니다.

예상 가격을 미리 알아내는 일에 관해서는, 그것을 미리 알면 협력이사회에 보내 그 가격을 판단해볼 수 있게 할 수 있지만, 실제로 그렇게 하려고 하면 땅값을 물어본 일로 인해 가격을 크게 올리는 결과를 낼 것이라고 말할 수 있습니다. 그밖에 우리가 원하는 땅이 매물로 나오자마자 재빨리 살 필요도 있습니다. 지금 대학 인근의 땅의 수요가 크고 가격이 꾸준히 오르고 있기 때문입니다. 1915년에는 평당 40전에서 50전이던 농지가 지금은 2원이 되었습니다. 그래서 우리가 그때 샀어야 했으나 소유주들이 팔 생각을 하지 않아서 살 수 없었던 땅을 사기 위해 비싼 값을 치러야 합니다. 땅값이 한국 전역에서 오르고 있고 서울과 그 근교에서는 이런 현상이 훨씬 심합니다. 협력이사회가 밟을 유일한 절차는 대학부지의 경계나 범위를 대략 어느 정도로 잡을지를 [우리에게] 말해주고 그것의 매매를 우리에게 맡겨 우리가 살 수 있는 만큼 사면서 최대한 좋은 가격으로 살 수 있게 하는 일이 될 것입니다. 내가 당신에게 보낼 지도에 모든 정보를 최대한 많이 표시하도록 하겠습니다.

교수 사택 3채를 북장로회 선교부 쪽에서 짓게 될 수도 있다고 내가 말했던 것에 관해서는, 스코트(Scott) 씨와 쉘(Schell) 씨 부부가 이곳에서 우리에게 했던 진술에 근거하여 말한 것이었음을 알려드립니다. 그들은 여자선교부가 이 일을 세이지 유산(Sage Legacy)* 에서 기부받을 가능성이 있는 문제로 여기고 있다고 말하였습니다. 스코트도 미국에서 출발하기 전에 우리에게 썼던 편지에서 똑같이 이야기하였습니다. 우리는 물론 올여름에는 이 사택들이 완공되어 더 많은 선교사 교수들이 대학부지로 이사해가기를 간절히 바라고 있습니다. 밀러 씨는 이미 그곳에 가 있고, 로즈 씨도 머지않아 갈 것인데, 아마도 봄에 갈 듯합니다. 로즈는 그 집이 난방만 되면 겨울 중에라도 이사해갈 것입니다. 당신도 기억하겠지만, 그[밀러와 로즈의] 사택 2채는 북감리회 선교부에서 제공한 기금으로 지어졌는데, 거기에 입주할 사람들은 북장로회 선교부의 선교사들입니다. 이 사실은 우리가 그 계획을 진행하면서 비용의 출처에 따라 집을 배정받을 선교사를 정하지 않고 있다는 사실을 알려줍니다. 그 일의 기본 생각은 그 모든 집을 균등하게 활용될 대학의 자산으로

---

* 미국의 자산가이고 정치가인 Russell Sage의 부인이 그의 유산으로 1907년 Sage Foundation을 세우고 주로 여성교육을 위해 자선활동을 하였다. 본 자료집 Ⅳ권(서한집 2권)의 59번 문서, 1919년 4월 23일 스코트가 연전 이사들에게 보낸 서한을 보면 연희전문에서는 1919년 4월부터 세이지 유산을 받기를 기대하였다. 1919년 북감리회에서 보낸 돈으로 지은 사택들에 장로교 선교사 교수들이 입주하였기 때문에 이제 북장로회에서 감리교 교수들을 위해 사택 건축비를 보내야 할 의무가 있었는데, 그들은 그 비용을 충당하기 위해 연전에서 세이지 유산을 얻도록 주선하였다.

여겨야 하고 대학을 위해 종사하는 이들이 그 집들에 입주해야 한다는 것입니다.

난방 설비를 일본에서 입찰받는 문제에 관해서는, 내가 그리스월드 박사에게 쓴 편지에서 다카다 회사(Takata & Co.)와 거래할 수 없게 된 이유를 충분히 설명하였습니다. 그 회사의 가격은 항상 미국에서 그에 상응하는 제품의 가격보다 더 높습니다. 이것은 분명히 일본에서 수입하는 상품들이 매우 높은 관세를 치르는 사실에서 기인합니다. 그 관세는 반드시 처음에 내야 하고, 미국의 수출업자들이 한국으로 상품을 보낼 때 내는 것과 마찬가지로 당연히 추가로 내야 합니다. 다카다 회사는 항상 방열량과 거기에 맞는 보일러의 크기를 다른 사람들이 필요하다고 생각하는 것보다 훨씬 적게 산정합니다. 그렇게 해서 전체 입찰가를 낮춥니다. 그러나 내가 그리스월드 박사에게 말했듯이, 미국 회사에서 만든 방열기를 수년간 사용한 경험에 의하면, 다카다가 산정한 것은 건물의 난방에 필요한 정도에 훨씬 못 미칩니다.

재정 운영에 관한 상세한 진술서를 매월 보내라는 당신의 제안을 좋은 생각이라고 생각합니다. 그렇게 하면 우리가 그대로 잘 실행하려고 노력하게 될 것입니다. 모든 필수적인 정보를 담은 첫 번째 진술서를 며칠 내로 당신과 협력이사회에 보내겠습니다. 12월 말까지 이루어진 모든 명세를 알리겠습니다.

관세 변경이 예고된 것에 대해 말하자면, 그 일은 1920년 8월에 실행될 예정입니다. 총독부가 몇 달 전에 그것의 실행을 공포하였습니다. 몇 주 전 "서울 프레스"에 일본 정부의 지원금을 충분히 많이 받기가 어려운 것과 관련된 여러 이유에서 애초에 예상했던 시기인 올 8월에는 조선총독부가 관세를 바꾸지 않을 것이고 그래서 8월 이후에도 낮은 관세가 유지될 것이라는 비공식적인 진술이 게재되었지만, 아직은 이에 관해 확실하게 말할 수 없습니다. 그래도 당신에게 이런 문제를 계속 충분히 알려드리겠습니다. 어찌 되든 간에 이미 지어진 두 사택을 위한 설비는 가능하면 빨리 보내져야 할 것입니다. 미국에서 사야 할 것과 이쪽에서 우리가 가장 잘 살 수 있는 것을 적은 적요서를 협력이사회에 보내겠습니다. 그리하여 당신이 그곳에서 사야 할 것에 관해 의구심을 품지 않게 할 것입니다.

과학관에 관해서는, 지난 며칠 전 그 문제를 다룬 편지를 협력이사회에 보냈고, 당신에게도 그것의 사본을 보냈습니다. 거기에서 남감리회 선교부가 지금은 그 건물[건축비 기부] 문제를 추진할 수 있을지가 확실하지 않으므로 피츠필드 교회에서 그 건물을 맡는 것을 반대하지 않을 것이라고 한 것을 당신은 볼 것입니다. 그 편지에서 한 말을 여기에서 반복할 필요는 없습니다. 거기에서 그 상황을 충분히 설명하였기 때문입니다.

스코트 씨로부터 그가 1월 12일, 곧 오늘로부터 일주일 후에 서울에 도착할 것 같다는 말을 들었습니다. 그가 나의 손님이 되면 대학의 모든 일을 함께 상의할 충분한 시간을 가질 것입니다. 그가 알아야 할 모든 내용을 충분히 이해할 수 있을 만큼 이곳에 충분히 오래 머물면 좋겠습니다.

우리가 계획했던 대학의 수준, 곧 교육의 수준을 크게 낮추도록 총독부가 우리에게 압박했을 때 우리가 실망했던 것을 당신은 아마도 기억할 것입니다. 총독부는 지금 한국의 교육 문제에 더 관대한 태도를 보이면서, 초등교육 연한에 2년을 추가할 계획을 이미 세웠습니다. 이것은 전체 교육 수준에 영향을 끼칠 것이고, 대학의 연한도 조만간 2년까지 상향시킬 것입니다. 그래서 우리는 지금 우리 교육과정을 다시 짜고 있습니다. 이 일과 관련하여 우리는 총독부가 중등교육의 연한을 늘려 전체 과정을 2년 대신 3년 과정으로 상향하기를 희망하고 있습니다. 이렇게 하면 [교육] 수준이 일본만큼 높아질 것입니다. 만일 그렇게 되면 우리는 대학의 교육과정을 다시 짜서 처음 2년간은 수준 높은 일반과목을 가르치는 데에 전념할 것이고, 그런 다음에는 조정이 가능하다고 판명되는 대로 문과, 농과, 상과 등의 전공 분야 교육을 2년이나 3년 또는 4년간 시행할 것입니다. 현재 한국의 혼란한 여건으로 인해 일부 사람들이 한국에서 활동하는 선교기관들에 기부하기를 주저하는 경향을 보이는 것을 당신이 느끼고 있다고 말한 것을 주목합니다. 이 사역에 아직 관심이 없는 사람들이 이렇게 할 것은 능히 예상할 수 있는 일입니다. 그러나 그 일에 자신의 삶을 바치고 있는 우리와, 내가 확신컨대, 미국에서도 이 나라의 향상을 위해 매우 많은 생각과 관심과 돈을 바치고 있는 당신의 사람들은 쉽게 실망하지 않을 것이고, 하나님의 나라의 이쪽 부분[한국]에서도 의(義)와 정의가 궁극적으로 개선될 것을 계속 믿을 것이라고 짐작합니다. 우리의 노력과 관심을 지금 억제하는 것은 향후 사역에 큰 해를 입힐 것입니다. 우리는 지금 이 교육기관의 기초를 놓고 있으므로, 장애물들에도 불구하고 곧장 나아가야 합니다. 그리하여, 내가 확신하는 바와 같이, 이곳의 여건이 개선되고 한국인들이 일생의 사업을 준비하는 일에 본격적으로 나설 수 있게 되면, 우리는 그들이 필요로 하는 것과 최상의 것을 주는 자리에 서게 될 것입니다.

의학교와 병원에 많은 금액을 바로 지금 투입하는 것을 세브란스 씨가 다소 의아하게 여겼을 것 같습니다. 그러나 지난 11월에 그에게 쓴 편지에서 나는 세브란스 의료기관의 발전을 위해 절대적으로 필요한 땅을 더 확보하는 문제에 관해 설명하였고, 며칠 전 그로부터 서울에서 땅을 사기 위해 요청받은 금액이 지나치게 많다는 생각이 들기는 하지만 필요한 땅을 사는 일에 대해 내가 최종적인 결정을 내리면 무엇이든 수용하겠다고 하는 내용의 전보를 받고 기뻐하였습니다. 그는 그렇게 함으로써 한국선교를 위한 투자가 여전히 좋은 결과를 약속한다는 것을 확신하는 사실을 내게 입증해주었습니다. 바로 이런 것이 우리 모두 가져야 할 생각일 것입니다. 비록 아직은 조선총독부의 변화된 태도가 주목할 만한 개혁을 썩 많이 내고 있지는 않지만, 그래도 내년이 되기 전에는 이 나라와 국민에게 참으로 가치 있는 어떤 것을 이루리라고 생각합니다. 세계를 향한 일본의 약속과 국제연맹의 발전에 연동된 미래를 향한 희망은 필연적으로 한국이 다시는 지난 10년간의 통치와 같은 억압적인 법규들 아래 억류되지 않게 될 것을 뜻합니다. 나는 한국에 새벽이 오고 있다고 믿는 것이 온당하다고 생각하고, 지금 이곳에 하는 투자는 무엇이든 앞으로 수년 안에 여러 배의 결실을 낼 것이라고 생각합니다.

이런 관계로 당신과 언더우드 부인[John T. Underwood 부부]이 이곳에 와서 이곳에서 무슨 일이 이미 성취되었고 앞으로 무슨 일을 기대할 수 있을지를 직접 관찰하라고 다시금 촉구하고 싶습니다. 언더우드관을 짓기 전에 당신이 이곳의 상황을 직접 살펴보는 것이 좋지 않겠습니까? 그리고 언더우드 부인(Mrs. H. G. Underwood)*이 아직 우리와 함께 있는 동안에 오는 것이 좋지 않겠습니까? 연희전문학교와 세브란스연합의학전문학교의 발전계획에 나타난 바와 같이 2개의 큰 교육기관이 기획되고 있으므로, 당신과 세브란스씨가 이곳의 문제들을 직접 조사해야 하고, 그럼으로써 우리에게 조언하고 이 기관들에 대해 취할 태도를 직접 결정하기에 좋은 입장에 서야 한다고 생각됩니다. 당신이 올해 어느 때에 올 수 있을지 궁금합니다. 이 문제를 신중히 생각하고 충분히 기도해보지 않겠습니까?

이제 사적인 문제들에 대해 말하자면, 에비슨 부인과 내가 이곳에 있는 언더우드의 집

* 연희전문학교 설립자인 언더우드(H. G. Underwood)의 부인인 릴리아스 호튼(Lillias H. Underwood, 1851~1921)을 가리킨다. 호튼은 일리노이 주의 노스웨스턴 의과대학을 졸업하고 1888년 내한하여 제중원에서 근무하며 민비의 시의로 활동하던 중 1989년 언더우드와 결혼하였다. 의료 사역과 전도사역 외에 문서 사역 방면에서도 *Underwood of Korea* (1918)를 비롯한 저서들과 *The Korea Mission Field*의 기사들을 통해 뚜렷한 자취를 남겼다.

에서 크리스마스 저녁에 만찬을 가진 일을 말해보겠습니다.* 언더우드가 처음 한국에 온 이래로 돌아가실 때까지 해온 관례를 따른 것이었습니다. 그러나 그가 떠난 후에는 아무도 지키고 싶어 하지 않았습니다. 그 저녁 시간은 매우 즐거웠고 우리는 모두 슬픈 감정을 멀리하려고 노력했지만, 개인적으로 나는 지난날들이 생각나는 것을 참기 어려웠고, 지난날 언더우드 박사와 나눴던 교제를 생각하고 대학설립 구상을 성취하기 위해 어떻게 함께 계획을 세우곤 했던가를 생각하며 안타까운 심정에 빠져드는 것을 참기가 힘들었습니다. 그 일을 발전시켜가는 것이 내게 남겨진 일인 것처럼 보입니다. 나는 다시 새해 첫날에도 언더우드 부인을 찾아뵈었습니다. 그녀는 건강 상태가 보통이고, 매우 연약해 보이지만, 모든 방면의 선교사역에 계속 강한 관심을 지니고 있습니다. 크리스마스 저녁 만찬에 참석했던 사람들 중에서 언더우드 부인을 빼고는 에비슨 부인과 내가 유일하게 옛 시대를 살았던 참석자였다고 말하지 않을 수 없습니다. 그러나 그 식탁은 예전에 손님으로 왔던 이들의 아이들로 거의 채워졌습니다. 그 일은 내가 살아온 세월을 세어보기 시작하게 하였고, 얼마나 더 많은 해를 한국에 바쳐야 하는지에 대해 의문을 품게 하였습니다. 그리하여 일이 어떻게 진행되든지 간에 내가 대학을 위해 힘있게 가치 있는 봉사를 할 수 있는 햇수는 아주 많을 수 없다고 생각하게 만들었습니다. 그런 생각은 세브란스(L. H. Severance) 씨가 의학교의 발전에 관해 했던 말을 떠올리게 합니다. 그는 내게 1908년에는 반드시 미국을 방문하라고 요청하고, 그의 자산을 사용해서 학교를 가장 잘 발전시킬 완전한 계획을 나와 함께 세우고 싶다고 말하면서, "당신은 우리가 여러 해 동안 해온 일을 알고 있습니다. 우리는 앞으로 무슨 일을 하든지 간에 크게 지체하지 않고 반드시 해낼 것입니다"라고 말하였습니다. 그는 그 후로 4, 5년을 더 살았는데, 그 기간에 학교가 크게 발전하였습니다. 나 자신은 그가 그 말을 한 후 12년을 더 살았고, 개인적으로 그 일을 열심히 할 준비가 그때보다 더 잘 되어있습니다.

한국의 현재 상황에 대해 말하자면, 의학교에 거의 60명의 학생이 출석하고 있고, 모든 의료 사역이 전보다 훨씬 더 큰 추진력을 갖고 움직이고 있습니다. 지난날에 행한 의료 사역의 모든 수고에서 완전한 결실을 거두지 못하게 가로막는 유일한 장애 요인은 이곳으로 파송되는 의사의 수가 적은 것입니다. 그 때문에 우리의 일부 지방 병원들은 일할

* 언더우드 부인이 1921년 사망하였으므로 이후에 이 같은 크리스마스 만찬을 가질 기회가 한 번 더 있었을 것으로 생각된다.

의사가 없어서 문을 닫아야 하였습니다. 간호사에 대해서도 이와 똑같이 말할 수 있습니다. 나는 방금 총독부로부터 세브란스 의료기관과 연계한 나환자 병동의 개설을 허가받았습니다. 한국에서 나병을 근절하기 위해 나병 조사사업을 벌이자는 제안이 있었습니다. 결핵에 대해서도 강력한 노력을 기울일 생각입니다. 세브란스 의료기관이 이 두 방면에서 추진한 사업의 경과는 최근에 내가 당신에게 보낸 편지에서 설명되었습니다.

이 편지가 많이 길어졌는데, 이제 마칠 때가 되었습니다. 당신들이 모두 훌륭한 크리스마스를 보냈으리라고 여기면서 매우 행복하고 번창하는 한 해를 맞이하기를 진정으로 소망합니다. 언더우드 부인과 글래디스(Gladys)에게도 우리의 따뜻한 안부 인사를 전해주기 바랍니다. 덴(Den?)에게도 그가 나를 얼마나 염려했는지를 내가 잊지 않고 있다고 말해주기 바랍니다. 언더우드 부인께 그녀와 에비슨 부인이 사지 못했던 그 외투가 매우 유용할 뻔하였음이 입증되었다고 말해주기 바랍니다. 이는 우리가 이곳에서 경험해본 것 가운데 이번에 가장 추운 날씨와 가장 많은 눈을 겪었기 때문입니다. 콘라드 부부(Conrads)와 앨버트슨(Albertson) 박사께도 나의 따뜻한 안부 인사를 전해주시겠습니까?

안녕히 계십시오.

[서명 없음]

출처: PHS

Dr. W.R. Avison

FILING DEPT.
MAR 9 1920
1426

For information of Mr. Scott:

✓

January 5, 1920.

Mr. John T. Underwood,
30 Vesey Street,
New York, N.Y.

Dear Mr. Underwood:

Just before Christmas I received a letter from Dr. Griswold containing a dictated statement from you concerning several College matters about which we had not apparently sent all the information desirable. I at once wrote a letter to Dr. Griswold, a copy of which was also sent to you and Mr. Sutherland, which I hope will elucidate some of the things which were not fully understood at that end. A letter from you was also received, and I shall endeavor in this to report everything as far as I can up to date.

The Stimson Building was covered in before the actual coming in of winter, though it has not yet been tiled. A photograph of this building, taken just after the roof was boarded in has been sent to Dr. Griswold for the use of the Co-operating Board. It is the only print we have on hand at this moment or I would have sent a copy to you also. We are ourselves taking a photograph of it, a copy of which will go to you within the next few days. Dr. Goucher of the Cooperating Board was here a few weeks ago and was very much pleased with the building.

On October 23rd I wrote Dr. Sutherland a letter concerning conference with Mr. Lucas, a copy of which was sent you. Mr. Lucas finally decided to remain with us for six months in order to try out his own fitness for the work and to see whether he would be satisfactory as a permanent worker in connection with the oversight of the buildings and the conduct of industrial operations. His salary will have to be charged up to the various buildings upon which he will work, and to the general cost of property affairs. He will give a good deal of time to the preparation of the plans for residences, and lay out plans also for possible developments in industrial education. We feel that the expenditure of this amount of money will be justified if we are enabled to thereby determine the/future value of Mr. Lucas' services to the institution.

Referring to the size and cost of residences, I sent this morning to Dr. Griswold blueprints of the plans for the two residences which we have just built and also photographs of the houses themselves, taken after their erection, and I am having another set of the blueprints made to be sent to you within the next few days, while a copy of the photographs will go with this letter. You will note that the houses are quite small, especially the one in which Mr. Rhodes is to live. After we had decided upon the plan for Mr. Miller's house and found that it would cost more than $5,000 for the building without equipment, we spent much time trying to plan the second house on a still smaller scale. I may say that the cost is somewhat greater because they are spread out a little in order to put one more room downstairs and one less upstairs and so cut the height of the buildings to one and a half storeys. We were strongly advised to do this by Mr. Murphy, in order to make them fit in better with the hills and valleys of which the site is composed, and we ourselves felt that his advice was good. We are already putting so much money into the College and endeavoring to make it not only an institution of learning but also a model both in utility and architecturaleexpression, that we felt it would be very unwise for us to spoil the general appearance of the property by erecting tall, square, two-storey houses at a saving of a few hundred yen only on each house, especially when we realized that these houses would be permanent and would in all the years to come declare the poor judgment of those responsible for their erection. This was the view of all whom we consulted, as I wrote in a former letter. The added cost, of course, is largely due to the great increases in price of materials and labor. When you receive the diagrams and can find a little time to go over them carefully, I shall be very glad to have yourcoriticism of them, with suggestions as to how we may reduce them in size and yet have them suitable for family homes, with the possibility of taking in a guest when needed. I may say that nearly every Mission home is called upon to take in guests during most of the weeks of the year. In our own home I know, we have from one to three or four guests almost all the time.

In reading the copy of our letter to Dr. Griswold you will see that we touch on the question of including an estimate for plumbing, heating and lighting equipment with the estimate for the building. We would be only too glad to carry this suggestion out were it practicable here, but when we realize that estimates for these cannot be obtained here but must be got in America and added to the estimate for the erection of the building itself, we find that that is the only way in which the total cost can be known and even then an uncertain sum must be allowed for transportation and breakages. When we sent the request to the Board to get estimates for the equipment of the two residences under discussion we sent diagrams of the buildings, and such information as was necessary in securing the estimates. From your letter as dictated to Dr. Griswold, I judge that these diagrams and this information never reached the Board. As stated above therefore we are sending on other blueprints which will enable the manufacturers to estimate exactly on our requirements. I am sure that you will feel, as we do, that the buildings ought to be so equipped. When the houses on the Severance Compound were being equipped we found that $1200 was sufficient for the purpose, but I fear that sum will be considerably increased under present market conditions.

In reference to the securing of more land, I note that you suggest that we do not purchase any more unless the Government is willing to donate it. I am under the impression however that if you were here in close touch with the situation you would not want the institution to be under such an obligation to the Government. As to the need for more land I am sending you a map of the siteshowing what we now own and what it is desirable for us to purchase. The land we are now wanting to buy is not anything new or unplanne for in the original scheme, but is simply made up of the fields which can onl be bought from private owners just when they come into the market, and which we have not been able to purchase up to this time. They are practically all required for the agricultural department of the College, all the hillsites we need having been bought from the government in the two main purchases which we made. The diagram will show just what we now have and the character of the land, whether hills, valleys or fields and the use to which it is to be put, and this will, I think, give you a clearer idea of the situation than you can possibly have at present.

With regard to the securing of estimates in advance which can be sent to the Cooperating Board for its judgment as to value, I may say that any effort to carry out such a plan would result in a great increase in the asking price of the land, and besides it is necessary to buy promptly any land that we want as soon as it comes into the market, as land is now in great demand in the vicinity of the College and prices are steadily rising. Fields that were in 1915 worth 40 to 50 sen per tsubo are now held at Y 2.00, and we are having to pay dearly for land that we ought to have bought at that time but were unable to get because the owners were not ready to sell. Land values have risen all over Korea and this rise has been much greater in Seoul and its vicinity. I think the only mode of procedure for the Cooperating Board will be to say in a general way what should be the boundaries or extent of the site and leave it to us to make the purchases just as we can and at the best prices that we can make. I shall try to indicate all the information or as much of it as may be possible on the map which I shall send you.

In reference to the three residences which I said might be built by the Northern Presbyterian Board, I may say that my report was based upon a statement made to us here by Mr. Scott and Mr. and Mrs. Schell, who said that the Women's Board were considering the matter as a possible contribution from the Sage legacy. Mr. Scott had reported the same thing to us in a letter written before he left America. We are anxious of course that these houses may become available this coming summer, so that a larger number of the missionaries may move out to the College site. Mr. Miller is already out there, and Mr. Rhodes will go out before long, perhaps in the Spring. Probably Mr. Rhodes would have gone out during the winter could thehouse have been heated. As you may remember those two residences were built out of funds provided by the Northern Methodist Board but they are to be occupied by missionaries of the Presbyterian Board. This indicates the plan upon which we are proceeding that the source of the funds does not determine to what missionaries the given houses shall be assigned, the idea being that they shall all be regarded as the equal property of the College to be occupied by those to whom it is/the interest of the College to assign them.

With reference to the securing of bids in Japan for heating plant I explained fully in the letter to Dr. Griswold why we have never been able to deal with Messrs. Takata & Co. Their prices have always been higher than American prices on materials of a corresponding type. This is no doubt due to the fact that goods imported into Japan are subject to a very high Customs duty, which must first be paid and which of course would be additional which they as well as American exporters would have to pay in sending goods into Korea. Takata & Co. have always estimated the amount of radiation and the corresponding size of the boiler much under what others have considered necessary, and in that way have cheapened their total bid, but as I said to Dr. Griswold the experience of several years of use of the radiation supplied by the American firms has shown us that Takata's estimates would have fallen far short of heating the buildings.

I think your suggestion to send a detailed statement monthly is a good one, and we will try to follow it out. I will get all the necessary information for our first statement within the next few days and will send it to you and to the Board. It will carry everything up to the end of December.

Speaking of the proposed changes in the Customs tariff, I may say that they are due to come into effect in August, 1920, and announcement to that effect was made by the Government some months ago. A few weeks ago an unofficial statement appeared in the "Seoul Press" that for certain reasons connected with the difficulty of securing a large enough subsidy from the Government in Japan the Government of Korea would not make the changes in the tariff next August as had been expected so that it is possible the low tariff may remain as it is beyond next August, but I cannot give a definite statement concerning this yet. I will, however, keep you fully informed on this point. In any case, the equipment for the two residences already erected should be sent out as soon as possible. I will send to the Cooperating Board a memorandum of just what ought to be purchased in America and what we can best purchase at this end, so that there may be no doubt in your mind as to what should be purchased there.

In regard to the Science Building, I have sent within the last few days a letter to the Cooperating Board on the subject, a copy of which was forwarded to you. In that you will see that there is no certainty that the Southern Methodist Board will be able to proceed with the building at this time and that they will not object to that building being taken up by the Pittsfield church. I need not repeat here what was said in that letter, as I think it fully covers the situation.

I have word from Mr. Scott that he will likely arrive in Seoul January 12th, a week from to-day. He will be my guest so that I shall have every opportunity to confer with him concerning all the affairs of the College and I expect he will remain here long enough to fully absorb everything that is to be known about it.

You may remember that we were disappointed when the Government compelled us to considerably lower the standards which we had planned for the College, I mean its educational standards. The Government is now taking a more liberal attitude towards education in Korea, and has planned already for a two years' addition to its scheme for primary education. This will react upon the whole educational standard and in due time will raise the standard of the College by two years, so that we are now at work reformulating our schedule of courses. In this connection we are hoping that the Government will add another year to the period set aside for secondary education thus raising the whole course by three years instead of two. This would bring the standard up to that of Japan. If that is done we shall recast the College courses so as to devote the first two years to general education of a high standard and then devote two, three or four years as we may find it possible to arrange for to giving an education in special lines, such as Literary, Agricultural, Commercial, etc. I note that you feel that the disturbed condition existing in Korea at this time is tending to discourage some people from putting money into missionary institutions in Korea. I presume this is to be expected from people whose hearts are not yet in this work, but those of us who are giving our lives to it and those of you in America I am sure also who are giving so much of your thought, interest and money to the uplift of this nation will not be so easily discouraged, but will continue to have faith in the ultimate triumph of right and justice in this part of God's world. To withhold our efforts and interest now would be very detrimental to the future of the work. We are now laying the foundations for the institution and in spite of obstacles I feel we should push right forward so that when conditions here improve, as I feel sure they will, and the Koreans can settle down to their preparation for the work of life, we shall be in a position to give them what they need, and to give it of the very best quality.

I think for a time Mr. Severance felt somewhat doubtful about the investment of any large sums in connection with the medical school and hospital just now, but in a letter to him written last November I set before him the question of additional property absolutely needed for the development of the Severance institution and was pleased a few days ago to receive a cable from him saying that although he felt the prices asked for land in Seoul were exorbitant he would accept whatever decision I finally made in connection with the purchase of the property needed, thus showing me that he feels confident that missionary investments made in Korea still promise good results. This is the feeling I think we all should have. Although the change in the government of Korea has not yet brought forth very many notable reforms, yet we feel that it will mean something of real value to the country and its people within the next year, while the promises made to the world by Japan and the hopes for the future that are bound up in the development of the League of Nations will necessarily mean that Korea can never again be held down under the same repressive regulations which have governed her during the last ten years. I think it is fair to believe that the dawn is breaking in Korea, and that any investments made here now will bring forth many fold within the next few years.

In this connection, I feel again like again urging you and Mrs. Underwood to take a trip this way, that you may see for yourselves what has already been accomplished here and what may be expected in the days to come. Would it not be a good thing before the erection of Underwood Hall for you to personally investigate conditions here, and would it not be a good thing for you to come while Mrs. H. G. Underwood is still with us ? It seems to me that with two such large educational institutions projected as are indicated in the plans for the Chosen Christian College and the Severance Union Medical College, both you and Mr. Severance ought to personally investigate matters here and thus be in a better position both to advise us and to determine for yourselves just what ought to be your attitude towards these institutions. I am wondersing whether it may not be possible for you to come to Korea sometime this year. Will you not think it over carefully and prayerfully ?

Speaking now of personal matters, I may say that Mrs. Avison and I took dinner at the Underwood home here Christmas night, following a custom which had been in vogue from Dr. Underwood's first coming to Korea until his death, but which no one had felt like keeping up after his departure. Althou the evening was made very pleasant, and we all tried to keep away feelings of sadness I personally found it difficult to refrain from thinking of past years, and from indulging in feelings almost of regret as I thought of my former companionship with Dr. Underwood and how we used to plan together for the carrying out of the College scheme which appears to have been left to me to develop. I called on Mrs. Underwood again on New Year's day. She is in only medium health and looks very frail, but she still keeps up a lively interest in all forms of mission work. I should have said that at the Christmas night dinner Mrs. Avison and I were the only ones of the old residents present outside of Mrs. Underwood herself, but the table was nearly filled with children of those who used to be the guests in former years. It made me begin to count the years of my life and wonder how many more years I should be spared to give to Korea, and it made me think that no matter how things may go the number of years during which I can give active and valuabl service to the College cannot be very many. It makes me think of a remark once made by Mr. L. H. Severance in connection with the development of the Medical College, in asking me to be sure to visit America in 1908 he said he would like me to take with me complete plans for the use of the property and the best development of the institution, saying: "You know we are getting on in years, and whatever we are going to do we must do without much delay." He lived between four and five years after that during which time the development of the institution was considerable. I myself have lived twelve years since he made that remark, and so am all the more ready to give it a personal application than I was at that time.

Speaking of conditions in Korea at this time, I may say that in the medical school we have nearly 60 students in attendance and everything medically is going on at even greater momentum than before, and the only thing that is holding back the full harvesting in medical work of all the efforts of previous years is the fewness of the number of doctors being sent here, so that some of our country hospitals have had to be closed up because there is no doctor to carry them on. This same thing may be said about nurses. I have just received permission of the Government to open a ward for lepers in connection with Severance institution and it is proposed to carry on research work in leprosy with a view to undertaking its eradication from Korea. A strong effort is also to be made in regard to tuberculosis. I sent you recently some correspondence with reference to the development of these two sides of the Severance institution.

It is time now to bring this rather lengthy letter to a close. I take it for granted that you all had a good Christmas and we certainly wish for you all a very happy and prosperous year. Please give our kindest regards to Mrs. Underwood and Gladys, and also tell Dan I have not forgotten how much afraid he was of me. Please tell Mrs. Underwood that the coat which she and Mrs. Avison were unable to buy has proved very useful this winter for we are having the coldest weather with the greatest amount of snow that I think we have ever experienced here. Will you please remember me most kindly to the Conards and to Dr. Albertson, and

Believe me,

Yours very sincerely,

3. 에비슨이 서덜랜드에게

1920년 1월 5일

조지 F. 서덜랜드 씨,
조선 기독교 교육을 위한 협력이사회 회계
150 5번가, 뉴욕 시, 뉴욕 주.

친애하는 서덜랜드 씨:

내가 지난달 23일 자로 그리스월드 박사에게 편지를 보내고 당신에게도 사본을 보냈던 일의 후속 작업으로서, 오늘 로즈와 밀러의 사택 설계도 청사진을 그리스월드 박사에게 보냈고, 이제 당신에게도 이 사택들의 사진 몇 장을 동봉해서 보냅니다.

안녕히 계십시오.

O. R. 에비슨

출처: UMAC

Chosen Christian College

OFFICE OF THE PRESIDENT

O. R. AVISON, M. D.

Seoul, Chosen

CO-OPERATING BOARDS
PRESBYTERIAN CHURCH IN THE U. S. A.
METHODIST EPISCOPAL CHURCH
METHODIST EPISCOPAL CHURCH, SOUTH
PRESBYTERIAN CHURCH IN CANADA

January 5, 1920.

Mr. Geo. F. Sutherland,
Treasurer, Cooperating Board for Christian Education in Chosen,
150 Fifth Avenue, New York, N.Y.

Dear Mr. Sutherland:

Following up my letter of 23rd ultimo to Dr. Griswold, a copy of which was sent you, I have to-day forwarded to Dr. Griswold blueprint plans of the residences of Messrs. Rhodes and Miller, and I now enclose to you some photos of these residences.

Very sincerely,

O. R. Avison

4. 라이올이 에비슨에게

호주장로회 한국(조선)선교회

1920년 1월 5일

O. R. 에비슨 박사,

교장,

세브란스연합의학전문학교,

서울.

친애하는 에비슨 박사님:

우리 실행위원회(Executive Committee)가 최근 회의에서 당신의 대학과 맥라렌 의사의 관계를 다룬 당신의 1919년 10월 6일 자 편지를 낭독하였고, 그에 응답하여 다음의 문장을 채택하였습니다.

> 맥라렌 의사는 선교지로 돌아간 후 진주에서 2년을 보내야 하고, 이후의 사역은 다음번 평의회(Council) 때 패이튼(Paton) 씨와 맥라렌 의사가 참석한 가운데 논의되어야 한다.

이 기록을 설명하자면, 1915년 우리가 의료선교사 한 명을 세브란스에 임명하자는 결정을 내렸을 때, 이 결정은 진주에 있는 우리 병원*에 손실을 끼치기 위한 것이 아님을 명시하였다는 사실을 당신에게 상기시켜야 하겠습니다. 예를 들면, 그 병원에 있는 의사의 안식년은 세브란스에 있는 사람으로 메워야 한다는 조항이 있었습니다. 맥라렌 의사가 지난 2년 이상 부재하여 진주의 병원이 매우 힘든 시기를 보냈습니다. 우리 성직자들에게 지워진 병원 사역과 관련한 행정업무의 부담도 그들의 시간을 크게 잠식하였습니다. 내년에 다른 의료인이 선교지로 나갈 가능성이 있습니다. 그가 병원에서 일할 수도 있겠지만,

* 진주의 베돈병원(Mrs. Paton Memorial hospital)은 1905년부터 이곳에서 의료사역을 한 호주장로회 의료선교사 휴 커렐(Hugh Currell)에 의해 1913년 세워진 경남지방 최초의 병원이다. 맥라렌(C. I. McLaren, 1882~1957)이 이곳에서 초창기부터 일하다가 이즈음에 호주에서 안식년을 보냈다.

실행위원회는 그가 언어를 익힐 충분한 기회를 얻기 전에 병원을 이끌 책임을 지우는 것은 잘못된 일이 되리라고 생각하였습니다. 만일 병원이 선교회 안에서 제 기능을 다 하려 한다면 맥라렌 의사가 앞으로 한동안 그곳을 긴밀히 돌볼 필요가 있습니다. 그러므로 우리는 그를 세브란스에 전임시키는 문제를 적어도 2년은 연기해야 한다고 생각합니다.

안녕히 계십시오.

D. M. 라이올

출처: PHS

RECD. SCOTT

AUSTRALIAN PRESBYTERIAN MISSION
IN KOREA (CHOSEN)

Ans'd

January 5th, 1920.

Dr. O. R. Avison,
President,
Severance Union Medical College,
Seoul.

Dear Dr. Avison: -

At a recent meeting of our Executive Committee your letter of 6th, October 1919 re the question of Dr. McLaren's relation to your College was read and in reply the following minute was adopted: -

"That the Executive thinks that Dr. McLaren ~~thinks that Dr. McLaren~~ should spend two years in Chinju after his return and that his future work should be discussed at the next Council in the presence of Mr. Paton and Dr. McLaren."

In explanation of this minute I should remind you that when in 1915 it was decided to assign one of our medical men to Severance it was stipulated that this decison was not to prejudice the interests of our hospital at Chinju. For instance one stipulation was that the furlough of the doctor at the hospital was to be borne by the man at Severance. The absence of Dr. McLaren during the last two years and more has borne very hardly on the Chinju Hospital. Very great inroads have been made into the time of our clerical men owing to the administrative burdens that have been placed on them in connection with the work of the hospital. There is a possibility of another medical man coming out next year. He may be available for work in the hospital, but the Executive felt that it would be wrong to place the responsibility of the hospital upon him until he has had an adequate chance to get the language. If the Hospital is to fulfil its function in the life of the Mission it is necessary that it should have close attention from Dr. McLaren for some time to come. Therefore we think that the question of his transfer to Severance should be postponed for at least two years.

Yours faithfully,

D. M. Lyall.

5. 에비슨이 맨스필드에게

1920년 1월 6일

T. D. 맨스필드 박사,
캐나다장로회 선교회 총무,
원산, 조선.

친애하는 맨스필드 박사님:

내가 미국에 머물러 있는 동안 세브란스병원의 확장에 드는 비용을 추산해보았습니다. 땅과 건물과 설비에 $500,000, 기본재산에 $200,000로 집계되었습니다. 땅값과 자재비의 상승 때문에 예상 가격이 늘어날 수밖에 없었습니다. 그래서 우리는 현지 대학이사회의 지난 회의에서 통과되어 세계교회협력운동(Interchurch World Movement)에 제출한 예산서에서 땅값 등을 위해서는 대략 $600,000을, 기본자산을 위해서는 $600,000을 요청하였습니다.

우리가 여러 협력 선교회들에 요청하고 있는 것*을 보여주어서 비교할 근거로 삼도록 이전에 요청했던 내용을 나타내는 표를 아래에 제시합니다.

선교회	비율(%)	이전 요청($)	현재 요청($)
북장로회	30	210,000	360,000
북감리회	20	140,000	240,000
남장로회	15	105,000	180,000
남감리회	15	105,000	180,000
캐나다장로회	15	105,000	180,000
호주장로회	5	35,000	60,000
		700,000	1,200,000

당신의 선교부에는 경상예산을 위해 다음의 금액을 요청하고 있습니다.

* 협력이사회에 참가한 선교부들이 내도록 지정된 분담금을 가리킨다. 이들은 각각 자본금 지급액과 파송할 교수의 수를 차등 있게 배분받았다.

1919	1920	1921	1922	1923	1924
$1,000	$1,250	$1,250	$2,000	$2,000	$2,000

당신의 선교회가 $105,000의 분담계획을 위해서는 얼마를 예산에 책정했는지 내게 친절하게 알려주시겠습니까? 그리고 $180,000 분담계획을 친절하게 [선교회 회의 때] 제출하여 적절한 시기에 의결되게 해주시겠습니까?

안녕히 계십시오.

O. R. 에비슨

출처: PHS

C O P Y

January 6, 1920.

Dr. T. D. Mansfield,
Secretary Canadian Presbyterian Mission,
Wonsan, Chosen.

Dear Dr. Mansfield:

During my stay in America I made up estimates for the enlargement of the Severance institution which totalled $500,000 for land buildings and equipment and $200,000 for endowment. Owing to the increased cost of land and materials, those estimates have had to be enlarged, and in the budget submitted to the Interchurch World Movement, passed at the last meeting of the Field Board of Managers, we are asking in round numbers for $600,000 for land, etc., and $600,000 for endowment.

I give below a table showing what we are asking the various cooperating Missions to do, giving the former askings as a basis for comparison:

Mission	Per cent	Former Asking	Present Asking
Northern Presbyterian	30%	$210,000	$360,000
Northern Methodist	20%	140.000	240,000
Southern Presbyterian	15%	105,000	180,000
Southern Methodist	15%	105,000	180,000
Canadian Presbyterian	15%	105,000	180,000
Australian Presbyterian	5%	35,000	60,000
		$ 700,000	$1,200,000

From your Board we are asking for current budget the following sums:

1919	1920	1921	1922	1923	1924
$1000	$1250	$1250	$2000	$2000	$2000

Will you kindly let me know whether your Mission has inserted in its estimates any sums for the $105,000 program me, and will you kindly present the $ 180,000 program for action at the proper time ?

Very sincerely,

O. R. Avison.

6. 세브란스가 에비슨에게

1920년 1월 8일

O. R. 에비슨 박사,
서울, 한국.

나의 친애하는 에비슨 박사님:

당신이 보낸 몇몇 편지들을 받았음을 알립니다. 11월 15일 자와 29일 자 편지 두 통은 곧장 내게 발송하여 받았고, 플레처 의사에게 보낸 편지와 언더우드(John T. Underwood) 씨에게 보낸 편지의 사본도 받았습니다. 모두 매우 흥미롭게 읽었습니다. 당신이 내게 보낸 편지들은 정보들로 가득 차서 소화하고 이해하는 데에 조금 시간이 걸립니다. 자산 상황을 알린 당신의 15일 자 편지는 12월 10일경에 도착하였습니다. 그래서 20일에 당신에게 다음과 같이 전보를 보냈습니다.

> 가격은 엄청나지만, 무엇이든 당신의 최종 결정을 받아들이겠습니다.

전보회사는 9일간보다 더 빠른 전달은 보장하지 못한다는 점을 양해 받은 후에야 이것을 접수하였습니다. 그래서 정월 초하루쯤에는 그것이 당신에게 도달하였을 것이라고 짐작합니다.

땅을 사는 일에 관해 당신에게 지혜로운 조언을 하는 것은 우리에게 매우 어려운 일입니다. 당신이 그 문제를 우리에게 매우 명료하고 간결하게 설명해주었을지라도 말입니다. 현장에 있지 않은 우리는 당신이 이곳[미국]에 왔을 때 우리에게 알려주었던 그 가격이 그 후에 엄청나게 상승한 것을 당연히 평가하기가 어렵습니다. 그리고 자연스럽게 우리 마음에 그런 상승이 끝없이 계속될 것인지 의문이 생깁니다. 그러므로 내가 전보를 보내면서 그 가격이 우리에게 엄청나게 많게 느껴지고, 일시적으로 발생한 상황에서 기인한 것처럼 보이며, 나중에 가격이 더 온당해지면 계산이 달라질 것으로 생각된다는 뜻을 암시하였습니다.

당신은 2번과 3번 필지를 1번 필지의 매도 호가보다 더 싸게 살 수 있다고 생각했지만, 당신의 편지에는 이렇게 될 정황을 보여주는 것이 없었습니다. 그리하여 1번부터 6번까지 필지들의 가격이 1번 필지의 매도 호가에 얼마간 근거하여 책정되면서 그 일대 전체의 가격이 크게 높아진 것처럼 보입니다. 그러나 우리는 1번, 2번, 3번 필지들이 당신의 건축계획을 실행하는 데에 절대적으로 필요하다는 사실을 알고 있습니다. 그러므로 그 문제를 전적으로 당신의 최종 결정에 맡겨 지금이 살 때인지 그렇지 않은지를 결정하게 하겠습니다.

뉴욕의 사무실과 내 개인 사무실은 당신들의 적자 상태를 파악하려고 하면서 많은 혼란을 겪으면서 불확실하다는 느낌을 받아왔습니다. 우리는 지난 5월 데이(Day) 씨에게 수표를 보내면서, 그것이 1919년 3월 31일까지의 적자를 메꿔줄 것이라고 짐작하였습니다. 다음의 인용문은 카터(Carter) 씨의 9일 자 편지에서 가져온 것입니다. 거기에 우리가 그렇게 하겠다고 생각한 모든 이유가 들어있습니다.

> 우리는 오늘 조선 선교회의 회계인 겐소(Genso) 씨가 보낸 편지를 받았습니다. 그는 1918~19년 회계연도의 지출이 $3,500에 육박한다고 보고하였습니다. 1917년 8월 17일 자로 당신은 서울에 있는 의학교의 연구부 사업을 위한 연례예산을 대기로 약속하였습니다. 그들은 당신이 1920년에 3년차 기금을 주기로 한 비슷한 약속에 근거하여 1920년에 진행할 예정입니다. 그래서 만일 당신이 동의할 수 있다면, 두 해의 회계연도를 위해 $5(?),000을 보내도 됩니다. 그 위에 겐소는 '17~18년과 '18~19년 병원을 위한 지출을 각각 16,500원씩으로 보고하고 있습니다. 당신이 처음에 지출비로 인정했던 금액은 11,4○8원입니다. '17~18년에 당신은 우리에게 7,4○8원을 갚았고, '17~18년의 잔액으로 4,000원을 남기고 '18~19년의 잔액으로 11,4○8원을 남겨, 총 15,4○8원을 남겼습니다. 그 위에 에비슨 박사는 앞에서 말한 대로 그 2년 동안 약 5,012원을 지출하였습니다. 이것은 총 25,512원이 됩니다. 한 해의 평균 금액은 원으로는 529(?)원이고, 달러로는 $13,495.85(금)가 됩니다.

금년 12월 우리는 1920년 3월 31일까지 발생할 것으로 짐작되는 적자를 메꿀 돈을 보냈습니다. 그러므로 나는 당신에게 1917년부터 1918년까지와 1918년부터 1919년까지의 기간에 아직도 12,449.32원의 적자가 남아 있다는 사실을 알고 상당히 놀랐습니다. 이 사실은 당신의 20일 자 편지에 첨부된 명세서에 나타나 있습니다.

당신이 이 문제를 브라운 박사나 협력이사회 의장인 언더우드 씨에게 알려서 알게 했을 것이라고 짐작합니다. 이것은 그들이 맡아서 해결해주어야 할 문제입니다.

당신에 내게 보낸 11월 20일 자 편지 사본에 들어있는 당신들의 1920~21년도 예산을 주목합니다. 여기에서 당신은 프렌티스 부인과 내가* 이제까지 냈던 16,500원에 연구부를 위해서도 냈던 5,000원의 기부금들을 합하여 계산한 후에 예상되는 적자가 41,027원임을 보여주고 있습니다. 이 마지막 항목에서 당신이 실로 옳게 계산했다고 생각되지 않습니다. 지난여름 나는 내가 카터 씨에게 편지를 썼고 브라운 박사에게도 어쩌면 틀림없이 썼듯이, 이 부서에 관해 더 자세히 알게 되기 전에는 이 기부를 갱신하고픈 마음이 없었습니다. 그때 나는 브라운 박사에게 처음에 내가 3년 기한으로 이 약속을 했을 때는 주로 밀즈(Mills) 의사를 의학교에 붙들어두기 위해서였고 그가 전문적인 업무를 뛰어나게 해줄 수 있기 때문에도 그렇게 했다고 말하였습니다. 나의 목표는 성취되지 못하였습니다. 이는 밀즈 의사가 3년 기한 전에 떠났기 때문이고, 더 나아가 이 전문적인 업무를 충분히 수행할 역량 있는 다른 사람이 임명되었다는 말을 듣지 못하였기 때문입니다. 그래서 그 부서에 대한 나의 기부금은 중단되었습니다.

그렇지만 나는 프렌티스 부인과 상의하여 적자계정을 위한 우리의 약정금을 총 $10,000(금)로 늘릴 것임을 알려드립니다. 이렇게 하면 당신들이 예상하는 적자를 해소하는 데에 도움이 될 것입니다. 나머지 적자는 전체[협력]이사회가 해결해야 할 것입니다. 프렌티스 부인과 내가 그 이사회에 낸 돈으로 1920년 4월 1일까지가 기한인 나의 모든 약속이 완수되었다고 생각합니다.

당신들의 업무가 증가한 것과 특별히 [한국사회에서] 병원의 필요성이 매우 커진 것에 관해 당신이 설명해준 것을 큰 관심 속에서 지켜보고 있습니다. 우리가 그곳을 확장하는 문제를 빨리 다루지 않으면 안 된다는 것은 의심할 여지가 없습니다. 그러나 한국의 불안정한 상황과 외국인이 관련된 일에 대한 일본의 태도 때문에 이 문제에 대해 어떠한 결정을 내리는 것이 망설여졌습니다. 당신이 언더우드 박사에게 보낸 편지에서 일본 정부가 현재 몇 가지 급진적인 개혁을 약속하고 있다고 한 것을 보고 매우 기뻤습니다. 그들이

---

* 이 편지의 발신자는 1900년에 $10,000을 기부했던 L. H. Severance(1838~1913)의 아들인 John L. Severance(1863~1936)이다. 프렌티스 부인(1865~1944)은 그의 여동생으로 Dudley P. Allen 의사와 결혼했다가 알렌이 1915년 사망하여 1917년 Francis F. Prentiss와 재혼하였다.

약속을 잘 이행하기를 바라지만, 이런 것이 사실로 확인되기까지는 우리가 안전한 자리를 얻으리라고 생각되지 않습니다.

연희전문학교의 일들이 잘 진행되고 있는 보니 기쁩니다. 스코트 씨와 쉘 씨가 돌아왔으므로 건물들과 설비를 보강하는 일이 더한층 잘 진전되기를 희망합니다.

에비슨 부인과 당신께 축복을 빌고 안부 인사를 드립니다. 세브란스 부인도 참으로 [당신들과] 함께 하기를 바라고 있습니다.

안녕히 계십시오.

[서명 없음]

출처: PHS

Jan. 8, 1920.

1197

Dr. O. R. Avison,

Seoul, Korea.

My dear Dr. Avison:

I have several letters of yours to acknowledge, two of Nov. 15th and 20th to me direct, and also copies of letters to Dr. Fletcher and to Mr. John T. Underwood, all of which have been very interesting reading. Your letters to me are full of information which it has taken me some time to digest and understand. Your letter of the 15th regarding the property situation reached me about the 10th of December, and on the 20th I cabled you as follows:

"Price exorbitant, but will accept whatever decision you finally reach."

The Cable Company accepted this only with the understanding that they could not guarantee delivery in less than nine days, so I presume it reached you about the first of the year.

It was quite difficult for us to advise you wisely in regard to the purchase of property, although you had put the matter before us in a very clear and concise manner, but of course we not being on the ground, it was difficult for us to appreciate the tremendous increase in values over those that you had reported to us when here, and naturally there arose in our minds the question of their permanency. I therefore indicated in my cable that the price to us seemed exorbitant and was due to conditions that existed at the moment, which later on would not apply when the price would be more reasonable.

While you thought you could buy lots 2 and 3 at less than the asking price of lot 1, yet there was nothing in your letter to indicate what this would be, therefore it seemed that the cost of lots 1 to 6, based more or less upon the asking price of lot 1, would bring the cost of the whole of that section into very high figures. We realize, however, that lots 1, 2 and 3 are absolutely necessary to carrying out your building plans, and accordingly left the matter entirely to your own final decision as to whether this is the time to buy or not.

There has been quite a little confusion and uncertainty both in the New York office and my own office as to what your deficits were. We sent Mr. Day a check last May which we supposed covered the deficits up to March 31st, 1919. The following quotation is from Mr. Carter's letter of the 9th, from which we have every reason to think that we were doing so:

"We have today received a letter from Mr. Genso, Treasurer of the Chosen Mission, and he reports the expenditure for the fiscal year '18-19 just closed of the $2500, which under date of Aug. 17th, 1917, you pledged for the annual budget of the research work of the Medical College at Seoul.

-1-

Dr. O. R. Avison -

They are proceeding in the year 1920 upon the basis of a similar pledge of yours covering the year 1920 as the third year, so that if agreeable to you, you might send the $5,000 covering the two fiscal years. In addition Mr. Genso reports the disbursements for the hospital for the year '17-18 and the year '18-19 as 16,500 Yen each year. The original amount up to which you authorised expenditure was 11,488 Yen. In the year '17-18 you paid us 7488 Yen, leaving a balance of 4000 Yen for the year '17-18, and 11,488 for the year '18-19, a total of 15,488 Yen. In addition Dr. Avison has expended as stated above for these two years 5012 Yen each year. This makes a total of 25,512 Yen. The average for the Yen for the year has been .529, making $13,495.85 Gold."

In December of this year we paid what we supposed to be the deficit up to March 31st, 1920. I have therefore been considerably surprised to learn that you still have a further deficit for the years 1917 to 1918, and 1918 to 1919 of 12,449.32 Yen. This appears in your statement attached to your letter of the 20th.

I assume that you have brought these matters to the attention of Dr. Brown or Mr. Underwood as chairman of the Co-operating Board. This is a matter that should be taken up by them and provided for.

I note your budget for 1920-21, of which you sent me a copy under date of Nov. 20th, and in this you show an estimated deficit of Yen 41,027 after counting in the contribution which Mrs. Prentiss and I have heretofore assumed of 16,500 Yen, and also 5,000 Yen for the Research Department. I do not think you are quite justified in this last item, as I wrote Mr. Carter and I believe Dr. Brown last Summer that I was not prepared to renew this contribution until I had had further information in regard to this department. I said to Dr. Brown at that time that when I originally made this pledge for three years, I did it largely to hold Dr. Mills in connection with the Medical College, and also because of the unusual expert work that he was able to give. My aim was not attained as Dr. Mills left before the three years expired, and furthermore I had not heard that anyone else had been appointed who was sufficiently able to carry on this special work. Therefore my contribution toward that Department has ceased.

I will say, however, that after conferring with Mrs. Prentiss, she and I will increase our pledge toward the Deficit Account to a total of $10,000 Gold. This may help you towards your estimated deficit. I feel that the balance of the deficit should be provided for by the General Board. With the payments that Mrs. Prentiss and I have made to the Board, I think we have fulfilled all our pledges up to the first of April, 1920.

I have noted with great interest your account of the increased work and the tremendous demands made upon you especially in the Hospital, and there is no doubt but that we must soon take up the question of its enlargement, but I have been loath to come to any decision in this matter because of the unsettled conditions in Korea, and the attitude of the Japanese toward foreign interests. I was very much pleased to note in your letter to Dr. Underwood that the present Japanese Government promise

-2-

Dr. O. R. Avison -

some very radical reforms. I hope they will make good their promises, but I do not feel that we have a secure standing until these are accomplished facts.

I am glad to note that matters are progressing with the Chosen Christian College, and I hope that upon the return of Messrs. Scott and Schell, further progress will be made towards additional buildings and equipment.

With best wishes and kindest regards to both Mrs. Avison and yourself, in which I am sure Mrs. Severance would wish to join, I beg to remain

Yours very truly,

M.L.

-3-

7. 에비슨이 암스트롱에게

1920년 1월 12일

A. E. 암스트롱 목사,*
선교부 보조 총무,
캐나다장로회,
토론토, 온타리오 주.

친애하는 암스트롱 씨:

당신의 지난달 10일 자 편지를 받았습니다. 당신이 [우리가 보낸] 우리 대학의 제1회 졸업앨범을 받았음을 알리고, 당신들의 선교부가 우리 대학에 낼 재정후원 분담금을 구하는 데에 성공하기를 바란다는 뜻을 나타내는 편지였습니다. 그 사진들이 산둥기독교대학(Shantung Christian University)을 위한 추가 후원금을 얻는 일에 도움을 주었다는 것을 알게 되어 기쁩니다.

당신은 총독부가 최근에 교육법을 개정하여 보통학교 과정을 4년에서 6년으로 늘리고 고등보통학교의 커리큘럼도 어느 정도 바꾸었다는 것을 알면 기뻐할 것입니다. 교육제도가 일본의 그것에 더 근접해졌지만, 일본 학생들은 앞서 말한 4년제 대신 5년제의 중학교 과정을 밟는 이점을 누리고 있습니다. 우리 교수회는 지금 우리 커리큘럼을 개정하고 학과 과목들을 재조직하는 일을 총독부에 제기하는 문제를 논의하고 있습니다. 그렇게 해서 모든 학생이 2년간 대학의 교양과목을 수강하게 하고 그런 다음 3년간 전공과목을 공부하게 하려 합니다. 만일 우리가 이 일을 성취할 수 있다면 우리 과들의 수준이 크게 높아질 것입니다.

스코트(Geo. T. Scott) 목사가 지난주에 미국으로 가는 길에 서울에 들러 3일을 보냈습니다. 그가 8월에 와서 있는 동안 학교들이 쉬어서, 개학 중인 학교들을 보기 위해 돌아올

* A. E. Armstrong은 캐나다장로회 선교부 부총무로서 1918~19년 동아시아 선교지 순방을 마칠 무렵 3·1운동이 벌어져 에비슨을 비롯한 재경 선교사들로부터 일제의 만행을 폭로해달라는 부탁을 받고 귀국하여 폭로 활동에 비교적 깊이 관여하였다. 1920년 10월의 간도참변 이후에도 학살당한 한국인의 무고함을 강변하며 북미주 일본 외교관과 날카로운 설전을 벌였다.

계획을 세웠습니다. 우리는 그와 몇 번 고무적인 회의를 하였습니다.

잭(Jack) 씨는 3월 말에나 출항할 것 같습니다.

크로웰(Henry J. Crowell) 목사가 요청한 대로 두 대학에 관한 인쇄물들을 그에게 보내려 합니다. 오웬스(Owens) 씨에게 보내는 편지는 동봉되지 않았던 것 같습니다. 당신이 도쿄에서 열린 세계주일학교대회에 관한 것을 동봉하여 보내주셔서 감사합니다. [이 편지에] 동봉된 것들은 굴릭(Gulick) 박사에게 알리기 위해 보내는 편지들의 사본입니다.*

따뜻한 안부 인사를 드리며, 이 인사에 에비슨 부인과 에드워드**가 함께 합니다.

안녕히 계십시오.

O. R. 에비슨

출처: PCC & UCC

* Sidney L. Gulick(1860-1945)은 북미주 선교사들의 단체인 동양관계위원회의 총무로서 3·1운동에 대한 일제의 만행을 폭로하는 일에 협력하였으나, 회중교회 파송으로 일본에서 선교한 전력이 있어 일본을 배려하고 상황을 무마하려 하는 모습도 보였다. 본 자료집의 13번 문서인, 에비슨이 굴릭에게 보낸 1920년 1월 22일 자 편지도 이 경로로 보내졌을 가능성이 있다.

** Edward Severance Avison(1905~)는 에비슨의 자녀 7남 1녀 중 막내아들이다.

Chosen Christian College

OFFICE OF THE PRESIDENT

O. R. AVISON, M. D.

Seoul, Chosen

CO-OPERATING BOARDS
PRESBYTERIAN CHURCH IN THE U. S. A.
METHODIST EPISCOPAL CHURCH
METHODIST EPISCOPAL CHURCH, SOUTH
PRESBYTERIAN CHURCH IN CANADA

January 12, 1920.

Rev. A. E. Armstrong,
Assistant Secretary, Board of Foreign Missions,
Presbyterian Church in Canada,
Toronto, Ont.

Dear Mr. Armstrong:

I have your letter of 10th ultimo, acknowledging receipt of the first class book of the College, and expressing the hope that it may be successful in getting financial support for the share of your Board in the College. I am glad to know that photographs helped you to get additional support for the Shantung Christian University.

You will be glad to know that the Government has recently made changes in the educational laws, lengthening the course of primary schools for four years to six and changing somewhat the curriculum of the Higher Common Schools. The system more nearly approximates that in Japan, but the Japanese students have the advantage of a five year Middle School Course instead of the four year term referred to. Our Faculty is now discussing the question of taking up with the government the revision of our curriculum and the reorganization of the courses, so that all students shall be required to take two years of general college work, and then three years of specialized work. This will raise the standard of our courses considerably, if we are able to put it through.

Rev. Geo. T. Scott was in Seoul for three days last week en route to America. During his visit in August the schools were not in operation, so he planned to return to see them in action. We had some encouraging conferences with him.

Mr. Jack will probably sail towards the end of March.

I shall send copies of our printed matter on both Colleges to Rev. Henry J. Crowell as requested. The letter for Mr. Owens did not seem to be enclosed. I thank you for the enclosure re the World's S. S. Convention at Tokyo. Enclosed are copies of letters which are going forward for Dr. Gulick's information.

With kindest regards, in which Mrs. Avison and Edward join, Believe me,

Very sincerely,

O.R.Avison

8. 에비슨이 브라운에게

1920년 1월 12일

A. J. 브라운 명예신학박사,
선교부 총무,
미국 북장로회,
뉴욕 시, 뉴욕 주.

친애하는 브라운 박사님:

안식년을 더 자주 갖게 하는 계획을 세브란스연합의학전문학교 현지 이사회가 세우고 있는 가운데 허스트(Hirst) 의사가 연구와 다른 사역을 위해 6개월간 선교지를 떠나 있게 하는, 곧 미국에서 4개월만 있게 하는 계획이 세워졌습니다. 그 요청을 이런 형태로 하게 된 것은 허스트 의사가 1924년이나 어쩌면 1925년까지는 가족을 본국으로 데려가지 않겠다는 생각을 하고있기 때문입니다. 그는 그렇게 해서 아이들을 교육시킬 필요를 채우기를 바라고 있습니다. 1924년이 되면 큰아이가 미국에 있는 학교로 떠날 준비가 될 것으로 예상됩니다.

이런 안식년 계획을 제기하면서 관련 선교부들로부터 비용을 지원받게 되기를 희망하였고, 그렇게 안 된다면 북장로회 선교부의 "임시" 안식년 요건을 이 경우에 활용할 수 있게 되기를 희망하였습니다. [북장로회 한국] 선교회는 이 같은 안식년을 승인하였고, 이사회도 이를 승인하였습니다. 허스트 의사는 선교회에 의해 1920년 6월에 열리는 전후 선교대회(Post Bellum Conference)에 참가할 한국 의료 [선교] 사역 대표로 임명되었습니다.

그러나 이제는 재정 상황과 여행 경비로 인해 허스트 의사가 이 일의 경제적인 부담을 질 수 없게 되었습니다. 만일 선교부가 그를 이 문제에서 구해줄 어떤 방법을 찾지 못한다면, 그는 여행할 수도 없고, 작정했던 대로 선교회를 대표하러 갈 수도 없습니다. 더욱이 서울에 남겨진 그의 가족은 그가 없는 동안에 여행 경비를 제하고 받을 절반의 봉급으로는 살 수가 없습니다. 이렇게 되면 한 달에 약 $50,00의 적자를 낼 것으로 추정되고 있습니다.

허스트 의사가 정상적으로 지불해야 할 여행비의 비율은 1/4가량일 것으로 추정됩니다. 만일 자녀수당이나 정규 봉급이 제안한 대로 인상되어 앞서 말한 가족 생활비의 적자가 해결될 수 있게 된다면, 이 때문에 어떤 금액을 추가로 제공할 필요가 생기지 않을 것입니다. 그렇지 않으면 위에서 말한 금액이 필요해질 것입니다.

만일 이런 사정에서 허스트 의사를 위해 요청했던 것을 선교부가 수용할 수 있다면, 그는 3월 29일 "남경"(Nanking) 호로 떠날 것입니다. 그러므로 전보로 답장을 주시기를 바랍니다.

의학교 교사들이 [7년마다 갖는] 기간을 줄여 5년마다 안식년을 가질 수 있게 하는 어떤 조정안이 채택되어야 한다는 의견을 강력히 지지합니다. 나는 이 편지를 의학교 교장의 입장에서 쓰고 있습니다. 휘트모어(Whittemore)* 씨도 실행위원회 위원장의 입장에서 쓸 것으로 알고 있습니다. 두 편지는 스코트 씨의 승인을 받았습니다.

안녕히 계십시오.

O. R. 에비슨

출처: PHS

* Norman C. Whittemore(1970~1952)는 북장로회 선교사로 1896년 내한하여 선천에서 활동하였고, 1926년 신성학교 교장을 역임하였으며, 1929년 서울로 전임되었다가 1935년 귀국하였다.

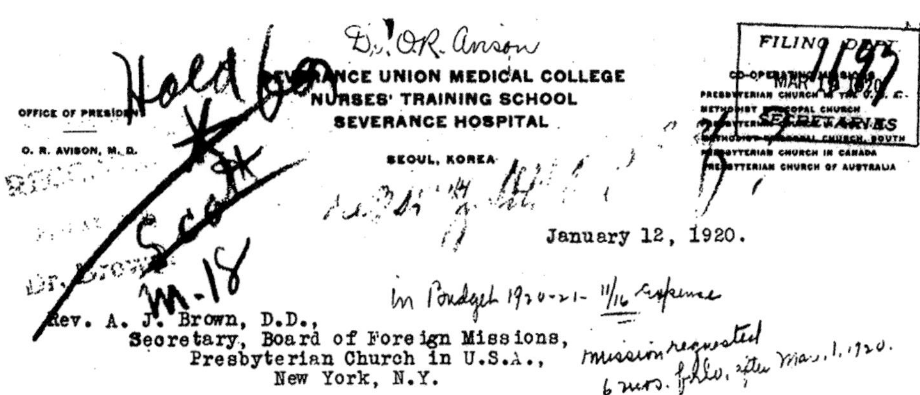

OFFICE OF PRESIDENT

O. R. AVISON, M. D.

SEVERANCE UNION MEDICAL COLLEGE
NURSES' TRAINING SCHOOL
SEVERANCE HOSPITAL

SEOUL, KOREA

FILING DEPT.
MAR 19 1920
SECRETARIES

CO-OPERATING MISSIONS
PRESBYTERIAN CHURCH IN THE U. S. A.
METHODIST EPISCOPAL CHURCH
METHODIST EPISCOPAL CHURCH, SOUTH
PRESBYTERIAN CHURCH IN CANADA
PRESBYTERIAN CHURCH OF AUSTRALIA

January 12, 1920.

Rev. A. J. Brown, D.D.,
Secretary, Board of Foreign Missions,
Presbyterian Church in U.S.A.,
New York, N.Y.

Dear Dr. Brown:

Under the scheme of the Severance Union Medical College Field Board looking towards more frequent furloughs, a furlough of six months off the field (four months only in America) for study and other work was planned for Dr. Hirst. The request was made in the above form because Dr. Hirst did not expect to take his family home until 1924 or possibly 1925, he desiring in that way to meet the needs of the education of his children, it being expected that by 1924 the two older children would be ready to leave at school in America.

At the time this furlough scheme was broached, it was hoped that it could be financed by the Boards concerned, but failing that, it might be possible to make use in this case of the "ad interim" furlough conditions of the Presbyterian Board. The Mission having granted, andthe Board having approved such a furlough, Dr. Hirst was appointed by the Mission to represent Korea's medical work at the Post Bellum Conference in June, 1920.

Now, however, the financial situation and cost of travel make it impossible for Dr. Hirst to assume any financial burden of this nature, and unless the Board can find some way to relieve him of it he cannot make the trip or represent the Mission as expected. Furthermore, outside of the travel expense his family left behind in Seoul would be unable to live on the half salary which would be available during his absence. The deficit in this is estimated at about $50.oo per month.

It is estimated that the proportion of travel to be normally paid by Dr. Hirst would be about one-fourth. If the proposed increase in children's allowances or in regular salaries will cover the aforesaid deficit in family expenses, it will not be necessary to make any additional provision on this count. Otherwise, the amount mentioned above will be needed.

If the Board can make the concession herein asked for, Dr. Hirst will leave on the "Nanking" March 29th, so I suggest a cable in reply.

I am strongly of the opinion that some arrangement making a short term every five years possible to teachers in the Medical College ought to be adopted. I am writing this from my standpoint as President of the Medical College. I understand that Mr. Whittemore will also write from his standpoint as Chairman of the Executive Committee. Both letters have the approval of Mr. Scott.

Very sincerely,
O.R. Avison

9. 에비슨이 브라운에게

서울, 한국, 1920년 1월 12일

A. J. 브라운 목사·명예신학박사,
조선 기독교 교육을 위한 협력이사회 총무 대행,
156 5번가, 뉴욕 시, 뉴욕 주.

친애하는 브라운 박사님:

1920년 8월의 관세 변경 문제를 언급한 나의 12월 23일 자와 24일 자 편지들에 대해 말씀드리겠습니다. 일본에서 부과하는 관세가 한국에도 적용된다고 보도한 "서울 프레스"의 이달 8일 자와 10일 자 기사에 따르면, 지금은 분명한 결정이 난 것으로 보입니다. "서울 프레스"의 8일 자 기사는 "다음 8월 이후 일본에서 시행되는 관세가 모든 외국과의 국제 교역에 부과될 것이다"라고 말하고 있습니다.

이 편지는 우리가 이번 여름에 공사를 시작하기를 원하는 건물들, 곧 과학관과 교수 사택 3채와 기숙사 1채의 설비를 구입하는 일에 대해 협력이사회가 어떤 정책을 세워야 한다는 사실을 당신에게 알리기 위한 것입니다. 언더우드관과 관련해서도 이 문제를 고려해야 합니다. 그 건물은 1921년 전에는 건축을 시작할 수 없을 것 같습니다.

안녕히 계십시오.

O. R. 에비슨

출처: UMAC

TRANSFERRED

To Lucas

F-853-1

Seoul, Korea, January 12, 1920.

Rev. A. J. Brown, D.D.,
Acting Secretary, Cooperating Board for Christian Education in Chosen,
156 Fifth Avenue, New York, N.Y.

Dear Dr. Brown:

Referring to my letters of December 23rd and 24th in which the matter of the change in the Customs tariff in August, 1920, was referred to, it seems to be definitely determined now according to items in the "Seoul Press" of 8th and 10th instant that the tariff in force in Japan will be extended to Korea. The "Seoul Press" in its issue of the 8th says: "After August next the tariff in vogue in Japan will be enforced on international commerce with all foreign countries."

This is for your information in determining what the policy of the Cooperating Board should be in regard to purchasing equipment for the buildings which we hope to start on this summer, i.e., Science Hall, three residences and one dormitory. This should be considered also in connection with Underwood Hall, which will probably not be commenced before 1921.

Very sincerely,

O.R. Avison

Copy to
Mr. Geo. F. Sutherland,
Treasurer, Cooperating Board,
150 Fifth Avenue,
New York,

COR. SECY.-NORTH
2/16/20
REFERRED
ANSWERED DATE
REFERRED TO FILE DATE
2/13/8
BY FILED DATE
MAR 1 0 Filed

10. 에비슨이 맥케이에게

1920년 1월 14일

R. P. 맥케이 목사·명예신학박사,

선교부 총무,

캐나다장로회,

토론토, 온타리오 주.

친애하는 맥케이 박사님:

이곳[한국]에 있는 당신[캐나다장로회]의 선교회에 보냈던 1월 6일 자 편지의 사본을 동봉합니다. 그 내용을 당신에게 알리기 위해서입니다.

잭(Jack) 씨가 회령에서 열린 실행위원회 회의에 참석하고 돌아왔기 때문에 그와 대화하면서 당신들의 전진운동 캠페인 견적서[캠페인 수입을 나누기 위한 지출 견적서]를 보았습니다. 그런데 거기에 세브란스 의학교의 향후 사역을 위한 항목이 전혀 없는 것을 보았습니다. 그 선교회가 지난 연례회의 때 자본금으로 $105,000을, 경상비로 $2,000을, 그리고 의사 1명 또는 다른 직원의 추가 파견 비용을 책정하도록 권고했는데도 말입니다. 실로 그들은 언제 그렇게 해야 할지를 정하는 일을 선교부의 판단에 맡겼습니다.

그 견적서의 기한이 5년인데, 세브란스를 위한 항목을 아무것도 넣지 않은 것은 당신들이 그 기간에는 의학교를 발전시키는 일에 전혀 참여하지 않겠다는 뜻을 나타낸 것처럼 보입니다. 이 일이 내게 매우 유감스럽게 생각됩니다. 그래도 선교부가 [세브란스의] 시설, 직원, 경상비의 예산안을 위해 분담금을 지급하자는 제안을 수용하고 그런 후에 그 기간에 부담할 만할 것으로 예상되는 금액을 그 5개년 계획안 안의 해당 분과 예산에 넣을 의향이 있다는 진술을 해준다면 이런 것이 고쳐질 수 있지 않겠습니까?

우리가 비록 세계교회협력운동(Interchurch World Movement)의 예산에 전술한 금액 전체를 책정해 넣기는 했을지라도, 그것은 명목상으로만 다음 5년 기간을 위한 것이고, 우리는 그 기간 안에 모든 사역을 성취할 수 있으리라고 생각하지 않습니다. 그래서 전술한 금액 전체를 그처럼 철저하게 요청할 가능성은 거의 없습니다. 그 가운데 일부는 처음

5년이 끝난 후에 2년이나 3년 더 연장될 가능성이 아주 큽니다.

지난 2달 사이에 세브란스(J. L. Severance) 씨에게 병원을 확장하는 데에 꼭 필요한 주변의 땅값이 크게 오른 것에 관해 편지를 썼습니다. 우리가 일을 추진하여 그 땅을 사야만 할지를 판단해달라고 그에게 요청하였습니다. 그는 전보로 답장을 보내어 그 가격이 과도하다고 생각되기는 하지만 그 문제에 대한 최선의 판단은 우리가 하라고 말하였습니다. 나는 이 말을 세브란스 씨가 기꺼이 우리에게 많은 후원을 해주겠다는 뜻을 담은 것으로 받아들입니다.

우리를 위해서 치과의사를 물색했던 일을 알려준 암스트롱 씨의 지난달 19일 자 편지를 받고, 우리를 위한 그의 수고에 감사하였습니다. 코웰(Cowell) 목사에게도 그 요청에 부응하여 알릴 생각입니다.

당신의 선교부로 보내지는 연례보고 인쇄물의 우편물 목록에 세브란스의전을 포함해주실 수 있습니까?

안녕히 계십시오.

O. R. 에비슨

출처: PCC & UCC

SEVERANCE UNION MEDICAL COLLEGE
NURSES' TRAINING SCHOOL
SEVERANCE HOSPITAL
SEOUL, KOREA

OFFICE OF PRESIDENT
O. R. AVISON, M. D.

CO-OPERATING MISSIONS
PRESBYTERIAN CHURCH IN THE U. S. A.
METHODIST EPISCOPAL CHURCH
PRESBYTERIAN CHURCH IN THE U. S.
METHODIST EPISCOPAL CHURCH, SOUTH
PRESBYTERIAN CHURCH IN CANADA
PRESBYTERIAN CHURCH OF AUSTRALIA

Rec'd ... 1920 ... 12 ... Board

January 14, 1920.

Rev. R. P. Mackay, D.D.,
Secretary, Board of Foreign Missions,
Presbyterian Church in Canada,
Toronto, Ont.

Dear Dr. Mackay:

Enclosed is copy of a letter sent to your Mission here on January 6th, which I forward for your information.

Since Mr. Jack's return from the meeting of the Executive Committee at Hoiryung, I have talked with him and have seen the estimate sheets of your Forward Movement campaign, but note that nothing appears on them for advanced work in the Severance institution, although the Mission at its last annual meeting recommended the insertion of $105,000 for capital funds, $2,000 for current expenses, and the addition of one doctor or other member of the staff. True, they left it to the discretion of the Board as to when that step should be taken.

As, however, the estimates cover a period of five years the entire omission of anything for Severance seems to indicate that no part will be taken by you during that period in the further development of the Medical College. This seems to me very regrettable. Could this not be even yet remedied by a statement of the intention of the Board to accept its share of the proposed budget for plant, staff and current expenses, and then insert in the five year plan such part of that as you feel you can handle during that time ?

Although we have placed the total sums mentioned in the Interchurch World Movement budget, which nominally covers the next five years, we feel it is not likely that we can accomplish the whole of the work within that time, so that the total sums mentioned will not be so rapidly called for in all probability. Some of them will most likely be expended in the two or three years following the first five.

I wrote Mr. J. L. Severance within the last two months regarding the greatly enhanced cost of land in the vicinity of the hospital, land which is essential to our further enlargement, and asked him for his judgment as to whether we should go ahead and secure the land. He replied by cable saying that, although the price seemed exorbitant, to use our best judgment in the matter. I take it that this indicates the willingness of Mr. Severance to give us substantial backing.

I wish to acknowledge Mr. Armstrong's letter of 19th ultimo regarding the finding of a dentist for us, and thank him for what he has done for us. We are sending information to Rev. Mr. Cowell as requested.

Would it be possible for your Board to put Severance Medical College on its mailing list to receive your annual printed report ?

Very sincerely,

O. R. Avison

11. 맥케이가 에비슨에게

1920년 1월 20일

O. R. 에비슨 박사,
서울,
한국, 일본.

친애하는 에비슨 박사님:

당신의 가장 흥미로운 나환자수용소 방문보고서를 받았음을 알리려 합니다. 당신이 설명한 대로 그렇게 격리하여 나병이 근절될 수 있다면 그 얼마나 훌륭한 행정 정책이 되겠습니까?

한국에서 혁명이 일어난 것을 보도하는 기사들을 신문들에서 보게 되어 매우 유감입니다. 긴장이 고조되어 많은 사람이 체포되었다고 한 당신의 진술을 그 기사들이 확인해주고 있습니다. 설명이 간단하여 얼마나 많은 내용을 함축하고 있는지, 거짓 정보로 사람들을 놀라게 하는 것은 아닌지 나는 알지 못합니다. 일본의 모든 잔인한 행위를 정당화하려고 색칠하는 것처럼 보이기도 합니다. 높은 이상을 지닌 일본인들이 자신들의 기록을 그처럼 더럽혀야 하는 것이 얼마나 슬픈 일입니까?–결코 지울 수 없는 얼룩입니다.

매년 열리는 해외선교대회가 뉴헤이븐에서 열렸습니다. 그 대회의 중심 의제는 봉급과 증가한 지출비에 관한 것입니다.

12월 31일부터 1월 4일까지 열린 데스 모이네스 학생자원운동대회(Des Moines Student Volunteer Convention)는 모인 수는 아주 많았을지라도 다소 실망스러웠다고 들었습니다.* 오늘날 어디에서나 정체를 나타내고 있는 볼셰비즘의 정신이 내 앞에서 확실하게 드러났습니다. 데스 모이네스에 온 위니펙의 학생 14명이 해외 선교에 자원했는데, 랄프 코너(Ralph Conner)**의 아들이 포함되어 있었습니다.

---

* 아이오와 주에서 열린 데스 모이네스 대회는 역대 학생자원운동대회들 가운데 가장 많이 모인 대회였으나 선교보다 사회·정치적 문제가 큰 쟁점이 되었고, 이후부터 이 대회가 쇠퇴해갔다.

** Ralph Conner는 Charles William Gordon(1860~1937)의 필명이다. 캐나다인 소설가이자 교회 지도자로서 교회와 사회의 개혁을 주장하였고, 자녀로 1남 6녀를 두었다.

러시아의 상황에 관한 보도들은 극도로 고통스럽습니다. 여러 해 동안 러시아의 상황은 인화성이 강한 물질을 만들어내는 것과 같았고, 그 대화재는 지금도 계속되고 있습니다. 그것은 스스로 다 타서 없어질 것이므로, 잠시 후면 그 불로 정화되는 과정을 밟을 것입니다.

에비슨 부인께 축복의 인사를 전해주시기를 바랍니다. 사역이 계속 번창할 것이라고 믿습니다.

안녕히 계십시오.

RPM[R. P. Mackay]

출처: PCC & UCC

January 20, 1920.

Dr. O. R. Avison,

Seoul,

Korea, Japan.

Dear Dr. Avison:

Just a word in acknowledgment of your most interesting report of the visit to the Leper Asylum. What a magnificent piece of administration it would be if leprosy could be eliminated by such segregation as you refer to.

I am very sorry to see in the papers the report of a revolution in Korea which confirms your own statement that tension had increased and that there had been many arrests. The reference is a brief one and I do not know how much is implied, and whether or not it is a false alarm. Anything seems to give a color of justification to the conduct of the Japanese with all its brutality. How sad that the Japanese people of high ideal should so tarnish their record-- a stain that can never be removed.

The annual Foreign Missions Conference was held in New Haven . The central thought of the conference was in connection with salaries and increased expenditures.

The Des Moines Student Volunteer Convention Dec. 31st- Jan. 4th, was somewhat disappointing, I understand, although the numbers were very great. There was present a measure of that spirit of Bolshevism that is expressing itself everywhere today. However, results are appearing. The Fourteen students in Winnipeg who were at Des Moines have volunteered for the foreign field including Ralph Connor's son.

Reports as to conditions in Russia are distressing in the extreme. Conditions in Russia for years have been such as to create inflammable material and now the conflagration is on. It will burn itself out and by and by through the fire there will be a process of purification.

With all good wishes to Mrs. Avison and trusting that the work continues to prosper, I am,

Yours sincerely,

RPM/MC

12. 에비슨이 스코트에게

참조: 프랭크 메이슨 노스 박사,*

선교회 총무,

북감리회,

뉴욕시.

1920년 1월 21일

조지 T. 스코트 목사,

조선 기독교 교육을 위한 협력이사회 총무,

c/o Thos. Cook & Sons, Yokohama.

친애하는 스코트 씨:

세브란스연합의학전문학교와 병원이 여러 달째 마주해왔고 우리가 여전히 분투하고 있는 현 상황이 우리의 힘든 사정들을 당신에게 솔직히 털어놓지 않을 수 없게 만들고 있습니다. 한 해 동안 병원의 모든 시설이 다 활용되었고, 병원의 수용시설에 대한 수요는 우리의 대응 능력을 넘어섰으며, 환자들은 그 질환의 성격 때문에 평소보다 더 오래 병실에 머물고 있습니다. 더욱이 늘어난 환자들의 다수가 빈궁한 이들이었습니다.

그 전 해에는 평균 80개가량의 병상이 환자들로 줄곧 채워져 있었지만, 이번 해**에는 평균 100개가 되었고, 때로는 줄어들기도 했지만, 더 자주 기록을 넘어서고 있습니다. 최고점은 129개였습니다. 다음의 내용은 지출비의 상승을 알리는 몇 가지 실례입니다.

무상치료를 받는 환자들의 음식은, 그에 따라 가장 질이 낮은 것으로서, 1918년 12월에 237원이었고, 1919년 12월에 432원이었습니다.

드레싱 가격은 전쟁 중에 한 묶음 당 45전이었으나, 1918년 12월에 1.43원으로 올랐고, 요

---

* Frank M. North(1850~1935)는 1892년부터 북감리회 선교부의 총무로 활동하였고, 협력이사회의 이사장으로 활동하였다.

** 회계연도를 뜻하는 것 같다. 세브란스병원의 회계연도는 매년 4월에 시작해서 3월에 끝났으므로 '그 전 해'는 1918년 4월부터 1년간을, '이번 해'는 1919년 4월부터 1년간을 가리킨다고 생각된다.

즘에는 한 묶음 당 2.50원에서 3.50원으로 올랐습니다.

수술용 거즈는 패키지 당 50전에서 90전으로 올랐습니다.

간호부 식비는 금년에 간호학생 1인당 6.00원에서 11.00원으로 올랐습니다.

석탄은 지난해에 톤당 19.50원이었는데, 지금은 36.00원입니다. 우리는 1918~19년 연료비로 3,500.00원 이상을 썼습니다.

조명의 가격은 킬로와트 당 24전에서 28전으로 올랐고, 전력의 가격은 19.00원에서 24.00원으로 올랐습니다. 1918~19년 조명과 전력에 대해 우리가 청구받은 비용은 1,771원입니다.

가스비는 30퍼센트 올랐습니다. 우리는 1918~19년 이것에 1,128.32원을 지출하였습니다.

물값은 방금 50퍼센트 올랐습니다. 지난해에는 우리가 875원을 냈습니다.

1918년 12월의 월급은 2,048.20원이었고, 1919년 12월에 3,134.50원으로 50퍼센트 이상 올랐습니다.

약값은 평균적으로 약 20퍼센트 올랐습니다. 우리는 1918~19년 외과와 내과에서 14,000.00원 이상 지출하였습니다.

바로 얼마 전에 내가 당신에게 편지를 보내어 우리 병원 전체가 얼마나 환자들로 가득 차 있었는지 설명하고 우리에게 환자를 더 받아들일 공간적 여유가 없다는 사실을 밝혔습니다. 또한 이 수용시설에 여유가 있었더라면 충분한 수입을 올려 이러한 추가 지출비를 많이 감당할 수 있었을 것이란 사실을 알려드렸습니다. 사실 우리는 입원실과 진료실의 환자에게 청구하는 비용을 크게 올렸습니다. 그 결과 시설 운영비의 상승은 웬만큼 감당할 것이지만, 여전히 많은 적자가 남을 것입니다. 우리의 봉사에 대한 수요가 얼마나 큰지를 불문하고, 정규 지출 예산을 짤 때면 사역의 규모를 줄여야 하는 것은 아닌가 하는 의문이 우리에게 매우 자주 들고 있습니다. 이 문제에 대해 당신은 어떠한 조언을 하시겠습니까?

그러나 병원과 진료실들에서 우리의 봉사에 대한 수요가 늘고 그 비용이 느는 것이 우리를 가장 힘들게 짓누르는 것은 아닙니다. 지난 3월 이후 올해에 일어난 사건들로 인해 우리는 최상의 조력자들을 일부 빼앗겼습니다. 그래서 능력이 미흡한 본토인 직원들을 데리고 더 많은 일을 해내야 하였고, 이런 일은 외국인 직원들에게도 영향을 주어 많은 이들의 신체적 효율성을 떨어뜨렸으며, 그러는 한편으로 외국인 직원들도 줄어들었습니다.

다음은 있어야 했거나 있었어도 결코 채워진 적이 없었던 직원 상황을 개관한 것입니다.

과목	교수
해부학과 조직학	가노 의사가 지난 3월 말 사임함, 아직 후임 없음. 다른 직원이 대신 가르침.
화학, 물리학, 수학, 생리학, 생화학, 생물학	반버스커크 의사가 한국인 3인의 조력을 받음. 변경 없음.
병리학	밀즈 의사가 사임함. 지금 도쿠미츠 의사가 자리를 채우고, 조직학도 임시로 가르침.
세균학과 위생학	스코필드 의사. 한국인 조력자들이 정치적 혼란으로 모두 떠났음. 스코필드 의사는 금년 3월에 캐나다로 돌아감. 그의 일을 맡을 사람을 찾지 못함.
약물학과 약학	기쉬마 씨. 일본 제약학교 졸업. 처방약 조제를 맡음. 진취적이지는 않지만, 우리가 현재 얻을 수 있는 최선의 인물임. 유능한 조수[조교]를 양성할 능력은 없는 것 같음.
제조와 판매부	이 부서의 책임자는 지난해 3월 1일 이후 투옥됨. 본 서명자 33인 중의 1인. 이 부서가 재정문제와 매우 많이 연결되어 있어 계속 긴장이 발생하므로 업무 수행에 수완이 요청됨. 나는 다른 임무로 많은 압박을 받고 있어서 이 일에 필요한 감독을 하지 못함. 유능한 사업가가 절대 필요함.
내복약과 진단법	능력이 보통인 한국인 1인이 2년간 맡음. 외국인 교수를 반드시 구해야 함. 스타이스 의사가 지금 이곳에서 여러 과 가운데 하나를 맡을 준비를 하고 있지만, 모든 시간을 언어공부에 써야 함.
약리학 치료법	담당자 없음. 여러 교수가 맡고 있음. 선교사 교수가 필요함.
뢴트겐선학, 전기치료법, 수(水)치료법, 기계요법	맡은 사람 없음. 외국인 교수가 필요함.
외과	러들로 의사가 담당. 과가 잘 운영됨.
피부 및 비뇨기과	한국인 오긍선 의사가 담당. 좋은 한국인 내과 의사의 조력을 받으면 잘 운영됨.
부인과와 산과	허스트 의사가 맡고, 훌륭한 한국인이 조력하고 있음. 두 사람이 함께 있을 때는 인원이 충분하지만, 허스트 의사가 금년 3월에 6개월간 안식년을 떠날 예정임.
이비인후과	담당 교수 없음. 눈과 눈의 굴절력 업무를 한국인이 수행함. 코와 목은 일본인이 맡음. 그 일본인은 7개월간 떠나 있으면서 폐결핵에서 회복하려고 노력 중이고, 한국인이 모든 일을 함. 외국인 교수가 절실히 필요함.
소아과와 정형외과	담당자 없음
신경학과 정신의학	담당자 없음
치과	쉐플리 의사가 맡고, 일본인 의사가 조력하며, 한국인 2명이 기계작업을 돕고 있음. 쉐플리 의사는 다음 11월에 안식년을 가짐(기간을 단축하여). 한국에 있던 유일한 다른 외국인 치과의사는 현재 나라를 아주 떠났음. 그래서 또 다른 __ 추가업무를 할 유능한 외국인을 얻으면 이 과가 수입을 올리는 데 도움이 될 것임.

위의 목록을 분석하면, 현재 우리가 내과 의사를 두 명만 두고서 모든 전문업무를 수행하고 있는 것을 볼 수 있습니다. 그러므로 그들이 정신적, 육체적으로 극히 피로한 상태에 있는 것을 알게 되어도 놀라지 않을 것입니다. 이런 상태에서는 어느 때라도 앓아누울 수 있습니다. 그들 가운데 한 명인 허스트 의사는 3월에 떠날 예정입니다. 의료사역자 방면에서 이 병원에 즉각적인 도움이 필요한 것이 분명하지 않습니까?

다음은 간호 분야 직원들입니다.

간호부양성소 교육 감독	에스텝 양
간호부 기숙사와 원내 사무 감독	에스텝 양 에스텝 양은 이 두 부서를 이끌기 위해 애쓰다 쇠약해져 늘 쓰러지기 직전의 상태에 있음, 우리는 화이트로 양이 다음 3월에 일을 맡아 이런 상태에서 벗어나기를 희망함. 그녀가 이 두 부서를 보조할 것으로 생각되기 때문임.
병원 간호 감독	라이너 양 라이너 양의 건강이 몇 개월 동안 좋지 않아 결핵 초기에 있지 않은지 염려됨. 그녀가 일을 계속해야 할지, 아니면 질병을 점검하여 우리가 우려한 대로 판명되는지를 알아보기 위해 안식년을 갖는 문제를 결정할 수 있도록 그 경과에 관해 방금 편지를 썼음.
약국 간호 감독	배틀즈 양 다음 11월에 안식년을 가질 예정임.
병원 야간간호 감독	이 분야는 전에 쉴즈 양이 맡았지만, 간호업무 담당자로 복귀하는 것을 보장해도 될 만큼 건강을 충분히 회복하지는 않았음. 쉴즈 양은 1897년부터 23년간 충실하게 봉사해왔음. 그녀는 지금 간호부서의 다른 누구보다 직접적인 책임 부담이 더 적은 일을 맡아야 한다고 생각됨. 그녀가 다시 일을 맡을 준비가 되면, 그녀에게 아주 적합한 유형의 업무인 병원 전도사 자리에 임명하도록 제안할 것임.
외과 간호 감독	담당자 없음
사회봉사업무 감독	담당자 없음
외국인 환자 간호 감독	담당자 없음
결핵과 나병을 포함한 전염병 간호 감독	담당자 없음

간호 분야의 상황을 분석하면, 앞으로 몇 달 내에 단 2명의 외국인 간호사들만 남아서 다음의 업무들을 수행할 가능성이 커 보입니다—40명의 학생을 가르치는 간호부양성소의

모든 사역, 학생들과 졸업 간호부들을 생활을 보살피는 간호부 기숙사의 운영, 120대 또는 그 이상의 병상이 있고 그 가운데 업무가 매우 많은 외과를 둔 병원 업무, 10명이나 12명의 간호사 훈련을 병행하는 진료실 업무, 하루에 거의 200명을 치료하는 6개 과의 업무, 전체 대학건물의 관리, 100(?)명 이상에 대한 야간간호, 이 정도의 의료기관이라면 반드시 해야 하는 사회봉사 사역, 전국에 있는 선교사들과 다른 외국인들의 모든 심각한 질환을 돌보아야 하는 외국인 치료부서의 간호업무. 나는 모든 협력 선교부가 이런 상황을 고려하여 각자 맡은 쿼터대로 외국인 간호사를 우리에게 보내주기를 촉구하고 싶습니다.

이런 상황을 돌아보면 우리가 극도로 소진되어 다소 심각한 상태에 있고, 모든 선교부의 진지하고 호의적으로 고려가 필요하며, 내과 의사들 및 간호사들의 임명과 경상비 예산 확대를 통한 즉각적인 구호가 필요한 상태에 있는 것이 보이지 않습니까? 신속한 시설 확장이 필요함은 말할 것도 없습니다. 우리의 사역을 최대한 줄여서 지금의 우리 직원들이 쓰러지지 않고 계속 일할 수 있게 해야 한다고 생각되지 않는다면 말입니다. 더 자세한 사항으로 들어가 이 편지를 길게 쓰지는 않겠지만, 당신이 우리 상황을 거듭 생각해주면 좋겠습니다.

안녕히 계십시오.

O. R. 에비슨

출처: UMAC

For information of Dr. Frank Mason North,
Secretary, Board of Foreign Missions,
Methodist Episcopal Church,
New York City.

Seoul, January 21, 1920.

Rev. Geo. T. Scott,
Secretary, Cooperating Board for Christian Education in Chosen,
c/o Thos. Cook & Sons, Yokohama.

Dear Mr. Scott:-

The conditions which the Severance Union Medical College and Hospital have been facing for several months and which we are still struggling with appear to call for the frank laying before you of our difficulties. The year has been one when all the facilities of the Hospital were called upon when the demand for hospital accommobation was beyond our power to meet, when patients, because of the nature of their sicknesses, remained longer in the wards than usual, and yet when the majority of the increased number of the cases was made up of indigent patients.

Whereas last year, we had an average of about 80 beds occupied constantly, this year the average has been a hundred, occasionally going under but more often over that mark. The high water mark was 129. The following are some of the increases in expenditure:

Patients' food for free cases, therefore of lowest quality, in December, 1918, Yen 257; December, 1919, Yen 432.

Cost of Dressings advanced from 45 sen per bolt eatly in the war, to Y1.43 in December, 1918, and to-day costs from Y. 2.50 to Y. 3.50 per bolt.

Surgical Gauze has advanced from 50 sen to 90 sen per package.

Food for Nurses has gone up from Y.6.00 per pupil nurse to Y.11.00 this year.

Coal which cost Y.19.50 per ton last year is now Y.36.00. We spent over Y.3500.00 for fuel in 1918-19.

Light has gone up from 24 to 28 sen per kilowatt; and power from Y.19.00 to Y.24.00. Ourbill for light and power in 1918-19 was Y.1771.

Gas has gone up 50 per cent. Our expenditure for this in 1918-19 was Y.1128.32.

Water has just been advanced 50 per cent. It cost us Y.875, last year.

The monthly payroll in December, 1918, was Y.2048.20; in December, 1919, it was Y. 3134.50, an increase of over 50 per cent.

Drugs have gone up an average of about 20 per cent. Our expenditure for Surgical and Medical supplies in 1918-19 was over Y 14,000.00.

A short time ago I sent you a letter showinghow all our Hospital space was occupied and pointing out that we had no rooms in which to receive additional patients, and indicating that had we had this spare accommodation we could have increased our revenue sufficient to pay for a good deal of this additional expense. As it is we have considerably increased our charges both for wards and for clinic treatments, with the result that we shall make up a moderate proportion of the increased cost of running the plant but will still be left with a large deficit. The question occurs to us quite frequently as to whether we ought to cut down our work to the regular budget of expenditures, no matter what may be the demand for our service. What would be your advise on this point ?

But the increased demand for our services in the hospital and clinices and the increased cost are not the most pressing of our difficulties.

The events of the year since last March have deprived us of some of our best assistants, so that we were compelled to do the increased work with a poorer native staff, and this has reacted upon our foreign staff so as to reduce the physical efficiency of many members, while at the same time our foreign staff has been depleted.

The following is an outline of the staff as it should be, or rather as it had been, for it never has been complete:

Subject	Professor
Anatomy & Histology	Dr. Hano resigned last March, no successor yet. Work carried by other members of the staff.
Chemistry, Physics and Mathematics, Physiology, Biochemistry & Biology	Dr. VanBuskirk assisted by three Koreans. No change.
Pathology	Dr. Mills resigned, place now filled by Dr. Tokumitsu, who also carries Histology temporarily
Bacteriology & Hygiene	Dr. Schofield. Korean assistants all away on account of political complications. Dr. Schofield Himself to return to Canada in March of this year. No one in sight to take care of his wrok.
Materia Medica & Pharmacy	Mr. Kishima, a graduate of the Japanese Pharmaceutical school in charge of dispensing of prescriptions. A man without initiative, but the best we can get at present. Does not seem capable of training competent assistants.
Manufacturing & Sales Department	Head of this Department in prison since March I last year; one of the thirty three original signers. This Department a constant strain because it involves so much financially and also calls for skill in the performance of the work, and my own duties in other lines are so pressing that I am unable to give it necessary supe-rvision. A competent business man an absolute necessity.
Internal Medicine & Diagnosis	Has been for two years in charge of a Korean of only moderate ability. A foreign professor must be secured. Dr. Stites is now here preparing for one of the Departments, but must be given almost all his time for language study.
Pharmacology Therapeutics	No one in charge; work being done by various members of the staff. A missionary professor needed.
Roentgenology, Electrotherapy, Hydrotherapy & Mecanotherapy	No one in charge. A foreign professor urgent.
Surgery	Dr. Ludlow in charge, department well cared for.
Skin & Genito-Urinary	Dr. Oh, a Korean, in charge, and department well cared for when we get a good assistant Korean physician.

Co-operating Board

Gynecology & Obstetrics

Dr. Hirst in charge with a good Korean assistant. Staff sufficient when both are on duty but Dr. Hirst expects to leave on six-months furlough in March of this year.

Eye, Ear, Nose & Throat

No professor in charge. Eye work together with refraction being done by a Korean; Ear, Nose & Throat work by a Japanese. The Japanese has been off duty several months trying to recover from pulmonary tuberculosis, and the Korean doing all the work. Foreign professor urgently needed.

Pediatrics & Orthopedics No one in charge.

Neurology & Psychiatry No one in charge

Dentistry

Dr. Scheifley in charge with a Japanese dentist as his assistant, and two Koreans assisting in mechanical work. Dr. Scheifley to go on furlough (proportionate) O next November. The only other foreign dentist in Korea now leaving the country compe tent foreigner to carry the additional work we shall have and help make revenue for the depart ment.

An analysis of the above list shows that at the present time we have only two foreign physicians to carry all the professional work, so you will not be surprised to know that they are both on the verge of mental and physical fatigues which may lay them aside at any time, and one of these, Dr. Hirsr, is due to leave in March. Is it not evident that this institution needs immediate help in the line of medical workers?

The nursing staff is as follows:

Superintendent of Instruction of Nursing School Miss Esteb

Superintendent of Nurses' Dormitory and Domestic Affairs Miss Esteb

The effort to carry these two departments is wearing Miss Esteb's strength to such an extent that she is all the time on the verge of breaking down, but we hope this condition will be relieved when Miss Whitelaw comes on duty next March, as she will probably carry the second of these two departments.

Superintendent of Hospital Miss Reiner.

Miss Reiner's health has been poor for several months and there is a fear that she may be suffering from incipient tuberculosis, and we are just waiting developments to enable us to determine whether she should continue on duty or go on furlough in the hope of checking the disease if it turns out to be what we fear.

Superintendent of Dispensary Miss Battles.

Her furlough is due next November.

Hospital Night Superintendent This was formerly carried by Miss Shields, but she has not recovered enough strength to warrant us in again placing her in charge of a nursing department. Miss Shields has given faithful service since 1897, a period of twenty-three years, and we feel that she should be given work now that carries less direct responsibility than anyone of the nursing departments. We shall probably suggest that when she is ready to resume work she be appointed to the post of Hostital Evangelist, a type of work for which she is eminently fitted.

Superintendent of Surgical Departement No one in charge.

Superintendent of Social Service No one in charge.

Superintendent of foreign Department No one in charge.

Superintendent of Contagions Disease Department, including Tuberculosis & Leprosy No one in charge

An analysis of the nursing situation shows that within the next few months we are likely to be left with only two foreign nurses to carry all the work of a Nurses' Training School of 40 pupils, a nurses' dormitory with the home care of the pupil and graduate nurses, a hospital of 120 or more beds with a very heavy surgical department, a dispensary clinic involving the training of ten or twelve nurses, carrying six departments with nearly 200 treatments a day, and the care of the entire College building; The night care of more than 100 patients; the social work that should be done form such an institution as this, and the care of a foreign department where all the severe cases from amongst the missionaries and other foreigners of the whole country have to be looked after. I want to urge that every co-operating Board take this situation into consideration and supply us at once with their quota of foreign nurses.

Does this review of the situation not show that we are on the ragged edge of something serious, and that we need the serious and sympathetic consideration of all the Boards with immediate relief by the appointment of physicians and nuses and the enlargement of our budget for current expenses, not to mention the early enlargement of the plant itself, unless it is thought the we should reduce our work to the maximum which our present staff can carry without breaking. I will not lengthen this letter by going into further details but will leave you to think over our situation.

Very sincerely,

O.R. Avison

13. 에비슨이 굴릭에게

1920년 1월 22일

시드니 L. 굴릭 박사
동양관계위원회 총무,
612 유나이티드 채리티스 빌딩,
105 이스트 22번 스트리트,
뉴욕시, 뉴욕 주.

친애하는 굴릭 박사님:

당신이 보낸 11월 20일 자 및 21일 자 편지와 관련하여 내가 보낸 이달 17일 자 편지를 더 보충할 내용을 말씀드리겠습니다. 지금 나는 당신에게 어떤 공식적인 집계 결과를 제공할 수 있습니다. 어제 정부 관리들로부터 어떤 정보를 제공할 준비가 되었다는 메시지를 받았습니다. 그러면서 누군가를 경무국장에게 보내도록 요청하였습니다. 이에 오늘 오전 나의 비서인 오웬스(Owens) 씨가 가서 두 시간 동안 이 관리와 면담하였습니다. 이 수치는 7월 20일까지만 해당하는 피체포자들과 10월 31일까지의 기소자들에 관한 것입니다. 그래도 당신이 알고 싶어 하는 것을 충분히 충족해줄 것입니다. 그렇지만 9월 1일 이후에 [강우규 의사] 폭탄 투척 사건으로 많은 사람이 체포되었으므로 더 많이 집계되어야 한다는 사실을 기억해야 합니다.

독립운동으로 1919년 3월 1일부터 7월 20일까지 경찰서에 체포된 사람들, 28,934명	
처리 상황	
재판을 위해 검사에게 이첩	13,185
석방	4,065
헌병경찰의 지시에 의한 징역형	531
헌병경찰의 지시에 의한 벌금형	293
헌병경찰의 지시에 의한 태형	9,078
계류 중	1,782
계	28,934

검사의 손에 넘겨진 사건은 헌병경찰이 책임지지 않습니다. 위에서 언급된 태형의 경우에 모든 해당자가 아래 목록에 있는 법원들의 관례적인 판결에 따라 90번 매질을 당해야 하는 것은 아닐 것입니다. 헌병경찰이 약식 재판을 할 권한을 가졌다는 사실을 유의해야 합니다. 그들은 어떤 제한된 범위 안에서 판결을 내릴 수 있습니다.

다음 목록은 검사에게 넘겨진 사람들에게 무슨 일이 일어났는지를 보여줍니다. 이 목록은 10월 31일까지 처리된 13,185명에서 17,999명까지의 이야기를 전해줍니다. 추정한 바로는 헌병경찰에게 체포된 사람들의 수가 위에서 언급된 28,934명보다 많이 늘어나야 합니다. 그것은 다음 목록이 보여주는 것처럼 헌병경찰들이 사건들의 거의 50퍼센트를 검사들에게 알리지 않고 처리하였기 때문입니다.

<table>
<tr><th colspan="2">1920년 3월 1일부터 10월 31일까지 검사들이 처리한 건수 17,999건</th></tr>
<tr><th colspan="2">처리 결과</th></tr>
<tr><td>선고</td><td>8,993</td></tr>
<tr><td>석방</td><td>7,116</td></tr>
<tr><td>다른 재판소 이송</td><td>1,838</td></tr>
<tr><td>심리 중</td><td>52</td></tr>
<tr><td>계</td><td>17,999</td></tr>
</table>

다음의 목록은 완전한 것은 아니지만, 그 일부인 8,993건이 어떻게 처리되었는지를 보여줍니다.

<table>
<tr><td>전체</td><td colspan="2">8,993</td></tr>
<tr><td>노역 선고</td><td>5,156</td><td rowspan="6">7,029</td></tr>
<tr><td>선고유예에 의한 석방</td><td>282</td></tr>
<tr><td>벌금 부과</td><td>11</td></tr>
<tr><td>징역(노역 없음)</td><td>8</td></tr>
<tr><td>태형 선고</td><td>1,514</td></tr>
<tr><td>무혐의</td><td>58</td></tr>
<tr><td>나머지</td><td colspan="2">1,964</td></tr>
</table>

나머지 1,964건이 어떻게 되었는지를 알려주는 통계수치는 지금 얻기가 어려울 것 같습

니다.

위의 목록을 더 확증해주는 것으로서 '서울 프레스'가 다음과 같은 두 가지 목록을 게재하였습니다.

1919년 5월 24일		
검찰 조사	13,981	
재판 회부	7,242	13,881 (전체 건수에서 100건이 어긋남)
석방	4,649	
미결	1,990	
1심 재판 벌금형 선고	3,967	
무죄 판정	58	
1919년 7월 4일		
검찰 조사	16,183	16,183
기소	8,351	
석방	5,858	
다른 법원 이송	1,778	
재판 계류	196	
1919년 7월 4일 기소된 8,351건의 세부 내역		
보안법 위반	6,164	8,348
치안방해죄	2,112	
출판법 위반, 죄인 은닉 등	72	

경무국은 또한 10월 31일까지 사망자와 부상자의 수를 다음과 같이 제공하고 있습니다.

일본인	사망 9 / 부상 186
한국인	사망 553 / 부상 1,409

경무국장은 경찰서나 정부기관에서 다룬 사람들만 포함되었다고 설명하였습니다. 그리고 사적으로나 선교 병원들에서 치료받은 사람들은 경찰서에 보고되지 않았다고 설명하였습니다. 지금은 통계를 얻을 수 없습니다. 몇 개월 전 세브란스병원 측이 이곳에서 치료 중인 사람들을 당국에 알리도록 요청받고 그렇게 하였다는 사실을 말해도 될 것입니다. 다른 병원들도 비슷한 보고를 하도록 요청받았을 것이 틀림없습니다.

새 총독이 도착한 후, 헌병경찰과 경찰의 기능이 분리되었습니다. 후자는 지금 민간인 수장의 휘하에 있습니다. 고문과 부당한 대우에 대한 가장 많은 불평이 헌병경찰과 경찰의 관할권 아래에 있었던 사람들에게서 나오고 있습니다. 상황이 바뀌었는데도 불구하고 이전 정부 치하에서처럼 민간인의 지휘 아래에서 행해진 야만적인 일들의 소식이 들려오고 있습니다. 이곳에서 일을 처리하는 수준이 본국[미국]보다는 훨씬 낮지만, 검찰 밑에서는 잔인한 일들의 소식이 그리 많이 들리지 않고 있습니다. 새 행정부의 고위 관리들은 불평을 살만한 사항들을 옛 행정부에서 했던 것보다 더 기꺼이 상세하게 조사하려 하고 있습니다.

오늘 오전의 인터뷰에서 총독부가 소실된 마을들을 구호하기 위한 목적으로 ¥28,160을 지급하였다는 진술을 들었고, 교회와 학교를 다시 짓도록 ¥18,000을 지급했다는 진술도 있었습니다. 나는 이런 진술을 좇아 그 구호금이 정확히 어디로 분배되었고 그 기금이 어느 교회들과 학교들에 주어졌는지를 확실하게 알아내려고 노력하였습니다.

헌병경찰과 군대가 구체적으로 어떤 처벌을 받았는지는 알아내기가 매우 어렵습니다. 오늘 오전에 들었던 진술에 의하면, 전자에서 몇 사람이 징계를 받았습니다. 이 문제에 대해서는 일본인에게 선교하는 북감리교 선교사 스미스(F. Herron Smith)가 안식년을 보내기 위해 봄에 미국에 도착하면 당신에게 더 많은 정보를 줄 수 있을 것입니다.

호주장로회 선교회의 라이올(D. M. Lyall) 목사가 이전의 보고서를 보충하기 위해 보낸 편지를 동봉하니 확인하시기 바랍니다.

오늘은 한국의 전 황제가 붕어하신 기일입니다. 세의전을 포함하여 여러 학교 학생들이 수업을 중단하고 이날을 기리거나 추념하고 있습니다. 며칠 전 전 황제의 왕자와 일본 공주의 혼례식이 거행되었는데, 사방이 온통 분노에 차 있는 것처럼 보입니다. 이는 한국의 관례에 따라 3년 후로 미뤄지지 않았기 때문입니다.*

한국인들로부터 사망자와 부상자의 통계를 얻기 위해 노력하고 있습니다. 그런 것을 얻으면 이 다음번에 보내겠습니다.

안녕히 계십시오.

[서명됨] O. R. 에비슨

---

* 고종은 1월 21일 붕어하셨고, 영친왕의 혼례식은 4월 28일 거행되었다. 이 사실을 고려하면 이 편지가 1월 22일 이전부터 작성되고 나중에 내용이 첨가되어 발송되었을 가능성이 있다.

세브란스 교수인 스코필드(F. W. Schofield) 의사가 만든 만세운동에 관한 책이 지금 출판 작업 중에 있습니다. "한국의 자결권"(The Self-determination of Korea)이 그 책의 제목으로 제안되었는데, 그렇게 발행될 것으로 짐작됩니다. 이 책에 많은 사실이 담길 것입니다. 그것이 등장하면 당신이 그것을 열심히 찾을 것이라고 확신합니다.

독립문제 등의 한국 상황에 관한 굴릭(S. L. Gulick) 박사의 질문에 대한 [블레어의] 답변

1. 동양관계위원회가 "전망은 전반적으로 희망적이다"라고 "총체적인 결론"을 내린 것과 관련하여 내가 이해한 바에 따라 한국인의 입장을 말하자면, 그들은 반감이 더 깊어진 것밖에 없지만 소리 없이 더 단호한 방식으로 대처하고 있다고 말하겠습니다. 일본인들이 현 상황을 "희망찬 것"으로 보는 것에 대해서도 잘못된 행위를 고치지 않는 한은 그들 앞에 고통만 있을 것이고 한국인은 완전한 정당성을 얻을 것이라고 볼 수밖에 없습니다. 그들은 아마도 한국인들에게 점점 더 많이 성가심을 당할 것입니다. 그리고 한국인들과의 충돌 때문에 일본은 아마도 국제적으로 의심과 정죄를 더 많이 받을 것입니다. 개인적으로 나는 한국인의 고난의 기간이 더 길어지고 일본의 잔인함과 국제적인 갈등이 더 연장될 것이라고 예언합니다. 일본이 즉각적으로 태도를 바꾸지 않으면 국제적인 제약을 강요받게 될 것입니다. <u>상황은 결코 희망적이지 않습니다.</u>
2. 또 다른 팸플릿을 발행하는 것에 관해서는, 이곳의 상황이 바뀌지 않았고 개혁안들이 실행되거나 고통이 경감되리라고 하는 증거가 없다고 느낍니다. 그러므로 나는 한국인들이 완전하고 강력하지만 올바르고 유용한 소요를 부단히 계속하는 가운데 자신들을 위한 합당한 정의를 대망하게 될 것이라고 느낍니다.
3. 통계. 다른 설명이 없다면 내 구역만의 통계입니다.
   (1) 보령(Voryun)에서의 피살 – 2명 현장에서 피살, 1명 감옥 이송 중 차 안에서 사망, 1명 감옥에서 총상으로 사망, ("경상북도"에서는 안동과 양덕에서 가장 많은 사람이 죽임을 당하였습니다. 믿을만한 소식통에 의해 그곳에서 각각 25명 또는 30명이 살해되었다고 보고되었습니다. 일본인들은 이 일대에서 위협조차 받은 적이 없

습니다.)

(2) 체포 – 내가 관할하는 73개 교회에서는 10개 교회의 교인들만 체포되었습니다. 어디에서든 다양한 사람들이 개인적으로 군중 시위에 가담했다가 도망하여 체포를 면하였습니다. 어떤 사람들은 참가한 것 같지 않았는데도 체포되었습니다. 예를 들면, 대구시 서교회 정재순(Cheung Chai Soon) 목사는 대구의 시위에 가담한 적이 없었던 것으로 여겨지는데도 2년 징역형을 받았습니다. 체포된 비기독교인들의 수를 추산하는 것은 부질없는 일일 것입니다. (경찰이 주변의 모든 마을에서 수백 명을 차에 태우거나 걷게 하여 대구로 들여왔습니다. 여러 군에서 수백 명이 체포되고 구타를 당하였습니다.)

(3) 여자들은 옷이 벗겨지고 몸이 노출되는 일을 당하였습니다. 내 관할구역에서는 그 중 2명이 기독교인이라고 분명히 말하였습니다.

(4) 재판과 석방 – 내 구역의 기독교인들에 관해서도 정확히 진술하는 것이 불가능합니다. 투옥된 사람들이 누구인지는 분명하게 알려졌습니다. 대구시의 서문교회에서만 25명이 투옥되었습니다. 한 명은 3년을, 한 명은 2년을, 다른 사람들은 1년, 8개월, 6개월을 선고받았습니다.

(5) 체포되지 않은 사람들의 재판 – 대구 서문교회의 장로 한 명은 체포되지 않았고 지금 도피해 있는데도 자백이나 정황증거에 의해 재판을 받고 1년 반을 선고받았습니다. (이런 일이 전국적으로 벌어지고 있습니다. 북한 지방에서 어떤 사람들은 붙잡히지 않았는데도 사형 선고를 받았습니다.)

(6) 목사들의 시위 가담과 비가담. 4명의 목사가 내 구역에서 일하고 있습니다. 1명은 그의 교인들의 가담을 막으려고 시도하다가 그 후에 군중 시위에 가담하였습니다. 다른 3명은 아무 시위에도 공개적으로 가담하지 않았습니다.

내 구역에서는 기독교인들이 그처럼 고의적인 박해를 받은 증거가 없습니다.

(7) 부서지거나 훼손된 교회가 없습니다.

(8) 내 구역에서는 아무 교회에서도 군중이 모여 시위를 벌이지 않았습니다.

4. 개혁조치. 이곳 내 구역의 고위 관리 한 명이 내 앞에 있을 때 나는 그 소요 후에 어떤 개혁조치들이 있었는지만을 물어보았습니다. 그는 (1) 묘지법이 바뀌었다고 대답하였습니다. 이것은 몇몇 부유한 집안들에게 그리고 신들린 사람의 지시에 따라 매장하기

를 원하는 많은 무지한 비기독교인들에게 환영을 받고 있습니다. 그러나 더 수준 높은 사람들은 이전의 묘지법이 옳고 국가에 유익하다는 점을 인정하고 있습니다. 이 개혁은 퇴행적이고 분쟁을 재발시킵니다. (2) 금주법이 수정되고 합법화 되어 모든 가정이 사적으로 소비하기 위해 면허 없이 술을 빚을 수 있게 되었습니다. 이런 개혁은 더 많은 사람을 음주 중독으로 이끌고 있습니다. 이런 개혁은 아무 유익이 없습니다. (3) 그 개혁으로 이제는 누구든지 새로 담배를 재배할 수 있게 되었습니다. (4) 농부가 도축세를 내지 않고 개와 돼지를 자기 집에서 마음대로 도축할 수 있게 되었습니다. (5) 다른 개혁들에 대해서는 그 관리가 말하지 않았습니다. 나는 경찰의 개혁에 관해 물었습니다. 그는 아는 것이 없다고 말하였습니다. 경찰의 태형과 구타 그리고 체포에 관해서는 자기가 아는 한 예전과 동일한 행위가 유지된다고 대답하였습니다. (6) 나는 어느 계획이 유익하다거나 쟁점이 된 사안이 처리되고 있다는 말을 어느 한국인으로부터도 듣지 못하였습니다. 그들은 정부가 단순히 몇 가지 피상적인 변화만을 꾀하면서 정탐과 압박과 잔인한 행위를 하는 체제를 전체적으로 영속시키려 하고 있다고 그들이 느낀다는 사실을 널리 알렸습니다.

- 일본인의 강간. 내 구역에서 한 건이 있었습니다.

안녕히 계십시오.

H. E. 블레어

대구, 조선

브루엔(H. M. Bruen)의 응답 (대구, 조선)

1. 얼마나 많이 피살되었는가?	–	2명	한국인
〃 〃 부상당했는가?	–	4명	〃
체포	–	120명	〃
재판	–	120명	
석방	–	60명	

징역 – 60명

태형 – 10명

2. 연루된 교회 임원

목사

집사

장로 – 6명

교인 지도자 – 6명

목사 9명 가운데 3명이 미가담

3. 어떤 개혁이 이루어졌는가?

어떤 효과가 있는가?

관리들은 징계를 받았는가?

4. 기독교인이 받은 박해는?

총독으로부터?	
지방관들로부터?	예
경찰 또는 헌병경찰로부터?	예
덜 야만적으로 당했는가?	예
더 쉽게 석방되었는가?	예
기독교인인 사실이 체포되기에 충분한 사유였는가?	예
만세시위 군중이 교회에서 모였는가?	나는 그런 사례를 하나 알고 있습니다.

---

1. 나는 굴릭 박사가 제기한 질문에 대답할 수 있을 만한 상세한 통계 정보를 갖고 있지 않습니다.

2. 나는 총독부의 고의적인 기독교인 박해가 있었다고 믿지 않습니다. "박해"의 정의에 대해 어떠한 의문이 제기될 수도 있지만, 이 도시의 검사들이 기독교에 대해 심문하는 말과 재판정에 있는 사람들에게 반기독교적인 경고를 하는 것은 고위 관리들의 마음의 태도가 어떠한지를 충분히 가리키고 있습니다. 그들은 그런 태도로 하급 관리들을 위협적이고 차별적으로 다루고 있습니다. 감옥에서 일상적으로 기독교인들을 차별하고 있다는 것이 석방된 죄수들의 일치된 증언입니다.

3. 그 팸플릿의 96페이지에서 "어떤 사람이 기독교인이라는 단순한 사실 자체는 경찰이 그를 체포하여 심문하게 하기에 충분하다"라고 말하지 않았음을 지적하려 합니다. 누구의 편지가 거기에서 인용되었는지는 모르겠지만, 그 문장은 "어떤 사람이 한국인 기독교인인 사실은 경찰이 그를 체포하여 심문하고 싶어 하도록 만들기에 충분하다"고 읽어야 합니다. 이것은 매우 다른 진술로서 일어 신문들에 의해 제국 전체에 널리 알려진 경무국장 아카이케(Akaike) 씨의 최근 진술로 잘 입증됩니다.

4. 나는 해외에서 공부하고 귀국을 허가받지 못한 4명의 한국인을 개인적으로 알고 있습니다. 적어도 1919년 3월 1일 전에는 그렇게 하도록 허가를 받지 못하였습니다. 지금은 그들이 틀림없이 경찰에게 …… 환영을 받을 것입니다.

5. 또 다른 팸플릿을 발행하는 것은 너무 이릅니다. 정부 관리들은 일부 개혁들이 (특히 태형의 폐지) 다음 봄까지는 이루어질 수 없다고 진술하고 있습니다. 개혁이 시행되어 성공했다고 선언될 때까지 기다리는 것이 더 좋습니다.

W. C. 어드만

대구, 조선

출처: PCC & UCC

Mr Armstrong

January 22, 1920.

Dr. Sidney L. Gulick,
Secretary, Commission on Relations with the Orient,
612 United Charities Building,
105 East 22nd Street,
New York, N.Y.

Dear Dr. Gulick:

Again referring to your letters of November 20th and 21st, and further supplementing my letter of 17th instant, I am now in a position to furnish you with some official figures. A message came from the Government offices yesterday that some information was ready, with the request that someone call on the head of the Gendarmes, and my secretary, Mr. Owens, called this morning and had a conference of two hours' duration with this official. The figures furnished only extend to July 20th in the case of arrests, and to October 31 in the case of prosecutions, but they are sufficient probably for the purpose required. It should be rememb red, however, that many arrests were made after September 1st in connection with the bombing incident, and more have followed on other counts.

Arrests made by Gendarmes Department on account of independence agitation, from March 1 to July 20, 1919		28,934
How disposed of		
Sent to Procurators for trial	13,185	
Released	4,065	
Imprisoned by order of gendarmes	531	
Fined by order of gendarmes	293	
Flogged by order of Gendarmes	9,078	
Cases pending	1,782	28,934

The gendarmes are not responsible for cases when they pass into the hands of the procurators. The floggings mentioned may not in all cases have included the 90 blows which was the customary sentence of the courts in the table below. It should be borne in mind that the gendarmes have the power of summary trial, and can sentence within certain limits.

The next table shows what happened to those who were turned over to the procurators, and as this table brings the story down to October 31 the number of cases handled has risen from 13,185 to 17,999, and by inference the number of arrests dealt with by the gendarmes must have risen greatly beyond the 28,934 given above, for the gendarmes disposed of nearly 50 per cent. of the cases without reference to the procurators as shown in the preceding table.

Cases dealt with by Procurators from March 1 to October 31, 1920.

Dr. Gulick 2.

Cases dealt with by Procurators from March 1 to October 31, 1920 17,999

How disposed of

Sentenced	8993	
Released	7116	
Transferred to other judicial districts	1838	
Cases pending	52	17,999

The next table is not complete, but shows how a portion of the 8993 cases were disposed of: 8,993

Sentenced to hard labor	5156	
Released on suspended sentence	282	
Fined	11	
Imprisoned (not at hard labor)	8	
Flogged by judicial sentence	1514	
Charge dismissed	58	7,029
Balance		1,964

No statistics seem to be available at present as to what was done with the 1964 cases remaining.

In further corroboration of the above, the "Seoul Press" published two tables as follows:

On May 24th, 1919

Under examination by Public Procurators		13,981
Sent up for judicial examination	7,242	
Set Free	4,649	
Still under examination	1,990	
(A discrepancy of 100 in the total	13,881)	
Sentenced by court of first instance	3,967	
Found innocent	58	

On July 4, 1919

Examined by Public Procurators		16,183
Prosecuted	8,351	
Set free	5,858	
Transferred from one court to another	1,778	
Awaiting trial	196	16,183

Details of 8351 prosecuted

For violation of Peace Preservation Law	6,164	
For sedition	2,112	
For violation of law of publication, harboring criminals, etc.	72	(8,348)

The Gendarmes Bureau also furnishes the following figures re killed and wounded: to October 31:
Japanese, killed 9; wounded 186
Koreans, killed 553; wounded 1409

The Chief of the Bureau explained that only those who were treated in police or government institutions were included, and that where the cases were not reported to the police, being treated privately or at Mission hospitals, there were no statistics available at present. I may say that

Severance Hospital was requested several months ago to turn in a report to the authorities as to the cases treated here, which was done. No doubt other hospitals were asked for similar reports.

Since the arrival of the new Governor General the functions of the gendarmes and police have been separated, the latter now being under the charge of a civilian head. The most numerous complaints of torture and ill treatment have come from those who were within the jurisdiction of the gendarmes and police, and despite the change in status there have been reports of as barbarous happenings under civilian control as under the former regime. The cruelties under the procurators are not so numerous, though even here the standard of conduct is far below that of the home land. The leading officials of the new administration evince more willingness to investigate specific complaints than did those of the old administration.

During the interview this morning it was also stated that the Government has given Y 28,160 for relief purposes in the case of burned villages, and Y 18,000 for rebuilding churches and schools. I am trying to follow this up more definitely to find out just where the relief was distributed, and what churches and schools received funds.

It is very difficult to get information as to the specific punishments visited upon gendarmes and military. Several of the former were disciplined according to a statement made this morning. Possibly, Rev. F. Herron Smith, an M. E. missionary working amongst the Japanese, can give you more information on this point when he arrives in America on furlough in the Spring.

Enclosed find a letter from Rev. D. M. Lyall of the Australian Presbyterian Mission supplementing his former report.

To-day being the anniversary of the death of the ex-emperor of Korea, the students of a number of schools, including the Medical College, are celebrating or commemorating the day by ceasing study. In a few days the marriage of the ex-emperor's son to a Japanese princess takes place, and there seems to be some resentment abroad because the wedding has not been postponed for three years in accordance with Korean custom.

Efforts are under way to get statistics from Korean sources of killed and wounded, and these will follow when secured.

Very sincerely,

(Signed) O R Avison

A book on the agitations by Dr. F. W. Schofield, of Severance staff, is now in course of publication. The title suggested was "The Self-determination of Korea", and I presume it will so appear. This book will contain a mass of facts. I mention it that you may be on the lookout for it when it appears.

Reply to Dr. S.L. Gulick's Questions of Korean Situation, &c.
Independent Matters.

---

1. Concerning the "General Conclusion" reached by the Commission on Relations with the Orient, "That while the outlook on the whole is hopeful" I would state as far as I understood the Korean's position there has been nothing but a depening of the antipathy but in a quiet and more determined way. Also as for Japanese "Hopefulness" in the situation I can see nothing but trouble ahead for them unless they correct their wrong doings and the Koreans are given full justice. They will probably have more and more trouble from the Koreans and because of Korean troubles Japan will probably have increasing International suspicions and condemnation to endure. Personally I predict prolonged suffering for the Koreans and prolonged brutality and in-ternational trouble for Jap-an unless she changes immediately or international restraints are forced upon her. The situation is any thing but hopeful.

2. Concerning the publication of another pamphlet, I feel that the situation here has not been corrected and the evidences that the proposed reforms are going to materialize or bring relief are lacking and therefore agitation, full and strong, but correct and helpful should be continued uninterrupted, looking toward proper justice for Koreans.

3. Statistics. My districtonly unless otherwise stated.
   1. Killed at Woryun- 2 killed on spot, I died in auto on way to prison, one died in prison from gunshot wound. (The greatest numbers killed in the province 'Kyungsang North' were at Andong and Yangduck where 25 or 30 each were reported killed, on good authority. No Japanese even threatened hereabouts.)
   2. Arrests,- Out of 73 churches under my supervison members of ten churches only were arrested. Various individuals participated in public demonstrations elsewhere but escaped arrest. Some were arrested who seem not to have taken part. For example, Cheung Chai Soon pastor of the West Church in Taiku City, seems to have had no part in the Taiku demonstation, yet he has been given two years in prison. As to the numbers of non-Christians arrested it would be futile to ~~estile-to~~ estimate. (The police brought them in to Taiku by the hundreds from all the surrounding villages, in automobiles and on foot. Hundreds were arrested at various county magistracies and beaten there).
   3. Women stripped and exposed. Two in my territory of whom I have gotten definite word, Christian women.
   4. Trials and released.-impossible to give exact statement even as to Christians of my district. Those sent to prison are definitely known. Twenty-five were sent to prison from the West Church in Taiku City alone. One for 3 years, and one for 2 years, and others 1 year, 8 months, 6 months.
   5. Trials of unarrested. One Elder of the West Church, Taiku was not arrested and is in flight even now but was tried and sentenced to 1½ years. On confessions or circumstantial evidence. (This has been carriedout all over the country. Some have been sentenced to death who have not been caught at all, in the North of Korea.)
   6. Pastors participating and nonparticipating. Four ordaind pastors work in my field. One took part in public demonstration after attempt to keep his flock from joining. The other three took no open part in any demonstration.

   6½. No evidence of deliberate persecution of Christians as such in my district
   7. No. Churches destroyed or damaged:
   8. Nocrowd assembled at any Christian church in my district for demonstrations.

-2-

4. Reforms. A leading officer of my district sits here before me and I have just asked what reforms have been granted since the uprisings. He replies (1) The grave yard laws have been changed. This is welcomed by a few rich families and by many ignorant nonbelievers who desire to bury at the dictates of necromancers but the better class of people recognized that the former cemetery regulations were right and beneficial to the nation and this reform is a retrogression and the reinstatement of strife. (2) Liquor laws have been amended making it legal for any family to brew their own liquors for private consumption without license. This is leading to larger intoxication. There is no benefit in this reform. (3) Tobacco can be cultivated by any one now since the reform. (4) Dogs and pigs can be butchered at the will of farmers on their own premises without paying the butchers tax. (5) He mentioned no other reforms. I asked about police reforms. He said he knew of none. About flogging and beating by police and arrest. He answered that as far as he know the same old practices maintained. (6) I have not heard any Korean mention any of the reforms as beneficial or as touching the point at issue. They have universally indicated their feeling that the Government was merely making a few outward changes but perpetuating the whole system of espionage, oppression and brutality.

5. Rape by Japanese. One case in my district.

Sincerely,

H. E. BLAIR.

Taiku, Chosen.

Replies by H.M. Bruen. (Taiku, Chosen.)

1. How many killed -- 2 - Koreans
   " " wounded -- 4 - "
   arrested -- 120 - "
   tried -- 120
   released -- 60
   imprisoned -- 60
   flogged -- 10

2. Officers involved -
   Pastors
   Deacons
   Elders - 6
   Leaders - 6
   No part taken by 3 of 9 pastors

3. What reforms?
   How working?
   Officials punished?

4. Christians persecuted?
   By Governor-General?
   By local officials? Yes.
   Police or gendarmes? Yes.
   Treated less brutally? Yes.
   More readily released? Yes.
   The fact was a Christian was ample ground for arrest? Yes
   Mansei crowds assembled in Churches? I know of one such case.

1. I have no data which would enable me to answer the detailed statistical questions put by Dr. Gulick.

2. I do not believe that there was deliberate persecution of Christians by the Government General itself. There might be some question as to the definition of "persecution" also but the arraignment of Christianity by the Public Prosecutor in this city and his warning those in the court room against it, is sufficient indication of the attitude of mind on the part of the higher officials which takes the form of intimidation and discriminatory treatment on the part of the lower officials. It is the unanimous testimony of released prisoners that discrimination against Christians in the prisons is the usual thing.

3. I would point out that it does not say on p96 of the pamphlet "that the mere fact that a man was a Christian was sufficient to lead the police to arrest and investigate him". I do not know whose letter is there quoted but the sentence reads "the fact that a man is a Christian Korean is sufficient to lead the police to desire to arrest and invetigate him" This is quite a different statement and one well borne out by the recent statements of Mr. Akaike, Director of Police published throughout the Empire in vernacular papers.

4. I personally know four Koreans educated abroad who are not permitted to return. At least they were not permitted to do so prior to March 1st, 1919. They would doubtless be welcomed now ... by the police.

5. It is too early for the publication of another pamphlet Government officials have stated that some reforms (notably the abolition of flogging) cannot be made until next Spring. Better wait until the reforms are in force before rushing to pronounce them a success.

W. C. ERDMAN.

Taiku.

Chosen.

14. 에비슨이 세전이사회 · 협력이사회 · 존 세브란스에게

1920년 1월 28일

세브란스연합의학전문학교 현지 이사회,
조선 기독교 교육을 위한 협력이사회, J. L. 세브란스 씨께

친애하는 친우들:

의학교와 병원의 확장계획을 변경하는 문제에 관해 편지를 씁니다. 나의 설명을 더 쉽게 이해할 수 있도록 이 편지에 동봉하는 도면을 주의 깊게 살펴주기를 여러분께 요청합니다.

여러분도 알듯이 우리는 1 · 2 · 3 · 4 · 5 · 6 · 7구획으로 구성된 (a) 땅의 일부 또는 전부를 사는 것이 포함된 1안을 좇아 확장을 결정하였습니다. 1 · 2 · 3구획은 우리 계획에서 절대적으로 필요합니다. 그 이유는 큰 건물 "A"의 일부가 그곳들에 걸치게 되고 "A"처럼 큰 건물이 세워지면 다른 땅들도 매우 필요해지기 때문입니다.

이 구획들의 호가는 1~3구획들을 사는 데에 ¥60,000 이상까지 오르고 (a) 땅 전체를 사는 데는 ¥120,000 이상이 될 것으로 판명되고 있습니다. 그 땅들에 대해 나는 세브란스 씨에게 편지를 썼고, 그는 매우 관대하게 전보를 보내 "가격이 과도하게 높지만, 무엇이든 당신의 최종 결정을 받아들이겠다"고 하였습니다. 이 말은 이곳에 있는 우리가 책임감을 느끼고 곧바로 전체 상황을 재조사하기 시작하게 만들었습니다.

개인적으로 나는 업무 수행을 위해 현재 매우 많은 것이 필요하고 시설확장을 위해 매우 많은 것이 필요해질 시기에 그처럼 조그만 땅에 그처럼 많은 돈을 투입하는 것을 매우 싫어합니다. 그래서 매우 고심하였고, 스코트 씨가 이곳에 왔을 때, 이 상황에 대한 그의 의견을 들었습니다. 그 역시 우리가 효율성을 놓치지 않고 다른 계획을 세울 수 있다면, 전면의 비싼 땅에 그처럼 많은 돈을 투입하는 것을 피하는 편이 더 지혜로우리라고 생각하였습니다. 그러면서 우리가 이미 의논했던 것을 제안하였습니다. 그것은 현재의 병원을 U자형 병원 건물군의 중심 건물로 쓰는 것입니다.

나는 이 도시에 며칠 전에 온 보리스(Vories) 씨와 상의하였고, 루카스(Lucas) 씨와도 상

의하였습니다. 새로운 계획안인 도면 2가 그 결과물입니다. 모든 교직원, 곧 의사들과 간호사들이 모두 새 계획을 좋아합니다. 대다수는 이것을 이전 계획보다 더 좋아하기까지 합니다. 이것을 여러분이 신중하게 검토하고 판단하도록 여러분 모두 앞에 제출합니다.

설명문

1. 여러분은 진입로가 우리 땅의 맨 오른쪽으로 옮겨져서 모든 건물의 공간들이 흐트러지지 않게 하는 것을 볼 것입니다. 이것은 또한 그 입구가 병원의 정면이 바로 보이는 곳 안으로 오게 하고, 그 건물 쪽으로 더 완만하게 올라가게 할 것입니다. 그리고 우리가 병원과 사택들로 진입할 때 지금처럼 두 길이 아닌 하나의 길을 쓸 수 있게 할 것입니다.
2. 다음에 살펴볼 것은 병원 건물들이 분홍색으로, 의학교 건물들이 옅은 파란색으로 칠해진 것입니다. 현재의 건물들을 더 짙은 색으로 하여 여러분이 더해질 부분들을 알아볼 수 있게 함으로써 건물들을 식별하게 하였습니다.
3. 다음으로 여러분은 현재의 병원 건물 (a)에서 탑들이 없어지는 것을 볼 것입니다. 그것은 물론 현재의 건물군에 어울리지 않게 될 것이기 때문입니다. 이것들이 없어져도 업무를 수행해온 사람들은 슬퍼하지 않을 것입니다. 그것은 겨울에 매우 춥고 실질적으로 병원에 쓸모가 없기 때문입니다. 한 가지 아쉬운 것은 세브란스병원이 처음에 지녔던 특징적인 모습을 우리가 잃게 되는 것입니다. 그러나 아마도 우리는 이것을 너무 크게 여기면 안 될 것입니다. 그것은 내가 확신컨대 [돌아가신] 세브란스(L. H. Severance) 씨가 그 작품의 손상을 가장 잘 견뎌낼 것이기 때문입니다.
4. 두 날개를 더하여 그 "U"자형을 이루면, 건물을 충분히 크게 만들어 우리가 건물 전체를 2층 대신 3층으로 올릴 수 있게 될 것이고, 그렇게 하여 땅을 더 많이 쓰지 않고도 수용 능력을 크게 더하게 될 것입니다. 그와 동시에 (a)도 3층으로 올려지게 될 것이고, (c)가 위치한 언덕의 경사는 지하층의 바닥을 더 낮출 수 있게 하여 서쪽 날개가 완전히 전면에 오게 하고 천정의 높이가 1층과 같은 좋은 병실들을 만들 수 있게 해줄 것입니다.
5. 병원 블록(a. b. c. 건물들)은 200명의 환자를 충분히 수용할 만큼 커지면서도 지금 우

리가 하는 것보다 훨씬 더 편하게 일하게 해줄 것이고, 지금은 환자를 돌보기에 많이 좁은 공간이 앞으로는 많이 여유 있게 될 것입니다.

6. 주요 건물들 뒤에 공간을 남겨 격리병동 (d)와 반 격리병동 (e), 또는 확대되는 필요에 잘 부합할 다른 건물들을 지을 수 있게 해줄 것입니다. 그러면 우리가 병원에 입원할 필요가 있는 감염성 열병들과 결핵 환자들, 그리고 연구와 교육 목적으로 받아들일 생각 중인 나환자들을 돌볼 수 있게 될 것입니다. 그뿐 아니라 우리가 앞으로 하려고 하는 정신과 치료도 할 수 있게 될 것입니다.
7. 현재의 의학교 건물에 (f)를 더하면 3개 층에 실험실을 두게 하여 지금 의학교 건물 (g)에서 느끼고 있는 공간의 압박을 크게 덜게 할 것입니다.
8. 도로의 곡선 때문에 그리고 그것과 건물 (g)의 불편한 관계 때문에 의학교 건물에 무엇을 더하기가 곤란하였습니다. 그러나 (g)에 상응하여 두 번째 건물 (i)를 그것에 비스듬히 세움으로써 (i)가 길과 나란히 있게 하고, 그와 동시에 두 건물 사이에 쐐기 모양의 (h) 부분을 집어넣어 다른 건물들보다 약간 더 돌출하게 하면, 불규칙한 것이 가려질 것입니다. 이 중앙 부분은 의학교의 정문이 될 것인데, 지금은 그것이 지금 비참할 정도로 특색이 없습니다. 사각형의 건물 (j)는 앞으로 더 추가할 필요성이 밝혀지면 더해질 수 있습니다.

건축이 필요한 순서는 다음과 같을 것입니다.

1	2	3	4	5
c & d	e & f	b	h & I	j

위의 계획은 간호사 기숙사의 확장과 의학생 기숙사의 건축을 고려하고 있지 않습니다. 이 문제도 빨리 고려될 필요가 있습니다. 학생들의 기숙사를 가능하면 빨리 공급해야 하고, 간호사 기숙사는 병원의 확장과 같은 시기에 확장해야 합니다. 그 이유는 환자를 더 많이 받자마자 간호학생이 더 많이 필요해질 것이기 때문입니다. 그러나 이 일은 지금 제출된 전체 계획을 정하는 과정에서 빠졌습니다. 학생들에게는 수년 내로 건물 (i)의 위층들에 숙소를 마련해줄 수 있습니다.

제출된 변경안은 땅을 사는 일에서 적어도 ¥120,000의 지출을 줄여줄 것입니다. 위에서 말했듯이, 덜 비싼 땅이나 건물들로 훨씬 좋게 확장해가게 하거나 기본자산으로 투자하게 할 것이라고 믿습니다.

현지 이사회의 이사들께 동봉된 투표지 양식을 사용하여 그 문제에 대해 투표해주시기를 바랍니다.

협력이사회에는 그리고 그 이사회의 자산·재정위원회 위원장인 세브란스 씨께는 도면들과 편지를 보냅니다. 그리하여 현지 이사회의 결정을 담은 그 편지가 그들에게 도착하면 그들이 완전한 정보를 얻게 될 것입니다.

현지 이사들로부터 곧 소식을 듣게 되기를 희망하며,

안녕히 계십시오.

O. R. 에비슨

출처: PHS, PCC & UCC

Dr. O. R. Avison
Dup. re. building

January 28, 1920.

To the Field Board of Managers, Severance Union Medical College,

The Co-operating Board for Christian Education in Chosen, and

Mr. J. L. Severance:

Dear Friends:

I am writing about a complete change of plans for the enlargement of the Medical College and Hospital, and will ask you to examine carefully the diagrams which accompany this letter so that you may follow my explanation the more easily.

As you know, we had decided to enlarge according to Plan 1, involving the purchase of part or all of lot (a) made up of plots 1, 2, 3, 4, 5, 6 and 7, -- 1, 2 and 3 being absolutely necessary to our plan because the large building "A" would have to be partly placed on them, and the other lots being very desirable if such a large building as "A" were erected.

It turns out that the asking price for these plots has gone up till it would take more than ¥ 60,000 to purchase 1, 2 and 3, and more than ¥ 120,000 to buy the whole of lot (a). I wrote Mr. Severance about them, and he very generously cabled "Price exorbitant but will accept whatever decision you finally reach." This put the responsibility on us at this end, and we at once began a re-study of the whole situation.

Personally, I was very loath to put so much money into so small a piece of land when so much is needed now to carry on the work, and so much will be needed to enlarge our plant, so I thought very hard and when Mr. Scott was here got his opinion on the situation. He, too, felt that it would be wiser to avoid putting so much money into an expensive frontage if we could possibly plan otherwise, without losing in effectiveness, and suggested what we had already discussed -- the use of the present hospital as the centre of a U-shaped block for the hospital.

I consulted Mr. Vories who came to the city some days ago, and also Mr. Lucas, and the new plan, diagram 2, is the outcome. All the members of the staff, both doctors and nurses, like the new plan, most of them even preferring it to the former one and I am therefore laying it before you all for your careful estimation and judgment.

Explanations.

1. You will note that the entering roadway has been moved to the extreme right of our property, so as to leave all the building space unbroken. This will also bring the entrance within immediate view of the main frontage of the hospital, give a more gradual rise to that building, and enable us to use one road in the approach to both hospital and residences instead of two as now.

2. The next thing to be observed is that hospital buildings are colored pink and medical college buildings pale blue, so as to distinguish them while the present buildings are of a deeper shade to enable you to know which are the parts to be added.

3. Next you will observe that the present hospital building (a) has lost its towers, which, of course, would not fit into the present group. The loss of these is not mourned by those carrying on the work, because they proved to be very cold in winter and of no real value to the hospital. The one thing to be deplored is that we lost the distinctive feature of the original Severance Hospital, but perhaps we should not put too much stress on this as I am sure Mr. L. H. Severance would have been the last to hold on to that to the detriment of the work.

4. The addition of the two wings of the "U" will make a sufficiently large building to enable us to raise the whole to three stories instead of two, and thus add greatly to the accommodations without using more ground. (a) can be raised to three stories at the same time, and the sloping of the hill on which (c) is located will enable its basement floor to be lowered a foot and yet give the West wing the advantage of a full frontage and make good wards with the same height of ceiling as that of the main floors.

5. This hospital block (a, b and c) will be large enough to accommodate 200 patients and yet give much better working facilities than we now have, and plenty of room for paying patients which is now very limited.

6. There will be room left behind the main block for the erection of an isolation building (d) and a semi-isolated building (e) or such other buildings as may be found better suited to developing needs so that we can care for contagious fevers, tuberculosis cases that need to be in hospital, and the lepers that it is proposed to take in for study and teaching purposes, as well as the department of Psychotherapy which we look forward to.

7. The addition (f) to the present Medical College Building will give three floors for laboratories which will greatly relieve the present pressure for space in the College Building (g).

8. The curved line of the street and the bad relation of the building (g) to it has made it awkward to add to the College Building, but by erecting a second building (i) corresponding to (g) at an angle to it which will bring (i) in line with the street and at the same time inserting a wedge-shaped portion (h) between the two buildings, jutting out a little farther than the others, the irregularity will be covered up. This central portion can be made into a main entrance to the College, a feature which now is lamentably lacking. The square building (j) can be added in the future if further additions are found to be necessary.

The order of need for erection might be about as follows:

1. c and d
2. e and f
3. b.
4. h and i
5. j

The above leaves out of consideration the enlargement of the Nurses' Dormitory and the erection of a Medical Students' Dormitory which call also for quick consideration. A students' dormitory should be provided

3.

as soon as possible, and the enlargement of the Nurses' Dormitory should be made coincidently with the enlargement of the hospital, because more pupil nurses will be needed as soon as more patients are admitted. These however do not stand in the way of a decision on the general plans now submitted. Students could be housed for a few years, perhaps, in the upper stories of building (1).

The changes submitted will save an expenditure for land of at least ¥ 120,000, as I said above, a sum which I believe will do much more good expended in other less expensive land or in buildings or invested as an endowment.

I will ask members of the Field Board to vote on the question using the enclosed voting forms.

I am forwarding the diagrams and letter at the same time to the Co-operating Board and to Mr. Severance, Chairman of the Property and Finance Committee of that Board, so that they may have full information when the decision of the Field Board reaches them.

Hoping to hear from the members of the Field Board soon,

Yours very sincerely,

O R Avison

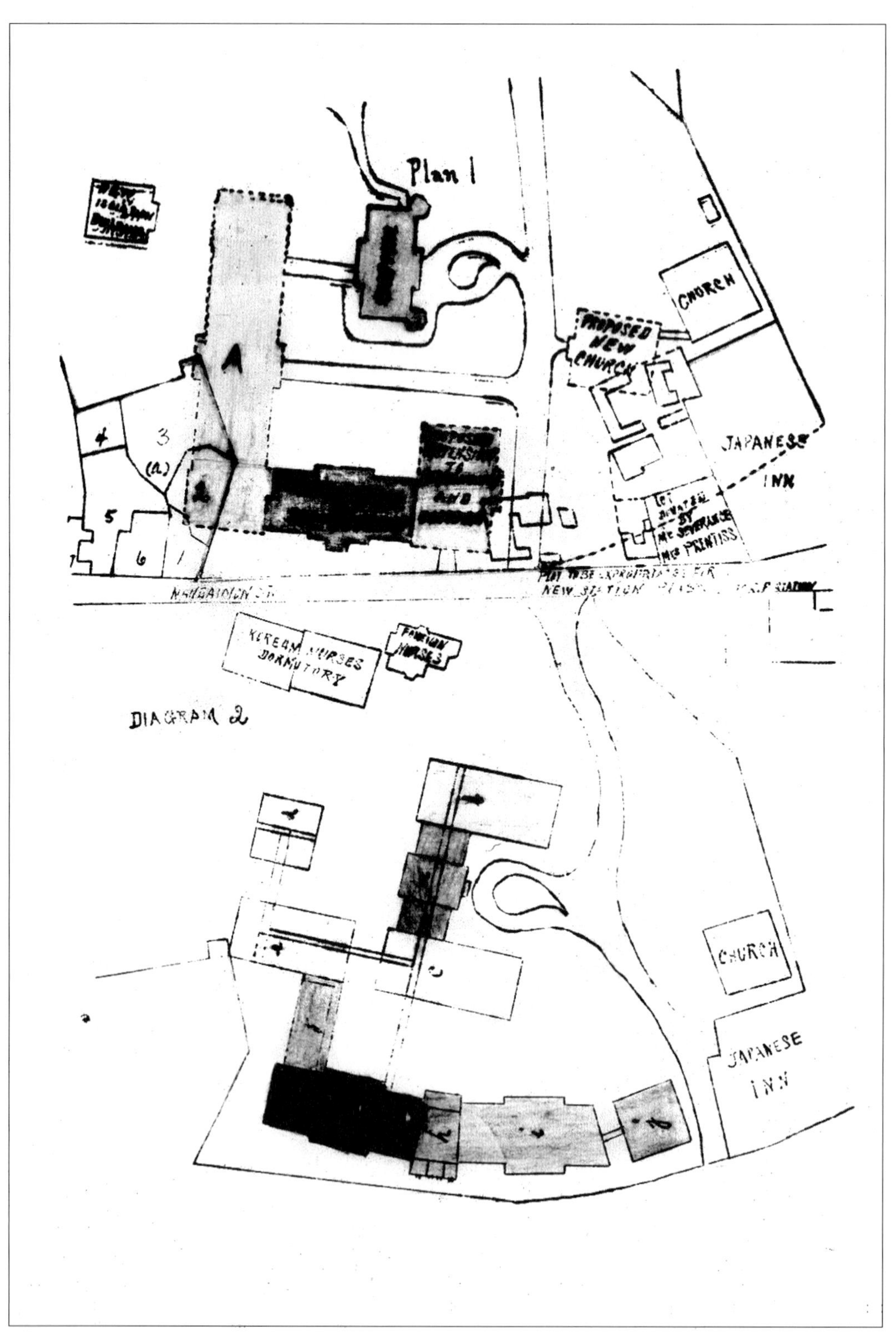
Plan 1
CHURCH
PROPOSED NEW CHURCH
JAPANESE INN
A
4
3
5
6
1
NURSES DORMITORY
FOREIGN NURSES
DIAGRAM 2
CHURCH
JAPANESE INN

15. 에비슨이 아카이케에게

1920년 2월 2일

K. 아카이케 씨,
경무국장,
조선총독부,
서울.

친애하는 아카이케* 씨:

당신의 부서와 관련하여 의견이 있으면 당신께 말해달라는 당신의 친절한 제안을 좇아, 어제 오전 (세브란스연합의학전문학교 구내에 있는) 남대문장로교회의 예배가 비밀경찰 3인의 출현으로 방해를 받았다는 사실을 말씀드리고 싶습니다. 그들의 한 명은 아무런 예의 표시도 없이 회중석 복도를 걸어 들어와 예배자들 가운데 한 명을 데려갔습니다. 이 일은 물론 예배를 매우 크게 방해했고, 특별히 그 청년의 아버지가 강단에서 예배 진행을 돕고 있었기 때문에 그러하였습니다.

어디서든 다른 곳에서 그들을 쉽게 체포할 수 있는데도 이런 식으로 사람을 체포할 필요가 있습니까? 그런 방법으로는 사람들이 당신의 나라를 더 싫어하게 하는 결과를 낼 것을 당신은 깨닫지 못하십니까?

당신의 집에서 우리가 대화하는 동안 당신은 한국인들의 안전을 위해 당신이 특별히 노력해야 할 것을 자각했다고 말하였고, 나는 그 말을 충분히 믿고 받아들였습니다. 그러나 그런 체포 방식이 실행되는 것을 용인한 일로 인해 당신이 기독교인들에게서 인정받지 못하게 될까 염려됩니다.

몇 주 전 원산에서 경찰이 한 젊은 여성을 체포하기 위해 예배 도중에 교회에 들어와 큰 소리로 불러내었습니다. 그녀가 일어나서 그들에게 갔고, 그들은 조금 후에 다시 들어

---

* 아카이케 아쓰시(赤池濃, 1879~1945)는 1919년 8월부터 1922년까지 조선총독부의 경무국장과 내무국장을 지냈다. 1923년 관동대지진이 발생했을 때 일본 경시총감으로서 유언비어를 퍼뜨려 대학살을 유발한 비극의 원흉으로 지목되고 있다.

와 비슷한 방식으로 또 다른 젊은 여성의 이름을 불러냈습니다. 교회에 있는 사람들이 이런 방해에 크게 불쾌하게 여겼고, 그래서 총독부의 위신이 손상을 입었습니다.

외국인 선교사들은 예배의 신성함을 불필요하게 침입받았다고 보고 감정적으로 크게 상처를 받았습니다. 이 사람들이 교회 밖에서만 아니라 안에서도 체포될 수 있었기 때문이었습니다.

내게 솔직한 의견제시를 요청했던 당신이 그 정신으로 이 이의제기를 받아들이리라고 믿습니다.

안녕히 계십시오.

O. R. 에비슨

결과: 아카이케 씨가 보낸 한 사람이 며칠 후 찾아와서 종교의식이 거행되는 동안에는 더 이상 체포하지 말라는 지시가 내려졌다고 말하였습니다.

출처: PCC & UCC

Mr Armstrong

February 2, 1920.

Mr. K. Akaike,
Director of Bureau of Police Affairs,
Government General of Chosen,
Seoul.

Dear Mr. Akaike:

Depending on your kind suggestion that I report to you on any matter connected with your Department which seems to me to call for comment, I wish to report to you that yesterday morning's church service at the South Gate Presbyterian Church (on the Severance Union Medical College Compound) was disturbed by the presence of three plainclothes detectives, one of whom without any ceremony walked into the midst of the congregation and took out one of the worshippers. This of course disturbed the worship very much, especially as the father of the young man was on the platform assisting to conduct the service.

Is it necessary to arrest men in this way when it would be just as easy to arrest them elsewhere? Do you not realise that such a method has the effect of increasing the dislike of the people for your nation?

During our conversation at your home you said you realized you must make special efforts to satisfy the Korean people and I accepted that statement in good faith, but I fear you cannot win the approval of Christians by allowing such a method of making arrests to be carried on.

Some weeks ago the police in Wonsan entered a church and in the midst of the service called aloud the name of a young woman whom they wished to arrest. She arose and went to them, and a little later they entered again and in a similar way called out the name of another young woman. The people in the church were very much displeased at these interruptions and the prestige of the Government suffered.

The feelings of foreign missionaries are also much hurt at what appears to them to be an unnecessary invasion of the sanctity of their worship as these people could have been arrested just as well outside of the church as in it.

Trusting you will receive this complaint in the spirit with which you asked me for frank suggestions,

Believe me,

Yours very sincerely,

O. R. Avison.

Sequel: A representative of Mr. Akaike called a few days later and said instructions had been issued that no more arrests should be made during religious services.

16. 에비슨이 맥켄지에게

1920년 2월 2일

프레드. F. 맥켄지 씨,

마폴, 브리티시 컬럼비아, 캐나다.

친애하는 맥켄지 씨:

당신이 보낸 지난달 2일 자 편지가 오늘 내게 도착했는데, 시간상 운이 좋게 우리 대학 농과의 외국인 선생에 관한 문제가 지금 전면에 떠오른 때에 왔습니다. 당신이 농업 방면에서 이 일을 하기 위해 한국에 올 생각을 하는 것을 알게 되어 기쁩니다. 당신이 결정을 내리는 것을 돕기를 위해 이곳의 문제들을 개관해드리도록 하겠습니다.

우리는 현재 매우 훌륭한 젊은 일본인을 대학 농과의 담임으로 두고 있습니다. 동양에서는 가장 우수한 지식을 우리 학생들에게 가르치기에는 그가 완벽하게 유능합니다. 그러나 우리는 서양식의 교육으로 학생들에게 유익을 끼칠 사람을 얻어 동양과 서양의 최고 지식을 융합시킬 수 있기를 바라고 있습니다.

한국은 농업국가입니다. 주요 농작물은 쌀, 기장, 보리이고, 밀이 약간 납니다. 무와 다른 채소들이 널리 재배되고 있습니다. 한국인들은 이것을 절임음식으로 만들어 밥과 함께 먹습니다. 과일 재배는 비교적 최근에 도입되었고, 사과가 중요한 농산물이 되고 있습니다. 작은 과일들[주로 베리 종류]은 주로 외국인들에게 소비되고 있습니다. 감이 전국적으로 가장 많이 생산되는 과일입니다.

소는 농작과 수레 끌기에 거의 독점적으로 이용되고 있습니다. 도시에서는 아주 작은 짐말이 수레 끌기에 더 널리 이용되고 있기는 하지만 말입니다. 농장은 보통 작고, 소작농이 한국에 아주 많습니다. 그래서 소작인들이 매우 작은 조각의 땅을 경작하고 있는데, 그들이 거기에서 농작물을 얻는 것이 놀랍습니다. 가장 많이 사용되는 비료는 인간의 똥거름입니다. 우유는 본토인이 거의 마시지 않고 있고, 치즈는 알려지지 않았습니다. 그들은 콩으로 만든 엉긴 것[두부]을 많이 먹습니다. 그것도 한국에서 널리 재배되고 있습니다. 생활 수준이 높아지면 쌀만이 아니라 더 많은 종류의 음식도 찾게 될 것이고, 우유가 더 널리 사용될 것입니다. 양은 얼마 전 양을 기르는 것을 장려하기 위해 한 회사가 만들어지기는 했지만, 사실상 한국에서 알려지지 않았습니다. 돼지는 아주 흔하고, 완전히 클 때까지 길러져서 음식 재료가 되지만, 우리가 본국에서 먹는 것만큼 맛이 있지는 않습니다. 사실상으로 외국인들이 소비하는 모든 버터는 해외에서, 주로 호주에서 수입되고 있습니다. 그것은 양철 깡통에 들어있고, 현재는 가격이 파운드 당 $0.90(금)입니다. 아주 좋은 다른 버터도 일본 북부의 섬들에서 수입될 수 있습니다. 그곳에서는 낙농업이 중요한 산업이 되고 있습니다. 가금과 달걀이 주요 식료품의 하나가 되고 있습니다. 수요의 압박이 널리 완화될 수 있을 것은 틀림없습니다. 쇠고기는 한국에서 팔리는 주요 육류 품목이지만, 농부들이 수레를 끄는 데에 소를 사용하기 때문에 미국에서만큼 많이 팔리지는 않습니다.

우리 학교 커리큘럼의 사본을 동봉합니다. 현재의 학과목들을 보면 무엇이 필요한지를 더 잘 알게 될 것입니다. 우리는 동양에서 가장 좋은 캠퍼스 부지를 보유하고 있고, 조만간 눈부신 학교를 갖게 될 것입니다. 동봉해서 보낸 초록색의 작은 책자에서 당신이 보게 될 것처럼, 한국에서 활동하는 미국의 선교부들이 이 학교를 후원하고 있는데, 이 나라의 발전에 반드시 큰 영향을 끼칠 것입니다.

물론 나는 당신이 후원을 받기 위해 어느 선교부와 연락하고 있는지 알지 못합니다. 캐나다장로회의 선교부는 이미 이 대학의 교수 한 명을 후원하고 있는데, 두 번째 교수의 후원을 감당할 수도 있을 것입니다. 교수를 파견할 여지를 아직 남기고 있는 미국의 다른 선교부들도 있어서 그들로부터 후원을 받도록 조정할 수도 있습니다. 나는 당신에게 온타리오 주 토론토의 컨페더레이션 라이프 빌딩(Confederation Life Building)에 있는 선교부 총무 맥케이(R. P. Mackay) 목사에게 편지를 써서 당신이 이 사역을 하기를 원한다는 것을 알리라고 조언하겠습니다.

다시 돌아가서 축산에 대해 말하자면, 이 분야의 사역을 한 사람이 전담하는 것이 틀림없이 바람직할 것이고, 이 분야의 농업이 분명히 앞으로 크게 중요해질 것입니다. 총독부는 지금 육우 혈통의 개량을 권장하고 있고, 그래서 이 산업이 몇 년 전보다 크게 확장되고 있습니다. 돼지 사육도 크게 진보하고 있습니다. 당신이 커리큘럼에서 보게 될 것처럼, 축산은 지금까지 결코 주요 분야가 아니었습니다. 그러므로 당신이 축산 분야의 전문가가 되는 것을 놓치지 않을 것으로 생각하고 싶습니다.

당신이 부전공 과목으로 양이나 돼지를 택하도록 제안한 것에 대해서는, 양을 기르기가 한국에서 발전하지 않은 이유는 풀의 양 때문이라고 말씀드리겠습니다. 돼지는 이미 중요한 산업이기 때문에 그것의 한 분야, 특별히 햄과 베이컨의 가공을 택하면 좋을 것입니다. 그렇지만 언젠가는 양을 기르게 될 것이 틀림없습니다. 그 분야의 축산업이 지금 중국에서 발전하고 있기 때문입니다.

당신이 한국에 오기를 지망한 것과 관련하여 캐나다장로회 선교부의 맥케이 박사에게 편지를 쓰겠습니다. 당신은 틀림없이 조만간 그로부터 소식을 들을 것입니다.

안녕히 계십시오.

[대리 서명] O. R. 에비슨

출처: PCC & UCC

February 2, 1920.

Mr. Fred F. McKenzie,
Marpole, B.C., Canada.

Dear Mr. McKenzie:

Your letter of 2nd ultimo reached me to-day and it comes at a providential time as the question of a foreign teacher in the agricultural department of our College is now to the fore. I am glad to know that you are thinking of coming to Korea to do this work in Agriculture, and I shall try to give an outline of matters here so that it may help you to come to a decision.

At the present time we have a very fine young Japanese in charge of the Agricultural department of the College, and he is perfectly competent to teach our students the best ideas so far as the Orient is concerned, but we have been looking forward to having one with Western training give our students the benefit of these so that the best in Orient and Occident may be fused.

Korea is an agricultural country, the principal crops being rice, millet, barley, and some wheat. Turnips and other vegetables are grown extensively, these being used to make the pickle which the Koreans eat with their rice. Fruit-growing has been introduced comparatively recently, and apples are becoming an important product. Small fruits are consumed mainly by the foreigners. The persimmon is the chief national fruit.

Oxen are used almost exclusively for farm and draught work, though horses of rather light draft are coming into more general use for teaming in the cities. The farms are usually small, and there is a great deal of tenant farming in Korea, so that the renters cultivate very small patches of land, and it is wonderful the crops they get from them. The principal fertilizer is human manure. Milk is rarely used by the natives and cheese is unknown. They eat large quantities of a curd made from beans, which is also widely grown in Korea. As the standard of living rises a more mixed diet than rice will probably be demanded, and milk will come to be more generally used. Sheep is practically unknown in Korea, though a company was formed not long ago with the object of promoting sheep culture. Swine are quite common, but as they are fed to a great extent on fish the flavor is not so palatable as what we get at home. All of the butter, practically, consumed by foreigners is imported from abroad, Australia chiefly. It comes in tins, and at the present time costs about $0.90 gold a pound. Some other very good butter can be imported from one of the northern islands of Japan where dairying has come to be an important industry. Poultry and eggs form one of the chief articles of food. No doubt the strains could be vastly improved. Beef is the main article of meat sold in Korea, but as the farmers use their oxen for draught purposes there is not as much sold relatively as in America.

Mr. McKenzie 2.

I am enclosing a copy of our curriculum, and you will note the subjects of study at the present time which will give you a better idea of what is needed. We have the finest college site in the Orient and in time will have a splendid institution. The Mission Boards in America who have work in Korea are backing up this institution as you will see from the little green booklet which I enclose, and it is bound to have a great influence on the development of the country.

I do not know, of course, whether you have communicated with any Board as to your support. The Board of Foreign Missions of the Presbyterian Church in Canada is already supporting one professor on the staff of the College, and may be able to undertake the support of a second man. There are other Boards in the United States who have vacancies in their representation and the support might be arranged under them. I would advise that you write Rev. R. P. Mackay, D.D., Secretary, Board of Foreign Missions, Confederation Life Building, Toronto, Ontario, in reference to your desire to do this work.

Referring again to Animal Husbandry, it will no doubt be desirable to have one man entirely in charge of this branch of the work, and there is no doubt that this branch of agriculture will assume greater importance in the future. The Government is now encouraging the improvement of breeds of beef animals, and this industry has greatly increased over what it was several years ago. The raising of swine has also taken vast strides. You will note from the curriculum that the animal husbandry branch is by no means a major subject as yet. I am inclined to think, therefore, that you would make no mistake in specializing in Animal Husbandry.

In regard to the minor subject you propose taking up, Sheep or Swine, I may say that one reason why sheepraising has not been developed in Korea is because of the quality of the herbiage. Swine are already an important industry and it might be well to take up that branch, and particularly the curing of ham and bacon. There is no doubt, however, that in time sheepraising will be carried on, because that part of animal husbandry is developing now in China.

I am writing to Dr. Mackay of the Canadian Presbyterian Board of Foreign Missions in regard to your desire to come to Korea and no doubt you will hear from him in due course.

Very sincerely,

(Sgd) O. R. Avison

17. 암스트롱이 에비슨에게

1920년 2월 11일

O. R. 에비슨 박사,
세브란스연합의학전문학교,
서울, 한국, 일본

나의 친애하는 에비슨 박사님:

라이올 씨와 맥켄지 씨가 당신에게 보낸 편지들이 동봉된 당신의 1월 12일 자 편지를 감사히 잘 받았습니다. 늘 바뀌고 있는 일본의 법들에 따라 당신의 학교가 커리큘럼을 개정하게 되어 당신의 업무가 크게 증대될 것이 틀림없습니다.

당신이 스코트(Geroge Scott)의 방문을 받는 기회를 잘 활용했을 것이라고 확신합니다. 그가 돌아와서 그와 대화할 일을 기대하고 있습니다. 쉘을 만나 이야기를 하였습니다. 최근에 그를 동양관계위원회에서 만나 특별한 관심사들에 관해 아주 직설적인 대화를 하였습니다.

당신이 굴릭 박사에게 보냈던 12월 30일 자 편지의 사본을 보내준 오웬스 씨께 감사의 말을 전해주기 바랍니다. 그 편지를 받고 매우 감사하였습니다. 그에게 U.F.O.*가 눈부시게 활동하고 있고, 드루리(Drury)가 핼턴(Halton)과 랜시(Rancy)에서, 아토니 장군(Attorney General)이 이스트 웰링턴(East Wellington)에서 당선될 것 같다고 말해주기 바랍니다. 물론 자유연맹(Liberty League)이 래니(Raney)를 반대하고 있고, 이스트 웰링턴에서 그가 선출되는 것을 막을 목적으로 $20,000의 선거운동 후원금을 얻기 위해 지인들에게 호소문을 보내기는 했지만 말입니다.

우리는 모금 운동을 벌이고 있고, 잘 진행되고 있습니다. 우리가 연희전문학교 건물들을 위해 기여할 수 있기를 희망하지만, 그 일에 대해서는 나중에 편지를 써야만 합니다.

어느 날 한 치과의사, 곧 오타와의 톰슨(M. A. Thompson) 의사가 내게 편지를 보냈습니

* U.F.O.는 1914년에 창설된 'United Farmers of Ontario'의 약자이다. 1차 세계대전 후의 정치 · 사회적 동요를 바탕으로 1919년 지방선거에서 승리하고 총리를 배출하였다.

다. 그가 3년 과정을 졸업했는데, 당신이 이곳에 왔을 때 당신을 만났다고 말합니다. 당신은 그를 기억하지 못할 것입니다. 내가 그에게 편지를 썼고, 그에게 또한 버튼 스트리트(Burton St.)의 존과 브라운 박사와 연락하게 하였습니다. 뉴욕의 북장로회 선교부가 그를 임명할 경우에 선교지로 가는 그의 여행 경비가 준비되어 있는지 그렇지 않은지 나는 모릅니다. 우리 [한국] 선교회가 사업가나 또 다른 의사를 의학교에 보내는 것에 찬성하고 있는 것으로 알고 있습니다. 그러나 이렇게 하려면 [함경도] 동해안에 있는 우리 선교지로 사람들을 좀 더 많이 보내게 되기까지 2, 3년은 기다려야 할 것으로 생각합니다.

당신의 아들 더글라스(Douglas)*와 때때로 편지를 주고 받고 있습니다. 그는 선교사로 일하는 것과 관련해서 언젠가 나를 찾아와서 만날 것입니다.

에비슨 부인, 에드워드, 그리고 바로 당신에게도 따뜻한 안부 인사를 전합니다.

안녕히 계십시오.

AEA[A. E. Armstrong]

출처: PCC & UCC

* Duglas Bray Avison(1893~1952)은 에비슨의 3남으로 1893년 에비슨이 한국에 부임하면서 부산에 기착했을 때 부산에서 태어났다. 서울에서 성장하여 토론토의대를 졸업하고 의사가 된 후, 1920년 3월 안식년을 끝내고 귀국하는 부친과 함께 내한하여 세브란스병원 소아과 의사와 교수, 병원장, 세의전 부교장을 역임하였다. 1940년 귀국하였고, 1925년 벤쿠버에서 사망하였으나, 본인의 희망에 따라 화장 후 양화진에 매장되었다.

February 11, 1920.

Dr. O. R. Avison,

Severance Union Medical College,

Seoul, Korea, Japan.

My dear Dr. Avison:

I thank you for your letter of Jan. 12th enclosing copies of letters to you from Mr. Lyall and Mr. MacKenzie. I am sure it will mean a great deal of work for you to revise your curriculum according to the ever-changing Japanese laws.

I am sure you enjoyed George Scott's visit. I shall look forward to having a conversation with him when he returns. I had a talk with Schell. He met the Oriental Commission recently and talked pretty straight about matters of special interest.

Please thank Mr. Owens for his copy of your letter to Dr. Gulick, Dec. 30th, which I greatly appreciated. Tell him the U.F.O. are carrying on splendidly, and that Drury is likely to be elected in Halton and Raney, the Attorney General in East Wellington. Of course the Liberty League is opposing Raney and have sent out an appeal to their friends for $20,000 campaign money to try and prevent his being elected in East Wellington.

We are in the midst of our financial drive and it is going well. We shall hope to be able to do our part in the Chosen College buildings, but of that we shall have to write later.

A dentist wrote me the other day, a Dr. M. A. Thompson of Ottawa. He is a graduate of three years standing and says he met you when you were here. You may not remember him. I have written him, and am also getting him in touch with Burton St. John and Dr. Brown. I do not know whether the Presbyterian Board, New York, is prepared to pay his travel to the field or not, if appointed. I understand our Mission Council favor our supplying a business man or another doctor to the Medical College, but I fancy this will have to wait two or three years until we get some more men into our mission field on the East Coast.

Dr. Avison-2-

I am in touch occasionally by correspondence with your son Douglas, and he is going to call and see me about missionary service sometime.

With kind regards to Mrs. Avison, Edward and yourself, I am,

Yours sincerely,

AEA
MC

18. 암스트롱이 에비슨에게

1920년 2월 12일

O. R. 에비슨 박사,
세브란스연합의학전문학교,
서울, 한국, 일본

친애하는 에비슨 박사님:

당신의 1월 14일 자 편지가 방금 도착하였습니다. 우리의 전진운동(Forward Movement) 예산에 세브란스의학교를 위한 항목이 없었던 이유를 설명하겠습니다. 그것은 "전후 5개년 [지출] 예산서"의 금년도와 1921년도에 긴급히 필요한 건물들과 설비 항목에 들어가야 할 것이었지만, 우리는 여기에 넣을 [세브란스의] 견적서를 받은 적이 없어서 책정하지 못하였습니다. 내가 한국에 갔을 때[1919년 초] 우리가 함께 연희전문학교에 필요한 것에 관해 의논했는데, 우리가 그 학교의 건물들 가운데 하나를 세우기를 희망하였던 것을 당신은 알고 있습니다. 세브란스의학교의 건물들에 쓸 비용을 분담해달라는 요청은 없었습니다.

당신은 [캐나다장로회의 한국] 선교회가 지난해에 그 문제를 승인하고 통과시켰다고 언급하였지만, 그 일은 물론 우리의 전진운동 예산 책정에 영향을 줄 수 없었습니다. 지난여름에 선교회에서 통과된 것은 예산 책정에 반영될 수 없었습니다. 전진운동과 관련하여 책정되었던 필요한 사항들의 목록에서 당신이 그것을 찾지 못한 이유가 이것입니다. 우리는 세브란스를 돕는 것을 반대하지 않습니다. 연희전문학교가 우리에게 제출했던 것과 같은 방식으로 그것이 우리에게 제출되지 않았기 때문일 따름입니다.

지금 그 문제를 어떻게 해야 할지 모르겠습니다. 당신은 내가 당신의 생각에 공감하고 있는 것을 알고 있습니다. 당신의 편지를 4월에 열릴 선교부 회의에 가져가서 관심을 보이게 하고, 선교회의 권고안도 가져갈 예정입니다. 그렇게 해서 어떤 일이 이루어지기를 희망합니다. 금주에 진행되는 우리 모금 운동의 결과에 물론 많은 것이 걸려 있습니다.

당신이 동봉해서 보내준, 맨스필드 의사에게 발송한 1월 6일 자 편지의 사본은 당신이 우리에게 1920년에는 $1,250을 지급해주기를 요청했다는 사실을 알려주고 있습니다. 이것은 선교회가 알려준 것이 아닙니다. 그들이 책정한 금액은 $500이고, 우리가 보내는 연례 선교비 안에서 책정한 금액입니다. 선교회는 결의안에서 $2,000을 운영비라고 언급하고 있지만, 그 금액을 운영비로 지급할 시기는 말하지 않고 시기를 정하는 일을 선교부에 위임하였습니다. 이 문제에 대해서도 우리는 이 돈을 금년에 지급할지 아니면 내년에 지급할지에 관해 선교회의 분명한 권고를 받아야 합니다.

지금 당신에게 편지를 쓰는 것은 다만 우리가 어떤 상황에 있는지를 알리기 위해서입니다.

안녕히 계십시오.

AEA[A. E. Armstrong]

출처: PCC & UCC

Feb. 12, 1920.

Dr. O. R. Avison,

Severance Union Medical College,

Seoul, Korea, Japan.

Dear Dr. Avison:

Your letter of Jan. 14th has just been received. The reason why nothing appears for Severance College either in our Forward Movement Budget which is for buildings and equipment urgently needed this year and 1921 ~~was~~in the "After War Estimates for the next Five Years", is that we have never had any estimate given to us for this purpose. When I was in Korea we discussed the Chosen Christian College needs, and as you are aware we hope to put up one of the buildings. There was no such request made concerning a share in the Severance College buildings.

Your reference to the Mission Council last year passing favorably on the matter would of course not affect our Forward Movement Budget which could not include anything passed by the Council last summer. That is the reason why you have not seen it in the list of needs in connection with the Forward Movement. It is not that we are opposed to helping Severance , it is just that it has not been before us in the same way Chosen Christian College has been.

Just how it should be dealt with now I do not know. You know my own sympathy is with you. I shall bring your letter to the attention of the Board at its meeting in April together with the recommendation of the Council, and hope that something can be done . Much will depend of course on the outcome of our financial campaign this week.

The copy of letter to Dr. Mansfield, Jan. 6th, which you enclosed indicates that you are asking us for a grant of $1250 in 1920. This has not come from the Council. The amount in their estimates, $500, is the amount in our appropriations. The resolution of the Council mentions $2,000 for running expenses, but does not say when and leaves it to the Board as to when that amount should become our contribution to running expenses. In this matter too we ought to have recommendations from the Council

(ove

definitely as to whether this grant should be made this year or next year.

I just write now in order that you may know how the situation stands with us.

With kind regards, I am,

Yours sincerely,

AEA/MC

19. 에비슨 스코트에게

1920년 2월 16일

조지 T. 스코트 목사,

조선 기독교 교육을 위한 협력이사회 총무,

156 5번가, 뉴욕 시, 뉴욕 주.

친애하는 스코트 씨:

다음은 지난 1월 1일 시점의 대학 업무 상황 보고서로서, 다음 학년 대비 계획 수립 및 자재 목록 준비 등의 사무업무는 제외한 보고서입니다. 이 보고서는 이 시점의 업무 상황이 대략 어떠한지를 보여주고 있습니다.

스팀슨관: ¥32,734에 건축계약 – 80% 공사 진행.

바닥의 난방시설, 파이프가 현지에서 계약하면 아마도 ¥2,000의 비용이 들 것.

바닥의 배관설비 부품이 운송과정에서 일부 파손. 파이프를 아직 구하지 못함.

철물이 아직 미국에서 도착하지 않음. 선적 서류도 도착하지 않음.

전기선이 아직 가설되지 않음.

교수 사택들:

로즈의 집 – ¥9,700에 건축계약 – 85% 공사 진행.

난방: 미국으로부터 자재 도착이나 주문에 관해 아무 말도 듣지 못함.

배관작업이 50% 진행, 일부 자재를 현지에서 구함.

철물이 지난 9월 시카고에서 발송되었으나, 아직 도착하지 않음.

전기선 가설 90% 진행.

밀러의 집 – ¥10,450에 건축계약 – 95% 공사 진행.

난방: 위와 같음; 배관은 60% 진행, 위와 같음; 전선 가설 95% 진행.

고용인 숙소 2채 (긴급상황 시에는 3가족 입주).

85% 진행 — 겨울 날씨 속에서도 완공될 것.

도로:

1919년에 세운 도로 닦기 토목공사 계획 완수. 길이는 1~$\frac{2}{3}$마일.

영구적인 사용을 위해 땅을 고르고 쇄석을 덮을 필요가 있음.

급수시설 설치:

1919년에 세운 계획 완수. 밀러의 집에서 사용 중.

저수지 2곳, 높이가 낮은 것과 높은 것, 3개 샘에서 흐르는 물을 담음.

임시로 쓰기 위해 추가로 3개를 청소하고 개발하였음.

850피트 3" 메인 파이프, 600 피트 2" 서플라이 파이프, 1$\frac{1}{2}$"과 1"과 $\frac{3}{4}$" 브랜치 파이프를 두 집에 연결, 다른 부지들로 연결할 준비함.

과학관:

암반까지 땅을 팜, 암반이 건축용으로 떠내어질 것.

겨울 동안 석재 준비가 $\frac{1}{4}$에서 $\frac{1}{2}$까지 진행됨.

지하층의 바닥을 위해 부지의 $\frac{3}{4}$ 이상에서 토목공사가 진행됨.

떼어낸 돌을 $\frac{1}{4}$보다는 적게 써야 하겠지만, 마감은 훨씬 좋은 돌로 할 것.

측량 등:

모범촌과 고용인 마을 단지를 위한 계획을 세움.

도시 지도를 가지고 등고선 지도를 만들어냄(부지의 동쪽 방향 $\frac{3}{4}$에 대해).

베커가 측량함(부지의 서쪽에 대해).

철로 토목공사 등:

부지의 동남쪽 산의 일부에서 건축회사가 토목공사를 함.

그들이 흙을 대학의 전면에 쌓았는데, 철도 제방이 그곳에서 대학 땅을 지나감.

자재를 충분히 확보하고도 일을 끝내지 않고 방치함.

건축공사가 진행되는 동안 이런 종류의 보고서를 당신에게 정기적으로 보내어 협력이사회의 실행위원들이 공사의 진척 상황에 대해 항상 정확한 정보를 가질 수 있게 하기를 희망합니다.

안녕히 계십시오.

O. R. 에비슨

조지 F. 서덜랜드와 J. T. 언더우드 씨에게 사본을 보내주기를 요망함.

출처: PHS

O. R. Avison
re- buildings

Chosen Christian College

Seoul, Chosen

RECD. GEO. T. SCOTT

O. R. AVISON, M. D.

MAR 2 2 1920

Ansd. ✓

FILING DEPT.
JAN 22 1921
1426
CO-OPERATING
SECRETARIES

PRESBYTERIAN CHURCH IN THE U. S. A.
METHODIST EPISCOPAL CHURCH
METHODIST EPISCOPAL CHURCH, SOUTH
PRESBYTERIAN CHURCH IN CANADA

February 16, 1920.

Rev. Geo. T. Scott,
Secretary, Co-operating Board for Christian Education in Chosen,
156 Fifth Avenue, New York, N.Y.

Dear Mr. Scott:

The following is a report on the state of work at the College as of January 1st last, and with the exception of office work, such as preparing plans and lists of materials for the coming season's work, represents approximately the state of work at thie date:

Stimson Building: Contract ¥ 32,734, -- 80% completed
Heating equipment on ground, pipe being contracted for locally probable cost ¥ 2,000.
Plumbing fixtures on the ground, partly broken in transit; pipe not yet secured
Hardware not yet arrived from America; no shipping documents yet
Electric wiring not yet installed

Residences: Rhodes -- building contract ¥9700 -- 85% completed
Heating, no word as to arrival or ordering of material in America
Plumbing, 50% done, material partly secured locally
Hardware left Chicago September last, not yet arrived.
Electric wiring, 90% done

Miller's -- building contract ¥10,450 -- 95% completed
Heating -- as above; plumbing, 60% done, as above; wiring 95% done

Servants' Quarters, 2 houses (in emergency would accommodate 3 families) 85% completed -- will complete in open weather.

Roads: 1919 program of road grading finished, 1-2/3 miles in length; will need levelling and dressing with broken rock for permanent use

Water installation: 1919 program completed. In use in Miller house. Two cisterns, low level, and high level, holding flow of 3 springs. 3 additional cleaned and developed for temporary use. 850 ft. 3" mains, 600 ft. 2" supply pipe, branch pipes 1½", 1" and 3/4" to two houses; provision for taking off for other sites.

Science Hall: grading down to rock, which will be quarried for building. During winter quarrying one-quarter to one-half done. One more than three-quarters of site grading is done to basement footing levels. Less than one-quarter will have to be quarried but will furnish much good stone.

Surveying, etc. Plans for plots of Model Village and Servants' Village made, contour maps developed from city map (on eastern three-quarter of site) and Mr. Becker's work (on western quarter of site)

Rev. Geo. T. Scott 2.

Railroad Grading, etc. Portion of hill on southeast side of site graded by Construction Company, they using dirt for fill in front of College where railroad embankment crosses College property. Job left unfinished when enough material had been secured.

I hope to send you reports of this nature periodically during the progress of building operations so that the executive officers of the Co-operating Board may have accurate information at all times regarding the progress of the work.

Very sincerely,

O.R. Avison

Copies to Mr. Geo. F. Sutherland
Mr. J. T. Underwood

20. 에비슨의 간호사 필요성 호소

<u>필요한 간호사들</u>

O. R. 에비슨 박사가 보낸 편지, 1920년 2월 17일

전쟁 때 복무했다가 방출된 간호사들이 아마도 꽤 많이 있을 터인데, 그들은 개인 활동에 우선권을 두면서도 공공봉사를 하는 편을 택할 것입니다. 해외 선교지에서 필요로 하는 것에 관심을 가질 수도 있습니다. 그곳에는 간호선교사들이 에너지를 발휘할 활동 영역이 끝없이 펼쳐져 있습니다. 현재 한국에는 대략 23명의 외국인 간호사들이 일할 자리가 비어 있습니다.

적어도 10개의 선교 병원이 외국인 간호사 없이 운영되고 있어서, 외국인 [간호사]가 적절히 관리해준다면 할 수 있는 일을 하지 못하고 있습니다. 선교지에는 병원에 보낼 의사도 없고 간호사도 없어 6개 선교 병원이 완전히 문을 닫고 있습니다. 사역자들을 구할 수 없는 관계로 이 병원 시설들을 위해 보낸 미국인들과 캐나다인들의 기금들이 고통을 면하게 해주지 못합니다. 그래서 이런 이유로 인해 한국인들이 누릴 수도 있었을 의료적인 돌봄을 받지 못하고 있습니다. 한국에 약 26개의 선교 병원이 있지만, 지금은 20개만 운영되고 있습니다.

세브란스병원과 간호부양성소는 의사와 간호사 양성 사역의 선두에 있는 선교기관으로서, 간호 분야에서 다음과 같은 조직을 갖추고 있습니다.

간호사 교육과 업무 배정 감독	에스텝 양
수술실과 외과 병실 감독	라이너 양이 현재 병원을 맡음
내과 감독	
산부인과 감독	
야간 감독	
진료실 감독	배틀즈 양
사회봉사 감독	없음
–*	화이트로 양
외국인 간호 감독	없음

* Miss Whitelaw 간호사가 맡은 분야가 여기에서 비어 있는데 이 자료집의 12번째 글인 에비슨이 스코트

간호사 10명이 할 일을 4명이 하고 있습니다. 이 교직원 4명은 머지않아 요양을 위한 휴가와 정기 안식년으로 더 줄어들 예정입니다. 우리는 아직도 완전히 충원된 조직을 가져보지 못하였습니다. 만일 우리가 위에서 언급된 곳의 직원을 얻을 수 있다면 업무가 더 효율적으로 수행되고 건강을 잃는 추세가 줄어들 것이며, 안식년으로 인한 간호사의 부재를 더 쉽게 메꾸게 될 것입니다.

1919년 동안 했던 일을 당신께 알려드리겠습니다. 우리 진료실에서는 진료를 60,115번을 하였고, 그중 무료진료가 27,814번이었습니다. 우리 병원에 110개의 병상이 있는데, 1919년 1,215예의 유료환자와 1,038예의 무료환자를 치료하였습니다. 외국인 의사는 8명이 세브란스 의료기관에서 일하고 있고, 일본인과 한국인 의사들도 교수진에 있습니다.

우리는 지금 200명에서 250명을 수용할 새 병원을 지을 계획을 세우고 있습니다. 우리 간호부양성소에는 현재 40명의 간호학생이 있고, 의학교에는 60명의 의학생이 등록되어 있습니다.

한국의 기후는 모든 선교지 중에서 가장 좋은 곳에 속합니다. 6개 미국 선교부들이 한국에서 활동하고 있는데, 그 이름을 이 편지의 상단에서 볼 수 있습니다. 기독교 메시지에 대한 한국인들의 반응은 다른 어느 나라도 따라오지 못합니다. 강력한 기독교인 집단이 있어서 그 정도의 규모로 가질 만한 것보다 훨씬 큰 영향력을 사회에서 행사하고 있습니다. 정치적 혼란은 진정되었고, 일본 정부는 한국인들을 더 잘 대해줄 의향을 지닌 것처럼 보입니다.

만일 당신의 부서가 선교지로 가는 문제를 알아보기를 원하는 어느 간호사들을 상대하게 된다면, 그들이 속한 교회의 선교부에 신청하게 할 수 있을 것입니다. 그래서 당신이나 다른 사람이 원할 수도 있는 구체적인 정보를 기쁜 마음으로 제공합니다.

간호사는 다음과 같은 조건을 가져야 합니다.

1. 연령 – 25세에서 최장 30세.
2. 건강 – 체질적으로 강건할 것.
3. 교육 – 기초 교육은 필수이고, 어떤 경우에도 고등학교는 졸업할 것.

에게 보낸 1920년 1월 21일 자 편지를 보면 "간호부 기숙사와 원내 사무"를 감독하고 있는 것으로 기술되어 있다.

전공으로 좋은 간호학교를 졸업하고 가능하면 병원경영 과정*을 수료할 것.

4. 정신 – 능동적이고, 좋은 리더이자 교사이며, 새 언어를 학습할 능력이 있을 것. 끈질길 것 – 잘 자제하고 난관에 쉽게 눌리지 않을 것.

5. 종교 – 어디든 복음적인 교회를 다니면 되지만, 감리교나 장로교이면 더 좋음. 진정한 영적 경험이 있어야 하고, 강력한 복음전도 정신과 한국인 간호사들과 환자들, 심지어 가난하고 불결한 사람들까지도 사랑할 수 있는 큰 역량이 있을 것.

당신이 베풀 수 있게 될 어떠한 봉사에 대해 당신께 미리 감사합니다.

안녕히 계십시오.

[서명됨] O. R. 에비슨

추신:

우리 간호사 3명, 곧 에스텝 양, 라이너 양, 배틀즈 양이 시베리아에서 적십자사와 함께 봉사하였고, 우리 교수들의 한 명인 러들로 의사 부부도 함께 봉사하였습니다.

출처: PHS

* 병원경영과정(a course in hospital management)은 공중보건과 병원 운영에 필요한 내용을 교육하는 의료 종사자들을 위한 상급교육과정이다. 1899년 뉴욕 컬럼비아대학 사범대학(Teaching College, Columbia University)에서 공중보건 간호사를 대상으로 이 과정이 최초로 설치되었다.

OR Avison
— nurses —

NURSES NEEDED

Letter from Dr. O. R. Avison, February 17, 1920.

- - - - - - - - - - - - -

There are probably a number of nurses released from war service whose thoughts will be turned towards public service in preferance to private practice, and whose minds may be turned towards the needs of the foreign field where there is endless scope for the energies of missionary nurses. At the present time in Korea there are openings for some twenty-three foreign nurses.

At least ten mission hospitals are operating without a foreign nurse, and each of these hospitals is not doing the work it might if it had the proper foreign supervision. Six mission hospitals are entirely closed down because neither doctors nor nurses are on the field to man them. Funds donated by Americans and Canadians for these plants are not relieving the suffering they should because workers are not available, and the Koreans who might be benefited are not cared for medically for the same reason. There are about twenty-six mission hospitals in Korea, and only twenty are in operation at the present time.

Severence Hospital and Nurses Training School, which is t the principal mission institution for the training of doctors and nurses has an organization for its narsing department as follows:

Superintendent of Instruction and Assignment of Nurses	Miss Esteb
" " Operating Room & Surgical Wards	) Miss Reiner
" " Medical Department	) in charge of
" " Obstetrical & Gynecological Depts.	) hospital at
Night Superintendent	) present
Superintendent of Dispensary	) Miss Battles
" " Social Service Nursing	) None
" "	) Miss Whitelaw
" " Foreign Department	) None

Four nurses are doing the work that ten should do, and the staff of four will be further reduced in the near future by health leave and furloughs. We have never yet been able to get our organization fully manned, and if we could get the staff noted above the work would be more efficiently done and there would be less tendency to breakdowns and the absence of nurses onfurloughs could be more easily bridged over.

To give you some idea of the work done, during 1919 our dispensary gave 60,115 treatments, of which 27,814 were free. Our hospital with a capacity of 110 beds treated 1215 pay patients and 1038 free cases in 1919. Eight foreign doctors are connected with the Severence institution, and there are also Japanese and Korean doctors on the faculty.

e are now making plans for the erection of a new hospital which will accommodate from 200 to 250 patients. Our Nurses Training School has at present 40 pupil nurses, and we have 60 medical students registered in the medical college.

The climate of Korea is one of the best of all the Mission fields. Six American Mission Boards are working in Korea, the names of which you will see on this letterhead. The response of the Koreans to the Christian message has been exceed by no other country and there is a strong Christian community which has an influence on affairs much greater than its size would seem to warrant. The troubles are quieting down, and the Japanese government seems inclined to give the Koreans better treatment.

If your Bureau can come in touch with any nurses who wish to look into the question of coming to the mission field, you might be good enough to put them in touch with the Foeign Mission Boards of the church to which they belong, and I should be glad to give any particular information which you or anyone may desire.

The qualifications of a nurse should be:

1 Age-- between 25 and 30 best
2 Health-- should be constitutionally vigerous
3. Educational -- Preliminary should be if possible not less than High School graduate. Professional--graduate from a good training school and if possible, a course in hospital management.
4.-- Mind-- Active, a ggod leader and teacher, capable of learning a new language. Persistent--a good stayer, and not easily overcome by difficulties.
5 Religion-- A member of any evangelical church, but preferably Methodist or Presbyterian. Should have a real spiritual experience, a strong evangelistic spirit with plenty of ability to love the Korean nurses and the sick, even though poor and dirty.

Thanking you in advance for any service you may be able to render, I am.

Very sincerely yours,
(Signed) O. R. Avison

PS: I might add that three of our nurses, Miss Esteb, Miss Reiner and Miss Battles served with the Red Cross in Siberia, as well as one member of our faculty, Dr. Ludlow and Mrs. Ludlow.

21. 암스트롱이 에비슨에게

1920년 2월 18일

O. R. 에비슨 박사,
세브란스연합의학전문학교,
서울, 한국, 일본.

나의 친애하는 에비슨 박사님:

이 편지에서 스코틀랜드연합자유교회와 연계하여 목단(Moukden)으로 가는 도중에 있는 에딘버러의 몬크리에프(Moncrieff) 양을 소개하려 합니다. 내가 몬크리에프 양에게 서울에 들러 선교사역이 어떻게 흥미롭게 진행되는지를 보라고 제안하였습니다. 당신이 매우 기쁘게 그녀를 도와 그녀가 서울에 있는 여러 선교회의 사역, 특별히 이화학당과 연희전문학교와 같은 교육기관의 사역을 조금이라도 살펴볼 수 있게 해줄 것이라고 확신합니다.

에비슨 부인과 에드워드와 당신 그리고 오웬스가 모두 건강하기를 기원합니다.

몬크리에프 양에게 베푸실 당신의 호의에 대해 미리 감사드립니다. 그녀가 스코트(J. Mop. Scott, D.D.) 목사의 친구인 점을 더 말씀드리겠습니다.

안녕히 계십시오.

AEAM[A. E. Armstrong]

출처: PCC & UCC

Feb. 18, 1920.

Dr. O. R. Avison,

Severance Medical College,

Seoul, Korea, Japan.

My dear Dr. Avison:

This will introduce Miss Moncrieff of Edinburgh, who is on her way to Moukden in connection with the United Free Church of Scotland. I have suggested to Miss Moncrieff that she stop off at Seoul and see something of the interesting missionary work. I am sure you will be very glad to make possible her seeing a little of the work of the various missions located in Seoul, especially such institutions as Ewa Haktang and the Chosen College premises.

I hope Mrs. Avison, Edward and yourself, and the Owens are all well.

Thanking you for any courtesies you may be able to extend to Miss Moncrieff, who I may add is a friend of Rev. J. McP. Scott, D.D., I am,

Yours sincerely,

ABAM
MC

22. 에비슨이 스코트에게

1920년 2월 19일

조지 T. 스코트 박사,

조선 기독교 교육을 위한 협력이사회, 총무,

156 5번가, 뉴욕시, 뉴욕주.

친애하는 스코트 씨:

세브란스 의료기관의 새 확장안 도면이 동봉된 나의 1월 28일 자 편지를 보면, 내가 당신에게 현지 이사회의 투표 결과를 알리겠다고 약속한 것이 있습니다. 그들은 그 계획을 만장일치로 채택하였습니다. 이것은 우리가 사려고 했던 전면의 땅을 살 필요가 없어지는 것을 뜻하고, 우리가 이미 소유한 땅에서 중요한 건물들을 지을 수 있게 되는 것을 뜻합니다. 우리는 지금 협력이사회 당국에 기금을 조성하여 그 계획을 진행하게 해달라고 요청하려 합니다.

북감리회와 남감리회 선교부들은 그들의 선교백주년기념대회* [모금액 지출] 예산에 세브란스에 낼 자본금을 책정해 넣었습니다. 그러므로 이 금액의 일부는 지금 지급될 수 있어야 합니다. 북감리회 [한국] 선교회 예산에 얼마가 들어있는지는 우리가 알아내지 못할 것이지만, 지난 12월 롤링스(Rawlings) 박사가 남감리회의 예산 항목들은 다 합쳐서 $50,000(금)이 약간 못 된다고 알려주었습니다. 캐나다장로교인들도 그들의 전진운동(Forward Movement) 예산 안에 일정 금액을 책정해 넣었지만, 우리는 아직 그 돈이 얼마인지 또는 얼마나 빨리 받을 수 있을지를 모릅니다. 남장로회 선교부에서 어떤 결정을 내렸는지 또는 북장로회의 새시대운동(New Era movement)**에서 어떤 결정을 내렸는지 우리는 알지 못합니다.

우리가 세운 계획을 진행할 수 있도록, 그리고 가능하면 본격적인 업무 수행의 준비작

* 남·북감리회가 공동으로 개최한 선교백주년기념대회가 1919년 6월과 7월 오하이오 주 콜럼버스에서 열려 100만 명 이상 참가하였다.

** 북장로회는 1919년 3월 새시대운동을 일으켜 전후의 상황과 물질주의의 위력에 대처하기 위한 모금활동을 하였다.

업으로서 새 격리병동을 건설하기 위한 계약을 체결할 수 있도록, 당신이 아니면 서덜랜드(Sutherland) 씨가 관련된 선교부들과 일일이 통신하여 올해 안에 어떤 기금을 낼 수 있는지를 확실하게 알아보라고 제안합니다.

안녕히 계십시오.

O. R. 에비슨

출처: PHS

O. R. Avison

SEVERANCE UNION MEDICAL COLLEGE
NURSES' TRAINING SCHOOL
SEVERANCE HOSPITAL

OFFICE OF PRESIDENT

O. R. AVISON, M.D.

SEOUL, KOREA

RECD. SCOTT

MAR 23 1920

Ansd. ✓

– unnecessary to buy frontage

February 19, 1920.

Rev. Geo. T. Scott,
Secretary, Cooperating Board for Christian Education in Chosen,
156 Fifth Avenue, New York, N.Y.

Dear Mr. Scott:

Referring to my letter of January 28th, enclosing diagram of proposed new layout for the enlargement of the Severance institution, I promised to advise you of the outcome of the vote of the Field Board of Managers. They have adopted the scheme unanimously. This means that it will not be necessary to buy the frontage we were looking for and that the principal buildings can be erected on land we already own. We would now ask the authority of the Cooperating Board to proceed with the scheme as the funds materialize.

B

The Northern and Southern Methodist Boards inserted amounts in their Centenary Budgets for capital funds for Severance, and some of these should be available now. We do not seem to be able to find out what amount was placed in the budget for the Northern Methodist Mission, but were informed by Dr. Rawlings in December last that the Southern Methodist items totalled a little less than $50,000 gold. The Canadian Presbyterians have put an amount in their Forward Movement budget but we do not know yet what it is, or how soon any will be available. Neither do we know what action has been taken by the Southern Presbyterian Board, or by the New Era movement of the Northern Presbyterian Board.

budgets

I would suggest that you or Mr. Sutherland communicate with each of the Boards concerned and find out definitely what funds will be forthcoming during the present year so that we can proceed with the preparation of plans and possibly let a contract for the construction of the new isolation building as a preliminary to the main undertaking.

Very sincerely,

O. R. Avison

23. 에비슨이 연전 이사들에게

연희전문학교

현지 이사회에 대한 교장 보고서 - 1920년 2월 21일

지난번 회의 때부터 이사회는 사카이데 씨와 샤록스 의사가 없이 회의를 진행하였습니다. 전자는 한국을 떠나면서 사임했기 때문이었고, 후자는 여러분이 이미 알고 있듯이 죽음 때문이었습니다. 사카이데의 사임에 대해 나는 그가 대학에서 봉사해준 것에 감사하는 편지를 썼고, 그 자리의 후임자로 높이 천거된 총독부 철도과의 건설 분야 매니저인 가와에(H. Kawae) 씨와 조선은행 조사국 국장인 호시노(Hoshino) 씨에 관해 의견을 제시해주기를 요청하였습니다. 나는 [이사들에게] 투표용지를 보냈고, 그 결과 가와에 씨가 뽑혔습니다. 샤록스 의사의 자리는 아직 비어 있고, 후임자 문제가 신중하게 검토되고 있습니다.

이 회의가 끝나면 다음의 이사들, 곧 노블(Noble), 게일(Gale), 로즈(Rhodes), 히치(Hitch), 그리고 와타나베가 사임합니다. 그러므로 이분들을 재선출하거나 다른 분들을 데려와서 그 자리를 채우는 문제를 신중하게 검토해주시기를 여러분께 요청합니다.

여러분께서는 다음 문제들에 주목해주시기를 바랍니다.

1. 토지 매입 현황. 우리는 지난번 회의 후에 한 군데의 땅만 샀습니다. 그 땅은 로즈의 집과 교장 공관 예정지 사이에 있고 총독부로부터 샀던 숲속 저수지 쪽으로 깊이 들어간 농지들입니다. 이곳은 총 120평이고, 평당 ¥1.90에 샀습니다. 이 가격은 일이 년 전에 살 수 있었던 가격보다 훨씬 더 높습니다. 이 땅이 한때 평당 80전에 불과하였는데, 가우처 박사가 이곳에 왔을 때 우리에게 이처럼 높은 가격에라도 사도록 강력하게 충고하였습니다. 그러므로 이 학교가 지금 소유한 땅은 모두 197,13(?)2에이커입니다. 내가 여러분께 제출한 지도는 우리가 지금 소유한 것과 사려고 계획한 부분들이 어디에 있는지를 보여주고 있습니다. 여러분은 이 농지들의 일부가 동양척식회사의 소유인 것을 볼 것입니다. 처음에는 그들이 우리에게 그곳을 팔라는 제안을 고려하는 것조차 거절하였습니다. 그러나 이제는 그곳을 다른 땅과 바꾸겠다고 말하고 있습니다. 그런데 그들은 물론 값이 더 싼

산지를 주는 대신 논만 받으려 할 것이고, 그런 다음 에이커당 10퍼센트 이상의 프리미엄을 요구할 것입니다. 이곳 인근의 모든 땅값이 상승하였고 내가 말했던 대로 논이 산지보다 비싸기 때문에 이 일은 우리가 이 논들을 제외하거나 처음 예상 가격보다 많은 돈을 치러야 하는 것을 뜻합니다. 뉴욕 협력이사회의 이사장인 언더우드 씨는 비교적 최근에 보낸 편지에서 더 많은 땅을 사는 일을 천천히 추진하는 편이 좋겠다는 제안을 하였습니다. 그래서 나는 우리의 발전계획과 현재 호가에 비추어 우리가 얼마나 사도록 계획하면 좋을지에 대해 여러분의 지시를 받기를 원합니다. 지금까지 땅을 위해 지출했던 전체 금액은 ¥69,988.55입니다. 우리가 처음에 예상했던 금액은 ¥80,000이었습니다. 그 후 예상가가 ¥100,000으로 올랐습니다. 만일 우리가 애초의 의도대로 부지를 확장하려 한다면, 이 목표를 이루기 위한 특별기금을 즉시 마련할 필요가 있을 것입니다. 이제까지 매입한 땅은 모두 등기를 해놓아 법적인 소유권에 아무 문제가 없을 것입니다.

우리는 우리 땅의 서쪽 계곡 옆에 있는 어떤 논의 소유주와 협상을 해왔습니다. 그곳은 동양척식주식회사와 교환하기에 좋은 곳이 될 것입니다. 호가는 평당 ¥2.00인데, 이는 우리 사택들이 있는 구역 안으로 파고드는 계곡의 비용이 ¥20,000인 것을 뜻할 것입니다.

세계교회협력운동 측의 [지출 예산] 견적서에서 땅값이 ¥130,000으로 증액되었습니다.

모범촌의 위치로 정한 곳도 여러분이 주목해주기를 원합니다. 전에 돌기처럼 삐져나왔던 언덕 부분이 철로 건설업자 측과 조정하여 철로용으로 빌려주는 식으로 활용되어 잘려 나갔습니다. 그래서 우리는 지금 모범촌 집들을 짓기에 적합한 장소를 갖게 되었습니다. 그런데 당신이 보게 되듯이 동양척식주식회사의 농지들이 이 구역 안으로 들어와 있습니다. 우리가 이 농지들 가운데 최소한 일부라도 확보하는 것이 매우 바람직하므로 지금 이 문제에 주목해주기를 바랍니다.

지금의 농업관의 서남쪽 농지와 연결된 어떤 땅도 있는데, 우리가 가능한 한 빨리 얻어야 합니다. 본래 계획은 우리가 소유한 서남쪽 산들의 끝까지 철로의 남쪽 부분이 오지 못하도록 확실히 해놓는 것이었습니다. 바로 지금 우리는 처음 계획을 관철하도록 어떤 노력을 기울여야 할지 그렇지 않다면 어느 정도 수정해야 할지를 생각해보아야 할 것 같습니다.

건축위원회의 보고서는 건축계획이 현재 어떤 상황에 있는지를 보여주고 올여름에는 이 방면에서 어떻게 하면 좋을지를 권고해줄 것입니다. 그래서 나는 이번에 이 문제를 상세히 다루지 않겠습니다.

2. 우리 이사회의 지난번 회의 후에 우리는 뉴욕 협력이사회의 이사인 가우처(John F. Goucher) 목사의 방문을 받았습니다. 그는 이미 진행되고 있는 일들에 깊은 관심을 보였습니다. 스팀슨관의 외관과 내부 설계를 보며 매우 기뻐하였고, 캠퍼스 전반과 우리의 진행 과정이 매우 칭찬할 만하다는 의견을 피력하였습니다. 그는 대단한 열정을 가지고 여러 산지에 여러 종류의 나무를 그룹별로 심어서 계절마다 더 아름다운 경관을 갖게 하라고 제안하였습니다. 그의 아이디어는 [산지에] 색채를 입히는 분명한 계획을 세워야 한다는 것입니다. 그는 총독에게 이 문제를 이야기하고 이 계획의 이행을 위한 그의 조력과 삼림 전문가들의 조력을 요청하였습니다. 총독은 전문가들을 부지에 보내 이치지마(Ichijima) 씨와 그 문제를 상의하게 하였습니다. 내가 앞에서 말했듯이 가우처 박사는 어떤 땅을 사도록 강력히 촉구하였고, 그가 아직 이곳에 있는 동안 그 땅을 매입하였습니다.

3. 또한 협력이사회의 총무 스코트(Geo. T. Scott) 목사가 미국으로 가는 길에 다시 방문하였습니다. 이번 방문은 매우 짧았지만, 스코트 씨는 학교가 개학하여 운영되는 것과 공사가 진행 중인 것을 살펴보았습니다.

4. [지난해] 가을에 대학의 첫 번째 졸업앨범이 발행되어 미주로 발송되었습니다. 캐나다장로회 선교부의 맥케이 박사와 암스트롱 씨 그리고 남장로회 선교부의 체스터 박사로부터 감사 인사를 받았습니다.

5. 1921~22년도 예산은 ￥11,806의 예상 적자를 보여줍니다. 이번 회계연도의 ￥10,093과 비교됩니다. 올해 예상 적자는 ￥1,501이었는데, 회계 보고서는 이것이 이미 초과된 것을 보여줍니다. 한해[회계연도]가 끝나려면 한 달이 더 남았습니다. 지금까지의 적자는 ￥1,209.93 또는 $1,047.65입니다. 지난해의 것을 합하면 지금까지의 적자 총액이 ￥2,317.58입니다. 우리는 협력이사회에 예산을 위한 추가금액의 제공이 필요함을 촉구하여 현재 처해 있는 자금 문제에 대한 지속적인 염려에서 벗어나야 합니다. 지금은 우리의 적자가 건

축기금으로 메워지고 있지만, 늘 이렇게 할 수는 없습니다.

6. 지난번 우리 회의 때 승인받은 것에 따라 루카스 씨가 고용되어 1월 1일부터 6개월간 건축 프로그램에 종사하게 되었습니다. 이 기간이 끝났을 때, 만일 여러 문제가 상호 만족스럽게 해결된다면, 루카스는 결정이 나는 대로 돌아와서 역량을 다해 봉사하려 할 것입니다. Y.M.C.A.가 루카스 씨에게 절반의 안식년 급여를 주고 있는 것으로 우리는 알고 있습니다.

토목기사인 로스(Ross) 씨가 한국에 오는 것을 고려하고 있다는 말을 들었는데, 그는 순천에 있는 로저스(Rogers) 의사와 혼인으로 인한 가족관계(brother-in-law)에 있습니다. 나는 그와 접촉하기 위해 즉시 해당 선교부에 편지를 썼습니다. 그와 동시에 히치(Hitch) 부인의 남매이고 역시 토목기사인 릴리(lilly) 씨도 같은 의향을 가졌다는 말을 들었습니다. 그의 이름도 모국 선교부에 알렸습니다. 이들의 이름은 수학 과목 교수의 빈자리를 채우는 일과 관련해서도 언급되고 있습니다. 나는 캐나다장로회의 대만 선교회에 속한 도위(K. E. Dowie, 이학사) 씨를 얻을 가능성도 언급한 적이 있습니다. 그는 맥길 대학(McGill University)에서 건축학을 전공하였기 때문에 루카스가 미국에 가서 없는 동안 건축 프로그램을 위해 유용한 봉사를 할 수도 있고, 수학을 맡을 수도 있습니다. 이 세 신청자 가운데 한 사람을 얻어서 빈자리를 채울 수도 있을 것입니다.

[캐나다] 브리티시컬럼비아 농과대학의 맥켄지 씨가 보낸 편지도 받았습니다. 그는 농업 분야에서 일하기 위해 한국으로 올 생각을 하고 있는 것 같습니다. 맥켄지는 자기가 축산 전문가가 되어야 하는지를 묻고 있습니다. 잭(Jack) 씨가 농과 임명 제안을 받아들이지 않기로 한 것을 맥켄지가 보고 관심을 가졌을 수 있습니다. 그는 확실히 졸업하기 전에 1,2년 이상 실무 경험을 쌓았습니다.

잭이 안식년을 가질 때가 되었고, 그를 교수로 영구히 임명하는 문제가 제기되었습니다. 우리는 이사회의 지난 결정에 따라 그가 농업 과목을 맡기를 기대하였습니다. 그러나 그는 더 숙고한 후에 그 결정의 변경을 요청하였고, 교수회는 많은 숙고 후에 그 결정을 취소하도록 권고하였습니다.

교수회 안에서 남감리회 선교회를 대표하게 될 피셔(J. E. Fisher) 씨가 10월에 도착하였습니다. 이사회의 지난 결정으로 피셔가 심리학 및 관련 과목들의 교수로 나오도록 초빙

받았습니다. 그러나 그때 그 문제가 다시 논의되어 그 결정이 수정되었고, 그래서 피셔가 선교지에 도착한 후에 그 문제가 최종적으로 확정되었습니다. 피셔와 언더우드[원한경]가 만난 결과 조정이 이루어져서, 언더우드는 심리학 수업을 계속하고 피셔는 교육학과 교수법을 주요 과목으로 맡게 되었습니다. 그리고 두 사람이 협력하여 영어 교육을 하기로 하였습니다.

백상규 씨는 상과를 맡아왔는데, 한성은행에 합류하게 되어* 더 이상 전임교수로 일할 수 없게 되었습니다. 그는 그 과를 계속 맡을 것이고, 어떤 과목들은 무급으로 가르칠 것입니다.

7. 이 사업의 이면에서 이사회들과 선교회들의 협력이 점점 더 현실적으로 느껴지고 있습니다. 북감리회 선교부는 약정금 $52,000 가운데 $22,000(금)을 협력이사회 회계에 넘겼습니다. 강당을 위한 $30,000은 요청하면 주기로 하였습니다. 백주년기념행사 예산에 대한 요청 금액은 북감리회 측이 총 $100,000까지 올릴 것으로 나는 이해하고 있습니다.

롤링스 박사가 서울에 와 있는 동안 내가 남감리회 선교회 사람들과 만나 회의를 하였습니다. 이 선교회는 피셔의 집을 위해 $5,000(금)을 지급하였고, 그들의 본국 선교부에 1922년에는 $21,000을, 1923년에는 $14,000을 [연희전문의] 자본금으로 달라고 요청하였습니다. 이렇게 하면 이 선교회는 [협력이사회의] 정관에서 규정된 '완전 협력' 기관이 됩니다. 1921년에는 이 선교회가 경상예산을 위해서도 $2,000(금)을 기부할 것입니다.

캐나다장로회 선교회는 그들의 마지막 연례회의 때 그들의 선교부에 $20,000을 전진운동 모금액의 [지출]예산에 포함해달라고 요청하였습니다. 그 선교부는 $35,000을 전진운동 예산에 넣었습니다.

우리가 세계교회협력운동(Interchurch World Movement)** 측에 요청한 것은 총 $599,100의 자본금과 $500,000의 기본재산입니다. 외국인 사역자 5명의 파송을 요청하였고, 다음 5년 내로 본토인 교직원을 27명으로 늘릴 것으로 내다보고 있습니다.

* 한성은행(漢城銀行)은 1897년에 설립되었다가 1903년 왕실과 정부재정을 관리하는 합자회사로서 일본 자금을 의지하다 1906년 은행조례에 의해 한성은행이 되었다. 이 은행은 특히 3·1운동 이후 이완용 일가가 운영하는 친일은행이라 하여 많은 비난을 받았다.

** 세계교회협력운동은 1919~20년에 북장로회 선교부의 초청으로 개신교 교단 교회들이 전도, 교육, 사회사업의 협력을 위해 벌인 에큐메니컬운동이다.

안녕히 계십시오.

O. R. 에비슨

출처: UMAC

CHOSEN CHRISTIAN COLLEGE

PRESIDENT'S REPORT TO FIELD BOARD OF MANAGERS -- FEBY. 2[illegible], 1920.

Since the last meeting the Board has sustained the loss of Mr. Sakside and Dr. Sharrocks, the former by resignation due to his leaving Korea and the latter by death, as you already know. On the retirement of Mr. Sakside I wrote a letter of appreciation of the services he had rendered to our College, and having asked for suggestions as to a successor Mr. H. Kawae, Manager of the Construction Department of the Railway Department of the Government, and Mr. Hoshino, chief of the Investigation Bureau of the Bank of Chosen, were highly recommended to me for the position, and I sent out voting papers, as a result of which Mr. Kawae was elected. Dr. Sharrocks' place is still unfilled, and careful consideration is being give. to the question of a successor.

The following members of the Board retire at the close of this meeting -- Messrs. Noble, Gale, Rhodes, Hitch and Watanabe -- and I would ask you to give careful consideration to the filling of their places, either by re-election of these men or of others.

I wish to direct your attention to the following matters:

1. The state of land purchases. We have purchased only one lot of land since the last meeting, consisting of certain fields which run deeply into the forest reservation purchased from the Government between the site occupied by Mr. Rhodes' house and the one proposed for the President. These total 1201 tsubo, and were purchased at the rate of ¥1.90 per tsubo. This is considerably higher than they could have been purchased for a year or two earlier. At one time these lots were valued at only 80 sen per tsubo and when Dr. Goucher was here he strongly advised us to purchase even at this higher figure. The amount of land now owned by the institution is therefore 197.152 acres. The map which I lay before you will indicate what we now own and the parts which we had planned to purchase. You will notice that some of these fields are owned by the Oriental Development Co. which first declined to consider any proposition to sell them to us. They now, however, have stated that they will exchange them for other lots, but they will accept only ricefields even for uplands, which are of course cheaper than ricefields, and then they demand a premium of ten per cent. more in area. As all lands in this vicinity have greatly advanced in price, and ricelands as I said are more expensive than uplands, this means that we must either do without these fields or pay a larger sum than had entered into our first estimates. A somewhat recent letter from the Chairman of the Cooperating Board in New York, Mr. Underwood, suggested that perhaps we had better go slow in the purchase of more land, and I wish to get your instructions as to how much we should plan to purchase in view of our plans for development and the present prices asked. The total amount expended for land to this time is ¥69988.55 / Our original estimate was ¥80,000 which estimate was raised afterwards to ¥100,000 t If we are to proceed with the enlargement of the site as originally intended, it will be necessary to secure special funds immediately for this purpose. All the property so far purchased has been registered so that there will be no question as to legal ownership.

We have been negotiating with the owner of certain ricefields in the next valley west of our property which would be convenient for exchange with the Oriental Development Company. The price asked is ¥ [illegible] per tsubo which would mean a cost of ¥ 20,000 for the valley which runs into our residence section.

In the Interchurch World Movement estimates the amount for land is increased to ¥130,000

I want to draw your attention also to the location decided upon for the Model Village. The part of the hill which formerly ran out like a promontory by arrangement with the railway contractors has been used as borrow for railway purposes and has been cut down, so that we have now a location suitable for the erection of the village buildings. But you will notice that the Oriental Development Company's fields run up into this section, and it is very desirable for us to secure at least certain of these fields, to which I now direct your attention.

There are also certain fields connected with the farming lands to the southwest of the present agricultural building which we should get as soon as possible. The original plan had been to secure the section south of the railway as far as the point of the southwestern hills which we own. I think we should at this time come to some understanding as to whether we are to make any effort to carry out the original plan, or if not to what extent it ought to be modified.

The report of the Building Committee will show the present condition of the Building program and make recommendations along this line for the coming summer, so that I will not at this time refer to them in detail.

Since our last meeting we have had a visit from Rev. John F. Goucher, LL.D., a member of the Cooperating Board in New York. He was deeply interested in the development that has already taken place. He was much pleased with the appearance and inside plans of the Stimson Building, while his opinion of the campus in general and the progress we are making is most commendatory. He was very enthusiastic over a plan which he proposed for the planting out of different kinds of trees in groups on the various hillsides, so as still more to beautify the appearance of the site at different seasons, his idea being that there should be a definite color scheme. He talked with the Governor General on this subject, and asked his assistance and that of the Forestry experts in the development of the scheme, and the Governor General sent his experts to the site to confer with Mr. Ichijima on the subject. As I said above, Dr. Goucher strongly urged the purchase of certain fields and the purchase was carried out while he was still here.

We have also had a return visit from Rev. Geo. T. Scott, Secretary of the Cooperating Board, on his way to America. This visit was very brief, but Mr. Scott saw the school in operation and the progress of construction.

4. In the fall the first class book of the College was published, and copies sent to America. Acknowledgements have been received from Dr. Mackay and Mr. Armstrong of the Canadian Board, and from Dr. Chester of the Southern Presbyterian Executive Committee.

5. The Budget for 1921-22 shows an estimated deficit of ¥11,806, compared with ¥10,0[illegible] for the coming fiscal year. The estimated deficit for the current year was ¥1201, and the Treasurer's report shows that this has already been exceeded and the year has still more than a month to run. The deficit to date is ¥1269.93 with $1047.65 from the previous year, making a total deficit to date of ¥2317.58. We should urge upon the Co-operating Board the necessity of providing additional sums for the budget so that we would not be under the constant anxiety concerning funds that we are at present. Our deficits at present are carried by the Building Fund, but this will not always be the case.

6. In pursuance of the authority granted at our last meeting, Mr. Lucas was engaged to work on the building program for a period of six months from January 1st. At the end of this period, if matters are

mutually satisfactory, Mr. Lucas would like to return to serve in such capacity as may be decided upon. The Y.M.C.A. are giving Mr. Lucas half furlough allowance, we understand.

I was informed that a Mr. Ross, a brother-in-law of Dr. Rogers of Soonchun, who is a civil engineer, had some thought of coming to Korea and I at once wrote the Boards interested to get in touch with him. At the same time, I learned that Mr. Lilly, a brother of Mrs. Hitch, also a civil engineer, had the same intention, and his name was also forwarded to the home Boards. These names are mentioned in connection with the vacant chair of Mathematics. I have also had mentioned the possibility of securing Mr. E. [illegible] Bowie, B.Sc., a member of the Canadian Mission in Formosa, who is a graduate of McGill University in architecture, and whose services might be useful during the absence of Mr. Lucas in America on the building program and who could also probably take the chair of Mathematics. Among these three applicants, one may be secured for the vacancy.

I have also received a communication from a Mr. McKenzie, of the British Columbia College of Agriculture, who seems to be thinking of coming to Korea to do work in agriculture. Mr. McKenzie asks whether he should specialize in animal husbandry. It may be that in view of Mr. Jack's withdrawal from the proposed appointment to the Agricultural Department Mr. McKenzie might be kept in mind. He has one or two years more work before graduating apparently.

Mr. Jack's time for furlough has arrived, and that brings up the question of his permanent appointment to the Faculty. By former action of the Board he had looked forward to his taking up the subject of Agriculture. [illegible] further consideration [illegible] him to ask for a change, and after a [illegible] of consideration the Faculty recommended that [illegible] action be rescinded.

Mr. J. W. Fisher, the representative of the Southern Methodist Mission on the Faculty, arrived in October. The former action of the Board invited Mr. Fisher to come out as professor of Psychology and allied subjects, but when the matter was again discussed that decision was modified so that the matter should be finally decided after Mr. Fisher's arrival on the field. A conference between Mr. Fisher and Mr. Underwood resulted in an arrangement by which Mr. Underwood will continue his work in Psychology, while Mr. Fisher's main assignments would be Pedagogy and Education, and both will assist in the Department of English.

Mr. [illegible], who has been in charge of the Commercial Department, has become associated with the [illegible] Bank, and is no longer a full time member of the Faculty. He is continuing in charge of the Department and lecturing on certain subjects without salary.

7. Progress is being made in the realization of cooperation on the part of the Boards and Missions behind this enterprise. The Northern Methodist Board has turned over to the Cooperating Board Treasurer the $22,000 gold due on their pledge of $[illegible],000, and have in hand the $20,000 for the Auditorium when it shall be called for. It is my understanding that in the Centenary budget the askings will bring the Northern Methodist total up to $100,000.

4.

I had a conference with the Southern Methodist Mission during the visit of Dr. Rawlings to Seoul. This Mission has appropriated $5,000 gold for a residence for Mr. Fisher, and have asked their home Board to make available $21,000 in 1920 and $14,000 in 1921 for capital funds. This action brings this Mission into full cooperation as defined in the Act of Endowment. In 1921, this Mission will contribute to current budget at the rate of $2,000 gold.

The Canadian Presbyterian Mission at their last Annual Meeting asked their Board to include $20,000 in the Forward Movement Campaign. and the Board has put $35,000 in it's Forward Movement Budget.

Our askings from the Interchurch World Movement for capital funds total $399,100, and $500,000 for endowment. We request 5 foreign workers and anticipate an increase in native staff to 37 within the next five years.

Respectfully submitted,

O. R. Avison

24. 연전 이사회 회의록

연희전문학교

현지 이사회 회의록

1920년 2월 21일

이사회가 정기 연례회의를 오전 9시 30분 교장의 집에서 열었다. 교장이 이사야 30(?)장과 열왕기하 6장의 일부 구절을 읽었고, 쿤스(Koons)가 대표로 기도하였다.

가와에(H. Kawae) 씨가 회람 투표에 의해 선출직 이사로 선출되었다. 사임한 사카이데의 대리인이 소개되었다. 쿤스 씨가 소개되었고 이 회의에서 게일 박사를 대리하여 참석하였다. 와타나베 판사가 공무로 참석하지 못함을 교장이 알렸다.

참석자 호명:

에비슨(Avison), 웰치(Welch), 로즈(Rhodes), 노블(Noble), 빌링스(Billings), 히치(Hitch), 쿤스, 가와에, 잭(Jack), 블레어(Blair), 신흥우(Cynn) 그리고 총무. 밀러(E. H. Miller), 루카스(A. E. Lucas)가 건축위원회를 대표하여 참석하였다.

지난 회의 회의록이 회람되었고 읽힌 대로 받아들여졌다.

교신:

협력이사회 총무 대행 그리스월드(H. D. Griswold)가 보낸 1919년 11월 20일 자 편지.

남감리회 선교부 총무 핀슨(Finson) 박사가 보낸 1919년 11월 19일 자 편지.

특별위원회들:

로즈가 하기수양회 위원회를 대표하여 구두로 보고하였고, 전반적인 여건과 기숙사 수용시설의 부족으로 인해 올여름에 할 예정인 수양회를 일 년 연기할 것을 권고하였다. 빌링스 씨가 그렇게 하자고 동의하였다. 통과되었다.

블레어가 한국인 협력 확보 위원회를 대표하여 보고하였다. 보고서는 근로장학과 장학금 문제를 검토하기 위해 교수회에 회부되었다.

로즈가 잭 씨의 부재 기간에 윤치호를 지명하여 이 위원회에서 활동하게 하자고 동의하였다.

교장이 기본재산을 위한 삼림지대 확보 위원회를 대표하여 보고하였다. 이 위원회는 아직 구입 가능한 땅을 더 알아보라는 요청을 받았다. 가와에 씨가 이 위원회에 선출되어 사카이데 씨를 대신하게 되었다.

언더우드(H. H. Underwood, 원한경)가 전임 총무였던 루퍼스(Rufus)로부터 아무 기록도 넘겨받지 않았다는 사실을 총무가 알렸다. 블레어가 루퍼스로부터 몇 가지 문서들을 받았다고 진술하였고, 그 문서들을 총무에게 넘기겠다고 약속하였다. 빌링스도 자기의 기록물 파일을 찾아보겠다고 하였다.

블레어의 동의로 총무에게 기록물을 조사하여 공개해야 할 기록이 무엇인지를 보고하라는 지시가 내려졌다.

보고서들: 교장이 자신의 보고서를 낭독하였다. (부록 I 참조.)

웰치 감독이 부지의 완성에 필요하다고 여전히 생각되는 땅의 구입에 관한 건축위원회의 권고안을 채택하자고 동의하였다. 구입할 것의 우선순위는 다음과 같다.

1. 99 · 101 · 112번(동양척식주식회사) 그리고 102 · 110 · 111번(수목 분야)
2. 57번 윗부분과 58 · 59 · 50 · 51 · 60번.
3. 96 · 95 · 97 · 103 · 104 · 105번, 1-2-3-4번, 107 · 110, 116 · 90 · 1 · 91 · 92번.
4. 57 · 61번 나머지 땅(논), 42번.
5. 철도 북쪽의 서편 땅.
6. 철로 남쪽의 서편 땅.

통과되었다.

쿤스가 특정 종류의 나무들을 심는 캠퍼스 경관 조성에 관한 가우처 박사의 안을 실행하기 위해 건축과 자산에 관한 특별위원회를 만들자고 동의하였다. 통과되었다. (밀러와 이치지마)

로즈가 학감으로서 자신의 보고서를 낭독하였다. (부록 II 참조.)

교장이 선교회와 다른 학교들에서 일자리를 얻은 우리 졸업생들이 한 일에 대해 매우 기쁜 말을 들었다고 진술하였다.

신흥우가 백상규 교수와 대학의 관계에 변화가 생긴 점에 대해 언급하였다.

빌링스가 동의하기를, 잭 교수가 그것을 받아들일 필요가 있다고 인식한 것을 이 이사회는 크게 유감으로 여기면서 교장에게 백상규와 상의하여 그의 전임 복귀가 가능한지를 알아보라는 지시를 하자고 하였다. 통과되었다.

학장의 보고서 안에 있는 다음의 권고안들이 채택되었다.

문과 4학년 박태원, 김재련의 학점이 만족스럽다면, 그들을 1920년 3월에 졸업시킨다.

교장에게 상과의 조교수 또는 조수[조교]를 구하는 일을 위임한다.

잭을 임시로 농과에 임명한다고 한 이사회의 결정을 철회하고, 이 과에 지원할 사람을 알아보도록 협력 선교부들에 요청한다. 통과되었다.

빌링스가 교장에게 농과를 위해 가능하면 본토인 조교수나 조수를 구하는 일을 위임하자고 동의하였다. 통과되었다.

이사회가 1시에 휴회하였고, 2시 30분에 모이기로 하였다.

오후 회의

이사회 회의를 3시에 속회하였다.

에비슨, 노블, 히치, 빌링스, 잭, 로즈, 블레어, 쿤스, 밀러, 루카스 그리고 총무가 참석하였다. 테일러(Cowin Taylor) 씨가 베커(Becker) 씨를 대신하여 참석하였다.

블레어가 기도하였다.

학감의 보고서에 있는 권고안들이 다시 검토되었다.

안식년을 가질 예정인 이사들과 교수들이 위원회를 만들어 [우리] 대학의 자동차를 미국에서 구하게 하자는 동의가 있었다. 통과되었다.

베커에게 편지를 써서 음악과의 필요성을 상기시키라는 지시가 총무에게 내려졌다.

히치가 건축위원회에 관한 다음의 권고안을 채택하자고 동의하였다.

이사회는 건축을 감독하고, 머피 앤 다나(Murphy & Dana) 회사가 아직 손대지 않은 건물의 도면을 만들기 위해, 세부사항들과 시방서 등의 작업을 위해, 머피 앤 다나 회사가 이미 설계한 건물들을 위해, 기계도면 · 공학 과목들과 건축학을 가르치기 위해 신속하게 설계자 · 건축가를 구한다. 통과되었다.

최근의 교육제도 변화를 고려하여 교수회가 만든 커리큘럼 개편안을 로즈가 제출하였다. (부록 Ⅲ 참조.)

쿤스가 2년의 예비과정 설치안에 관한 1번과 2번 권고안을 의제로 삼자고 동의하였다. 통과되었다.

쿤스가 교장과 학감에게 학생들이 새 교육제도 아래 현재의 고등보통학교 과정에서 전문학교에 입학하는 필수 요건을 갖추어 그 과정을 이어가게 하는 일에 관해 배재학교와 경신학교 교장들과 협의하라는 요청을 하자고 동의하였다.

로즈가 다음의 권고안을 채택하자고 동의하였다.

모든 학생이 적어도 1년간 매주 2시간씩 필수적으로 음악을 이수하게 한다. (혹은 그에 상응하게 한다.) 통과되었다.

수학 및 물리학과의 급격한 변화를 요구하는 일은 베커가 돌아올 때까지 연기하도록 요청한다. 통과되었다.

모든 학생이 성경공부를 매년 최소한 주 2시간씩 필수적으로 이수하게 한다. 통과되었다.

신과, 문과, 응용화학과 과정에서 몇몇 선택과목의 설치를 허용한다. 통과되었다.

농업 과목은 농과에서만 수업하고, 농과와 상과의 일부 과목들을 선택과목으로 만든다. 통과되었다.

쿤스 씨가 채플 시간을 매일의 일과에 넣자는 권고안을 이사회가 승인하자고 동의하였다. 통과되었다.

로즈가 채플 참석을 의무사항으로 만들자는 권고안을 이사회가 승인하자고 동의하였다. 통과되었다.

블레어가 모든 교육을 일본어로 하게 한 교육법의 철회가 바람직하다는 권고안을 이사회가 승인하자고 동의하였다. 통과되었다.

히치가 총독부의 승인이 필요한 권고안들의 추진에 관해 총독부 교육당국과 연락하도록 교장에게 지시하자고 동의하였다. 통과되었다.

블레어가 음악과 설치안의 심의를 보류하자고 동의하였다. 통과되었다.

히치가 다음과 같은 실행위원회의 보고서를 제출하였다.

교장과 학감이 제출한 1921~22년도 예산을 채택한다.

이사회의 승인으로 1920년 4월 1일 시작되는 수업료 인상을 현재 여건상 1년 연기한다.

수업료 인상에 대한 이사회의 이전 결정을 1년간 연기할 것이 동의 되었고, 통과되었다.

회계의 부재로 교장이 회계 보고서를 제출하였다. 채택되고 낭독되었다. (부록 Ⅳ 참조.)

밀러가 건축위원회 보고서를 낭독하였다. (부록 Ⅴ 참조.)

빌링스의 동의로 블레어와 히치가 샤록스 의사의 죽음에 대한 [이사회] 결의안의 초안 작성위원으로 지명되었다.

교장이 기도한 후, 이달 23일 월요일 저녁 8시까지 휴회하였다.

월요일 저녁 회의, 1920년 2월 23일

이사회가 교장의 집에서 8시에 모였다.

에비슨, 와타나베, 쿤스, 잭, 히치, 로즈, 윤치호, 빌링스, 그리고 총무가 참석하였다. 아펜젤러(Henry Appenzeller)가 부재한 노블 박사를 대신하여 참석하였다. 밀러와 루카스는 건축위원회를 대표하였다. 캐나다장로회 선교회의 맨스필드(T. D. Mansfield)가 이사로 참석하였다.

히치가 기도하였다.

이사회가 건축위원회의 보고사항에 대한 의논을 재개하였다.

빌링스가 동의하기를, 교장이 스팀슨관 건축비의 상승 가능성을 협력이사회에 알리고 처음에 지급한 금액 이상의 기금 사용을 승인해달라는 요청을 하게 하자고 하였다. 통과되었다.

로즈가 스팀슨관의 설비를 위한 가구 등의 비용에 대해 견적을 내는 일을 건축위원회가 승인하자고 동의하였다.

1920년도 건축 프로그램의 우선순위에 관한 건축위원회의 권고안을 승인하자는 동의에 대해 로즈 씨가 수정안을 내었다.

우선순위는 다음과 같다.

1. 일본인 교수 사택 2채, 한국인 교수 사택 4채, 모범촌 주택 10채. 통과되었다.
2. 건축위원회는 모범촌 부지 곁의 필요한 땅을 가능하면 즉각 구입한다. 통과되었다.
3. 기숙사 건축기금을 확보하는 조치를 당장 취하고, 우리는 기금을 얻자마자 건축을 시작한다. 통과되었다.
4. 기금을 얻으면 과학관의 건축을 시작하기 위해 위의 우선순위에 구애되지 말고 다른 건축에 필요한 일꾼들과 다른 자재들을 회수하여 투입한다. 통과되었다.
5. 땅을 사는 우선순위 안에 있는 2번 항목을 가능하면 올해 구입한다. 통과되었다.

히치가 건축위원회 프로그램의 나머지 항목들을 긴급한 순서대로 그리고 기금을 얻는 대로 시작하자고 동의하였다. 그것들은 중앙지대 토목공사, 고용인 숙소, 도로공사, 급수와 하수시설, 운동장 확장, 중앙 평지의 개울 관리, 도로에서 분기한 길, 창고 등, 전력 시설, 영구적으로 사용할 다리로의 교체, 부지 외곽에서 노출된 부분의 울타리 또는 담이다. 통과되었다.

히치가 다음의 권고안을 채택하자고 동의하였다.

현지 이사회는 1920년 8월의 관세 인상 전에 선적할 수 있게 다음의 설비들과 비품들을 구입하기를 협력이사회에 강력히 권고한다.

A. 1. 2년간의 건축 프로그램에 따라 짓게 될 모든 건물, 곧 과학관과 언더우드관의 난방 설비, 배관, 철물, 전기 비품. 부분적으로 3개(나중에는 5개) 건물의 중앙난방 설비.
2. 외국인 교수 사택 6채, 한국인 교수 사택 6채, 일본인 교수 사택 6채.
3. 기숙사 2채.

B. 공사용 비품, 운반이 가능한 쇄석기, 소형 트랙터, 트랙터용 쟁기, 흙손, 등, 가열 압착기 약 2개, 자재 운반용 트럭. 통과되었다.

히치가 ¥25,906에 달하고 예상적자는 ¥11,606인 1921~22년도 경상예산을 채택하자고 동의하였다. 통과되었다.

교수회의 검토:

교장이 잭을 영어 과목의 정교수로 임명하고 상호 간의 인정이 가능한 다른 과목을 가르치게 할 것을 권고하였다.

이 권고안에 찬성할 것을 로즈가 동의하였고, 히치가 제청하였다.

루카스(A. E. Lucas) 목사의 고용: 히치 씨가 동의하기를, 우리가 루카스를 우리의 교수로 삼아 건축 프로그램 감독 또는 검토 중인 산업부의 작업 감독으로 일하게 하기를 기대하고, 도위(K. E. Dowie, 이학사)와도 관련하여 캐나다장로회와도 연락하며, 이 두 사람이 와야 한다면 실제로 이들에게 일을 맡기는 것은 일의 경과를 보고 결정해야 할 것을 동의하였다. 빌링스가 제청하였고, 통과되었다.

맥켄지(F. F. McKenzie)를 농과 교수로 확보할 가능성이 있는지를 교장이 알아보도록 로즈가 동의하였다. 빌링스가 제청하였고, 통과되었다.

로즈가 기부행위[정관]에 대한 다음의 개정안을 제출하였다.

XV조 마지막 문단의 "이분의 삼"이란 단어를 "다수"로 바꾼다.

IX조에 (중략) 다음 두 문장을 더한다.

"만일 이사회의 선교사 이사가 안식년이나 병가 등으로 선교지를 떠난다면 1년이나 그 이상 자리를 비울 것이 예상된다. 그의 빈 자리를 일시적인 부재로 간주하고, 그의 선교회가 대리인을 임명한다. 그런 경우에는 서면으로 교장에게 임명을 통지한다."

"선교지에 일시적으로 부재하거나 충분한 사유로 인해 이사회 회의에 참석하지 못하는 이사는 대리인을 정할 수 있고, 그런 경우 교장에게 서면으로 임명을 통지한다."

쿤스가 이것들을 채택하고 총독부에 보내어 비준을 받게 하자고 동의하였다.

선출: 빌링스가 와타나베 판사를 3년 임기의 선출직 이사로 재선출하자고 동의하였다. 통과되었다.

빌링스가 히치(J. W. Hitch)와 크램(W. G. Cram)을 남감리회 측의 이사로 지명하였다. 통과되었다.

빌링스가 노블(N. A. Noble) 박사를 재선출하자고 동의하였다. 통과되었다.

게일 박사와 로즈의 승계자 선출은 연기되었다. 그러나 추천은 대학을 후원하는 북장로회 선교회 사람들이 하였다. 투표는 회람 편지에 의해 이루어질 것이다.

건축위원회: 이사회와 교수회에서 다음의 사람들이 선출되었다. 에비슨, 베커, 밀러, 이치지마, 백상규.

빌링스가 동의하기를, 우리가 에비슨 박사를 교장으로 재선출하고 북장로회 선교부에 그가 그 자리에서 섬기도록 허가를 갱신해주기를 요청하자고 하였다.

나머지 직책이 다음과 같이 채워졌다.

부교장	빌링스(B. W. Billings)
총무	오웬스(H. T. Owens)
회계	겐소(J. F. Genso)

실행위원회: 에비슨 박사, 빌링스, 히치, 잭, 와타나베.

빌링스가 다음 회의를 9월의 공의회 회기 중 편리한 때에 열자고 동의하였다. 통과되었다.

언더우드관 건축기금의 처분에 관해 회계에게 지시하는 일을 교장에게 위임하자는 동의가 있었고, 통과되었다.

빌링스가 1921~22년도 자본계정 예산 책정을 이사회의 결정을 거쳐 실행위원회에 맡기자고 동의하였다.

로즈가 기숙사 설계가 완료되면 이사회에 제출하여 승인을 받게 하자고 동의하였다. 통과되었다.

빌링스가 과학관의 설계를 머피 앤 다나 회사가 설계한 대로 승인하고 세부적인 도면 작성은 건축위원회에 맡기자고 동의하였다. 통과되었다.

교장이 이달 21일 교육 상황에 관해 총독부 주요 인사들과 대화한 일에 대해 진술하였다.

윤치호 씨가 기도한 후, 저녁 11시 45분 회의를 휴회하였다.

출처: UMAC

TRANSFERRED 2/21/20

CHOSEN CHRISTIAN COLLEGE

MINUTES OF FIELD BOARD OF MANAGERS

February 21, 1920.

The Board met in annual stated meeting at 9:30 a.m. at the [illegible] of the President. The President read selections from Isa. 35 and II. Kings 5 and Mr. Koons led in prayer.

Mr. H. Kowae, elected a co-opted member by circular vote, vice Mr. Sekaide, resigned, introduced. Mr. Koons was introduced to sit in place of Dr. Gale at this meeting. The President announced that official duties prevented the attendance of Judge Watanabe.

Roll call: Messrs. Avison, Welch, Rhodes, Noble, Billings, Hitch, Koons, Kowae, Jack, Blair, Gynn and Secretary. Messrs. E. H. Miller and A. B. Lucas were present for the Building Committee.

Minutes of last meeting, having been circulated, were taken as read.

Communications: Letter from Dr. H. D. Griswold, acting secretary of Co-operating Board, dated Nov. 10, 1919.
Letter from Dr. Pinson, Secretary, Southern Methodist Board of Missions dated November 19, 1919.

Special Committees:
Mr. Rhodes reported verbally for the Committee on Summer Conferences, recommending that owing to general conditions and the lack of dormitory accommodation, the conference proposed for this summer be postponed for one year. Mr. Billings so moved. Carried.

Mr. Blair reported for the Committee on securing Korean cooperation. Report referred to Faculty Committee on Self help and Scholarships for consideration.
Mr. Rhodes moved, that Mr. Yun be named to act on this Committee during the absence of Mr. Jack. Carried.

The President reported for the Committee on securing forest land for endowment, and the Committee was requested to get further information with regard to lands still available. Mr. Kowae was elected to this Committee in place of Mr. Sekaide.

The Secretary announced that Mr. H. H. Underwood had informed him that no records had been turned over to him by Mr. Rufus, a former secretary of the Board. Mr. Blair stated that he had received some papers from Mr. Rufus and promised to turn them over to the Secretary. Mr. Billings also offered access to his file of records.
On motion of Mr. Blair, the Secretary was instructed to make a study of the records and to report if any should be published.

Reports: The President read his report. (See Appendix I.)
Bishop Welch moved the adoption of the recommendation of the Building Committee as to the purchase of land still deemed necessary to complete the site, and that the order of preference for purchase be as follows:

1. Lots 99, 101, 112 (O.D.Co) and 102, 110, 111 (Treas. Dept.)
2. Upper part 57 and 58, 59, 50, 51, 60.
3. Lots 98, 95, 97, 103, 104, 105.1-2-3-4, 107, 110, 116, 90.1, 91,92.
4. Remainder 57, 61 (ricefields), 42.
5. Lots of west side north of railroad.
6. Lots on west side south of railroad.

Carried.

Mr. Koons moved, That a special committee of the Building and Property Committee be appointed to carry out Dr. Goucher's scheme to outline the site in special types of trees. Carried. (Messrs. Miller and Ishigima)

Mr. Rhodes read his report as Dean. (See Appendix II.)
The President stated that very gratifying reports had been received as to the work done by our graduates who had taken positions in Mission and other schools.
Mr. Oynn brought up the matter of the change in Prof. Jack's relation to the College.
Mr. Billings moved, That this Board greatly regret the action which Prof. Jack has deemed it necessary to take, and that the President be instructed to confer with Mr. Jack to see if it is possible for him to come back into full connection. Carried.

The following recommendations in the Dean's report were adopted:
That Pak Tai Won and Kim Chai Ryun of the 4th year Literary Department be graduated at the end of March, 1920, if their grades are satisfactory.
That the President be authorized to secure an associate professor or assistant for the Commerce Department.
That the action of the Board tentatively appointing Mr. Jack to the Agricultural Department be rescinded and that the Cooperating Boards be asked to get in touch with candidates for this department. Carried.
Mr. Billings moved, That the President be authorized to secure, if possible, either a native associate professor or assistant for the Agriculture Department. Carried.

Board adjourned at one o'clock to meet at 2:30.

Afternoon Session.

Board resumed at 3 o'clock.
Present, Messrs. Avison, Noble, Hitch, Billings, Jack, Rhodes, Blair, Koons, Miller, Lucas and the Secretary. Mr. Corwin Taylor was present in place of Mr. Becker.
Prayer by Mr. Blair.

Consideration of recommendations in Dean's report resumed:
Moved, that such members of the Board and Faculty as are going on furlough be a committee to take steps in America to secure automobile transportation for the College. Carried.
The Secretary was instructed to write to Mr. Becker, reminding him of the needs of the Music Department.

Mr. Hitch moved, that the following recommendation of the Building Committee be adopted:
That the Board speedily secure the services of an architect-builder, for building superintendence, drawing plans for buildings not already in hands of Murphy & Dana; for working out details, specifications, etc., for buildings already planned by Murphy & Dana; for teaching mechanical drawing, engineering subjects and architecture. Carried.

Mr. Rhodes presented the Faculty's proposed revision of the curriculum in view of the recent changes in the educational system. (See Appendix III.)
Mr. Koons moved, that Recommendations 1 and 2 -- re the proposed two-years' preparatory course -- be laid on the table. Carried.
Mr. Koons moved, That the President and Dean be asked to consult with the Principals of the Paichai and John D. Wells Training Schools in regard to a continuation course to bring students from the present Higher Common

3.

2/21/20

School course up to the entrance requirements of a Semmon Gakko under the new educational system. Carried.

Mr. Rhodes moved the adoption of the following recommendations:

That all students be required to take Music for at least two hours a week for one year (or the equivalent). Carried.

That request for a radical change in the Mathematics and Physics departments be postponed until Mr. Becker's return. Carried.

That a minimum of two hours a week Bible study each year be required of all students. Carried.

That in the Biblical, Literary and Applied Chemistry courses some electives be allowed. Carried.

That agriculture in all but the Agriculture Department, and a few subjects in the Agriculture and Commerce departments be made ~~xxxx~~ optional. Carried.

Mr. Koons moved, That the Board approve the recommendation that the chapel hour be made a part of the daily schedule. Carried.

Mr. Rhodes moved, That the Board approve the recommendation that chapel attendance be made compulsory. Carried.

Mr. Blair moved, that the Board approve the recommendation that it is desirable that the regulation directing that all teaching be given in the Japanese language be repealed. Carried.

Mr. Hitch moved, That the President be instructed to communicate with the educational authorities of the Government in regard to such of the foregoing recommendations as require government approval. Carried.

Mr. Blair moved, that the proposal for the establishment of a Music Department be laid on the table. Carried.

Mr. Hitch presented Report of the Executive Committee as follows:

That the budget presented by the President and Dean for 1921-22 be adopted.

That the increase in fees authorized by the Board to go into effect on April 1, 1920, be postponed for one year on account of present conditions.

Moved and Carried, That the former action of the Board to raise tuition fees be postponed for one year.

The report of the Treasurer was presented by the President in the former's absence. Adopted as read. (See Appendix IV.)

Mr. Miller read the report of the Building Committee. (See Appendix V)

On motion of Mr. Billings, Messrs. Blair and Hitch were named a committee to draft a resolution on the death of Dr. Sharrocks.

After prayer by the President, adjournment taken until Monday, 23rd instant, at 8 p.m.

Monday evening session, February 23, 1920.

That Board met at the President's home at eight o'clock.

Present: Messrs. Avison, Watanabe, Koons, Jack, Hitch, Rhodes, Yun, Billings, and the Secretary. Mr. Henry Appenzeller was present in the absence of Dr. Noble. Messrs. Miller and Lucas represented the Building Committee. Dr. T. D. Mansfield of the Canadian Mission sat with the Board.

Prayer by Mr. Hitch.

Board resumed discussion on the report of the Building Committee.

Mr. Billings moved that the President present the matter of the probable increased cost of Stimson Hall to the Cooperating Board and request authority to use funds beyond the original appropriation. Carried.

4.

2/21/20

Mr. Rhodes moved, that the Building Committee be authorized to secure estimates of the cost of furniture, etc., for equipping Stimson Hall.

On the motion to approve the recommendations of the Building Committee as to order of preference for building program for season of 1920, Mr. Rhodes moved in amendment:

That the order of preference be as follows:

1. Two Japanese teachers' residences, four Korean teachers' residences, and ten Model Village houses. Carried.

2. That the Building Committee purchase, immediately if possible, the land required adjoining the Model Village site. Carried.

3. That ~~funds~~ steps be taken at once to secure funds for a Residence Hall, and that we proceed to build as soon as funds are available. Carried

4. That if funds become available, ~~xxx~~ the erection of Science Hall be proceeded with, provided it does not interfere with the above order of preference by withdrawing to it workmen and other materials needed for the other buildings. Carried.

5. That item 2 in the order of preference for the purchase of land be bought this year if possible. Carried.

Mr. Hitch moved, That the remaining items in the Building Committee program be proceeded with in order of urgency and as funds become available namely: Central grading, servants' quarters, roadwork, water and sewage work, athletic field extension, stream control west of central field, spur track, go-downs, etc., power plant; permanent bridge replacements; hedge or fence around exposed parts of site. Carried.

Mr. Hitch moved the adoption of the following recommendation:

That the Field Board strongly recommend to the Cooperating Board the purchase for shipment before the rise in Customs duties in August, 1920, of the following equipment and supplies:

A. 1. Heating plants, plumbing, hardware, electric supplies for all buildings to be erected in two-year program, namely: Science Hall, Underwood Hall, in part; central heating for three (later five) buildings.

2. Six foreign residences, 6 Korean residences, 6 Japanese residences

3. Two dormitories

B. Construction equipment, portable rockcrusher, light tractor, utility plow, scraper, etc., about 2 h.p.; truck for hauling material. Carried.

Mr. Hitch moved the adoption of the current account budget for 1921-22 amounting to ¥25,906, with an estimated deficit of ¥11,606. Carried.

Review of Faculty:

The President recommended that Mr. Jack's assignment be professor in the English Department, with such other teaching as may be mutually agreed upon.

Mr. Rhodes moved, seconded by Mr. Hitch, that the foregoing recommendation be concurred in. Carried.

Employment of Rev. A. E. Lucas: Mr. Hitch moved, that we look forward to having Mr. Lucas on our Faculty either as Superintendent of the Building program or in charge of the suggested industrial work; and that we also enter into communication with the Canadian Presbyterians with reference to Mr. K. W. Dowie, B.Sc., and that the actual assignment of work of these men, should they both come, be determined according to developments. Seconded by Mr. Billings, and Carried.

Mr. Rhodes moved, that the President make enquiries regarding Mr. F. F. McKenzie looking towards the possibility of securing him for the Agricultural Department. Seconded by Mr. Billings and carried.

5.

7/21/20

Mr. Rhodes presented the following amendments to the Act of Endowment:

That the words "two-thirds" in the last paragraph of Art. XV. be changed to "a majority".

That to Art. IX. (Vacancies) the following two clauses be added:

"If a Mission member of the Board leaves the field for furlough, sick leave, etc., expecting to be absent one year or more, his place shall be considered temporarily vacant and his Mission shall appoint a substitute, the notice of such appointment to be sent in writing to the President.

"That in case a member is temporarily absent from the field or for sufficient reason cannot attend a meeting of the Board, he may appoint a proxy, provided he gives notice of such appointment in writing to the President."

Mr. Koons moved their adoption, and that they be transmitted to the Government for confirmation.

Elections: Mr. Billings moved the re-election of Judge Watanabe for three years as a coopted member of the Board. Carried.

Mr. Billings nominated Messrs. J. W. Hitch and W. G. Cram to represent the Southern Methodist Mission. Carried.

Mr. Billings moved the re-election of Dr. W. A. Noble. Carried.

The election of successors to Dr. Gale and Mr. Rhodes was deferred until nominations have come from those in the Northern Presbyterian Mission supporting the College, when the vote will be taken by circular letter.

Building Committee: The following members of the Board and Faculty were elected: Messrs. Avison, Becker, Miller, Ichijima and Pack.

Mr. Billings moved, that we re-elect Dr. Avison as President, and request the Board of Foreign Missions of the Presbyterian Church in U.S.A. to renew its permission for him to serve in that capacity. Carried.

The remaining offices were filled as follows:

Vice President	B. W. Billings
Secretary	H. T. Owens
Treasurer	J. F. Genso

Executive Committee: Dr. Avison, Messrs. Billings, Hitch, Jack and Watanabe.

Mr. Billings moved, That the next meeting be held in September convenient to the time of Federal Council. Carried.

Moved and Carried, that the President be authorized to instruct the Treasurer as to the disposition of the funds for Underwood Hall.

Mr. Billings moved, That the compiling of the capital account budget for the season of 1921-22, based upon the actions of the Board, be left to the Executive Committee. Carried.

Mr. Rhodes moved, That when the plans for the residence hall are perfected they be submitted to the Board for approval. Carried.

Mr. Billings moved, That the plans for Science Hall as drawn by Murphy & Dana be approved in general, and that the detail drawings be left to the building committee. Carried.

The President made a statement as to his conversation on the 21st instant with leading members of the Government General on the educational situation.

The meeting adjourned at 11:45 p.m. after prayer by Mr. Yun.

- - - - - - - - - - - - - - -

25. 에비슨이 맥케이에게

1920년 2월 24일

R. P. 맥케이 목사·명예신학박사,
선교부 총무,
캐나다장로회,
토론토, 온타리오, 캐나다.

친애하는 맥케이 박사님:

우리 대학의 현지 이사회가 주말에 회의를 열었는데, 거기에 올라온 의제들의 하나가 당신의[캐나다장로회의] 대만 주재 선교사들 가운데 한 명이고 지금 안식년 중인 도위(K. E. Dowie) 씨에 관한 것이었습니다. 우리가 들은 바에 따르면, 그는 아내가 아파서 대만으로 돌아가기를 바라지 않고 있습니다.

도위가 선교사로 있는 동안 자기 전공을 많이 활용하지는 않았지만, 우리는 그가 건축학 전공으로 맥길 대학을 졸업한 것으로 알고 있습니다. 당신이 알듯이, 우리는 중대한 건축 프로그램을 진행하고 있고, 우리 수물과의 수학 분야에 빈자리를 두고 있습니다. 도위는 학업 중에 수학을 충분히 공부하여 아마도 공학 분야에서 학생들을 능히 가르칠 수 있을 것입니다.

지난 이사회 회의의 회의록에 대해 말하자면, 당신은 [거기에서] 우리가 건축감독을 요청하고 있는 것을 보게 될 것입니다. 지난 9월 회의에서 루카스 목사를 현장에 고용하는 일이 내게 위임되었습니다. 루카스는 건축과 도면작성에서 실무 경험을 쌓았습니다. 그는 우리와 함께 6개월간 종사하기로 1월 1일 서명하였습니다. 그 기간이 끝날 때면 그와 우리가 그 합의로 인해 상호 만족할 것인데, 그는 10개월간 안식년을 갖기 위해 떠날 것이고, 그 사이에 대학에서 산업부를 설치하는 결정을 내리면, 그 부서를 이끌기 위해 돌아올 것입니다. 만일 다른 일이 준비되지 않는다면, 루카스가 건축 프로그램에서 필요한 감독 업무를 맡아줄 것입니다.

그러므로 루카스는 6월에 미국으로 돌아갈 것이고, 그가 그곳에서 체류하는 동안 우리는 그 프로그램을 맡을 다른 사람을 찾지 않을 것입니다. 우리는 올봄에 두 번째 영구적인 건물인 과학관[아펜젤러관]의 공사를 시작하기를 희망합니다. 교수들과 학생들을 위해 외국인용 주택 두세 채와 일본인 및 한국인이 살 주택 여러 채도 짓기를 원합니다. 당신이 알듯이, 우리 주요 건물들의 설계도는 뉴욕의 건축가들인 머피와 다나가 작성하였고, 현지에서는 세부 도면과 감독 업무를 준비하고 있습니다.

도위가 다른 선교지를 찾고 있다는 말을 들었는데, 그의 자격 사항을 보면 수학 과목을 맡으러 나오기에 적합한 인물인 것 같습니다. 그는 그가 가르칠 분야를 세우면서, 다른 한편으로 건축 프로그램에서 우리를 위해 많은 봉사를 할 수 있을 것입니다. 그의 일본어 사용 능력이 그에게 가장 큰 도움을 줄 것입니다. 수학 과목 교수 자리의 또 다른 지원자인 로스(Ross) 씨도 고려하고 있다고 말해야 공정할 것 같습니다. 우리는 몇 달 전 미국 선교부들에 그의 이름을 보냈습니다. 우리는 로스에 대해 간접적으로 들었고, 그의 의향을 알지 못합니다. 그가 온다면 주목할 만한 첫 임명 사례가 될 것 같습니다. 로스는 토목기사입니다.

당신의 선교회에 이 통신문을 보내겠습니다. 그러면 그들이 틀림없이 조만간 당신에게 편지를 쓸 것입니다. 현지 이사회는 도위의 임명과 관련하여 당신과 통신하는 일을 내게 위임하였습니다. 그에게 곧바로 편지를 써서 의향을 확인해보라고 당신께 제안합니다. 그래서 만일 그가 오기를 원하고 다른 모든 문제도 극복된다면, 빨리 나올수록 좋을 것입니다. 루카스는 내가 말했듯이 6월에 떠납니다. 우리는 새 사람을 가능한 한 빨리 접촉하기를 원합니다.

이 편지는 당신의 선교부와 선교회가 대학에 인력을 배치하는 것에 대해 의문을 제기합니다. 당신의 선교부는 당신들의 전진운동 [지출] 예산에 대학을 위해 $35,000(금)을 책정하기로 결정함으로써 '완전 협력'에 거의 이르게 되었습니다. 완전 협력을 하려면 자본금의 확충을 위한 기부금 $40,000, 선교사 교수 2명, 연례 경상예산 지원금 $2,000이 필요합니다. 그러려면 당신들은 현재 프로그램에서 자본금 $5,000, 선교사 교수 1명, 연례예산용 기금 $1,500만 더 내면 됩니다.

모든 단계를 밟고 결정을 내리게 될 때 곧바로 전보를 쳐주시면 감사하겠습니다.

4월 1일이면 등록 학생의 수가 늘어날 것으로 내다보고 있습니다.

안녕히 계십시오.

O. R. 에비슨

출처: PCC & UCC

OFFICE OF THE PRESIDENT

O. R. AVISON, M. D.

Chosen Christian College

Seoul, Chosen

CO-OPERATING BOARDS
PRESBYTERIAN CHURCH IN THE U. S. A.
METHODIST EPISCOPAL CHURCH
METHODIST EPISCOPAL CHURCH, SOUTH
PRESBYTERIAN CHURCH IN CANADA

February 24, 1920.

Rev. R. P. Mackay, D.D.,
Secretary, Board of Foreign Missions,
Presbyterian Church in Canada,
Toronto, Ont., Canada.

Dear Dr. Mackay:

The Field Board of our College has been in session during the week end, and one of the matters brought before it concerns Mr. K. E. Dowie, one of your missionaries in Formosa, who is now on furlough, and who is not desirous of returning to Formosa because of the illness of his wife, according to the information given us.

We understand that Mr. Dowie is a graduate of McGill in architecture, although he has not made much use of his profession during his missionary service. We have, as you know, a heavy building program under way, and we also have a vacancy in our Science Department for a Professor of Mathematics. Mr. Dowie has probably taken sufficient mathematics in his course to enable him to instruct students in engineering branches.

On referring to the Minutes of past Board meetings you will note that we have been asking for a building superintendent, and at the meeting last September I was given authority to engage Rev. A. E. Lucas on the field. Mr. Lucas has had practical experience in building and drafting. He signed up with us for a six-months engagement on January 1st, and the arrangement is that if at the end of that time he and we are mutually satisfied he is to leave for a ten months furlough, and return to head up an industrial department if it should be determined in the interval that the College shall establish such a department. Mr. Lucas would also give what superintendence is necessary to the building program if no other provision has been made.

The situation therefore is that Mr. Lucas will return to America in June, and during his stay there we shall have no one to look after the program. We are hoping to begin work on our second permanent building, Science Hall, this spring; also on two or more foreign residences and a number of Japanese and Korean residences for teachers and students. As you know, the plans for our principal buildings have been prepared by the New York architects, Murphy & Dana, and the field work is the preparation of detail drawings and superintendence.

Hearing that Mr. Dowie is looking for another field, in view of his qualifications he seems likely to be a good man to come out for the chair of Mathematics and while building up his department he can be of great service to us in the building program. His ability to speak Japanese would be of great initial help to him. It is only fair to say

Dr. Mackay 2.

that there is another candidate for the position of professor of Mathematics in sight, a Mr. Ross, whose name we forwarded to the American Boards a few months ago. We heard of Mr. Ross indirectly and do not know his wishes. I presume it would be a case of the first appointment that would hold. Mr. Ross is a civil engineer.

I am sending a copy of this communication to your Mission and they will, no doubt, write you in due course. The Field Board authorized me to communicate with you regarding Mr. Dowie's appointment. I would suggest that you write him at once and ascertain his wishes, and if he desires to come and all other problems are overcome the earlier he comes out the better. Mr. Lucas, as I said, is leaving in June, and we would like the new man to connect up as quickly as possible.

This raises the question of the personnel your Board and Mission shall have at the College. The action of your Board in placing $35000 gold in your Forward Movement budget for the College, brings you very nearly to full cooperation. Full cooperation requires a capital contribution of $40,000, two missionary teachers, and $2,000 annually to current budget,

I would appreciate a cable as soon as all steps have been taken and the decision made.

We are looking forward to an increased enrolment of students on April 1st.

Very sincerely,

O.R. Avison

and it would be necessary for you to add to ~~this~~ present program only $5000 Capital funds, one missionary and $1500 per year to the Budget.

26. 에비슨이 스코트에게

1920년 2월 26일

조지 T. 스코트 목사,
조선 기독교 교육을 위한 협력이사회 총무,
156 5번가, 뉴욕.

친애하는 스코트 씨:

오늘은 특별히 우리가 세브란스연합의학전문학교를 위해 찾고 있는 치과의사에 대해 편지를 씁니다.

당신이 기억하겠지만, 우리는 1년 반 동안 젊은 일본인 치과의사를 치과에 고용해왔습니다. 그는 오하이오 주 클리블랜드의 웨스턴리저브대학(Western Reserve University)의 치과를 졸업하였습니다. 훌륭한 사람이고 양호한 실력의 치과의사입니다, 우리는 그에게 매달 ¥200을 지급해왔는데, 그가 지금 ¥300.00을 요구하고 있습니다. 일을 더 잘하고 그 과에 더 많은 수입을 안겨줄 수 있는 청년이 미국에서 온다고 하더라도 봉급을 더 많이 줄 수 있으리라고 생각할 수 없습니다.

3년이나 5년 동안 이 사역을 하며 우리를 돕기 위해 기꺼이 협력 또는 전임 선교사로 나오거나 단기 사역자로 나올 유능한 기독교인 치과의사를 당신이 찾을 수 있지 않으십니까?

혹시 단기 사역자가 미혼이고, 봉급을 우리가 부담할 수 있는 역량보다 더 많이 요구하지 않을 경우는 없겠습니까?

우리는 좋은 사람을 얻기 위해 다음의 조건을 기꺼이 부담할 것입니다.

1. 선교사 자격에 근거한 봉급
2. 서울까지의 여행 경비
3. 그가 3년이나 그 이상 머물 경우 미국에 귀국할 때도 우리가 위와 같이 할 것.
4. 그가 3년이 차기 전에 우리를 떠나거나 우리가 그를 정당한 사유로 해임할 경우, 우

리는 그의 귀국 경비 지급을 거절할 권한을 행사할 것.

당신이 세브란스와 협력하는 모든 선교부와 학생자원운동 측에 이 요청을 전해주기를 바랍니다.

안녕히 계십시오.

O. R. 에비슨

출처: PHS

O. R. Avison

SEVERANCE UNION MEDICAL COLLEGE
NURSES' TRAINING SCHOOL
SEVERANCE HOSPITAL

OFFICE OF PRESIDENT

SEOUL, KOREA

Feb. 26th, 1920.

Rev. Geo. T. Scott
Secy. of Co-operating Board for
Christian Education in Chosen.
156 5th Ave. New York.

Dear Mr. Scott:-

I am writing today especially about the Dentist we have been asking for the Severance Union Medical College.

As you may remember we have for 1½ years had in the employ of the Dental Department a young Japanese dentist who graduated in the Dental College of the Western Reserve University of Cleveland, Ohio. He is a nice man and a moderately good dentist. We have been paying him ¥200 per month and he is now asking for ¥300.00 which cannot be considered as we might better pay the salary of a young man from America who could do the work better and bring more revenue to the department.

Can you not find a competent Christian dentist willing to come out either as an associate or full missionary or as a short time worker - 3 or 5 years, to assist us in this work.

If a short time worker he should be an unmarried man, otherwise the cost for salary would be more than we could undertake.

We will be willing to undertake the following for a good man,-

1. Salary on missionary basis

2. Travel expense to Seoul

3. Ditto to America if he stays with us 3 years or more

4. If he leaves us before 3 years have been completed or if we have to dismiss him for valid reasons we would reserve the right to decline to pay his return expenses.

I hope you can put this call before every Board, Co-operating in Severance and before the Student Volunteer Candidate Department.

Very sincerely,

O. R. Avison

27. 에비슨이 브라운에게

1920년 3월 1일

A J. 브라운 목사·명예신학박사,
미국 북장로회 선교부 총무,
뉴욕 시, 뉴욕 주.

친애하는 브라운 박사님:

당신의 1월 22일 자 편지를 방금 받고, 당신이 플레처(Fletcher) 의사의 일*에 대해 언급한 것을 보았습니다. 며칠 전 대너(Danner) 씨로부터 편지를 받았는데, 그 편지에서 그는 그 문제가 영국 협회에 제출되어 결정을 기다리고 있고, 수석 총무가 인도에 가 있어서 조금 지연되는 듯하다고 당신이 말했던 내용을 확인해주었습니다. 대너는 다음과 같이 말합니다.

> 그러나 세계교회협력운동 예산에 교파협력사업이 포함되지 않을 것이란 사실에 조금 깊은 인상을 받았습니다. 어쨌든 현재는 그렇게 결정되었습니다. 그 결정이 철회되지 않는다면, 우리는 나환자 청원을 교회들이 연대하여 제기한 모든 큰 청원과 무관한 것으로 다룰 수밖에 없을 것입니다. 그리고 그 일은 우리의 희망 사항을 성취하는 일이 지연되는 것을 뜻할 것입니다.

이곳의 상황을 말하자면, 총독부는 나병에 대한 교육과 세브란스 의료기관과 연계한 관찰 병동의 건립을 허가하였습니다. 그러나 한국에서 그 병을 근절하는 프로그램에 여러

---

* "플레처 계획"이라고 불리는 에비슨의 구라(나병퇴치)사업 계획을 가리킨다. A. G. Fletcher 의사는 북장로교 선교사로 1909년 내한하여 대구 제중원(현 동산병원)에서 의료선교를 하던 중 나환자 치료를 시작하였고, 본인이 결핵에 걸렸다가 미국에서 완쾌된 후 1919년 2월 13일 자 편지로 세브란스에서 결핵 치료 사역을 하기를 희망하는 편지를 에비슨에게 보냈다. 이 일을 계기로 에비슨이 플레처와 더불어 세브란스와 연계하여 결핵과 나병을 퇴치하는 사업을 구상하였고, 더블린에 본부를 둔 구라선교회의 책임자 앤더슨과 미국 지부 간사 대너와도 상의하였다. 그러나 이 계획은 1921년 실패로 끝났고, 플레처는 대구로 돌아갔다.

선교회가 협력하는 나병 협력안에 관해서는 우리가 아직 그들로부터 아무 말도 듣지 못하였습니다.

당신의 편지에서 내게 심각한 우려를 안겨주는 오해 하나를 정정해야 합니다. 당신은 다음과 같이 말합니다.

> 그 의료기관이 이미 매년 적자를 보고 있지만, 세브란스 씨와 프렌티스 여사가 그것을 채워온 것을 우리가 알고 있습니다. 등.

사실을 말하자면, 세브란스 씨와 프렌티스 여사는 어떤 금액을 지금을 보증해주었는데, 그것이 2년 전까지는 적자 전체를 메꾸어주었습니다. 그러나 이 금액이 적자를 메꾸기에는 더 이상 충분하지 않으므로, 그것의 해결을 위해서는 아마도 협력 선교부들이 완전히 후원하거나 협력이사회의 재정위원회가 특별한 노력을 하도록 일깨울 필요가 있을 것입니다, 세브란스 씨는 최근에 보낸 편지에서 밀즈 의사의 후임자가 아직 임명되지 않고 있는 관계로 그와 프렌티스 여사가 연구부에 대한 특별기금 $2,500을 지급하지 않기로 결정했다고 진술하였습니다. 그 대신 관대하게 적자를 해결하기 위한 기부금을 1920년 4월 1일부터 $8,250에서 $10,000로 늘렸습니다. 우리가 아직 해결하지 못한 적자는 다음과 같습니다.

회계연도	미해결 적자 (¥)
1917-18	8,976.90
1918-19	3,472.42
계	12,449.32

우리는 아직 현재 회계연도의 집계 결과를 말할 위치에 있지 않지만, 이달 말에는 결산하게 될 것입니다.

안녕히 계십시오.

O. R. 에비슨

출처: PHS

Dr. O.R. Avison.

SEVERANCE UNION MEDICAL COLLEGE
NURSES' TRAINING SCHOOL
SEVERANCE HOSPITAL

OFFICE OF PRESIDENT

O. R. AVISON, M. D.

SEOUL, KOREA

FILING DEPT.
APR 2 1920
SECRETARIES

RECEIPT
APR 2 1920

Enroute to US

March 1, 1920.

Rev. A. J. Brown, D.D.,
Secretary, Board of Foreign Missions,
Presbyterian Church in U.S.A.,
New York, N.Y.

Dear Dr. Brown:

Your letter of January 22nd has just reached me, and I note your remarks regarding the case of Dr. Fletcher. Some days ago I received a letter from Mr. Danner in which he confirms your statement that the matter is before the British Council for settlement, and that there may be some delay owing to the principal Secretary's absence in India. Mr. Danner says:

"I am, however, impressed a little by the fact that the Interchurch budget is not going to take in interdenominational work. At least that is the present decision. Unless that decision is rescinded we will be compelled to treat the leper appeal as independent of all the big appeal the combined church will make, and it may mean delay in reaching our hopes."

The situation here is that the Government has given permission for the teaching of Leprosy and the establishment of an observation ward in connection with Severance Medical institution, but we have yet to hear from them in regard to the larger proposal to cooperate with the various Missions in the program for the eradication of the disease from Korea.

2 I should like to correct one misapprehension in your letter and one which is giving me serious concern. You say:

"We know that the institutions already have annual deficits which Mr. Severance and Mrs. Prentiss have been meeting," etc.

The fact is, that Mr. Severance and Mrs. Prentiss have been guaranteeing a certain amount which up until two years ago did meet the entire deficits, but this amount no longer suffices to cover the deficits and it will probably be necessary to educate the cooperating Boards up to fuller support or for the Finance Committee of the Cooperating Board to make special efforts to cover them. In a recent letter from Mr. Severance, he states that he and Mrs. Prentiss have decided to discontinue the special grant of $2500 to the Research Department inasmuch as no successor to Dr. Mills has yet been appointed. To offset this however, they are generously increasing their contribution to deficit account from $8250 to $10,000, commencing from April 1st, 1920. Our uncovered deficits are as follows:

Fiscal year	1917-18	¥ 8976.90	
" "	1918-19	3472.42	Total ¥12,449.32

We are not yet in a position to say how we shall come out for the present fiscal year, but will close our books at the end of this month.

Very sincerely,
O.R.Avison

28. 에비슨이 스코트에게

1920년 3월 1일

조지 T. 스코트 목사,

조선 기독교 교육을 위한 협력이사회 총무,

뉴욕 시, 뉴욕 주.

친애하는 스코트 씨:

스팀슨관의 건축비가 스팀슨의 유산을 초과하게 되었으므로 이 건물을 완공하는 데에 필요한 돈을 전체 건축기금에서 끌어쓰게 해달라는 우리 현지[대학] 이사회의 요구와 관련하여, 지금까지의 지출 명세서를 여기에 제출합니다. 이 명세서는 머피 앤 다나 건축회사와 본 계약을 치르기 전에 그 회사가 낸 1918년 10월 15일 자 견적서와 비교하여 비품 구입이나 계약 체결을 위해 아직도 무엇이 더 필요한지를 알려줍니다.

			총계(원)	Murphy & Dana 견적가
건축 계약 (지금까지 ¥24,000 지불)			32,734.00	36,395
강화 자재	계약	4,100.00	4,400.00	3,200
	관세	300.00		
배관	미국 계약	994.35	1,355.35	2,000
	운임 등	246.49		
	관세	114.61		
	관－주문 예정		?	
	설치		?	
난방	장비	5,997.18		6,500
	선적 운임 & 관세	1,984.87		
	부지까지 운송료	19.50	6,001.55	
	관－견적가		2,300.00	
	설치－견적 없음		?	
전선	입찰에 근거한 금액		1,000.00	500
마감 철물 (받지 못함)	미국 계약	1,750.00	1,750.00	500
	선적 운임 & 관세	?	?	

작은 변경 이윤				970
토목공사			517.04	–
건축가 사례비			4,960.11	–
계			55,018.05	50.055
뉴욕에서 통지받은 것보다 부족한 금액			- 373.13	
(잔액)			54,644.95	
스팀슨 유산의 집행금			52,724.00	
지금까지 초과한 금액		1,920.95		

머피 앤 다나 회사의 견적가를 보면 본 계약을 맺은 후에 ¥6,320의 안전 마진(margin of safety)이 남은 것이 분명하지만, 이것은 건축가들의 사례비에 흡수되었고 견적가에 포함되지 않았으며, 보조 계약들로 인해 늘어난 비용이 견적가를 넘어서고 있습니다.

안녕히 계십시오.

출처: PHS

Mr Sutherland

March 1. 1930.

Rev. Geo. T. Scott,
Secretary Cooperating Board for Christian Education in Chosen.
New York, N. Y.

Dear Mr. Scott:

With reference to our Field Board's request to draw the funds necessary to complete Stimson Hall from general building funds for any excess of the proceeds of the Stimson bequest, I submit herewith a statement of the expenditures to date, indic, ting what is still necessary to purchase or contract for, and in comparison Murphy & Dana's estimate of October 15, 1928, prior to the letting of the main contract:

			Total Yen	Murphy & Dana Estimate
Building contract (paid to date ¥24.000)			32,734	36,385
Reinforcing material	Contract	4,100		
	Duty	300	4,400	3,200
Plumbing	America contract	994.25		
	Freight, etc.	246.49		
	Duty	114.61	1,355.35	
	Piping -- to be ordered		?	
	Installation		?	2,000
Heating	Plant	5,997.18		
	Freight & duty	1,984.87		
	Cartage to site	19.50	6,001.55	
	Piping — estimated		2,300.00	
	Installation -- no estimate		?	6,500
Wiring	Estimated based on bid		1,000.00	500
Finish hardware	America contract	1,750.00	1,750.00	
(Not received)	Freight & Duty	?	?	500
Margin for minor changes				970
Grading			517.04	---
Architects' Fees			4,960.11	---
Total			55,018.05	50,055
Less credit note from N. Y.			373.13	
			54,644.95	
Proceeds of Stimson bequest in Yen			52,724.00	

Amount exceeded to date ¥ 1,920.95

Murphy & Dana's estimate, after the main contract was let, left an apparent margin of safety of ¥ 6.320, but this has more than been absorbed by architects' fees not included in the estimate and the increase cost of subsidiary contracts over the estimate.

Very sincerely,

29. 암스트롱이 에비슨 부인에게

1920년 3월 2일

O. R. 에비슨 부인,
세브란스연합의학전문학교
서울, 한국, 일본.

친애하는 에비슨 부인:

당신의 1월 20일 자 카드를 받고 감사드립니다. 거기에서 당신은 내게 더글라스를 만난 적이 있느냐고 물었습니다. 내가 그에게 전화를 두세 번 걸고 비교적 최근에 그와 편지로 연락하기는 하였지만, 그를 만난 적은 없습니다. 그가 다음에 이 도시에 들리면 나를 만나러 올 것입니다. 그러면 우리는 그가 선교사로 한국에 갈 가능성에 관해 대화할 예정입니다.

스코필드 의사가 아내를 남겨두고 한국으로 돌아가는 것이 불가능하다는 판단을 내리게 된다면, 이는 매우 애석한 일이 될 것입니다. 대학의 상황이 매우 심각하고 교직원이 고갈되어 있으므로 다음 가을에는 반드시 가야 한다고 그가 말하고 있기 때문입니다. 그러나 그가 돌아갈 수 없다면, 더글라스가 세브란스 의학교의 교직원 자리를 맡기에 적합하게 되도록 훈련을 받고 스코필드 의사 대신 그 학교에 가는 우리 교단 선교사가 되면 어떠할까를 생각하고 있습니다. 내가 단순히 생각만 하고 어떤 제안은 하지 않았다는 것을 알기 바랍니다.

에비슨 박사가 스코트에게 세브란스에 더 많은 교수가 긴급히 필요하다고 설명한 편지의 사본을 내가 흥미롭게 읽고 크게 공감하였다는 말을 에비슨에게 해주기 바랍니다. 스코트 씨가 뉴욕에 갈 것인데(내가 듣지는 못했지만, 그가 지금 그곳에 있을지도 모릅니다), [뉴욕에 간 일에 관해] 그에게서 직접 들을 생각입니다.

안녕히 계십시오.

AEA[A. E. Armstrong]

출처: PCC & UCC

March 2nd, 1920.

Mrs. O. R. Avison,

Severance Union Medical College,

Seoul, Korea , Japan.

Dear Mrs. Avison:-

Thank you for your card of January 20th, on which you inquire if I had seen Douglas. I have not seen him, though I have telephoned him two or three times and more recently been in correspondence with him. He is coming to see me next time he is in the City , and we are going to talk over the possibility of his becoming a missionary to Korea.

It would be a great misfortune, if Dr. Schofield finds it impossible to leave his wife and return to Korea as he says he must do next fall, owing to the very serious condition of the College, and the depletion of the staff. If, however, he cannot return, I wonder if Douglas has the training that would fit him to take a position on the staff of Severance College and thus become our missionary to that institution in the place of Dr. Schofield. You see I am merely thinking out loud and not making any proposition.

Tell Dr. Avison that I read with interest and great sympathy the copy of his statement to Mr. Scott concerning the urgent need for more men on the staff at Severance. I presume Mr. Scott will be in New York (Perhaps he is there now I have not heard) and I shall hear from him.

With kind regards, I am,

Yours sincerely,

ABA/SJ.

30. 에비슨이 맥케이에게

1920년 3월 2일

R. P. 맥케이 목사·명예신학박사,
선교부 총무
캐나다장로회,
토론토, 온타리오, 캐나다.

친애하는 맥케이 박사님:

1921~22년도 경상예산 사본과 함께 교장 보고서, 회계 보고서, 최근에 열린 우리 현지 이사회 회의록 사본을 동봉하니 찾아보기 바랍니다.

잭 씨가 농과에서는 강의하지 않겠다고 결정한 것을 당신은 알게 될 것입니다. 그러나 영어 분야에서는 지금처럼 계속 머물러 있을 것입니다. 도위 씨를 수학 담당자로 임명할 가능성과 농과에서 일하려고 한국에 오기를 원하는 맥켄지 씨에 관해서는 우리가 다른 편지에서 당신에게 알릴 것입니다.

당신들이 벌이는 전진운동 예산에 이 대학의 자본금으로 책정된 $35,000이 포함되었다는 사실이 이사회에 보고되었습니다. 그러나 이사회는 당신들에게 '완전 협력'의 자격을 부여해줄 나머지 기금 $5,000을 추가하는 방법을 당신이 찾기를 희망합니다. [연전에서] 당신들이 파견한 교수들에게 사택을 마련해주려면 추가로 $5,000을 내야 합니다. [협력이사회] 정관에 규정된 완전 협력의 조건은 다음과 같습니다.

자본금 80,000원(금) 제공
선교사 교수 2명 파송
연례 예산을 위해 4,000원(금) 기부

당신의 선교부가 이런 필요조건에 근접해 있으므로 당신이 그것을 성취해주기를 우리는 모두 희망합니다. 당신의 선교회가 '완전 협력'의 자격을 갖게 되면 지금처럼 이사회에 1명의 대표를 두는 대신 4명의 대표를 둘 자격도 갖게 됩니다.

당신이 알 수 있도록 자본금에 관해서 협력이사회 총무에게 보낸 편지의 사본을 며칠 내로 보내겠습니다. 북아메리카에서의 모금 운동이 성공하고 있는데도 불구하고, 우리가 이런 건축공사 기간에 더 많은 돈을 받지 못함으로써, 이곳의 우리 사역이 위태로워져서 지체되지 않기를 희망합니다.

안녕히 계십시오.

O. R. 에비슨

출처: PCC & UCC

OFFICE OF THE PRESIDENT

O. R. AVISON, M. D.

Chosen Christian College

Seoul, Chosen

CO-OPERATING BOARDS
PRESBYTERIAN CHURCH IN THE U. S. A.
METHODIST EPISCOPAL CHURCH
METHODIST EPISCOPAL CHURCH, SOUTH
PRESBYTERIAN CHURCH IN CANADA

Ack. Apr.

March 2, 1920.

Rev. R. P. Mackay, D.D.,
Secretary, Board of Foreign Missions,
Presbyterian Church in Canada,
Toronto, Ont., Canada.

Dear Dr. Mackay:

Enclosed find copies of reports of the President, Treasurer, and Minutes of the recent meeting of our Field Board, together with a copy of the current account budget for 1921-22.

You will note that Mr. Jack has decided not to prepare to teach in the Agriculture Department, but will remain in the English department as at present. In another letter we are writing you regarding Mr. Dowie's possible appointment to the chair of Mathematics and about Mr. McKenzie who desires to come to Korea to take up work in Agriculture.

The inclusion of the sum of $35,000 in your Forward Movement Budget towards the capital funds of this College was reported to the Board. The Board hopes, however, that you will see your way to adding another $5,000 which will entitle you to full cooperation. The provision of a residence for your teaching representative would represent the additional $5,000. Full cooperation as defined in the Act of Endowment consists of:

Provision of 80,000 gold yen to capital funds
Two missionary teachers
Four thousand gold yen contribution to annual budget

Your Board has come so near to this requirement that we all hope you can achieve it. Full cooperation also entitles your Mission to four members on the Board of Managers, instead of one as at present.

In a few days we shall be sending for your information copy of a letter to the Secretary of the Cooperating Board regarding our capital funds, and we hope that the success of the financial drives in North America will be such that our work here will not be held up as it threatens to be if we do not receive more money this building season.

Very sincerely,

O. R. Avison

31. 에비슨이 스코트에게

1920년 3월 3일

조지 T. 스코트 목사,
총무,
조선 기독교 교육을 위한 협력이사회,
뉴욕 시, 뉴욕 주, 미국.

친애하는 스코트 씨:

우리가 이달 1일 자로 편지들을 보낸 데 이어, 지금은 자본금과 관련하여 우리의 재정이 어떤 상황에 있는지를 간략하게 알려줄 진술서 3편을 동봉해서 보냅니다.

첫 번째 진술서는 현재까지 현지의 총수입과 자본지출, 보유 잔액, 그리고 현재의 채무 상황을 보여줍니다. 그것은 또한 뉴욕 서덜랜드(Sutherland) 씨의 수중에 있는 기금들을 개괄하고 있습니다. 이 진술서는 이 기금들이 지금 진행 중인 건축작업에 모두 잠식되어 버릴 것을 보여줍니다. 우리는 언더우드관의 일부 건축기금까지 쓸 수도 있습니다.

두 번째 진술서는 지난해 예산, 이제 시작할 올해 예산, 1921~22년의 예산을 보여줍니다. 당신은 이것들에서 우리가 지난 건축공사 기간에 (스팀슨관 외에) 어떤 계획을 세웠고 기금 부족과 건축감독의 부재 속에서 실제로 할 수 있었던 일은 무엇이었는지를 보게 될 것입니다. 루카스 씨가 1월에 우리에게 와서 올해의 건축공사를 위한 도면작성을 하고 있습니다. 그러나 이번 공사 기간에 실제로 쓸 수 있도록 유일하게 가시권 안에 들어온 돈은 남감리회 측이 피셔 교수의 집을 위해 제공한 것입니다. 그것이 없었으면 우리가 언더우드 씨의 기금을 더 많이 훼손하게 되었을 것입니다.

세 번째 진술서는 이번 시즌에 무슨 일을 수행해야 하는지와 우리에게 어떤 잠재적인 재정자원이 있는지를 보여줍니다. 현재의 공사 기간을 놓치지 않도록 신속하게 대처하는 것은 이제 협력이사회의 회계와 재정위원회의 임무가 될 것입니다. 이 일에 어떻게 대처할지는 협력이사회가 최근 회의 때 한 일로 미루어 예상할 수 있을 것입니다.

언더우드, 세브란스, 서덜랜드에게도 이 진술서들을 보낼 생각이고, 협력 선교부들의 총무들에게도 보내어 잘 파악하게 할 생각입니다.

안녕히 계십시오.

O. R. 에비슨

출처: PHS

O. R. Avison

Chosen Christian College

OFFICE OF THE PRESIDENT

O. R. AVISON, M. D.

Seoul, Chosen

CD. SCOTT

Important

FILING DEPT. 1427 1921 CO-OPERATING ... PRESBYTERIAN CHURCH IN THE U. S. A. METHODIST ... METHODIST ... SECRETARIES PRESBYTERIAN CHURCH IN CANADA

financial statement

APR-1 1920

March 3, 1920.

sd. ~~Rev.~~ Geo. T. Scott,
Secretary,
co-operating Board for Christian Education in Chosen,
New York, N.Y., U.S.A.

Dear Mr. Scott:

Following up our letters of 1st instant, I now enclose three statements giving our financial situation in a nutshell so far as capital funds are concerned.

The first statement shows the total receipts to date on the field and the capital expenditures, the balance on hand, and the present commitments. It also summarizes the funds in the hands of Mr. Sutherland in New York. This statement shows that the buildings now under way will eat up all of these funds, and we may even have to use some of the Underwood Hall money as well.

The second statement shows the budgets for last year, the present year about to open, and for 1921-22. You will note from these what we planned to do last building season (outside of Stimson Hall) and what we have actually been able to do for lack of funds and of a building superintendent. Mr. Lucas came to us in January and is getting under way the drawings, etc., for the present season; but the only actual money in sight for this season's work is that being furnished by the Southern Methodists for Prof. Fisher's house, unless we further encroach upon Mr. Underwood's funds.

The third statement shows what should be undertaken this season, and shows our potential financial resources. It will now be the task of the Treasurer and Finance Committee of the Co-operating Board to take some quick action if we are not to lose the present season. It may be that this action has been anticipated by what the Cooperating Board has done at its recent meeting.

I am sending copies of these statements to Messrs. Underwood, Severance and Sutherland, and to the Secretaries of the cooperating Boards so that they may be well informed.

Very sincerely,

O. R. Avison

32. 세의전 이사회 회의록

세브란스의학전문학교

현지 이사회 회의록

1920년 3월 6일

이사회가 __에 의하여 오전 10시 의학교 교수회실에서 정기 연례회의를 열었다.

브루엔(H. M. Bruen) 목사가 경건회[약식 예배]를 인도하였다.

총무가 부재하여 오웬스가 임시 총무로 임명되었다.

출석 확인: 에비슨 의사(교장), 맨스필드(Mansfield) 의사, 허스트(Hirst) 의사, 반버스커크(VanBuskirk) 의사, 노턴(Norton) 의사, 그리고 브루엔 목사.

정족수에 미달하여 이사회의 한 위원회의 자격으로 사업을 논의하고 결정한 사항들을 회람투표에 부쳐 추인받기로 하였다.

이전 회의 회의록이 낭독되고 승인되었다.

작고한 샤록스(A. H. Sharrocks) 의사를 승계하도록 스미스(R. K. Smith) 의사가 북장로회 선교회에 의해 지명되었다는 사실을 휘트모어(Whittemore)가 편지로 이사회에 알렸다. 스미스 의사를 선출하자는 동의가 있은 후, 통과되었다.

교장이 윌슨(Wilson) 의사*와 함께 총독부의 소록도 나환자수용소를 방문한 일의 보고서를 낭독하고 한국에서 나병을 근절하기 위한 협상을 총독부와 진행하고 있음을 보고하였다.

교장이 이 병원과 연계된 나병 병동의 설립을 총독부가 허가하였다고 보고하였다.

이 보고서들이 일의 진전과정을 보여주는 것으로 받아들여졌다. 현 단계에서는 분명한 조치를 할 수 없으므로 이사회가 협상의 지속을 승인하였다.

플레처(Fletcher) 의사를 나병 담당자로 임명하는 일의 전망이 보고되었다. 구라선교회(Mission to Lepers)와 북장로회 선교부에서 보낸 편지가 낭독되었다. (참고: 그 후 북장로

* Robert M. Wilson(1880~1963)은 1905년 미국 남장로회 선교사로 내한하여 광주 제중병원(기독병원), 순천 애양원에서 의료활동을 하다 1940년 일제에 의해 추방된 후, 1926년 재내한하여 1948년까지 애양원에서 나환자들을 돌보았다.

회 선교부로부터 그들이 플레처의 임명을 승인하고 그가 1920년 4월 1일부터 구라선교회에서 봉급을 받을 것이라고 진술한 통신문을 받았다.)

맥라렌이 3월이나 4월에 한국으로 돌아오지만, 이후 2년간 세브란스에서 일하도록 그를 임명할 수는 없을 것 같다는 내용을 담은, 맥라렌 의사와 호주선교회 간의 편지가 이미 회람되었는데, 낭독된 것으로 받아들여졌다.

맨스필드 의사가 원산 근처의 빌브로(Bilbrough) 땅을 선교사 휴양소로 확보하는 문제를 제기하였다. 이 문제는 논의되었으나, 결정을 내리지 않는 것이 바람직하다고 생각되었다.

쉐핑(Shepping) 양이 몇 가지 개인적인 이유로 지난가을 교수직을 사임하고 그녀의 선교회에서 전도사역을 시작하였으며, 남장로회 선교회가 머지않아 후임자를 보내기를 희망한다고 교장이 알렸다.

교장이 시설 확대를 위한 A땅 구입 계획의 포기와 새로운 구획안의 채택과 오시마(Oshima) 씨의 사임 수용에 대한 회람투표의 결과를 보고하였다. 각각 17표를 획득하였고, 반대표는 없었다.

언더우드(H. H. Underwood, 원한경)가 서대문 밖 의주통(Peking Pass) 근처의 땅을 ¥3,000 또는 ¥4,000에 팔겠다고 제안하였는데, 그곳은 주택이나 요양소로 적합할 것이라고 교장이 공지하였다. 노턴 의사가 그 땅을 사기 위해 협상하는 일을 교장에게 위임하자고 동의하였다.

1921~22년 예산이 제출되었고, 적자가 발생한 것에 관해 토론하였다.

12시 30분 이사회가 2시 30분까지 휴회하였다.

이사회가 2시 45분 교장의 집에서 재개되었다. 참석자는 오전 회의 때와 같았다.

맨스필드가 병원의 수입을 늘리는 뜻에서 치료비를 낼 수 있는 환자들을 수용하기 위한 시설확장 조치를 즉각 취하도록 해당 임원들에게 촉구하고, 그런 뜻에서 건축 프로그램 가운데 이 필요를 채우기에 가장 적합해 보이는 곳을 즉시 설계하게 하자고 동의하였다. 통과되었다.

교장이 메이즈(Mayes) 의사의 선교지 귀임을 남감리회 선교회가 찬성하지 않았다고 보고하였다.

브루엔이 동의하고 맨스필드가 제청하여, 보우만(Bowman) 의사가 세브란스 교수로 돌아오도록 교장이 그를 다시 초청하게 하자고 하였다. 통과되었다.

학감이 정규 출석 학생은 48명이라고 보고하였다.

쉐핑 양이 맡았던 사회봉사 사역이 그녀의 사임으로 중단된 것을 이사회가 유감스럽게 여기면서 가능한 한 빨리 그 사역을 맡을 간호사를 임명하도록 촉구하자는 동의가 있었고, 통과되었다.

임원선출:

맨스필드 의사가 에비슨 의사를 교장으로 지명하였고, 노턴 의사가 제청하였으며, 통과되었다.

노턴 의사가 반버스커크(J. D. Vanbuskirk) 의사를 부교장으로 지명하였고, 맨스필드 의사가 제청하였으며, 통과되었다.

브루엔이 오웬스(H. T. Owens)를 총무와 회계로 선출하기로 동의하였다. 노턴이 제청하였고, 통과되었다.

북장로회 선교회의 러들로(A. I. Ludlow) 의사와 남감리회 선교회의 리드(W. T. Reid) 의사를 1923년에 끝나는 3년 임기의 이사로 선출하는 것이 추인되었다.

맨스필드 의사가 맥밀란(McMillan) 의사를 승계하여 캐나다장로회 선교회를 대표하는 이사로 럽(A. F. Robb) 목사를 지명하였다. 통과되었다.

호주선교회를 향해 이사회에서 선출될 [호주선교회 측] 대표자 1인을 지명하라는 편지를 쓰도록 총무에게 지시하였다.

반버스커크 의사가 와타나베 판사를 재선출하고 부총독 유(Yu)를 선출직 이사로 선출하자고 동의하였다. 통과되었다.

노턴 의사가 오긍선을 선출직 이사로 선출하자고 동의하였다. 통과되었다.

노턴 의사가 고(M. U. Koh) 의사를 외과 조교수로 임명하라는 교수회의 권고를 이 이사회가 받아들이자고 동의하였다. 통과되었다.

교장이 캐나다장로회 선교회가 맨스필드를 교수로 임명하게 하기 위한 협상이 진행 중임을 알렸다.

교장이 세브란스(John L. Severance)의 통신문을 받았는데, 그와 프렌티스 부인이 경상예산을 위한 기부금을 연 $8,250에서 $10,000(금)으로 올리고, 밀즈 의사의 자리가 채워지지 않은 점을 고려하여 이번 회계연도 후에는 연구부에 $2,500(금)의 약정금을 지급하는 일을 갱신하지 않겠다는 사실을 통지했다고 알렸다.

브루엔이 다음과 같이 하자고 동의하였다. 세브란스 씨와 프렌티스 부인이 경상예산에 대한 기부금을 $8,250에서 $10,000으로 크게 늘린 사실을 이사회가 주목하고 이 의료기관에 대한 그들의 관대한 후원에 감사한다. 연구부를 위한 그들의 지난번 기부금에 대해서도 감사한다. 이로써 밀즈 의사의 부재 속에서도 연구업무가 매우 많이 수행되었고, 밀즈 의사가 맡았던 연구업무가 대부분 완료되었으며, 나머지는 다른 사람들에 의해 수행될 것이다. 마찬가지로 중요한 다른 분야의 업무도 수행되어 좋은 결과를 내었고, 연구부의 유지가 이 학교의 과학 정신을 유지하는 데에 필수적이라고 생각되고 있다. 그러므로 이사회는 세브란스 씨와 프렌티스 여사가 그들의 결정을 재고하여 이전 지급금의 전체 또는 일부를 계속 기부해줄 수 있을 것이라고 믿는다. 통과되었다.

총독부가 최근에 사립학교의 종교의식 행사를 허가하는 법을 공포하였고, 의학교에 어떤 언어든 원하는 언어—일본어, 한국어, 영어—로 가르칠 권한을 주었다고 교장이 공지하였다.

허스트 의사가 교장이 특별한 임무를 수행하러 미국에 다녀오도록 요청을 받았으므로 이 이사회는 그런 목적에서 그를 보내는 것에 찬성하자고 동의하였다. 그러면서 그가 본국에 있는 동안 협력 선교부들이 그에게 모든 편의를 제공하여 새로운 사역자들을 얻게 하고 건축 프로그램을 위한 후원금과 기금을 늘려주기를 바란다고 하였다. 통과되었다.

교장이 쉐플리 의사가 사임 의사를 표명한 사실을 공지하였다.

노턴 의사가 선교사들과 대학을 위해 쉐플리 의사가 수고한 사실을 기록하고 그에게 사임을 재고하도록 요청하자고 동의하였다. 통과되었다.

다음의 결의안이 채택되었다.

> 이사회는 쉐플리 의사의 경영 아래 수행된 이 대학의 치과가 선교사 사회의 건강과 위안을 위해 중요한 역할을 한 것을 생각하고, 그가 사임해야 한다면 모든 선교 인력의 사역 효율성에 큰 손실을 끼칠 것을 생각하며, 쉐플리 의사의 사역에 사의를 표하기를 원한다. 우리는 쉐플리 의사에게 자신이 한 봉사의 중요성을 저평가하지 말고 정당하게 저울질하여 선교사역에 진력하며 사임을 재고하여 철회하기를 촉구한다.

(쉐플리 의사가 그 후 사임을 철회하였다.)

반버스커크 의사가 노턴 의사에게 이사회를 대표하여 샤록스 부인에게 편지를 쓰고 그 편지 사본을 회의록에 넣도록 요청하자고 동의하였다. 통과되었다.

총무가 협력하는 선교회들과 선교부들의 건축 프로그램 자본계정을 위한 약정금 현황을 다음과 같이 보고하였다.

북감리회	$35,000, 백주년기념행사 캠페인에서 주기로 약정함
남감리회	$50,000, 항목들을 합치면 꼭 들어맞지 않음
남장로회	중간기 회의*의 결과에 대한 보고가 오기를 기다리고 있음
캐나다장로회	선교회가 본국 선교부에 $105,000의 기부를 권고함. 결정 사항이 아직 통지되지 않음
북장로회	새시대운동**에 포함된 금액이 보고되지 않음
영국 성공회	의료와 교육 사업을 철회할 가능성이 있음
호주장로회	총무 페이튼(Paton)의 1920년 9월 방문을 기다리기로 결의함

예산안 검토가 재개되었다. 이사회가 저녁 8시까지 휴회하였다.

이사회 회의가 8시에 재개되었다. 기도하였다.

참석자는 이전 회의와 같았다.

노턴 의사가 예산안을 채택하자고 동의하였다. 통과되었다.

학감 반버스커크 의사가 교수 인력의 공백으로 인해 올해 신입생을 받는 일을 임원들 및 대학 교수회의 자체 판단에 맡기도록 허용할 것을 권고하였다. 통과되었다.

노턴 의사가 4월에 신입생을 받는 문제를 교수회의 판단에 맡기자고 동의하였다. 통과되었다.

이사회가 저녁 10시 15분 다음 회의 일자를 정하지 않고 휴회하였다.

H. T. 오웬스

임시 총무

출처: UMAC

---

* 매년 6월의 연례회의들 사이에 열리는 회의로서 연말이나 연초에 열리는 경우가 많았다.

** 새 시대 캠페인은 1919년 북장로회 교회들이 사회적, 경제적 약자들을 돕기 위해 벌인 모금운동이다.

SEVERANCE UNION MEDICAL COLLEGE
MINUTES OF
FIELD BOARD OF MANAGERS

3-6-20

TRANSFERRED

March 6, 1920.

The Board of Managers met pursuant to call issued for annual stated meeting, in the Faculty Room of the Medical College, at 10 a.m.

Devotions were led by Rev. H. M. Bruen.

In the absense of the Secretary, Mr. Owens was appointed secretary pro tem.

Rollcall: Present: Drs. Avison (President), Mansfield, Hirst, VanBuskirk, Norton and Rev. H. M. Bruen.

A quorum not being present, it was decided to proceed with business as a committee of the Board, actions to be confirmed by circular vote.

Minutes of previous meeting read and approved.

A communication from Mr. Whittemore informed the Board that Dr. R. K. Smith had been nominated by the Northern Presbyterian Mission as successor to the late Dr. A. M. Sharrocks. It was moved and carried that Dr. Smith be elected.

The President read the report of his visit with Dr. Wilson to the Government Leper asylum on Little Deer Island and reported upon the negotiations now under way with the Government General as to a cooperative scheme to eradicate leprosy in Korea.

The President reported that a permit had been received from the Government to establish a leprosy ward in connection with the Hospital.

The foregoing reports were accepted as indicating progress, and as no definite action can be taken at this stage the Board authorized the continuance of the negotiations.

The prospects of Dr. Fletcher's appointment to the chair of Leprosy were reported on, correspondence from The Mission to Lepers and the Northern Presbyterian Board being read. (For information: A communication has since been received from the Northern Presbyterian Board stating that Dr. Fletcher's appointment has gone through and that he will be on salary with the Mission to Lepers from April 1/20.)

The correspondence with Dr. McLaren and the Australian Mission advising that Dr. McLaren would return to Korea in March or April but that it was unlikely that he could be assigned to work at Severance for two years following, having been circulated, was taken as read.

Dr. Mansfield introduced the question of securing the Bilbrough property near Wonsan as a rest home for missionaries. The matter was discussed but no action considered advisable.

The President announced that Miss Shepping, for reasons of her own, had resigned last fall from the staff and had gone into evangelistic work in her Mission, and that the Southern Presbyterian Mission hoped to provide a successor before long.

The President reported the result of the circular votes to abandon the project to purchase Lot A and to adopt the new layout proposed for the extensions to the plant; also to accept the resignation of Mr. Oshima: 17 votes in favor of each; no dissentients.

2. 3/6/20

The President announced that Mr. H. H. Underwood had offered to sell some property near the Peking Pass road outside the West Gate, Seoul, for ¥5,000 or ¥4,000 which would be suitable for residences or for sanitarium purposes. Dr. Norton moved, that the President be authorised to carry on negotiations for the purchase of the property. Carried.

The Budget for 1921-22 was presented and a discussion on deficits took place.

At 12:30 the Board adjourned until 2:30 o'clock.

The Board resumed at 2:45 p.m. at the President's home. Attendance same as at morning session.

Moved by Dr. Mansfield, that the proper officers be urged to take immediate steps to increase the accommodation for private patients with a view to increasing the revenues of the hospital, and to that intent that plans be at once drawn for whatever part of the building program seems best adapted to meet this need. Carried.

The President reported that the Southern Methodist Mission did not favor the return of Dr. Mayes to the field.

Moved by Mr. Bruen, seconded by Dr. Mansfield, that steps be taken by the President to renew the invitation to Dr. Bowman to return to Severance Faculty. Carried.

The Dean reported that the students in regular attendance numbered 48.

Moved and carried, that the Board regrets that the Social Service work undertaken by Miss Shepping has ceased with her resignation, and urges that a nurse be appointed for that work as soon as possible.

Election of Officers:

Dr. Mansfield nominated Dr. O. R. Avison as President, seconded by Dr. Norton, and carried.

Dr. Norton nominated Dr. J. D. VanBuskirk as Vice President, seconded by Dr. Mansfield and carried.

Mr. Bruen moved, that H. T. Owens be elected as Secretary and Treasurer. Seconded by Dr. Norton and carried.

The elections of Dr. A. I. Ludlow of the Northern Presbyterian Mission and of Dr. W. T. Reid of the Southern Methodist Mission for a three-year term expiring in 1923 were confirmed.

Dr. Mansfield nominated Rev. A. F. Robb to represent the Canadian Mission succeeding Dr. McMillan. Carried.

The Secretary was instructed to write to the Australian Mission to nominate a representative for election to the Board.

Dr. VanBuckirk moved the reelection of Judge Watanabe and Vice Governor Yu as coopted members. Carried.

Dr. Norton moved, that Dr. K. S. Oh be elected a co-opted member. Carried.

Dr. Norton moved, that this Board concurs in the recommendation of the Faculty that Dr. M. U. Koh be appointed associate professor of Surgery. Carried.

The President announced that negotiations were under way to have Dr. T. D. Mansfield appointed by the Faculty by the Canadian Mission.

3/6/20

5.

The President announced the receipt of a communication from Mr. John L. Severance, announcing that he and Mrs. F. F. Prentiss would increase their contribution to current budget from $8250 to $10,000 gold per annum, and that in view of the fact that Dr. Mills' place had not been filled he would not renew his pledge of $2500 gold to the Research Department after the current fiscal year.

Mr. Bruen moved, That the Board extends its thanks to Mr. Severance and Mrs. Prentiss for their generous support of the institution, noting the substantial increase in the contribution to current expenses from $8250 to $10,000. In extending thanks also for their past gifts to the Research Department it points out the fact that a great deal of research work has been carried on even in the absence of Dr. Mills; that the research work undertaken by Dr. Mills has been largely completed or will be by others; and that other lines of work equally important had been undertaken which have produced good results; and that the maintenance of the Research Department is considered essential in maintaining the scientific spirit of the institution. The Board therefore trusts that Mr. Severance and Mrs. Prentiss may be able to reconsider their decision and continue all or part of the previous grant. Carried.

The President announced that the Government had recently promulgated a regulation permitting the holding of religious exercises in private schools, and that the Medical College had been given the right to teach in any language desired -- Japanese, Korean or English.

Dr. Hirst moved, That inasmuch as the President has been requested to go to America on special business, this Board consents to release him for that purpose and would be gratified if the Cooperating Boards would afford him every facility while at home to obtain new workers and increased support and funds for the building program. Carried.

The President announced that Dr. Scheifley had tendered his resignation.

Dr. Norton moved, That it be placed on record that Dr. Scheifley has done good work for the missionaries and the College, and that he be asked to reconsider his resignation. Carried.

The following resolution was adopted:

> The Board of Managers wishes to express its appreciation of Dr. Scheifley's work, of the great importance to the health and comfort of the missionary community of the Dental Department of this College as it has been conducted under Dr. Scheifley's management, and of the great loss that would accrue both to the College and to the working efficiency of the whole missionary force should he resign. We urge Dr. Scheifley to weigh justly without underestimation the importance of his service thus rendered in missionary work and to reconsider and withdraw his resignation

(Dr. Scheifley has since withdrawn his resignation.)

Dr. VanBuskirk moved, That ~~it be placed on record that~~ Dr. Norton be requested to write to Mrs. Sharrocks on behalf of the Board and that a copy of his letter be filed with the Minutes. Carried.

3/6/20

4.

The Secretary reported the present pledges of the cooperating Missions and Boards to capital account building program as follows:

Northern Methodist	$35,000 in Centenary Campaign
Southern Methodist	Items totalling not quite $50,000
Southern Presbyterian	Awaiting report of ad interim action
Canadian Presbyterian	Contribution of $105,000 recommended to home Board by Mission, but no action reported yet.
Northern Presbyterian	No report of sums included in New ERA campaign
English Church Mission	Will probably withdraw from medical and educational undertakings
Australian Presbyterian	Decision to await expected visit of Secretary Paton in September, 1920.

Consideration of Budget resumed. Board adjourned until 8 p.m.

The Board resumed at eight o'clock. Prayer.

Same attendance as at previous sessions.

Dr. Norton moved the adoption of the budget as revised. Carried.

The Dean, Dr. VanBuskirk, recommended that the officers and Faculty of the College be permitted to use their judgment as to receiving an entrance class this year owing to vacancies in the teaching department. Carried.

Dr. Norton moved that the matter of taking in an entrance class in April be left to the discretion of the Faculty. Carried.

Board adjourned sine die at 10:15 p.m.

H. T. Owens,

Secretary pro tem.

33. 에비슨이 암스트롱에게

1920년 3월 9일

A. E. 암스트롱 목사,
선교부 보조총무
캐나다장로회,
토론토, 온타리오

친애하는 암스트롱 씨:

당신의 지난달 11일 자와 12일 자 편지를 받았습니다. 후자의 편지는 지금 서울에 와서 우리 현지 이사회 회의에 참석하고 있는 맨스필드 의사에게 사본을 넘겼습니다. 그는 그것을 선교회에 보낼 것입니다. 당신이 세브란스 자본금을 어떻게든 이번 [캐나다장로회 전진운동] 캠페인에 포함하게 할 수 있을 것이라고 진심으로 믿습니다. 우리에게 적자가 생기는 한 가지 이유는 우리에게 오는 유료 환자들을 다 입원시킬 병실이 없는 데에 있습니다. 만일 우리가 건축비를 얻을 수 있다면 이런 건물들을 세울 수 있을 것이고, 무료 치료의 비율을 어느 정도 줄일 수 있을 것이며, 어쩌면 더 자급할 수 있게 할 기반을 갖추게 될 것입니다.

톰슨(M. A. Thompson) 의사에 대해 알게 되어 기쁩니다. 오타와에 있는 그에게 편지를 쓸 생각입니다. 이곳의 우리 치과는 바야흐로 일에 짓눌려 쉐플리 의사가 그를 찾는 선교사들, 외국인들, 본토인들에 대한 치과 업무를 다 해내지 못하는 상황에 있습니다.

우리는 지금 맨스필드 의사를 세브란스에 영입할 수 있기를 바라면서 협상을 하고 있습니다. 원산에서의 연합사역에 대한 합의는 종료될 예정이고, 이곳에서 우리는 그의 도움을 절실히 필요로 합니다. 그것은 허스트 의사와 스코필드 의사가 곧 안식년을 맞기 때문입니다. 우리는 또한 화이트로(Whitelaw) 양이 이달 말이면 우리에게 영구히 오게 되기를 기대하고 있습니다.

본국에서 오라고 부르는 전보를 받아 4월 초에 가는 통행권을 구하려고 애써볼 생각입니다. 여정 중에 당신을 만나기를 희망합니다. 그곳에 가서 여러 가지 일을 하는 동안 우리 교수진과 한국 전역의 여러 병원에 생긴 공백을 채우기 위해서도 노력하겠습니다.

에비슨 부인이 나와 동행할 것입니다.

맥케이 박사가 회복할 것이라고 믿으며, 안부 인사를 드립니다.

안녕히 계십시오.

O. R. 에비슨

한국에서 치과의사를 구함

한국 서울에 있는 세브란스연합의학전문학교의 교장이자 세브란스병원의 원장인 에비슨 박사는 치과의사를 구하면서 다음과 같은 필요조건을 제시합니다.

> 우리를 위해 치과에 대한 전반적인 지식을 갖추고 포슬린 작업을 포함하여 기계를 활용하는 전문적인 치과 지식을 갖춘 치과의사 선교사를 친절하게 찾아주시겠습니까?
>
> 임명 조건은 선교사 신청이 가능한 사람이란 것입니다. 그런 자격을 가진 사람은 통상적인 절차에 따라 어느 선교부에서나 허입될 것입니다. 우리는 이곳에서 그의 선교사 봉급을 보장할 수 있습니다.
>
> 지금 있는 우리 치과의사, 쉐플리 의사는 다음 가을(1920년)에 안식년을 가질 예정입니다. 쉐플리 의사가 떠나기 전에 언어를 약간 익히고 업무에 적응하려면 그가 가능한 한 빨리 오는 것이 매우 중요합니다.

자격조건이나 보상 등의 세부사항들은 이 요청에 응하기를 원하는 사람에게 제공될 것입니다. 서울에 있는 크고 성장하는 세브란스연합의학전문학교와 연계된 이 자리보다 자기 삶을 최상으로 인정될 곳에 투자하기를 원하는 기독교인 치과의사에게 더 매력적이고 더 큰 봉사의 현장이 동양에는 없을 것입니다. 더 알기를 원하시면 토론토 439 컨페더레이션 라이프 빌딩의 암스트롱(A. E. Armstrong)에게 연락하시기 바랍니다.

출처: PCC & UCC

RECEIVED
OFFICE OF PRESIDENT
APR 5 1920
O. R. AVISON, M. D.

ANS'D ......
Presbyterian Foreign Mission Board

SEVERANCE UNION MEDICAL COLLEGE
NURSES' TRAINING SCHOOL
SEVERANCE HOSPITAL

SEOUL, KOREA

CO-OPERATING MISSIONS
PRESBYTERIAN CHURCH IN THE U. S. A.
METHODIST EPISCOPAL CHURCH
PRESBYTERIAN CHURCH IN THE U. S.
METHODIST EPISCOPAL CHURCH, SOUTH
PRESBYTERIAN CHURCH IN CANADA
PRESBYTERIAN CHURCH OF AUSTRALIA

March 9, 1920.

Rev. A. E. Armstrong,
Ass't. Secretary, Board of Foreign Missions,
Presbyterian Church in Canada,
Toronto, Ont.

Dear Mr. Armstrong:

I have your letters of 11th and 12th ultimo. I have handed a copy of the latter to Dr. Mansfield who was in Seoul attending a meeting of our Field Board, and he will take it up with the Mission. I sincerely trust that you will be able in some way to include Severance capital funds in this campaign. One reason for our deficits is that we have not ward accommodation for all the pay patients that should come to us, and if we can get building funds we can put these buildings up, cut down our free department somewhat, and perhaps get on a more self-supporting basis.

I am glad to know of Dr. M. A. Thompson and am writing him at Ottawa. Our dental situation here is overwhelming at the present time, and Dr. Scheifley simply cannot do all of the dental work for the mission, foreign and native community which is offered him.

We are just in the midst of negotiations now looking to the possibility of securing Dr. Mansfield for Severance. The union arrangement at Wonsan is to be terminated, and we are desperately in need of help here, as Drs. Hirst and Schofield go on furlough soon. We also expect that Miss Whitelaw will be coming to us permanently at the end of this month.

I have been summoned home by cable and am trying to get passage early in April. I shall hope to see you during my trip. I am going to make an effort, among other things, to fill up the gaps in our faculty and in the various hospitals throughout Korea. Mrs. Avison will accompany me.

Trusting that Dr. Mackay has recovered, and with kindest regards,

Very sincerely,

O R Avison

DENTIST WANTED IN KOREA.

Dr. O. R. Avison, President of Severance Union Medical College and Severance Hospital Seoul, Korea, is calling for a dentist and describes the need as follows:

"Would you kindly try to find for us a missionary dentist who has a general knowledge of dentistry and a special knowledge of mechanical dentistry, including porcelain work.

"The conditions of appointment would be those applicable to a missionary. The qualifications of such a man might be passed upon by one of the mission Boards in the usual way. We can guarantee his missionary salary at this end.

"Our present dentist, Dr. Scheifley, will be going on furlough next fall (1920), and it is very important that a man should come as quickly as possible so as to get some of the language and be fitted into the work before Dr. Scheifley leaves."

Particulars regarding qualifications, remuneration, etc., will be furnished to anyone who wishes to consider responding to this call. There is probably no more attractive and no larger field of service in the Orient for the Christian dentist, who wishes to invest his life where it will count for the most, than this position in connection with the large and growing Severance Union Medical College in Seoul. For information communicate with A.E. Armstrong, 439 Confederation Life Building, Toronto.

34. 에비슨이 브라운에게

1920년 3월 9일

아더 J. 브라운 목사·명예신학박사,
선교부 총무,
미국 북장로회,
뉴욕 시, 뉴욕 주.

친애하는 브라운 박사님:

당신의 지난달 11일 자 편지가 와서 플레처 의사가 나병 사역 책임자로 임명되었다는 확실한 통고를 받게 되어 기뻤습니다. 우리는 그 일이 얼마큼 지연되지 않을까 염려하였습니다. 가장 최근에 당신에게서 들은 말은, 최신 소식은 아니지만, 그가 8월에는 이곳에 도착하기를 바라고 있다는 것입니다.

협력이사회가 나를 미국으로 부르는 전보를 치는 문제를 고려하고 있다고 하는 소식이 흥미롭게도 거듭해서 들려오고 있습니다. 이는 선교지에서도 한국의 의료상황과 두 대학의 건축 프로그램을 위해 나를 모국으로 보내려고 하는 움직임이 동시에 일어나고 있기 때문입니다. [미국에] 와서 소수 측[연희전문 설립을 강행한 서울 측]의 입장을 대표하도록 나를 초청한 당신의 전보를 10일쯤 전에 받았습니다. 선교회의 찬성을 얻는 데에 필요한 일들이 진행되고 있습니다. 서울 밖에 있는 소수 측 회원들에게 편지들을 보냈고, [북장로회] 강계 선교지회에는 전보를 쳤습니다. 한편으로 서울에 있는 사람들의 모임이 지난 화요일에 소집되었습니다. 그 모임에서 그 문제가 자유롭게 논의되어 만장일치로 내가 꼭 가야 한다는 뜻이 표명되었습니다. 다음날 오전 강계에서 보낸 전보를 받았는데, 역시 내가 가는 것을 승인하고 그 선교지회의 모든 회원, 곧 윈(George Winn), 비거(Bigger) 의사, 캠벨(A. Campbell) 그리고 레러(Rehrer) 양이 서명하였습니다. 우리는 강계 선교지회의 회원 전체가 보인 이런 반응에 놀라고 즐거워하였습니다.

내가 미국에서 있는 동안 세브란스 의료기관을 위해서만 아니라 한국 전체를 위해서도 의사들과 간호사들을 얻기 위해 노력해야 한다는 생각과 이런 일로 인해 나의 한국 귀환

이 몇 개월은 지연될 수도 있다는 생각에서 그 모임에 참석한 사람들이 에비슨 부인에게 나와 동행하여 미국에 가도록 조언하였습니다. 그래서 우리는 그 조언을 따르기로 하였습니다. 여행 경비가 추가되어 불필요한 짐을 지게 되었다고 선교부가 생각하지 않기를 희망합니다. 내가 없는 동안 한국에서 무슨 일이 일어날지를 너무 많이 생각하지 않아야 나의 임무가 더 잘 수행될 것이라는 생각이 듭니다. 우리는 아직 항행권을 구하지 못하였지만, 3월 말이나 4월 첫 주에는 출항할 수 있게 되기를 희망하고 있습니다. 우리만 쓰는 객실을 얻지 못하게 될지라도 말입니다. 에드워드는 이곳에 남을 것입니다.

이번 미국 여행은 매우 시의적절할 것 같습니다. 우리는 의학교에 교수진을 갖추려고 노력해왔지만, 사임, 안식년, 등으로 인해 우리가 바라는 일, 혹은 어쩌면 총독부가 우리에게 기대하는 수준을 성취할 수 없었습니다. 이 시점에 교수들이 직면하고 있는 문제는 올해에 신입생을 받아들이는 것을 거절하는 편이 좋을지 그렇지 않을지를 판단하는 일입니다. 우리에게는 해부학과 조직학 교수가 없는데, 이것들은 1학년 기초과목입니다. 허스트 의사가 안식년을 갖기를 기대하고 있고, 세균학자인 스코필드 의사는 이달 말경에 안식년을 보내기 위해 떠납니다. 가족 문제가 얽혀 있어서 그가 다시 돌아올지에 대해 약간의 의심이 있습니다. 그렇게 되면 우리 교수진이 심각한 타격을 입을 것입니다. 이는 스코필드 의사가 한국인들의 마음에서 독보적인 자리를 잡았기 때문입니다. 쉐플리 의사는 현재 한국에 있는 유일한 외국인 치과의사이고, 그의 수요는 압도적입니다. 그가 올해 어느 때에 안식년으로 떠날 것이므로 우리는 반드시 그의 부서를 보강해야 합니다. 교수진에 다른 빈자리들도 있어서 이에 관해 전에 편지를 쓴 적이 있습니다. 도움받을 일이 하나 있을 것으로 예견되는데, 캐나다 선교회가 맨스필드(T. D. Mansfield) 의사를 세브란스에 일 년간 임명할 것 같기 때문입니다. 우리는 그가 우리에게 영구히 남게 되기를 바랍니다. 라이너(Reiner) 양에게 병가를 주어 모국에 보내기로 방금 합의가 이루어졌습니다. 배틀즈(Battles) 양은 가을에 안식년을 가질 것입니다. 캐나다장로회 선교회의 화이트로(Whitelaw) 양은 언어공부를 하는 데에 약 1년이 걸릴 것이고, 우리 병원에서 한두 텀(terms, 역자주: 안식년을 갖기까지의 사역 기간)을 봉사하기로 했는데, 이달 말경에는 우리에게 영구히 오기를 바라고 있습니다. 더 많은 간호사가 임명될 때까지는 쉴즈(Shields) 양을 [쉬게 하지 못하고] 병원의 외국인 담당 부서에 배치할 것입니다. 우리가 외국인 약사와 사업가를 얻기 전까지는 약국과 판매부가 끝없는 걱정의 원천이 될 것입니다. 모든 외국인 교직원이 지난해에 우리가 직면했던 긴장된 국면에 대응했던 것으로 인해 심각한 심리상태에 있습니다.

연희전문학교에 대해 말하자면, 우리는 재정적으로 인내의 한계에 이르고 있습니다. 본국 선교부들과 직접 연락하면 우리에게 주기로 이미 약속받은 돈을 그렇지 않을 때보다 더 빨리 받을 수 있을 것입니다. 당신과 스코트 씨도 알고 있듯이 아주 많은 문제가 있는데, 이런 문제들은 편지를 보내는 것보다 협력이사회에 출석하여 직접 제기하는 것이 훨씬 더 나을 수 있습니다. 대학의 교수진에도 공백이 있는데, [선교사] 지원서들에서 공백을 채울 사람을 찾을 수 있을 것입니다.

세브란스 건축 프로그램도 시급한 문제가 되어가고 있습니다. 지난 토요일에 열린 우리 현지 이사회 회의에서 적자 문제가 논의되었는데, 치료비를 낼 능력이 있는데도 우리가 매일 돌려보내고 있는 환자들을 입원시킬 수용시설을 더 많이 마련하면, 우리의 재정 곤란을 크게 해소하는 동시에 부유한 한국인들의 신망도 더 많이 얻을 것이라는 데로 의견이 모아진 것 같습니다. 독립운동의 한 특징은 한국인들이 자신들의 기관을 점점 더 많이 운영하고 다른 것들도 완전히 한국인의 소유가 되는 모습을 보고 싶어 하는 것입니다. 지금 한국인의 병원을 세우려는 움직임이 시작되었습니다. 그것을 위해 부유한 한국인들이 ¥1,000,000을 내어놓았습니다. 우리는 이런 움직임과 연대하고 협력하는 문제를 진지하게 검토하고 있습니다. 미국이 많은 재정후원의 부담에서 벗어날 유일한 길이 여기에 있습니다.

내가 미국에 있는 동안 처리하기를 바라는 몇 가지 사안들이 있는데, 대학들의 건축 프로그램 이행에 필요한 비품들과 설비들을 주문하는 일을 얼마간 도울 것입니다. 루카스가 5월 18일 출항할 것인데, 그를 영구히 임명하는 문제를 의논할 필요가 있습니다. 지금 내가 몇몇 지원자들과 편지로 연락하고 있는데, 본국에 있는 동안 그들을 직접 만나 인터뷰를 하기를 희망합니다.

우리의 선교병원들 가운데 의사와 간호사가 부족한 곳이 많고, 다른 선교회들의 형편도 마찬가지입니다. 세브란스병원이 점점 더 이곳 의료 사역의 선두와 최전선으로 여겨지고 있습니다. 선교지회들이 그들의 문제와 어려움을 해결하기 위해 우리를 바라보고 있습니다.

안부 인사를 드립니다.

안녕히 계십시오.

O. R. 에비슨

출처: PHS

Dr. O.R. Avison

SEVERANCE UNION MEDICAL COLLEGE
NURSES' TRAINING SCHOOL
SEVERANCE HOSPITAL

OFFICE OF PRESIDENT

O. R. AVISON, M. D.

SEOUL, KOREA

RECEIVED
APR 7 1920
Scott
Dr. Brown

Earnests to US

FILING
1197
APR 1920
CO-OPERATING
PRESBYTERIAN CHURCH IN THE U. S. A.
METHODIST EPISCOPAL
PRESBYTERIAN
SECRETARIES
METHODIST
PRESBYTERIAN CHURCH IN CANADA
PRESBYTERIAN CHURCH OF AUSTRALIA

March 9, 1920.

Rev. Arthur J. Brown, D.D.,
Secretary, Board of Foreign Missions,
Presbyterian Church in U.S.A.,
New York, N.Y.

Scott

Dear Dr. Brown:

Your letter of 11th ultimo is received, and we are glad to receive the definite news of Dr. Fletcher's appointment to the chair of Leprosy, which we feared might be delayed for some time. The latest word that I have from him is that he expects to arrive here in August, though that is not recent news.

Return to America

The information that the Cooperating Board was considering the matter of cabling for me to visit America is an interesting coincidence, for steps were being taken on the field at the same time to have me sent home in the interest of the medical situation in Korea and of the building program of both Colleges. Your cable inviting me to return as the representative of the minority was received about ten days ago, and the necessary steps are being taken to get the sentiment of the Mission. Letters were sent to the out-of-town members of the minority group, and a telegram to Kangkei Station, while a meeting of those resident in Seoul was called for last Thursday. The matter was freely discussed at the meeting and there was a unanimous desire expressed that I should go. The next morning a telegram was received from Kangkei also approving of my going and signed by all the members of the Station, namely, George Winn, Dr. Bigger, Mr. A. Campbell and Miss Rehrer. We were pleasantly surprised to have this response from the whole of Kangkei Station.

Mrs Avison to return

The knowledge that I ought to try to secure doctors and nurses not only for the Severance institution but for all Korea while I am in America, and that this might delay my return to Korea for several months led those present at the meeting to advise that Mrs. Avison accompany me to America, and we are planning to act on that advice. I hope that the Board will not feel that the added expense will be an unnecessary burden, the feeling being that my work will be better done if I have not to think so much about what might be happening in Korea during my absence. We have not yet secured sailings but are hoping that by the end of March or the first week in April we shall be able to get passage even though we may not be able to get a cabin to ourselves. Edward will remain here.

I think this trip to America will be very timely. Although we have been trying to build up a teaching faculty in the medical college, owing to resignations, furloughs, etc., we are not able to do what we wish to do, or probably what the government expects us to do. The question before the Faculty at the present moment is whether or not it would be well to decline to take in a freshman class this year. We have no teacher of Anatomy and Histology, which is fundamental first year work. Dr. Hirst expects to go on furlough, and Dr. Schofield, our Bacteriologist, leaves on furlough about the end of the month. There is some doubt as to his return owing to family entanglements, which will be a severe blow to our staff, as Dr. Schofield has won a unique place in the hearts of the Koreans. Dr. Scheifley is now the only foreign dentist in Korea, and the demands upon him are overwhelming. He will be leaving on furlough some time this year, and we must secure reinforcements for his department. There are other vacancies on the Faculty which I have written about before. There is one prospect of securing help, as the Canadian Mission will probably assign Dr. T. D. Mansfield to Severance for one year. We are looking forward to his being able to remain with us permanently. Arrangements are just being made to let Miss Reiner go home on health leave, and Miss Battles will go on furlough in the fall. Miss Whitelaw, of the Canadian Mission, who has been about a year taking language study, with one or two terms of service in our hospital, will be coming to us permanently, we hope, about the end of this month. Until more nurses are appointed, we shall try to use Miss Shields in the foreign department of the hospital. The pharmacy and sales department are endless sources of worry until we secure a foreign pharmacist and business man. The nerves of the whole foreign staff are badly affected due to the reaction from the strain we have been facing for the past year.

In regard to the Chosen Christian College, we are about at the end of our financial tether, and it may be that by getting into personal touch with the home Boards we can get money already pledged sooner than would otherwise be possible. There are a great many questions, as you and Mr. Scott are aware, which can be handled before the Cooperating Board personally much better than by correspondence. There are also vacancies on the staff of the College which applicants may be secured to fill.

The Severance building program is also becoming a matter of urgency. At our Field Board meeting on Saturday last the matter of deficits was discussed, and it seemed to be the opinion that provision of more accommodation for pay patients, whom we are daily turning away, would largely solve our financial difficulties as well as give us more prestige among the wealthier Koreans. One feature of the independence movement is a desire among the Koreans to control their own institutions more and more and to found others that will be entirely Korean. A movement is on foot now to establish a Korean clinic, for which wealthy Koreans are putting up ¥1,000,000. We are seriously considering linking up with this movement, and making it cooperative. It is only in this way that we are likely to relieve the strain on America of providing the bulk of the financial support.

These are some of the matters which I hope to develop while in America, and I shall probably be of some assistance in ordering the supplies and equipment necessary for the building program of the Colleges. Mr. Lucas has a sailing for May 18th, and the matter of his permanent appointment will need discussion. I am now in correspondence with several candidates whom I hope to interview personally while at home.

Many of our own Mission hospitals lack doctors and nurses, and the same is true of the other Missions. More and more Severance is coming to be regarded as the head and front of the medical work here, and the Stations look to us for support in their problems and difficulties.

With kindest regards,

Believe me, Very sincerely,

O. R. Avison

35. 에비슨이 서덜랜드에게

1920년 3월 9일

조지 F. 서덜랜드 씨,
회계,
조선 기독교 교육을 위한 협력이사회,
150 5번가, 뉴욕.

친애하는 서덜랜드 씨:

당신이 겐소(Genso) 씨에게 쓴 지난달 7일 자 편지가 내게 넘겨졌습니다.

당신은 내가 12월 23일 자와 24일 자 편지에서 청구서를 보증하고 지급하는 문제를 설명하려고 하였던 것을 아주 오해하였습니다. 내가 말하려 하는 것은 미국에서 협력이사회의 어느 누가 주문했던 자재는 그곳의 담당자가 지급을 보증해야 하고 현지에서 발생한 지급 문제는 현지에서 처리해야 한다는 것이었습니다. 만일 [미국에서 주문한] 난방과 배관 설비의 청구서들을 이곳으로 넘긴다면 불필요하게 지급을 지연시킬 것입니다. 그러므로 우리에게 꼭 필요한 물품들을 협력이사회에서 주문해준다면 이곳에서 지급 보증서를 발송하는 일이 불필요해질 것이라고 우리는 판단합니다. 머피 앤 다나 회사가 낸 청구서의 경우는, 그 작업이 모두 현지에서 이루어졌으므로, 그것이 적절하게 상해 사무실에서 서울로 교부되었습니다. 그 문제는 지금 조정이 끝나 있습니다. 이 문제를 제기하는 이유는 다만 현지에서 우리가 ￥2,000을 선지급하지 말았어야 했다는 책망을 받고 있기 때문입니다.

철물에 대한 피 앤 에프 코빈(P. & F. Corbin) 회사의 청구서를 지급하는 문제에 관해 당신은 $833을 지급하였다고 설명하였습니다. 당신이 이 청구비를 지급한 행위는 위의 문단에서 진술된 주요 논점을 잘 설명해줍니다. [철물에 대한] 계약을 머피 앤 다나 회사가 맺었으므로 청구비 지급은 그들이 알아서 할 일입니다. 머피 앤 다나가 코빈 씨에게 보낸 1919년 2월 20일 자 편지에서 보고되었듯이, 우리 쪽에서는 그 계약금이 $875.00이란 사실만 알고 있었습니다. $42를 더 절약한 것은 우리가 크게 환영할 뉴스입니다.

안녕히 계십시오.

O. R. 에비슨

출처: UMAC

3/9/20

This could be detached

OFFICE OF THE PRESIDENT

O. R. AVISON, M. D.

Chosen Christian College

Seoul, Chosen

CO-OPERATING BOARDS
PRESBYTERIAN CHURCH IN THE U. S. A.
METHODIST EPISCOPAL CHURCH
METHODIST EPISCOPAL CHURCH, SOUTH
PRESBYTERIAN CHURCH IN CANADA

March 9, 1920.

Dr North

83-1

Mr. Geo. F. Sutherland,
Treasurer,
Cooperating Board for Christian Education in Chosen,
150 Fifth Avenue, New York.

These Educational [illegible] to [illegible] by [illegible]

Dear Mr. Sutherland:

Your letter of 7th ultimo to Mr. Genso has been referred to me.

You have not quite understood the point I tried to make in my letters of December 23rd and 24th, in regard to the certifying and payment of accounts. My point was, that any material ordered in America by any member of the Cooperating Board should be certified by that authority: any payments originating from the field end should have the field O.K. If accounts for heating and plumbing equipment are to be referred out here it will delay payment unnecessarily, and it is our judgment that when the orders are placed by the Cooperating Board on our requisition that certification out here will not be necessary. In the case of the Murphy & Dana account, the work was all done on the field and the account should properly have been rendered by the Shanghai office to Seoul. That matter is adjusted now, and we only raised it because of the criticism that we should not have advanced the Y2,000 on the field.

With regard to the payment of the P. & F. Corbin account for hardware, you state the amount paid was $833. Your action in paying this account is a good illustration of the principle stated in the foregoing paragraph. The contract was made by Murphy & Dana and the bill should have their O.K. So far as we are concerned, our understanding was that the contract was for $875.00, as reported in Murphy & Dana's letter to Messrs. Corbin dated Feb'y 20, 1919. The saving of the additional $42 is very welcome news to us.

Very sincerely,

O.R. Avison

Please pass reports on to Dr. North.

36. 에비슨이 맥케이에게

1920년 3월 12일

R. P. 맥케이 목사·명예신학박사,
선교부 총무,
캐나다장로회,
토론토, 온타리오 주.

친애하는 맥케이 박사님:

우리는 며칠 전 우리 현지 이사회의 연례회의 회의록과 그때 제출된 여러 보고서를 발송하였고, 지금은 학감 보고서의 사본과 자본계정 상황을 보여주는 재정보고서를 동봉합니다. 당신은 여기에서 우리가 [당신들의] 전진운동 수입금에서 빨리 얼마를 얻지 않으면 이번 시즌에 건축 프로그램을 진행할 수 없게 되는 것을 볼 것입니다. 이것이 시사하는 바는 남감리회 선교회의 피셔(Fisher) 씨의 집만 유일하게 지어질 것이라는 점입니다.

내가 전보로 본국에 소환되어 4월 초에 출항하기를 희망하고 있습니다. 그 방문 기간에 토론토에 가게 되기를 기대하고, 당신과 암스트롱 씨를 직접 만나서 여러 문제를 상의하는 기쁨을 누리기를 바라고 있습니다. 에비슨 부인이 나와 함께 본국에 갑니다.

안부 인사를 드립니다.

안녕히 계십시오.

O. R. 에비슨

출처: PCC & UCC

Chosen Christian College

OFFICE OF THE PRESIDENT

O. R. AVISON, M. D.

Seoul, Chosen

CO-OPERATING BOARDS
PRESBYTERIAN CHURCH IN THE U. S. A.
METHODIST EPISCOPAL CHURCH
METHODIST EPISCOPAL CHURCH, SOUTH
PRESBYTERIAN CHURCH IN CANADA

RECEIVED
APR 5 1920
ANS'D " 6
Presbyterian Foreign Mission Board

March 12, 1920.

Rev. R. P. Mackay, D.D.,
Secretary, Board of Foreign Missions,
Presbyterian Church in Canada,
Toronto, Ont.

Dear Dr. Mackay:

A few days ago we forwarded the minutes and other papers arising out of theannual meeting of our Field Board, and I now enclose a copy of the Dean's report, and a set of financial statements showing the capital account situation. From these you will see that unless we get some forward movement money soon our building program for this season cannot go on. From present indications the only building will be a residence for Mr. Fisher of the Southern Methodist Mission.

I have been summoned home by cable, and hope to get a sailing early in April. I expect to be in Toronto during my visit and hope to have the pleasure of meeting you and Mr. Armstrong and taking up matters in person. Mrs. Avison goes home with me.

With kindest regards,

Very sincerely,

O. R. Avison

37. 에비슨이 브라운에게

1920년 3월 13일

A. J. 브라운 목사·명예신학박사,
선교부 총무,
미국 북장로회,
뉴욕 시, 뉴욕 주, 미국.

친애하는 브라운 박사님:

서울에 있는 우리 여학교, 곧 공식 명칭은 '서울 여자아카데미' 또는 한국어로 '정신여학교'인 학교에 관해 내가 당신에게 편지를 썼던 적은 내 기억에 없는 것 같습니다. 서울 선교지회의 교육위원회 위원장으로서 나는 깊은 근심 속에서 그곳을 오랫동안 지켜보았습니다. 그 이유는 그곳이 발전을 이룰 것은 생각지도 못하고 오직 존속할 수 있기만을 위해 역경들과 싸워왔기 때문입니다. 이제 그곳의 처지는 당신에게 편지를 써서 당신을 실로 비참한 그곳의 여건에 개입시키지 않을 수 없을 정도가 되었습니다.

곧장 들어가서 그 여건이 어떠한지를 설명하자면, 1920~21년도에 불가피하게 실제로 지출해야 하는 비용에서 현재 봉급과 비품들이 차지하는 비율은 다음과 같다고 말할 수 있습니다.

<table>
<tr><td>교사 봉급, 고용인 임금</td><td>¥4,116</td><td rowspan="3">6,096</td><td rowspan="4">6,200</td></tr>
<tr><td>연료</td><td>1,800</td></tr>
<tr><td>물</td><td>180</td></tr>
<tr><td>임시비 (가칭)</td><td colspan="2">104</td></tr>
<tr><td colspan="3">올해 선교부로부터 받은 수입</td><td>2,422</td></tr>
<tr><td colspan="3">지난 연례회의 때 1920~21년을 위해 요청한 최소 금액 3,000</td><td>-3,000</td></tr>
<tr><td colspan="3">적정 금액</td><td>5,100</td></tr>
</table>

올해에는 ¥1,500의 적자가 예상되고, 이것은 새로 받는 충당금으로 반드시 갚아야 합니다. 만일 ¥3,000만 지급된다면, 올해 쓸 수 있는 금액은 ¥1,500밖에 안 될 것입니다.

¥5,100이 할당되더라도 쓸 수 있는 돈은 ¥3,600밖에 안 될 것입니다.

만일 우리가 이번 학년에 학생을 50명이나 (현재 여건에서 이 수는 기대하기에 과도하다고 할 수 있습니다) 데리고 있다고 하더라도, 학비의 총액은 ¥500밖에 되지 않습니다. 그러므로 위에서 언급된 가장 많은 금액을 우리에게 보낸다고 하더라도 여전히 ¥2,100의 적자가 회계연도에 남게 됩니다. 그렇지 않고 ¥3,000을 보내면 ¥4,200이 적자로 남게 됩니다.

스코트 씨가 이곳에 왔을 때 우리에게 "당신들이 선교부로부터 그렇게 하라는 지시를 받지 않았으면 사역을 줄이지 마시오"라고 말하였습니다. 우리가 적자를 메꿀 돈을 특별하게 공급받지 못한다면, 그리고 1920~21년을 위한 할당금이 충분히 증액되어 ¥6,200에 이르지 않는다면 두세 달밖에 일할 수 없게 될 것이 분명합니다.

이제까지 우리가 그처럼 적은 돈을 받고 운영해왔기 때문에 이 정도면 큰 발전을 이룬 것이라고 여겨도 되리라는 생각이 듭니다. 남감리회 측의 여학교는 ¥7,792을 할당받고, 북감리회 측의 여학교는 ¥7,250을 할당받는데, 두 학교가 다 다음 해를 위해 더 많은 돈을 요구하고 있는 사실을 보면, 확신컨대 우리가 할당받는 돈은 선교부의 총무가 보기에도 놀랄 만큼 적다고 생각될 것입니다.

사실 우리는 여러 해 동안 좋은 학교를 운영하는 데에 필요한 비용에 미치지 못하는 돈을 가지고 애써왔습니다. 그 결과 우리는 사실상 비품도 없고, 매우 소수이자 상대적으로 무능한 교사들을 두고 있습니다. 그 결과의 하나로서 우리의 학생 수는 매우 적습니다.

여기에 지난 수년간의 학생 출석 현황과 감리교 학교들의 같은 기간 출석 현황, 동일한 학교들이 받은 할당금의 명세를 함께 제시합니다. 이것은 우리 학교가 수적인 성공을 이루지 못하는 것에 대한 어떤 해결책을 제공할 것입니다.

학교	일 년 간 등록수		교사 수	할당금
	1918~19	1919~20		
북장로회	64	18	8	2,422
북감리회	138	75	13	7,230
남감리회	37	39	9	7,792

우리 학교 등록수					
1912~13	1913~14	1814~15	1915~16	1916~17	1917~18
82	123	105	79	64	66

우리는 학교를 폐교하고 시간과 돈을 어느 다른 형태의 사역에 쓰는 문제를 여러 번 거듭해서 의논하였습니다. 그러나 우리는 교장이 자주 체력이 고갈되는데도 불구하고, 그녀에게 평균적으로 일 년에 한 번 이상 사임을 권하면서도, 우리가 길러낸 여학생들이 훌륭한 일을 하고 있는 사실로 인해 [이 사역을] 계속하고 있습니다.

비교하는 것은 물론 불쾌한 것이지만, 학생 수도 그렇게 적은 데에 그런 비용으로 학교를 운영할 필요가 있느냐고 우리에게 묻는 일은 쓸모없는 비평가나 쉽게 할 만한 것입니다. 그 대답은 곧 우리 학교는 서울의 다른 학교들과도 다르고 이 나라의 모든 다른 학교들과도 다르다는 것입니다. 우리의 교장들과 교사들은 사회에서 유행하는 풍습보다 아주 조금만 앞선 걸음을 늘 유지하면서 젊은 여성을 더 잘 계발되게 이끌고 온전한 삶을 준비시키기 위해 봉사해왔습니다. 학교는 한국인이 이상적이라고 여기는 예법과 과도히 급격하게 결별하는 것을 반대해왔습니다. 그런 것은 압제에서 자유로 옮겨가는 단계에서 위험한 일입니다. 그 한 결과로서 우리 여학생들은 모두 가정주부, 학교 교사, 간호사, 교회 사역자 등의 역할을 훌륭히 해내고 있습니다. 그들은 어디에서나 하나같이 선교사들과 한국인 지도자들의 칭찬을 받고 있습니다.

그러나 우리가 직면한 몇몇 요인들은 지금처럼 앞으로도 우리를 압도할 것이 확실해 보입니다. 우리는 계속 노력하겠다는 결심을 하기가 어렵다는 것을 깨닫고 있습니다. 우리가 직면한 주요 난제들은 다음과 같습니다.

1. 교장직:

루이스(Lewis) 양은 지쳐서 쓰러진 적이 몇 번 있었고, 우리에게 학교를 떠나 전도사역으로 옮기는 것을 허락해달라고 여러 번 간청하였습니다. 지금도 일 년간 휴가를 보낸 후에 다음 가을까지 학교를 맡지 않아도 되게 해주거나 만일 꼭 맡아야 한다면 사역의 짐을 가능한 한 많이 가볍게 해주기를 희망한다고 편지를 썼습니다. 우리가 그녀에게 그 자리를 반드시 지키라고 계속 요구할 수 있지만, 이런 것은 그다지 희망적이지 않습니다.

서울에 있는 다른 외국인 교사인 딘(Dean) 양은 교장직을 맡을 능력이 자기에게 없다고 생각합니다. 그녀가 가장 존중할 만하고 소중한 교사인 것은 분명하지만, 실로 다른 사람들도 자기 역량에 대한 그녀의 평가가 아마도 옳을 것이라고 여기고 있습니다.

겐소 부인은 지난해 동안 남편의 반대에도 불구하고 과도하게 많은 짐을 져서, 가정을 돌보는 일과 그녀가 종사한 다른 선교업무들 외에도 더 책임을 맡는 것은 너무 과중하다고 느끼고 있습니다.

2. 학교시설:

이것이 너무 빈약하여 교사는 가장 간단한 것 외에는 무엇이든 적절히 교육하기가 매우 어렵습니다.

3. 재정 상황은 전에도 참으로 유능한 교사들을 고용하는 데에 걸림돌이 되었는데, 올해에도 증액이 크게 이루어지지 않으면 또다시 그렇게 될 것입니다.

우리는 지금 뛰어난 교사를 몇 명 고용할 기회를 맞고 있지만, 그들의 봉급은 그만큼 높을 것입니다. 그들을 반드시 고용해서 한 해의 사역을 시작해야 한다는 것과 선교부가 우리에게 사역을 계속할 수단을 줄 수 없음이 분명해지면 문을 닫아야 한다는 것이 우리의 생각입니다.

4. 정치적인 여건은 책임자들을 가장 괴롭히는 요인입니다. 학생들은 들떠있고, 아주 적은 수만 학교에 나오고 있습니다. 면학 정신은 사회 전반의 소란한 상황 속에서 교란되었고, 그 결과 교장 대행과 딘(Dean) 양이 사역에 매우 실망하고 있습니다. 또는 매우 난감해하고 있다고 말해야 할 듯합니다.

그런데 가장 실망스러운 요소는 책임자들이 모두 지쳐있는 것이라고 할 수 있습니다. 이런 상태는 적절히 실력을 갖춘 교사를 고용할 수도 없고 적합한 시설을 공급할 수도 없을 만큼의 적은 할당금으로 학교를 지탱하려고 많은 해 동안 계속 노력해온 데서 비롯되었습니다.

아마도 이 후자의 약점, 곧 시설의 문제는 어쩌면 부산에 있는 자산을 판 돈을 나누어 이 학교에 그들의 몫을 나누어주면 어느 정도 극복될 것입니다. 당신은 최근의 편지에서 선교회가 제안한 그 기금의 분배방안을 거론함으로써 매우 적절하게 선교회의 관심을 끌어냈습니다. 이곳에서는 아직 아무것도 결정되지 않았습니다. 그러므로 나도 우리 학교가 얼마나 받을지를 모릅니다.

그러나 [그 학교의] 교직원은 여전히 선교부가 이 학교에 보내주는 돈을 의존할 것입니다.

[서울] 선교지회 사람들은 또한 그 학교에 학생들을 공급해줄 보통학교[초등학교] 단계의 공급처가 필요하다고 느끼고 있습니다. 감리교의 두 여학교는 모두 그런 곳을 갖고 있습니다. 그들은 물론 그들이 경영하는 보통학교 졸업생들을 곧바로 상급 과정에 들여보냄으로써 고등보통학교에 다니는 학생들을 계속 공급하고 있습니다. 우리에게도 그런 학교가 있으면 좋겠지만, 그런 일은 당연히 지급금을 또다시 추가하게 만듭니다. 그래도 그러한 공급처가 없으면, 우리 학교가 크게 불리합니다.

여러 해 동안 청구해온 항목들에 포함되어온 새 기숙사 건물에 대해서도 말하고 싶습니다. 지난 2, 3년 동안 나는 그 건물이 지금보다 더 절실하게 필요해질 때까지 건축을 연기하자고 [서울] 선교지회에 권고해왔습니다. 등록생이 많아지면 기숙사의 1층을 교실로 사용하고 다락을 숙소에 추가하라고 조언하였습니다. 1층의 방들이 약 100명의 학생을 위한 교실로 잘 개조되었고, 2층에 약 50명의 여학생을 위한 숙소가 생겼습니다. 그 수는 한동안 넘치지 않을 것입니다. 다락의 지붕에 창을 몇 개 더 설치하여 채광하게 하면 또 다른 여학생 약 50명을 매우 안락하게 수용하게 될 것입니다.

이 조언은 1년 혹은 그쯤 전에 실행에 옮겨졌고, 내가 아는 바로 우리는 그 계획을 한동안 견지할 수 있었습니다. 이것은 틀림없이 훨씬 적은 선교부의 지출로 학교시설을 적절히 갖출 수 있게 해주는 조치였습니다. 건물을 두 개 대신 하나만 사용하는 것도 유지비를 크게 줄이는 효과를 내었고, 그리하여 경상예산이 크게 줄었습니다. 그러므로 우리는 지금 하나의 건물을 사용하면서 적절한 후원을 받을 자격이 있다고 생각합니다. 적절한 후원은 우리가 좋은 자격을 갖춘 교사들을 충분히 공급하여 참으로 좋은 교육을 받기를 바라는 사람들을 끌어들이는 학교를 만들 수 있게 해줄 것입니다.

지금 받는 돈이 지난 적자를 메꾸기에 충분하고 새 학년도의 예산을 위한 약 ¥6,200이 당분간은 충분할 것이지만, 나의 판단으로 한 해에 최소한 ¥10,000을 사용하게 될 때까지는 그 금액이 해마다 증액될 필요가 있을 것입니다.

이러한 상황을 당신들이 모두 알고 있도록 내가 미국에 가기 전에 이 편지를 미리 보냅니다. 우리가 만나면 곧바로 이 문제를 의논할 수 있기를 희망합니다.

우리는 현재 교사를 고용하고, 학교를 적합한 수준으로 운영하며, 다음 해부터 집행할 예산이 충분해지기를 기대하는 것 말고는 다른 방도를 찾지 못하고 있습니다.

안녕히 계십시오.

O. R. 에비슨

출처: PHS

Dr. O.R. Avison

SEVERANCE UNION MEDICAL COLLEGE
NURSES' TRAINING SCHOOL
SEVERANCE HOSPITAL

SEOUL, KOREA

OFFICE OF PRESIDENT
O. R. AVISON, M.D.

RECEIVED
APR 22 1920
Dr. Brown

FILING DEPT.
JUN 22 1920
SECRETARIES

CO-OPERATING
PRESBYTERIAN CHURCH IN THE U.S.A.
METHODIST EPISCOPAL CHURCH
PRESBYTERIAN CHURCH
METHODIST EPISCOPAL CHURCH, SOUTH
PRESBYTERIAN CHURCH IN CANADA
PRESBYTERIAN CHURCH OF AUSTRALIA

22 Schell

March 13, 1920.

Rev. A. J. Brown, D.D.,
Secretary, Board of Foreign Missions,
Presbyterian Church in U.S.A.,
New York, N.Y., U.S.A.

Dear Dr. Brown:

I do not remember ever having written you about our Seoul Girls' School, technically known as Seoul Women's Academy, or, in Korean, Chung Sin Hakkyo, but as Chairman of the Seoul Station Educational Committee, I have long watched it with deep anxiety as it has struggled against difficulties just to maintain its existence without thinking of advance at all; and now its circumstances are such that I can no longer refrain from writing you and trying to put you in touch with its really pitiful condition.

To jump at once into a statement of what that condition is, I may say that at present rates of salaries and supplies the actually necessary expenditure for the year 1920-21 will be as follows:

Teachers salaries & Servants' wages	¥ 4116	
Fuel	1800	
Water	180	

	6096	
Contingencies, say	104	¥ 6200.
The income from the Board this year was		¥ 2422
The amount asked for at last annual meeting for the year 1920-21 was ¥3000 as a minimum		¥-3000

and ¥5100 as an adequate sum.

There will be a deficit this year of ¥1500 which must be paid out of the new appropriation, so that if the ¥3,000 only be granted the available amount for the coming year will be only ¥1500, and even though ¥5100 be appropriated the available amount will be but ¥3600.

If we should have even 50 pupils during the coming school year (and this would be almost too much to expect under present conditions) the total fees would be but ¥500 and there would therefore still be a deficit of ¥2100 for the fiscal year even should the largest sum mentioned be sent us, or of ¥4200 should the grant be ¥3000.

When Mr. Scott was here he said to us, "Do not cut down the work unless you are ordered to do so by the Board"; but what are we to do with such financial conditions facing us ? It is evident that we can carry on for only two or three months unless the deficit is specially provided for and a sufficient increase in the appropriation be made to bring the amount for the year 1920-21 up to ¥6200.

As we have been managing heretofore on such a small appropriation I realize that this will seem like a big advance, but when I point out that the Southern Methodist Girls' School has an appropriation of ¥7792 and the Northern Methodist Girls' School one of ¥7250, and both insisting on more for the ensuing year, our appropriation will, I am sure, seem wondrously small even to a Board Secretary.

The fact is that we have been trying for many years to get on with less money than is required to carry on a good school, with the result that we have had practically no equipment and but very few and comparatively poor teachers and as a result our student body has been very small.

I give here a statement of the attendance during the last years, and a comparative statement of the attendance at the Methodist schools during the same years, together with the appropriations for the same schools and that may afford some clue to the lack of numerical success in our school.

School	Year Registration 1918-19	1919-20	Teachers No.	Appropriation
N. Presby.	64	18	8	¥ 2422
N. Methodist	138	75	13	7230
S. Methodist	37	39	9	7792

Enrolment: Our Academy, 1912-13, 82; 13-14, 123; 14-15, 105; 15-16, 79; 16-17, 64; 1917-18, 66.

Over and over again we have discussed the question of closing our school and devoting the time and money to some other form of work, but the fact that the girls we turned out were doing good work kept us going even though the Principal did break down often and offered her resignation on an average more than once a year.

Comparisons of course are invidious, but it would be easy for uninformed critics to ask what need there is for us to carry on the school at such a cost when the number of pupils is so small. The answer is that our school is different from any others in Seoul and from almost all others in the country. Our principals and teachers have always kept it just a little ahead of the prevailing customs of the people so that while serving to lead ~~xxxxx~~ towards the better development of young women and to prepare them for a fuller life the school has stood against that over-rapid departu from Korean ideals of propriety which is dangerous to the transition stage between repression and freedom. As a result our girls have all done well as homemakers, as school teachers, as nurses, as church workers, etc., and wherever they have gone have won commendation from missionaries and Korean leaders alike.

But faced as we now are by several factors which apparently promise to overwhelm us, we find it hard to decide to keep on trying. Our chief difficulties are:

1. The Principalship:

Miss Lewis has broken down several times and has many times begged us to allow her to leave the school and go into evangelistic work and even now, after a year's vacation, writes that she hopes she need not take up the school before next fall, or, if she must assume the responsibility, she hopes we will arrange to lighten it as much as possible. This does not offer much hope that we can insist long on her filling the position.

Miss Dean, the other foreign teacher in the School, thinks she has not the capacity to carry the principalship, and indeed others feel she is probably just in her own estimate of her capabilities, although she is certainly a most estimable woman and a valuable teacher.

Mrs. Genso has carried the burden during the past year although her husband has objected on the score of overwork, feeling it was too great a responsibility for her to carry in addition to her household cares and other missionary enterprises that she has been engaged in.

2. The School Equipment:
This is so meagre that it is very difficult for the teachers to give anyadequate instruction in anything but the simplest things.

3. The finances have prevented the employment of really competent teachers in the past and will again do so during the coming year unless a great increase comes our way.

We have now an opportunity to employ several excellent teachers but their salaries will be correspondingly high. Our thought is that we ought to engage them and make a beginning with the work of the year and close down when it becomes evident that the Board cannot afford us the means with which to go on.

4. The political conditions are most trying to those in charge. The pupils are restless, but few are at present in the school; the mind to study is disturbed by the prevailing disturbances, and as a result the acting Principal and Miss Dean find the work very discouraging or perhaps I should say very perplexing.

However, I feel that the most discouraging factor is the weariness of all those responsible, a condition that comes from the effort, continuous over many years, to make a school go on such small appropriations that they are unable to employ properly prepared teachers or provide suitable equipment.

Presumably this latter defect, that of equipment, may be overcome to some extent by the receipt of this school's share of the funds accruing from the sale of the Fusan property which you very properly brought to the attention of the Mission in your recent letter when commenting on the Mission's proposed distribution of those funds. No action has yet been taken here so I do not know how much our School will receive.

But the teaching staff will still be dependent upon the Board's grant to this school.

The Station also feels that the school needs a source of supply for pupils in the shape of a Primary School. Both of the Methodist Girls' Schools have such and of course the graduates from their Primary Schools pass right on into the Higher Grades and keep up the supply of Higher School pupils. We would like to add such a school, but of course that would again call for additional grants. Without such a feeder, however, our school is greatly handicapped.

I wish to speak also of the new recitation building which has been on the docket for so many years. I have for some two or three years past recommended the Station to defer the erection of such a building until the need for it should become greater than it has been. I have advised the use of the main floor of the dormitory for recitation rooms and the use of the attic for additional sleeping accommodations when the increase in the enrolment calls for them. The rooms on the main floor are well adapted for class rooms for about 100 pupils and the second floor has sleeping accommodations for about fifty girls which number is not likely to be passed for some time, and the attic, if lighted by some additional dormer windows, would accommodate about another 50 girls very comfortably.

This advice was acted upon a year or so ago and as I see it we can let the recitation building project stand for a while and this ought to make it possible for the Board to equip the school adequately at a much smaller expenditure. The use of only one building instead of two will also effect a great saving in cost of upkeep, and so keep down the current budget materially, and so I feel we are now deserving that adequate support in the use of the one building which will enable us to provide enough well qualified teachers to make a school that will appeal to those who want a really good education.

While a grant now of enough to cover the past deficit and about ¥6200 for the coming year's budget will be sufficient for the present, my own judgment is that the amount will need to be increased year by year until not less than ¥10,000 per year is being used.

I am sending this letter on in advance of my own return to America in order to get you all in touch with this situation, and I hope we can discuss it soon after we meet.

We see no way at present but to engage the teachers and conduct the school as it should be done and expect sufficient in the coming years budget to carry us through.

Very sincerely,

O R Avison

38. 에비슨이 스코트에게

1920년 3월 15일

조지 T. 스코트 목사,

총무,

조선 기독교 교육을 위한 협력이사회,

뉴욕 시, 뉴욕 주.

친애하는 스코트 씨:

우리 현지 이사회의 최근 연례회의 회의록을 여기에 동봉하여 당신께 보냅니다. 참석자가 여러 이유에서 정족수를 채우지는 못하였지만, 우리는 그 회의에서 결정한 것이 회람 투표를 통해 추인될 것으로 예상하고 이런 전제 위에서 당신에게 편지를 씁니다.

누적되어가는 적자를 줄일 방법에 대해 그 회의에서 많은 시간을 들여 의논하였습니다. 만일 우리가 무료진료 병실을 줄이고 유료환자를 입원시킬 공간을 더 마련하면 우리의 재정 상황이 나아질 것이라는 데에 의견이 일치되고 있는 것 같습니다. 이달 31일로 끝나는 금년도 재정보고서가 이사회 회의 때는 제출되지 않았지만, 1919년 4월부터 1920년 2월까지 우리가 관리한 병실들을 대상으로 집계한 것을 보면, 유료 치료가 1,123예이고, 무료 치료가 985예인데, 그 전 11개월간의 기록인 유료 1,042예, 무료 424예와 비교해볼 수 있습니다. 이것은 유료는 81예가, 무료는 561예가 늘어났음을 보여줍니다. 총독부 병원은 무료 치료를 공정하게 감당하지 않았다는 말을 듣고 있는 것 같습니다.

이 문제도 새로운 건축계획의 필요성을 생각하게 합니다. 우리는 몇 주 전에 이사회가 채택한 새 배치도를 당신께 보냈습니다. 상위 계층의 유료환자들을 더 많이 수용하기 위해서는 건축공사를 늦지 않게 시작하는 것이 바람직하다고 이사회는 느끼고 있습니다. 당신은 회의록의 4페이지에서 우리가 이제까지 분명하게 약정받은 기금들의 명세서를 볼 것입니다.

2페이지에서 거론된 언더우드의 땅은 확보하는 것이 바람직할 것으로 생각되고 있는데, 필자가 미국에 가면 이 문제를 당신과 협력이사회와 논의할 것입니다.

캐나다장로회 선교회는 [세브란스에서] 그들을 대표하는 스코필드 의사가 안식년으로 떠나는 대신에 맨스필드(T. D. Mansfield) 의사를 일 년여 동안 우리에게 보내는 것에 동의하였습니다. 맨스필드 의사는 몇 가지 분야에서 매우 소중한 도움을 줄 것이고, 허스트 의사가 [안식년으로] 자리를 비우게 되면 특별히 그러할 것입니다.

본토인 교수들의 사임과 우리 외국인 교수진의 공백 때문에 올해는 우리가 입학생을 받지 않을 가능성이 매우 큽니다. 이렇게 하면 과로하는 우리 교수들이 잠시 숨을 고를 수 있게 될 것이고, 본토인 교수들을 새로 찾는 일을 서두르지 않아도 될 여유를 갖게 될 것입니다.

당신은 [회의록에서 총독부의] 개혁조치들—강의할 때 한국어, 일본어, 영어를 쓸 권한, 종교의식을 행할 권한—이 언급된 것을 볼 것입니다. 그 회의록에 예산서가 첨부되어 있습니다.

안녕히 계십시오.

O. R. 에비슨

출처: PHS

O. R. Avison

SEVERANCE UNION MEDICAL COLLEGE
NURSES' TRAINING SCHOOL
SEVERANCE HOSPITAL

SEOUL, KOREA

OFFICE OF PRESIDENT

O. R. AVISON, M. D.

C.B.

March 15, 1920.

Rev. Geo. T. Scott,
Secretary,
Cooperating Board for Christian Education in Chosen,
New York, N.Y.

Dear Mr. Scott:

I enclose you herewith the Minutes of the recent annual meeting of our Field Board of Managers. Although for various reasons a quorum was not present we expect the actions to be confirmed by circular vote and write you on this assumption.

The meeting devoted considerable time to a discussion on how to reduce the deficits that are accumulating, and it seemed to be the concensus of opinion that if our free ward treatments were to be reduced and more accommodation provided for pay patients our financial situation would be easier. The Board did not have before it the financial statement of the current year which ends on the 31st instant, but in the wards we handled from April, 1919, to February, 1920, 1123 pay cases and 985 free, compared with 1042 and 424 respectively for the previous eleven months. This represents an increase of 81 pay cases and 561 free cases. The opinion seemed to be that the government hospital was not carrying its fair share of free cases.

This question also brought up the new building program. We sent you some weeks ago the plan of the new layout which has been adopted by the field Board, and in order to accommodate more pay patients of the better class the Board feels that it is desirable that building operations should start in the early future. You will note on page 4 of the minutes a statement of the funds so far pledged of which we have definite information.

The reference to the Underwood property on page 2, which it is considered desirable to acquire, will be taken up with you and the Cooperating Board by the writer when in America.

The Canadian Mission has agreed to send Dr. T. D. Mansfield to us for a year or more, inasmuch as their representative, Dr. Schofield, leaves on furlough. Dr. Mansfield will render invaluable aid in several departments, and especially so if Dr. Hirst be absent.

Owing to resignations of native teachers, and to the vacancies in our foreign staff, it is quite probable that we shall not receive an entrance class this year. This will give the overworked members of our staff a breathing spell, and afford an opportunity to make an unhurried search for new native teachers.

You will note the reference to the reforms -- the right to use Korean, Japanese and English in teaching, and to hold religious exercises. The budget is attached to the Minutes.

Very sincerely,

O. R. Avison

39. 에비슨이 서덜랜드에게

1920년 3월 15일

조지 F. 서덜랜드 씨,

회계,

조선 기독교 교육을 위한 협력이사회,

뉴욕 시, 뉴욕 주.

친애하는 서덜랜드 씨:

우리 현지 이사회의 최근 연례회의 회의록을 1921~22년 회계연도의 상세한 예산서 사본과 함께 동봉하니 찾아보기 바랍니다.

회의록 안의 어떤 문제들을 노스 박사가 주목할 필요가 있다고 생각되면, 당신이 그에게 친절하게 지적해주시겠습니까?

안녕히 계십시오.

O. R. 에비슨

출처: UMAC

SEVERANCE UNION MEDICAL COLLEGE
NURSES' TRAINING SCHOOL
SEVERANCE HOSPITAL

SEOUL, KOREA

OFFICE OF PRESIDENT

O. R. AVISON, M. D.

CO-OPERATING MISSIONS
PRESBYTERIAN CHURCH IN THE U. S. A.
METHODIST EPISCOPAL CHURCH
PRESBYTERIAN CHURCH IN THE U. S.
METHODIST EPISCOPAL CHURCH, SOUTH
PRESBYTERIAN CHURCH IN CANADA
PRESBYTERIAN CHURCH OF AUSTRALIA

Dr N TRANSFERRED

March 15, 1920.

SOB-1

Mr. Geo. F. Sutherland,
Treasurer,
Cooperating Board for Christian Education in Chosen,
New York, N.Y.

Dear Mr. Sutherland:

Enclosed find the Minutes of our recent annual meeting of the Field Board of Managers, together with a detailed copy of the budget for the fiscal year 1921-22.

Any matters which call for the attention of Dr. North in the minutes will you kindly lay before him ?

Very sincerely,

O R Avison

40. 에비슨 맥케이에게

1920년 3월 17일

R. P. 맥케이 목사·명예신학박사,
선교부 총무,
캐나다장로회,
토론토, 온타리오 주.

친애하는 맥케이 박사님:

우리 현지 이사회의 최근 연례회의 회의록을 여기에 동봉합니다.

당신의 선교부와 특별히 관련된 문제가 하나 있는데, 그것은 맨스필드 의사를 올해에 우리 의학교로 전임시키는 일입니다. 우리는 그가 우리와 영구히 함께 있기를 희망합니다.

스코필드 의사가 이번 주에 안식년을 시작합니다. 그가 떠나면 우리 교수진에 커다란 빈틈이 생길 것입니다. 지난해에 그는 한국에서 독보적인 활약을 펼쳤고, 총독부의 주요 인사들과도 좋은 관계를 유지해왔습니다.

당신이 회의록을 보면 아마도 한 가지 일, 곧 세브란스에서 우리가 올해에 신입생을 받지 못할 정도가 되어 의사의 보강을 얼마나 심각하게 필요로 하는지를 주목하게 될 것입니다. 안식년과 사임으로 우리 교수진이 고갈된 까닭에 우리 인력을 유지하기 위해서는 우리가 이렇게 할 수밖에 없을 것입니다. 맨스필드 의사는 해부학과 조직학을 맡는 것을 고려하고 있는데, 그 과목들은 지난 여러 달 동안 비어 있었습니다.

안녕히 계십시오.

O. R. 에비슨

출처: PCC & UCC

SEVERANCE UNION MEDICAL COLLEGE
NURSES' TRAINING SCHOOL
SEVERANCE HOSPITAL

OFFICE OF PRESIDENT

O. R. AVISON, M. D.

SEOUL, KOREA

CO-OPERATING MISSIONS
PRESBYTERIAN CHURCH IN THE U. S. A.
METHODIST EPISCOPAL CHURCH
PRESBYTERIAN CHURCH IN THE U. S.
METHODIST EPISCOPAL CHURCH, SOUTH
PRESBYTERIAN CHURCH IN CANADA
PRESBYTERIAN CHURCH OF AUSTRALIA

RECEIVED
APR 1920
ANS

March 17, 1920.

Rev. R. P. Mackay, D.D.,
Secretary, Board of Foreign Missions,
Presbyterian Church in Canada,
Toronto, Ont.

Dear Dr. Mackay:

I enclose herewith the minutes of the recent annual meeting of our Field Board of Managers.

One matter of special interest to your Board is the transfer of Dr. Mansfield to our institution for the coming year, and we hope he may be with us permanently.

Dr. Schofield goes on furlough this week, and his departure will leave quite a gap in our ranks. During the past year he has done a unique work for Korea, and has managed also to keep on good terms with the leading members of the government.

Perhaps one thing which will bring to your attention how seriously we in Severance need medical reinforcements is the intimation in the Minutes that we may not be able to take in an entrance class this year. Owing to furloughs and resignations our teaching staff is so depleted that in order to conserve our forces we may be compelled to take this step. Dr. Manfield is considering taking the chair of Anatomy & Histology, which has been vacant for some months past.

Very sincerely,

O R Avison.

41. 에비슨이 브라운에게

1920년 3월 19일

A. J. 브라운 목사·명예신학박사,
선교부 총무,
미국 북장로회,
뉴욕 시, 뉴욕 주.

친애하는 브라운 박사님:

지난가을 한국에 있는 조선예수교장감연합협의회(Federal Council)가 총독부에 여러 사항을 요청하면서 편의를 봐줄 것도 요청하였습니다. 그것은 선교회와 여러 교회가 소유하고 있는 자산의 명의를 개인에서 집단으로 등기 비용을 내지 않고 이전할 수 있게 해달라는 요청이었습니다.

총독부는 지금 이 문제에 관해 기꺼이 타협할 것처럼 보입니다. 그들은 겐소(Genso) 씨에게 얼마 안 가서 바뀔 것이라고 알려주었습니다. 그들의 뜻은 기한 내에 이전하면 등록비를 면제해주겠다는 것입니다. 기한이 언제일지는 우리가 아직 모릅니다.

겐소 씨가 내게 남대문 일대에 있는 선교회 자산의 어느 부분을 선교회 관리 구역으로 남기고 어느 부분을 세브란스 법인으로 이전할지를 조정해주도록 요청하였습니다. 이 문제는 당신에게 이미 설명한 적이 있습니다. 내 기억에는 당신이 선교부의 변호사와 함께 이 문제를 다룬 일이 있습니다.

그것을 어떻게 나누어야 하는지에 대해 나의 판단을 반영한 자산 분할 계획도를 동봉합니다. 주택 5채는 선교회의 자산으로 남겨야 하고, 외국인 간호사들의 숙소를 포함한 나머지는 법인으로 가야 합니다.

당신이 친절하게 선교부 쪽에서도 그 문제를 확정하게 해주시겠습니까? 그러면 총독부가 그 일을 시행하여 [분할된 자산을] 이곳으로 이전할 때 시간을 쓸데없이 허비하지 않게 될 것입니다.

사립학교들의 언어와 종교 문제에 대한 최근 [총독부] 정책의 변화와 이 같은 새로운 기조의 전환은 새 행정부가 더 나은 통치를 개시하기를 바라는 것을 보여주고 있습니다.

안녕히 계십시오.

O. R. 에비슨

출처: PHS

Dr. O.R. Avison

SEVERANCE UNION MEDICAL COLLEGE
NURSES' TRAINING SCHOOL
SEVERANCE HOSPITAL

OFFICE OF PRESIDENT

O. R. AVISON, M. D.

SEOUL, KOREA

RECEIVED APR 22 1920 Dr. Brown

March 19, 1920.

Dr. A. J. Brown, D.D.,
Secretary, Board of Foreign Missions,
Presbyterian Church in U.S.A.,
New York, N.Y.

Dear Dr. Brown:

Last autumn the Federal Council in Korea requested of the government, among other things, the providing of facilities whereby property belonging to the Missions and to the various churches can be registered in the names of holding bodies instead of individuals, such transfers to be made without the payment of registration fees.

The Government seems to be willing now to come to terms on this question, and they have informed Mr. Genso that the change will shortly be made. The intention is to transfer the property without registration fees if done within a certain limit of time, but as yet we do not know what that limit will be.

Mr. Genso has asked me to arrange what part of the South Gate Mission will remain in the custody of the Mission and what part should be transferred to the Severance Hojin. This matter has been before you already, and my recollection is that you were taking the question up with the Board's attorney.

I enclose a plan of the property on which I have indicated my judgment of what the division should be. The five residences should remain as the property of the Mission, and the remainder should go to the Hojin, including the foreign nurses' home.

Will you kindly take steps to have the matter put in shape from the Board's end, so that there will be no undue loss of time in making the transfer here when the government is ready to act.

The recent changes on the language and religious questions in private schools, and this new turn of affairs, show that the new administration wishes to inaugurate a better regime.

Very sincerely,

O.R. Avison

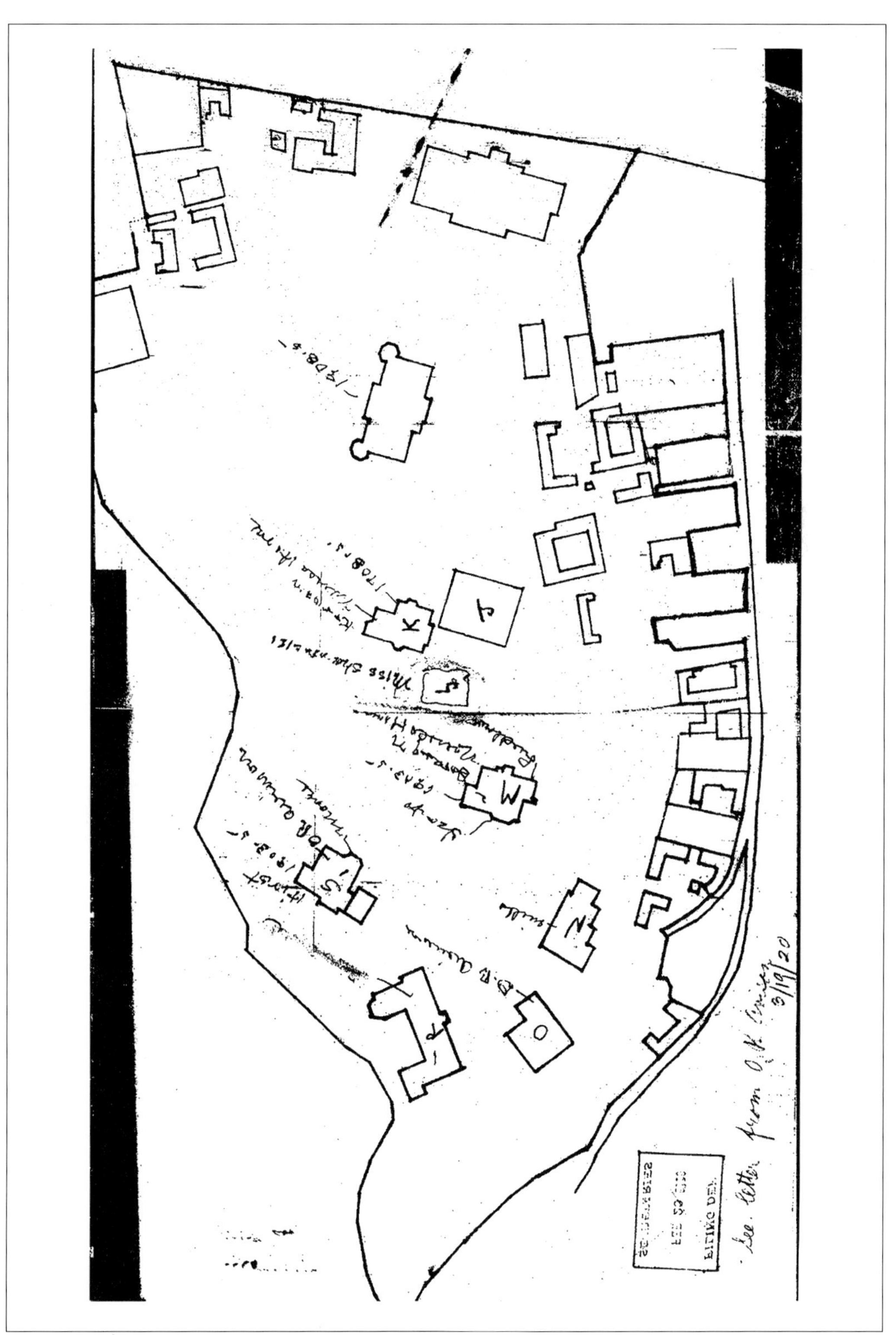

42. 에비슨이 스코트에게

1920년 3월 19일

조지 T. 스코트 목사,

총무,

조선 기독교 교육을 위한 협력이사회,

뉴욕 시, 뉴욕 주.

친애하는 스코트 씨:

우리 현지 이사회의 연례회의에서 통과된 결정에 따라 다음 2년 안에 필요해질 설비의 목록을 지금 동봉해서 당신에게 보냅니다.

당신께는 데이(Day)* 씨의 부서와 협의하여 입찰을 받은 다음에 협력이사회와 재정 문제를 처리하기를 제안합니다.

미국 선박원(United States Shipping Board)**이 6월에 새로운 대형 기선 몇 척의 태평양 운행을 개시시킬 것이라는 공고가 났습니다. 만일 그 설비를 지금 주문할 수 있다면 모든 노력을 다해 새 관세가 발표되는 8월 1일 전에 한국에 도달하게 만들어야 합니다.

트랙터, 트럭, 쇄석기에 관해 말하자면, 인간의 노동력은 값이 꾸준히 올라가고 기계의 그것은 값이 내려가고 있으므로, 이것들을 쓰는 것이 참으로 경제적일 것입니다.

항해권을 아직 구하지 못하였지만, 제시간에 미국에 가서 당신이 이런 것들을 주문할 수 있도록 돕기를 희망합니다.

안녕히 계십시오.

O. R. 에비슨

언더우드(J. T. Underwood) 씨에게 사본을 보냅니다.

---

* 원본의 'Day'에 줄이 그어지고 그 위에 'Suthlerland'가 쓰여 있음.

** 1916년에 설립되었고, 1961년 미국 정기선 해운을 규제하는 대통령 직속의 미연방해사위원회(Federal Maritime Commission, FMC)로 개편되었다.

주의. 우리는 지금 사택들에 설치하기 위해 무관 온기 난방시스템(Pipeless Hot Air Furnace System)을 찾고 있는데, 보일러는 다른 것을 살피는 동안 견적을 얻을 수 있을 것 같습니다.

연희전문학교
서울, 한국

주문해야 할 설비 목록

언더우드관: (다음 우편으로 보낼, 계획에 따라 필요한 정보를 확보해야 함)

배관 설비

난방 설비 (일부)

과학관:

난방설비. 스팀슨관을 위해 쌍으로 주문해야 함.

(스팀슨관을 위해 1918년 9월 16일 거니 난방기회사〈Gurney Heater Mfg. Co., 매사추세츠 주 보스턴〉에 주문, 1918년 12월 21일 선적)

배관: 1개 수세식 변기 외국식[서양식]

3개 수세식 변기 동양식

6개 소변기

3개 세면대

(주: 스팀슨관의 배관 설비는 J. L. 모트 철물점〈J. L. Mott Iron Works, 뉴욕〉에 주문하였음)

중앙 난방 시설:

스팀슨관, 언더우드관, 과학관을 위해 – 차후에 추가할 두 건물

(특별히 중앙난방 시설에 대해 회사들로부터 입찰을 받아야 함. – 중앙난방 설비를 지금 주문한다면, 과학관이나 언더우드관을 위한 난방기들과 보일러들이 필요하지 않을 것임)

기숙사:

방열기: 134 9B 로코코(Rococo) (또는 그에 상응하는 것), 67 9A 유닛, 벽 형태.(보일러는 현지에서 샀음)

1개, 외국식 욕조, 5피트, U자 관으로 마감됨

1개, 외국식 수세식 변기

13개, 세면기(2개 폭5, 1개 폭3)

8개, 소변기

6개, 동양식 수세식 변기, 개별 수조

4세트, 욕조용 냉수와 온수 밸브, ½"

4개, 욕조의 마개와 배수구 여과기

사택들:

6개, 404C 거니(Gurney) 보일러, 팽창 탱크로 마감된 것

1세트, 특대형 화격자

6 × 8 14칸 26" 3단 H.W. 라지에타

6 × 4 10칸 26" 위와 같음

6개, 정방형 식료품 저장실용 라지에타

6개, 욕조 5½피트. U자 관으로 마감된 것

6개, 세면기, 벽에 부착할 것, 완제품

6개, 수세식 변기용 수관, 도기 탱크, 등

6개, 레인지 보일러, 완제품

6개, 부엌 싱크대, 20 × 30인치, 가장자리가 둥근 것, 짧은 배면

2개, 300~400피트 온수 보일러 거니 고딕 #14 또는 #16 – 본토인 주택용

12개, 12칸 26", 3단. H.W. 라지에타 - 차고 등에 설치할 것

(주: 만일 밀러와 로즈의 집을 위한 난방과 배관 설비를 아직 주문하지 않았다면, 위의 품질로 올려서 주문할 것)

(모든 난방 설비를 한 회사에 주문하는 것이 예비 부품들을 많이 챙기기 위해서도 더 바람직함)

트랙터 - 미드웨스트 엔진회사(Midwest Engine Co., 인디애나폴리스)에서 만들고 쟁기와 써레가 부착된 유틸리터(Utitlitor) 트랙터, 도로 스크레이퍼, 큰 써레 등.

트럭 - 1$\frac{1}{2}$톤 셀덴(Selden) 트럭을 추천함 - 튼튼한 트럭이 필요. 자갈, 석탄 등의 운반을 위해

쇄석기, 휴대용 가스 엔진, 도로 건설용

출처: UMAC

O. R. Avison

Chosen Christian College

Seoul, Chosen

OFFICE OF THE PRESIDENT

RECD. SCOTT

APR 22 1920

Ansd. 23 to ↘

Mr. Sutherland

CO-OPERATING BOARDS
PRESBYTERIAN CHURCH IN THE U. S. A.
METHODIST EPISCOPAL CHURCH
METHODIST EPISCOPAL CHURCH, SOUTH
PRESBYTERIAN CHURCH IN CANADA

RECEIVED BY PURCHASING DEPT.

March 19, 1920.

Rev. Geo. T. Scott,
Secretary,
Cooperating Board for Christian Education in Chosen,
New York, N.Y.

Dear Mr. Scott:

In conformity with the action passed at the annual meeting of our Field Board, I now enclose you a list of equipment which will be needed within the next two years.

I would suggest that you arrange with Mr. ~~Dagis~~ Sutherland's department to get bids, and then to take the matter of financing up with the Cooperating Board.

It is announced that the United States Shipping Board will put several new large steamers in commission on the Pacific run starting in June, and if the equipment is to be ordered now every effort should be made to have it reach Korea before August 1st, when the new tariff comes into effect.

With reference to the tractor, auto truck and rock crusher, these will be a real economy as the price of labor is steadily rising and the cost of mechanical power is decreasing.

I have not got a sailing yet, but hope to be in America in time to be of some assistance to you possibly in placing these orders.

Very sincerely,

O. R. Avison

Copy to Mr. J. T. Underwood

N.B. We are now looking into the Pipeless Hot air Furnace system for the residences but the estimates for the Hot water furnaces can be obtained in the meantime while we are considering the other.

CHOSEN CHRISTIAN COLLEGE
Seoul, Korea.

LIST OF EQUIPMENT WHICH SHOULD BE ORDERED.

Underwood Hall: (Information to be secured on plans which will go for-
    Plumbing equipment   ward next mail)
    Heating equipment (in part)

Science Hall:
    Heating outfit to duplicate that ordered for Stimson Hall
    (Order placed with Gurney Heater Mfg. Co., Boston, Mass., on
    September 16, 1918, and shipped December 21, 1918) for Stimson Hall)

Plumbing:
- 1 W. C. foreign style
- 3 W. C. Oriental style
- 6 Urinals
- 3 washbasins
- (Note: Stimson Hall plumbing equipment ordered from J. L. Mott Iron Works, New York)

Central Heating Plant: To care for Stimson Hall, Underwood Hall and Science Hall -- later two additional buildings
(Bids shouldbe secured from firms making a special of central heating -- if central heating plant equipment be ordered now, furnaces and boilers will not be required for Science Hall or Underwood Hall).

Dormitory:
- Radiation: 134 9B Rococo (or equivalent) 67 9A units, wall type (Boiler bought locally)
- 1 foreign bath, 5-ft. complete with trap
- 1 foreign W. C.
- 13 Lavatories (2 five range; 1 three range
- 8 Urinals
- 6 Oriental W.C. with individual tanks
- 4 sets hot and cold key valves for Bath, 1/2"
- 4 plug and strainer outlets for baths

Residences:
- 6 Gurney 404C water boiler complete (or equivalent) with expansion tank
- 1 set extra grate bars
- 6 x 8 14 sec. 26" 3 column H. W. Radiators
- 6 x 4 10 sec. 26" ditto.
- 6 square pantry radiators
- 6 baths 5½ ft. complete with trap
- 6 Lavatories, wall, complete
- 6 W. C. Syphon, china tank, etc.
- 6 range boilers, complete
- 6 kitchen sinks, 20 x 30 in., roll rim, short back

Native residences, Garage, etc.:
- 2 300-400 feet heating capacity (water) boiler -- (Gurney Gothic #14 or #16)
- 12 12 sec. 26" 3 col. H. W. Radiators

(Note: If heating and plumbing equipment for Miller and Rhodes house has not yet been ordered, above quantities should be increased to

(It would be preferable to have all heating equipment ordered from on firm to save carrying too many makes of spare parts)

Chosen Christian College 2.

Tractor -- Utilitor made by Midwest Engine Co., Indianapolis
to be equipped with plow, harrow; road scraper, drag, etc.

Auto Truck: 1½ ton Selden truck recommended -- a heavy duty truck
required, for hauling gravel, coal, etc.

Rock Crusher, with portable gas engine, for road building.

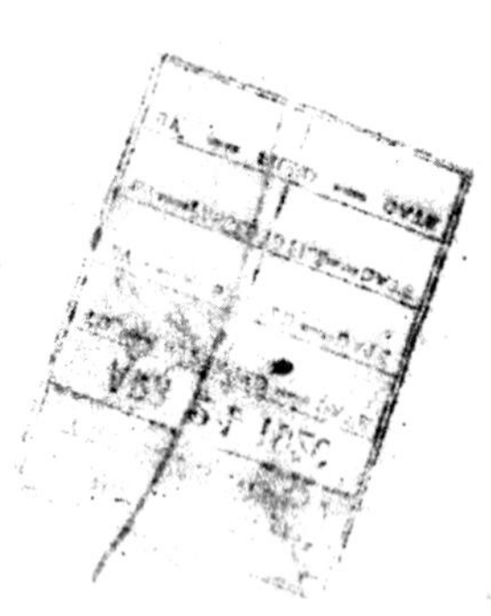

43. 암스트롱이 에비슨에게

1920년 3월 23일

O. R. 에비슨 박사,
세브란스의학교,
서울, 한국, 일본.

친애하는 에비슨 박사님:

리드(Orville Reed) 박사*에게 치과 의사 4명의 이름을 보냈다는 사실만을 알리기 위해 [이 편지를] 씁니다. 그들은 몬트리올의 베이트스((Bates) 의사, 온타리오 주 에스파놀라의 보이드(Boyd) 의사, 브레이스브리지의 앤더슨(Anderson) 의사 그리고 오타와의 톰슨(Thomson) 의사입니다. 리드 의사는 서울에서 이 사역을 맡을 탁월한 인물을 얻기를 희망하면서 그들 모두와 통신하고 있고 그들을 주의 깊게 살펴보겠다는 내용의 편지를 보냈습니다.

이 일은 누구를 한국에 치과의사로 보낼 것인가 하는 문제를 해결하기 위한 일처럼 보입니다. 리드 의사의 편지를 보면 미국 북장로회 선교부가 그 일을 해줄 것으로 짐작됩니다.

그 후 언젠가 당신의 아들을 다시 만났습니다.** 그가 나를 찾아와서 미국이나 캐나다 장로회 선교부의 후원을 받아 한국에 갈 것인지에 관해 상의하기로 하였습니다.

안부 인사를 드립니다.

안녕히 계십시오.

AEA[A. E. Armstrong]

출처: PCC & UCC

---

* Orville Reed는 북장로회 선교부의 보조총무이다.

** 토론토에서 의사로 일하고 있는 에비슨의 아들 Douglas B. Avison을 가리킨다. 이 글은 이때 더글라스가 한국에 선교사로 가기 위해 미국 북장로회 선교부, 캐나다장로회 선교부와 연락하면서 자신을 파송해줄 곳을 찾고 있었던 것을 알게 한다.

March 23rd, 1920.

Dr. O. R. Avison,

Severance Medical College,

Seoul, Korea, Japan.

Dear Dr. Avison:

Just a note to report that I have sent on to Dr. Orville Reed the names of four dentists, Dr. Bates of Montreal, Dr. Boyd of Espanola, Ont., Dr. Anderson of Bracebridge, and Dr. Thomson of Ottawa. Dr. Reed writes that he is in correspondence with all of them and will follow them up carefully, hoping to secure ' a splendid man for this work in Seoul' .

This seems to settle the question of who is to send the dentist to Korea, for I assume from Dr. Reed's letter that the Presbyterian Board U.S.A. will do so.

I met your son again the other day, and he is going to call and see me that we may discuss whether he is going to Korea under the American or the Canadian Presbyterian Board.

With kind regards, I am,

Yours sincerely,

ARA/MC

44. 에비슨이 앤더슨에게

1920년 4월 1일

W. H. P. 앤더슨 씨,
구라선교회 총무,
더블린, 아일랜드.

친애하는 엔더슨 씨:

미국으로 가기 위해 내일 출발합니다. 가장 최근까지 진행된 이곳의 나환자 문제를 [구라선교회 미국 지부장] 대너(Danner) 씨와 상의할 수 있으면 좋겠다는 생각에서 총독부의 행정을 맡은 [정무총감] 미즈노(Midzuno) 박사에게 편지를 써서 당신이 얼마 전에 제안했던 것에 대해 총독부가 어떤 태도를 보일 것 같은지를 물었습니다.

다음과 같은 답장을 받았습니다.(번역문)

> 조선에 있는 나환자 치료사업에 관해서 다시 질문한 당신의 3월 1일 자 편지를 잘 받았습니다. 이 문제에 관해 우리는 소록도 자선병원을 확장하는 문제를 조사하고 있습니다. 그 일을 실행하게 되면 총독부가 그곳을 관리하게 되리라는 점을 이해하기 바랍니다. 정부[총독부]의 입장에서 우리는 선교회들이 협력하여 나환자 병동을 설립하는 것을 환영합니다.

그러므로 총독부는 우리가 제안했던 협력 계획에 참여하지 않고 자체적으로 소록도에서 나환차 치료사업을 더 크게 하고 싶어 하는 것 같습니다. 물론 현 단계에서는 그들이 전체 나환자들을 모두 다 격리하는 단계까지 갈 것이라고 말할 수 없습니다.

대너 씨와 사업의 새로운 측면에 대해 논의하겠고, 여러 다른 방면에서도 협력하는 방안들에 대해 그가 어떤 견해를 지니고 있는지를 알아보겠습니다. 플레처 의사가 도착하면 우리는 나환자 진료실을 설치하여 우리 학생들이 나환자를 돌보고 치료하는 방법을 배우게 할 것입니다.

안녕히 계십시오.

O. R. 에비슨

대너 씨와 조지 T. 스코트 목사에게 사본을 보냅니다.

출처: PTS

Copy O. R. Avison

SEVERANCE UNION MEDICAL COLLEGE
NURSES' TRAINING SCHOOL
SEVERANCE HOSPITAL

SEOUL, KOREA

OFFICE OF PRESIDENT

O. R. AVISON, M. D.

CO-OPERATING MISSIONS
PRESBYTERIAN CHURCH IN THE U. S. A.
METHODIST EPISCOPAL CHURCH
PRESBYTERIAN CHURCH IN THE U. S.
METHODIST EPISCOPAL CHURCH, SOUTH
PRESBYTERIAN CHURCH IN CANADA
PRESBYTERIAN CHURCH OF AUSTRALIA

FILING DEPT.
APR 27 1920
1815
SECRETARIES

[?]CD. SCOTT
APR 26 1920
Ans'd.

April 1, 1920.

Mr. W. H. P. Anderson,
Secretary, The Mission to Lepers,
Dublin, Ireland.

Dear Mr. Anderson:

I am leaving to-morrow for a visit to America, and in view of the desirability of being able to confer with Mr. Danner as to the most recent developments in leper matters here I wrote to the Administrative Superintendent of the Government General, Dr. Midsuno, asking what attitude the Government would likely take toward the proposition submitted to them sometime ago of which you were advised.

I have received the following reply: (Translation)

"Your letter, dated March 11th, enquiring again regarding the enterprise of curing leper patients in Chosen, was duly received. Concerning this matter we are making investigations for the enlargement of the Little Deer Island charity hospital. When it will come to practice let it be understood that it will be under the control of the Government. We from the side of the Government welcome the cooperation of the Missions in the establishment of a leper ward."

It would seem, therefore, that the Government is unlikely to enter into any cooperative scheme such as we suggested, but that they themselves will undertake a larger work at Little Deer Island. At this stage of course we cannot say whether they will go the length of entire segregation of the whole leper population.

I shall discuss the new aspect of affairs with Mr. Danner, and learn his views as to further proposals for cooperation in other ways. When Dr. Fletcher arrives we shall establish a leper clinic and our students will receive instruction in the care and treatment of lepers.

Very sincerely,

O. R. Avison

Copy to, Mr. Danner
Rev. Geo. T. Scott

45. 리드가 에비슨에게

1920년 4월 2일

O. R. 에비슨 박사,

세브란스연합의학전문학교

서울, 한국.

나의 친애하는 에비슨 박사님:

한국에 간호사가 필요함을 호소한 당신의 편지*를 방금 받아 큰 관심을 가지고 읽었습니다. 우리가 [이 편지를] 여러 장 복사하여 해외에서 봉사할 가능성이 있는 간호사들과 연락하는 데에 사용하겠습니다. 이것은 분명히 우리를 도와줄 것입니다. 한국에서 느끼는 이 큰 결핍에 대한 부담도 우리가 함께 나눌 수 있으리라고 생각합니다.

더글라스 에비슨 의사의 보고서가 훌륭합니다.** 로슨(Rawson) 양의 것은 지금 검토하는 가운데에 있습니다. 우리가 곧 그들을 승인하는 결정을 내려서 이번 여름에는 당신에게 파송할 수 있게 되기를 희망합니다.

당신이 이번 여름에 오기 때문에 조금 후면 우리가 당신과 이 문제들에 관해서 이야기하게 될 것이라고 믿습니다.

안부 인사를 드립니다.

안녕히 계십시오.

OR[Orville Reed]

출처: PHS

---

* 이 자료집의 20번 글인, 에비슨이 1920년 2월 17일 자로 간호사의 필요성을 호소한 글을 가리키는 것으로 생각된다.

** 이 편지는 43번 글과도 연결된다. 이 편지의 발신인인 북장로회 선교부 총무 리드는 에비슨의 아들 더글라스를 북장로회 선교사로 파송할 의향이 있음을 밝히고 있다.

April 2, 1920.

Dr. O. R. Avison,
Severance Union Medical College,
Seoul, Korea.

My dear Dr. Avison,

Your letter regarding the need for nurses in Korea is just at hand and I have read it with deep interest. We are having copies made and shall use it in our correspondence with possible nurses for foreign service. I think it ought to help us and I trust that we shall be able to secure our share of this great need in Korea.

Dr. Douglas Avison's papers are fine and Miss Rawson's are now under consideration and I hope that we shall soon have favorable action upon them and shall have the privilege of sending them out to you this summer.

I believe you are coming on yourself this summer so that we may have the privilege of talking these matters over with you a little later.

With kindest regards

Cordially yours,

OR::S

46. 암스트롱이 에비슨에게 (1)

1920년 4월 5일

O. R. 에비슨 박사,

세브란스연합의학전문학교

서울, 한국, 일본.

친애하는 에비슨 박사님:

당신의 3월 9일 자 편지가 오늘 방금 도착하였습니다. 거기에서 당신은 우리가 전진운동 기금에 세브란스를 포함하게 되기를 희망한다고 진술하였습니다. 내가 개인적으로는 이렇게 하고 싶어 하는 것을 당신은 잘 알 것입니다. 그러나 애석하게도 우리는 필요사항들이 진술된 요청서를 받지 않았습니다. 필요한 것이 있다는 것은 우리가 알고 있지만, 다른 선교부들과의 협력사업 안에서 우리 몫으로 내야 할 것이 무엇인지는 우리에게 설명되지 않았습니다. 의학교와 병원의 확장계획 변경에 관해 당신이 맥케이 박사에게 보낸 1월 28일 자 편지를 다시 읽어보겠습니다. 우리가 기부해야 할 금액을 알려줄 단서를 찾을 수 있기 위해서입니다. 그것을 훑어보아도 우리가 내야 할 것에 대해 알려주는 것은 눈에 뜨이지 않습니다. 그러므로 내가 보기에 당신이 세울 최선의 계획은 올여름에 우리 [한국] 선교회가 이 모든 문제를 검토하여 요청할 것을 1921년도 전진운동의 견적서에 넣게 하는 것일 듯합니다.

당신은 우리 돈이 금년과 내년에 연이어 기부되는 까닭에 금년에 일부를 쓰고 내년에 일부를 쓰게 될 줄로 알고 있습니다. 그러므로 만일 [한국] 선교회가 찬성한다면 그것을 내년에 진행될 전진운동 예산의 건축 · 시설계획 목록에 넣을 것입니다. 그렇게 되면 우리 선교부가 가을에 열리는 회의 때 그것을 검토할 수 있습니다.

당신은 오타와의 톰슨 의사에 대해 그리고 당신이 그에게 편지를 썼던 일에 대해 언급하였습니다. 그러므로 이전의 편지에 대해 다시 말해보겠습니다. 그 편지에서 나는 리드(Orville Reed) 박사에게 에스파놀라의 보이드(Boyd) 의사, 오타와의 톰슨(Thompson) 의사, 브레이스브리지의 앤더슨(Anderson) 의사, 몬트리올의 베이트스(Bates) 의사, 그리고 브리티시콜럼비아 주 펜팅톤의 데이비슨(B. L. Davison) 의사의 이름을 보냈습니다. 그들은 우리가 치과 저널에 냈던 글에 반응하여 그 자리에 대해 문의했던 사람들입니다. 리드 박사가 보낸 글이 내게 있는데, 그가 이 사람들과 통신을 하고 있다고 하였습니다. 당신이 쉐플리 의사 외에 캐나다인 치과의사도 얻어 그들이 치과를 국제적으로 만드는 것을 보기를 간절히 바랍니다.

당신이 전보를 통해 [미국에] 오라는 부름을 받은 사실을 알고 있지만, 이 편지들을 부칩니다. 오웬스 씨가 당신 대신 통신하는 일을 맡을 것으로 짐작합니다. 스코필드의 말대로 교직원 문제가 그처럼 심각한 상황에 있게 된 때에 당신이 자리를 비울 수밖에 없게 되어 유감입니다. 그러나 당신이 희망하는 대로 일을 진행하여 빈자리들을 채울 수 있게 될 것이라고 확신합니다.

따뜻한 안부 인사를 드립니다.

안녕히 계십시오.

AEA[A. E. Armstrong]

이 편지의 사본을 뉴욕 스코트(G. T. Scott) 목사를 통해 에비슨 박사에게 보냅니다.

출처: PCC & UCC

April 5th, 1920.

Dr. O.R.Avison,

Severance Medical College,

Seoul, Korea, Japan.

Dear Dr.Avison:

Your letter of March 9th has just come in today in which you state that you hope we shall be able to include Severance in the Forward Movement Fund. You may be sure of my own personal hope in this direction , but unfortunately we have no statement of the need. We know there is need but just what we ought to do as our share in co-operation with other Boards has not been stated to us. I shall read again the copy of your letter of Jan. 28th to Dr. MacKay concerning the change of plans for the enlargement of the Medical School and Hospital in order to see if we can get in it a clue to the amount that we ought to contribute. Glancing over it I do not find anything that would indicate what we should do and it seems to me, therefore, that your best plan is to have our Mission Council next summer consider this whole matter and put it in the Forward Movement estimates for 1921. You understand that our money is contributed throughout this year and next year and therefore will be spent partly this year and partly next year. If therefore the Mission Council consider it favorably they can include it in their list of proposed building and equipment on Forward Movement account for next year, in which case our Board can consider it at the fall meeting.

Your reference to Dr.Thompson of Ottawa, and that you are writing him , leads me to remark what is I think repetition of a former letter that I sent to Dr. Orville Reed the names of Dr. Boyd of Espanola, Dr. Thompson of Ottawa, Dr.Anderson of Bracebridge, Dr. Bates of Montreal, and Dr. R.L.Davison of Penticton, B.C., as doctors who written in inquiry about the position in reply to our note in the dental journal . I have had a note from Dr. Reed saying that he is corresponding with these men. I am anxious to see you get a Canadian dentist along with Dr. Scheifley and thos make the dental department international.

I note that you have been summoned home by cable but I am letting these letters go, and suppose Mr. Owens will be in charge of your correspondence. It seems unfortunate that you have to leave when as Schofield states you are in

-2-

such a serious condition regarding staff, but I am sure you will be able to do as you hope and fill the gaps.

With kind regards, I am,

Yours sincerely,

AAA-JS.

Copy of this letter sent to Dr. Avison in care of Rev. G.T.Scott, New York.

47. 암스트롱이 에비슨에게 (2)

1920년 4월 5일

O. R. 에비슨 박사,
세브란스연합의학전문학교
서울, 한국, 일본.

친애하는 에비슨 박사님:

당신의 2월 24일 자 편지를 받았습니다. 그 편지는 우리 집행부의 3월 31일 회의에 때맞추어 도착하였습니다. 그 편지에서 당신은 도위(Dowie) 씨를 당신의 수학 교수로 반드시 임명해달라고 요청하였습니다.

당신이 그의 자격을 조사하여 그에게 그런 방면에서 자격이 있는지를 확실하게 밝힐 필요가 있다고 생각되기는 하지만, 우리는 이것을 보관해두겠습니다.

당신이 우리 [한국] 선교회에 쓴 편지의 사본을 [우리에게] 보내겠다고 한 것을 보았습니다.

우리가 도위 씨의 문제를 어떻게 처리하면 좋을지 나는 모르겠습니다. 그는 지금 로스앤젤레스의 한 회사와 함께 건축학 실습을 하고 있습니다. 그가 그들의 도움을 받아 중학교의 설계도를 준비한 적이 있는데, 그것은 우리가 대만의 단수위(淡水, Tamsui)에 짓기를 희망하는 건물입니다. 도위 씨는 어쨌든 대만으로 돌아가 2년간 있으면서 그 학교를 짓고 현직 교장인 맥케이 씨가 안식년을 가질 수 있도록 그 학교를 맡을 것입니다.

나이가 36세인 도위 씨는 당연히 2년을 보내려고 대만에 가기를 좋아하지 않습니다. 그가 그 후에 한국으로 간다고 할지라도 말입니다. 우리가 이미 그에게 한국에서 회계 담당 교직원과 선교회의 전반적인 재정 관리인으로 일하도록 그를 임명하는 문제를 제기한 적이 있기 때문입니다. 지금 그 자리는 이달에 열리는 선교부 회의에서 맥콜(J. Gordon McCaul) 씨가 임명되어 채워질 것 같습니다. 그는 회계업무에 뛰어난 자격을 가진 사람이고, 건축 지식을 얼마간 익히기 위해 고든(H. P. Gordon) 씨와 올여름을 보낼 예정입니다.

우리가 '완전 협력' 자격을 얻으려면 우리에게 무엇이 필요한지에 대해 당신이 말한 것을 보았습니다. 내 눈에는 연희전문학교에 임명할 사람이 보이지 않습니다. 그래서 우리가 1, 2년 동안은 잭 씨를 우리의 대표로 두고, 따라서 '완전 협력' 자격을 얻지 못한 채 있는 것으로 만족해야 할 것 같습니다. 어느 건물 또는 사택을 짓기 위해 $30,000이나 $35,000을 낼지라도 말입니다.

만일 이런 방면에서 어떤 중요한 일이 생긴다면, 당신의 제안대로 당신에게 전보를 치겠습니다.

당신이 맥케이 박사께 보낸 3월 2일 자 편지도 내게 있습니다. 그는 여전히 몸이 편치 않아 자리를 비우고 계십시다. 만족스러울 만큼 회복되기는 했지만 말입니다. 당신은 그 편지에서 교장 보고서, 회계 보고서, 한국에 있는 대학이사회의 회의록을 동봉하였습니다. 잭 씨가 영어 과목 교수로 남겠다고 결정한 것을 보았습니다. 우리가 연희전문학교에서 완전한 회원 자격을 갖고 협력사업을 감당하는 문제에 관해 당신이 진술한 것도 보았습니다. 또한 당신이 자본금과 관련해서 협력 선교부들의 총무들에게 보내는 짧은 편지의 사본을 우리에게도 보낸 것을 보았습니다. 이 문제들은 이달에 열릴 우리 선교부 회의에서 다루어질 것입니다.

오웬스 씨가 2월 26일 자 편지에서 맥켄지(F. F. McKenzie) 씨를 언급한 것과 관련하여 오웬스 씨에게 편지를 쓸 예정입니다.

안부 인사를 드립니다.

안녕히 계십시오.

AEA[A. E. Armstrong]

이 편지의 사본을 c/o Rev. George T. Scott, New York, N.Y.을 통해 에비슨 박사께 보냅니다.

출처: PCC & UCC

April 5th, 1920.

Dr. O.R.Avison,
Severance Medical College,
Seoul, Korea, Japan.

Dear Dr.Avison:

I have your letter of Feb. 24th. It arrived in time for our Executive meeting on March 31st. In it you ask that Mr. Dowie should be appointed to your staff as Professor in Mathematics.

We shall keep this before us though I think you will need to investigate his qualifications before being sure that he will be qualified in that direction.

I note that you are sending a copy of your letter to our Mission.

What we shall do with Mr. Dowie I do not know. He is now getting practical experience in architecture with a firm in Los Angeles, and while there is with their help preparing plans for the Middle School, which building we hope to erect in Tamsui, Formosa. Mr. Dowie in any case will return to Formosa for a couple of years to build that school and to take charge of the school so that Mr. MacKay the present Principal can come on furlough.

Naturally at 36 years of age Mr. Dowie does not feel like going to Formosa for two years if he is at the end of that time to go to Korea, for we had already raised the point with him of appointment to the Korea staff as Treasurer and general financial agent of that Mission. That position is now likely to be filled by the appointment at the Board meeting this month of Mr. J.Gordon McCaul who has excellent qualifications for the Treasurership and who will spend this summer with Mr. H.P. Gordon getting some knowledge of building.

We note what you say as to what is required of us for full co-operation. So far as I can see there is no one in sight for appointment to Chosen College, and I think we shall have to be content for a year or two with Mr. Jack as our representative and thus without full co-operation, even though it may be that we shall expend $30,000 or $35,000 on a building and on house.

If anything important in this direction should take place I shall cable you as you suggest.

-2-

I have your letter also of March 2nd to Dr. MacKay, who is still absent through ill health, though recovering satisfactorily, in which you enclose the reports of the President, Treasurer and Minutes of the Korean Board. I note that Mr. Jack has decided to remain with the English department. We also note your statement with reference to our undertaking co-operation on the basis of full membership in the Chosen College, and that you are sending us a copy shortly of a letter to the secretaries of the Co-operating Boards regarding capital funds. These matters will come to the attention of our Board meeting this month.

I am writing Mr. Owens with regard to his letter of Feb. 28th regarding Mr. F.F. McKenzie.

With kind regards, I am,

Sincerely yours,

AEA-JB.

Copy of this letter sent to Dr. Avison c/o Rev. George T. Scott, New York, N.Y.

48. 오웬스가 에비슨에게

사본을 A. E. 암스트롱 목사에게 보냅니다.
컨페더레이션 라이프 챔버스,
토론토, 온타리오 주.

1920년 4월 6일

O. R. 에비슨 박사,
c/o 선교부
156 5번가,
뉴욕 시, 뉴욕 주.

친애하는 박사님:

어제 한바탕 비가 온 후에 화창해져서 이사를 마쳤고, 거의 다 정돈을 하였습니다. 이 변화가 우리 모두에게 정신적으로 좋은 영향을 주고 있습니다.

오늘 화이트로 양이 왔습니다. 캐나다장로회 선교회가 그녀를 임명하는 문제로 투표를 한 것처럼 보입니다. 맨스필드 의사가 방금 회람 투표를 위한 편지를 받았는데, 그녀를 연례회의 때까지 마틴(Martin) 의사와 함께 있도록 보낼지를 묻는 투표였습니다. 마틴은 사임하고 중국으로 가겠다고 위협하고 있고, 선교회 사람들은 그가 그를 도울 외국인 간호사[간호선교사]를 얻는다면 물러설 것으로 생각하고 있습니다. 회람 편지는 또한 선교회가 맨스필드 의사를 세브란스로 보냈으므로 나머지 사람들은 배웅하는 역할만 하게 되었다고 주장하고 있습니다. 우리[세브란스] 사람들은 신뢰에 금이 간 것 같은 심정이 되어 매우 분개하고 있습니다. 이는 화이트로 양을 그녀의 선교부가 우리 학교로 임명하였던 것으로 알고 있고, 에스텝(Esteb) 양과 배틀즈(Battles) 양만으로는 손이 매우 딸리며, 후자가 여름에 안식년을 떠나기 때문입니다. 만일 이런 선례들이 제어되지 않고 그냥 허용된다면, 어느 협력 선교회든지 그들의 선교지 병원에 사람이 필요해지면 그들을 대표해서 [세브란스에] 와 있는 사람들을 언제든지 불러내어 떠나게 만들고 우리를 궁지에 버려두게 할 수 있을 것입니다. 러들로 의사는 선교부가 협력사업을 하는 기관에서 일할 사람을 임명하면 그 사람은 선교회의 임명권에서 완전히 벗어나야 하리라고 생각합니다. 당신이 뉴욕에 가기 전에 토론토에 들리기로 하였다면, 이 편지의 사본을 암스트롱 씨에게 보내도록 하겠습니다.

당신이 시계를 도둑질을 당한 일에 대해 모치지(Mochiji) 씨가 그 부서[아마도 경찰서]는 책임질 수 없다는 편지를 보냈습니다. 그의 편지와 나의 답장의 사본을 동봉합니다.

오늘 가드너(Gardner) 부인과 그녀의 두 딸이 우리를 찾아왔습니다. 그들은 뉴 저지 주의 잉글우드(Englewood)에서 왔습니다. 그녀의 남편은 목사이고, 당신이 그 교회에서 목사 대신 한두 번 설교한 적이 있습니다. 그녀는 자기들이 시모노세키를 지날 때 당신이 그곳에 있었다는 말을 듣고 당신을 만나지 못해서 매우 아쉬워하였습니다.

일요일에 밀러(Miller) 부인과 에드워드에 관해 이야기를 나누었습니다. 그녀가 당신이 말한 그 문제들을 바로잡을 것입니다. 그녀가 자기 아들들과 함께 그 일을 하고 있기 때문입니다.

우리는 오늘 현관 가리개를 찾기 위해 당신의 천장 다락을 꼼꼼히 살폈습니다. 내가 알기로 그것은 우리가 루카스의 집을 떠났을 때 당신에게 옮겨졌습니다. 우리가 모든 곳을 샅샅이 들여다보지는 않았지만, 그처럼 조사를 했는데도, 그것들처럼 생긴 것을 찾지 못하였습니다. 에비슨 부인이 그것들을 두었던 곳을 기억해서 내게 알려줄 수 있으면 좋겠습니다. 그것들은 신문지로 길게—약 12피트 길이로—둘둘 말려서 덮여 있었습니다.

안녕히 계십시오.

H. T. 오웬스

출처: PCC & UCC

Copy to Rev. A. E. Armstrong,
Confederation Life Chambers,
Toronto, Ont.

Seoul Korea

RECEIVED
MAY [illegible] 1920
ANS'D
Presbyterian Foreign M[illegible]

April 6, 192[illegible].

Dr. O. R. Avison,
c/o Board of Foreign Missions,
156 Fifth Avenue,
New York, N.Y.

Dear Doctor:

Yesterday proved to be a fine day after the rainy spell and we got moved over, and are almost settled. The change is having a good effect on the [illegible] of all of us.

To-day the question of Miss Whitelaw came up. It seems that the Canadian Mission are voting on the question of her assignment. Dr. Mansfield just received a circular vote asking that she be sent up with Dr. Martin until annual meeting. Martin has been threatening to resign and go to China, and the Mission think he may be more reconciled if he has a foreign nurse to assist him. The circular also claims that as the Mission has let Severance have Dr. Mansfield the other should not ask a swoff. Our members are very indignant at what seems a breach of faith, as we had the understanding that Miss Whitelaw was assigned by her Board to our school, which is very shorthanded with only Miss Esteb and Miss Battles on duty, and the latter leaving in the summer on furlough. If these precedents are allowed to go unchallenged then whenever there is need in a Station hospital any cooperating Mission can call away its representative and leave us in the lurch. Dr. Ludlow thinks that Board assignment of workers to union institutions should remove them from the jurisdiction of purely Mission appointments. I am sending a duplicate of this letter to Mr. Armstrong, in case you should stop off at Toronto before reaching New York.

Mr. Mochiji has written that the Department cannot be held responsible for the theft of your watch. I enclose copy of his letter and my reply.

We had a visit to-day from a Mrs. Gardner and her two daughters. They are from Englewood, N.J. Her husband is a minister and you preached for him once or twice. She was sorry to have missed you; heard of your being in Shimonoseki while they were passing through.

I had a chat with Mrs. Miller on Sunday regarding Edward and she will adjust the matters you speak of as she does with her own boys.

We took a careful look through your attic to-day for the bundle of porch shades which I understand came to you when we left the Lucas house. We did not go into every place carefully but on the inspection we did make could not see anything that resembled them. Could Mrs. Avison give me her recollection of where these were put? They were in a long roll covered with newspaper -- about 12 feet long.

Very sincerely,
H. S. Owens

49. 스코트가 에비슨에게

1920년 4월 6일

O. R. 에비슨 박사,
증기선 "일본 황후" 호로 도착,
뱅쿠버, 브리티시콜럼비아, 캐나다.

친애하는 박사님:

이 편지는 서울에서 당신이 보냈을 것으로 생각되는 암호전보를 어제 받았음을 알리기 위한 것입니다. 그 내용은 아래와 같습니다.

> 에비슨 박사 부부가 캐나다를 향해 "일본의 황후" 호로 출발. 내달 19일 도착 예상.

우리가 당신들 두 분을 다시 만나게 되어 얼마나 기쁜지를 알리고 싶습니다. 두 분이 이 글을 받았을 때는 태평양 횡단 여행을 즐거이 마치고 모두 매우 건강할 것이라고 믿습니다.

조선 기독교 교육을 위한 협력이사회의 연례회의 의제들을 기록한 글을 동봉합니다. 당신이 이 회의 때 뉴욕에 오지 못하여 유감이지만, 협력이사회가 끝내지 못한 일이 많아 언제라도 당신이 도착하면 당신과 함께 처리하겠습니다.

3,4일 전, 우리는 서울에 있는 두 학교의 교과과정 상의 종교 행사 · 성경 교육과 언어사용 문제에 관한 조선총독부의 태도가 달라졌음을 알리는 당신의 편지를 받고 매우 기뻐하였습니다.

미국에 오심을 따뜻하게 환영합니다.

안녕히 계십시오.

GTS(G. T. Scott)

참조: H. T. 오웬스, 서울.

출처: PHS

April 6, 1920.

Dr. O. R. Avison,
Arriving S.S. "Empress of Japan",
Vancouver, B.C., Canada,

Dear Dr. Avison:

This is to acknowledge the receipt yesterday of a code cablegram from Seoul probably sent by yourself, reading -

"Dr. and Mrs. Avison leaving for Canada "Empress of Japan" Expect to arrive on the 19th proximo."

We wish you to know how happy we will be to have you both with us again and I trust that by the time you receive this note you will have had a pleasant journey across the Pacific and both be in very good health.

I am enclosing a copy of the agenda for the Annual Meeting of the Cooperating Board for Christian Education in Chosen. I regret that you could not be in New York for the time of this meeting but there will be plenty of unfinished business for the Board to take up with you whenever you arrive.

We were very happy to receive three or four days ago your letter indicating the Chosen Government's changed attitude regarding Religious and Biblical instruction in the curriculum and the question of the language media in the two Seoul institutions.

With warm welcome to America, I am

Sincerely yours,

GTS/R

Cc H. T. Owens, Seoul.

50. 오웬스가 스코트에게, 에비슨과 미즈노의 면담기록

1920년 4월 8일

조지 T. 스코트 목사,
조선 기독교 교육을 위한 협력이사회
뉴욕 시, 뉴욕 주.

나의 친애하는 스코트 씨:

에비슨 박사가 받기에는 당신의 3월 9일 자 편지가 너무 늦게 도착하였습니다. 그래서 그가 협력이사회의 연례회의 시간에 맞게 미국에 도착하지 못하게 되어 또한 매우 아쉽습니다.

우리는 플레처(Fletcher) 의사가 전공 공부를 위해 런던에 가려 했던 계획을 실행할 수 있게 되었다고 한 것을 주목합니다.

에비슨 박사가 [총독부의] 행정부에 있는 미즈노* 박사 및 다른 임원들과 면담한 일의 보고서를 동봉합니다. 그가 당신을 만나면 더 많은 것을 당신에게 알려줄 수 있을 것입니다.

지난 회계연도의 우리 진료업무 보고서도 동봉하니 보시기 바랍니다. 그것은 우리가 수행하는 업무들의 한 부분에 불과합니다. 당신은 수입액과 진료 건수가 기쁘게도 늘어난 것을 볼 것입니다.

떠나기 직전에 에비슨 박사가 세브란스에서 새 운동을 시작하였습니다. 우리가 '역원회(Worker's Council)를 만들었는데, 여러 직종의 단체들에서 선출된 대표 6명과 임명된 대표 6명으로 구성되어 있습니다.** 직무 등급 분류, 월급·임금 등, 그리고 진료비의 문제들이 이 협의회에 위탁되어 있습니다. 이들은 운영과 재정에 관련된 문제들을 다루고, 교수회

---

* 일본 내무대신이었던 미즈노 렌타로(水野錬太郎)는 3·1운동 후의 정국수습을 위해 1919년 8월 부총독의 지위에 해당하는 정무총감으로 부임하여 1922년 6까지 재직하였다.

** 『동아일보』, 1920년 4월 23일 자 3면의 「擴張할 濟衆院」 기사에서 역원회가 조직된 사실이 보도되었다. 이 기사에서 역원회는 최고위 병원장에서 말단의 하인까지 계급 관념, 남녀 간격을 타파하고 참여하여 경영방침에 대한 의견을 개진할 수 있게 하는 평민적이고 통합적인 조직으로서 "금일 신풍조의 불어오는 제일보로 「떼모크라시」주의를 실행하려 하는 것"이라고 설명되었다.

는 학교 업무와 의료직원의 병원 및 진료실 내부 운영에 관련된 문제를 다룹니다. 이 조직은 인터내셔널 하베스터 회사(International Harvester Co.)에서 시도되었던 계획에서 영감을 받았고, 휘틀리 커미션(Whitley Commission)에서도 영감을 받았습니다.* 이 협의회가 회의를 한두 번 열었는데, 이런 수단을 통해 우리가 더 잘 조직되고, 봉급을 좀 더 잘 지급하며, 의료서비스를 제공한 데 대한 청구비의 책정을 더 적절히 할 수 있게 될 것이라고 믿습니다. 많은 사람이 우리가 환자들에게 치료비를 충분히 청구해오지 않았다는 생각을 하고 있습니다. 이런 문제에 대해 우리 한국인 직원들이 매우 가치 있는 조언을 해주고 있습니다. 이 일은 민주적이고 독립적인 시대정신과도 통하고 있습니다.

안녕히 계십시오.

H. T. 오웬스

미즈노 박사와 나[에비슨]의 면담기록, 1920년 4월 1일

정규 교과과정 안에 성경교육 시간을 넣을 자유를 사립학교들에 주기로 한 1920년의 학교법 개정내용에 1915년의 개정사립학교규칙에 따라 등록한 사립학교들이 포함되지 않았다는 말을 듣고 오쉬마(Oshima) 씨에게 이 문제에 관해 학무국과 면담을 해보라고 요청하였습니다. 그의 보고에 따르면, 유게(Yuge) 씨가 이것은 새 교육법에 대한 자신의 해석이었다는 진술을 하였다고 합니다.

그래서 내가 미즈노 박사에게 면담을 요청하여 4월 1일 목요일 그의 사무실에서 1시간 반 동안 그 문제를 논의하였습니다. 그가 유게 씨를 그 자리에 불렀습니다. 시바타(Shibata) 씨가 일본에 가서 자리를 비운 동안 그가 그 자리를 대행하고 있었기 때문입니다. 그리고 이마무라(Imamura) 씨도 참석하였습니다.

얼마쯤 이야기한 후, 이마무라 씨가 말하기를, 유게 씨의 해석은 정규 교과과정에서 종

* International Harvester Co.는 1902년 농기계 회사들을 합병한 후 미국의 대표적인 농기계, 트럭, 트랙터 등의 중장기 제조회사로 성장하였다. Whitley Commission은 영국 하원의원 J. H. Whithley에 의해 조직된, 노동조건의 개선과 노사관계의 발전을 도모하는 단체이다.

교교육을 하고 성경을 교재로 쓰는 자유를 인정한 새 교육법은 1915년의 교육법에 따라 등록하지 않은 학교들[각종학교]에만 적용되는데,* 그 법에 따라 등록한[인가받은] 학교는 모두 조선의 공식적인 정규 학교제도 안에 들어가서 관립학교에 적용되는 법의 규제를 받고 그런 학교들이 받는 모든 혜택도 받지만, 비등록[비인가] 학교들은 그런 혜택을 요구할 수 없다는 뜻이었다고 하였습니다.

여러 해 동안 우리가 총독부 대신 싸웠고,** 남들은 [총독부]와 통렬히 싸우는 동안 우리는 모든 법에 순응하였으며, 그렇게 하다가 우리 중 일부는 우리 선교회로부터 거의 내쫓기게 되었던 사실을 내가 그들에게 얼마나 힘껏 강조하였는지를 여기에서는 자세히 말할 필요가 없습니다. 그리고 그들[총독부]이 미션 학교들의 성경 교육의 자유를 공포하던 때에 허가를 내줄 계획을 세워서 그들에 맞서 싸웠던 상대는 그 혜택을 받는 한편, 그들 편에 섰던 이들은 반대편에 섰던 이들에게 지금 조롱을 받게 되었음을 지적했던 것도 말할 필요가 없습니다. 나는 그들의 조치가 우리에게 불공정하고 그것의 적용이 부당하다고 규정하였고, 우리가 미국으로 총독부가 눈부신 결정을 내렸다는 소식을 보냈다는 점을 지적하면서, 내가 곧 미국에 갈 것인데 이제 그곳에 도착하면 무슨 말을 해야 하느냐고 물었습니다. 내 보고가 틀림없이 미국에 있는 선교부들과 교회들과 모든 기독교인을 매우 언짢게 만들 것 같아서 염려되고, 총독부의 이전 정책에 꾸준히 순복해왔던 사람에게서 그런 보고를 듣게 되면 다른 누구에게서 듣는 것보다 더 무겁게 받아들일 것 같아서 염려된다고 말하였습니다. 나는 우리가 쓰라릴 정도로 실망하였고 불쾌하다고 말하였습니다.

미즈노 박사는 내 태도에 동의하였지만, 이 문제만큼은 총독부가 일본에서 정한 법을 따라 행한 사실에 비추어 우리가 반드시 신중하게 판단해야 할 것으로 생각하고 있다고 하였습니다. 그리고 이제까지 제국의 법의 근간이 되어온 것을 넘어서는 일은 자신들에게 불가능하다고 하였습니다. 그는 또한 비등록 학교들의 졸업생에게는 정규 교과과정에 성경 과목을 넣을 수 있는 것 그 한 가지 말고는 등록 학교들의 졸업생이 누릴 혜택이 아무것도 열려 있지 않다는 점을 강조하였습니다. 우리가 실제로 받을 수 있는 혜택은, 비록 성경 과목을 전면적으로 둘 수 있다고 명시되지는 않지만, 성경 과목들을 선택한 학생들

---

* 1915년 개정사립학교규칙에 따라 인가신청을 하지 않아 10년의 유예기간이 지난 1925년에는 폐교당할 것으로 예고되었던 미션계 각종학교들이 존속할 수 있게 된 것을 뜻하는 것 같다.

** 원문인 "We had fought the Governor's battle"를 총독부에 대한 투쟁으로 해석하면 이후의 문맥과 충돌하므로 "총독부 대신 싸웠고"로 번역하였다.

에 한해서는 우리가 원하는 대로 할 수 있다는 것입니다.

그런 다음, 우리가 하루의 수업이 끝났을 때 성경 공부를 하게 하면 자연히 힘들어지므로 이런 방법에 어려운 점이 있다는 사실을 강조하였습니다. 그 이유는 방과 후의 수업 때는 자연스럽게 교사들과 학생들의 수가 다른 시간보다 더 적어지고 마지막에 수업을 듣는 사람들은 피곤하여 가능하면 빨리 끝나기를 바라는 경향을 당연히 보이기 때문입니다.

그들은 이런 어려움을 인정하고 우리에게 정규 교과과정 시간을 나누어, 이를테면 오전 10시와 11시 사이나 언제든 우리가 좋게 여기는 시간을 비워놓고, 그 시간에 종교의식이나 성경공부를 하도록 제안하였습니다–유일한 제약은 자발적으로 참석하게 해야 한다는 것입니다.

우리는 대학의 종교활동이 분명히 억압 아래 있다는 느낌을 받았고, 학생들의 영적인 인식의 계발을 항상 가장 바라면서도 교육법을 어기는 것은 아닐까 하여 모든 움직임을 두려워하였으며, 그래서 우리가 기대하는 사역 형태에서 좋은 결과를 얻는 데에 매우 필요한 행동의 자유가 우리에게 없음을 느꼈다고 나는 말하였습니다.

그들은 이 말에 대해 법이 개정된 후에는 종교교육에 대한 당국의 태도가 전보다 훨씬 더 우호적이고, 전에는 법에 그렇게 나타나 있었듯이 그런 것을 반대하였지만, 지금은 아무 방해도 하지 않기를 바라고 있으므로 우리가 이런 일로 두려워할 필요가 없다고 대답하였습니다. 그리고 그들이 지금 비등록 학교들에게 허용한 자유를 모든 선교회나 사립학교로 확대하지 못하게 가로막는 것은 제국의 현행 기본법을 넘어서면 안 된다는 사실뿐이라고 말하였습니다.

미즈노 박사는 또한 우리가 만일 비등록 학교의 지위에 있기를 원한다면 우리의 지위를 바꾸는 것이 가능하리라고 생각하지만, 성경을 교과과정에 넣는 한 가지 혜택을 얻는 대신 매우 많은 긍정적인 혜택을 잃게 되는 까닭에 그렇게 하는 것이 지혜로운 일일지 개인적인 생각으로는 의심이 든다고 말하였습니다. 그 불이익은 우리가 그 과목을 선택한 모든 학생이 동일한 교육을 받도록 자유롭게 조정함으로써 거의 전적으로 상쇄될 수 있다고 하였습니다.

이에 대해 나는 우리가 논의하고 있는 그 제약조건들에서 기인한 학교 운영상의 몇 가지 당혹스런 점들에 대해 말하였고, 특별히 우리 졸업식 행사가 그렇다는 것을 강조하였습니다. 우리는 우리 학생들이 학위를 받고 학교를 떠나 대학 졸업생으로서 활기찬 생활을 시작하게 되기 때문에 이 시간에 성경을 읽고 기도하는 일을 크게 중요하게 여기지만 이렇게 해도 되는 권한이 없어서 심각한 제약을 느낀다고 설명하였습니다. 그러면서 우리가 전에 졸업식 식순에 이런 순서를 넣었다가 질책을 당했던 일들에 대해 말하였습니다. 나는 교육법상으로는 고려될 수 없는 일이라 하더라도, 이 중요한 행사를 마땅히 엄숙하게 진행하려고 이렇게 노력하는 것에도 그처럼 예외가 없었어야 했는가 하는 생각이 들었다고 말하였습니다. 미즈노 박사는 웃으면서 우리 졸업식 식순에 정식으로 그런 것이 들어간다고 할지라도 자기가 기쁘게 참석하겠다고 대답하였습니다. 이에 나는 [영국 해군 제독] 넬슨(Nelson)이 어느 날 외눈도 유리해질 수 있음을 발견하였다고 대답하였습니다.

미즈노 박사는 우리에게 총독부의 우호적인 태도를 신뢰해도 될 것이고, 성경 과목과 종교의식에 [학생들을] 강제로 참석시키지 않는 한, 또는 이것들이 대학의 기본 교과과정에 포함된 것처럼 보이게 하지 않는 한은 방해받지 않을 것이라고 말하였습니다.

그런 다음 내게 미국에 가는 길에 도쿄에서 시바타(Shibata) 씨를 만나라고 제안하고, 그들이 그에게 타전하여 도쿄에 있는 조선총독부 파견 사무실에서 4월 4일 화요일 10시에 나를 만날 준비를 하도록 말해놓겠다고 하였습니다. 그래서 나는 월요일까지 고베에 머물 계획을 세웠습니다. 그때 나의 배표 주문서를 진짜 표로 바꾸고, 에비슨 부인이 편안하게 출발하도록 준비한 다음, 기차로 도쿄에 갈 수 있습니다. 당신에게 이 면담 결과를 보고하겠습니다.

미즈노 박사와 유게 씨가 설혹 자신들이 개인적으로 종교의 자유를 모든 사립학교에 허용하기를 바란다고 할지라도 총독부 당국은 일본 본국의 사정에 제약을 받고 있다고 진술한 것은 다소 인상적이었습니다. 나는 몇 년 전 우리 학교들이 종교의 자유를 유지하려다가 관립학교들의 특권을 일부 못 누리게 될지라도, 그들이 실제로 그랬듯이, 우리 미션 학교들을 그대로 유지하도록 허가해주기만 한다면 우리가 얼마나 기쁘게 환영하려 했는지를 기억합니다. 그것은 물론 우리가 최근의 입법으로 회복한 바로 그[사립 각종학교] 지위입니다. 우리가 어떤 계층에 들어갈지를 선택할 권한을 갖게 된 상황에서 너무 많은 불평을 해도 될 것인지 의문입니다. 지금까지는 그 목표가 우리를 모두 다 종교의 자유가 없는 한 계층으로 몰아넣는 것이었습니다 – 지금은 그런 노력이 폐기되었고, 모든 사립학교가 선택해야 할 것으로 생각됩니다. 물론 우리는 등록 학교의 이점을 유지하면서 비등록 학교의 종교적 특권을 더 얻는 편을 택할 것입니다. 이런 일이 실현되기를 계속 희망할 것이지만, 지금은 우리 자신을 위해 분명한 선택을 해야만 합니다.

두 대학에 관심을 가진 사람들은 이제 현재 상황의 이런 측면을 가장 신중하게 검토해야 하고, 그 문제의 모든 국면을 두루 생각하고 나서 비로소 어떤 결정을 내려야 한다고 생각됩니다. 그러는 한편으로 우리는 우리 지위를 비등록 학교의 그것으로 바꿀 수 있다고 한 미즈노의 의견을 따르는 것이 정말로 가능한지에 대해 분명한 판단을 내리고, 그런 다음 그렇게 하면 어떤 이점을 잃게 되는지에 대한 정확한 정보를 알아내야 합니다.

물론 우리는 올해 스케줄을 현재 상황에 맞게 조정해야 합니다. 그러므로 연희전문학교 교수들에게 올해 신과를 포기하지 말고 유지하며, 공식 교과과정에서 오전의 최소한 한 시간을 비워 그 시간을 모든 과 학생들의 종교의식과 성경공부에 적절히 사용하는 것이 지혜롭지 않을지를 신중히 검토하도록 제안하겠습니다. 신과의 정규적이고 공식적인 성경 과목 수업을 그 시간에 거행하도록 계획을 세울 수 있지 않을지, 그러한 다른 과들에서만 시간을 비워서 다른 과들의 모든 학생에게 이 수업을 선택하도록 권장할 수 있지 않을지 의문입니다. "선택"이란 단어가 사용하기에 정확한 것은 아니지만, 당신은 내 생각을 이해할 것입니다.

다음으로 종교의식 시간은 물론 허용되어야 할 것이고, 또한 신과의 정규 교과과정 아래 두어야 할 수도 있습니다. 그러면 다른 과들에서는 그렇지 않을지라도 한 과에서는 아주 공식적인 것이 될 것입니다.

이렇게 하면 우리가 지금 매우 명백하게 받고 있는 불이익이 어느 정도 줄어들 것이라고 생각합니다. 신과를 두자는 생각이 처음 제기되었을 때 나는 이 계획을 바람직하게 생각하였습니다. 예정된 나와 시바타 씨의 면담에서 어떤 새로운 빛이 비칠지는 모르겠지만, 내가 말했듯이, 당신에게 곧장 보고서를 보내겠습니다.

연희전문학교가 한 해를 잘 보내기를 희망합니다. 교실마다 학생들로 가득 차 있는 것이 모든 교원에게 용기를 줄 것이라고 확신합니다. 우리에게 교원이 많이 있음을 기억하는 것은 내게 즐거운 일입니다. 지금의 내 여행이 몇 배나 더 생산적인 것이 되는 동시에 그동안 느껴왔던 당혹감 대신 즐거이 사역하게 해줄 만큼 충분한 기금을 얻게 되기를 희망합니다.

안녕히 계십시오.

출처: PHS

H. T. Owens (765)

SEVERANCE UNION MEDICAL COLLEGE
NURSES' TRAINING SCHOOL
SEVERANCE HOSPITAL

SEOUL, KOREA

OFFICE OF PRESIDENT
O. R. AVISON, M. D.

RECD. SCOTT
MAY 3 - 1920
Ansd.

CO-OPERATING MISSIONS
PRESBYTERIAN CHURCH IN U.S.A.
METHODIST EPISCOPAL CHURCH
PRESBYTERIAN CHURCH
METHODIST EPISCOPAL CHURCH
PRESBYTERIAN CHURCH IN CANADA
PRESBYTERIAN CHURCH OF AUSTRALIA

FILING DEPT. MAY 19 1920 SECRETARIES

April 8, 1920.

Rev. Geo. T. Scott,
Secretary, Cooperating Board for Christian Education in Chosen,
New York, N.Y.

Dear Mr. Scott:

Your letter of March 9th arrived too late to catch Dr. Avison, and I am sorry also that he will not reach America in time for the annual meeting of the Cooperating Board.

We note that Dr. Fletcher has been able to carry out his plan of going to London for special study.

I am enclosing herewith the report of an interview which Dr. Avison had with Dr. Midzuno and other members of the administration, about which he can further inform you when he sees you.

Also find enclosed a statement of the work of our Dispensary for the past fiscal year -- which is only one department of our work. You will note the gratifying increase in receipts and number of treatments.

Just before leaving, Dr. Avison launched a new movement in Severance. We have formed a Workers' Council, composed of six elected delegates from various groups of workers and six appointed represenntatives. To this Council are referred questions of classification, salaries, wages, etc., and rates of charges. It deals with questions of management and finances, whereas the Faculty handles the school business and the Medical Staff questions concerning internal management of the hospital and dispensary. The inspiration for this came from the plan being tried out by the International Harvester Co., as well as the recommendations of the Whitley Commission. The Council has had one or two meetings and we believe that by this means we shall be able to organize better, pay relatively better salaries and make our charges more adequate for the service rendered. Many think we have not been asking enough from our patients. The advice of our Korean associates on these questions should be invaluable. It is also in line with the democratic and independent spirit of the times.

Very sincerely,

H T Owens

Dr. Fletcher

Dr. Midzuno

Dispensary report

Workers Council

NOTES ON MY INTERVIEW WITH DR. MIDZUNO, APRIL 1, 1920.

Having heard that Private SChools registered under the School regulationsof 1915 were not included in the changes in the School regulations of 1920, giving private schools freedom to include Bible teaching in their official curriculum of studies, I asked Mr. Oshima to interview the Educationa Department on the subject. He reported that Mr. Yuge stated that this was his interpretation of the new regulations.

I therefore asked for a conference with Dr. Midsuno and on Thursday, April 1st, spent 1½ hours, in his office in a discussion of the subject. He called Mr. Yuge into the conference as he is acting head during the absence Of Mr. Shibata in Japan; and Mr. Imamura was also present.

After some conversation Mr. Imamura said that Mr. Yuge interprets the new regulation concerning freedom of religious teaching and the use of the Bible as a textbook in the official curriculum applies only to those schools which are not registered under the Ordinance of 1915, all those being so registered being regarded as forming a part of the regular official school system of Chosen and therefore subject to the regulations applied to Government schools, and also entitled to all the advantages of such schools -- advantages which cannot be claimed by the unregistered schools.

I need not here speak in detail of how strongly I pressed on them the fact that we had fought the Government's battle for several years, complying with all their regulations while others had fought them bitterly and of how some of us had almost become outcasts from our Mission by doing so, and how I followed this up by pointing out that now, when they were proclaiming freedom of Bible teaching in Mission schools they designed their permission so that those who fought them got the advantage while those who had stood by them were left to be laughed at by those who had stood out against them. I characterised their action as unfair to us and unjust in its application, and, pointing to my pending journey to America to which place we had sent the news of the Government's splendid decision, I asked what I should now say when I arrived there. I said I feared my report must be very displeasing to the Mission Boards, to the churches and to all the Christian people of America and that such a report coming from one who had consistently yielded to the Government's former policy, would be likely to carry more weight than if it came from some others. I said we were grievously disappointed and displeased,

Dr. Midsuno agreed with me in my attitude but thought we must weigh carefully the fact that the Government had gone as far in this matter as it could in view of the fact that they had copied the law as it stood in Japan and it was impossible for them to go beyond what was so far the fundamental law of the Empire. He also dwelt upon the advantages to be gained by registered schools for their graduates, none of which were open to graduates of the unregistered schools which had the single advantage of being able to put the Bible into their regular curriculum, an advantage which we could have in fact though not in name as we could place all the Bible classes we cared for within reach of those students who elected to take them.

I dwelt then on the fact of the uphill nature of this method because when we put our Bible work at the end of the day it was naturally difficult for us because both ~~work-at-the-end-of-the-day-it-was-naturally~~ teachers and pupils were apt to be fewer then than at other times and those who had classes during the last hour were tired and naturally desirous of getting away as soon as possible.

2.

They admitted this difficulty and suggested that we divide the official curriculum and make an interval between say 10 and 11 A.M., or whatever time we might prefer when religious exercises or Bible classes might be held -- the only restriction being that attendance shall be voluntary.

I said that we had felt ourselves under definite repression in our religious work in the College, being all the time most desirous of develo-ing the spiritual conceptions of the students but at every move fearful lest we violate the educational regulations and so we felt ourselves without that freedom of action which is so necessary to good results in the type of work we are waiting to do.

To this they replied that since the change in the law the attitude of the authorities is very much more favorable to religious teaching than formerly, and that we need not fear on this account because instead of being opposed to it as reflected in the former legislation they now wished to impose no obstacles and that they were prevented from extending the freedom now granted to unregistered schools to all Mission and private schools only by the fact that they could not go beyond the present fundamental law of the Empire.

Dr. Midsuno also suggested that if we preferred the status of the unregistered schools he thought it would be possible for us to change our status but he personally doubted the wisdom of doing so as we would lose many very positive advantages in order to gain the one advantage of putting the Bible into our curriculum, which disadvantage we could almost entirely offset by the liberty we have of arranging for the same teaching to be given to all who elect to take it.

I then spoke of several points of embarrassment in the conduct of our school under the restrictions we were discussing, emphasizing especially our graduating exercises. I explained the great importance we lay upon the reading of the Scriptures and prayer at this time when our studentsare receiving their diplomas and separating themselves from our school to go out into the active life of college graduates and what a serious restriction it is to feel we have not this privilege, telling how on some previous occasions we had been called down for introducing these into our graduation programs. I said that we felt that on such occasions no exception should be taken to these efforts to give due solemnity to this important ceremony even though such might not be contemplated by the Educational law. Dr. Midsuno laughingly replied that he would gladly attend our graduation exercises even with such additions to the regular program, to which I replied that Nelson had found on occasion that one blind eye might be of real advantage.

Dr. Midsuno said we might rely on the favorable attitude of the Govenment and that we would not be interfered with so long as we did not make attendance on Bible Classes and religious exercises obligatory or make it appear that these were a part of the basic curriculum of the College.

It was then suggested that I meet Mr. Shibata in Tokyo on my way to America and they said they would cable him to arrange for meeting me at the detached office of the Government General of Chosen in Tokyo at 10 o'clock on Tuesday, April 4th. I therefore plan to stay in Kobe until Monday when I can exchange my order on the boat for real tickets, arrange for Mrs. Avison's comfortable embarkation and then proceed by train to Tokyo. I will send you a report of this interview.

It was somewhat impressed with the statements made by Dr. Midsuno and Mr. Yuge as to the Government's authority being limited by the status in Japan proper even though they may have personally desired to extend the religious liberty to all private schools, and I remember how gladly we would have welcomed the permission a few years ago to maintain our Mission schools as they had been, doing without some of the privileges of government schools in order to retain our religious liberty in our schools and, of course, that is just the position to which recent legislation has restored us. I doubt whether we can complain overmuch provided we have the right to choose which class we will be in. Heretofore the aim was to bring us all into the one class, devoid of religious liberty -- now that effort has been dropped and all private schools appear to have a choice. Of course, we would prefer to retain our advantage as a registeredschool and have the religious privileges of an unregistered school added on and we shall continue to hope that this may yet be realized but now we must apparently make choice for ourselves.

I feel that those interested in the two colleges should now give most careful consideration to this aspect of affairs and come to a decision only after thinking the question through all its phases. In the meantime we should find out definitely whether Dr. Midsuno's suggestion that we may change our status to that of an unregistered school is really possible and then get accurate information as to what advantages we should lose by doing so.

Of course, we must adjust our schedule this year to present conditions and I would suggest that the C.C.C. Faculty consider carefully the wisdom of retaining the Biblical department this year instead of giving it up, that a break of at least one hour (and more, if necessary) be made during the forenoon in the official curriculum and that that time be used for religious exercises and Bible classes suitable for students of all the departments. I am wondering whether the regular, official Bible class work of the Biblical Department could not be scheduled for that hour and the break be made only for the other departments and that then all the other students be encouraged to elect to take those classes. Perhaps the word "elect" is not the correct one to use, but you will grasp my idea.

Then of course the time for a religious service must also be allowed for and it also might be under the regular curriculum of the Biblical department, so that it would all be official for one department even though not for the others.

I think this would in some degree lessen the disadvantage which is now so obvious to us. I had thought of this plan as desirable when the idea of a Biblical Department was first broached. Whether any new light will come from my expected interview with Mr. Shibata I do not know but as I said I will send a report to you at once.

I am hoping for a good year at the C.C.C. and feel sure that the presence of large classes will prove inspiring to all the teachers. It is good to me to remember what a good lot of teachers we have and I hope my present trip will be productive of several more as well as of funds sufficient to make the conduct of the work a joy instead of a perplexity as it has been.

Very sincerely,

51. 에비슨이 암스트롱에게

캐나다 태평양 운송 유한회사

왕립 우편 기선, 일본의 황후 호

1920년 4월 14일

친애하는 암스트롱 씨:

에비슨 부인과 나는 브라운 박사에게서 간접적인 방식의 호출을 받고 캐나다를 향해 잘 가고 있습니다. 우리는 한국으로 갈 지원자들을 구하고 브라운 박사가 생각하고 있는 그런 일도 하기를 희망하고 있습니다.

우리는 빅토리아에 있는 당신의 도위(Dowie) 씨와 뱅쿠버에 있는 농업대학의 맥켄지(F. F. McKenzie) 청년을 그 지역들을 지나갈 때 만나보기를 원합니다. 후자는 내게 한국의 연희전문학교에 갈 수 있다는 편지를 보냈고, 잭(Jack) 씨는 내게 도위 씨가 대만이 아닌 곳에 임명되기를 바란다고 말해주었습니다.

우리는 4월 19일 뱅쿠버에 도착할 예정인데, 브라운 박사로부터 내가 뉴욕에 언제 오기를 바란다는 말을 들어야 우리가 분명한 계획을 세울 수는 있기를 하지만, 아마도 캐나다를 횡단하여 토론토에 갈 때까지 2주나 3주를 보내게 될 것입니다. 우리가 토론토에서 충분히 오래 머물면서 당신과 맥케이 박사를 만나 한국의 상황과 특별히 사립학교에서 종교교육과 한국어를 교육용어로 쓰게 한 새 교육법에 관해 말씀드리기를 희망합니다.

맥케이 박사께 우리의 가장 따뜻한 안부 인사를 전해주고, 내가 그를 당신과 함께 빨리 만나기를 바라고 있다는 말을 전해주기 바랍니다. 스코필드 의사가 몬티글(Monteagle)호로 뒤따라오고 있는데, 4월 22일 뱅쿠버에 도착할 것입니다. 잭 씨 부부도 그 배를 탈 것으로 예상합니다. 그 배로 왔었기 때문입니다. 그들의 한 아이가 아프게 되었다는 말을 들어 그들이 제시간에 그 배를 타도록 출발할 수 있을지 의문이기는 하지만 말입니다.

떠나기 1주일 전에 스코필드 의사와 내가 미즈노 박사(부총독의 지위에 있는 사람)의 집으로 저녁 식사에 초대받았습니다. 우리는 식사 후에 매우 흥미로운 면담 시간을 가졌습니다. 그 일은 우리가 만날 때 당신에게 이야기하겠습니다.

안녕히 계십시오.

O. R. 에비슨

출처: PCC & UCC

THE CANADIAN PACIFIC OCEAN SERVICES LIMITED

R. M. S. EMPRESS OF "JAPAN"

April 14/20

Dear Mr Armstrong —

Mrs Avison and I are well on our way to Canada at the call in an indirect way of Dr Brown and we hope to do something toward securing recruits for Korea in addition to the particular work Dr. Brown has in mind.

I hope to see your Mr Dowie at Victoria, and a young man F.F. McKenzie in the agricultural college at Vancouver as we pass through those places. The latter wrote me about his possible going to Korea to the C.C.C. and Mr Peck has told us of Mr Dowie's desire to get an appointment outside of Formosa.

We are due in Vancouver Ap. 19th but will probably spend 2 or 3 weeks on the journey across Canada as far as Toronto though we cannot form a definite plan until we hear from Dr. Brown as to the time he will want me to reach New York. I shall hope we can stop off long enough in Toronto to see you and Dr. McKay and tell you about conditions in Korea, especially in relation to the new regulations concerning religion in private schools and the use of the Korean language in teaching.

Please give our kindest greetings to Dr. McKay & say I hope to see him soon along with you.

Dr Schofield is following on the Monteagle, due in Vancouver Ap. 22nd I think and I expect the Jack's will be on that boat too as they had sailings on it, although I heard one of their children had been taken ill & there was a question of their getting off in time to catch it.

Dr. Schofield & I were invited to dinner together at the home of

Dr. Mizuno (next to the Governor General) a week before I left and we had a very interesting conference after dinner which I will tell you of when we meet.

Very sincerely,

O. R. Avison

52. 반버스커크가 에비슨에게

1920년 4월 17일

O. R. 에비슨 박사,
교장, 세브란스연합의학전문학교,
c/o 156 5번가,
뉴욕 시, 뉴욕 주.

친애하는 에비슨 박사님:

연구부의 사역을 보고하라는 당신의 요청에 응하여 1916년부터 방금 끝난 회계연도 마지막까지 지난 4년간 성취한 일들을 여기에서 요약하여 설명하겠습니다. 많은 방면에서 연구를 수행하여 몇 가지 연구 결과를 발표하였고, 다른 연구들은 거의 끝나가고 있으며, 몇 가지는 도표작성과 문서화 작업만 필요한 상태에 있습니다. 나머지는 그저 시작 단계에 있습니다.

식물성 약재 연구 - 한방 의약

한방 의약의 식물성 약재에 대한 조사와 연구는 이제 한국에서 거의 끝나가고 있습니다. 이 연구는 밀즈 의사가 수행하였습니다. 이 연구와 관련하여 식물성 약재들을 다룬 한방 의학서를 연구하였고, 이 나라에서 사용되고 이미 알려진 모든 약재의 샘플들을 확보하고 감정하고 분류하였습니다. 의학적 가치를 판정하기 위한 시도도 하였습니다. 이 연구는 사실상으로 완료되었습니다.

한방 의학서들의 번역

이 방면의 연구는 위의 연구와 매우 밀접하게 연관되어 있습니다. 이 일을 위해 수천 년의 역사를 지녔지만, 실행 방법은 서구세계에 아직 알려지지 않은 의학서를 조사하였습니다. 어떤 것은 가치 있는 것으로 밝혀졌지만, 쓸모없는 것이 많았습니다. 그러나 우리가 일하는 곳의 의학적 배경에 대한 지식은 모든 의료선교사에게 큰 가치를 지닙니다. 이 사역은 최종 단계에 있습니다.

일본 의학서의 요약

우리 의료기관이 이 연구를 하기 전까지는 일본의 의학자들이 해온 작업에 대해 어떤 적절한 지식을 서구 과학계가 얻게 해줄 방법이 없었습니다. 그래서 이 번역물들과 요약물들이 전 세계 의학자들에게 인정을 받아왔습니다. 우리는 세계에서 가장 유명한 의료인인 고 오슬러 경(Sir William Osler)과 같은 유명인사들로부터 편지들을 받았습니다. 그는 우리가 수행한 연구에 사의를 표하고 그 일을 계속하기를 희망하였습니다. 스미소니안 재단의 유명한 인류학자인 흐르들리카(Hrdlicka) 박사는 가장 크게 칭찬하면서 이 분야에서 세계가 우리 기관에 큰 빚을 졌다고 느낀다는 진술을 하였습니다. 당신은 틀림없이 중국박의회(博醫會, China Medical Missionary Association)에서 통과된 결의안을 보았을 것입니다. 이 방면의 작업은 우리 병원을 의료인들에게 알리기 위해 우리가 이제까지 해온 다른 어떤 일보다 더 많은 성과를 내었습니다.

폐디스토마 조사사업

이 질병은 밀즈 의사가 오랫동안 인내하며 연구해왔습니다. 그는 이것이 한국에서 매우 만연해 있고 일종의 달팽이가 서식한 물의 공급을 통해 전염되는 것을 발견하였습니다. 그 달팽이를 죽이는 방법이 고안되었습니다. 그러나 밀즈 의사는 일본 의학서를 조사하면서 그의 연구가 모두 이미 예견되었고 그 결과가 알려진 것을 알게 되었습니다. 그의 연구는 일본인 연구자들이 알아낸 것들의 유효성을 입증하였습니다.

유아 사망

5천 명의 여자들의 지난 삶의 기록을 확보하여 출생한 아이들의 수, 사망한 아이의 수와 죽음의 원인을 밝혔습니다. 알아낸 결과를 보면, 짐작했던 것만큼이나 사망률이 높지는 않았지만, 그래도 약 40%에 달하여, 미국의 20% 미만보다는 매우 높았습니다. 한국 여성의 성생활과 관련하여 많은 사실이 알려졌고, 그리하여 생리학적인 표준을 세울 수 있게 되었습니다.

염화석회

물의 소독제로서 염화석회 혼합분말의 가치를 입증하였고, 여러 곳을 돌아다니는 사람들이 그들의 음료수를 정화할 수 있도록 표준 사용법을 고안하였습니다. 이 방법이 널리 알려져 많은 순회 여행자들이 사용해왔습니다. 과일과 채소의 소독법도 추천되어 다른 무엇보다 훨씬 더 널리 사용되고 있습니다. 이것은 이쪽 세계에 있는 선교사들이 매우 광범위하게 사용하고 있습니다.

실험실에서 발견한 것들

매우 많은 대변, 소변, 혈액 채취물들 그리고 잡다한 임상 실험 결과를 모아 한국인들이 기생충과 다른 것들에 얼마나 감염되었는지를 드러내었습니다. 그리고 정례적이고 일상적인 임상 실험의 결과를 판별하는 표준을 제공하였습니다.

이전의 연구는 주로 밀즈 의사가 하였습니다. 그러나 다른 교직원들도 중요한 연구를 수행하여왔습니다.

러들로 의사의 외과 수술들

러들로 의사는 외과 수술 보고서들에서 특이하고 의미 깊은 여러 수술 사례들을 조사하여 보고하였고, 새로운 치료방법과 그 결과를 입증해내었습니다. 예를 들면 지금까지 알려진 것들에서 가장 큰 간농양들의 하나를 러들로 의사가 보고하면서, 매우 높은 비율로 좋은 결과를 얻은 것을 입증하였습니다. 한국의 여건에 맞춘 새로운 치료방법을 조사하여, 북경에서 열린 중국의료선교사협회(C.M.M.A., 역자주: China Medical Missionary Association)의 최근 회의에서 러들로 의사가 새로운 축농증 치료법의 결과를 보고하였습니다.

재귀열

심호섭(H. S. Shim) 의사가 조사해왔는데, 지금까지 보고된 것들 가운데 가장 많은 재귀열의 예들을 이제 곧 보고할 것입니다. 심 의사의 조사는 전염에 의한 확산 방법만 아니라 다양한 치료 방법까지 총괄하고 있습니다. 그리고 평판을 얻은 어떤 방법이 별로 쓸모가 없음을 발견하였고, 거의 독특하게 살바르산을 쓰는 치료 방법을 발견하였습니다.

매독, 디프테리아, 장티푸스, 인플루엔자

스코필드 의사가 다른 교직원들과 합력하여 매독의 유행에 관한 테스트를 모든 계층의 환자들에게 일상적으로 해오다가 어떤 높은 비율이 있음을 발견하였습니다. 그는 한국 아이들의 디프테리아 감염 가능성에 대해서도 조사했는데, 시크(Schick) 반응 테스트를 사용하여 한국 아이들의 절반 미만이 같은 나이대의 미국 아이들만큼이나 디프테리아 감염 가능성을 지녔음을 발견하였습니다. 그는 또한 장티푸스 진단에서의 아트로핀(Atrophine) 테스트의 가치를 실험하여 그것이 거의 쓸모없는 것을 발견하였습니다. 스코필드 의사는 또한 인플루엔자 증세의 세균학적 조사를 통해 백신을 개발하였습니다. 그것은 지난겨울 동안 매우 널리 사용되어 좋은 결과를 내었습니다.

오긍선 의사는 몇 가지 토착적인 매독 치료법들을 조사하여 어떤 것들은—예를 들면 수은 훈증—매우 효과적인 것을 발견하였습니다.

도쿠미츠(Y. Tokumitsu) 의사는 췌장, 신장 그리고 간의 기능에 대해 이미 시작된 조사를 계속 진행하여 일본 의학협회(Medical Association in Japan)의 최근 회의 때 그가 발견한 사실들을 담은 논문을 제출하였습니다.

음식물 조사

반버스커크 의사는 기숙사들, 가정들, 기숙 학교들에서 제공하는 음식의 종류와 분량에 관한 보고서들을 확보하였습니다. 이 보고서들은 모든 계층—학생, 주부, 막노동꾼, 농민, 노동자, 교사, 목사 등—에서 작성한 것입니다. 이 음식들의 일부 성분 연구는 물론 여러 가지로 다르게 요리된 음식들을 분석할 필요를 촉박하였습니다. 100개 이상 음식물의 영양가를 계산하여 일람표로 만들었습니다. 한국인의 음식은 단백질 성분이 빈약한 것으로 밝혀졌고, 패트(fat) 지방과 용해성 비타민이 분명히 부족한 것으로 밝혀졌습니다. 단백질의 약 76%만 신체에서 활용하고 있는 경우가 매우 많습니다.

음식을 제공하는 일을 어떻게 개선할지를 기숙사들에 조언하였고, 특별히 이곳의 두 학교, 곧 간호부양성소와 여자성경학원에서 학생들의 건강이 개선된 결과를 낳았습니다. 이 사역의 보고서가 중국의료선교사협회의 최근 회의 때 제출되었습니다.

신체 표준

한국인의 신장, 체중, 다양한 생리 기능의 신체 표준을 정하는 일이 시작되었습니다.

기후

한국인들과 선교사들의 건강에 영향을 줄 것이 예상되는 한국의 기후에 대해서는 신중하게 요약한 개괄적인 진술서만 준비하여 발표하였습니다. 이 보고서는 왕립아시아학회의 지난 연례회의 때 읽히고 그 간행물에 실렸습니다.

사진 등

이러한 여러 방면의 조사 외에 특별히 의학적인 관심을 받을 특이한 사례들의 사진을 적은 금액을 들여 촬영하였고, 그것들은 유통되어왔습니다.

결론

위의 모든 것 가운데 약품과 식물성 약재 연구와 번역작업에 가장 많은 금액이 사용되어 전체 지출비의 절반 이상을 차지하였습니다. 번역작업은 비용과 감독의 어려움 때문에 중단되었습니다. 밀즈 의사의 지도로 수행되었던 고비용의 이런 연구들 외에, 다른 교직원들도 그만큼 또는 더 많이 연구하여 좋은 결과를 내고 소중한 발견을 하였음을 주목해야 합니다. 중국의료선교사협회는 우리 기관이 현재 연구업무를 충실하게 실행하는 극소수의 기관들에 속한다는 점을 인정해왔고, 반버스커크 의사를 그들의 연구조사위원회의 위원으로 임명하였습니다.

연구사업은 새로운 사실들을 밝혀내고 직접적인 결실들을 얻게 하였으며, 그밖에도 교직원들의 과학 정신을 발전시키고 재능을 발견하는 큰 요인이 되어왔습니다. 그래서 지금 우리는 한국의 특수한 문제들과 질병들을 실제적으로 생생하게 이해하게 되어 전보다 더 많이 더 훌륭하게 사역할 수 있는 위치에 있습니다. 이 사람들은 예산에 대한 부담이 너무 큰 것 외에도 여러 문제에 봉착해 있지만, 그런 가운데서도 연구사업을 위해 도움을 받을 수 있음을 깨닫고 있습니다. 책들과 잡지들을 확보하여 다른 데서는 얻을 수 없는 정보를 얻고 있고, 특별한 장비들과 비품들을 이 사역을 위해 얻고 있습니다.

우리는 아마도 현재의 모든 사역을 전보다 더 적은 금액으로, 이를테면 올해에 약

¥3,000의 일 년 예산을 가지고 이어 갈 것입니다. 만일 연구사업에 사용할 수 있는 돈을 우리가 얻지 못한다면 이미 수행 중인 몇몇 연구를 마무리하지 못하여 수고한 것을 잃게 될 것입니다. 사실상으로 다 완료한 연구는 그것을 발표하는 일에서 재정적인 어려움을 겪을 것입니다. 우리는 교직원의 과학 정신을 보존하기 위해 연구사업이 필요하고, 특별한 기금이 없이는 이 연구를 수행할 수 없습니다.

다음은 매년 지급되는 돈이 어떻게 쓰이고 있는지를 간략하게 보여줍니다.

번역－한방의학서, 요약－일본 의학서	7,021.00	
식물성 약재-약용 식물 등 연구	3,775.00	
음식물 조사	625.00	
유아 사망 연구	650.00	
실험실 보고서 편집	250.00	
동물 실험, 비용과 사료	2,958.00	
도쿠미츠 의사의 내부 분비물 연구	500.00	
기후 조사	60.00	
사진촬영과 기구	255.00	
다양한 분야의 연구－소액 사용	606.00	
출판, 재인쇄, 우편 요금	1,260.00	
설비 등의 향상	890.00	
계	¥18,850.00	
설비를 위한 특별 기금 지출	1,535.65	4,922.23
정기예금 잔액	3,386.58	
연구조사 사업 용도 금액 총계	¥23,772.23	

안녕히 계십시오.

J. D. 반버스커크

연구부를 대표하여

부교장

출처: PHS

RECD. SCOTT
MAY 21 1920
Ansd. ✓

J. D. Van Buskirk

April 17, 1920.

Dr. O. R. Avison,
President, Severance Union Medical College,
c/o 156 Fifth Avenue,
New York, N.Y.

Dear Dr. Avison:

In response to your request for a report on the work of the Research Department, I give herewith a general summary of what has been accomplished during the last four years, from 1916 to the end of the fiscal year just closed. Many lines of work have been undertaken; the results of some have been published; others are nearing completion; some only require to be tabulated and written up; on others merely a beginning has been made.

Botanical investigation -- Native drugs.

The botanical investigation and study of the native drugs is the most complete so far made in Korea. It was carried on by Dr. Mills. In connection with this study, the native medical literature on plant drugs was studied; and samples of all the known drugs used in the country were secured, identified and classified and some attempt made to determine their medical value. This work is practically completed.

Translation of Native Medical Books.

This line of research is very closely related to the foregoing. It has made accessible a medical literature that is thousands of years old, and practices hitherto unknown to the Western world. Some things of value were discovered; and many of no value; but a knowledge of the medical background in which we are working should be of great value to all medical missionaries. This work is in the final stage.

Abstracts of Japanese Medical Literature.

Until our institution undertook this work there was no way by which the Western scientific world could gain any adequate knowledge of the work that Japanese medical scientists were doing, and these translations and abstracts have been recognized by medical scientists all over the world. We have letters from such famous men as the late Sir William Osler, the world's formmost medical man, expressing his appreciation of the work we have done and hoping for its continuance. Dr. Hrdlicka, the noted anthropologist of the Smithsonian Institution, commended the work most highly and stated that he felt the world owed a great debt to our institution in this respect. No doubt a copy of the resolutions passed by the China Medical Missionary Association has been seen by you. This line of work has done more to make our institution known to the medical profession than anything we have ever undertaken.

2.

Lung Distoma Investigation.

A long and patient work was carried on in this disease by Dr. Mills, who found that this very prevalent disease in Korea was transmitted through water supply by a kind of snail. A method of killing the snail was devised. In looking over Japanese medical literature, however, Dr. Mills learned that his work had all been anticipated and the results published. His research had verified the findings of the Japanese investigators.

Infant Mortality.

A record of the personal history of five thousand women has been secured showing the number of children born, the number of deaths and the causes of death amongst the children. The findings disclose not nearly so high a deathrate as had been supposed, but still very high -- about forty per cent. compared with less than twenty per cent. in America. Many facts relating to the sexual life of Korean women are known, thereby establishing physiological standards.

Chlorinated Lime.

The value of Chlorinated Lime bleaching powder as a disinfectant for water has been proved, and a simple method devised whereby itinerants might purify their drinking water. This method was published and has been used by many itinerants. Also a method of disinfecting fruit and vegetables was recommended that is even more widely used than the other. It is used to a very great extent by missionaries in this part of the world.

Laboratory Findings.

very large series of feces, urine and blood and miscellaneous clinical laboratory tests has been compiled showing the extent of parasitic and other infections amongst the Koreans; and also giving a standard whereby we may judge the results of ordinary routine clinical tests.

The foregoing represents work that was carried on mainly by Dr. Mills. Important work has, however, been carried on by other members of the staff.

Dr. Ludlow's Surgical Cases.

Dr. Ludlow has investigated and reported a number of unusual and significant surgical cases in the Surgical Case Reports, showing new methods of treatment and the results. For instance, one of the largest series of Liver Abscess ever reported is reported by Dr. Ludlow, showing a very high percentage of good results. New methods of treating cases as applied to Korean conditions have been investigated, and at the recent session of the C.M.M.A. in Peking Dr. Ludlow reported the results of a new method of treating Empyema.

Relapsing Fever.

Dr. H. S. Shim has investigated and is soon to report the largest series of cases of relapsing fever ever reported. Dr. Shim's investigations covered not only the methods of the spread of the contagion but various methods of treatment as well; and he has found some methods reputed to be good of no value, and that the method of treating by Salversan is almost specific.

3.

Syphilis, Diphtheria, Typhoid and Influenza.

Dr. F. W. Schofield, in collaboration with other members of the staff, has carried on routine tests among all classes of patients as to the prevalence of syphilis, finding a high percentage. He has also investigated the susceptibility of Korean children to diphtheria, using the Schick test, and has found that Korean children are less than half as susceptible to diphtheria as American children of the same age. He has also made tests of the value of the Atrophine test in the diagnosis of Typhoid, and found it to be of little value. Dr. Schofield also carried on investigations as to the bacteriology of the "Flu" epidemic, and developed a ~~serum~~ vaccine that was very widely used with good results during the past winter.

Dr. K. S. Oh has been investigating some of the native methods of the treatment of syphilis, finding some -- for instance, the Calomel fumigation -- to be very effective.

Dr. Y. Tokumitsu has continued investigations already begun on the interrelations of the functions of the pancreas, adrenals and liver; and presented a paper containing his findings at the recent meeting of the Medical Association in Japan.

Diet Investigation.

Dr. J. D. VanBuskirk has secure reports from dormitories, homes and boarding houses as to the kinds and quantities of food furnished. These reports are from all classes -- students, housewives, coolies, farmers, laborers, teachers, preachers, etc. Some of the compositions of these foods have been studied necessitating analyses of many different prepared foods. Over one hundred diet lists haveebeen calculated as to their nutritive value. The Korean diet is found to be poor as to the character of the protein, and to have an ap arent lack of fat, soluble vitamin. It is so bulky that only about 75 per cent. of the protein is utilised by the body.

Dormitories have been advised how to improve the diet furnished, resulting in improved health of students especially in two institutions here -- the Nurses' Training School and the Women's Bible Institute. A report of this work was presented at the recent meeting of the C.M.M.A.

Physical Standards.

A beginning has been made on the determination of the physical standards of the Korean people as to height, weight and various physiological functions.

Climate.

The only careful summary and general statement as to Korea's climate and its probable effect on the people and on the health of missionaries has been prepared and published. This paper was read at the last annual meeting of the Royal Asiatic Society and published in its Transactions.

Photos, etc.

Besides these various lines of investigation, a small amount of money has been used for photos of unusual cases of special medical interest which have been circulated.

4.

Conclusions.

Of all the above, the drug and botanical and translation work have used up the largest sum of money, over half of the total expended. The translation work has been discontinued owing to the expense and the difficulty of supervision. It will be noted that, aside from these expensive items which were carried on under the direction of Dr. Mills, other members of the staff have done as much or more work which has produced good results and valuable findings. The China Medical Missionary Association has recognized our institution as one of the very few where real research work is now being done, and appointed Dr. ~~Van~~Buskirk on its Committee on Research Work.

Besides the findings and the direct results, the research work has been a big factor in developing a scientific spirit in the men on the staff and in discovering their ability, so that we are now in a position to do more and better work than ever before because of the real, live interest in the specific problems and diseases of Korea. The men have realised that aid could be secured for working at problems outside of the overburdened budget. Books and magazines have been secured giving information that otherwise would have been impossible, and special apparatus and supplies have been available for those doing work.

We could probably continue all our present work on a less sum of money than formerly, say for the present about ¥3,000 per year. If we do not have money that can be used for research work some of what has already been done cannot be finished up and so labor will be lost; and work practically completed will find difficulty in financing its publication. We need research work to conserve the scientific spirit of our staff and we cannot carry on this work without special funds.

The following is a summary showing how the yearly grants have been expended:

Translation -- Korean Medical Literature; Abstracts of Japanese Medical Literature	7,021.00
Botany -- Drug Plants, etc.	3,775.00
Food Investigation	625.00
Infant Mortality	650.00
Laboratory Reports compilation	250.00
Animals, cost and feed	2,958.00
Dr. Tokumitsu's work on Internal Secretions	500.00
Climate investigation	60.00
Photo work and supplies	255.00
Various other lines -- small sums each	606.00
Publication and Reprints and Postage	1,260.00
Advanced for Equipment, etc.	890.00
	¥ 18,850.00

Expended for Equipment from special grant	1535.65	
Balance on fixed deposit	3386.58	4,922.23
Total grants for Research purposes		Y 23,772.23

Very sincerely,

J. D. VanBuskirk
for the Com
~~Vice President.~~

53. 브라운이 에비슨에게

AJB[A. J. Brown]

1920년 4월 22일

O. R. 에비슨 박사,

이스트마운트,

캘거리, 앨버타 주, 캐나다.

나의 친애하는 에비슨 박사님:

오늘 오전 우체부가 당신의 3월 15일 자와 19일 자 편지를 가져왔습니다. 후자는 곧바로 데이(Day) 씨에게 보냈습니다. 그 편지가 회계부에 속한 문제를 다루고 있기 때문입니다.

전자의 편지는 내가 깊은 관심을 가지고 읽었습니다. 당신은 서울에 있는 [정신]여학교를 위해 엄청난 호소를 하였습니다. 그 같은 사실들은 가장 완고한 마음도 흔들리게 할 것입니다. 그러나 당신은 선교부도 그 학교 못지않게 적자로 운영된다는 사실을 알게 될 것입니다. 이는 우리가 $426,000의 새로운 적자를 안고 가게 되었기 때문입니다. 그런데도 선교부는 조선 선교회를 위해 예산을 크게 늘였습니다. 다음 일요일에 시작되는 세계교회 협력운동의 대규모 모금운동과 연계하여 우리는 조선 선교회를 포함하여 [세계 여러 곳의] 선교회들이 요청한 것들을 모두 상정하였습니다. 우리는 그렇게 하여 서울의 학교와 다른 많은 곳에 매우 절실히 필요한 도움을 속히 줄 수 있게 되기를 간절히 희망합니다.

당신이 전보를 통해 뉴욕에 언제 오면 좋을지를 물은 것에 응답하여 스코트 씨가 당신에게 전보를 보냈습니다. 우리는 북장로회 선교부에 항의하기 위해 [북장로회] 총회의 실행위원회에 청원서를 보낸 사람들에게서 더 들은 말이 없습니다. 그러나 이 나라[미국] 각지의 목사들이 우리에게 소식을 전해주고 있는데, 파이팅(Whiting) 의사와 아담스 박사가 그 청원서 사본들과 노회들에 호소하는 문서들을 [미국 북장로회] 노회들에 보내 춘기 노회 회의 때 그 문제를 총회에 제기해달라는 요청을 했다고 합니다.*

* 이 설명은 에비슨이 미국에 간 주요한 목적의 하나가 이 일에 있음을 드러낸다. 연희전문의 설립을 반대한 북장로회 재한 선교사들의 다수파가 미국의 교회들에 편지를 보내 총회에서 목사들이 선교부를

그래서 냄비가 계속 끓고 있습니다. 내가 제대로 들었다면, 설혹 그[한국] 선교회가 그런 결정을 하지 않았다고 할지라도, 그 청원은 선교회 측을 위해 한 일로 보이고, 당신은 소수자를 대변할 것이기 때문에, 당신은 그 사건과 관련된 모든 통신 내용을 충분히 살펴볼 수 있도록 총회 회의를 넉넉히 앞두고 뉴욕에 오는 것이 좋을 것 같습니다.

선교부의 지난 회의 때 당신의 아들과 그의 약혼녀가 조선 선교회에 임명된 사실을 알게 되어 기뻤습니다. 그들은 훌륭한 커플이므로 우리는 선교 인력에 그들이 더해지는 것을 보게 되어 기쁩니다. 에비슨 부인께 따뜻한 안부 인사를 드립니다.

안녕히 계십시오.

추신. 이 편지에 서명하려는 순간에 당신이 기선에서 쓴 4월 14일 자 편지가 도착하였습니다. A. J. B.[Brown]

출처: PHS

제소하도록 선동하였고, 에비슨은 소수파와 선교부를 변호하기 위해 미국에 갔다.

FILING DEPT.
APR 28 1920
1399
SECRETARIES

AJB:M

April 22, 1920.

Dr. O. R. Avison,
Eastmount,
Calgary, Alberta, Canada.

My dear Dr. Avison:-

This morning's mail brings your letters of March 13 and 19. The latter I have referred at once to Mr. Day, as it relates to a matter which belongs to the Treasurer's department.

The former letter I have read with very deep concern. You make a tremendous appeal for that Woman's Academy in Seoul. Such facts would stir even the hardest heart. I am sure, however, that you will appreciate the fact that the Board is carrying a deficit as well as the School, for we have started on a new deficit of $426,000. However, the Board has made a substantial increase in the budget of the Chosen Mission, and in connection with the great campaign of the Interchurch World Movement which begins next Sunday we have asked for everything that the Missions have asked for, including the Chosen Mission. We are earnestly hoping, therefore, that it will soon be possible to give the relief that is so desperately needed, both to the Seoul School and to many others.

Mr. Scott has telegraphed you in reply to your telegram about the time of your coming to New York. We have heard nothing further from the petitioners against the Board to the Executive Commission of the General Assembly, but pastors in various parts of the country are sending us word that Dr. Whiting and Dr. Adams have sent copies of the Petition and accompanying documents to the Presbyteries with a request that at their spring meetings they overture the General Assembly on the subject.

And so the pot continues to boil. As the Petition appears to be in behalf of the Mission, although, if I am correctly informed, the Mission never acted upon it, and as you are to be a representative of the minority I think it would be well for you to reach New York long enough before the meeting of the General Assembly to enable you to go over all the correspondence in the case.

It was good to see your son and his fiancee appointed and assigned to the Chosen Mission at the last meeting of the Board. They are a fine couple and we are delighted to see them added to the Mission force. With warm regards to Mrs. Avison,

Affectionately yours,

P.S. As this comes to me for signature I receive yours of April 14 from the steamer. A.J.B. m

54. 에비슨이 암스트롱에게

와와네사, 마니토바, 1920년 5월 4일

친애하는 암스트롱 씨:

우리는 버스로 대륙을 횡단하여 동부로 가고 있습니다. 오늘밤 위니펙에 도착할 것입니다.

어제 고든(C. W. Gordon) 목사·박사와 전화 통화를 했는데, 그가 나를 위해 내일 점심시간에 [선교를 자원하는] 학생들과 모임을 갖도록 준비할 것입니다. 그날 저녁에는 내가 그의 기도회에 참석하여 발언할 기회를 가질 것입니다. 그 집회는 요행히 전진운동의 성공에 대한 감사예배로 드려집니다.

목요일에는 위니펙의 종합병원에서 의사들과 점심을 먹은 다음, 그들에게 한국 이야기를 해주고, 저녁에는 간호사들을 만나도록 일정을 잡았습니다. 그곳에 있는 동안 다른 어떤 기회들이 생길지 나는 모르겠습니다.

우리는 코퍼 클리프(Copper Cliff)에서 일요일을 보내고 월요일 오후 10시에 토론토에 도착할 예정입니다. 목요일 저녁까지 토론토에 있다가 뉴욕으로 출발하여 14일에는 그곳에 도착할 것으로 예상합니다.

만일 나의 토론토 체류 중에 무엇이든 내가 할 수 있는 일이 생기면 부담 없이 불러주기를 바랍니다. 의사나 간호사의 집단을 만나면 특별히 기쁠 것입니다. 그들이 한국에서 매우 부족하기 때문인데, 적어도 20명씩이 당장 필요합니다. 약사 1명과 치과의사 2명도 필요합니다. 당신의 [한국] 선교회의 럽(Robb) 씨도 내가 떠나려 할 때 내게 함흥과 용정에 있는 남학교들에 교장이 절실히 필요하다는 사실을 강조하였습니다.

스코필드 의사가 도착하는 것을 보려고 뱅쿠버에 꽤 오래 머물러 있었습니다. 그는 우리보다 먼저 토론토에 도착할 것이고, 그때쯤에 내가 그곳에 도착할 것입니다. 아마도 그와 그의 아내에게 열릴 미래의 진로에 관해 어떤 방안을 모색하게 될 것입니다. 그 문제에 관한 맥케이 박사와 당신 그리고 당신들의 위원회의 견해가 어떠한지를 알면 좋겠습니다. 당신들은 모두 그의 의학교 사역이 크게 만족스러웠고, 그가 특별히 언어를 잘 습득하였으며, 사람들에게 사랑받은 사실을 물론 알고 있습니다. 만일 가족의 상황이 그의 복귀를 잘한 일 또는 가능한 일로 여기게 할 만큼이 되어 그가 복귀한다면, 우리 모두에게 환영받을 것입니다.

만일 이렇게 하는 것이 불가능하다는 사실이 분명해지면, 디프리스(Defries) 의사를 얻기를 희망합니다. 나는 물론 토론토에 있는 동안 그 의사를 만나려고 노력할 것입니다.

토론토에 도착하고 나면 전화를 해서 그 주간에 무슨 일을 할지를 지시받겠습니다.

맥케이 박사와 당신이 만날 다른 사람들에게 최고의 안부 인사를 전해주기 바랍니다.

안녕히 계십시오.

O. R. 에비슨

출처: PCC & UCC

R

Chosen Christian College

OFFICE OF THE PRESIDENT

O. R. AVISON, M. D.

Seoul, Chosen

CO-OPERATING BOARDS
PRESBYTERIAN CHURCH IN THE U. S. A.
METHODIST EPISCOPAL CHURCH
METHODIST EPISCOPAL CHURCH, SOUTH
PRESBYTERIAN CHURCH IN CANADA

Wawanesa, Man. May 4th, 1920,

Dear Mr. Armstrong,

We are making our way by stages across the continent Eastwards. We shall get to Winnipeg tonight.

I got into touch yesterday by telephone with Rev. Dr. C.W.Gordon and he will have a lunch party of Student Graduates ready for me tomorrow and I shall have an opportunity of speaking at his prayer service the same evening which fortunately is a thanksgiving service for the success of the Forward Movement.

I have arranged also to take lunch at the Winnipeg General Hospital on Thursday with the doctors and then speak to them about Korea and also to meet the nurses in the evening. Whether any other opportunities will develop while I am there I do not know.

We expect to spend Sunday at Copper Cliff and reach Toronto on the afternoon of Monday the 10th. I shall be in Toronto until Thursday evening when I expect to leave for New York as I am due there on the 14th.

If there is anything I can do while I am in Toronto I hope you will feel free to call on me for it. I shall be especially glad to meet any groups of doctors or nurses as we are very short in Korea, not less than 20 of each being needed at once. I also want a pharmacist and a couple of dentists. Mr. Robb of your mission also impressed on me, as I was leaving, the great need of a principal for each of the Middle Schools for boys at Hamheung and Yongjung.

I remained in Vancouver long enough to see Dr. Schofield land. He will have reached Toronto ere this and by the time I reach there possibly some idea will have developed as to the future course that will be open to him and his wife. I shall be interested to learn the view of Dr. McKay and yourself and of your Committee on the matter. Of course you all understand that his work has been highly satisfactory to the Medical College and he has done specially good work on the language and has won the love of the people. His return will be welcomed by us all if family circumstances make it wise or possible.

If it should become evident that this will be impossible then I do hope that Dr. Defries will be available. I shall of course try to see the latter while I am in Toronto.

I will telephone you after my arrival in Toronto and get my instructions for the week.

Please convey our very best greetings to Dr. McKay and to any others you may have an opportunity to meet.

Very sincerely

O. R. Avison

55. 암스트롱이 에비슨에게

1920년 5월 13일

에비슨 박사,
c/o 조지 T. 스코트 목사,
156 5번가,
뉴욕 시.

나의 친애하는 에비슨 박사님:

일이 어떻게 진행되고 있는지를 그냥 확인하기 위한 편지입니다. 스와인하트(Swinehart) 박사*가 [남장로회 선교부 총무] 체스터(Chester) 박사에게 쓴 편지에서 맨스필드(Mansfield) 의사의 말을 인용하여 제기했던 문제를 당신이 알아볼 예정이라고 말했던 사실을 당신에게 상기시키기 위해 편지를 씁니다. 그것은 일본제국의 의사 면허장을 얻는 일과 이쪽 대륙에서, 어쩌면 노바스코샤에서 면허시험을 볼 수 있게 하고, 그렇게 해서 한국에 갈 의료인이 영국과 일본 간의 호혜 특권을 얻게 하는 문제에 관한 것으로, 체스터 박사가 맥케이 박사에게 쓴 편지에서 논의한 것이었습니다. 노바스코샤가 그 안에 포함된 것으로 알고 있는데, 그런 것을 통해 노바스코샤에서 등록할 수 있지 않을까 합니다.

당신이 그 문제를 알아볼 생각이라는 말을 했었다고 내가 체스터 박사에게 편지를 쓰겠습니다. 지금은 우리가 그런 일을 더 할 필요가 없을 것 같습니다. 만일 선교부가 해야 할 무슨 일이 있다면 내게 알려주기 바랍니다.

안녕히 계십시오.

AEA[A. E. Armstrong]

출처: PCC & UCC

---

* M. L. Swinehart(~1957)는 남장로교 선교사로 1911년 내한하여 1937년까지 광주에서 선교활동하였고, 장로교 주일학교연합회장을 역임하였으며, 건축가로서 이화여대 파이퍼홀, 수피아여학교 윈스보로홀, 종로 기독교서회 건물을 지었다.

13th May, 1920.

Dr. Avison,
c/o Revd. Geo. T. Scott,
156 Fifth Avenue,
NEW YORK CITY.

My dear Dr. Avison:

Just to make sure that it is being attended to, I write to remind you that you said you were going to look into the question raised by Dr. Swinehart in his letter to Dr. Chester quoting Dr. Mansfield and concerning which Dr. Chester has written Dr. MacKay, namely, the matter of securing licenses to practise in the Japanese Empire and a possibility of being examined on this continent, perhaps in Nova Scotia, and thus medical men going to Korea availing themselves of the privilege of reciprocity which obtains between Britain and Japan, in which I understand Nova Scotia is a party, and through which it might be possible to register in Nova Scotia.

I am writing Dr. Chester that you had said you intended going into the matter, and I am assuming that we need not do any more with it at the present time. If there is anything we should do as a Board, please inform us.

Sincerely yours,

AEA/JB

56. 에비슨이 암스트롱에게

156 5번가, 뉴욕, 1920년 6월 3일

친애하는 암스트롱 씨:

마틴 의사가 쓴 편지의 사본을 동봉해서 보냅니다. 그것은 방금 오웬스 씨로부터 받은 것으로 화이트로 양이 어떤 상황에 있는지를 알려줍니다.

당신은 이 문제에 어떻게 대처해야 한다고 생각하는지 내게 친절히 알려주시겠습니까? 만일 세브란스와 같은 의료기관에 임명된 사람을 그의 선교회가 아무 때나 철수시켜도 이를 용인받게 된다면, 그 의료기관은 곤란한 처지에 빠져 사역을 수행할 수 없게 되었다는 느낌을 받게 되리라는 것을 당신이 이해하리라고 확신합니다. 그런 방식은 우리 연합 기관들을 조직할 때 결코 생각해본 적이 없었습니다.

당신의 [한국] 선교회와 [본국] 선교부가 세브란스에 대한 간호사의 파송을 결정한 지 이제 여러 해가 지나갔지만, 우리는 지금까지 매우 불행하게도 그 자리를 실제로 채울 사람을 얻지 못하였습니다. 그런 것은, 우리가 실제로 느꼈던 것처럼, 당신의 선교부와 여자선교부에 유감을 느낄 원인이 된다고 확신합니다.

우리가 맨스필드 의사를 1년 기한으로 세브란스에 임명해주기를 요청했을 때는 그런 임명 때문에 선교회가 이런 결정을 내려 사람을 바꾸도록 요청하게 될 것을 생각지 못하였습니다. 맨스필드 의사의 임명은 그 일이 지닌 장점을 고려하여 이루어졌고, 화이트로 양의 임명에 관해서는 그 일을 논의할 때 나도, 당신의 선교회의 그 누구도 언급하지 않았습니다. 화이트로 양을 당신의 한[용정] 선교지회에서 운영하는 병원에 보내자는 제안은 내게 보고되지 않아 내가 판단할 수 없었고, 그 문제에 관해서는 우리가 무엇이든 어떤 식으로든 상의한 적이 없었습니다. 그녀가 확실히 세브란스에 보내졌고 세브란스에 임명되었다는 사실을 선교회가 확인하기는 하였지만 말입니다.

또 다른 간호사가 선택되고 파송되어 언어를 배우기를 기다리는 일은 우리를 매우 힘들게 할 것입니다. 다른 무엇보다도 우리 간호사 교직원이 이미 2명으로 줄었고 그중 한 명이 올가을 안식년으로 미국에 가게 되었기 때문에 더욱 그러합니다.

원칙의 문제에 있어서 훨씬 더 중요한 것은 연합에 참여한 각 선교회가 과연 그들의 자체 결정으로 아무 때나 상대 기관과 상의하지 않고 또는 상의한 후 그 기관의 요망에 반하여 임명된 사람을 철수시킬 권한을 갖게 할 것인가 하는 문제입니다. 교직원의 안정성을 위해 반드시 방침이 마련되어야 합니다.

협력이사회의 회의가 다음 수요일 정오에 소집되는 것으로 알고 있습니다. 당신의 선교부가 그 회의에 참석할 것입니까?

당신이 위에서 논한 문제에 관해 어떤 제안을 해주면 매우 기쁘겠습니다.

안녕히 계십시오.

O. R. 에비슨

스코필드 의사가 세브란스로 복귀하는 문제에 관해 더 분명한 어떤 결정이 났습니까?

출처: PCC & UCC

RECEIVED

OFFICE OF PRESIDENT

O. R. AVISON, M. D.

ANS'D ... 18

SEVERANCE UNION MEDICAL COLLEGE
NURSES' TRAINING SCHOOL
SEVERANCE HOSPITAL

SEOUL, KOREA

CO-OPERATING MISSIONS
PRESBYTERIAN CHURCH IN THE U. S. A.
METHODIST EPISCOPAL CHURCH
PRESBYTERIAN CHURCH IN THE U. S.
METHODIST EPISCOPAL CHURCH, SOUTH
PRESBYTERIAN CHURCH IN CANADA
PRESBYTERIAN CHURCH OF AUSTRALIA

156 Fifth Ave., New York, June 3, 1920,

Dear Mr. Armstrong,

I am enclosing copy of a letter written by Dr. Martin and just received from Mr. Owens which indicates the situation concerning Miss Whitelaw.

Kindly let me know what steps you think ought to be taken in this matter? I am sure you will realize that if it is to be allowable for any mission to withdraw its appointee to such an institution as Severance at any time it feels itself in a tight place it will become impossible to carry on the work of the institution. Such a method was never contemplated in the organization of our union institutions.

Many years have now passed since your Mission and Board decided to send a nurse to Severance and up to the present we have been so unfortunate as to have no one actually fill the place, which I am sure is a cause of regret to your Board and the Women's Board as it is to us.

When we asked to have Dr. Mansfield assigned to Severance for a year it was not ever contemplated that such an appointment would call for the exchange which this action of the mission refers to. The appointment of Dr. Mansfield was made on the merits of the case and Miss Whitelaw was not mentioned either by me or by any member of your mission when that matter was being discussed and the proposition to keep Miss Whitelaw in one of your station hospitals was not referred to me for my judgment nor were we consulted in any way whatever in connection with the matter although she had been definitely sent out for Severance and her appointment to Severance had been confirmed by the Mission.

It will be pretty hard for us to have to wait for another nurse to be selected and sent out and then given time to learn the language and all the more so as our nursing staff is already reduced to two nurses and one of them is to come to America on furlough this coming Fall.

Of still greater importance so far as principle is concerned is the question of whether each Mission in the Union is to have the right to withdraw one of its appointees at any time by mission action either without consultation with the Institution or against the desire of the Institution after consultation. There must be provision made for permanency in the staff.

I note that a meeting of the Cooperating Board has been called for next Wednesday noon. Will your Board be represented at the meeting?

I shall be very glad from some suggestion from you in reference to the matter discussed above.

Very sincerely

O. R. Avison

Has anything more definite been determined on as to Dr. Schofield's return to Severance?

57. 암스트롱이 에비슨에게

1920년 6월 19일

O. R. 에비슨 박사,
156 5번가,
c/o 북장로회 선교회,
뉴욕 시, 뉴욕 주.

친애하는 에비슨 박사님:

당신의 6월 3일 자 편지를 받았으나, 우리 총회에 참석하고 다른 곳들에 가느라 자리를 비워서 답장을 보내지 못하였습니다.

화이트로 양을 용정으로 보내려 하는 움직임과 관련하여 나도 당신과 같은 생각을 합니다. 그녀는 선교회의 회의가 열릴 때까지만 한시적으로 그곳에 있는 것이지만, 선교회는 물론 그녀를 그곳에 붙잡아두려 할 것입니다. 그녀가 이 문제를 어떻게 생각하는지 궁금합니다. 마틴 의사는 편지에서 그녀가 훌륭한 정신으로 일을 해나가고 있고 여러 여자 환자들이 여자 간호사가 그곳에 있는 것을 보고 병원에 오고 있다고 썼습니다. 화이트로 양을 세브란스로부터 데려가려고 하는 이유는 세브란스가 맨스필드 의사를 데려갔기 때문인 듯합니다. 나는 이것이 합당한 이유가 되지 못한다고 생각하여 얼마 전에 편지를 써서 내 생각을 밝히고 선교부가 이 문제를 어떻게 받아들일 것 같은지를 설명하였습니다. 내가 선교회에 지시하려 했던 것은 아니지만, 화이트로 양이 세브란스병원에서 봉사하기 위해 한국에 파송되었다는 사실을 명백하게 밝혔습니다. 선교회는 이제 이 문제에서는 화이트로 양을 세브란스에서 데려가게 해달라는 권고를 선교부에 하지 않으리라고 생각합니다. 그들이 그래야 한다고 판단할지라도 말입니다. 우리는 그 문제에 대한 선교회의 결정을 기다릴 것이고, 그런 후에 우리 집행부는 화이트로 양이 세브란스로 돌아가지 않고 있는 사건을 검토할 것입니다. 일어날 가능성이 있는 최악의 일은 맥키넌(MacKinnon) 양이 가을에 도착할 때까지 화이트로 양을 용정에 계속 붙들어두는 것이리라고 생각합니다. 그들은 실로 화이트로 양을 세브란스로부터 떼어놓고 언어를 익히지 않은 새 간호사를 세브란스에 보내려고 고집부리지 않을 것입니다. 그런 제안은 우리 선교부들[캐나다장로회의 선교부와 여자선교부]의 반대를 받을 것이라고 확신합니다.

몇 년간 간호사로 일했던 내 친구가 있는데, 대략 35세쯤이고, 어쩌면 더 어릴 것입니다. 그녀가 매우 훌륭한 기독교인 여자 청년이어서, 그녀에게 우리 선교회의 후원을 받거나 세브란스와 연계해서 한국에 가는 일에 대해 말하였습니다. 이 문제를 우리 사역 위주로 그녀와 함께 진행하고픈 마음은 아주 크지만, 당신에게 그녀와 통신할 기회를 주어야 한다고 생각하였습니다. 당신이 세브란스에 갈 간호사들을 찾고 있기 때문입니다. 그녀의 이름은 맥킴(Ethel E. Mckim)이고, 온타리오 주의 포트 버웰(Pt. Burwell) 사람입니다. 그녀는 6월 21일경에 해안지대로 여행을 떠나지만, 무슨 편지든 포트 버웰로 보내면 그녀에게 전달될 것이라고 말합니다. 기독교 신앙인으로서의 품성에 관한 한은 당신이 그녀에게 연락하기를 망설일 필요가 없습니다. 그녀의 간호사 자격은 최상이라고 판단되고, 그녀는 몇 년 동안 실무 경험을 쌓았습니다. 그녀와 그녀의 가족은 유복한 것으로 알고 있습니다. 이는 내가 [온타리오 주] 노폭 카운티의 린독(Lynedoch)에서 목회했던 2년 동안 그들이 최고의 사람들이었기 때문입니다.

당신이 맥킴 양과 그 문제를 상의할지 말지를 내게 알려주기 바랍니다. 만일 직접 하지 않을 것이라면, 우리의 여자선교회(W.M.S.)에 그녀와 통신할 기회를 주겠습니다. 그녀는 당신의 아들을 알고 있다고 말합니다. 또한 한국에 있는 우리 선교지로 임명된 간호사 폭스(Fox) 양을 알고 있다고 합니다.

오웬스 씨가 보낸 5월 10일 자와 5월 12일 자 편지를 받았습니다. 거기에서 그는 연희전문학교의 건축기금이 부족한 것에 대해 말하였습니다.

한국의 예수교서회와 공의회의 신문위원회는 그리어슨 의사와 연락하여 그에게 두 부서를 전담시키려 하고 있습니다. 그리어슨 의사는 결정을 내리지 않았다고 말합니다. 그러나 그 일을 하기로 한다면 세브란스와 연계하여 어느 지방에서 의료활동을 할 수 있을 것입니다. 이런 일을 선교부에 권고하는 것은 물론 선교회의 소관 업무입니다. 우리는 스코필드의 향후 사역에 대해 더 들은 것이 없습니다. 그가 [한국으로] 돌아가지 않아서 우리가 맨스필드와 그리어슨 두 사람을 서울에 빼앗길 수밖에 없게 된다면, 우리 선교회의 의료분야 사역은 확실히 초라해질 것입니다.

안부 인사를 드립니다.

안녕히 계십시오.

AEA[A. E. Armstrong]

출처: PCC & UCC

June 19th 1920.

Dr. O. R. Avison,
156 Fifth Avenue,
c/o Presbyterian Foreign
Mission Board,
New York, N.Y.

Dear Dr. Avison:-

I have your letter of June 3rd and have not answered it because of absence at our Assembly and other points.

I feel with you with reference to the movement of Miss Whitelaw to Yong Jung. She is there temporary until Council meets, but of course Council may retain her there. I wonder what her own mind is in the matter. Dr. Martin writes that she is taking hold of things in fine spirit, and that numbers of women have come to the hospital because a lady nurse is there. The reason for taking Miss Whitelaw from Severance seems to be that Severance had taken Dr. Mansfield. I do not think this is a good reason and I wrote sometime ago expressing my own feeling and what I thought would be the feeling of the Board in the matter. While I did not attempt to instruct Council, yet I plainly indicated that Miss Whitelaw was sent to Korea for service in Severance hospital, and I think the least the Council should do now in the matter is to recommend to the Board that Miss Whitelaw be moved from Severance, even in their judgment they think that should be done. We shall await the action of the Council on the matter and then our Executive will consider the case, if Miss Whitelaw is not returning to Severance. I think that the worst that could happen would be that Miss Whitelaw would be kept at Yong Jung until Miss McKinnon arrives back in the fall. Surely they will not insist on Miss Whitelaw remaining away from Severance and the sending of a new nurse, without the language, to Severance. I am sure both our Boards will have something to say against that proposition.

I have a friend who has been a nurse for a few years, I think she is in the neighborhood of 35 years of age, possibly younger. She is a very fine Christian young woman, and I spoke to her about going to Korea, either under our Mission or in connection with Severance. I am quite willing to take the matter up with her from the standpoint of our own work, but I thought I ought to give you the opportunity of corresponding with her, since you are looking for nurses for Severance. Her name is Miss Ethel E. McKim, Pt. Burwell, Ontario. She is leaving for a trip to the coast about the 21st of June, but states that any letters sent to her at Pt. Burwell, will be forwarded. You need have no hesitation about approaching her so far as Christian character is concerned. I judge her nursing qualifications are of the best and she has had several years practical experience. I know her and her family well because they were about the best people I had during the two years I was minister at Lynedoch, in Norfolk County.

Let meknow whether or not you take the matter up with Miss McKim, for if not, I would like to give our W.M.S. a chance to correspond with her. She knows your son, she says, and is also acquainted with Miss Fox, a nurse under appointment to our Korea field.

I have letters from Mr. Owens of May 10th and May 12th in which he speaks of the lack of building funds for Chosen College.

The Christian Literature Society of Korea and the Newspaper Committee of the Federal Council are approaching Dr. Grierson to give his whole time to these two departments. Dr. Grierson says that he has not decided, but if he goes into that work he would be able to undertake some country clinics in connection with Severance. This of course is in the hands of Council to make recommendation upon to the Board. We have no further information with regard to Schofield's future. If he does not return and if we have to lose both Mansfield and Grierson to Seoul, the medical side of our Mission will certainly be down at the heels.

With kind regards, I am,

Very sincerely yours,

AEA/W

58. 에비슨이 대너, 패튼, 플레처에게

플레처 의사의 한국 임명에 관하여

피츠버그, 펜실베이니아 주, 1920년 8월 14일

대너(W. M. Danner), 구라선교회 미국 지부 총무,
패튼(Patton), 목사·박사, 북장로회 선교부 총무 대행,
플레처(A. G. Fletcher) 의사.

친애하는 우인들께:

플레처 의사가 편지를 보내 여러분이 모두 참석했던 회의에서 있었던 일을 내게 알려주었습니다. 이에 내가 플레처 의사에게 피츠버그로 와서 나와 함께 사안들에 관해 이야기하자고 요청하였습니다. 그리하여 우리는 어제 얼마 동안 그가 편지로 내게 알려준 문제에 관해 의논하였습니다.

우리는 함께 결론을 내리고 진술서를 작성하였는데, 어쩌면 우리가 다 매우 크게 관심을 가진 그 계획의 이행을 도울 가장 효과적인 길을 제시하게 될 것입니다.

이것을 검토해달라고 여러분께 보내면서 다음의 사실을 말하지 않을 수 없습니다. 세브란스의학교의 교수회와 현지 이사회 그리고 미국에 있는 협력이사회가 처음에 제안을 지지했을 때는 플레처 의사의 집과 나환자 병동을 마련하는 데에 필요한 기금을 얻게 되리라는 기대가 있었습니다. 그래서 북장로회 선교부도 의학교도 재정 문제에 신경을 쓰거나 노력할 필요가 없었습니다. 그러므로 나는 모든 관계자가 그 제안을 강력히 지지한다고 확신하면서 나의 책임에 관해 계획을 수정한 것을 여기에 동봉하여 제출합니다. 우리가 이곳에서 위에서 언급된 다른 집단들과 합의를 이루게 되면 그 문제를 반드시 제시해야 합니다.

그러나 그 제안이 그 사역을 시작하게 할 최선의 길이 될 것이므로 그들이 그 제안에 찬성하리라고 생각합니다.

여러분이 내가 제출하는 진술서를 친절히 주의 깊게 검토하여, 비판하거나 제언할 점을

보게 된다면, 또한 그 계획에 찬성하여 통과시키려 한다면, 시간 소모를 최대한 줄일 수 있도록 최대한 빨리 내게 알려주시겠습니까?

안녕히 계십시오.

[서명된] O. R. 에비슨

c/o 마틴 에비슨(Martin Avison)

3185 시카모어 로드,

클리블랜드 하이트스, 오하이오 주.

1920년 8월 14일.

한국, 서울에 나병의 조사, 치료, 교육을 위한 부서를 개설하기 위한 제안

한국에서 나병을 완전히 근절하기 위한 계획이 제안되었지만 구라선교회는 현재 그 계획을 실행할 처지에 있지 않습니다. 더 큰 계획을 충분히 검토하도록 연기하자는 의견이 지금 제시되었습니다. 서울에 있는 세브란스연합의학전문학교 및 병원에 연구·교육부(Research and Teaching Department)를 조직하고 운영하기 위한 준비가 즉시 시작되어야 합니다. 이것은 처음부터 계획된 일이었습니다.

미국 구라선교회는 이곳으로 이 부서를 이끌 의사를 파송하고 주재시키며 그 사역을 후원하기 위해 최소한 7년 이상 최소 $5,000을 매년 제공하기로 합의하였습니다. 그 돈은 미국 북장로회 선교부로 보낼 것인데, 보내는 방법이 합의되면 그렇게 할 것입니다.

구라선교회는 현재 연 $5,000 이상을 지원하는 것은 약속할 수 없지만, 필요한 것이 명백해지면 더 많은 금액의 지원을 기꺼이 검토할 것입니다. 그 같은 추가 지원금은 그들의 능력의 한도 안에서 만들 것입니다.

북장로회 선교부는 이런 목적에서 그 사역을 이끌 의사의 생활비, 여비, 봉급, 자녀수당, 주택비, 의료비, 어학선생 급여 등의 모든 비용을 교부하는 것에 합의하고, 교부금의 잔액을 나병 부서의 다른 지출에 사용하는 것에 합의하고 있습니다.

세브란스연합의학전문학교와 병원은 위에서 지정된 돈을 교직원 및 경상 지출비에 더하여 받는다는 사실을 감안하여, 교수회와 병원에서 내린 최선의 판단에 따라 그리고 전술한 기금이 허용하는 범위 안에서, 연구 · 교육 사업을 철저하게 수행하기로 합의하고 있습니다.

그 부서의 수장은 의료기관의 모든 실험실과 진료 시설을 사용하고 다른 사역자들이 그에게 제공할 수 있는 협력을 받을 것입니다. 달리 말하자면 나병과가 이 의료시설의 핵심적인 부분이 될 것입니다.

이런 점에 비추어 이 부서의 수장은 그의 여러 직무, 곧 교회들과 총독부에서 하는 나환자 대상 사역 및 한국에서의 나병 근절 사역을 향한 외국인들과 이 나라 주민들의 관심을 더 높이는 직무 외에도, 한국의 여러 나환자수용소 책임자들의 요청을 받을 때 자문의 역할을 하고, 바람직하다고 생각되는 다른 분야들의 사역을 도울 수 있습니다.

나환자들을 위한 특별 병동이 필요한 까닭에 미국의 구라선교회 지부는 그것의 건설과 설비를 위한 기금을 지금부터 약 2년간 제공할 수 있기를 희망하고 있습니다. 지금은 이에 대해 확실한 약속을 할 수는 없지만 말입니다.

이런 점에서 에비슨 의사는 세브란스 운영진에 대해 새로운 일반 격리병동을 병원 확장 개정안에 집어넣고 최대한 빨리 지을 것과 새 나환자 병동이 마련될 때까지 현재의 격리병동을 임시 나환자 병동으로 변경할 것을 제안할 것입니다. 이런 목적을 위한 특별기금을 혹시 얻지 못하게 될지라도, 이 일은 아마도 현재의 나환자 사역 기금으로 할 수 있을 것입니다.

북장로회 선교부가 플레처 박사를 가능한 한 빨리 이 부서의 수장으로 파송해줄 것이고 그러면 그가 다른 선교부들에서 이제까지 파송되었거나 파송될 예정인 사역자들과 합류할 것으로 생각되고 있습니다.

그가 살 집을 가급적 빨리 지어야 할 것입니다. 그동안에는 가능하면 집을 임차해주거나 가까운 선교지회에서 비어 있는 선교사 주택을 사용하게 함으로써, 또는 서울에 있는 빈튼의 집을 위생적으로 고치고 사용하게 함으로써 그가 임시로 거주할 수 있을 것입니다.

1920년 8월 16일

O. R. 에비슨 박사,
c/o 마틴 에비슨 씨,
3185 시카모어 로드,
클리블랜드 하이트스, 오하이오 주.

친애하는 에비슨 박사님:

대너 씨가 이 도시에서 떠나 있게 되어 당신의 8월 14일 자 편지에 답장하는 일을 내가 하게 되었습니다. 그 편지에서 당신은 당신과 당신의 동료들이 한국의 나환자들을 위한 특별 사역 프로그램을 이끄는 책임을 맡는 수정안을 제시하였습니다. 우리는 당신이 이 특별한 프로그램에 분명한 관심을 보이는 것을 보고 매우 기뻐하였습니다. 당신이 알듯이, 우리 선교회가 여러 해 동안 취해온 정책은 여러 선교부의 사역을 보충해주고 각 교파의 선교 사역자들이 나환자를 위해 일할 수 있게 하는 일이었습니다.

우리는 우리 미국 지부를 대표하여 "앞으로 나아가라"고 말하겠습니다. 그리고 만일 영국에 있는 우리 사무실이 책임을 이행하지 않는 것처럼 보인다면, 이 선교회의 미국 지부가 그 일을 할 것이고, 아마도 특별기금을 모아서 이곳의 북장로회 선교부에 $5,000을 맡길 것입니다. 당신의 8월 14일 자 통신문에서 요약 설명된 것에 굳게 근거하고 그것을 조건으로 해서 하겠습니다.

우리는 북장로회 선교부의 승인이 나면 무슨 일을 할지 당신이 알려주기를 기다리겠고, 필요할 때 첫 번째 송금을 할 준비를 하겠습니다. 이런 논의는 플레처 의사를 최대한 빨리 현지로 보내기 위해 하는 것이라고 우리가 이해하고 있습니다.

안녕히 계십시오.

[서명됨] F. H. 레블(Revell)

대너가 스코트에게 넘김

1920년 8월 17일

출처: PTS

Fletcher FILING 1845 AUG 19 1920 sailing SECRETARIES

Concerning Dr. Fletcher's Appointment to Korea.

Pittsburgh, Pa., Aug. 14, 1920.

To Mr. W. M. Danner, Sec. American Mission to Lepers,
Rev. Dr. Patton, Acting Sec. Board For. Miss. Pres. Ch. in U. S. A.,
Dr. A. G. Fletcher,

Dear Friends,

As a result of a letter from Dr. Fletcher informing me of what took place at a conference in which you all participated I asked Dr. Fletcher to come to Pittsburgh to talk matters over with me and we spent part of yesterday in discussing the question in the light of his letter to me.

Together we came to the conclusions embodied in the accompanying statement as perhaps offering the most effective way of helping forward the project in which we are all so much interested.

In sending this to you for your consideration I am obliged to say that when the Faculty of the Severance Institution, its Field Board of Managers and the Co-operating Board in the U. S. A. voted in favor of the original proposition it was in the expectation that the funds needed for Dr. Fletcher's residence and the leper ward would be forthcoming and neither the Presbyterian Board nor the Institution would have to have any care or make any effort in the matter of finances so that while I have the assurances of all concerned that they strongly favor the proposition I put forward the modified plan herewith enclosed on my own responsibility and must submit the matter when we here have come to an agreement to the other bodies mentioned above.

I think they will agree to the proposition as probably the best way to get the work started however.

Will you kindly consider carefully the statement I am submitting and let me know as soon as you can any criticisms or suggestions that might occur to you and also whether you concur in the plan so that if it is to go through, as little time as possible may be lost?

Very sincerely,

(Signed) O. R. Avison

C/O Mr. Martin Avison,
3185 Sycamore Road,
Cleveland Heights, Ohio.

August 14, 1920.

A suggestion concerning the opening of a department for the investigation, treatment and teaching of Leprosy in Seoul, Korea.

The Mission to Lepers not being in a position at this time to enter upon the full scheme for the Eradication of Leprosy from Korea which had been proposed, it is now suggested that while the larger plan is deferred for a fuller consideration, immediate steps be taken to organize and carry on the Research and Teaching Department at the Severance Union Medical College and Hospital, at Seoul, which is a part of the original scheme.

To this end the American Mission to Lepers agrees to provide the sum of at least $5000 per year for a period of not less than seven years for the sending out and maintenance of a physician to be head of this department and for the support of the work, which amount shall be paid over to the Foreign Missions Board of the Presbyterian Church in the U.S.A., in such manner as may be agreed on.

The Mission to Lepers, while unable at this time to pledge more than $5000 per year, will be willing to consider further grants if the need becomes evident and will make such additional grants as may be within its power.

The Presbyterian Board agrees to appropriate ~~$2000 of the above sum yearly for the Current Expenses of the work and also such~~ other grants for this purpose the Mission to Lepers may make ~~[illegible] of the balance, $3000 per year,~~ ~~appoint~~ and maintain a physician to carry on the work, ~~[illegible] responsibility for~~ (his travel, salary, children's allowances, ~~and all other expenses ordinarilly included in the sending out of a missionary, such as~~ housing, medical care, language teacher, ~~salary~~, &c.)

The Severance Union Medical College and Hospital in consideration of receiving the above named addition to its Staff and the sum ~~of $2000 per year~~ for Current Expenses agrees to carry on the work of Research and Teaching in accordance with the best judgment of the Faculty and Hospital and in as thorough a way as the said funds will permit.

The Head of the Department shall have the use of all the laboratory and clinical facilities of the Institution together with such co-operation as the other workers can give him or in other words the Department of Leprosy shall be an integral part of the Plant.

In view of this the Head of this Department, may, in addition to his other duties such as promoting an interest in work for lepers and the eradication of the disease from Korea in the minds of the foreign and native peoples of the country, in the churches and in the Government, and acting as consultant in the various leper asylums of Korea when so requested by those in charge, assist in other departments of work as may seem desirable.

As for the special leper ward which will be required the American Mission to Lepers hopes to be able to provide funds for its erection and equipment in about two years from now, although it cannot at this time definitely pledge itself to this.

In view of this Dr. Avison will propose to the Severance authorities that the new general isolation building included in the revised plans for the enlargement of the hospital be erected as soon as possible and that the present isolation building be then fitted up as a temporary leper ward to be used until the new leper ward can be provided. Probably this could be done out of the current funds for leper work if special funds for the purpose should not be attainable.

It is understood that Dr. A. G. Fletcher will be sent out by the Presbyterian Board as soon as possible as the head of this department and that he shall be an addition to the forde of workers heretofore sent out or planned for by any of the Boards.

As for his residence one should be erected as soon as possible. In the meantime he may be temporarily housed either by renting one if possible, by giving him the use of a vacant mission house in an adjacent station, or by placing the Vinton house in Seoul in a sanitary condition and giving him the use of it.

August 16th, 1920.

Dr. O. R. Avison,
C/O Mr. Martin Avison,
3165 Sycamore Road,
Cleveland Heights, Ohio.

Dear Dr. Avison:-

Mr. Danner has been called out of the City, and it falls to my lot to make reply to your letter of August 14th in which you offer suggestion as to modified plan on which you and your associates will undertake the direction of a special program of work for Lepers in Korea. We are quite delighted with the evident interest you are taking in this particular problem. As you know, the policy of our Mission all through the years has been to supplement the work of the various Boards and to make it possible for Denominational Mission Agencies to work for Lepers.

On behalf of our American Committee we would say "Go ahead", and if our British office is not in shape to assume the obligation, the American Branch of the Mission will do it, and perhaps raise it as a special fund and deposit the $5,000 with the Presbyterian Board here, under the basis and with the understanding substantially as outlined in your communication dated August 14th.

We will await further work from you as to the approval of the Presbyterian Board, and will undertake to be ready with the first remittance when needed. We understand that the idea is to get Dr. Fletcher to the field at the earliest possible moment.

Sincerely,

Signed F H Rowe Jr. Handed to Scott by Danner Aug 17/20

Get copy of original letter Min. Will.

59. 스코트가 에비슨에게

1920년 8월 19일

O. R. 에비슨 박사,
c/o C. R. 로슨 씨.
B. & A. 광산회사,
길햄, 아칸사스 주.

나병과에 관해,
세브란스연합의학전문학교, 한국, 서울.

나의 친애하는 에비슨 박사님:

대너 박사가 어제 플레처 의사의 한국 임명 및 나병과 문제와 관련하여 나를 찾아왔습니다. 그는 자기가 당신으로부터 받은 8월 14일 자 편지의 사본과 문서 목록, 플레처 의사가 당신에게 보낸 8월 16일 자 답장의 사본을 내게 건네주었습니다.

제안서가 셋째 단락의 제안 내용만 빼고는 전체적으로 만족스럽습니다. [북장로회] 선교부는 이전에 내렸던 결정으로 인해 어느 기관에 대한 특정 금액의 경상비 지불을 보장할 수 없습니다. 다만 구라선교회의 지원금을 가지고 플레처 의사와 그의 가족에게 제공되는 모든 생활비를 지급하고 남은 잔액을 그 기관에 넘겨주는 일은 할 수 있는 자리에 있습니다. 이런 잔액은 제안된 금액인 $2,000 내외일 것입니다. 선교부는 $3,000을 기본으로 하는 플레처 의사와 그의 부인에 대한 후원금을 받고 있지 않습니다. 구라선교회는 그들이 선교부를 통하지 않고 후원금 지출비와 그 부서의 지출비를 모두 감당할 것으로 이해되고 있습니다. 이 문제에 관해 대너 씨와 이야기하였습니다. 그는 그 제안의 변경에 전적으로 동의하였고, 플레처 씨는 무엇이든 반대하지 않을 것을 확언하였습니다. [선교부의] 실행위원회는 어제 다음과 같이 결정하였습니다.

구라선교회 미국 지부의 회계인 레블(Fleming H. Revell)이 한국 서울, 세브란스연합의학전문학교의 교장인 에비슨 박사에게 보낸 1920년 8월 16일 자 편지의 사본을 통해 선교부는 구라선교회가 세브란스 의료기관의 나병과 유지를 위해 본 선교부를 통해 최소 연 $5,000의 지급을 보장한 사실을 알게 되었다.

1920년 2월 2일의 결정을 좇아 본 선교부는 이런 목적의 모든 지원금을 교부하는 일에 대해 투표하였다. 그 지원금은 의사가 사역을 계속 수행하도록 (여비, 봉급, 자녀수당, 주거비, 의료비, 언어교사 급여 등) 구라선교회로부터 받을 것이고, 교부하고 남은 돈은 나병과의 다른 지출에 사용될 것이다.

대너 씨의 설명으로 플레처 의사의 출항 예약이 취소된 것을 알게 되었습니다. 그가 이 나라에서 이미 오래 있었고, 선교지에서는 그가 필요하지만, 예약은 어렵게 되어 유감입니다. 그와 그의 가족이 새로 예약하기 위해 즉각 조처를 취해야 하지 않겠습니까?

안부 인사를 드립니다.

안녕히 계십시오.

GTS[G. T. Scott]

아래 사람들에게 사본을 보냅니다.

대너 씨

레블 씨

출처: PTS

Copy to

August 19th, 1920.

Dr. O.R. Avison,
c/o Mr. C.R. Lawson,
B. & A. Mining Company,
Gillham, Arkansas.

RE Department of Leprosy, Severance Institution, Seoul, Korea.

My dear Dr. Avison:

Mr. Danner called on me yesterday regarding Dr. Fletcher's appointment to Korea and the Department of Leprosy. He handed me a copy of your letter of August 14th to him with your covering memo and a copy of Mr. Fletcher's reply to you of August 16th.

The entire proposal seemed satisfactory with the exception of paragraph 3 of the proposed suggestion. The Board from its previous action could not guarantee to pay any fixed amount to the Institution for current expense, but would be in a position only to turn over to the Institution such balance as remained from the grant of the Mission to Lepers after full maintenance of Dr. Fletcher and his family has been provided. This balance might be more or less than the $2000. suggested. The Board is not accepting support for Dr. and Mrs. Fletcher on the $3,000. basis. The understanding of the Mission to Lepers is that it will bear the full expense of their support and of the Department without cost to the Board. I talked this matter over with Mr. Danner. He was entirely agreeable to changing the suggestion and was sure that Mr. Fletcher would have no objection whatever. The Executive Council took the following action yesterday:

"From a copy of a letter from Fleming H. Revell, Treas. of the American Committee of the Mission to Lepers, to Dr. O.R. Avison, President of the Severance Union Medical College, Seoul, Korea, dated August 16th, 1920, the Board learned that the Mission to Lepers guarantees an annual payment of at least $5,000. through the Board for the maintenance of a Department of Leprosy at the Severance Institution.

"In harmony with its action of February 2nd, 1920, the Board voted to appropriate all grants for this purpose that it may receive from the Mission to Lepers to maintain a physician to carry on the work (travel, salary, children's allowances, housing, medical care, language teacher, etc.), the balance of the appropriations to be used for the other expenses of the Department of Lepers."

Dr. O.R. Avison.
Page 2.

August 19th, 1920.

I understand from Mr. Daner that Dr. Fletcher's sailing reservation is cancelled. I am sorry for this as he has already bee[n] in this country a long time, is needed on the Field and reservations are difficult to secure. Should we not take immediate steps to secu[re] new reservations for himself and family?

With kind regards, I am

Very sincerely yours,

GTS:mh.

Copy to:

Mr. Danner,
Mr. Ravell

60. 에비슨이 스코트에게

길햄, 아칸사스 주. c/o C. L. 라슨, B. & A. 광산회사.
1920년 8월 25일

조지 T. 스코트 목사,
선교부,
156 5번가, 뉴욕 시,

친애하는 스코트 씨,

당신의 이달 19일 자 편지가 이틀 전 이곳에 도착하여, 내가 8월 14일 자 편지에서 제안했던 세브란스에 나병과를 설치하는 일에 대해 [북장로회 선교부의] 실행위원회가 어떤 결정을 내렸는지를 알려주었습니다.

당신의 진술을 보고 마음에 한두 가지 의문이 생겼는데, 선교부와 플레처 의사 모두를 위해 그리고 그 모두에 대해 우리가 아주 분명하게 알고 있어야 할 듯합니다. 구라선교회와의 협상을 시작 단계에서부터 간단히 돌이켜본다면, 아마도 현재 상황을 밝히 이해하는 데에 도움을 얻게 될 것이고, 어떤 오해가 생겨 나중에 실망하게 되는 일을 피할 수 있게 될 것입니다.

구라선교회 쪽에서 자신들의 사역을 위해 세브란스 의료기관을 쓰기를 바라는 뜻을 우리에게 처음 알린 것은 더블린에 있는 그 선교회의 총무인 앤더슨 씨가 보낸 편지였다고 믿습니다. 그들은 전 세계에서 나병을 없애는 운동을 벌이기를 원하고 있고 한국이 그 운동을 시작하기에 좋은 장소가 될 것으로 생각한다고 말하였습니다. 그러면서 만일 자신들이 연구와 교육을 위한 기금을 제공한다면 세브란스에서 그 사역을 맡겠느냐고 우리에게 물었습니다.

그는 또한 나병 근절에 유용하리라고 생각되면 무엇이든 제안해달라고 우리에게 요청하였습니다.

그와 동시에 [미국 구라선교회 지부의] 대너 씨가 광주에서 구라선교회를 대표하여 나환자수용소를 운영하는 남장로회 선교회의 윌슨(Wilson) 의사와 연락하는 가운데 그에게 우리와 협력하여 나병 근절을 위한 제안서를 만들도록 요청하였습니다. 세브란스 운영진은 이에 응하여 총독부에서 허가하고 구라선교회에서 기금을 제공하고 그 부서를 이끌 전문의를 지원해주면 기꺼이 나환자 병동을 설치하고 연구하는 동시에 모든 의학생에게 전문적인 교육을 하겠다는 뜻을 표명하였습니다. 또한 윌슨 의사와 함께 남부지방에 가서 전반적인 여건과 그의 나환자 사역을 돌아보았고, 특별히 총독부 나환자 사역을 조사하였으며, 더 많은 과업을 성취하기 위해 제안할 거리가 될 정보를 얻었습니다. 우리는 그런 다음 총독과 면담을 하였고, 구라선교회와 제휴하는 나병 근절 사업을 위한 임시 제안서를 총독부에 제출하였으며, 구라선교회, 북장로회 선교부, 협력이사회에 우리 사역 보고서를 제안서와 함께 보냈습니다.

그러는 동안 더블린에 있는 구라선교회가 범 세계적인 나병 사업안을 총체적으로 논의하는 가운데 아시아 지역 총무를 임명하기로 결정하였습니다. 중국에서 선교하는 파울러(Fowler) 의사*가 선택되었고, 그는 2년간 이 지역의 모든 상황을 조사하여 그 기간이 끝날 때 보고서를 제출하고 절차 등에 관해 의견을 제시한다는 조건으로 수용하였습니다. 이것은 물론 타당한 요청이었습니다. 그 업무가 크고 모든 지식을 최대한으로 다 갖추지 않고는 감당할 수 없기 때문이었습니다.

이것은 더블린의 구라선교회가 [2년 후에 제출될] 파울러의 보고서를 받은 후에 한국에서 벌이게 될 큰 사업계획이 자신들이 정하게 될 전체 계획에 부합하는지를 알게 될 때까지 한국에서 그 계획을 추진하는 것을 미루도록 만들었습니다. 그들은 또한 그들이 그렇게 말했듯이, 불확실한 재정 여건으로 영국에서 많은 기금을 모으기가 더 어려워진 것을 알게 되자 당황하였습니다.

그에 따라 대너 씨가 올여름에 더블린을 방문하여 그 선교회의 지도자들과 회의를 하는 가운데 그때 자기나 앤더슨 씨가 우리와 처음 연락했을 때 기대했던 것보다 한국 사역으로 직행할 준비가 자신들에게 덜 되어있는 것을 발견하였습니다.

미국 지부는 선교회 본부의 뜻을 어기면서 일을 벌이기를 원하지는 않아도 세브란스의 연구사역 만큼은 장래에 어떠한 계획이 진행될지라도 여하튼 [본부의 뜻에는] 부합할 것

* Henry Fowler 선교사는 영국인으로 중국 후베이(湖北)성의 샤오간 나환자요양소(Siao Kan Leprosy Home)를 운영하였고, 1920년부터 구라선교회 극동지역 총무로 활동하였으며, 1927년의 중국 구라선교회(Chinese Mission to Lepers) 조직에 크게 기여하였다.

이라고 여기고 있습니다. 자신들이 플레처 의사를 후원해왔기 때문에 그를 잃기를 원치 않고 있고, 오히려 나중에 무슨 일이 필요해질 때를 대비해 최소한의 준비는 해야 한다고 생각되는 일을 하는 데에 그를 사용하기를 원하고 있습니다. 그러므로 그들의 기금에서 이 $5,000을 매년 제공하여 준비 사역을 시작하게 하자고 제안하고, 본부 선교회와 어떤 말썽이 생기지 않도록 기존의 선교회를 통해 일하는 이전의 계획을 따르자고 제안하고 있습니다. 그들은 확정된 돈을 제공하는 일만 책임질 것입니다. 그러므로 그들이 제안하는 바는 곧, 플레처 의사를 북장로회 선교부의 정식 선교사로 만들어 구라선교회의 업무가 아니라 그 선교부의 업무를 보게 하고, 세브란스의 나병과를 그 의학교와 병원의 정식 부서로 만들어 전적으로 그 기관에서 지시를 받으며 구라선교회의 통솔을 받지 않게 하는 것입니다. 그러나 그들은 그 일을 위해 매년 $5,000의 재정을 지원하고, 만일 자신들에게 가능하다고 판단되면 그 기부금을 늘려주겠다는 제안을 하고 있습니다. 그 외에도 앞서 말한 2년이 지난 후에 그들의 기금이 충분해지면 세브란스에 전문적인 나환자 병동을 지을 것을 제안하고 있습니다. 나는 이 2년 언급이 그들의 예상 기간, 곧 파울러 의사가 계획서를 보고하고 큰 계획을 시작하기를 기대하는 기간과 어떤 관련이 있다는 인상을 받고 있습니다. 그들이 그렇게 말하지는 않았지만 말입니다.

$5,000의 지원금을 둘로 나누어 $3,000은 의료선교사 후원에, $2,000은 사역 수행에 쓰자는 제안은 북장로회 선교부의 통상적인 기금 사용 방식에 근거하고 있는데, 플레처 의사가 선교부와 그런 관계를 맺을 것으로 이해되고 있습니다. 그가 임명되면 살 집을 선교부가 책임지겠지만, 당신의 편지는 플레처 의사가 어떤 지위에 있게 될지에 대해 의문을 품게 합니다. 나중에 실망하지 않도록 우리가 다 같이 그것을 알고 있는 것이 좋으리라고 생각합니다.

그러므로 당신이 친절하게 그 사람과 내게 다음의 사실을 알려주시겠습니까?

첫째로 그가 선교부와 어떤 관계를 맺을 것인지 – 그가 정식 선교사가 될 것인지?

둘째로 그가 구라선교회와 어떤 관계를 맺을 것인지 – 그가 투표권을 가진 정규 회원이 될 것인지?

선교부가 그를 정식 선교사로 삼을지라도 왜 연 $3,000을 제공하는 통상적인 조건으로 받아들이면 안 되는 것인지요? 그 조건은 선교부가 스스로 결정하여 기혼 선교사에게 주기로 한 것입니다. 물론 그 대답이 무엇일지를 짐작할 수 있고, 이 문제 전체가 특수하므로, 선교부가 그 계획에서 거론된 금액을 일체 제공하는 책임을 지지 말아야 한다는 생각에 일부 공감하고 있습니다. 나는 또한 그 사역을 출범시키기 위해 개인적인 노력도 기꺼이 많이 하려 하지만, 선교부 쪽에서 어떤 확신을 주지 않으면, 한국을 위해 매우 중요한 사역의 하나가 될 일을 확립하기 위한 우리의 이런 소박한 출범을 가로막는 난관들을 헤쳐나갈 수 없다고 느낍니다.

지금 나는 '선교부가 어떤 것을 확실히 보장함'이란 문구를 그 선교회에 통지하는 것이 아니라 확실한 보장이 이루어지는 사실만을 통지하기를 원하고 있습니다. 그것은 플레처 의사가 선교회의 완전한 회원이고 다른 선교사들과 똑같은 대우를 받을 자격이 있음을 확실히 보장한다는 것입니다. 이런 자격은 특별기금으로 그의 집을 확보하게 될 때까지 비어 있는 선교사 집들에서 그의 거처를 마련하는 일을 정당하게 고려하는 것을 보장할 것입니다. 예를 들어 말하자면, 빈튼의 집이 아무도 살기를 원치 않아 방치되어 있으므로 그곳을 살 수 있게 만들기를 원합니다. 돈을 아주 조금만 들여도 매우 쓸모 있는 집으로 만들 수 있다고 생각하기 때문입니다. 그 돈은 우리가 첫해와 둘째 해의 기금에서, 확실하게는 둘째 해의 지원금 $5,000에서 마련할 수 있습니다. 선교사 집으로 지정되지 않은 그 자산을 우리에게 주도록 허용하는 것을 선교회의 누군가가 반대하지 않는다면 말입니다. 내 말의 요지를 아시겠습니까?

다음으로 플레처 의사가 이번 가을에 그곳을 출발하는 통행권을 얻지 못하면 내년 봄이 되기 전에 그 집을 고칠 수 없게 될 가능성이 아주 큽니다. 그뿐 아니라 첫해의 기부금으로 그의 여비, 봉급, 다른 경비를 지급하고 나면 그런 용도의 돈은 얼마 남지 않을 것입니다. 그러므로 우리는 반드시 서울 밖에서 그의 임시 거처를 찾아야 합니다. 예를 들면 청주(Chung Ju)에 비어 있는 선교사 집들이 있습니다. 그 집들의 하나에서 그곳 선교지회의 정식 회원이 쓸 집이 필요해질 때까지 살 수도 있습니다. 그러나 어떤 종류의 임명이냐에 따라 그러한 조정을 하는 것이 어려워질 수도 있습니다.

그런 모든 어려움은 그를 일반적인 계약 조건으로 정식으로 임명하면 당연히 사라질 것입니다.

그러나 주택 기금의 문제는 구라선교회나 몇몇 우인들로부터 그런 목적의 특별 기부금을 받도록 하면 몇 년 내에 해결되리라고 생각합니다. 만일 [선교부의] 실행위원회가 제안한 대로 선교부의 책임 소관 밖에서 주택 기금을 확보하게 될 때까지 우리가 빈 선교사 주택을 확실히 쓸 수 있게 되거나 빈튼의 집을 우리 돈으로 고치도록 허락받아 쓸 수 있게 된다면, 제안된 조건에 따라 시작하는 것을 두려워할 필요가 없습니다.

선교사들에게 꼭 필요한 항목으로 손꼽히는 다른 지출비들에 대해서는, 우리가 그것들을 감당할 수 있다고 생각됩니다.

이상의 설명을 통해 내가 무엇을 염려하는지를 밝히고 당신의 제안 속에 숨어 있을지도 모르는 어떤 어려운 문제들이 당신들에게 생길지를 알리려고 노력하였습니다. 우리가 플레처 의사의 집을 마련하려고 노력하는 일은 그가 새집을 얻으면 끝날 수밖에 없을 터인데, 그동안 우리가 그렇게 할 수 있도록 [선교부에서] 어떠한 조정이 이루어질 수 있으리라고 당신이 생각하는지를 알려주면 매우 기쁘겠습니다.

나는 9월 1일까지 이곳에 있을 것입니다. 당신이 그 전에 내 편지를 받게 되면 좋겠습니다.

우리 사역에 관심을 보이고 더 나아가 참여해준 당신께 감사합니다.

안녕히 계십시오.

O. R. 에비슨

출처: PTS

RECD. SCOTT

AUG 30 1920

Ansd. ~~Rev.~~ Geo.T.Scott,

Gillham, Ark., C/o C.L.Larson, B.& A.Mining Co.

Aug. 25, 1920.

1815

Board of Foreign Missions,
156 Fifth Ave., New York City,

Dear Mr. Scott,

Your favor of the 19th inst. giving the action of the Exec. Council in reference to my suggestions for a leper department at Severance as contained in my letter of Aug. 14th was received here a couple of days ago.

Your statement raises one or two questions in my mind that I think we ought to be very clear about both for the sake of the Board and the sake of Dr. Fletcher, and probably a brief review of the negotiations with the Mission to Lepers from the start will help to clarify the present situation and enable us to avoid any misunderstandings and so any disappointments later on.

The first intimation to us, I believe, of a desire on the part of the Mission to Lepers to use the Severance Institution in their work was a letter from Mr. Anderson, Sec. of the Mission in Dublin, saying they were desirous of undertaking a campaign for the eradication of leprosy from the world and they felt Korea would be a good place in which to make a start and he asked whether we would undertake the work of Research and Teaching at Severance if they would provide funds for the purpose. He also asked that we make whatever suggestions we thought would be helpful in a larger plan for eradication.

At the same time Mr. Danner communicated with Dr. Wilson of the S.Pres, Mission who is carrying on a leper asylum for the Mission to Lepers at Kwangju asking him to cooperate with us in formulating suggestions with regard to eradication. In response the authorities at Severance expressed their willingness to establish a leper ward and carry on research and at the same time give special teaching to all the medical students if the Government would permit and the Mission to Lepers would provide the funds and support a special physician as head of the department. Also I undertook a trip to the South with Dr. Wilson to investigate conditions generally, his leper work and that of the Government in particular and get information that would enable us to make suggestions for the accomplishment of the larger task. We then interviewed the Governor General and made tentative suggestions to the Government to join the Mission to Lepers in the work of eradication and sent a report of our work together with our suggestions to the Mission to Lepers, to the Presbyterian Board and to the Co-operating Board.

In the meantime the Mission to Lepers in Dublin discussed the whole proposition of world-wide eradication of leprosy and decided to appoint a Field Secretary for Asia. Dr. Fowler of China was chosen and he accepted on condition that he be given two years for a study of all the conditions at the end of which time he would render a report giving his views as to procedure, &c.. This of course was a reasonable request as it is a big job, not to be undertaken without as full knowledge as possible.

This caused the Mission to Lepers in Dublin to hesitate about—

ing on with a large scheme in Korea until it could be known that it would fit into the whole plan to be determined on after receiving Dr, Fowler's report. Also they felt embarrassed when they found,as thyy siad they did,that it was becoming more difficult in Great Britain to raise large sums of money because of uncertain financial conditions.

Therefore when Mr. Danner visited Dublin this summer for a conference with the Mission headquarters he found them less ready to go right on with the work in Korea than either he or Mr. Anderson had expected when they first communicated with us.

The American Branch does not wish to go on with undertakings not in harmony with the views of the parent mission but it does feel that the Research work at Severance will in any case fit in with whatever future scheme may be undertaken and as they have undertaken the support of Dr. Fletcher they do not want to lose him but rather to use him in doing work that they feel will be at least preparatory to whatever else will later on be found necessary. They therefore propose to make a beginning byppoviding from their own funds this sum of $5000 per y year for this preliminary work and in order to avoid any complication with the parent Mission propose to follow their former plan of working through an existing mission, they to be responsible only for the provision of a definite sum of money. Their proposition, therefore, is that Dr. Fletcher be a regular missionary of the Presbyterian Board, responsible to that Board and not to the Mission to Lepers and that the department of Leprosy in Severance be a regular part of the work of the College and Hospital, entirely under the direction of that institution and not under the control of the Mission to Lepers. They propose however to finance it to the amount of $5000 per year and to increase that contribution if they find themselves able to do so and also to erect a special leper ward at Severance if their funds will permit after say two years. I am under the impression that this reference to two years has some connection with the period at which they expect Dr. Fowler's plan to be reported and his larger plans to be begun,though they have not said so.

The proposition to divide the grant of $5000 into two portions, $3000 for the support of the missionary physician and $2000 for the conduct of the work was based on the ordihary usage of the Board, it being understood that Dr. Fletcher would hold towards the Board such a relationship. His appointment would then carry with it the Board's responsibility for the supply of a residence, but your letter ? raises a doubt as to what Dr. Fletcher's status is to be and I think it will be well for us all to have the same understanding about that lest there be disappointment afterwards.

Will you therefore kindly let him and me know

1st What will be his relation to the Board- Will he be a missionary in full standing?

2nd What will be his relation to the Mission- Will he be a regular voting member?

If he is to be a regular missionary why should the Board not accept him on the ordinary condition of a provision of $3000 per year which the Board has of its own volition set as the cost of a married missionary? I can of course guess the answer and can in part sympathize with the feeling that this whole matter is a special and therefore the Board should not have any responsibility in providing any part of what the scheme calls for. I am also willing to personally do a good deal to get the work started but I feel that unless I have

Subj Board Action.

3

certain assurances on the part of the Board I am likely to run up against difficulties which would make it impossible for us to carry through this modest beginning in the establishment of what should be a very important piece of work for Korea.

Now, by 'certain assurances from the Board' I do not mean directions to the Mission but simply the assurance that Dr. Fletcher is a full member of the Mission and entitled to the same treatment as other missionaries. This would ensure that he be given due consideration in the matter of housing in such mission houses as are not occupied until a residence can be secured for him by special funds. For instance the Vinton house is standing idle because no one wants to live in it and I would like to have an opportunity to put it in livable shape because I think it can be made into quite a usable house at a fairly moderate expenditure of money, money which we could get out of the first and second and certainly out of the second year's grant of $5000 unless some one in the mission objected to allowing us to have that property for one not entitled to a mission house. Do you catch my point?

Then it is quite probable that it will be impossible for Dr. Fletcher to get passage out there this Fall in time to have that house put in shape before next Spring and besides there will not much of the first year's contribution be left for the purpose after paying his travel, salary and other expenses and so we must find him a temporary residence somewhere outside of Seoul and there are unoccupied mission houses, at Chung Ju for instance, in one of which he might live until it is needed for a regular member of that station. But a certain kind of appointment might cause difficulty in making such an arrangement.

All such difficulties of course would be done away with by putting him under regular appointment on the usual conditions.

However, I think the question of funds for a residence will settle itself in a few years in the way of a special contribution either from the Mission to Lepers or from some friend of the cause and we need not be afraid to make the start under the terms proposed by the Exec. Council if we can be sure of the use of unoccupied mission residences or of the right to fixing up the Vinton house at our own expense and using it until funds for a residence can be secured in such a way as suggested outside of Board responsibility.

As for the other expenses enumerated as part of a missionary's requirements I feel we can carry them.

In the above I have tried to express my fears and have laid before you the difficulties that may be wrapped up in your proposition and I will be very glad to hear from you as to how you think arrangements can be made which will enable us to carry Dr. Fletcher's housing during the time that must necessarily elapse before a new house can be gotten for him.

I shall be here until Sept. 1st and will be glad if you can get a letter to me within that period.

Thanking you for the interest you have taken and still take in our work

Very sincerely

O R Avison

61. 에비슨이 에드거튼에게

1920년 8월 27일

S. T. 에드거튼 씨,
선교부 회계,
156 5번가, 뉴욕 시,

친애하는 에드거튼 씨,

당신의 7월 9일 자와 8월 9일 자 편지를 살펴보고 있습니다. 당신의 앞선[9월 9일 자] 편지에 대한 답장이 늦어져서 깊은 사과를 드립니다. 그 편지에서 당신은 서울 연희전문학교에 필요한 특정의 트럭 장비에 대해 문의하고 세계교회협력운동에서 판매할 것들에 관해 언급하였습니다. 나는 필요한 장비의 종류를 잘 알지 못해 서울에 그 문제에 대한 설명을 요청하였습니다. 대학에 꼭 필요하지 않을 수 있다고 생각될 물품들도 있겠지만, 그중에서 우리가 쓸 수 있는 것들이 모두 판매되기 전에 답장이 오면 좋겠습니다.

당신이 8월 9일 자 편지에서 반버스커크 의사의 축음기와 레코드들을 선적하는 일에 관해 질문한 것에 대해서는, 나 한 사람의 화물이 우리의 표들에서 허용되는 무게보다 더 무거울 것이므로, 초과 운임을 내야 할 것입니다. 그러면 추가된 모든 것을 초과 운임으로 나를 필요가 있고 내가 그렇게 할 것이지만, 화물로 보내는 것보다는 훨씬 더 비쌀 것입니다. 그러나 당신은 이 일을 알아보고 최선의 방법이 무엇인지를 결정할 수 있습니다. 만일 나를 통해 그것을 보내는 편이 더 나으리라고 당신이 생각한다면, 우리는 기쁘게 그렇게 하겠습니다. 우리가 아직 몇 달 동안은 떠나지 않을 듯하고, 어떤 길로 가게 될지 알지 못합니다.

안녕히 계십시오.

O. R. 에비슨

출처: UMAC

J. J. SANDFORD, MINE SUPT. C. L. LARSON, MANAGER ERNEST W. ELLIS, MILL SUPT.

The Boston & Arkansas Mining Co.

GILLHAM, ARKANSAS

File

Korean Chosen College

803-1

Aug. 27th, 1920.

Mr. S.T.Edgerton
Treas. Board Foreign Missions
150 Fifth Ave., New York,

Dear Mr. Edgerton,

I have before me your letters of July 9th and Aug. 9th. I must apologize for not writing earlier in reply to your first letter enquiring about certain autotruck equipment needed by the C.C.C. in Seoul and referring to some for sale by the Inter Church World Movement. Not knowing well the kind of equipment needed I have referred the matter to Seoul for explanation and if word comes back before it is all disposed of it may be hthat we can use some of that though I judge it may not be just what is wanted at the College.

In regard to the enquiry in your letter of Aug. 9 concerning shipment of Dr. Van Buskirk's phonograph and records I would say that my own baggage will be heavier than our tickets will allow so that we sh shall have to pay for excess which would make it necessary to carry all those additional things as excess and I take it that would be much more costly than sending it by freight. You can think this out however and decide which will be best and if you think it will be better to send it with us we will be glad to take it. We are not likely to go for some months yet and I do not know by what route.

Very sincerely

O.R.Avison

62. 에비슨이 암스트롱에게

토론토, 1920년 9월 13일

A. E. 암스트롱 목사,
선교부 총무,
캐나다장로회,

친애하는 암스트롱 씨,

당신이 어제저녁 당신의 집에서 우리를 따뜻하게 환대하여주시고, 당신과 대화할 기회를 주셔서 감사하였습니다. 당신의 한국선교회의 회의 보고서를 살펴볼 기회를 얻게 되었고, 이로써 우리의 상호 관심사인 연합사업과 관련된 문제들에 대한 선교회의 견해를 알게 되었습니다.

먼저 당신이 지금 한국에 두고 있는 비연합 의료시설들에 대해 간략히 언급하자면, 그 곳들이 나의 책임 범위 안에 있지 않기 때문에 간단히 말할 수밖에 없지만, 나의 큰 관심사인 한국에서의 의료선교사업 전체 체계에 속해 있는 한은, 그곳들에 관해 몇 가지 점들을 말해도 될 것입니다. 이는 하나의 선교회가 펴는 정책이 다른 선교회들 및 선교부들의 이상과 정책 결정에 직·간접적인 영향을 미치고 있으므로, 모든 선교회의 모든 의사가 모든 선교회의 의료정책들과 커다란 이해관계를 맺고 있기 때문입니다.

선교지의 모든 의사는 일반적으로 남감리회 선교부가 의료분야에서 두세 곳의 좋은 시설에 노력을 집중하겠다고 결정한 것을 강력히 지지할 것이고, 병원들을 많이 운영할 수 없다고 여기는 것을 전적으로 승인할 것입니다. [남감리회 선교부의] 롤링스(Rawlings) 박사가 금년 8월 [노스 캐롤라이나 주] 레이크 쥬날루스카(Lake Junaluska)에서 내게 한국에 있는 그들의 선교회가 판단한 것을 좇아 서울에 있는 세브란스 의료기관으로의 참여를 확대한다고 결정하였음을 알려주었습니다. 이는 선교부가 그 나라의 의료선교 사역에 가장 중요한 기여를 할 수 있기 위해, 그리고 선교회가 결정하는 대로 송도와 다른 한 곳(춘천이나 철원)에 있는 두 병원을 적절히 후원할 수 있기 위해서입니다. 이것은 남감리회 선교회가 원산의 병원 사역에서 철수하는 것을 뜻할 것입니다.

각 선교회와 선교부가 선교지를 신중히 탐사하여 이미 계획이 세워진 모든 병원을 적절히 후원할 수 있는지를 알아보고, 만일 그렇게 할 수 없다면, 의료시설들의 상대적인 중요성을 고려하여 덜 중요한 곳을 충분히 잘라냄으로써, 그곳들이 적절한 인원으로 균형을 유지할 수 있게 하는 것이 현명하리라고 생각합니다. 각 시설 당 외국인 의사 2명과 외국인 간호사 2명보다 더 적절한 인원으로 생각될 것이 없습니다.

한국에 있는 당신의 선교회가 가진 의료시설들을 돌아보면 이미 존재하는 병원은 3개이고, 원산에 1개가 설치될 가능성이 있으며. 회령에서 1개의 설치가 제안되고 있습니다.

당신의 의료인력을 돌아보면, 의사 4명과 간호사 4명(이들은 모두 세브란스 업무와 무관합니다)이 있습니다. 그러므로 당신이 인력 충원 문제에 관해 그리고 당신의 모든 시설을 유지하는 문제에 관해서도 선교회의 의견을 따르고자 한다면 의료인력을 늘리라는 건의에 직면할 것입니다. 그러나 이는 직면할 만한 가치가 있는 문제입니다. 그러므로 나는 그 요인을 더 쉽게 숙고할 수 있도록 건의되는 것들을 내 마음대로 표로 만들어보겠습니다.

<table>
<tr><th rowspan="2">장소</th><th colspan="2">의사</th><th colspan="2">간호사</th></tr>
<tr><th>현재 사역</th><th>요청 인원</th><th>현재 사역</th><th>요청 인원</th></tr>
<tr><td>용정</td><td>마틴</td><td>1</td><td>화이트로</td><td>1</td></tr>
<tr><td>성진</td><td>그리어슨</td><td>1</td><td>맥키넌, 영</td><td></td></tr>
<tr><td>함흥</td><td>맥밀란
(임시 의사)</td><td>1
1</td><td>폭스</td><td>1</td></tr>
<tr><td>원산
(병원 설립 가능)</td><td>맨스필드</td><td>1</td><td></td><td>1
1</td></tr>
<tr><td>회령
(설립 요청)</td><td></td><td>1
1(추정)</td><td></td><td>1
1(추정)</td></tr>
<tr><td></td><td colspan="2">새 의사 6, 7명도 가능</td><td colspan="2">새 간호사 5명, 6명도 가능</td></tr>
</table>

우리는 세브란스에 올 두 번째 의사를 빨리 얻기를 희망하지만, 맨스필드를 보내거나, 그가 여의치 않으면 새 사람을 보내도록 요청할 것이고, 다음에는 어찌하든 간에 한 명을 더 보내라고 요청할 것이며, 상황을 고려하여 또 다른 간호사를 요청할 것입니다.

이러한 형편에서 회령과 같은 새로운 장소에서 의료 사역을 여는 문제는 실효성이 매우 의심스럽습니다. 선교회가 그곳에 병원을 세우려는 것이 아니라 그냥 의사만 두려는 것이라고 설명될 수도 있을 것입니다. 그곳에 간호사도 없이 단 한 사람[의사]만 배치할 것이 요청되었지만, 이미 선교지에 와 있는 우리 의사들은 그런 조건에서 의사 한 명이 만족하고 있게 하기가 얼마나 어려운지를 알고 있습니다. 선교회는 거의 틀림없이 얼마 가지 않아 병원을 세우게 해달라고 요청하지 않을 수 없게 될 것이고, 모든 일이 그렇게 진행될 것입니다. 당신이 선교회와 선교부 앞에 놓인 문제들의 모든 측면을 공정히 고려하게 하려는 의도에서 위의 사실을 진술합니다.

이제 당신과 매우 확실히 관심을 가진 서울의 두 연합기관에 대해서는, 당장 가장 크게 중요해질 것으로 생각되는 여러 사안을 목록으로 만들어보겠습니다.

연희전문학교

당신의 선교회가 당신들이 [연희전문에] $36,000.00을 내면 '완전 협력'에 들어가게 될 줄로 알고 그 금액을 자본금으로 제공하도록 당신에게 요청한 사실을 주목합니다. 그러나 선교회는 잘못 파악하고 있습니다.

협력을 위한 조건은 다음과 같습니다.

등급	협력을 위해 요청되는 조건
완전 협력	최소 $40,000의 자본금
	최소 $2,000의 연례 경상예산
	2명의 교수를 교수회에 보낼 것
	최근 협력이사회가 요구조건을 제정하였습니다. '완전 협력'을 하는 각 선교부는 교수 3명과 연 $3,000의 예산을 제공하게 하였으나, 강제 조항은 아닙니다.
부분 협력	$20,000의 자본금
	연 $1,000의 예산
	최소 1명의 교수를 교수회에 보낼 것
최소 협력	교수 1명,
	연 $500의 예산

등급	대학 이사회에 이사를 파견할 권한: 이사의 수
최소 협력	1명
부분 협력	2명
완전 협력	4명

우리는 물론 캐나다장로회 선교부가 곧 '완전 협력'을 하게 될 것으로 내다보고 있지만, 다른 한편으로 교직원이나 경상비를 더 보내지 않고 $36,000을 자본금으로 기부하는 것만으로도 '부분 협력'의 기초 위에 있다고 인정받게 할 방안을 생각해보려 합니다. 나는 그런 권고안을 현지 대학이사회에 제출할 것이고, 만일 그들이 이런 견해를 받아들이면, 당신의 선교회는 두 번째 이사를 이사회에 임명할 자격, 그보다는 지명할 자격을 가질 것입니다. 당신의 선교회가 지금보다 더 많은 대표를 이사회에 두는 것이 매우 바람직하다고 생각됩니다.

나중에 당신들이 완전 협력의 지위에 오르게 해줄 정도의 기부금을 더 낼 수 있게 되었다고 여길 때가 되면, 나는 당신의 선교회가 이사회에서 다른 선교회들만큼이나 큰 대표성을 갖게 된 것을 개인적으로 기쁘게 지켜볼 것입니다.

당신이 언제 제안된 자본금의 일부나 전부를 실제로 보낼 수 있는가의 문제는 대학에 대단히 중요한 일입니다. 이 순간에 우리가 여러 곳에서 빌린 돈을 운용하고 있기 때문입니다. 오웬스 씨가 지난 편지에서 내게 말하기를, 회계가 그때도 이 기금에서 겨우 $500이 수중에 남았다는 사실을 알려주었다고 하였습니다.

우리는 언더우드 씨가 언더우드관을 위해 이미 보내준 기금을 가지고 자본금의 여러 용처에 쓰고 있습니다. 그러나 몇몇 선교부들이 우리에게 구체적으로 언제 기금을 보내겠다고 약속해줌으로써 우리가 언더우드관의 건축이 필요해질 때까지 언더우드관 건축기금을 되돌려놓을 수 있게 해주지 않으면, 이런 일을 계속할 수 없습니다.

예를 들어 만일 당신이 우리에게 어떤 금액을 5월 1일까지나 7월 1일까지 보낼 수 있다고 말해줄 수 있다면, 언더우드 씨는 그 기금을 믿고 우리가 자기 기금을 돌려서 다른 건물들이나 무엇이든 당장 필요한 다른 자본계정 용처에 사용하는 것을 승인해줄 것입니다.

내가 말한 이것은 물론 당신이 우리에게 당신 측 교수를 위한 사택의 건축에 당장 사용해주기를 바라는 기금 이외의 기금을 뜻합니다.

당신들이 이 문제를 논의하여 기금을 한 번에 보낼 수 없다면, 1921년 중에 $10,000이나 $15,000이나 $20,000을 일부 또는 전부 내겠다고 우리에게 약속해줄 수 있지 않은지 내게 알려주기 바랍니다. 그 기부금을 학생 기숙사를 짓는 데에 쓰지 않는다면, 건물들을 짓는 일 외에도 유용하게 쓸 수 있을 것입니다.

세브란스연합의학전문학교

당신의 선교회의 최근 회의록에서 그들이 당신에게 이 의료기관을 위해 특정 금액을 특별예산으로 책정하도록 요청한 것을 보고 기뻤습니다.

세브란스병원의 확장, 교직원의 충원, 그리고 경상예산을 위한 지급금의 확대가 수요에 부응할 수 있도록 얼마나 많이 필요한지는 당신에게 말할 필요가 없습니다.

어제저녁 나는 토론토 종합병원의 강연장에서 200명 정도의 간호사들에게 연설하는 즐거움을 누렸습니다. 그들보다 더 크게 관심을 보인 청중에게 연설한 적이 없었습니다. 올드 세인트 앤드류스(Old St. Andrews)의 회원이고 지금 그 도시의 간호과에서 근무하고 있는 한 간호사는 당장 임명해도 따라올 만큼 준비되어 있었습니다. 그녀의 이름은 서덜랜드(S. S. Surtherland) 양이고, 그녀의 주소는 도시 건강부 지부들의 한 곳인 자비스 스트리트(Jarvis St.) 139번지입니다.

이 후보자는 참으로 포트 윌리암(Fort William)의 간호사회에서 내가 강연했을 때 얻은 또 다른 성과입니다. 그때 그 도시 사역의 수장인 다이크(Dyke) 양이 관심을 갖게 되어 나를 자비스 139번지로 보내 그곳의 책임 간호사와 사안에 관해 이야기하게 하였고, 그 여자분은 그녀의 간호사들에게 그 문제를 이야기하였습니다. 그 결과 어제저녁 서덜랜드 양이 와서 한국에 갈 것을 제의하였습니다. 그녀는 물론 당신의 선교부 아래에서 가야 하므로 그녀의 관심이 강렬할 때 당신이 그 문제를 곧바로 다룰 수 있도록 그녀의 이름을 당신에게 보내겠습니다. (렌거〈Hugh M. Rengre〉 부인을 만나 그녀에게도 주소를 주었습니다.)

나는 2년 이상 이 도시의 프랫(C. V, Pratt) 의사를 약물학, 약학, 약리학 교수로 얻기 위해 노력해왔는데, 어제저녁에 비로소 그를 붙잡을 수 있었습니다. 그러나 어제저녁 그가 어머니와 아내를 그 모임에 데려왔는데, 마지막 시간에 그의 아내가 반대 의사를 철회할 마음을 먹고 어머니도 마음이 약해져 그가 위에서 말한 자리나 다른 어떤 곳이든 가장 필요하다고 생각되는 곳에 임명되면 순응할 마음의 준비를 하였다고 말하였습니다. 그는 감리교인이므로 [사무실이] 뉴욕에 있는 북감리회에서 임명받게 하려고 노력하겠습니다. 이 자리를 맡을 사람을 얻으려고 오랫동안 노력해왔으나 모든 자격을 갖춘 사람을 찾지 못하고 있었기 때문에 매우 기쁩니다.

스미스(Harley Smith) 박사와 같이 점심을 먹으면서 가을에 내가 그 도시의 남녀 전문

의료인들에게 강연할 기회를 얻는 것이 바람직한가에 관해 의논하였습니다. 그가 주요 인사들과 상의하여 적합한 시기를 알아볼 것입니다.

내가 지금 서둘러야 하므로 세브란스의 재정에 관해서는 상세히 쓰지 않고, 뉴욕에서 그렇게 하겠습니다.

맥켄지(Hugh McKenzie) 부인을 오늘 오전에 만나 그녀와 두 학교에 관해 의논하였습니다. 그녀는 연희전문학교의 모범촌을 위한 올해의 기부금 $500은 일회성 기부이지만, 매년 기부해서 모범촌의 유지를 위해 쓰게 하기를 희망하고 있다고 말합니다. 그녀는 그 외에도 한국인 교수 1명을 위한 사택을 짓기 위한 $2,500의 기부금을 얻으려고 노력할 것인데, 이런 것이 진정한 봉사가 될 것입니다.

우리는 우리에게 친절을 베풀고 사역에 관심을 보이신 당신과 암스트롱 부인께 감사하고 있습니다.

안녕히 계십시오.

O. R. 에비슨

오늘 저녁 뉴욕으로 갑니다.

출처: PCC & UCC

Toronto, Sept. 13th, 1920.

Rev. A.E.Armstrong,
Sec. Board of Foreign Missions,
Presbyterian Church of Canada,

Dear Mr. Armstrong,

I appreciated the opportunity of having the conversation with you which your kind entertainment of us in your home last night made possible and of having the chance to look over the reports of the meeting of your Korea Mission Council and so getting into touch with the Mission's views on matters touching the union enterprises in which we are mutually interested.

Referring first briefly to the non-union medical plants that you now have in Korea I can say but little as they do not come within the sphere of my responsibility but perhaps I may be permitted to say a few things concerning them insofar as they are part of the whole scheme of medical mission enterprise in Korea in which I feel a great interest and because the policy carried out by one mission directly or indirectly influences the ideals and actions of other missions and Boards and so all the doctors of all the missions do take a great interest in the medical policies of all the missions.

The general feeling of all the doctors on the field will strongly support the determination of the Southern Board to concentrate its efforts along medical lines to two or three good plants, seeing that it does not feel able to carry on a large number of hospitals in a thoroughly approved fashion. Dr. Rawlings informed me at Lake Junaluska in August of this year that, in conformance with the expressed judgment of the Mission in Korea, they had decided to increase their participation in the Severance Institution in Seoul as the most important contribution they can make to the medical missionary work of the country and outside to support adequately two hospitals, one at Songdo and the other either at Choon Chun or Chulwon as the mission may decide. This would mean the withdrawal of the S. Meth. Mission from the hospital work at Wonsan.

I think it would be wise for each Mission and Board to carefully survey its field and see whether it can adequately support all the hospitals it has already projected and, if it cannot do so, then it should consider the relative importance of its medical plants and cut out enough of the less important ones to enable them to properly staff and maintain the balance. Nothing less than two foreign doctors and two foreign nurses should be considered as an adequate staff for each plant.

A review of the medical plants of your mission in Korea shows three existing hospitals, one potential institution at Wonsan and one proposed plant at Hoiryung.

A review of your medical force shows four physicians and four nurses (all these figures are outside of the Severance responsibility) so that you would be up against quite a proposition in the way of increases in your medical force were you to follow the ideas of your mission as to manning and at the same time retain all your plants. It is worth while, however, to face the problem. I therefore take the liberty of tabulating the proposition to give an easier consideration of the factors.

2

Location	Doctors Present	Required	Nurses Present	Required
Yong Jung	Martin	1	Whitelaw	1
Song Jin	Grierson	1	McKinnon Young	
Hamheung	McMillan (temporary)	1 1	Fox	1
Wonsan (probable) (Hoiryung	Mansfield	1		1 1
Hoiryung (asked for)		1 possibly 1		1 possibly 1
		new doctors 6 possibly 7		new nurses 5 perhaps 6

while we hope for a second doctor for Severance soon, either Mansfield, or, if he will not be available, then a new man. In any case an extra man will be called for and in view of certain circumstances another nurse .

Under the circumstances the question of opening medical work at a new place like Hoiryung looks very doubtful. It will likely be pointed out that the Mission is not planning a hospital there but is simply expecting to locate a doctor there, and only one at that, with no nurse called for but we doctors already on the field know how difficult it is to keep a doctor contented under such conditions in most cases within a short time the mission is likely to be compelled to ask for a hospital and all that goes with it. I state the above only in the interests of a fair consideration of all sides of the questions before your Mission and Board.

Referring now to the two union institutions in Seoul in which you are so definitely interested I would like to tabulate the various items that appear to me to be of the greatest immediate impotance.

CHOSEN CHRISTIAN COLLEGE.

I note that your mission is asking you to provide the sum of $36000.00 for the Capital funds under the impression that that amount will bring you into full co-operation, but the mission is in error.

The conditions for Co-operation are as follows,-

Full Co-operation calls for a minimum of $40000 for capital funds
a ,, ,, 2000 per yr. to Current Budget
a ,, ,, two professors on the faculty

(a recent request has been made by the Co-operating Board that each fully co-operating Board provide 3 professors and a sum of $3000 per year to the Budget but this has not been made mandatory)

Partial Co-operation calls for $20000 for Capital funds
1000 per year to Budget
at least One professor on the Faculty

Minimum Co-operation is attained by contributing One Professor and $500 per year to the Current Budget.

Minimum Co-operation gives the right to One member on the Field Board.
Partial ,, ,, ,, Two ,, ,, ,, ,,
Full ,, ,, ,, Four ,, ,, ,, ,,

3

We, of course, look forward to the Canadian Presbyterian Board soon assuming full co-operation but in the meantime I would consider that the contribution of $36000 to the capital funds without further additions to the staff or Current Expense funds should entitle you to recognition on the basis of partial co-operation. I shall submit such a recommendation to the Field Board of Managers and if they acquiesce in this view your Mission will be entitled to appoint or rather nominate a second member of the Field Board. I feel it very desirable that your mission should have more representation on that Board than it now has.

Afterwards when you feel that you can add enough to your contribution to bring you up to full co-operation I personally will be pleased to see your mission as largely represented on the Board as any of the other missions.

The question of when you can actually send a part or all of the professor capital fund is of great importance to the College as at the present moment we are operating on funds borrowed from various sources, and Mr. Owens' last letter tells me the Treasurer had informed him that even then only $500 was left in his hands for this fund.

We have been using for various capital fund purposes from funds already advanced by Mr. Underwood for the Underwood Hall but cannot go on doing this unless we can get a promise from some of the Boards to send us funds at a specified time with which we can replace the Underwood Hall monies when they are needed for that building.

For instance if you could say that you could send us a certain amount by May Ist or July Ist then I think Mr. Underwood, relying on those funds to replace his, would authorize us to use from his for the immediate needs of other buildings or other capital account purposes whatsoever.

When I say this I mean of course funds beyond what you would expect us to use immediately in erecting a residence for your professor.

Please talk this over and let me know, in case you cannot advance funds at once, whether you cannot promise us $10000 or 15000 or 20000 part or all during the year 1921. He contributions should not be tied up to buildings of the best ... be done with them, unless in a Students Dormitory.

SEVERANCE UNION MEDICAL COLLEGE.

I was pleased to note from the minutes of your Mission Council's recent meeting that they are asking you to insert certain sums in a special budget for this Institution.

I need not tell you how much needed are the enlargements of the Severance Hospital, the increases on its staff and the enlarged appropriations for its current budget to enable it to keep up with the demands made upon it.

Last evening I had the pleasure of addressing about 200 nurses in the lecture theater of the Toronto General Hospital. I never spoke to a more interested audience. One nurse, a member of Old St. Andrews, now serving with the City nursing department is ready to accept almost immediate appointment. Her name is Miss S.S.Sutherland and her address 139 Jarvis St., one of the local headquarters of the City health department.

This applicant is really another outcome of my address to the Nurses' Association at Fort William as Miss Dyke the head of the city work who became interested then sent me to 139 Jarvis to talk things over with the Nurse in charge there and that lady took the subject up with her nurses which resulted in Miss Sutherland's coming last evening and offering for Korea. She should of course go under your Board and I am sending her name to you so that you may take the matter up with her at once while the interest is keen. (Mr. McHugh ... your address to her also.)

I have been trying for more than two years to secure Dr. C.V.Pratt of this city as Professor of Materia Medica, Pharmacy and Pharmacology but

- 4

up to last evening had been unable to clinch it. However, last evening he brought his mother and wife to the meeting and at the close his wife was ready to withdraw her opposition and the mother so weakened that he said he was ready to acceptappointment either to the position mentioned or to whatever place was considered most needy. He is a Methodist and I shall try to get him appointed by the M.E.Board in New York. I have long tried to get a man for this position but have not been able to find a man with all the qualifications so I am greatly pleased.

I lunched with Dr. Harley Smith today and discussed with him the desirability of getting me an oportunity of addressing the professional men and women of the city during the Fall and he will consult with leading men and see when the time will be suitable.

I find myself hurried now and will not try to write further details concerning Severance finances but will do that from New York.

I met Mrs. Hugh McKenzie this morning and discussed with her matters connected with both institutions. She says the gift of $500 this year to the C.C.C. model village was a single gift but she hopes to have it made annual to be used in the upkeep of the village. She will try, in addition, to obtain a contribution of $2500 for the erection of a residence for one of the Korean Professors which would be a real service.

We thank you and Mrs. Armstrong for your kindnesses to us and your interest in the work.

Very sincerely

O.R. Avison

I go to N.Y. this evening

63. 에비슨이 보건에게

몬트리올, 캐나다, 1920년 9월 13일

친애하는 보건 박사님,*

장(C. S. Chang) 의사에 관한 나의 질의에 응답해준 당신의 이달 8일 자 편지가 어제저녁 이곳에 있는 나에게 도달하였습니다. 내게 모든 것을 알려준 당신께 감사하기 위해 편지를 씁니다. 그가 그곳에서 잘 지내면서 최소한 영어라도 충분히 잘 익히고, 의학 과정이나 그와 비슷한 과정을 끝내서 졸업할 수 있게 되리라고 나는 생각합니다. 그 길이 내게 아주 확실해 보이지는 않습니다. 그는 이번 미국 여행에 관해 나와 상의하지 않았고, 다만 서울에서 나를 찾아와 그 일을 준비하고 있다고만 말하였습니다.

그는 평양에 있는 당신의[북감리회의] 선교병원에서 몇 년간 폴웰(Follwell) 의사와 함께 일하였고, 그래서 선교회의 후원을 받아 이곳에 왔을 것이라고 짐작하였습니다. 그래서 그가 내게 재정적인 도움을 호소했을 때 당신에게 정보를 요청하였습니다. 개인적으로 나는 그가 지금 어쨌든 가장 좋은 곳에서 한동안 지내게 되었다고 생각하고, 그에게 그렇게 편지를 쓰겠습니다.

내가 당신에게 말했던 토론토의 프랫(C. V. Pratt) 의사를 세브란스 의학교로 임명하는 문제에 어떤 진전이 있는지 알고 계신 것이 있으십니까?

안녕히 계십시오.

O. R. 에비슨

출처: UMAC

---

* 이 편지는 76번 편지, 곧 보건이 에비슨에게 보낸 1920년 10월 8일 자 편지와 연계된다.

Chosen Christian College

803-R

Montreal, Canada, Oct. 13th, 1920.

Dear Dr. Vaughan,

Yours of the 8th inst., answering my enquiry concerning Dr. C.S.Chang reached me here last evening and I write to thank you for the full information given me. My own feeling is that he will do well to stay right on where he is long enough to get well up in English at least and as for his taking a complete medical course or such part of it as will enable him to graduate, the way does not seem very clear to me. He did not consult me about taking this trip to America except to call on me in Seoul and tell me he had made arrangements for it.

He had been for some years associated with Dr. Follwell in your Mission Hospital at Pyeng Yang and so I presumed he might be here under mission auspices and so I sought information from you as he had appealed to me for financial help. Personally I think he is now placed to the best advantage for some time at least and I shall so write him.

Have you any knowledge as to whether any progress has been made in the matter of the appointment to Severance Medical College of Dr. C.V.Pratt of Toronto, the man about whom I spoke to you?

Very sincerely

O.R.Avison

64. 암스트롱이 에비슨에게

1920년 9월 16일

O. R. 에비슨 박사,

c/o 조지 T. 스코트 목사,

156 5번가, 뉴욕 시.

친애하는 에비슨 박사님:

긴 편지에서 한국의 의료상황을 자세히 설명해주고 연희전문학교 및 세브란스의학전문학교와 우리의 관계를 논의해준 당신께 감사합니다.

어제저녁 우리는 게일(Gale) 박사와 좋은 만남을 가졌고, 서덜랜드(Sutherland) 양도 그곳에 왔습니다. 그녀의 신청서에 관해 나는 물론 아무것도 모르지만, 맥켄지(MacKenzie) 부인은 그녀가 임명될 것이라고 생각하는 것처럼 보이고, 벌써 그녀에게 통행권을 얻어주는 문제를 논의하고 있습니다. 그녀는 사회봉사와 공중보건 자격증을 갖고 있어서 우리 선교회의 어느 간호사들보다도 세브란스에 더 적합할 것입니다. 그러나 그녀가 가야 한다면, 그것은 나중에 논의될 문제입니다.

짧은 토론토 방문 기간에 간호사만 아니라 의사까지 얻는 데에 성공한다면, 당신은 확실히 행운이 있습니다. 우리는 당신이 앞으로 더욱 성공하기를 희망합니다. 이것은 내가 오랫동안 느껴온 것, 즉 안식년을 보내는 선교사는 선교부 총무보다 선교사를 얻는 일을 훨씬 더 효과적으로 할 수 있다는 것을 입증합니다. 선교지들은 더 많은 선교사를 보내라고 소리치고 있지만, 안식년을 보내는 선교사들 가운데 당신이 추구하는 분야, 즉 사람을 낚는 분야에서 많은 시도를 하는 사람은 많지 않습니다.

파리에 관해, 올가을 어느 때에 당신이 그곳에 가도록 내가 펜만(Fenman) 씨와 함께 일정을 조정하기를 원하십니까? 만일 그렇다면 일자를 대략 알려주시겠습니까?

안부 인사를 드립니다.

안녕히 계십시오.

AEA[A. E. Armstrong]

출처: PCC & UCC

16th Sept. 1920

Dr. O. R. Avison,
c/o Revd. Geo. T. Scott,
156 Fifth Avenue,
NEW YORK CITY.

Dear Dr. Avison:

I thank you for your long letter giving details concerning the medical situation in Korea, and discussing our relation to Chosen Christian College and Severance Medical College.

We had a fine meeting with Dr. Gale last evening, and Miss Sutherland was there. I know nothing about her papers, of course, but Mrs MacKenzie seems to think that she will be appointed and is already discussing our securing passage for her. As she has social service and public health qualifications it may be that she would suit Severance better than any of the other nurses of our Mission. That, however, is a matter to be discussed later should she go.

You are certainly fortunate if you succeeded in getting a doctor as well as a nurse during your brief visit to Toronto. We hope that you will be still more successful in the future. This bears out what I have felt for a long time, namely, that missionaries on furlough can be far more effective in securing missionaries than secretaries can. The fields clamour for more missionaries to be sent, and yet there are not many missionaries on furlough who attempt much in the line that you are pursuing, namely, of fishing for men.

About Paris, do you wish me to arrange with Mr. Penman for you to go there sometime this Autumn? and if so, can you give approximate date or dates?

With kind regards,

I am,
Yours sincerely,

AEA/JB

65. 에비슨이 퍼펙트에게

1920년 9월 17일

A. H. 퍼펙트 박사,
사거리 아네트 스트리트 &
하이파크 에비뉴,
토론토, 캐나다.

나의 친애하는 퍼펙트 박사님:

지난 일요일에 당신이 한국에 가서 우리를 위해 2년간 외과 봉사를 하겠다고 내게 했던 제안을 나는 실로 계속 생각해왔습니다. 내가 당신에게 세브란스병원과 의학교의 외과 담당 의사가 내년 4월에 본국으로 갈 것이라고 말하면서 그가 선교지를 떠나 있는 동안 그곳에 가달라고 제안했던 것을 당신은 기억할 것입니다.

당신이 실제로 이 일을 실행하여 러들로 의사가 떠나기 전에 한국에 도착하도록 조정함으로써 그가 아직 그곳에 있는 동안 사역을 시작하게 할 수 있는지를 알아보기 위해 지금 당신에게 편지를 씁니다. 당신은 여러 가지 외과 치료 경험을 쌓을 기회를 얻을 것인데, 거기에는 골결핵, 축농증, 간농양, 화농땀샘염, 여러 형태의 악성 종양, 맹장 수술, 장절제, 반흔성 질병, ___수축, 절단 수술, 골반 질병 그리고 모든 형태의 업무가 포함됩니다.

당신이 내게 편지를 쓸 생각을 하자마자 당신의 소식을 듣게 해주면 기쁘겠습니다. 그러면 우리는 많은 힘든 사역을 가지고 당신을 진심으로 환영할 것입니다. 바로 지금 캔사스시티에 있는 안과와 이비인후과 전문의에게 편지를 쓰려고 합니다. 그는 그 과를 맡은 한국인이 전공 수련을 하러 1년간 이 나라에 와 있는 동안 그 과를 돌보기 위해 자비로 1년간 나가 있겠다고 하는 비슷한 제안을 하였습니다. 당신들 두 사람이 동시에 그곳으로 나갈 수 있다면 연이어 매우 즐거운 일이 될 것입니다. 이 제안과 관련하여 당신의 마음에 의문이 생기면 어떤 질문이든 기쁘게 대답하겠습니다.

당신의 이웃 주민인 프랫(Pratt) 의사가 지난 월요일 저녁 내게 우리 의학교의 약물학,

약학 교수와 약학과 담임으로 기꺼이 나가겠다고 말했던 것을 당신이 알면 흥미를 느낄 것입니다. 그래서 지금 그가 임명되도록 주선하고 있습니다.

지난 월요일 저녁 토론토 종합병원에서 간호사들에게 강연하였고, 그 모임이 끝났을 때 간호사 한 명을 얻었습니다. 내가 알기로 그 집단 가운데 다른 사람들도 선교사역에 헌신하는 문제를 고려하고 있습니다. 지금 브룩클린 병원에 있는 의사 한 명을 만날 예정인데, 그는 의사 몇 명, 간호사 몇 명, 교육자 몇 명과 함께 하나의 완벽한 병원 체제를 만들었습니다. 그들은 중국 내지로 가서 새 사역을 개설할 예정입니다. 그들이 미국 감리회에서 파송될 것으로 알고 있습니다. 전문의들 사이에서 선교사역을 지지하는 운동이 더 강해지고 있습니다.

안녕히 계십시오.

O. R. A.

출처: PCC & UCC

September 17th, 1920.

Dr. A.H. Perfect,
Cor. Annette Street &
Highpark Avenue,
Toronto ,Canada.

My dear Dr. Perfect:

I have been thinking, indeed, about the proposition you put up to me last Sunday that you go to Korea and give us a couple of years, was it, of surgical service. You will remember I said that our Chief Surgeon in the Severance Hospital and Medical College will be coming home nexy April, and suggested that you go out so as to be there during his absence from the Field.

I am now writing you to see whether you can actually bring this to pass, arranging to reach Korea before Dr. Ludlow leaves so that you might become initiated into the service while he is still there. You would get an opportunity for a varied surgical experience, including bone tuberculosis, empyema, liver abscess, suppurating glands, various forms of malignancy, appendectomy, bowel resections, cicatricial contractions of the aesophagus, amputations, pelvic cases and all types of work.

I shall be glad to hear from you as soon as you care to write me, and we will give you a hearty welcome with plenty of hard work. I am just now going to write to a specialist in eye, ear, nose and throat work in Kansas City, who has made a similar proposition to go out for a year at his own expense to care for that Department while a Korean, who has been in charge of it, comes to this country for a year of special training. It would be a link and very pleasant if both of you could be out there at the same time. I shall be glad to answer any questions that may present themselves to your mind in connection with this proposition.

You will be interested to know that your neighbor, Dr. Pratt, told me last Monday evening of his willingness to go out to our Institution as Professor of Materia Medica and Pharmacology, and to be head of the Department of Pharmacy, and I am now making arrangements for his appointment.

I addressed the nurses at the Toronto General Hospital last Monday evening and secured one nurse at the close of the meeting, while others of the group are, I know, considering the question of offering themselves to mission work. I am to meet a doctor who is now in the Brooklyn Hospital and who has formed a complete hospital unit of several

Dr. A.H. Perfect. -2- September 17th, 1920.

doctors, several nurses, with some educationalists, who are to go to the interior of China and open up a new work. I understand that they will be sent by the American Methodist Church. Among the medical profession the movement in favor of mission work is becoming stronger. Believe me

Very sincerely yours,

ORA

ORA:MH

66. 에비슨이 암스트롱에게

156 5번가, 뉴욕, 1920년 9월 18일

A. E. 암스트롱 목사,
선교부 총무
토론토, 캐나다.

친애하는 암스트롱 씨,

당신의 16일 자 편지를 방금 받았습니다. 당신이 게일 박사와 그런 좋은 만남을 가져서 기쁩니다.

서덜랜드 양이 매우 적합한 지원자임이 입증되기를 희망합니다. 당신의 말대로 그녀는 세브란스에 배치될 사람으로 판명될 것인데, 무슨 일이 생기면 당신의 선교회 출신의 또 다른 간호사로 교체될 것입니다.

내가 당신에게 설명했듯이, 매우 중요한 의료인 회의가 몬트리올에서 10월 4일부터 15일까지 열리는 것으로 알고 있습니다. 그래서 오늘 오전 우리 지원자 부서의 화이트(Stanley White) 박사가 내게 그 기간에 몬트리올로 가라고 지시하였습니다. 이는 의료인들이 의료선교에 대해 올바른 마음 자세를 갖도록 그들에게 도전할 모든 기회를 활용하기 위해서입니다.

그렇게 하면 당신이 제안했던 방면에서 무슨 일을 할 기회가 내게 생길 것입니다. 그곳에서 일요일을 두 번 보낼 예정인데, 만일 지금 그 일을 준비하면, 몇 군데 장로교회들에서 설교할 수도 있고, 어쩌면 평일 밤에 몇 번 등불 강연을 할 수도 있습니다. 연희전문학교와 세브란스의학전문학교를 위해 당신들이 기금 모금을 시작하는 것을 나는 기쁘게 도울 것이고, 그렇게 할 수 있다면 내가 어느 정도는 참으로 도움이 될 것입니다.

우리 선교부는 내가 몬트리올 회의 참가 후에 돌아다니면서 그들의 전체 사역을 대표하기를 기대하고 있습니다. 한국의 의료사역자들을 대변하여 선전하는 역할만 하는 것이 아닙니다. 전환기에 한국 사역이 스스로 서도록 충분한 힘을 얻게 하겠다는 단 한 가지의 희망으로 인해 이 일은 나를 매우 즐겁게 합니다.

당신이 다음 2년간 얼마나 많은 의사와 간호사를 어느 선교지들에서 쓸 수 있는지 내게 알려주고, 당신이 지금부터 1921년 가을 사이에 얼마나 많이 보낼 수 있는지를 말해주기 바랍니다. 당신이 선교사로 위임할 수 있을 만한 캐나다 장로교인들을 모아 그 명단을 당신에게 넘길 수 있었으면 좋겠습니다. 그러고도 남은 사람들이 있으면 내가 다른 선교부들에 위탁하더라도 당신이 좋게 여겨주기를 희망합니다.

만일 내가 다른 선교부들을 위해 선교사들을 얻어준다면 우리 선교부는 내 여비의 일부를 이익을 본 선교부들이 부담해야 한다고 느낄 가능성이 있습니다. 그러나 그런 것은 선교부들끼리 조정할 일입니다.

우리의 일요일 후에 중요한 의료 중심지들을 많이 방문하기 위해 일정을 정할 것입니다. 당신이 내 일정에 캐나다의 어느 중심지를 넣기를 원한다면 내게 알려주기 바랍니다. 이쪽에서 우리는 보스턴, 볼티모어, 뉴욕, 필라델피아, 피츠버그, 클리블랜드, 앤아버, 시카고, 세인트루이스 등을 생각하고 있습니다.

암스트롱 부인과 맥케이 박사께 안부 인사를 드립니다.

안녕히 계십시오.

O. R. 에비슨

펜만 씨에 관해서는 조금 후에 편지를 쓰겠습니다.

출처: PCC & UCC

Ans Sep 27

156 Fifth Ave., New York, Sept. 18th, 1920.

Rev. A.E. Armstrong,
Sec. Board Foreign Missions
Toronto, Canada,

Dear Mr. Armstrong,

Yours of the 16th just to hand. I am glad you had such a good meeting with Dr. Gale.

I hope Miss Sutherland will prove to be a very suitable candidate and it may be that as you suggest she may turn out to be the one for Severance in case certain happenings make a place for another nurse from your mission.

As I explained to you there will be very important medical meetings in Montreal running from the 4th of Oct. to the 15th, I believe, and this morning I was instructed by Dr. Stanley White of our candidate department to be in Montreal during that time, in order to make use of all the opportunities that may offer to create a right attitude of mind in the medical profession towards medical missions.

That may give me an opportunity to do something along the lines of your suggestions. It can be made to mean two Sundays there and perhaps if the matter were taken up now I might speak in several Presbyterian churches and perhaps give some weeknight lantern lectures. I will be glad to help you get started in your funds for both the Chosen Christian College and the Severance Medical Institution or indeed to help out, if I can, at any point.

In the tour I am to take after the Montreal meetings I shall be expected by our Board to represent them generally and not only as a propagandist for medical workers in Korea and this is very pleasing to me only that I hope that in the turn over I shall get enough to put the Korea work on its feet.

Please let me know how many doctors and nurses you can use in the next two years and in what fields, stating how many you could send out ~~within~~ between now and the Fall of 1921. I shall be glad to turn over to you the names of Presbyterians in Canada that I may get up to the number you can commission, hoping that you will think it all right for me to turn any balance there may be over to other Boards for commission.

Possibly our Board may feel that if I get missionaries for other Boards some part of the cost of my travel should be borne by those Boards which profit but that will have to be adjusted between the Boards themselves.

We shall set about making a schedule after Sunday for visits to many of the important medical centers. Please let me know whether you would like me to include any of the Canadian centers. On this side we are thinking of Boston, Baltimore, New York, Philadelphia, Pittsburg, Cleveland, Ann Arbor, Chicago, St. Louis &c.

With kind regards to Mrs. Armstrong and to Dr. McKay

Very sincerely

O.R. Avison

I will write a bit later about Mr. Penman.

67. 에비슨이 브라운에게

1920년 9월 18일

체스터 브라운 박사,

찰스 홈,

알버타, 캐나다.

c/o 메디컬센터,

캐나다 육군.

나의 친애하는 브라운 박사님,

당신은 틀림없이 내가 낯설 것입니다. 스코필드(F. W. Schofield) 의사가 지난 4년 동안 한국에서 했던 사역과 관련해서 스코필드 의사나 주(州) 보건국의 어떤 관계자로부터 우연히 나의 이름을 들은 적이 없었다면 말입니다. 그러므로 내가 한국 서울에 있는 의학교와 병원의 책임자이고 그곳에서 스코필드 의사가 세균학과 위생학 분야에서 근무했다는 사실을 설명해드립니다. 그의 아내가 아픈 까닭에 지금 캐나다에 있는 스코필드 의사가 한국에 돌아가지 못할 가능성이 있음을 고려하여 당신에게 편지를 씁니다. 그가 이 나라[캐나다]를 떠나도 될지를 의심하게 할 만큼 그의 아내가 회복되지 않고 있기 때문입니다.

몇몇 사람이 당신의 이름을 이 사역을 하기에 훌륭한 자격을 지닌 사람으로 거론하였습니다. 스코필드 의사도 그의 자리를 위해 찾을 수 있는 인물로서 브라운(Chester Brown) 의사만큼 적합한 사람이 없다고 말합니다. 나는 그의 증언을 결론적인 것으로 여깁니다. 그가 당신을 알고 있고, 하게 될 사역도 알고 있기 때문입니다. 당신은 캐나다감리회 선교부 아래에서 임명되는 것을 기꺼이 받아들였으나 그들에게 나이 제한 규칙이 있어서 당신을 고려대상에서 제외하였다는 말을 들었습니다.

장로회 선교부는 당신을 실력으로 평가할 것으로 이해하고 있습니다. 보통은 나이 제한이 지원자를 임명하기에 바람직한 여부를 가늠하게 한다고 생각되지만, 나이를 반드시 바람직한 요인으로 고려하지 않은 경우도 많이 있습니다. 세브란스의학전문학교와 병원과 간호부양성소는 연합기관으로서 한국에서 활동하는 모든 장로교와 감리교 선교회들이 그곳에서 협력하고 있습니다. 그곳은 그 이름이 뜻하는 것처럼, 간호사를 양성하는 학교이고, 의료인을 철저히 교육하는 대학이며, 그들을 훈련하고 환자를 치료하는 병원입니다. 병원에는 지금 130개의 병상이 있지만, 250개로 늘어날 것입니다. 우리는 지금 60명의 간호 학생들을 교육하고 있는데, 시설을 확장하면 80명을 교육할 것입니다. 의학교는 시설과 방법이 근대적이고, 과들이 대체로 유능한 서구인 교수들의 책임 아래 있습니다.

우리는 특별히 세균학과 위생학 분야에서 스코필드 의사가 이끌어온 수준을 지키기를 간절히 원하고 있습니다. 그리고 우리는 당신이 이 일을 할 수 있는 사람이라고 믿을 모든 이유를 알고 있습니다. 어쩌면 스코필드 의사가 미리 그런 계획을 세웠는지도 모릅니다.

만일 당신이 스코필드 의사에게 편지를 쓴다면, 그가 당신에게 그 기관에 관해 그리고 그곳에서 얻게 될 발전적이고 유용한 기회에 관해서 모두 말해줄 것입니다. 그는 또한 당신에게 한국인이 어떠한 유형의 사람들이고, 과학적인 교육을 받기에 어떠한 역량을 가졌는지를 말해줄 것입니다. 당신은 물론 이곳이 선교기관인 것을 이해할 것입니다. 그래서 전문분야를 높은 수준으로 가르치는 것이 바람직하기는 하지만, 우리는 학생들의 기독교적 성격을 계발하고 우리를 찾아오는 환자들을 복음화하는 일에도 똑같은 열심을 품고 있습니다.

이 편지를 어느 주소로 보낼지 몰라서 어쨌든 육군 의료부에 보냅니다. 당신이 지금 또는 얼마 전에 그곳과 관련을 맺은 것으로 알고 있기 때문입니다. 당신으로부터 편지를 받게 되면 기뻐하면서 그 사역이나 그 나라에 관해 무엇이든 당신이 질문하면 대답해드리겠습니다.

안녕히 계십시오.

O. R. A.

출처: PCC & UCC

September 18th, 1920.

Dr. Chester Brown,
Clares Holm,
Alberta, Canada.
c/o Medical Department,
Canadian Army.

My dear Dr. Brown:

Doubtless I am a stranger to you, unless maybe that through Dr. F.W. Schofield, or someone connected with the Provincial Health Bureau may have happened to mention my name in connection with the work which Dr. Schofield has been doing in Korea during the last four years. I would, explain therefore that I am in charge of the Medical School and Hospital in Seoul, Korea, where Dr. Schofield has been carrying on the work in the Department of Bacteriology and Hygiene. I am writing you in view of the possibility that Dr. Schofield, who is now in Canada because of the illness of his wife, may not be able to return to Korea as the recovery of his wife to such a degree that he can leave this country is doubtful.

Several persons have mentioned your name as that of one well qualified for this work, and Dr. Scofield himself says that no better man than Dr. Chester Brown could be found for the position, and I would consider his testimony as conclusive, as he knows you and also knows the work that is to be done. I have heard that you were willing to accept an appointment under the Canadian Methodist Board, but that they have a rule concerning age which shut you out of their consideration.

I understand that the Presbyterian Board is willing to consider your case on its merits, feeling that while an age limit is ordinarily a guide to the desirability or otherwise of the appointment of a candidate, there are many cases where age must not be considered as a desirable factor. The Severance Union Medical College, Hospital and Nurses' Training School is a union institution in which all the Missions working in Korea, Methodist and Presbyterian, co-operate. It is, as its name implies, a training school for nurses, a college for the thorough training of medical men and a hospital in which training can be given and the sick treated. The Hospital has now 130 beds, but is to be enlarged to 250 beds. We have now 60 pupil-nurses in training, but when it is enlarged we will have 80. The Medical School is modern in its equipment and methods and in a large measure each department is under the charge of a competent Western professor.

Dr. Chester Brown. -2 September 18th, 1920.

We are especially anxious that the Department of Bacteriology and Hygiene shall be kept up to the standard to which Dr. Schofield has brought it, and we have every reason to believe that you are the type of man who can do this, and, perhaps advance it as Dr. Schofield had planned to do.

If you will write to Dr. Schofield he will tell you all about it and about the opportunity offered by the Institution for development and usefulness. He can also tell you about the Korea people, what kind of people they are and what capacity they have for taking scientific teaching. You will understand of course that this is a missionary institution, and that while teaching high standards in professional work is desirable, we are equally anxious for the development of Christian character in the students and for the evangelization of the patients who come to us.

I do not know where to address this letter, but am forwarding it to the Medical Department of the Army, as I understand that you are, or [illegible] have a letter from you and to answer any questions that may suggest themse[illegible] to you concerning the work or the country.

Believe me,

Yours very sincerely

ORA

ORA:MH

68. 에비슨이 맥콘키에게

156 5번가, 뉴욕, 1920년 9월 18일

A. O. 맥콘키 씨,

클레어스홈, 앨버타,

캐나다.

귀하께,

캐나다장로회 선교부의 총무들 가운데 한 명인 암스트롱의 소개로 선교사역에 기꺼이 임할 가능성이 있고 내가 말씀드릴 자리를 맡기에 극히 훌륭한 자격을 갖추었다고 생각되는 분으로서 당신의 이름을 알게 되었습니다.

연희전문학교는 한국 서울에 있는 교파연합 대학인데, 캐나다장로회가 참여하고 있습니다. 6개 과를 둔 대학으로, 문과, 농과, 상과, 신과, 응용화학과, 수물과가 있는데, 우리는 지금 농과에서 일할 좋은 교수를 찾고 있습니다.

현재 그곳을 맡은 사람은 일본인 신사로서 일본 삿포로 제국대학 농과를 졸업한 사람입니다. 그는 매우 유능하고 훌륭한 기독교인입니다. 그와 함께 가르치는 사람은 네브래스카 대학(University of Nebraska)의 농과를 졸업한 한국인입니다. 그래서 우리는 일본 농업을 훌륭하게 대표하는 사람과 미국에서 공부한 한국인을 두고 있지만, 지금 북미 대륙에서 경영해온 농업의 원리를 철저히 터득한 사람을 더하기를 바라고 있습니다. 그러면 그곳[한국]에서 우리가 그 모든 나라의 최고 농학을 가르칠 수 있습니다. 한국의 현재 여건들 속에서 가장 가치 있는 일을 하게 되리라는 점을 강조합니다.

당신이 친절하게 내게 편지를 써서 당신의 나이를 알려주고, 당신이 한국으로 나가 이 대학에 들어가는 일과 관련하여 상의해볼 의향이 있는지 말해주겠습니까? 그 나라와 그 학교의 사역에 관해 당신의 마음에 떠오르게 될 의문들은 무엇이든 내가 기쁘게 대답하겠습니다. 얼마 전에 내가 당신에게 편지를 썼던 일이 생각나는데, 당신으로부터 답장을 받지 못하였고, 그 편지의 사본도 갖고 있지 않습니다. 편지를 썼던 일을 나 혼자만 기억하는 일일 수도 있어서 그 일을 무시하고 있었습니다.

안녕히 계십시오.

O. R. A.

출처: PCC & UCC

September 18th, 1920.

Mr. A. O. McConkey,
Clares Holm, Alberta,
Canada.

Dear Sir:

Your name was given to me by the Reveren A.E. Armstrong, one of the Secretaries of the Board of Foreign Missions of the Presbyterian Church in Canada, as that of a person who would be willing to go into the mission work and would be exceedingly well qualified for the position about which I am going to speak.

The Chosen Christian College in a Union college in Seoul, Korea, in which the Presbyterian Church of Canada is sharing. It is a college of six departments, Arts, Agriculture, Commerce, Bible, Applied Chemistry and Applied Physics and Mathematics, and we are now looking for a good man to be one of the professors in connection with the Agricultural Department.

At present the man in charge is a Japanese gentleman, a graduate of the Agricultural Department of the Imperial University at Sapporo, Japan. He is very capable and a fine Christian man. Associated with him is a Korean teacher whocgraduated from the Agricultural Department of the University of Nebraska, so that we have a good representative of the agriculture of Japan, and a Korean who has studied in America, and now desire to add one who thoroughly understands the principles of agriculture as carried on in the American continent, so that out there we may teach the best of all those countries, emphasizing that which will be of most value under the conditions existing in Korea.

Will you kindly write me giving me your age and saying whether you would be willing to enter into negotiations concerning your going out to Korea into this change? I shall be glad to answer any questions which may suggest themselves to your mind in reference to the country and the work of the Institution. I am under the impression that I wrote you some time ago, but as I have not heard from you and I have no copy of the letter, it maybe that I only had it in mind to write and neglected to do so.

Very sincerely yours,

ORA:MH

69. 모스가 에비슨에게

1920년 9월 23일

O. R. 에비슨 박사,
미국 북장로회 선교부
156 5번가
뉴욕 시.

친애하는 에비슨 박사님:

피츠필드에서 사는 케네디 박사의 편지를 살펴보다가 그들의 돈을 과학관을 위해 사용할 수 있다는 것이 노스 박사와 완전히 양해되어 있다는 사실을 알게 되었습니다. 당신에게 그 편지들을 보여주면 아마도 그 사실이 가장 잘 설명될 것입니다.

1920년 8월 31일

나의 친애하는 노스 박사님:

우리는 웰치 감독과 상의한 후에 연희전문학교의 그 건물에 대해 다음의 결정을 내리게 되었습니다.

우리는 우리가 쓸 수 있는 돈을 과학관의 건축에 쓰기를 원합니다.

우리가 그 건물에 이름을 부여하는 것은 포기하겠지만, 그 이름을 선정하게 될 때 상의할 특권은 누리게 해달라고 요청하겠습니다.

웰치 감독은 당신이 그 커뮤니티 빌딩(Community Building)을 위해 보유하고 있었던 10,000달러를 우리의 과학관 건축기금을 보충하는 데에 사용할 것을 제안하였습니다. 그 돈이 그렇게 쓰인다면 우리가 동의할 수 있을 것입니다. 여기에서 내가 알린 바와 같이, 우리가 승인함으로써 그 합의가 확정되었다고 내가 생각해도 되겠습니까?

안녕히 계십시오.

[서명됨] F. J. 케네디

1920년 9월 7일

나의 친애하는 케네디 박사님:

지난달 당신의 친절한 31일 자 편지를 받고 나의 첫 편지로서 [나의] 구술을 받아쓴 편지를 보냅니다.

우리는 선교부를 대표하여 당신의 교회가 웰치 감독과 만나서 내린 결정을 기쁘게 받아들입니다. 그 결정은 연희전문학교 과학관의 건축은 당신이 부담할 것이고 백주년기념행사 위원회에 연희전문학교로 지정해놓은 당신의 기금은 그렇게 지정된 대로 신청되리라는 것입니다. 그 건물의 이름을 짓는 문제는, 당신이 알듯이, 우리가 여하튼 제기한 적이 없습니다. 그러므로 그 문제는 웰치 감독과 에비슨 박사 그리고 당신이 상의할 일로 남겨도 좋을 것입니다.

우리가 백주년기념행사 프로그램에서는 우리 기금을 이 부분 대신 다른 부분들에 할당하도록 재조정할 필요가 있겠지만, 당신이 모금한 펀드 안에서는 우리가 채플과 대학생활동을 위한 건물의 건축기금으로 할당한 $10,000을 기쁜 마음으로 과학관의 건축에 쓸 수 있게 할 것입니다. 다만 백주년행사에서 얻을 다른 수입과 기부금들은 우리가 여전히 매우 분명하게 바라고 의도하는 그 건물[채플과 학생활동을 위한 건물]을 짓는 데에 제공하려 합니다. 우리가 [당신의 펀드에서] 책정해놓은 $10,000을 당신이 백주년행사에 낼 몫으로 돌리고 싶어 한다고 생각되지는 않습니다. 오히려 당신은 만족할만한 건물을 마련하는 데에 필요한 추가금액을 보태기를 바라고 있습니다. 지금 내가 지금 이 점을 옳게 이해했습니까?

앞서 말한 대로, 이 문제들이 명확하게 양해된 상태에서, 이 조정을 최종적인 것으로 생각하지 말아야 할 이유는 없는 것 같습니다. 우리는 어떻게든 당신과 기쁘게 협력하면서 당신이 목표를 달성할 수 있도록 돕겠습니다.

안녕히 계십시오.

[서명됨] 프랭크 메이슨 노스

이같이 하여 두 짧은 편지들이 예시된 편지 내용을 상호 확인해주는 것을 살펴볼 수 있습니다. 이것은 과학관을 위해 분명한 근거를 제공하고 있습니다.

당신이 피츠필드에 갈 때 케네디 박사를 만나게 되면, 그 결과를 내게 알려주기 바랍니다. 그리고 그 결과를 알려주는 편지와 함께 당신이 요구한 것들에 맞추어 돈을 보내도록 지급 일정표도 내게 보내주기 바랍니다. 그러면 노스 박사와 함께 그 문제를 기쁘게 처리하여 지급이 필요함을 승인하도록 위원회의 결정을 받아낼 것입니다.

안녕히 계십시오.

ABM[A. B. Moss]

출처: UMAC

Chosen Christian College

September 23rd
Nineteen Twenty

Dr. O.R. Avison
Presbyterian Board of Foreign Missions
156 Fifth Avenue
New York City.

Dear Dr. Avison:

On examining the correspondence with Dr. Kennedy in Pittsfield, I find that a complete understanding has been reached with Dr. North whereby their money will be made available for the Science Building. Probably the best way to give you the facts will be to quote the letters.

"August 31, 1920.

"My dear Dr. North:

"After conference with Bishop Welch, we have reached the following determination relative to the building in the Chosen Christian College.

"We desire to direct our available money toward the erection of the Science Building.

"We will relinquish our claim to name that building, but willlask the privilege of being consulted when a name is to be chosen for it.

"Bishop Welch suggested that possibly the ten thousand dollars which you were holding for the Community Building, was available to supplement our funds in the erection of the Science Building. It would be agreeable to us if that money were so used. Am I to understand that with our approval, which I herewith communicate, such an arrangement becomes final?

Very cordially yours,

(Signed) F.J. Kennedy."

"September 7th, 1920.

"My dear Dr. Kennedy:

-2-

"I am in receipt of your favor of the 31st ultimo and am dictating answer at my first opportunity.

"So far as the representatives of the Foreign Board are concerned, we shall be glad to accept the decision reached by your church in conference with Bishop Welch, that you will be responsible for the Science Building of the Chosen Christian College and your funds designated for the Chosen Christian College under the Centenary commitments will be applied as designated funds in that way. The question of the naming of the building is not one, as you know, which has been in any way taken up by us and therefore it may well be left to consultation on the part of Bishop Welch, Dr. Avison and yourself.

"While it will be necessary to make readjustments of our other allotments for this unit of our Centenary program, we shall be glad to make available for the Science Building, in connection with your raising of funds, the $10,000 held by us for the purpose of erecting the chapel and college activities building. We shall simply attempt to provide for that building, the erection of which is still very definitely in our desire and purpose, some other Centenary income and gifts. I do not understand that you desire the $10,000 held by us to apply on your Centenary quota but that you wish to have it available to make up the additional amount necessary to provide a satisfactory building. Am I right at this point?

"With these matters, as stated, clearly understood, I see no reason why the adjustment may not be considered as final and we shall be glad to cooperate in any way possible to help you to secure your objective.

"With best wishes,

Yours cordially,

(Signed) Frank Mason North."

Then there follow two brief letters of mutual confirmation of the terms in the quoted letters. This gives a definite basis for the Science Building.

I would suggest that you let me know such conclusions as you may reach in conference with Dr. Kennedy when you visit Pittsfield. And in such letter, please give me the schedule of dates for payments that will meet your requirements. I shall then be glad to take it up with Dr. North and secure such committee action as will authorize the payments as needed.

With all good wishes,

Faithfully yours,

ABM
GMT

70. 암스트롱이 에비슨에게

1920년 9월 27일

O. R. 에비슨 박사,
미국 북장로회 선교부 사무실,
156 5번가,
뉴욕 시.

친애하는 에비슨 박사님:

몬트리올을 포함한 당신의 순회 여행 일정에 관해 쓴 당신의 9월 18일 자 편지를 받았습니다. 당신이 몬트리올 미국교회(American Church Montreal)의 교인들을 만나 연희전문학교의 기금 문제로 도움을 요청하는 것은 좋은 일입니다.

당신이 한국이나 다른 선교지들에서 일할 의료사역자들을 얻으려고 노력하는 것에 관해서는, 간단히 말하자면, 우리의 여러 선교지에서 활동하는 남자 의료인 4,5명과 여자 의료인 3,4명을 우리가 지금 당장 활용할 수 있습니다. 3,4명의 간호사들도 활용할 수 있습니다.

당신이 캐나다장로교인들을 얻어서 다른 선교부의 후원 아래 한국으로 보내는 것에 대해서는 아무도 반대하지 않는 것 같습니다. 그러나 당신이 누구와 접촉하게 될지를 우리에게 알려주면 좋겠습니다. 그러면 우리가 그들을 각 경우에 어느 곳으로 임명해서 보낼지 아니면 놓아줄지를 결정할 수 있을 것입니다.

지금 우리 선교부가 남자 의료인 한 명을 임명하고 우리 여자선교부가 간호사 한 명을 임명해서 한국에 보내게 될 것 같습니다.

당신에게 몬트리올만 아니라 다른 어느 중심지들도 방문하라고 말해도 될지 모르겠습니다. 그러나 최소한 퀸즈대학(Queen's University)와 토론토대학(Toronto University)은 알아보고 일정에 넣으라고 당신에게 조언할 만하고, 런던의 웨스턴대학(Western University)도 가능할 것으로 생각합니다.

[알버타 주] 클레어스홈의 맥콘키(A. O. McConkey) 씨, 노바스코샤 주 윈저의 바이어스

(W. N. Byers) 씨, 토론토의 퍼펙트(A. H. Perfect) 의사, 토론토의 서덜랜드(S. S. Sutherland) 양, 그리고 클레어스홈의 브라운(Chester Brown) 의사에게 보낸 편지들의 사본을 받았음을 알립니다. 서덜랜드 양의 경우는 여자선교부에서 검토되고 있습니다.

지난주 우리 선교부 회의에서 한국 문제들이 논의되었는데. 뉴욕에 있는 협력이사회가 6월 9일 자 회의록에서 협력을 요청한 사안도 논의에 포함되었습니다. 우리는 그 같은 협력[완전 협력]을 할 형편에 있지 못합니다. 다만 잭 씨를 교체하는 문제는, 당연히 처리할 일로서, 당신이나 우리가 역량 있는 사람을 찾으면 곧바로 교체해주도록 결정하였습니다.

갠디어(Gandier) 박사와 맥케이 박사가 협력이사회 회의에 참석하지 못하게 될 때 대신 참석할 대리인으로 뉴욕 학생자원운동의 머레이(J. Lovell Murray) 씨와 뉴저지 주 블룸필드의 신클레어(A. G. Sinclair) 박사가 임명되었습니다.

우리는 당신이 9월 13일 자 편지에서 요청한 것에 부응하여 전진운동 기금 안에서 $10,000에서 $15,000까지를 연희전문학교 건물들을 위한 우리의 지급금으로 틀림없이 책정할 것이란 사실을 당신에게 확언해주기로 결정하였습니다. 이것은 언더우드 씨가 만일 $10,000~15,000을 지금 미리 쓰도록 기꺼이 허락해준다면 당신이 다음 봄에는 그 돈을 갚을 것이란 점을 그에게 보장할 수 있게 해줄 것입니다.

우리는 기본자산으로 필요한 것들[교육관 이외의 군소 건물들] 아니면 건물[교육관] 가운데 어느 곳에 기부할지를 결정할 수 없었습니다. 그 일은 어느 교회 회중이, 어쩌면 몬트리올 미국교회가, 어디에 기부하기를 원할지에 좌우될 것입니다. 그들은 틀림없이 기본자산으로 필요한 항목들보다 건물을 선호할 것입니다.

흥미를 끌 만한 일로서, 선교부가 머레이(Florence J. Murray) 양*을 한국으로 임명했다는 사실을 알려드립니다. 그녀는 다음 봄에 출항할 것입니다.

안부 인사를 드립니다.

안녕히 계십시오.

AEA[A. E. Armstrong]

출처: PCC & UCC

* Florence J. Murray(1894~1975)는 캐나다장로회 의료선교사로 1921년 9월 내한하여 용정과 함흥에서 활동하였고, 해방 후 다시 내한하여 이화여대 의대와 연대 의대에서 근무하고 원주연합기독병원에서 근무하며 원주에 나환자촌을 설립하였다.

Sept.27th,1920.

Dr. O.R.Avison,

Presbyterian F.M.Office,

156 Fifth Avenue,

New Yobk City.

Dear Dr.Avison:

I have your letter of September 18th with reference to your itinerating including Montreal. It is good of you to offer to assist in the matter of funds for the Chosen Christian College by interviewing the men of the American Church Montreal.

In connection with your efforts to secure medical workers for Korea and other fields I may state briefly that we can use four or five medical men and three or four medical women right away in our various fields. We could also use three or four nurses.

I think there is no objection whatever to your securing Canadian Presbyterians for Korea under other auspices than our Board. But we would be glad to hear of any that you may come in touch with that we may decide in each case whether or not we could send them or release the for appointments elsewhere.

I think our Foreign Mission Board would appoint a medical man and our Womens Board a nurse to Korea at present.

I do not know what to say about your visiting other centres apart from Montreal. But I hink it would be advisable for you to try and include at least Queen's University and Toronto University and possibly also Western U iversity, London.

I acknowledge copies of letters sent to Mr. A.O.McConkey,Clares Holm,Mr.W.N.Byers,Windsor,N.S.,Dr.A.H. Perfect,Toronto,Miss S.S.Sutherland,Toronto,and Dr.Chester Brown,Clares Holm. Miss Sutherland's case is being considered by the W.M.S.Board.

At our Board Meeting last week Korea matters were discussed including Minutes of Meeting of Chosen Board, New York, June 9th, requesting co-operation. We are not in a position to undertake such co-operation, but it was decided of course, to replace Mr.Jack as soon as a capable man is found by yourself or by us.

(over)

-2-

Mr. J.Lovell Murray, Student Volunteer Movement, New York and Rev. Dr.A.G.Sinclair, Bloomfield, New Jersey, were appointed proxies on the co-operating Board to represent Dr.Gandier and Dr.MacKay when they cannot attend meetings.

We decided to assure you in response to your request of September 13th that $10,000 to $15,000 may be counted upon towards our grant from Forward Movement Funds for Chosen Christian College buildings. This will enable you to assure Mr.Underwood that $10,000 to $15,000 will be refunded to him next spring if he is willing to advance it now.

We were unable to decide whether to a locate our contribution to the fundamental property needs or to the building, and it will depend on whether or not a congregation perhaps American Church Montreal would like to contribute to that object in which doubtless building will be preferable to fundamental property needs.

As a matter of interest I may state the Board appointed Miss Florence J.Murray to Korea. She will sail probably next spring.

With kind regards, I am,

Yours sincerely,

A A

J.

71. 에비슨이 서덜랜드에게

156 5번가, 뉴욕, 1920년 9월 27일

친애하는 서덜랜드 씨:

당신이 연희전문학교를 위해 값을 치른 모든 것의 명세서를 한국 서울에 있는 겐소(J. F. Genso) 씨에게 친절히 보내주겠습니까? 이렇게 함으로써 당신이 직접 지불한 것들과 이쪽에서 지불한 모든 것이 각각 어디에 지불되었는지를 그[겐소]에게 상세히 알려주기 위함입니다. 특별히 앞으로 지불해야 할 것은 또한 무엇이고 지금 어떤 기금이 수중에 있는지도 알려주기 바랍니다.

겐소 씨는 그 기금들을 다 파악하고 있지 못한 것 같습니다. 그래서 모든 것을 똑바로 처리하기를 간절히 원하고 있습니다.

매사추세츠 주 피츠필드의 제일감리교회가 지을 과학관을 위한 첫 번째 지급금을 당신의 선교부가 얼마나 빨리 보내줄 수 있는지 내게 알려주겠습니까? 우리는 그 일을 개시하여 겨울 전에 석재 준비를 최대한 많이 끝낼 수 있기를 간절히 원하고 있습니다.

우리가 지금 언더우드관의 건축을 위한 굴착공사를 시작하는 단계에 있음을 보고할 수 있게 되어 기쁩니다.

당신이 겐소 씨에게 보낸 편지의 사본을 내가 참고하도록 보내주면 좋겠습니다.

이러한 일들로 인해 당신께 감사합니다.

안녕히 계십시오.

O. R. 에비슨

출처: UMAC

Chosen Christian College

OFFICE OF THE PRESIDENT

O. R. AVISON, M. D.

Seoul, Chosen

CO-OPERATING BOARDS
PRESBYTERIAN CHURCH IN THE U. S. A.
METHODIST EPISCOPAL CHURCH
METHODIST EPISCOPAL CHURCH, SOUTH
PRESBYTERIAN CHURCH IN CANADA

156 Fifth Ave., New York, Sept. 27th, 1920.

803-1

Dear Mr. Sutherland,

Will you kindly send to Mr. J.F.Genso at Seoul, Korea, a complete statement of all the amounts you have paid out on behalf of the Chosen Christian College? I mean by this not only what you have paid out y yourself but all that has been paid out at this end, in such detail that he will know just what each payment was for. Also please state what liabilities are outstanding and what funds are now on hand.

Mr. Genso seems to be uncertain about some of the funds and he is anxious to make sure everything is just right.

Will you please let me know just how soon the first payment can be m made by your Board on behalf of the Science Building which is to be erectd by the First M.E.Church of Pittsfield, Mass.? We are anxious to get it started so that as much of the stonework as possible may be completed before winter.

I am happy to be able to report that we are now in a position to begin the excavations for the Underwood Hall.

I shall be glad to have a copy of your letter to Mr. Genso for my own information.

Thanking you for this

Very sincerely

O.R.Avison

Gors 10/18

OCT 20 Filed

72. 에비슨이 모스에게

1920년 9월 28일

아더 브루스 모스,
미국 북감리회 선교부실,
150 5번가, 뉴욕 시.

나의 친애하는 모스 씨:

연희전문학교 과학관의 건축에 관해 당신의 선교부와 매사추세츠 주 피츠필드 제일감리교회 사이에서 오간 통신문에 대해 알려준 당신의 9월 23일 자 편지를 받았습니다. 대단히 만족스러운 내용이어서 그것을 내게 알려준 당신의 친절에 감사합니다.

안녕히 계십시오.

O. R. 에비슨

출처: UMAC

CABLE ADDRESS "INCULCATE NEW YORK" TELEPHONE 622 GRAMERCY

The Board of Foreign Missions of the Presbyterian Church in the U.S.A.
156 Fifth Avenue
New York

CANDIDATE DEPARTMENT
REV. STANLEY WHITE, D.D. SECRETARY
REV. ORVILLE REED, PH.D. ASSOCIATE SECRETARY

8831

file Chosen Christian College

September 28, 1920

Mr. Arthur Bruce Moss,,
M.E. Foreign Mission Board Rooms,
150 Fifth Ave., New York City

My dear Mr. Moss:-

I have received your note of September 23rd referring to the correspondence between your Board and the First Methodist Church of Pittsfield, Massachusetts concerning the erection of the Science Building of the Chosen Christian College. It is very satisfactory and I thank you for your courtesy in letting me have it.

Believe me,

Very sincerely yours,

O R Avison

ORA:IO

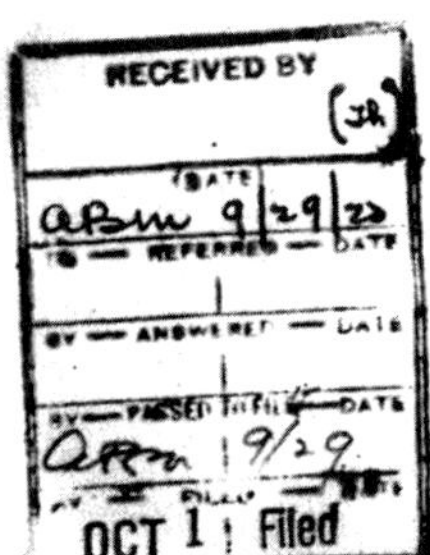
RECEIVED BY
DATE
9/29/20
REFERRED DATE
ANSWERED DATE
PASSED DATE
9/29
OCT 1 Filed

73. 에비슨이 암스트롱에게

1920년 9월 29일

A. E. 암스트롱 목사,

439 컨페더레이션 라이프 빌딩,

토론토, 캐나다.

나의 친애하는 암스트롱 씨:

방금 당신의 27일 자 편지를 받고 지금이 아니면 며칠 동안 편지를 쓰지 못할 것이기 때문에 서둘러 답장을 씁니다.

목요일 점심시간 후에 뉴욕을 떠나 매사추세츠 주의 피츠필드로 가는데, 그곳에서 두 번 강연할 예정입니다. 그곳의 제일감리교회가 연희전문학교 과학관의 건축을 맡았습니다. 그래서 이번 가을에 그 일이 시작되게 하기를 희망하고 있습니다. 그들이 모금 운동을 시작하도록 그들을 도울 생각입니다. 그 기금은 애초의 예상보다 더 많이 필요하게 될 것입니다. 가격 하락 추세가 그곳의 건축에 영향을 끼쳐 조금 더 빨리 짓기보다 조금 더 싸게 짓기를 내가 바라고 있기는 하지만 말입니다.

피츠필드에서는 몬트리올로 가는데, 4일 저녁이나 5일 오전에 도착할 것입니다. 앞서 말했듯이, 몬트리올 애버딘 에비뉴 45호의 로간(R. S. Logan) 부인의 집에서 묵을 것입니다. 내가 몬트리올이나 그 인근에서 할 수 있는 일에 관해 내게 무슨 제안할 일이 있으면 당신이 그 주소로 편지를 보내면 됩니다.

당신이 관대하게 캐나다장로회의 간호사들을 당신의 선교부가 아닌 다른 선교부들 아래에서 한국에 보내는 문제를 다루어준 일로 인해 당신께 감사합니다. 캐나다에서 내가 찾은 간호사들의 허입을 우리가 정하기 전에 당신에게 그들의 이름을 즐거이 보내겠습니다.

당신이 내년 봄에는 $10,000~$15,000을 연희전문학교 기금으로 주는 것으로 여겨도 된다고 우리에게 말함으로써 내 요청에 응답해주신 당신께 매우 크게 감사합니다. 당신이 이 기금을 필요한 기본자산 항목들에 넣을지의 여부는 아직 결정하지 않았다고 한 점을 주목합니다. 그러나 기숙사 건물과 교수 사택들의 긴급한 필요성을 고려해줄 것이라고 믿습니다. 한국인과 일본인 교수들은 이러한 사택의 건축을 위한 기금 사용에 관해 우리에게 자유재량을 주었습니다. 물론 나는 몬트리올에 있는 동안 특별히 그 미국교회가 연희전문학교 프로젝트에 흥미를 갖게 하려고 노력할 것입니다. 머레이(Florence Murray) 의사의 한국 임명 소식을 듣게 되어 기쁩니다.

안녕히 계십시오.

O. R. 에비슨

오늘 오전 그들에게 언더우드관 굴착공사를 시작하라고 전보를 쳤습니다. 그것은 도로로 곧장 이어질 것입니다. 과학관의 기초공사를 시작하라는 전보를 치게 되기를 기대합니다. 언더우드 씨는 당신이 봄에 우리에게 주기로 한 그 기금을 ___에 곧바로 _하겠다고 말하였습니다.

출처: PCC & UCC

CABLE ADDRESS: "INCULCATE NEW YORK"

TELEPHONE CHELSEA 8960-3

The Board of Foreign Missions
of the
Presbyterian Church in the U.S.A.
156 Fifth Avenue
New York

OFFICE OF SECRETARY

September 29th, 1920.

RECEIVED
OCT 2 1920
ANS'D 6
Presbyterian Foreign Mission Board

Reverend A.E. Armstrong,
439 Confederation Life Bldg.,
Toronto, Canada.

My dear Mr. Armstrong:

Your's of the 27th is just to hand and I hasten to reply as this will be my last opportunity to write any letters in a few days.

I leave New York Thursday after luncheon to visit Pittsfield, Mass., where I shall speak twice. The First Methodist Church there has undertaken the erection of the Science Building of The Chosen Christian College, and I hope to get it started this fall. I am going to try to help them get a start in their campaign for funds. They will need more than they had at first expected, though I am hoping that the downward tendency of prices will effect building out there and enable us to build more cheaply than a little earlier.

From Pittsfield I go to Montreal, where I shall arrive either on the evening of the 4th or on the morning of the 5th. I shall be, as I said before, the guest of Mrs. R.S. Logan, 45 Aberdine Avenue, Montreal, where you can address me if you have any suggestions to offer as to things that I may be able to do in Montreal or near there.

I thank you for the liberal way in which you treated the matter of Canadian Presbyterian Nurses going to Korea under other Boards than your own. I shall be glad to send the names of nurses I find in Canada to you before we take them ourselves.

I thank you very much for responding to my request by saying that you can be counted upon to give us $10,000-$15,000 by next spring towards the funds for the Chosen Christian College. I note you are yet undecided whether to allocate these funds to the fundamental property needs or not, but I trust that you will in consideration of the urgency of the need for a dormitory building and residences. Korean and Japanese teachers leave us this lee-way in the use of the funds. I shall, of course, while in Montreal endeavor to interest the American Church, especially, in the C.C.C. project. I am glad to hear of the appointment of Dr. Florence Murray to Korea.

Believe me

Yours very sincerely,

O.R. Avison

ORA:MH

I cabled this morning for them to begin excavations for Underwood Hall which is to go right on now & I expect to be able to begin foundations of Science Bldg. Mr. Underwood said lately he would advance at once the funds you are to give us in the Spring.

74. 에비슨이 암스트롱에게

c/o R. S. 로간 씨, 몬트리올
45 애버딘 스트리트, 1920년 10월 5일

A. E. 암스트롱 목사,
캐나다장로회 선교부 총무,
토론토.

친애하는 암스트롱 씨:

어제밤 이곳에 도착하여 맥콘키(McConkey) 씨가 보낸 편지를 발견하였습니다. 당신이 이해하고 참고하도록 그 편지를 당신에게 동봉해서 보냅니다.

나도 가능하면 곧바로 그에게 편지를 써서 그곳에서 할 사역의 종류들과 기회, 기후 등을 충분히 설명하겠습니다. 그러나 봉급이나 다른 일들에 대해서는 당신이 그에게 편지를 써주도록 부탁하겠습니다. 그런 것은 당신이 나보다 그에게 더 잘 설명해줄 수 있습니다.

그를 한국으로 이끄는 일은 힘들지 않으리라고 생각합니다. 그가 우리에게 필요한 바로 그 사람임을 발견하게 되기를 희망합니다.

오늘 오후에 그 미국교회의 여자선교회에서 설교할 예정인데, 그들이 이 사역에 더 많은 관심을 가지기를 희망합니다.

토요일 저녁에는 매사추세츠 주 피츠필드의 그 감리교회에서 몇 안 되는 인원에게 환등기 슬라이드를 보여주며 이야기하였습니다. 일요일 오전에는 그 교회의 큰 청중에게 한국의 종교와 교육에 관한 강연을 하였고, 오후에는 그 교회의 임원들과 회의를 하였습니다. 그들은 과학관을 맡기로 결정하였고, 공사를 끝내고 설비와 가구를 갖추기까지 계속 약정금을 주기로 하였습니다. 그들은 그런 후에도 해외 선교 기부금을 그것의 유지비로 써서 사실상으로 그 건물을 증여하기를 희망하고 있습니다. 아마도 $50,000.00의 비용이 들 것 같습니다. 어제 스코트 씨에게 한국으로 전보를 쳐서 가능하면 이번 가을에 기초공사를 시작하도록 말해달라고 부탁하였습니다.

지난 목요일에는 언더우드 씨와 좋은 대화를 한 후에 한국으로 전보를 쳐서 언더우드관의 공사를 시작하게 하였습니다. 최소한 $150,000.00이 들 것으로 보이고, 어쩌면 $175,000이 들 수도 있습니다.

이렇게 해서 우리가 다음 몇 년 동안 할 수 있는 한 모든 방면에서 대학 사역을 펼치게 할 건물들을 갖는 일이 가동되었습니다. 건물들이 생기면 농업관을 자유롭게 쓰게 하여 [역자 주: 임시 교육관으로 쓰는 치원관을 농업관으로 쓰겠다는 뜻] 헛간이나 그런 종류의 건물에서 하는 일 외에 이 분야에서 우리가 수행하기를 바라는 온갖 사역을 할 것입니다.

학생 기숙사들, 중앙난방 및 조명 시설, 한국인과 일본인 교수 사택들, 모범촌 주택들을 위한 기금을 얻어서 시설이 잘 조화된 교육기관을 갖기를 지금 매우 갈망하고 있습니다. 경상비를 위한 기금도 우리는 더 필요합니다.

당신의 선교부 수입이 그 행사를 통해 결정적으로 더 많아지고 우리 교육기관이 이전보다 훨씬 빨리 발전기를 기대하며 기뻐합니다.

안녕히 계십시오.

O. R. 에비슨

맥콘키 씨에게 보낸 내 편지의 사본을 동봉합니다. 그것을 내게 돌려주어 그의 원본 편지와 함께 보관할 수 있게 해주기를 바랍니다.

출처: PCC & UCC

C/o Mr. R.S.Logan, Montreal,
45 Aberdeen St. Oct. 5th, 1920.

Rev. A.E.Armstrong,
Sec. Presbyterian Board
Toronto,

Dear Mr. Armstrong,

I reached here last night and found a letter from Mr.Mc Conkey which I am enclosing to you for your guidance and information.

I will write him at once giving him as full a statement as I can along the lines of the type of work and opportunities out there, climate &c. but will ask you to write him about salary and other things which you are better able to give him than am I.

I think we should have no difficulty in interesting him in Korea and I hope we may find in him the very man we are needing.

I am to speak at the W.M.S. meeting of the American church this afternoon and hope to enlarge their interest in the work.

On Saturday evening I spoke to a limited number at the M.E.Church, Pittsfield, Mass., showing lantern slides and on Sunday morning addressed a large congregation in the church on religion and education in Korea and in the afternoon met the official Board of the church. They decided to take upthe Science Building and continue their subscriptions to it till it is finished, equipped and furnished and hope after that to keep on applying their foreign mission gifts to it for its upkeep, thus practically endowing it. It is likely to cost $50000.00. I sent a request to Mr. Scott yesterday to cable to Korea to get the foundations up this Fall if possible.

On Thursday last after a good talk with Mr. Underwood I cabled to Korea to begin work on the Underwood Hall. It is likely to cost at least $150000.00 and probably $175000.

This sets agoing work that will give us buildings for every phase of college work as we can carry it on in the next few years and will set free the agricultural building for all that type of work we can expect to undertake except for barns and similar buildings.

I am very anxious now to get funds for Students' dormitories, Central Heating and lighting plant, Korean and Japanese teachers' residences and for the Model village houses so that we can have a well balanced institution. Also we need more funds for current expenses.

I am glad your Board is beginning to get more definitely under the work and we now look forward to much more rapid development in the institution than heretofore.

Believe me yours very sincerely

O.R. Avison

I enclose a copy of my letter to Mr McConkey. Please return it to me for my files along with his original letter

75. 암스트롱이 에비슨에게

1920년 10월 6일

O. R. 에비슨 박사,
c/o R. S. 로간 부인,
45 애버다인(Aberdine) 에비뉴,
몬트리올, 퀘벡 주

나의 친애하는 에비슨 박사님:

당신이 그 단어를 "애버딘"(Aberdeen)이라고 쓴 것은 거슬리는 방식입니다. 몬트리올에서는 그것을 프랑스어로 그렇게 쓰는가 싶기도 합니다.

당신에게 편지를 쓸 필요가 있는 특별한 용무는 없습니다. 당신이 연희전문학교에 필요한 금액을 얻을 목적으로 미국교회를 각성시킬 수 있다면 우리는 물론 기뻐할 것입니다. 그들의 휴가 기간이 어떻게 정해졌는지를 내가 알지 못하므로 당신이 설교단에 서게 될지 잘 모르겠습니다.

당신에게 우리 선교부 부원들과 접촉해보라고 제안합니다. A. C. 레슬리 앤 썬(A. C. Leslie & Son) 회사의 레슬리(W. S. Leslie) 씨를 만나보기 바랍니다. 그의 주소를 전화번호부에서 확인하고 그에게 전화할 수 있습니다. 그는 매우 훌륭한 기독교인이고 [중국] 후난성(湖南省)에 있는 레슬리(P. C. Leslie) 박사의 형제이자 후난성 로치드(Arthur Lochead) 목사의 후원자입니다. 그가 당신에게 다른 사업가들을 만날 기회를 만들어줄 수 있기를 희망합니다.

몬트리올 드러먼드 스트리트(Drummond Street)의 Y.M.C.A. 건물에 있는 "프레스비테리안 레코드"(Presbyterian Record) 지의 편집인인 스코트(E. Scott) 박사가 우리 선교부에서 가장 오래된 부원들 가운데 한 명입니다. 그래서 당신은 그의 관심이 매우 깊은 것을 알게 될 것입니다.

돕슨(J. R. Dobson) 목사는 [퀘벡 주] 우뜨흐몽(Outremont)에 있는 세인트 자일스(St. Giles) 장로교회의 목사이고, 우리 선교부의 새 부원인데, 몬트리올 노회에서 선교위원장도 맡고 있습니다. 당신이 그를 만나러 갈 기회를 얻지 못할지라도 최소한 전화 연락은 확실히 할 수 있습니다.

골트 브로스 회사(Gault Bros. Company)의 로저(James Rodger) 씨에게도 연락을 해보라고 제안합니다. 그는 우리 총회의 임원이고, 일본과 중국을 방문했으며, 어스카인 교회(Erskine Church)의 선교위원장입니다.

당신의 10월 5일 자 편지가 방금 도착했는데, 당신이 맥콘키 씨에게 썼던 편지와 그가 당신에게 보낸 답장 편지를 여기에서 돌려드립니다. 내가 그에게 편지를 써서 당신이 원하는 그런 정보를 제공하라고 하겠습니다.

당신은 또한 당신이 맥킴(Ethel McKim) 양에게 보냈다가 반환된 편지도 동봉해서 보냈습니다. 그녀가 편지를 받지 않은 것이 이해되지 않습니다. 그녀가 자기 가족이 지금 포트 로완(Port Rowan) 근처에서 살고 있다고 말한 사실을 내가 알고 있기 때문입니다.

그러나 그들이 살았던 라인도크(Lynedoch)로 당신이 그녀에게 보낸 편지를 봉투와 함께 보내려 합니다. 우체국장 할리데이(Halliday) 씨를 알고 있는데, 그것이 그녀에게 전달되었는지 알아볼 것입니다.

피츠필드 교인들이 그처럼 눈부시게 과학관 프로젝트를 맡으려 하는 사실과 당신이 지금 언더우드관의 건축을 진행할 수 있게 된 사실을 알게 되어 기쁩니다.

돕슨(Dobson) 씨에게 편지를 써서 당신이 몬트리올 대회(Synod)의 연례회의에서 그리고 다음 주에 당신이 오타와에 간다면 그곳에서 강연하도록 주선해보라고 제안할 생각입니다.

안녕히 계십시오.

추신.

당신이 맥콘키에게 선교사역의 근본 목적을 설명하여 그의 한국행이 그의 농업지식을 수단으로 사용하여 사람들을 예수님에게 이끄는 데에 근본 목적이 있다는 점을 이해시켜야 할 것 같습니다. 당신이야 어떻든 이렇게 하겠지만, 그가 그의 편지에서 전문분야의 봉사 외에는 다른 것을 생각하지 않은 것처럼 보여서 이런 언급을 합니다. 물론 그의 편지가 간략하므로 내가 잘못 보았을 수도 있습니다.

재추신.

당신이 맥콘키 씨에게 보낸 편지를 다시 읽으면서 사람들을 그리스도에 대한 지식으로 이끌기를 바라는 동기에서 선교사로 가는 일의 중요성을 당신이 강조한 것을 보았습니다.

당신이 그에게 쓴 편지에서 몬트리올의 거리 이름을 "Aberdeen"으로 쓴 것을 보았습니다. 당신이 뉴욕에서 썼던 편지에서는 분명히 잘못 썼습니다.

출처: PCC & UCC

6th Octr, 1920

Dr. O. R. Avison,
c/o Mrs R. S. Logan,
45 Aberdine Avenue,
MONTREAL, Que.

My dear Dr. Avison:

That is a barbarous way in which you spell the word "Aberdeen". I wonder if they are trying to make it French in Montreal.

There is not anything in particular that I need to write you about. We shall be glad of course if you can stir up American Church to aim at a worthy amount for Chosen Christian College. I do not know whether you will get into the pulpit, for I am unaware of their arrangements during vacancy.

I suggest that you get in touch with the members of our Board. Call on Mr. W.S. Leslie of A.C. Leslie & Son-- you can ascertain his address from the telephone directory-- and 'phone him. He is a very fine Christian man and a brother of Dr. P. C. Leslie of Honan and supporter of Revd Arthur Lochead in Honan. I hope he can make an opportunity for you to meet other business men.

Dr. E. Scott, Editor of the "Presbyterian Record", Y.M.C.A. Building, Drummond Street, Montreal, is one of the oldest members of our Board, and you will find him very much interested.

The Revd J. R. Dobson, minister of St. Giles Presbyterian Church, Outremont, is one of the newer members of our Board, but is also convener of Foreign Missions for the Presbytery of Montreal. Be sure to telephone him at least, even though you may not have an opportunity to go and call.

I suggest also that you get in touch with Mr. James Rodger of Gault Bros. Company. He is a member of the General Board of our Church, visited Japan and China once, and is Chairman of the missionary committee of Erskine Church.

Your letter of Octr 5th has just come in, and I return herewith your own letter to Mr. McConkey and his reply to you. I shall write him giving him information such as you suggest.

You also enclose letter returned to you for Miss Ethel McKim. I do not understand her not being reached, because I understood her to say that her people now lived near Port Rowan.

2.

Dr. O. R. Avison 6th Octr. 1920

I am, however, forwarding your letter with a covering letter to her at Lynedoch where they used to live, and I know Mr. Halliday, the Postmaster, will see that it is forwarded to her

Glad to know that the Pittsfield congregation is going to get so splendidly under the Science Building project and that you are able to proceed now with Underwood Hall.

I am writing Mr. Dobson suggesting that he try and get you to speak to the Annual Meeting of the Synod of Montreal and Ottawa next week if you are there then.

Very sincerely yours,

P.S. - I think that you should point out to McConkey the fundamental aim of missionary work and get him to understand that he goes to Korea primarily to win people to Jesus Christ using his agricultural know-:ledge as a means to that end. You would probably do this in any case, but I just thought I would mention it for in his letter he does not seem to indicate that he has in mind anything apart from professional service. I may of course be wrong since his letter is brief.

P.P.S. - Reading over your letter to Mr. McConkey I see you have stressed the importance of a missionary going with the desire to bring the people to a knowledge of Christ.

I notice also in your letter to him that you spell the name of the street in Montreal "Aberdeen". Evident-:ly your letter from New York was wrongly spelled.

76. 보건이 에비슨에게

1920년 10월 8일

O. R. 에비슨 박사,

156 5번가,

뉴욕 시.

친애하는 에비슨 박사님:*

당신은 9월 28일 자 편지에서 내게 한국 서울의 장(C. S. Chang) 의사에 관해 질문하였습니다. 내가 아는 한 장 의사는 우리로부터 선교부나 어느 개인적인 차원에서 재정적인 도움을 전혀 받지 않았습니다. 그는 자기 부담으로 미국에 갔고, 돈을 많이 소지하지 않았습니다. 그는 이곳에 도착했을 때 영어를 잘하지 못하였고 아주 엉터리로 하였습니다. 그래도 독해는 더 쉽게 하는 것 같습니다. 나는 그를 애틀보로 요양소(Attleboro Sanitarium)로 보내어 그가 영어를 열심히 습득하면서 그 일대에서 어떤 자투리 일을 하여 스스로 돈을 벌 수 있게 하였습니다. 그가 영어를 이전보다 더 잘하게 되기 전까지는 우리가 그를 위해 아무 일도 해줄 수 없을 것 같습니다. 그는 조금 나아졌는데, 매우 들떠 있고, 정식 의학교나 좋은 병원에 들어가기를 갈망하고 있는 것 같습니다. 그에게 그럴 기회가 생길지 모르겠습니다. 만일 괜찮으시다면 그 문제에 대해 조언해주기를 당신께 기쁘게 요청하겠습니다.

안녕히 계십시오.

JGV[J. G. Vaughan]

출처: UMAC

---

* 이 편지는 앞의 63번 편지, 곧 에비슨이 보건에게 보낸 1920년 9월 13일 자 편지와 연계된다.

RANSFERRED

8031

October
Eighth,
1920.

Dr. O. R. Avison,
156 Fifth Avenue,
New York City.

Dear Dr. Avison:

I have your inquiry of September 28th regarding Dr. C. S. Chang of Seoul, Korea. As far as I know Dr. Chang is not receiving any financial aid from us as a Board or from any individuals to a large extent. He came to America on his own responsibility and without much capital to carry him on. He was unable to speak English when he arrived here except in the most broken fashion, although I believe he reads it easier. I sent him to Attleboro Sanitarium in order that he might be self supporting in doing certain odd jobs around the place while he was diligently working on the English language. I felt we could do nothing for him until he learned English better than he then had it. He is making some progress, but I believe he is quite restless and is anxious to get into a regular medical school or better a hospital. I do not know of any such opportunity for him. If you do I should be glad to ask your advice in the matter.

Cordially yours,

JGV
EHW

77. 암스트롱이 에비슨에게

전달해주기를 부탁합니다.

1920년 10월 20일

O. R. 에비슨 박사,
c/o 조지 T. 스코트 목사,
156 5번가,
뉴욕 시.

친애하는 에비슨 박사님:

맨스필드 의사가 사임하였음을 보고하게 되어 매우 유감입니다. 그의 편지에서 몇 군데를 발췌하여 인용합니다. 이 인용문들은 그가 무엇 때문에 이처럼 극히 유감스런 결정을 했는지를 시사해줄 것입니다. 그는 9월 12일 편지를 썼습니다.

> 이것은 내가 선교부로부터 봉급을 더 오래 받는 것을 자랑스럽게 여길 기회를 내게 충분히 주는 곳이 우리 선교회 안에는 없는 사실을 내가 완전히 확신하게 되었음을 뜻합니다.
>
> 그러나 의료 선교가 매우 불만족스럽게 조직된 상태에 있고, 주로 이런 이유에서, 우리의 한국 의료 선교사역이 다른 선교회들의 그것과 마찬가지로 빠르게 와해되고 있다고 생각합니다.

그런 다음 맨스필드 의사는 선교회와 그의 관계를 간략히 돌아보며, 회령을 의료 중심지로 만들 생각이 없었으면서도 자기를 회령으로 임명했던 일을 거론하였습니다. 그는 회령에 있는 동안 선교회에서 사임하겠다는 결심을 어느 정도 하고 있었지만, 감리교 사람들이 원산의 연합병원에서 협력할 것을 요청해왔기 때문에 그곳으로 갔습니다. 그는 말합니다.

우리가 원산에서 더 많이 일할수록 전망이 더 밝아지는 것 같았습니다. 로스(Ross) 의사가 안식년으로 본국에 가서 내가 일 년간 그곳에서 사역을 잘 전담하였습니다. 이제까지 사는 동안 그 일 년 기간만큼 즐겁게 활동했던 기억이 없습니다. 우리 사역이 급속히 성장하였고, 내 조력자들도 훌륭한 열정을 갖게 되었으며, 나 자신의 희망과 바람이 거의 무제한에 이르렀습니다.

그는 두 선교회의 지지를 받아 열정적으로 사역하기를 희망하였습니다.

우리 선교회는 기꺼이 이렇게 하려 하지만, 감리회 선교회는 현장에서 무엇을 바라는지는 상관없이 원산에는 돈이나 신경을 결코 많이 쓰려 하지 않는다는 사실이 마침내 명백히 드러나게 되었습니다. 로스 의사와 나는 연합사역보다 한쪽이 주도하면서 필요한 지원을 받는 사역에 훨씬 더 좋은 기회가 있다는 결론을 내렸습니다. 그 사역을 완전히 넘기라는 제안을 했다가 거절당한 후에 우리(캐나다장로회 선교회)는 철수를 결정하였습니다. 돌아보면, 이 결정은 사실상으로 불가피하였지만, 그래도 내가 가장 바람직한 사역에서 내쫓겼다는 생각이 듭니다.

그 후 에비슨 박사의 초청을 받고 세브란스에서 사역하러 서울에 갔습니다. 나는 그의 제안에 따라 병원을 감독하는 일을 맡았습니다. 이것은 가장 행복한 결말처럼 보였습니다. 나는 완전히 즐길 수 있고 원산에서보다 훨씬 더 넓은 시야를 갖는 자리를 맡을 예정이었습니다. 더욱이 우리 아이들은 서울에서 학교에 다닐 특권을 얻게 되었는데, 우리 선교회의 다른 곳에서는 얻을 수 없는 것이었습니다. 그러나 도착한 후에 그곳의 어떤 교직원들이 조직개편안을 매우 강하게 반대하는 것을 알게 되었습니다. 그것이 너무 커서 에비슨 박사조차 내게 잠시 기다렸다가 새 자리를 맡아야 할 것 같다고 제안하였습니다. 에비슨 박사는 이내 미국으로 떠났고, 나는 계속 기다리며 지도층의 생각에 어떤 변화가 있기를 희망하며 지켜보았습니다. 내가 잘할 수 없는 분야에서 별로 중요하지 않은 작은 임무가 내게 주어졌습니다. 그러나 나는 이 단체 생활에서 결코 꼭 필요한 사람이 될 수 없었습니다. 에비슨 의사가 돌아오기 전에는 어떠한 변화의 희망도 찾아볼 수 없습니다. 그의 귀임은 다음 봄까지 지연될 것이고, 그때가 되더라도 그 결과는 의문입니다. 나는 지난날처럼 또 다른 6개월을 보낼 생각을 하기 싫습니다.

아내와 나는 효과적으로 사역할 기회가 이곳에는 사실상 없다는 것에 의견이 일치하고 있습니다. 이 나라에는 견뎌내도록 만들 충분히 중요한 동기가 없습니다. 그래서 이 선교회에서 일하도록 나를 고용한 것에서 놓아달라고 선교부에 요청합니다.

당신은 우리가 곤란한 처지에 있는 것을 볼 것입니다. 맨스필드 의사가 사임을 고집한다면 어떻게 해야 할까요? 우리 실행위원회는 그의 사임을 받아들이기를 거절하였고, 최소한 내년 봄까지는 연기하도록 그를 압박하고 있습니다. 다른 한편으로 그에게 세브란스에서의 그의 위치에 관해 당신과 상의하겠다고 확신시키고 있습니다. 만일 우리가 맨스필드처럼 훌륭한 사람은 잃게 된다면 의사들을 구하려고 호소할 용기를 잃게 될 것입니다. 만일 맨스필드 의사가 있을 곳이 없다고 느낀다면, 나는 젊은 의료인에게 한국으로 가라고 권유할 수가 없습니다. 어쩌면 우리는 알아야 할 모든 것을 아는 체하고 맨스필드 의사가 개인적으로 불만을 느낄 일이 없는 체하고 있는지도 모릅니다. 나는 그를 매우 유능한 사람인 동시에 가장 성실한 선교사로 이해하고 있습니다. 당신은 무슨 말을 하시겠습니까? 그리고 이 문제를 어떻게 해야 한다고 생각하십니까?

안부 인사를 드립니다.

안녕히 계십시오.

위의 편지를 쓴 후, 당신의 10월 19일 자 편지를 받았습니다. 거기에서 당신은 맨스필드 의사로부터 편지를 받은 일을 언급하였습니다. 내가 그에게 보냈던 편지의 사본을 동봉해서 당신에게 보냅니다. 우리 실행위원회는 하나같이 그의 사임을 수용하고 싶어 하지 않고 있습니다. 설혹 그런 결말이 불가피하더라도 그것은 그에 대한 예의가 아닐 것입니다.

당신에게 위의 편지를 보내게 할 것입니다. 당신이 이미 알고 있지 않은 내용은 없을 수도 있겠지만 말입니다. 이 문제에 대해 당신이 최선을 다해 협력해주면 좋겠습니다. 이는 한국에서 의료 사역을 할 기회에 대해 말한 맨스필드의 견해가 옳다고 한다면 나는 그저 그곳에 갈 의사를 구하려고 호소할 수 없게 되기 때문입니다. 일본 병원들의 유효성을 고려하고, 그런 측면에서 한국에서도 선교병원들이 일본에서 늘 처해온 형편에 처하게 될 것이라는 주장을 고려하여, 여러 신교지회의 병원 사역을 점차 폐쇄해야 한다고 주장하는 것에는 당신이 동의하지 않을 것이라고 짐작합니다. 관립병원에서 하는 봉사의 유효성이 커가는 것에 비추어, 일본제국 안에서의 병원 사역을 확대해야 할지 또는 말지가 고려해 볼 문제가 되는 것은 아닌지 의문입니다. 하나님 나라의 이익을 위해 돈과 사역자들을 더 잘 쓸 수 있는 다른 방법이 있지는 않을까요? 나는 의견을 표명하지 않고 그냥 의문만 제기할 따름입니다.

AEA[A. E. Armstrong]

출처: PCC & UCC

Please Forward

20th Octr, 1920

Dr. O. R. Avison,
c/o Revd Geo. T. Scott,
156 Fifth Avenue,
NEW YORK CITY.

Dear Dr. Avison:

I am very sorry to report that Dr. Mansfield has resigned. I quote certain extracts from his letter, which will indicate what leads him to this most regrettable decision. He writes on Sept 12th . . . . . "This means that I have become fully convinced that there is no place in our Mission open to me of sufficient opportunity to merit my accepting any longer my salary from the Board" . . . . . "I do think, however, that medical missions are in a very unsatisfactory state of organisation and on this account in large measure, our own medical work, as well as that of other Missions in Korea is rapidly approaching disintegration."

Dr. Mansfield then gives a brief review of his connection with the Mission, referring to his appointment to Hoiryung though he did not think it would make a medical station. He was somewhat resolved on resigning from the Mission while at Hoiryung, but the Methodists requested co-operation in Union Hospital, Wonsan, and he went there. He says "The more we worked in Wonsan the brighter seemed the prospects. Dr. Ross went home on furlo and for a year, I had full charge of that fine work. I do not remember ever having put in a year of such pleasurable activity in my whole life. Our work grew by leaps and bounds, my staff of assistants were keyed up to a fine enthusiasm and my own hopes and desires were almost unlimited." He hoped the two Missions would get behind and under the work enthusiastically. "Our Mission was willing to do this, but finally it came clearly to light, that the Methodist Mission would never expend much money or thought on Wonsan no matter what the field might offer. Dr. Ross and I decided that there was a much better chance for the work to get the backing it needed under single control than in union work. After offering to take the work over entirely and being refused, we (the C.P. Mission) decided to withdraw. Looking back, I think that this decision was practically inevitable, and yet, it threw me out of a most desirable work."
"Then on Dr. Avison's invitation I came to Seoul to work in Severance. At his suggestion, I was to take the super-:intendency of the hospital. This seemed a most happy outcome. I was to have a position I would thoroly enjoy and one of considerably wider scope than that in Wonsan. Moreover, in Seoul, our children would have school privileges, not

"available elsewhere in our Mission. But I found after arrival, that there was very strong objection on the part of some members of the staff, to the proposed change in organization, so much so that Dr. Avison even, suggested that I might have to wait for a while before assuming my new position. Dr. Avison soon left for America and I have been waiting ever since, hoping and watching for some change in the sentiment of those in control. Small tasks of minor importance which I cannot do well, have been assigned to me, but I have never become an essential factor in the life of this institution. I can see no hope of change before Dr. Avison's return, which may be delayed until next spring, and even then the outcome is problematical. I loathe the thought of anothet six months like the past."

"My wife and I are agreed that the chances for effective work here are practically nil. There is no other incentive of sufficient importance to hold one in this counetry. So I ask the Board to release me from My engagement to work in this Mission."

You will see the difficult position we are in, if Dr. Mansfield insists on resigning. Our Executive declined to accept his resignation, and is pressing him to hold off, at least until Spring, and in the meantime assuring him that we would confer with you regarding his position in Severance. If we have to lose such a good man as Dr. Mansfield, it cuts the nerve of our appeal for doctors. I could not urge any young medical man to go to Korea, if Dr. Mansfield feels that there is not a place for him. I am, of course, assuming that we know all that is to be known and that there is not personal dissatisfaction with Dr. Mansfield. I understand that he is a very capable man, as well as an earnest missionary. What have you to say, and what do you think should be done in the matter?

With kind regards, I am,

Very sincerely yours,

P.S. - After the above was written I received your letter of Octr 19th in which you mention receiving a letter from Dr. Mansfield. I am enclosing to you a copy of my letter to him. Our Executive was unanimously unwilling that we accept his resignation. It would not be courteous to him even if it is inevitably final.

I am letting the above letter go to you, even though it probably contains nothing which you do not already know. I shall be glad to have your best co-operation in this matter, for I simply cannot appeal for doctors for Korea

<u>Dr. O. R. Avison</u> <u>20th Octr. 1920</u>

if Mansfield is correct with reference to his view of the opportunity for medical work there. I suppose you would not agree that hospital work in the various Mission stations should be gradually closed out, in view of the efficiency of Japanese hospitals, and thus regard Korea as coming to the position with reference to Mission hospitals that Japan has always been in. I wonder whether it is not a question to be considered, namely, whether or not there should be an extension of hospital work in the Japanese Empire, in view of the increasing efficiency of Government medical service. Could not the money and the workers be better employed in the interests of the Kingdom? I am not expressing an opinion, but merely raising the question.

AEA/JB

78. 서덜랜드가 에비슨에게

1920년 10월 23일

O. R. 에비슨 씨,

156 5번가,

뉴욕 시, 뉴욕 주.

나의 친애하는 에비슨 씨:

당신이 최근에 요구했던 것에 부응하여, 조선 기독교 교육을 위한 협력이사회의 회계가 처음부터 지금까지 처리한 수입과 지출 명세서를 여기에 동봉해서 보냅니다. 당신은 내가 언더우드 씨로부터 10월 22일 자로 추가 기부금을 받았음을 볼 것입니다. 그가 약속했던 언더우드관을 위한 것이라고 특정해서 설명해주는 말은 여기에 들어있지 않지만, 그런 목적의 돈이라고 확신합니다. 이 추가금액 $10,000을 즉시 현지[한국]로 보내겠습니다. 그리고 내가 $10,000을 회계장부에 언더우드관 기금이라 적어놓게 하였음을 언더우드 씨에게 알리고, 이것을 회계장부에서 운전 자금으로 처리하게 하는 것이 그의 의도라고 이해하였음을 그에게 알릴 것입니다.

회계로서 나는 실행부 임원들의 한 명으로부터 수표를 발행하라는 지시를 받기 전에는 수표를 발행할 권한이 없는 사실을 이해하지 못합니다. 이런 점에서 회계의 기능이 명확히 규정되어 있지 않습니다. 그러나 가까운 장래에 그렇게 되기를 희망합니다.

이 보고서의 사본을 겐소 씨의 요구에 따라 그에게 보낼 예정입니다.

안녕히 계십시오.

GFS[G. F. Sutherland]

출처: UMAC

8031

Chr Edu Chosen

October
Twenty-third
Nineteen Twenty

Mr. O. R. Avison,
156 Fifth Avenue,
New York City, N.Y.

My dear Mr. Avison:

I am enclosing herewith statements of receipts and expenditures of the Treasurer of the Cooperating Committee for Christian Education in Chosen from the beginning until now, as per your request of recent date. You will note that I received an additional contribution from Mr. Underwood under date of October 22nd. This was not accompanied by any specific statement that it was on account of his promise for Underwood Hall, but I am assuming that that is the case and I am immediately sending the additional $10,000 forward to the field, and am calling Mr. Underwood's attention to the fact that I had in the treasury $10,000 designated for Underwood Hall and that I had understood that it was his purpose to have me keep this in the treasury as a working fund.

an letter 10/23/20 10/21/20

I do not understand that, as Treasurer, I have any authority to draw checks and forward money until I a instructed by one of the executive officers to draw such checks. The function of the Treasurer in this regard has never been clearly outlined, but I hope it may be in the near future.

I am sending a copy of this report to Mr. Genso as per his request.

Sinerely yours,

GFS
ACK
enc

79. 암스트롱이 에비슨에게

1920년 10월 27일

O. R. 에비슨 박사,
c/o 조지 T. 스코트,
156 5번가,
뉴욕 시.

친애하는 에비슨 씨:

맥킴(Ethel McKim) 양이 보낸 편지를 동봉해서 보냅니다. 그녀는 나의 판단으로 모든 면에서, 나이가 너무 많지만 않다면, 해외 선교사역에 적합하다고 당신에게 추천했던 간호사입니다.

당신은 포트로완(Port Rowan)에서 반송되어 온 편지를 내게 보냈던 일을 기억할 것입니다. 내가 주소를 잘못 알고 있었습니다. 그 편지를 그녀에게 보냈더니 그녀가 내게 이렇게 답장하였습니다.

커크(Kirk) 양이 뱅쿠버에서 아프게 되어 출항할 수 없게 된 사실을 당신에게 알려드리게 되어 매우 유감입니다. 그녀는 지금 노바스코샤로 돌아갔고, 물론 올해는 갈 수 없습니다. 이 일은 매우 불운한 일입니다. 세브란스에 우리 교회 출신의 간호사가 없게 되었기 때문이고, 안식년 중인 스코필드의 복귀가 불확실하고 맨스필드 의사가 사임하였기 때문입니다. 우리는 확실히 의학교와 병원에 대해 제 역할을 하지 못하고 있습니다.

맥킴 양에게 접근하려는 당신의 생각을 확실히 알면 좋겠습니다. 이 일은 우리 여자선교회가 34세인 그녀를 보내는 문제를 고려해야 할지에 대한 당신의 조언에 매우 크게 좌우될 것입니다.

안녕히 계십시오.

AEA[A. E. Armstrong]

출처: PCC & UCC

27th Octr, 1920

Dr. O. R. Avison,
-c/o Revd Geo. T. Scott,
156 Fifth Avenue,
NEW YORK CITY.

Dear Dr. Avison:

The enclosed is a letter from Miss Ethel McKim, the nurse whom I recommended to you as in every way fitted for Foreign Mission Service in my judgment, unless too old.

You will remember that you sent me a letter that had been returned to you from Port Rowan. I had the wrong address. I forwarded that letter to her, and this is her answer to me.

I am very sorry to inform you that Miss Kirk took sick at Vancouver and was unable to sail. She is now back in Nova Scotia, and of course cannot go this year. This is very unfortunate, for it leaves Severance without a nurse from our Church; and with Schofield on furlough with his return uncertain and Dr. Mansfield's resignation, we are certainly not doing our part in the medical college and hospital.

I shall be glad to know what you think of approaching Miss McKim definitely. It would depend pretty much of your advice as to whether our W.M.S. would consider sending her at 34.

Sincerely yours,

AEA/JB

80. 맥케이가 에비슨에게

1920년 10월 28일

O. R. 에비슨 박사,
c/o 조지 T. 스코트 목사,
156 5번가,
뉴욕 시.

친애하는 에비슨 씨:

오늘 받은 편지를 동봉합니다. 나는 다만 세브란스대학에 그와 같은 젊은 사람을 쓸 곳이 있는지 궁금합니다. 그의 어떤 언급이 나를 조금 어리둥절하게 만들고 있는데, 설혹 기회가 주어지더라도 대학에 가지는 않겠다는 것입니다. 우리 대학들이 고등비평을 따른다고 알려진 것은 어떤 편견에서 비롯되었을 가능성이 있습니다. 케이프 브레튼(Cape Breton)은 [캐나다] 자치령 전체에서 가장 보수적인 곳입니다. 그런 것으로 설명이 될지는 모르겠지만, 그 편지는 능력 있는 한 청년에 대해 내게 그런 인상을 주고 있습니다. 그가 19세에 안경 전문가인 사실이 그런 점을 더욱 입증하고 있습니다. 그에게 그 편지를 받았음을 알리고 그것을 당신에게 보내어 당신이 직접 그에게 편지를 써서 말해보라는 요청을 하겠다고 말할 생각입니다.

당신이 그에게 편지를 쓰는 일에 더하여 그에 대한 당신의 견해를 알려주면 기쁘겠습니다.

당신들이 다 잘 지내고 계신 줄로 믿습니다.

안녕히 계십시오.

RPM[R. P. Mackay]

출처: PCC & UCC

28th Octr, 1920

Dr. O. R. Avison,
c/o Revd Geo. T. Scott,
156 Fifth Avenue,
NEW YORK CITY.

Dear Dr. Avison:

The enclosed note came today, and I just wonder whether or not there would be a place for such a young man in the Severance College. The one remark he makes that staggers me a little is that he would not go to college, if he had the opportunity. Possibly there are some prejudices against what are known as higher critical views in our colleges, and Cape Breton of all places in the Dominion is the most conservative. That may be the explanation, I do not know, but the note impresses me as that of a young man of ability. The fact that he is an optical expert at the age of 19 is further testimony in that direction. I am acknowledging the letter, and telling him I am sending it to you and asking you to write him directly.

In addition to writing to him I shall be glad to know your views regarding him.

Trusting you are all well,

I am,

Yours sincerely,

RPM/JB

81. 에비슨이 암스트롱에게

[1920년 10월 29일]
존 L. 세브란스
480 더 아케이드
클리블랜드, 오하이오 주.

A. E. 암스트롱 목사,
선교부,
페더레이션 라이프 빌딩,
토론토, 캐나다.

친애하는 암스트롱 씨:

맨스필드 의사의 사임에 관한 당신의 편지를 받고, 당신이 이 편지를 내게 보내기 전에 내 편지를 받은 것을 알게 되어 기뻤습니다. 당신과 내가 모두 그 문제에 대해 똑같은 생각을 했던 것이 분명합니다. 그것은 곧 그가 당신의 선교회 안에서 만족하고 있을 곳을 찾지 못한다면, 다른 선교부에서 파송 받아 한국의 다른 장소에 배치되게 해야 한다는 것입니다. 이 일과 관련하여 이번 주에 세브란스연합의학전문학교의 학감인 반버스커크 의사로부터 동일한 문제를 다룬 편지를 받았습니다. 그것은 9월 24일 자로 작성되었고, 다음의 진술을 담고 있습니다.

> 당신이 오웬스로부터 들었던 대로 맨스필드가 사임하였습니다. 그는 여름 내내 불편해 보였습니다. 그는 7월 25일까지 돌아오고 그런 후에 스타이스(Stites)가 떠나게 하기로 합의하였지만, 그때가 되자 돌아오기를 거절하였습니다. 심지어 스타이스의 아기가 아프고 스타이스가 원산으로 갈 수밖에 없게 되어 러들로가 소래로 가야만 하였습니다. 그는 나중에 왔고, 그 후로도 일을 전혀 하지 않았으며, 한국인이든 외국인이든 그 누구에게도 만족을 주지 않았습니다. 그가 전혀 규칙적으로 오지 않았고 업무에 아무 흥미를 느끼지 않는 듯하다는 말을 들었습니다. 내가 돌아왔을 때, 그가 이곳에 있어서 업무를 보려고 온 것으로 짐작되었습니다. 우리는 그를 위해 사무실을 고쳤지만, 내가 지금까지 보았거나 사람들에게 물어

서 알게 된 바로는, 그는 결코 그 일을 맡지 않았습니다. 그는 우리에게 "쓰라리다"는 인상을 주면서 업무를 수행하지 않으려 하였습니다. 그런데도 나가면서 자기에게 할 일이 없어 빈둥거리기에 지친다고 말하였습니다. 약품 관리실을 운영하는 방식에 대해 많은 불평이 제기되었지만, 그는 오웬스에게 그 일은 정리만 하면 되기 때문에 오웬스도 자기처럼 할 수 있다고 말하였습니다. 그러나 우리가 그에게 맡겼던 약품 관리 및 판매 부서에서 아무 일도 하지 않았습니다. 그가 이곳에 올 때면 환자들의 회진을 자기에게 맡기라고 하였는데, 그런 일은 그가 이곳에 나타날 때마다 일어났습니다. 그는 업무시간을 전혀 지키지 않았습니다. 내가 전에 썼던 것처럼, 그의 욕구를 만족시켜주기가 참으로 불가능해 보였고, 그는 나가서 우리에 대해 매우 좋지 않게 말하였습니다. 내가 맨스필드의 현장 업무 기록을 보고 약간 염려하기는 했어도, 그를 개인적으로 좋아하였으므로 유감이고 참으로 유감입니다. 그는 13일 오전에 내가 앉아 있는 교장 사무실로 걸어왔습니다. 내가 이른 오전에 많은 일을 처리하고 있었는데, 그가 내게 어떤 메모를 주고 말없이 걸어서 나가 건물을 떠났으며, 나는 나중에야 그 글을 펴서 읽었습니다. 거기에 간단히 "당신이 참고하도록 내가 나의 선교회에 사직서를 보냈음을 보고하며, 따라서 이후에는 세브란스의 업무 보고를 하지 않을 것입니다"라고 적혀있었습니다. 그 후로 그는 돌아오지 않았고, 나는 그에게 찾아가서 이야기할 시간을 갖지 않았습니다. 나는 그의 입원 환자들을 돌보는 일을 곧바로 조정하였고, 그리하여 해부학 수업을 대신 맡을 사람을 찾는 일만 남았습니다. 우리는 최대한 빨리 교수회의를 열고 그 일을 조정하였습니다.

썩 좋은 말은 아니지만, 그의 사임으로 내가 풀려난 듯한 느낌을 받았다고 할 수밖에 없습니다. 그를 붙잡아 자기 일을 하게 만들고 적절한 심리상태를 갖게 만드는 것은 내 경험상으로 가장 불쾌한 상황이었고, 나는 두 가지 일에 실패하였습니다. 그러나 오랫동안 그것은 어쩔 수 없는 상황이라고 느꼈습니다. 그래서 그 일에 매우 깊은 유감을 느끼지만, 다른 한편으로 그 일이 끝나서 기쁩니다. 맨스필드가 가능한 한 빨리 고향으로 돌아가기를 기대하고 있다고 들었습니다. 그는 원산의 의료사역 전체를 맡으라는 비공식적인 제의를 받았으나, 달가워하지 않았습니다. 그가 고향에 빨리 돌아갈수록 모두에게 더 좋다는 말이 들립니다.

이런 것을 보면 상호 간에 오해 또는 불화가 있었고 그를 의학교에 계속 붙들려고 하는 것이 지혜롭지 않은 것은 명백합니다. 남장로회 선교회가 그를 목포에 데려가려고 노력하고 있는 것이 분명합니다. 그곳에 있던 리딩햄(Leadingham) 의사가 남장로회를 대표해서 일하려고 방금 우리 학교에 왔습니다. 당신이 내게 보낸 편지에서만 아니라 맨스필드 의사에게 보낸 편지에서도 이 일에 대해 진술한 것에 나는 아주 동의합니다. 그것은 곧 맨스필드 의사 같은 사람들이 일할 수 있는 장소를 찾으려고 수년간 노력하다가 끝내 찾지 못하였다고 말하는 상황에서는 우리가 한국에 갈 의사의 필요가 매우 크다고 선포하기가 매우 힘들어진다는 것입니다. 그런 것은 당신과 나 모두에게 극히 실망스러운 일입니다.

맨스필드 의사가 내게 편지를 보내서 지금 그에게 답장을 써야 할 것 같습니다. 그런데 이 일이 매우 힘들게 느껴집니다.

당신은 당신의 선교회가 바로 얼마 전에 세브란스병원의 간호사로 임명했던 커크 양이 1년 후에는 영(Young) 씨와 결혼할 것이라고 당신이 내게 은밀히 말해주었던 것을 기억할 것입니다. 그녀가 영 씨와 결혼할 예정일 뿐만 아니라 이제 곧 결혼한다는 사실을 알리는 몇몇 편지들을 한국으로부터 받았기 때문에 이제는 비밀을 지킬 필요가 없습니다. 그래서 우리 사람들이 매우 염려하고 있습니다. 이는 감리교 간호사인 배틀즈(Battles) 양이 한국에 있는 다른 사람과 결혼하려고 방금 우리를 떠났기 때문입니다. 이 일로 에스텝(Esteb) 양 외에는 아무 간호사도 병원에 남지 않게 되었습니다. 우리의 계획으로는 10명의 캐나다인과 미국인 간호사들이 병원에 필요합니다. 그러므로 당신은 130개 병상의 입원 환자 간호업무와 10개 과의 진료실 간호업무를 감독해야 하고, 그와 동시에 간호학생 40명의 교육과 훈련을 돌아보아야 하며, 이런 일을 밤낮으로 해야 하는 간호사들의 수가 한 명으로 줄어든 것이 얼마나 심각한지를 알 수 있을 것입니다. 커크 양의 즉각적인 결혼 소식이 사실이 아니기를 바라지만, 그 이야기는 한국에서 온 편지들에서 한 번 이상 반복되고 있습니다.

어떻게 하면 이런 상황을 해결할 수 있겠습니까?

내가 당신에게 한국에 갈 사람이라고 하며 이름을 보냈던 서덜랜드 양이 이번에 가지 않기로 결심했다는 소식이 나를 슬프게 하고 있습니다.

브리티시콜럼비아 주의 빅토리아에 있는 로열주빌리병원(Royal Jubilee Hospital)의 간호원장인 맥켄지(Jessie McKenzie) 양이 내게 편지를 써서 한국으로 가기를 원하는 간호사들을 몇 명 알고 있다고 말하였습니다. 그녀와 연락해서 이들 가운데 몇 명을 즉시 얻을 수 있는지 알아보시겠습니까? 커크 양이 곧 결혼하는 것이 사실이고 그래서 그녀가 서울에 올 수 없다면, 최소한 새로 올 사람들 가운데 한 명이 언어를 배우고 사역할 준비를 마칠 때까지는, 당신의 한국 선교회에 있는 다른 간호사들 몇 명을 세브란스로 보내 봉사하게 하는 것이 가능하지 않을지 의문입니다.

언더우드(John T. Underwood) 씨가 방금 한국으로 $10,000을 보냈습니다. 그 돈은 당신의 선교부가 약정한 돈을 대신해서 연희전문학교의 건축공사에 사용될 것입니다.

토요일 밤에 이곳을 떠나 디트로이트와 앤아버로 가는데, 두 곳에서 의사회와 간호사 집단들에게 연설할 예정입니다. 11월 2일 밤쯤에는 그곳을 떠나 시카고로 갑니다. 9일경까지 시카고에 있을 듯한데, 매코믹신학교에서 강연할 것입니다. 그 후에는 세인트루이스, 캔사스시티, 피츠버그, 필라델피아, 볼티모어, 그리고 뉴욕을 방문할 것입니다.

오타와의 치과의사인 톰슨 의사에게 편지를 썼는데, 배달되지 않고 내게 돌아왔습니다. 그의 정확한 주소를 내게 알려주시겠습니까? 그러면 그에게 다시 보낼 수 있을 것입니다.

안녕히 계십시오.

O. R. 에비슨

1920년 10월 29일

출처: PCC & UCC

OcT 29, 1920

JOHN L. SEVERANCE
480 THE ARCADE
CLEVELAND, OHIO.

Rev. A. E. Armstrong,
Board of Foreign Missions,
Federation Life Building,
Toronto, Canada.

Dear Mr. Armstrong:-

I received your letter concerning the resignation of Dr. Mansfield, and am glad to know you received my letter before sending this on to me. It is apparent that both you and I had the same thought concerning the matter, namely, that if he could not find a place in your mission where he could be contented, an effort should be made to locate him in some other part of Korea under another board. In this connection, I received this week a letter from Dr. Van Buskirk, dean of the Severance Union Medical College, dealing with the same matter. It was written September 24th and contains the following statement:-

"Mansfield has resigned as you have heard from Owens. He seemed to get in worse all the time during the summer. He agreed to be back by the 25th of July, and let Stites get away then, but when the time came he refused to return, even tho Stites's baby was sick, and Stites had to go to Wonsan and Ludlow had gone to Sorai. He came later and even then did not take hold at all, he did not satisfy either Koreans or foreigners. I am told that he did not come at all regularly and did not seem to take any interest in the work. When I came back he was here, and supposed to be taking his work. We had fixed an office for him, but so far as I saw or can find out by inquiries, he never occupied it at all. He gave us the impression of being "sore" and not trying to get into the work. And yet he went out and said that there was nothing for him to do and he was tired of loafing around. There were many complaints about the way the drug room was going on, but he told Owens that was simply a job of organizing and that Owens could as well do that as he; and so he did not do anything at all in the drug and sales department as we had asked him. When he was here he made rounds of the hospital cases assigned to him, and that was about all the time he was seen here. He did not keep office hours at all. Really, as I wrote before, it seemed impossible to satisfy his wants and he went out talking about us in no very nice way. I am sorry - genuinely sorry, for I had liked Mansfield personally, though I did have some misgivings about his record on the field. On the morning of the 13th, he walked into the President's office where I was sitting, as I had been doing a good deal in early part of the morning; he handed me a note and walked out without a word and left the building and was not around by the time I had opened and read the note. It simply said "For your information I report that I have sent my resignation to my Mission and hence will not report for duty at Severance". He had not been back since and I have not taken time to go and hunt him up for a talk. I at once arranged for the care of his cases in the hospital and that was all there was to do except provide for the anatomy classes. As soon as we could, we had a faculty meeting to arrange for that.

It does not sound very nice, but I must say that I have felt relieved by his resignation. It was the most unpleasant situation I have been in, trying to keep him at his work and in a proper state of mind, and I failed in both. But I had felt for a long time it was an impossible situation. So, while I deeply regret it all, I am glad it is ended. I heard that Mansfield expects to go home as quickly as possible. He was unofficially approached in regard to taking over the whole Wonsan Medical work by himself and he was not willing. I am told the quicker he gets home the better for all."

From this it is evident that there is a mutual misunderstanding or worse, and that it is not wise to make an attempt to keep him connected with the Medical School. It is apparent that the Southern Presbyterian Mission is making an effort to get him to go to Mokpo from which place Dr. Leadingham has just come to represent the Southern Presbyterians in our institution. I quite agree with your statement of the case in your letter to myself as well as that to Dr. Mansfield that it makes it very difficult for us to proclaim the great need of doctors in Korea, when men like Dr. Mansfield say there is no place for them after several years of trying to find a place where they can work. It is exceedingly discouraging both to you and to me.

I suppose I must now write to Dr. Mansfield in reply to his letter to me, abd this I find very difficult to do.

You will remember that you mentioned to me in confidence that Miss Kirk who has just been appointed by your mission as a nurse in Severance Hospital is to be married after a year to Mr. Young. Apparently the matter of confidence no longer is effective because I have received several letters from Korea announcing not only that she was to be married to Mr. Young, but that she was to be married to him immediately, and our people are becoming very anxious about this because Miss Battles, as Methodist nurse, has just left us to be married to another man in Korea. This leaves no other nurse in the institution but Miss Esteb. Our plans call for ten Canadian and American nurses in the institution, and you can see how serious that is when that number is reduced to one who must supervise the nursing of patients of 130 beds and of the dispensary work of ten departments, as well as look after the education and training of 40 pupil nurses, and do this day and night. I am hoping that the report of the immediate marriage of Miss Kirk is wrong, but it has been repeated more than once in letters from Korea.

I wonder what can be done to help this situation.

I have been saddened by the news that Miss Sutherland whose name I sent to you to go to Korea has decided not to go at this time.

Miss Jessie McKenzie, Superintendent of the Royal Jubilee Hospital of Victoria, B.C., writes me that she has several nurses there who wish to go to Korea. Will you please get in touch with her, and see if some of these can be made immediately available? If it is true that Miss Kirk will marry at once and so be unable to take her place in Seoul, will it be possible, I wonder, for some other nurse from your Korea Mission to serve in Severance at least until one of the newer ones can get the language and be ready for work?

Mr. John T. Underwood has just forwarded $10,000 to Korea which will be used in construction work at the C.C.C. in behalf of the pledge of your Board.

Rev. A. E. Armstrong 3

I leave here Saturday night for Detroit and Ann Arbor at both of which places I am to address the Medical Societies and groups of nurses. I leave from there for Chicago about the night of November 2nd and will be in Chicago until about the 9th (I think) where my address will be McCormick Seminary. I shall then visit St. Louis and Kansas City, Pittsburg, Philadelphia, Baltimore and New York.

I wrote a letter to Dr. Thompson, the dentist at Ottawa, which was returned to me undelivered. Can you give me his exact address, so I may try him again?

Believe me,

Very sincerely yours,

O. R. Avison

October 29th, 1920.

82. 에비슨이 노스에게

존 L. 세브란스
480 더 아케이드
클리블랜드, 오하이오 주.

에릭 노스 목사·박사,
미국 북감리회 선교부,
150 5번가,
뉴욕 시.

친애하는 노스 박사님:

당신은 이 질의서를 접수할 올바른 대상이 아닐 것이라고 짐작하지만, 적합한 사람의 이름을 알 수 없어서 이 질의서를 보냅니다. 당신이 그것을 받아야 할 사람에게 전해주기를 부탁드립니다.

몇 주 전, 내가 보건(Vaughan) 의사에게 그것을 넘겼는데, 그가 그것을 선교지원자 심사위원회에 전하겠다고 말하였습니다. 그것은 캐나다 토론토에 사는 프랫(C. V. Pratt) 의사의 이름인데, 그 사람은 세브란스연합의학전문학교의 약물학 및 약학 교수가 되기 위해 한국으로 임명받으려고 당신의 선교부에 지원한 사람입니다. 그 후에 내가 당신에게 그 문제를 언급하였고, 당신은 지원자 심사위원회가 그 문제를 다룰 것이라고 말했지만, 나는 담당 총무의 이름을 잊었습니다. 프랫 의사의 임명 문제가 어떤 과정을 지나고 있는지를 알기를 간절히 원하고 있습니다. 한국으로 돌아가고 싶어지는 때가 내게 가까워지고 있고, 이 자리를 맡을 사람을 반드시 구하기를 내가 매우 간절히 원하고 있기 때문입니다.

당신은 시카고의 맥코믹신학교 주소로 내게 편지를 보내면 됩니다. 그곳에서 11월 9일경까지 있을 예정입니다.

며칠 내로 당신에게서 소식을 듣기를 희망하며,

안녕히 계십시오.

O. R. 에비슨

1920년 10월 29일.

출처: UMAC

TRANSFERRED

Education in Korea

JOHN L. SEVERANCE
480 THE ARCADE
CLEVELAND, OHIO

803-1

Rev. Dr. Eric North,
M.E.Foreign Mission Board,
150 Fifth avenue,
New York City.

Dear Doctor North:-

I presume you are not the right person to whom I should address this inquiry but, as I cannot think of the name of the right person, I am sending it to you, and will ask you to pass it on to the one who should receive it.

Some weeks ago, I handed in to Dr. Vaughan, who said he would pass it on to the Candidate Committee, the name of Dr. C. V. Pratt of Toronto, Canada, as a candidate for assignment by your Board to Korea to be professor of materia medica and pharmacology in the Severance Union Medical College. I afterwards mentioned the matter to you, and you said it would be handled by the candidate department, but I have forgotten the name of the secretary. I am anxious to know what progress has been made in the appointment of Dr. Pratt, as the time is drawing near when I shall want to return to Korea, and I am very anxious that a man should be procured for this position.

You can address me at the McCormick Seminary in Chicago, where I will be until about the 9th of November.

Hoping to hear from you in a few days, I am

Very sincerely yours,

O. R. Avison

October 29th, 1920.

11/3/20
Lewis 11/3/20
11/4/20
EKM 11/8/20
NOV 10 FILED

83. 에비슨이 암스트롱에게

앤아버, 미시간 주,
1920년 11월 3일

A. E. 암스트롱 목사,
439 페더레이션 라이프 챔버스,
토론토, 캐나다.

친애하는 암스트롱 씨:

오타와의 톰슨(M. A. Thompson) 의사에게 썼으나 배달되지 않고 내게 반송되어온 편지를 이 편지에 동봉합니다. 당신이 친절하게 그것을 그에게 보내면서 만일 나와 그 문제를 상의해볼 의향이 있다면 내게 156 5번가, 뉴욕 시, 뉴욕 주로 편지를 써달라고 그에게 요청해주시겠습니까?

맨스필드 의사의 사임에 관한 당신의 10월 20일 자 편지를 다시 읽으면서 한국에서의 병원사역 확장 문제에 관해 당신이 제기했던 문제를 언급하지 않고 넘어간 것을 알게 되었습니다. 당신[암스트롱]은 총독부 의료봉사의 유효성이 커가는 것에 비추어 말하기를, 당신은 의견을 개진하는 것이 아니라 질의를 하는 것일 뿐이고, 당신의 질문은 세브란스 의학교에 해당되지 않는다고 하였습니다. 그러므로 의학교의 발전을 지지하는 나의 관점에서는 지방 선교병원들에 대한 그러한 문제 제기를 불필요한 것으로 판단한다는 점을 밝히려 합니다. 그 질문은 두 부분으로 나뉠 수 있습니다. 첫째는 일할 사람과 돈이 있더라도 병원 사역을 더 확대하지 말아야 할 것인가 이고, 둘째는 총독부 의료봉사의 유효성이 커지기 때문에 우리가 하는 봉사를 유지할 사람과 돈이 있더라도 점차 줄여가야 할 것인가 입니다. 나의 견해는 우리가 인력 충원과 재정후원을 적절히 할 수 있도록 병원의 숫자대로 의료사업을 하려고 애쓰는 것을 제한해야 한다는 것입니다. 일본 병원들의 유효성이나 다른 요인 때문이 아니라 우리가 돌볼 수 없는 병원의 수를 계속 늘리려고 하면 안 되기 때문입니다. 내가 두 번째로 할 말은 우리에게 이미 있는 병원들을 적절히 관리할 계획을 세워야 한다는 것입니다. 세 번째로는 만일 우리가 인력을 적절히 충원할 수

사를 한국에 임명하도록 틀림없이 최선을 다하겠습니다.

성직자 증명서를 동봉해서 보낸 당신의 10일 자 편지에 답하여, 우리는 지원서 양식을 받자마자 당신과 당신 부인에 대한 서류를 작성할 것이라는 말씀을 드립니다. 당신이 증명서를 보낼 필요는 없었고, 그 번호만 말해주면 되었습니다. 만일 에비슨 부인이 [그녀의 증명서를] 여기에 보내지 않았다면, 내게 그 번호를 알려주라고 하시기 바랍니다.

안부 인사를 드립니다.

안녕히 계십시오.

AEA[A. E. Armstrong]

출처: PCC & UCC

December 16,1920.

Dr. O. R. Avison,

156 Fifth Av.,

New York, N.Y.

Dear Dr. Avison:

I have your letter of Dec. 10th regarding Miss McKim. She wrote me on Dec. 6th asking me to write you as she did not have your address. I quote from her letter,- " I feel that I must give up the idea of going to Korea. Perhaps you know my education is too limited to attempt a foreign language now. Am very sorry but think this the only decision."

I did not exactly say to Dr. Reed and you that we had several nurses on our list whom we are unable to appoint. What I said was that the outlook for nurses for the immediate future is very bright, as there are more available now than ever before. Dr. Reed then said that he hoped we would hand over to them any we could not appoint. At present we are appointing all whose applications come in and are satisfactory. We are in correspondence with some now, and if they are not appointed by us, and we think them suitable we shall certainly be glad to refer them to Dr. Reed for appointment. This will hold good in the future as in the present. I am hoping of those we are now considering it may be possible to appoint one or two to Korea.

You ask about Miss Fox. She is the only nurse sent out this year to Korea by our Board, though Miss Mabel Young,who was on the field , has been appointed, thus making two nurses addition to our staff. You are aware, however, that both Miss Kirk and Miss MacKinnon are home, and hope to return to Korea in the Spring, but there is an element of doubt regarding their health. I shall certainly do my best to have a good nurse appointed to Korea with a view to her going to Severance.

Answering your letter of the 10th enclosing Clergy certificate, I may say that as soon as we receive application forms , I shall fill one out

(over)

for you, and Mrs. Avison also. It was not necessary to send your certificates, but merely to mention the number. If Mrs. Avison has not sent hers, please haveher give me the number of it.

With kind regards, and best wishes, I am,

Yours sincerely,

AEA/MC

96. 암스트롱이 에비슨에게

1921년 1월 14일

O. R. 에비슨 박사,
c/o 조지 T. 스코트 목사,
156 5번가,
뉴욕 시, 뉴욕 주.

나의 친애하는 에비슨 박사님:

우리 선교부들이 서울의 두 교육기관에 협력해주기를 요청하는 내용이 담긴 당신의 12월 28일 자 편지에 답하여, 그리고 당신이 이번 주에 우리 선교부를 방문했던 것과 관련하여, 실행위원회가 다음과 같이 결정했음을 알리기 위해 편지를 씁니다.

연희전문학교와 관련하여 다음과 같이 합의되었다.

(1) 잭(Jack) 씨의 자리를 가능한 한 빨리 채우고, 새 인물을 임명할 때까지 연 $2,000을 대신 지급한다.

(2) 자본계정에 대한 우리 전진운동 지급금을 $40,000로 늘리면서, 다음과 같이 지급한다.
$15,000을 교수 사택 2채의 건축비로 지급한다. (앞으로 두 번째 교수를 임명할 가능성을 고려하여)
$22,500을 기숙사와 식당 시설비로 지급한다.
$2,500을 여자선교회가 한국인 교수 사택 건축비와 모범촌 건설 분담금으로 지급한다.

(3) 교수 1인을 추가해달라는 요청에는 결정을 내리지 않는다. 세브란스의학전문학교에 관해서는 자본계정에 투자하는 문제에 관해 결정을 내리지 않기로 합의되었다. 그러나 스코필드 의사의 빠른 귀환 가능성에 관해 그와 면담하기로 합의되었다. 총무들은 그가 귀환해야 한다면 그의 가족을 후원하는 일에서 만족한 합의가 이루어졌는지를 알아볼 책임을 진다. 그의 귀환이 불가능한 경우, 책임을 지고 그의 자리를 채우기로 합의되었다.

가든시티(Garden City)에서 더 자세히 설명할 수 있을 것입니다.

안녕히 계십시오.

AEA[A. E. Armstrong]

출처: PCC & UCC

14th Jany, 1921.

Dr. O. R. Avison,
c/o Revd Geo. T. Scott,
156 Fifth Avenue,
NEW YORK CITY.

My dear Dr. Avison:

In answer to your letter of Decr 28th containing requests for our Board's co-operation in the two institutions in Seoul, and in connection with which you visited our Board this week, I write to say that the Executive decided as follows :-

"With reference to Chosen Christian College it was agreed (1) to fill Mr. Jack's place as soon as possible, and in the meantime to grant at the rate of $2000 per annum for a substitute until appointment of a new man has taken place; (2) to increase our Forward Movement appropriation to capital account to $40,000, appropriated as follows :-

$15,000 for two residences (in view of possible appointment of a second professor in the future),
$22,500 for dormitory and dining-room accommodation, and
$ 2,500 from W.M.S. for Korean Professor's residence and share in model village;

(3) to take no action with reference to request for an additional professor. With reference to Severance Medical College it was agreed to take no action concerning investment in capital account. It was agreed, however, to interview Dr. Schofield with reference to possibility of his early return, the Secretaries being charged with the duty of seeing that satisfactory arrangements were made should he return concerning the support of his family. In case of his inability to return, it was agreed to become responsible for the filling of his place."

I can explain more fully at Garden City.

Sincerely yours,

AEA/JB

97. 협력이사회 회의순서 – 에비슨 참석

회의일정표

조선 기독교 교육을 위한 협력이사회

1921년 1월

•••••

1. 개회기도
2. 참석자 확인
3. 부재자 사유 설명
4. 이전 회의 회의록 낭독
5. 이전 회의록에 기록되지 않은 이후의 업무 보고
6. 회계 보고
7. 연희전문학교 업무 보고

   교장 보고

   a. 캠퍼스 부지
   b. 모범촌
   c. 건물들 – 현재 상황, 금년도 진행 계획
   d. 건축학 교수 등으로서의 루카스(Lucas) 씨의 업무
   e. 교수들과 교사들
      1. 최근의 임명 동의
   f. 경상예산
   g. 차량 운행의 문제들
   h. 등록 및 기타 업무
   i. 제반 선교부들의 협력
   j. 최근 기부금들
8. 세브란스의학전문학교 교장 보고
   a. 부지

b. 건축 상황 - 건축 프로그램

c. 교수들과 직원들

d. 경상예산

e. 제반 선교부들의 협력

f. 최근 기부금들

g. 현행 회계연도의 처음 8개월 기간 보고

9. 두 대학 관련 사업

a. 사업 관리

b. 사업 프로모터를 이 나라[미국]에서 확보하는 문제

10. 기타 잡무

11. 폐회 기도

12. 휴회

출처: PHS

Jan 1921

FILING DEPT.
JAN 22 1921
608
SECRETARIES

DOCKET

COOPERATING BOARD FOR CHRISTIAN EDUCATION IN CHOSEN
January-1921

* * * * * *

1. Opening Prayer

2. Present

3. Excuses for Absence

4. Minutes of previous meeting

5. Business arising out of those Minutes

6. Report of Treasurer

7. Business connected with Chosen Christian College:

   Statement of President

   a. Site
   b. Model Village
   c. Buildings -- Present status
      Program for coming year
   d. Mr. Lucas as Building Overseer, etc.
   e. Faculty and Teaching Staff
      1. Concur in recent appointment.
   f. Current Budget
   g. Transportation Problems
   h. Registration or otherwise.
   i. Cooperation of various Boards
   j. Recent contributions

8. Statement of President of Severance Union Medical College

   a. Site
   b. Building Status -- Building Program
   c. Faculty and Staff
   d. Current Budget
   e. Cooperation of Various Boards.
   f. Recent Contributions
   g. Report on first eight months of present fiscal year

9. Business concerning both Colleges
   a. Business management
   b. Question of securing a Promoter in this country

10. Miscellaneous Items

11. Closing Prayer

12. Adjournment.

98. 암스트롱이 에비슨에게

1921년 2월 11일

O. R. 에비슨 박사,

샌프란시스코, 캘리포니아.

친애하는 에비슨 박사님:

내가 1월 27일 자 편지에서 제안했던 대로 당신이 바이어스(W. M. Byers) 씨에게 편지를 썼는지 혹은 쓰지 않았는지에 대해 당신에게서 듣지 못하였습니다. 당신이 그 편지를 받았을 것이라고 믿습니다. 바이어스 씨의 편지가 내게 있는데, 거기에 답장을 보내고 싶지만, 당신이 그에게 편지를 썼는지, 아니면 어떤 답장을 받았는지를 알 필요가 있습니다.

어제 실행위원회가 두 명의 여성, 곧 로즈(Rose) 양과 커리(Currie) 양을 한국으로 임명하였습니다. 스코필드(Schofield) 의사는 영국에서 두세 달 동안 연구소에서 보낸 후에 돌아가는 편이 낫다고 생각하고 있는데, 아마 영국에서 8월쯤에 출항할 것 같습니다.

퀸즈대학과 뉴욕대학에서 상과를 졸업한 사람이 있는데, 회계와 구매 업무를 하고, 신탁회사에 있었으며, 다른 금융업무 경험도 있습니다. 그는 해외 선교지에서 봉사할 일이 있는지를 알아보고 있습니다. 당신에게 그런 사람이 필요하면 내게 알려주기 바랍니다.

당신이 즐거운 항해를 하고 하나님의 풍성한 축복을 누릴 것이라 믿으며, 에비슨 부인과 더글라스 부부에게도 안부 인사를 드립니다.

안녕히 계십시오.

AEA[A. E. Armstrong]

출처: PCC & UCC

Feb. 11, 1921.

Dr. O. R. Avison,

San Francisco, Cal.

Dear Dr. Avison:

I have not heard from you as to whether or not you wrote to Mr. W. M. Byers as suggested in my letter of January 27th, which I trust you received. I am holding Mr. Byers' letter and would like to answer it, but will need to know if you have written him, and if you have had a reply.

The Executive yesterday appointed two ladies, Miss Rose and Miss Currie to Korea. Dr. Schofield thinks he had better return after spending two or three months of laboratory work in England, sailing from England probably in August.

There is a graduate of Queen's and of New York University of Commerce, who has had accounting, purchasing, Trust Company, and other financial experience, who is inquiring about service in a foreign field. If you think you need such a man, let me know.

Trusting you will have a pleasant voyage, and enjoy God's richest blessing, I am, with kind regards to Mrs. Avison, Douglas and his wife,

Yours very sincerely,

ABA/MC

99. 암스트롱이 에비슨에게

1921년 2월 15일

O. R. 에비슨 박사,
세브란스의학전문학교,
서울,
한국, 일본.

나의 친애하는 에비슨 박사님:

이 편지가 아마도 당신보다 먼저 서울에 도착할 것입니다. 내가 그것에 2월 23일 "일본 황후"(Empress of Japan) 호 편에 보내라고 써놓았기 때문입니다. 그것은 편지가 3월 12일까지 서울에 도착한다는 것을 뜻합니다.

오늘 내가 당신에게 보낸 서신 전보는 당신이 스코필드 의사의 계획에 관해 질의한 데 대한 답장인데, 다음과 같습니다.

> 스코필드는 여름 동안 영국에서 연구하고 그 후 8월에 출항하여 9월에 서울에 도착할 계획을 세우고 있습니다. 우리는 그에게 가족 부양에 관해 서면으로 보고하고 그가 주로 세브란스 사역에 전념할 것이란 점을 확증해달라고 요청하려 합니다. 그리어슨이 "나일"(Nile) 4호로 도로시(Dorothy), 비비안(Vivian), 헤이즐(Hazel)과 함께 출항합니다. 선교회가 그의 사역 장소를 정할 것인데, 아마도 성진일 것입니다.

이것은 분명한 것 같습니다. 우리는 스코필드 의사와 무엇이든 확실하게 하려 하는데, 그가 아이를 한국에 데려갈 수 있는 길을 찾지 못한다면, 그의 수입을 나누어 이곳에 둔 그의 아내와 아이를 부양하게 할 것입니다. 그런 경우에는 홉스(Hobbs) 씨나 다른 사람이 그의 아이를 돌보는 일을 맡겠다고 그에게 확실하게 약속해주는지를 우리가 확인할 것입니다. 그러나 그는 아마도 이런 계획을 포기할 것입니다. 그가 지금 몇 주 내로 위니펙에서 돌아온 후에 휴식을 취하겠다(!)고 말하고 있기 때문입니다. 그런 후에는, 어쩌면 5월에 영국에 가서 대학원 공부를 조금 하고, 그 후 8월에 출항하여 스웨즈 운하를 거쳐 한국으로 가기를 희망하고 있습니다. 우리는 그에게 영국을 떠날 때 블루 퍼넬 라인(Blue Funnel Line) 회사의 배를 예약하라고 요청하고 있습니다.

바로 이것이 우리가 현재 파악하고 있는 향후의 전망입니다. 올 9월에는 그가 사역에 임할 것임을 당신이 완전히 믿어도 될 듯합니다. 우리는 그에게 세브란스에서 교수회의 지시에 따라 그의 본 임무에 전념해야 한다는 것을 이해시키고 있습니다.

말을 아끼고 있었지만, 그리어슨 의사와 이 딸들 가운데 3명이 3월 4일 "나일" 호로 출항하여 한국으로 돌아갈 예정임을 알려드립니다. 도로시는 어머니가 했던 일을 맡기를 아주 열망하고 있는데, 사실은 세 자매가 다 마찬가지입니다. 도로시가 집을 지킬 것이므로, 그들이 살 곳은 물론 성진과 서울, 어디든 가능합니다. 성진에서 사는 것이 그녀의 두 여동생의 교육에 도움이 될 수도 있습니다. 마조리(Marjory)를 보살피는 그 전문가는 그녀가 일 년 내에 한국에 갈 수 있을 것이란 희망을 줍니다. 그동안 그녀는 로스앤젤레스에서 친절한 친구들과 함께 지낼 것입니다.

그들의 사역 장소는 선교회가 결정할 것입니다. 선교부가 그 문제를 더 취급하지 않고 선교회에 맡겼기 때문입니다. 성진의 의료사역이 중요한지 중요하지 않은지는 선교회가 우리보다 더 잘 알고 있습니다. 저술과 편집 사역의 필요성과 관련해서도 모든 사실을 파악하고 있습니다.

에비슨 부인과 더글라스 부부와 당신이 즐거운 항해를 하기를 희망하고, 당신이 [한국에] 도착하여 모든 일이 만족하게 되었음을 보게 되기를 희망합니다.

푸트(Foote) 박사와 내가 이달 24일과 25일 뉴욕에서 열리는 극동 문제에 관한 회의에 참석할 것입니다.*

---

* W. R. Foote 선교사는 캐나다장로교 선교사로서 북간도 용정에서 1914년부터 활동하였다. 그곳에서 동료 선교사들과 함께 1919년 용정의 3.13 만세시위와 1920년 10월 이후의 만주참변을 목도하고 참상을 조사하여 본국 선교부에 보고하였다. 1921년 2월 초에 안식년을 보내기 위해 본국에 귀국하여 일제의 잔인한 진압행위를 증언하였고, 9월에는 "Kando Situation"이란 9쪽 분량의 보고서를 작성하였다. 이 본문에서 설명된 것처럼, 푸트는 2월 하순에 뉴욕에서 북미 동양관계위원회 위원들에게 증언하였는데, 이 자리에 일본 영사와 조선 총독 비서관도 참석하였다. 그 일본인들은 푸트에 대해 만주 한인들의 한국본토 습격 사건과 한국 독립운동의 내막을 몰라 일본이 만주에 보복 파병을 하게 된 불가피한 상황을 정확히 모르고 있었고 피해 상황에 대해 한국인들의 진술만을 의존하였다는 주장을 펴서 푸트가 시인하게 만들었다. 그러나 푸트는 그 후 6월에 쓴 편지에서 일본 군인들이 재판 절차도 거치지 않고 죽인 한국인 남자들은 자기가 잘 아는 매우 조용한 농부들로서 정치적인 소요도 일으키지 않고 무기도 소지하지 않은 사람들이었고, 만주 한인들이 한국본토를 습격하여 강도, 살인, 방화를 했다는 말은 들

안녕히 계십시오.

AEA[A. E. Armstrong]

출처: PCC & UCC

은 적이 없고 오히려 일본 신문에서 거짓 보도가 난 것을 본 적이 있으며, 일본인들이 선교사들을 의심하는 것은 일본 언론이 계속해서 중상하기 때문이라고 주장하였다. 문백란, 「캐나다 선교사들의 북간도 한인사회 인식–합방 후부터 경신참변 대응시기까지를 중심으로」, 『동방학지』 144호, 2008.

15th Feby, 1921.

Dr. O. R. Avison,
Severance Medical College,
Seoul,
Korea, Japan.

My Dear Dr. Avison:

This letter will probably reach Seoul before you do, as I am marking it for the "Empress of Japan" Feby 23rd, which ought to mean that the letter reaches Seoul by March 12th.

My lettergram to you today, in answer to yours enquiring about Dr. Schofield's plans, is as follows :-

"Schofield plans laboratory work in England during summer, then sail August reaching Seoul September. We are asking him for written statement regarding provision for family, also assurance he will give himself largely to work in Severance. Grierson sailing "Nile" fourth with Dorothy, Vivien, Hazel. Council decides location but probably Songchin."

I think this is clear. We are making as definite as anything can be made with Dr. Schofield, that such a division of his income would be made as will provide for his wife and child here, unless he should find it possible to take his child to Korea, in which case we shall see that he has assurance from the Hobbs, or someone else, that they undertake to care for the child. We think, however, that he will probably abandon this plan, as he now talks of taking a rest (!) after he returns from Winnipeg in a few weeks. Then he hopes to proceed to England, perhaps in May, and do some post graduate work there, and then sail in August for Korea via Suez. We are asking for reservation for him on a Blue Funnel Line boat from England.

That is the prospect, so far as we see at present, and it looks as though you may fairly rely on his being on hand for work next September. We are giving him to understand that he is to apply himself to his main task in Severance, as the Faculty may direct.

As I had a few words to spare, I mentioned that Dr. Grierson and three of his daughters are returning to Korea on the "Nile" sailing March 4th. Dorothy is very anxious to take up her mother's work, and in fact the other three girls are also. That, of course, makes possible their living either in Songchin or Seoul since Dorothy will keep house, and if living in Songchin be able to help her two younger sisters with their education. The specialist looking after Marjory gives hope that she will be able to go to Korea in less than a year. In the meantime she

2.

Dr. O. R. Avison 15th Feby. 1921

will stay with kind friends in Los Angeles.

Their location will be decided by Council, as the Board has referred to the Council that matter without further reference to the Board. The Council knows better than we can the importance or unimportance of medical work at Songchin, and also is in possession of all the facts with reference to the need for literary and editorial work in Seoul.

I hope Mrs Avison and Dr. Douglas and his wife and yourself had a good voyage, and that you have found things satisfactory on your arrival.

Dr. Foote and I will attend the Conference on Far Eastern affairs in New York on 24th and 25th inst.

With best wishes and kind regards,

I am,
Very sincerely yours,

ABA/JB

100. 세전 이사회 보고서와 회의록

조지 T. 스코트에게 보내는 보고서 발췌문

지난 몇 개월간 매우 심각한 문제들이 발생하였으므로 어느 정도라도 보고서를 써서 보내는 편이 좋을 것 같습니다.* 우리 이사회는 이 문제들을 다루기 위해 에비슨 박사의 귀환을 기다리지 않고 이달 16일 특별회의를 소집할 수밖에 없었습니다. 이는 4월 1일에 입학생들을 받거나 받지 않는 것이 그 회의의 결정에 달려 있기 때문입니다.

당신은 지난해에 교수진의 공백 때문에 우리가 입학생을 받지 못했던 것을 기억할 것입니다. 올해도 상황이 아주 비슷하여, 만일 우리가 올해 신입생을 받지 못하게 되면 학교의 절반이 사라집니다. 그래서 학생들을 두 번 연속하여 받지 못하면 우리 학교가 사실상으로 사라지게 된다는 데에 우리의 의견이 일치하고 있습니다. 반버스커크 의사가 지난달 일본의 모든 의료 중심지들에 가서 다음의 과목들을 가르칠 선생들을 찾으려고 노력하였습니다－해부학과 조직학, 물리학과 화학, 일본어와 수신, 세균학, 또한 자격이 있는 일본인 약사. 지금까지 그런 사람들을 찾은 결과, 유자격자들 쪽에서는 종신 고용을 신청한 사람이 없었습니다. 일본에서는 세균학자를 구할 수 없다는 말이 들려오고 있습니다. 한 해부학 교수가 일 년간 오겠다고 제안했는데, 아마도 그의 제안을 받아들이게 될 것 같습니다. 그가 기독교인이 아니어서, 우리가 그를 임시로 고용한다 해도 우리의 기부행위[정관] 아래에서는 종신직으로 임명할 수 없습니다. 우리가 종신직으로 임명할 사람들을 기독교인들 안에서만 찾아야 하는 사실이 찾을 대상의 범위를 크게 제한하고 있습니다. 일본에서는 그곳의 학교에서도 가르칠 교사가 비참할 만큼 부족합니다. 빌링스 씨가 조금 전에 내게 와서 에드버타이저([The Japan] Advertiser) 신문이 최근 호에서 일본의 남자 중학교들에서는 교사가 700명 이상 부족하고 여자 중학교들에서는 300명 이상 부족하다는 설명을 하였다고 말하였습니다. 고등교육 기관에서도 좋은 사람이 매우 드뭅니다. 우리 교수진의 일원인 스타이스 의사는 며칠 전, 켄터키 주의 홉킨스빌(Hopkinsville)에 있는 자

* 이 문서는 뒷장이 발견되지 않고 있다. 따라서 뒷장의 내용은 물론 이 문서 작성자도 알 수 없다. 다음 문장의 설명처럼, 이 보고서는 에비슨이 쓰지 않았지만, 교장을 대신하여 협력이사회에 제출된 세의전 이사회의 보고서인 관계로 에비슨 문서들을 다루는 본 자료집에 포함되었다.

기 친구 케이트(Cate) 박사가 선교지로 오기로 방금 결심했다는 말을 들었습니다. 그래서 우리가 며칠 전에 남감리회 선교부로 전보를 보내, 그를 우리에게 보내 가능하다면 세균학을 가르치게 해달라고 부탁하였습니다. 이 세기[1900년대]의 초기에는 에비슨 의사와 허스트 의사, 두 사람만으로도 사람들을 임상의로 길러낼 수 있었습니다. 그러나 그 후 총독부의 요구조건이 더 까다로워졌고, 당국은 커리큘럼을 정하였습니다. 그들은 자신들이 강점을 지닌 특정 분야의 수준을 맞추라고 요구하면서, 만일 선교회들이 의학교를 운영하고 싶다면 반드시 좋은 교수진과 커리큘럼을 갖추어야 한다고 실제로 말하고 있습니다.

매우 심각한 또 다른 문제점은 우리 졸업생들이 시험을 치르지 않고 졸업장만 가지고도 [의사] 면허를 받는 문제를 대하는 총독부의 태도에 있습니다. 수년간 협상을 진행해왔는데, 어느 날 우리는 우리가 준수하면 인정받게 해주는 조건들의 목록을 제시받았습니다. 우리는 이 조건들을 대부분 따랐지만, 어떤 것은 용납할 수 없었습니다. 총독 의료행정의 신임 책임자가 한국에 와서 그와 함께 그 문제를 다시 다루게 되었습니다. 그러나 이 문제를 해결하도록 밀어붙이기가 어렵습니다. 교수진에 빈자리가 너무나 많기 때문입니다. 제시된 조건들의 하나는 교수진에 일본인이 충분한 비율로 있어야 한다는 것이었습니다. 현재 우리에게는 두 명밖에 없고, 당신이 반버스커크 의사의 여행 결과보고서에서 보게 될 것처럼, 더 구할 기회는 별로 없어 보입니다. 더욱이 이곳의 관립의학교가 우리 학교의 수석 일본인 교수에게 우리와의 계약이 내년에 끝나면 곧바로 좋은 자리를 주겠다고 하면서 접근하고 있습니다. 총독부는 우리가 일본인을 교수로 두기를 원하면서도 우리가 그들을 쉽게 구하지도 못하게 하고 계속 데리고 있지도 못하게 하고 있습니다.

면허를 받는 이 문제에서 또 다른 심각한 상황이 발생하고 있습니다. 지난 2년간 총독부 시험에 응시했던 우리 졸업생들 14명 가운데 4명만 합격하였습니다. 우리는 이 결과를 불완전한 교육 때문이라고 생각하지 않습니다. 그보다 독일 계통에서 훈련을 받은 사람이 시험문제를 정하는 사실에 더 큰 원인이 있습니다. 관립대학은 강의를 가장 중요하게 여기지만, 우리 대학은 임상 수업을 강조합니다. 우리가 졸업생들을 배출해온 이래 우리 사람들의 70% 이상이 총독부 시험을 통과해왔습니다. 그 시험의 나사가 지난 2년간 더 강하게 조여지고 있습니다.

이 좁은 통로의 출구에서 받는 이 압력은 ...에 반응하기 위한 것일 가능성이 큽니다.

한국 서울, 세브란스의학전문학교

이사회 1921년 2월 16일

회의록

교수들이 사임하여 현재 심각하게 부족한 상태에 있음을 고려하여, 우리가 의학교를 계속 운영하고 4월에 입학생을 받을 수 있도록 교수를 구하는 방안을 숙고하기 위해 특별회의가 2월 9일 소집되었다. 이사회는 오전 9시 15분 본 대학 교수실에서 개회되었다.

참석: 반버스커크(VanBuskirk) 의사(사회), 러들로(ludlow) 의사, 스미스(Smith) 의사, 허스트(Hirst) 의사, 리드(Reid) 의사, 오긍선(Oh) 의사, 리딩햄(Leadingham) 의사, 맥라렌(Mclaren) 의사, 맨스필드(Mansfield) 의사, 와타나베(Watanabe) 판사, 테이트(Tate) 씨, 니와(Niwa) 씨, 양주삼(Ryang)* 씨, 그리고 총무. 다음의 위임장들이 제출되었다. 하디(Hardie) 의사가 앤더슨(E. W. Anderson)을 대리하였고, 쿤스(Koons)가 휘트모어(Whittemore)를, 로즈(Rhodes)가 홀드크로프트(Holdcroft)를, 겐소(Genso)가 브루엔(Bruen)을 대리하였다.

의장이 성경을 낭독하였고, 허스트 의사와 테이트 씨가 기도하였다.

의장이 회의를 열게 만든 여러 사정을 개괄하고, 현재 있는 교수진으로는 1학년의 수업시간인 39시간 중에서 12시간만을 가르칠 수 있었다고 진술하였다. 시간강사들이 여러 과목을 가르칠 수는 있었지만, 해부학과 조직학은 담당 교사 없이는 수업이 이루어질 수 없었다. 세균학자는 바로 지금** 다른 학년들의 수업을 위해서도 필요하다. 의장이 최근에 일본에 갔던 일을 요약하여 설명하였다. 봉급 등에 관해 제시한 조건을 받아들일 세균학자를 얻기는 어려울 것으로 보였고, 유일하게 얻을 수 있는 해부학자는 비기독교인으로 일 년간만 올 수 있다고 하였다. 그리하여 이사회는 다음의 문제들에 부딪혔다.

---

* 梁柱三(1879~?)은 감리교 선교사들의 소개로 1905년 도미하여 샌프란시스코에서 거주하다 미국인 스티븐스를 저격한 장인환, 전명운을 위해 통역을 하였다. 밴더빌트 신학교와 예일대 신학대학원을 졸업하고 1915년 귀국하여 협성신학교 교수, 경성 자교교회와 종교교회 목사, 한영서원 부교장, 조선예수교연합공의회 회장, 기독교조선감리회 초대 총리사를 역임하였다. 일제 말 친일활동으로 해방 후 반민특위에 의해 구속되었다가 풀려났고, 대한적십자사 초대 총재로 활동하다 1950년 납북되었다.

** 원문의 "even at then present moment"에서 "then"은 "the"의 오자인 것으로 생각된다.

(1) 우리가 기부행위[정관]를 어기고 비기독교인 교사를 고용할 것인가?

(2) 우리가 교수회와 무관한 외부에서 해부학을 가르칠 사람을 구해도 되는가?

(3) 우리가 지난해처럼 올해에도 입학생을 받기를 거절할 것인가?

의장은 졸업생들이 총독부의 시험을 치르지 않고도 면허를 받게 하려고 노력해왔음을 언급하면서, 총독부의 시험을 치렀던 우리 졸업생의 76%가 합격하였고, 전체 졸업생의 64%가 시험을 쳐서 합격했다는 기록을 제시하였다. 그러나 지난해에는 시험에 도전한 졸업생들 14명에서 4명만 합격하였다. 의장은 교수진에 중대한 공백이 생긴 상황에서는 [총독부에] 면허 문제를 강하게 밀고 나가기가 어려우므로 자격 있는 교사들을 즉시 얻어야만 한다는 점을 지적하였다. 관립의학교에서는 연봉이 ￥2,000이고, 49%의 식민지 수당과 최소 1개월분의 봉급이 보너스로 더해진다. 일본의 의료 당국은 우리가 제시하는 ￥200 또는 ￥225이 좋은 사람을 우리 대학으로 데려오기에 충분하지 않다고 생각한다.

쿤스 씨가 강사(こうし, 코시)의 임용 조건이 우리 기부행위[정관]에서 기독교인으로 규정되어 있는지를 살피도록 지적하고, 만일 그렇지 않다면 그 해부학자를 코시로 임용할 수도 있지 않을까 하는 의문을 제기하였다.

와타나베* 판사가 기부행위 IV조의 "교수들과 모든 전임강사는 반드시 신자이자 기독교 성경의 교리를 따르는 자이어야 한다"는 규정은 [기부행위의 수정에 관한] XX조로 인해 수정될 수 없다고 하는 의견을 제시하였다. 그러나 학칙(Bylaws) 26조에서 규정된 "임원들과 교사들"은 학무과(Educational Department)의 승인으로 이사회에 의해 수정될 수 있으므로, "전임강사"(こうえん과 こうし)는 이 조항에서와 특별 강사의 고용 권한을 교장에게 부여한 다른 조항에서 제외될 수 있다고 하였다. 와타나베 판사는 만일 이렇게 된다면 현재의 긴급한 수요를 그런 방법으로 적절히 채울 수도 있다고 생각하였다.

더 많은 토론 후에,

우리의 기부행위[정관] 및 학칙의 정신과 분명한 목적을 좇아, 해부학을 가르치겠다고 하는 차시(Chashi) 의사의 제안을 우리가 받아들이면 안 될 것이라고 쿤스 씨가 동의하였

* 이 단어로 시작하는 회의록 2쪽의 오른편 상단에 "April 4, 1921"라는 일자 표기가 있다. 그런데 와타나베의 발언으로 시작되는 이 2쪽이 쿤스의 질문으로 끝나는 회의록 1쪽과 정확하게 연결된다. 그러므로 2쪽의 이 일자 표기는 차후에 사본이 작성되어 제출된 날짜의 표기였을 것으로 추정된다.

다. 통과되었다.

본 이사회는 임원과 교사들이 4월에 입학생을 받아들일 준비를 해야 한다는 데에 의견을 모으자고 테이트 씨가 동의하였다. 통과되었다.

에비슨(요코하마에 3월 8일 도착) 박사에게 상황을 명확히 설명하고 그가 일본에 있는 동안 교사들을 구하도록 그에게 요청하기로 이 회의에서 의견을 모으자고 쿤스 씨가 동의하였다. 통과되었다.

반버스커크 의사가 일본에 가서 에비슨 박사를 도와 필요한 교수들을 구하는 데에 필요한 경비의 지출을 이사회가 승인하자고 쿤스가 동의하였다. 통과되었다.

의장이 1919년 2월 6일 열린 이사회 회의 때 학비 인상이 결정된 것을 설명해주도록 요청하였다.

4월 1일 시작하는 신입생과 9월 1일 시작하는 다른 신입생의 일 년 학비를 연 40.00원으로 정하자고 허스트 의사가 동의하였다. 통과되었다.

총무 겸 회계가 본 의교기관의 재정상황에 관해 짧게 보고하였고, 남장로회의 후원으로 피셔(Faye Fisher) 양이 간호부양성소 교직원으로 임명되었고, 북장로회 선교부에 의해 부츠(Boots) 의사가 사임한 쉐플리(Scheifley) 의사의 후임자로 치과에 임명되었다고 공지하였다.

양주삼 씨가 기도한 후, 낮 12시 5분에 휴회하였다.

출처: UMAC

2-16-'21

TRANSFERRED

2/16/21

Extracts from a report to
Rev. Geo. T. Scott.

Some very serious problems have arisen in the past few months about which perhaps it would be well to write at some length. We have had to call a special Board meeting for the 16th instant to deal with these, without awaiting Dr. Avison's return, because upon the decision of the meeting hinges the taking in or not of an entrance class on April 1st.

You will recall that last year owing to teaching vacancies we were unable to take in an an entrance class. The situation is much the same this year, and if we can not receive a class this year half the school is gone and it is the consensus of opinion that if for a second time in succession we cannot take in a class our school is practically gone. Dr. VanBuskirk went to all of the Medical centres in Japan last month in the effort to find teachers for the following subjects: Anatomy & Histology, Physics and Chemistry, Japanese Language and Ethics, and Bacteriology; also a Japanese registered Pharmacist. So far his enquiries have resulted in no applications for permanent employment on the part of qualified men. Word has come that no Bacteriologist is available in Japan. One professor of Anatomy has offered to come for a year, and his offer may be accepted. He is not a christian, and while we may engage him temporarily we could not make permanent appointment under our charter. The fact that we have to look among Christians only for permanent appointees limits our field very considerably. In Japan they are tragically short of teachers for their own school work. Mr. Billings was in a moment ago and told me that in a recent number of the Advertiser it was stated that there was a shortage of over 700 teachers for boys' middle schools and over 300 for girls' middle schools in Japan. In higher institutions good men are also very scarce. One of our Faculty, Dr. Stites, got word a few days ago that a friend of his in Hopkinsville, Ky., Dr. Cate, had just decided to come to the mission field and we cabled the Southern Methodist Board a few days ago to send him to us if possible for Bacteriology. In the early years of the present century Drs. Avison and Hirst alone were able to turn out men able to practice medicine. Since that time, however, governmental requirements are becoming more stricter, and our curriculum is prescribed by the authorities. In requiring a certain standard they have a strong point; saying in effect, if the Missions wish to carry on a medical school they must provide a good Faculty and curriculum.

Another very serious problem is in the attitude of the government towards granting recognition to our graduates on their diplomas alone without taking examinations for license. Negotiations have been pending for several years, and at one time a list of conditions was stipulated which if lived up to would give us recognition. Most of these conditions have been complied with, but some we were unable to concede. A new head of government medical affairs has come to Korea and the question has been raised again with him. It is difficult, however, to push this to an issue when there are so many holes in the Faculty. One of the conditions stipulated was that there should be a good proportion of Japanese teachers on the Faculty. At present we have only two, and as you will note from the outcome of Dr. VanBuskirk's trip the chances of getting more are not very bright. Furthermore, the Government Medical College here has approached our principal Japanese professor with an offer of an attractive position as soon as his contract with us is finished which will be next year. The government want us to have Japanese on our Faculty and at the same time they do not make it easy for us to get them or keep them.

Arising out of this recognition question is another grave situation. Out of fourteen of our graduates who have tried the government examinations in the last two years only four have been successful. We do not attribute this result to defective teaching, but rather to the fact that the papers are set by men trained along German lines. At the Government College lectures are the supreme thing in our college the emphasis is put on practical work. Since we have been turning out graduates, over 70 per cent. of our men have passed the government examinations. The screws have been put on more tightly in the last two years. This pressure at the outlet of the funnel is very likely to react upon the enter

TRANSFERRED

803A

SEVERANCE UNION MEDICAL COLLEGE, SEOUL, KOREA.

Field Board of Managers. February 16, 1921.

Minutes.

Pursuant to call issued on February 9th for a special meeting to consider the means of securing teachers, in view of resignations and present great shortage, to enable us to carry on the Medical School and take in an entrance class in April, the Board convened at 9:15 A. M. in the Faculty Room of the College.

Present: Drs. VanBuskirk (presiding,) Ludlow, Smith, Hirst, Reid, Oh, Leadingham, McLaren and Mansfield, Judge Watanabe, Messrs. Tate, Niwa and Ryang and Secretary. The following proxies were present: Dr. Hardie representing Dr. E. W. Anderson; Mr. Koons for Mr. Whittemore; Mr. Rhodes for Mr. Holdcroft; and Mr. Genso for Mr.Bruen.

Scripture reading by Chairman and prayer by Dr .Hirst and Mr.Tate.

The Chairman reviewed the circumstances which called for the holding of the meeting, stating that out of 39 hours scheduled for first year work the Faculty as at present constituted could care for only 12 hours. A number of subjects could possibly be taught by time teachers, but it would be impossible to carry on without a teacher of Anatomy & Histology. A Bacteriologist was needed even at then present moment for the work of the other classes. The Chairman summed up his recent visit to Japan, that no Bacteriologist seemed to be available at least to accept conditions as to salary,etc.offered, and that the only available Anatomist was a non-Christian who could come for one year only. The questions before the Board were therefore:

(1) Shall we engage a non-Christian teacher in violation of our Charter?
(2) Can we secure a man from some source outside of the Faculty to teach Anatomy?
(3) Shall we decline to receive an entrance class this year as we did last?

Dealing with the efforts which the School has been making to secure recognition of its graduates without government examination, the Chairman reported that the record showed that 76% of our graduates who had taken the government examinations had been successful; and that 64% of our total graduates had taken the examinations successfully. In the past year, however, four only out of fourteen graduates who had tried were successful. The Chairman pointed out the difficulty of pressing the matter of recognition to an issue when there were important vacancies on the Faculty, and that it was imperative to get qualified teachers immediately. In the Government Medical College salaries were Y2,000 annually, plus 40% colonial allowance, plus a bonus of at least one month's salary. The medical authorities in Japan considered the Y200 or Y225 that we were offering an insufficient inducement for good men to come to our College.

Mr. Koons raised the point as to whether our Charter required Lecturers (Koshi) to be Christians; and if not it might be possible to engage the Anatomist as a Koshi.

Judge Watanabe gave his opinion that Art VI, of the Charter which said that "members of the Faculties and all the instructors must be believers in and followers of the doctrines in the Christian Bible", under Art XX, could not be amended. Art 26 of the School Regulations (Bylaws) however, which defined "Officers and Teachers" could be amended by the Board with the approval of the Educational Department, and the term "instructors" (Koen and Koshi) could be removed from this article and another Article added empowering the President to employ special lecturers. If this were done Judge Watanabe considered that the present emergency might be properly met in that way.

After further discussion,
Mr. Koons moved, That it is the sense of this Board that the spirit and plain intent of our Charter and Regulations are such that we cannot accept Dr. Chashi's offer to teach Anatomy. Carried.

Mr. Tate moved, That it is the sense of this Board that the Officers and Teachers should provide for the receiving of an entrance class in April. Carried.

Mr. Koons moved, That it be the sense of this meeting that the situation be put clearly before Dr. Avison (arriving Yokohama March 8th) and that he be asked to secure teachers while in Japan. Carried.

Mr. Koons moved, That the Board authorize the expenditure necessary for Dr. Van Buskirk to go to Japan to cooperate with Dr. Avison in securing the needed professors. Carried.

The Chairman asked for an interpretation of the action of the Board in regard to increase of tuition fees taken at its meeting Feb. 6, 1919.

Dr. Hirst moved, That tuition fees be fixed at Yen 40.00 per year beginning April 1st for the new entrance class, and September 1st for the other classes. Carried.

The Secretary-Treasurer gave a brief report as to the finances of the Institution, and announced the appointments of Miss Faye Fisher to the Nursing School staff under Southern Presbyterian support, and of Dr. Boots to the Dental Department, succeeding Dr. Scheifley resigned, by the Northern Presbyterian Board.

After prayer by Mr. Ryang, the meeting adjourned at 12:05 noon.

H. T. Owens,

Secretary.

101. 에비슨이 암스트롱에게

1921년 3월 17일

A. E. 암스트롱 목사,
선교부 보조총무,
캐나다장로회,
토론토, 캐나다.

나의 친애하는 암스트롱 씨:

내가 이달 15일 서울에 도착했을 때 당신의 2월 15일 자 편지가 나를 기다리고 있었습니다. 우리는 거친 항해를 하였고, 배는 이틀 늦게 요코하마에 도착하였습니다. 항해는 특별히 더글라스 에비슨 부인에게 힘들었습니다. 요코하마에서 반버스커크 의사가 나를 맞이하여, 우리가 함께 일본에서 며칠을 보내면서 우리 교수진의 빈자리를 채울 일본인 교사들을 찾으려고 노력하였습니다. 우리 기차가 서울에 들어섰을 때 기차역 플랫폼에서 거대한 군중이 우리를 맞이하였고, 우리는 매우 따뜻한 환영을 받았습니다.

우리는 스코필드 의사의 귀환 일정이 잡힌 점을 주목합니다. 그래서 9월이면 그를 보게 될 것입니다. 만일 무슨 일이 생겨서 이 계획이 바뀐다면, 당신이 내게 즉시 통지해줄 것이라고 믿습니다.

우리는 지금 그리어슨 의사와 그의 아이들이 2주 내로 도착하기를 기대하고 있는데, 그를 확실히 만나게 될 것입니다.

맥케이 박사와 당신께 안부 인사를 드립니다.

안녕히 계십시오.

O. R. 에비슨

출처: PCC & UCC

SEVERANCE UNION MEDICAL COLLEGE
NURSES' TRAINING SCHOOL
SEVERANCE HOSPITAL

SEOUL, KOREA

OFFICE OF PRESIDENT

O. R. AVISON, M. D.

CO-OPERATING MISSIONS
PRESBYTERIAN CHURCH IN THE U. S. A.
METHODIST EPISCOPAL CHURCH
PRESBYTERIAN CHURCH IN THE U. S.
METHODIST EPISCOPAL CHURCH, SOUTH
PRESBYTERIAN CHURCH IN CANADA
PRESBYTERIAN CHURCH OF AUSTRALIA

March 17, 1921.

Rev. A. E. Armstrong,
Ass't Secretary, Board of Foreign Missions.
Presbyterian Church in Canada,
Toronto, Ontario.

My dear Mr. Armstrong:

Your letter of 15th February was awaiting me when I reached Seoul on the 15th instant. We had a rough passage, the boat reaching Yokahama two days late. The voyage was especially hard on Mrs. Douglas Avison. At Yokohama Dr. VanBuskirk met me, and we spent several days in Japan trying to find Japanese teachers for the vacant positions on our Faculty. When our train pulled into Seoul a vast crowd thronged the Station platform to meet us and we received a very hearty welcome.

We note the arrangements made in regard to the return of Dr. Schofield, and shall be looking for him in September. If anything should occur to alter this program I shall depend upon you to notify me immediately.

We shall be looking for the arrival of Dr. Grierson and his children within two weeks now, and I shall certainly have a conference with him.

With kind regards to Dr. Mackay and yourself,

Very sincerely,

O R Avison

102. 연전 교장 보고서, 이사회 회의록

연희전문학교

이사회 연례회의 - 1921년 3월 23일

- - - - - - - - - - - -

교장 보고서

11월 이사회 회의 이후에 현지에서 벌어진 모든 관심사는 틀림없이 부교장[빌링스]이 보고할 것입니다. 그러므로 나는 1920년 10월 21일 이후로 미국에서 있었던 일들에 국한하여 보고해도 될 것입니다. 그때 빌링스 씨가 그 날짜로 내가 쓴 편지를 인용하였습니다.

건축의 진행에 관해 말씀드리자면, 1월 21일의 협력이사회 회의에서 현재의 건축 상황을 개관하여 보고하였습니다. 그때 내가 생각하는, 건물들을 지어야 할 순서를 간단히 설명하였습니다. 캐나다장로회 선교부는 자본금에 대한 기부금을 $40,000로 늘리고 그 돈을 1921년 봄부터 1922년 같은 시기 사이에 지급할 수 있게 하겠다고 약속하였고, 그 돈으로 기숙사와 그에 딸린 식당의 건축에 $22,500을, 한국인 교수와 교사 사택에 $2,500을 쓰게 하고 나머지 돈으로 외국인 사택을 필요한 만큼 짓고 약간 남는 돈을 일반 기금으로 쓰게 하였습니다. 그들의 요망에 응하여 이 건물들을 위한 계약이 체결되는 대로 건축을 시작할 것을 제안합니다.

남감리회 선교회에서 $40,000을 기부하기로 한 것에 관해서는, 1921년 5월 1일부터 1922년 같은 시기 사이에 $23,000을 받고 나머지 $17,000은 다음 연도에 받을 것으로 믿어도 된다고 롤링스(Rawlings) 박사가 우리에게 확언하였습니다. 그는 또한 그 기금의 용처에 부대조건을 붙이지 않겠노라고 확언하였습니다. 현지 이사회는 어느 곳이든 가장 중요하게 생각하는 곳에 그 돈을 자유로이 사용할 수 있게 되었습니다. 그러므로 나는 여러분께 최소한 일본인 사택 1채와 모범촌 안의 한국인 교사 주택 몇 채와 학생 주택 몇 채의 건축은 당장 시작하자고 제안합니다. 그와 동시에 과학관과 언더우드관의 건축을 당장 진행하는 것도 지혜로운 일일 것으로 생각합니다. 이는 그 건물들을 지을 기금을 제공받고 있고, 그 돈을 다른 곳에 쓰지 못하도록 지정받고 있으며, 그래서 그 건축이 계획대로 추진되는 동안 어떤 식으로든 방해받는 일이 없을 것이기 때문입니다. 과학관을 지을 돈이 얼마나 빨리 올지는 모르지만, 지금 우리의 수중에 $10,000이 있고, 뉴욕에 있는 협력이사회의 회계 서덜랜드에게 $9,000 정도가 있는 것으로 알고 있습니다. 그 돈은 어느 때라도 보내질 수 있습니다. 피츠필드 교회(Pittsfield Church)가 이 건물의 건축에 많은 관심을 보이는 때에 우리가 그 건물의 건축을 늦춤으로써 이런 관심을 잃게 되는 위험을 초래할 수는 없습니다. 그 교회의 임원들은 지난 가을 내가 참석한 가운데 결의안을 통과시켰습니다. 그 결의안은 그 건물이 완공되고 완불되고 나면 그들이 그 건물에서 수행될 사역을 후원하기 위해 매년 해외 선교비를 기부하겠다는 것입니다. 만일 이미 말한 그 기금이 충분하면 두 번째 기숙사의 건축을 내다볼 수도 있겠지만, 그 기금으로 받을 돈은 주요 건물부지의 추가 토목공사에 써야 하고 그 부지의 여러 곳을 다듬는 일, 곧 길들을 고치고 영구히 쓸 다리들을 놓는 일에 써야 할 것이라고 생각합니다.

매우 중요하고 필요한 일이 또 있는데, 그것은 대학과 도시[서울] 사이에서 선생들과 그 밖의 사람들을 실어나르는 계획을 이행하는 것입니다. 이 일을 위해 자동차 구입비를 일반 기금에서 떼어 놓고 이 일을 맡은 위원회에 최대한 빨리 이행하도록 지시하기를 권합니다. 피셔(Fisher) 씨의 집을 당장 지어야 하는데, 남감리회 선교부에서 주는 기금으로 맨 처음 할 일이 바로 이 일이어야 한다고 생각합니다. 빌링스 교수와 베커 교수를 위한 집들도 북장로회 여자선교부에서 보낸 기금으로 올여름에 지어야 합니다.

이 집들을 지을 장소에 관해서는, [이사회가] 건축위원회에 루카스(Lucas) 씨의 계획안을 신중히 검토하도록 요청하라고 제안하겠고, 이 계획의 수용 여부를 자산위원회와 실행위원회가 함께 동의해줄 수 있다면 이 두 위원회에 결정권을 위임하여 공동으로 결정하게 하라고 제안하겠습니다. 더 나아가 그 집들에서 살 가능성이 있는 교직원들 각각의 승인을 기다릴 필요 없이 보통 수준의 좋은 집을 지을 수 있게 건축위원회가 사택 설계도들의 작성을 해야 할 것이라 제안합니다. 특별히 이런 말을 하는 이유는 최근에 사임한 한 교직원이 일반적으로 설계된 것과는 매우 달라서 다른 사람들에게는 적합하지 않을 법하게 디자인 된 집을 갖기를 매우 간절히 원했기 때문입니다. 그 집을 지을 수 있기 전에 그의 사임이 있었던 사실은 개인들의 요망 사항들을, 전적으로 무시하면 물론 안 되겠지만, 너무 충실하게 들어주려고 애쓰는 것이 바람직하지 않다는 것을 시사합니다. 빌링스 씨가 곧 안식년을 가질 예정이고, 베커 씨가 다음 가을까지는 돌아오지 않을 터이지만, 교사들이 가능한 한 망설임 없이 [캠퍼스] 부지로 나가서 살 마음을 가질 수 있도록 우리가 이 집들을 곧바로 짓기 시작해야 한다는 것이 나의 의견입니다.

중앙집중적인 난방 · 조명 · 전력 시설의 문제가 미국에서 논의되었는데, 특별히 언더우드 씨와 루카스 씨와 나 사이에서 그러하였습니다. 그 일은 뉴욕시와 그 밖의 여러 지역에 있는 대형 건물들의 다자인 작업에 익숙한 건축가 친구와 상의하기로 최종적으로 결정되어 이 문제에 대해 좋은 조언을 얻을 가장 좋은 방법을 찾기로 하였습니다. 내가 돌아오려고 뉴욕을 떠나기 전에 이 건축가와 루카스를 만나서 상의하였고, 언더우드 씨의 동의를 받아, 그 문제를 연구할 난방기술자들의 회사를 추천하는 일을 최종적으로 이 건축가에게 맡기기로 하였습니다. 내가 샌프란시스코에 도착했을 때 루카스 씨로부터 편지를 받았는데, 뉴욕에 있는 최고 수준의 난방기술자 회사들 가운데 하나가 선정되어 그들이 난방, 조명, 전력, 급수, 하수, 그리고 필요하게 될 모든 기계설비를 망라하여 부지 전체를 위한 계획을 세우기로 합의했다고 설명하였습니다. 그리고 그들이 청구할 비용은 도면들, 청사진들, 시방서들의 작성과 실제로 시행될 모든 작업에 대한 실질 비용의 3배수에 근거하겠지만, 청구비가 $3,000을 넘지 않는 것을 보장할 것이라고 설명하였습니다. 나는 루카스 씨에게 편지를 써서 언더우드 씨가 기꺼이 이 건축가의 결정을 따르겠다는 말을 했다고 전하고, 이제는 그가 언더우드 씨와 상의하여 이 문제를 매듭지어야 한다고 말하였습니다. 이러한 중앙 시설을 준비하는 가장 좋은 방법은 각 건물의 공사를 지출비의 비율에 맞게 하여 이 공사를 위해 특별기금을 마련할 필요를 없애는 일일 것입니다. 경상지출 예산을 책정하는 문제는 지금 회계가 약 $10,000의 적자를 자본계정에서 빌려서 메꾸고 있다고 보고하고 있어서 매우 다급합니다. 이후에는 지금의 예산보다 더 적은 예산으로 우리 사역을 수행하는 일이 불가능합니다. 그래서 우리가 실로 학과들의 수를 줄여서 더 적은 수의 학과들로 집중할 것을 결정하지 않는다면, 현재의 예산이 늘어날 수밖에 없습니다. 그리하여 적자도 반드시 커지게 되어 우리가 자본금을 빌리거나 아니면 예산을 위해 더 많은 기부금을 얻는 방법을 찾아야 합니다. 나는 홀 재단(Hall Estate) 신탁인들의 한 명으로부터, 우리가 다른 자금원에서 같은 액수를 얻는다는 조건으로, $50,000을 기본재산으로 기부하겠다는 약속을 받는 데에 성공하였습니다. 이런 조건이 매겨진 것은 본 대학이 마땅히 이런 용도로 마련해야 할 것을 아직 마련하지 못하고 있다고 그들이 여겼기 때문이었습니다. 내가 미국을 떠나기 전에 이 $50,000에서 얼마의 금액이라도 받아오지 못했지만, 어떻게 해서 그 돈을 받을 수 있게 된다면, 그 $100,000에서 적어도 $5,000의 추가 수입이 산출될 것입니다. 이미 보고했듯이, 협력이사회는 본 대학과 현재 관계를 맺고 있는 4개 선교부에 기부금을 $5,000씩 증액하도록 요청하였습니다. 이렇게 될 수 있다면, 본 대학은 예산의 총수입을 적어도 $15,000로 정하게 될 것입니다. 이 문제를 여러분께 가장 긴급한 사안들 가운데 하나로 다루도록 제출하고 그것의 실현을 위해 어떤 계획을 세워달라고 요청합니다. 미국에서 내가 보냈던 편지들 가운데 하나에서 한국인들을 이끌어 본 대학에 기금을 제공하게 할 어떤 일을 하도록 촉구하였습니다. 이제 이곳의 한국인들 사이에서 이 같은 관심을 높여 이런 목적에서 기부하게 만들도록 개인적으로 애써줄 사람을 구하는 일을 여러분은 어떻게 판단하는지를 묻고 싶습니다.

협력이사회의 최근 회의에서 미국에서 선전 활동을 할 대리인을 고용하자는 안건이 논의되었고, 적합한 사람을 찾을 수만 있다면 그런 사람을 얻는 편이 현명하리라는 것이 전반적인 의견이었습니다. 확실하지는 않지만, 이 나라에서도 그런 사람을 얻는 것이 똑같이 현명한 일일 것입니다. 물론 그 사람은 반드시 한국인이고 어떠한 영향력이 있으며 한국인의 교육에 관심을 가진 사람이어야 합니다.

당분간 우리 사역의 범위를 줄이는 것이 바람직한지 그렇지 않은지로 다시 돌아가서, 우리가 운영해온 6개 과 대신 2개 과 정도로 당분간 우리의 노력을 제한해야 할지 말지를 검토해달라고 여러분께 요청하고 싶습니다.

대학을 [총독부에] 등록시키는 문제를 검토해달라고 여러분께 부탁하고 싶습니다. 우리가 지금처럼 계속해야 할지 아니면 사립학교법의 현재 상태를 고려하여 등록하지 않는 쪽으로 나아갈지를 검토해보라는 것입니다. 나는 이 문제를 협력이사회에 제기하여 주목하게 하였습니다. 이 문제가 많은 관심 속에서 논의되었지만, 이곳의 이사회가 나서서 이 주제에 대한 어떤 권고안을 작성할 때까지 의견을 내지 않기로 결정되었습니다. 여러 선교부에서 온 사람들을 모두 망라하여 그 토론에 참석한 모든 사람이 지금 이 나라에서 교육법이 바뀌는 도중에 있는 점을 고려하여 얼마간 천천히 가는 편이 현명할 수도 있다는 생각이 든다고 말하였습니다. 나는 이 시기에 우리가 이런 매우 중요한 문제에 대해 어떤 현명한 권고안을 만들 수 있을지 알지 못합니다. 우리가 모두 우리를 가로막는 모든 종교교육 제한 규정을 없애고 싶다는 생각을 하고 있다고 확신합니다. 그와 동시에 최근에 임명된 조사위원단(Investigating Commission)이 어떤 변경안을 더 제시하는지를 알아보도록 기다리는 것이 현명할 수도 있다는 생각을 할 것이라고 확신합니다. 내가 일본을 거쳐 오는 길에 이 문제를 웰치 감독과 논의했는데, 그도 같은 의견을 표명하였습니다. 선교사들의 다수가 우리 대학이 등록하지 않는 것을 보고 싶어 한다는 사실을 알고 있고, 나도 그런 견해에 크게 공감하고 있습니다. 그러나 지금 우리가 지닌 [인가 학교의] 특권을 위태롭게 하지 않으려면, 좀 더 인내하는 것이 좋을 수도 있습니다.

내가 미국을 떠나기 전에 홍보용 팸플릿을 준비하기 시작하여, 초창기에 교육 선교사역이 개시되었을 때부터 그 후 조선기독교대학이 설립될 때까지의 발전과정을 드러내는 어떤 진술에 근거해서 그것을 작성하였습니다. 이 사역의 각 국면을 사진과 함께 설명하여 한층 더 높은 단계들로 교육을 발전시켜가는 것에 대한 독자들의 관심을 크게 일깨우려 하였습니다. 이러한 팸플릿 준비 방법은 뉴욕의 권위자들로부터 유효성을 강력하게 입증받았습니다. 그래서 나는 떠나오기 전에 그것을 멋있게 만들기를 희망했지만, 시간이 없어서 끝내지 못한 채로 가져올 수밖에 없었습니다. 그래도 그것을 곧 끝내고 이사회의 한 위원회에 검토를 의뢰하여 지혜를 모은 그들의 결정으로 수정이 이루어질 수 있기를 원합니다. 중국에 있는 몇몇 미션 대학들에서 발행된 팸플릿들이 내게 있는데, 이 방식으로 만들어진 것이 없습니다. 그것들은 모두 사진을 잔뜩 보여주고 있지만, 오늘날의 상황만을 보여주고 있어서, 초기의 빈약한 시설과 비교하여 발전과정을 보면서 자극을 받게 하는 이점을 놓치고 있습니다.

외국인 교사들을 구하는 일. 여러분은 잭(Jack) 씨가 사임한 사실을 이미 알고 있습니다. 나는 떠나오기 전까지 캐나다에서 농학자를 얻기 위해 많이 노력하여 다소 돋보였던 두 사람이 있었으나, 실제로 확보하지는 못하였습니다. 브리티시콜럼비아 대학(University of British Columbia)의 농과를 다니는 한 청년은 과정을 이수한 후에 그가 선택한 축산 분야에서 전문가가 될 준비를 마치면 곧바로 우리에게 오기를 매우 간절히 원하고 있습니다. 그 청년은 훌륭한 가문의 사람이고, 자기 직업과 한국으로 오는 일에 열정을 품고 있습니다. 그러나 우리는 아직 축산 교육을 시작할 준비가 되어있지 않습니다. 그래도 그가 올 준비를 마칠 때면 우리가 그에게 이 나라에 와서 2년의 준비 기간을 보내면서 언어를 배우고 이 나라에 필요한 것을 연구하도록 요청해도 될 상황에 있게 될 수가 있습니다. 우리가 그 부서를 개설할 준비를 마칠 때 그도 사역할 준비를 완전히 마치게 되기 위함입니다. 한편 캐나다장로회 선교부는 잭 씨의 후임자를 찾고 있는데, 그동안 그의 봉사를 대신하여 일 년에 $2,000씩 우리에게 지불할 것입니다. 나는 캐나다 선교부에 만일 그들이 농학자를 구하지 못한다면 상과에서 가르칠 사람을 받아들일 수도 있다고 통지하였습니다. 현재 농업선교가 매우 크게 강조되고 있고, 그래서 선교 준비 위원회(Board of Missionary Preparation)가 이런 분야의 사역에 많은 관심을 기울이고 있습니다. 내가 뉴욕에 있을 때 농업선교에 관심이 있는 모든 이들이 대회를 열었습니다. 참석 면에서도 매우 성공적이었고, 매우 흥미로웠습니다. 이에 나는 언젠가는 철저히 실용적인 농과를 만들겠다는 생각을 하였고, 그 분야에 대한 학생들 쪽의 수요도 꾸준히 늘어날 것이라고 생각하였습니다. 우리가 시설과 인력을 지금보다 더 잘 갖출 수 있을 때까지는 거기에 투자하는 비용이 거의 쓸모 없어질까 우려됩니다.

한때 북감리회 선교부가 수학 교수를 확보하였다고 생각되었지만, 협상이 좌절되었습니다. 내가 뉴욕을 떠나려 할 때 그 선교부의 총무 후보가 내게 그들이 3명을 검토하고 있고 [연희전문에] 세 번째로 파송할 교수를 속히 얻기를 희망하고 있다고 말하였습니다. 남감리회 선교부는 사람을 찾는 대로 두 번째 사람을 임명할 준비를 하고 있습니다. 루카스는 올여름 이곳에 돌아올 것으로 예상하고 있습니다. 그의 봉급은 언더우드 씨가 지급할 것이고, 그래서 어느 선교부에도 부담을 주지 않을 것이며, 우리가 한때 생각했던 것과 달리 건축기금에서 그것이 나가지 않을 것입니다. 그는 컬럼비아대학에서 전공 과정을 밟고 있는데, 자기가 정확히 필요로 하는 교육을 받을 수 있게 되었다고 말합니다.

산업부[근로부]. 루카스가 돌아올 때까지는 이 사역을 시작할 방법을 찾을 수 없습니다. 그때는 그가 상황을 훨씬 더 신중하게 조사하여 이곳의 여건에서 가장 긴급하게 필요한 것들을 점진적으로 도입할 것입니다. 농업대회에서 많은 사람이 산업교육의 형태를 도입함으로써 농과를 활용하는 것을 지지하는 발언을 하였습니다. 농업이 발전하면 그에 따라 대장장이, 수레 제작, 그 밖에 농업에 어떤 지식이 있는 사람이면 누구나 제시할 수 있는 여러 가지가 자연스럽게 요청되기 때문입니다.

내가 미국에 있는 동안 실행위원회가 본 대학과 연계하여 여자학과를 설립하도록 선교부에 권고했다는 말을 들었습니다. 그러나 이것이 어떤 형태를 할 것인가에 대해서는 분명한 말이 없었습니다. 내가 아펜젤러(Appenzeller) 양에게 이 권고안에 대해 말했는데, 그녀는 그런 생각을 하는 것을 싫어하지 않는 듯하였습니다. 그 계획에 관해 실행위원들의 마음속에 있는 생각을 더 자세히 들을 수 있었으면 좋겠습니다. 그 제안은 전에 입안된 적이 있는, 여자대학을 연희전문 근처의 산에 두려 했던 그 계획에서 나왔으리라고 생각합니다. 효과적인 협력을 이룰 수 있을 방법으로 두세 가지를 생각할 수 있습니다. 우리는 그 일이 실행에 들어가면 한국인의 생활 여건에서 협력으로 생겨날 불이익이 그 방법으로 더 많이 상쇄될 수 있으리라고 당연히 생각해야 합니다. 그리고 재정 절약이나 더 나은 교육 형태의 측면에서도 이런 혜택들을 누리게 될 것입니다. 경제적인 측면에서 협력의 효과를 얻으려면 부지 구입과 학교 건물들의 건축과 설비 구입 또는 교수 고용의 측면에서 반드시 비용을 아껴야 할 것으로 생각됩니다. 어떤 계획은 예정된 부지를 구입하고 거기에 건물들을 지은 다음 [연전과] 동일한 교수진을 많이 활용하게 할 것입니다. 또 다른 계획은 이 부지의 구입 계획을 없애고 연전 캠퍼스에 기숙사들을 짓게 하면서 동일한 교수진을 가능하면 많이 활용하게 할 것입니다. 세 번째 계획은 남녀공학으로 하여 젊은 여성이 남자들과 같은 교실에서 수업을 듣게 하지만, 기숙사를 완전히 분리하여 별도의 장소에 두게 할 것입니다. 이 계획들은 제각기 어떠한 장점들과 단점들을 갖고 있습니다. 앞에서 말했듯이, 그런 제안을 했던 사람들의 생각은 무엇이었는지를 내가 알았더라면 좋았을 뻔하였습니다.

내가 말하지 않은 다른 주제들은 위원회들의 보고서들과 학감 보고서와 부교장 보고서에서 여러분께 설명될 것입니다. 우리가 다소 위험한 국면에 처한 것처럼 보이지만, 이미 많은 것을 정복했듯이, 만일 참으로 이 학교를 신념을 가지고 꾸준히 붙잡고 열정적으로 사역한다면 모든 어려움을 극복할 수 있을 것입니다. 이사회 회의들이 열릴 때면 로즈 씨와 블레어 씨와 같은 몇몇 친숙한 이들의 얼굴이 보고 싶어질 것이지만, 그래도 그들의 후임자를 환영할 것입니다. 여러분이 모두 이 학교의 성공을 위해 계속 열심히 일하리라고 확신합니다.

[서명됨] O. R. 에비슨

교장

연희전문학교
현지 이사회 연례회의 회의록
1921년 3월 23일

- - - - - - - - - - - - - -

오전 10시 졸업식에 참석하고 사진을 촬영한 후, 이사회가 교수회 회원들과 함께 낮 12시 15분에 회의를 열었다.

참석: 에비슨(Avison) 박사(사회), 빌링스(Billings) 씨, 겐소(Genso) 씨, 크램(Cram) 씨, 신흥우(Cynn) 씨, 맨스필드(Mansfield) 씨, 오웬스(Owens) 씨. 다음의 사람들이 대리권을 행사하였다. 반버스커크(VanBuskirk) 의사가 웰치(Welch) 감독을 대리하였고, 아펜젤러(Appenzeller) 씨가 노블(Noble) 박사를 대리하였고, 피셔(Fisher) 씨가 히치(Hitch) 씨를 대리하였다. 무어(J. E. Moore) 박사와 로즈(Rhodes) 씨와 밀러(E. H. Miller) 씨도 참석하였다.

빌링스가 기도한 후, 이사들과 교수들이 소개되었고, 이사들이 교수회의 한국인 회원들의 견해를 들었으며, 그 후 밀러의 집에서 점심시간을 갖기 위해 휴회하였다.

이사회가 오후 2시 35분 본 대학 이사회실에서 개회하였다.

참석: 에비슨 박사, 크램 박사, 반버스커크 의사, 맨스필드 의사, 빌링스 씨, 밀러 씨, 로즈 씨, 그리고 총무. 와타나베 판사의 불참 사유서가 받아들여졌다.

총무가 연희전문학교를 후원하는 장로회 연합회의 총무가 다음 사람들을 지명하였음을 보고하였다.

게일(Gale) 박사가 연임되었다.

겐소 씨가 로즈를 승계하였다.

피터스(Pieters) 씨가 샤록스(Sharrocks) 의사를 승계하였다.

쿤스(Koons) 씨가 블레어(H. E. Blair) 씨를 승계하였다.

2월 21일, 3월 16일, 그리고 1920년 11월 27일 열렸던 회의 회의록이 회람되었고, 승인받은 것으로 인정되었다.

협력이사회의 1920년 4월 13일, 6월 9일과 1921년 1월 21일 회의 회의록이 회람되었고, 낭독된 것으로 인정되었다.

캐나다장로회 선교회의 통신문이 다음과 같이 낭독되었다.

> 교육위원회 권고안 제6호: 우리는 연희전문학교 이사회를 향해, 현재의 총독부 인가를 포기하는 결과가 수반될지라도, 종교교육의 자유를 얻기 위해 모든 노력을 다하도록 권고한다.

교장이 그의 보고서를 읽었다. (첨부 문서 I.)

부교장 빌링스가 교수 임용에 대해, 그리고 학비와 여자학과 설립안에 관한 실행위원회의 결정에 대해 구두로 보고하였다.

총무가 블레어로부터 그 회의록을(루퍼스 박사가 블레어에게 넘긴 회의록) 받아서 다 읽었음을 보고하였다. 그리고 스팀슨관을 위한 기부의 조건을 인정하는 의미로 적합한 서판을 만들어 스팀슨관에 두도록 권고한다고 보고하였다.

그러한 서판을 승인할 것을 크램 박사가 동의하고 빌링스가 제청하였다. 통과되었다.

문안을 작성하고 그러한 서판을 주문할 권한을 실행위원회에 줄 것을 반버스커크 의사가 동의하였다. 통과되었다.

선출직 이사의 수를 늘리기 위한 위원회의 보고서가 구두로 제출되었다.

백상규 씨의 선출직 이사 선출이 동의되고 통과되었다.

양주삼 목사와 박승봉 씨가 교장과 만나서 기꺼이 수용하는 것을 조건으로 그들을 선출직 이사로 선출할 것이 동의되고 통과되었다. (두 사람이 그 후에 수용하였다)

한국인의 협력을 얻기 위한 위원회의 보고서를 쿤스가 준비하고 빌링스가 읽었는데, 그 보고서를 홍보용 회보로 만들어 계간으로 발행할 것을 권고하였다. (첨부 문서 II.)

이 보고서를 승인하고 교장, 부교장, 학감에게 회부하여 그 일의 실행을 교수회와 상의하게 할 것을 반버스커크 의사가 동의하여 통과되었다.

[반버스커크가] 교수회 회원들이 사립중등학교들을 방문하여 운동장에서의 운동회 개최와 정규 하기학교 개설을 장려할 것을 더 제안하였다.

크램 박사가 현재의 한국인 협력 증진 위원회를 해산하고, 교장이 새 위원회를 만들어 이사회에서 논의 중에 제안된 것들을 처리하게 시킬 것을 동의하였다. 통과되었다.

밀러 씨가 자산위원회의 보고서를 읽고 최근의 도면들을 공개하였다. (첨부 문서 III.)

크램 박사가 제출된 도로들의 계획과 모범촌 1~19구역(1 · 2 · 4 · 16 · 17 구역은 제외)의 이용계획을 승인하자고 동의하였다. 통과되었다.

이사회가 휴회하고 교장의 집에서 저녁 8시에 모이기로 하였다.

이사회가 저녁 8시 30분 교장의 집에서 모였다.

참석: 에비슨 박사, 반버스커크 의사, 맨스필드 의사, 크램 박사, 히치 씨, 빌링스 씨, 아펜젤러 씨, 로즈 씨, 밀러 씨, 피터스 씨, 겐소 씨, 총무.

자산위원회의 보고서가 다시 검토되었다.

맨스필드 의사가 동편 개울 및 남쪽 철도와 경계를 이루고 있고 검토 중인 모범촌 구역에 포함할 수도 있는 땅을 재무과(Treasury Department)로부터 사는 일을 자산위원회에 위임하자고 동의하였다. 통과되었다.

맨스필드가 지난 연례회의에서 승인받았으나 아직 확보하지 못한 일부 구역들, 특별히 85 · 95 · 84 · 88 · 97 · 1구역들과 처음에 철도로 측량되었던 땅을 그때 채택된 우선순위와 상관없이 매입할 권한을 자산위원회에 주자고 동의하였다. 통과되었다.

루카스 씨의 권고와 자산위원회의 소수의견 보고서를 고려하여 외국인 교수 사택의 위치를 변경하기 위해 이전 결정을 재고하자는 동의가 통과되었다.

토론 후 이전 결정을 변경하는 것이 승인되지 않았다.

로즈 씨가 학감으로서 그의 보고서를 읽었다. (첨부 문서 IV.)

자동차 구입과 차고 건축을 위해 자본금에서 ¥3,000을 지출하는 것을 승인하고 자동차 구입 실무를 실행위원회에 맡기자고 반버스커크 의사가 동의하여 통과되었다. (항목 I, p.4.)

캐나다장로회 선교회의 통신문에 우리가 응답하여, 우리는 그들이 종교교육의 자유를 요망하는 것에 공감하기는 하지만, 설립인가를 철회시킬 어떠한 행동을 지금 하는 것은 성급하다고 생각하면서, 교장에게 요청하여 이사회가 표명한 견해를 충분히 개진하는 글을 써서 보내게 할 것을 히치가 동의하고 빌링스가 제청하였다. 통과되었다.*

크램이 양해를 구하고 이석하였다.

종교의 자유와 관련된 현재 여건에 대한 이사회의 불만을 진술하고 이를 완화할 방법이 될 것에 대해 의견을 제시하는 공식적인 편지의 초안을 작성하고 이사회에 제출하여 승인받고 당국에 제출하자고 맨스필드가 동의하였다. 통과되었다.

겐소가 회계로서 그의 보고서를 제출하였다. (첨부 문서 V.)

동의에 의해 맥콜(McCaul)과 오웬스가 금년도 회계 보고서를 감사할 것을 요청받았다.

교장이 기도한 후, 이사회가 3월 24일 오전 9시까지 휴회하였다.

목요일, 3월 24일

이사회가 오전 9시 15분 교장의 집에서 모였다.

참석: 에비슨 박사, 맨스필드 의사, 히치 씨, 빌링스 씨, 피터스 씨. 쿤스 씨, 로즈 씨, 밀러 씨, 그리고 총무. 피셔 씨가 크램 박사를 대리하여 참석하였다. 반버스커크 의사와 양주삼 씨는 나중에 왔다.

피셔 씨와 피터스 씨가 기도하였다.

학감의 보고서를 다시 검토하였다.

권고안 1항, 5페이지:

빌링스 씨를 문과 과장으로 지명할 것을 로즈가 권고하였다. 동의가 제기되고 통과

---

* 이 단락의 마지막 "현재 성급하다고 …… 통과되었다" 부분이 이 문서에서 가려져 있다. 화질이 더 좋지 못한 연합감리회 소장의 문서에서 해당 원문을 다음과 같이 확인할 수 있다. "at present and that the president be asked to write setting forth fully the views of the Board as expressed. Carried."

되었다.

로즈 씨가 임(H. R. Rim) 조교수를 농과 과장 대행으로 지명하였다. 통과되었다.

학감 보고서 2항과 3항의 문과와 신과의 명칭 변경 문제가 길게 논의되었다. 결정이 나지 않았다.

양주삼 씨가 들어와서 환영받고 소개되었다.

학생 지원과 장학금에 관한 [학감 보고서] 5항과 6항:

피셔 씨가 교수회의 보고서를 제출하였다. (첨부문서 VI.)

히치 씨의 동의로, 다음 회계연도에 도움이 되도록 특정 장학금의 지원을 중단하는 내용의 항목 1이 채택되었다.

히치 씨의 동의로 루카스가 지도하는 근로부를 조직하는 일에 관한 21항이 2절을 수정한 가운데 승인되었다.

운동장 용도의 기금에 관한 교수회의 권고안이 제출되었다.

빌링스 씨가 교수회의 학생체육위원회에 대한 지급금 ￥400.00은 학감의 지시를 받아 지출하게 하자는 제안을 우리가 승인하자고 동의하였다. 통과되었다.

전체 학생들의 성경공부 시간에 관한 학감의 보고서 8항에서:

히치 씨의 동의로 이 제안은 교수회의 판단에 맡겨졌다.

학감이 1922~23년도 경상계정 예산(첨부 문서 VII.)를 제출하면서, 예산과 지출의 추산 금액이 ￥35,820이고 아직 지급되지 않은 자금원에서 받을 ￥11,??0이 남았음을 설명하고, 과들의 수를 줄여서 운영한다면 얼마를 절약할 수 있는지를 설명하였다.

맨스필드 의사가 1921~22년에 어떤 과의 입학생이 10명에도 못 미친다면 우리가 입학생을 받지 말자고 동의하였다. 통과되었다.

오후 4시 30분까지 휴회하였다.

오후 4시 30분에 이사회가 개회하였다.

참석: 에비슨 박사, 맨스필드 의사, 반버스커크 의사, 빌링스 씨, 피터스 씨, 히치 씨, 쿤스 씨, 피셔 씨, 밀러 씨, 그리고 총무.

피셔 씨가 장학기금 계획안에 관한 교수회의 보고서를 제출하였다. (첨부문서 VIII.)

히치 씨가 그 보고서를 채택하자고 동의하였다. 통과되었다.

동의에 의해, 협력 선교부들에 알리기 위해 학감 보고서의 개요서를 작성하라는 지시가 총무에게 내려졌다.

빌링스 씨가 교사들의 주택임대를 위한 특별위원회를 대표하여 구두로 보고하면서, 그들과 협상한 한국인들이 총독부와 큰 은행 등에서 현재 사용하는 봉급으로 지급하는 방식을 선호하고 무상으로 주택을 제공하는 방식 또는 임대수당을 지급하는 방식을 좋아하는 것을 나타냈다고 진술하였다.

히치 씨가 교사들의 주택임대에 관한 이전 결정을 재고하자고 동의하였다. 통과되었다.

히치 씨가 교사들에게 지급하는 봉급의 일부로서 집을 제공하는 관례를 우리가 채택하자고 동의하고, 임대료 수당을 제공하는 것은 할 수 없다고 동의하였다. 통과되었다.

빌링스 씨가 자격과 근무 기간에 따른 교수 직급 매기기에 관한 학감의 권고안을 실행위원회에 회부하고 권한을 주자고 동의하였다. 통과되었다.

빌링스 씨가 실행위원회를 대표하여 구두로 보고하면서, 봉급과 학비 인상에 관해 내려진 결정과 여자학과 설치안에 관한 권고안을 언급하였다.

히치 씨가 1920년 11월 27일 회의 때 상정된 실행위원회의 권고안을 의제로 삼자고 동의하였다. 통과되었다.

여자학과의 설치를 준비해주도록 협력이사회에 요청하라는 실행위원회의 권고안을 우리가 채택하고 교장이 그 권고안과 함께 설명서를 보내게 하자고 히치 씨가 동의하였다. 통과되었다.

(앞서 언급된 결정은 지금 여자연합대학의 설립을 주장하는 여성위원회가 그 자산에 대해 선택권을 갖도록 채택되었던 것으로 이해되고 있다.)

밀러 씨가 부지와 지대(地代)에 관한 위원회의 보고서를 제출하였다. (첨부 문서 IX.)

히치 씨가 부동산 소유권 증서를 받기 위해 임명된 위원회를 유지하자고 동의하였다. 통과되었다.

히치 씨가 임야를 기본재산으로 확보하기 위한 위원회를 유지하자고 동의하였다. 통과되었다.

예산이 다시 검토되었다.

수정된 형태의 예산을 채택하고 교장이 적자가 큰 것에 관해 협력이사회에 편지를 쓰게 하자고 히치 씨가 동의하였다. 통과되었다.

교수회에 대한 논의.

백상규 교수에 대해 본 대학과의 완전한 관계로 복귀하기를 바라는 우리의 요망을 이사회가 표명하자고 빌링스 씨가 동의하고 쿤스 씨가 제청하였다. 통과되었다.

건축 프로그램의 검토.

밀러 씨가 언더우드관의 굴착공사와 그 주변 및 캠퍼스의 토목공사를 위한 ¥650.00을 승인할 것을 권고하였다. 채택되었다.

또한 피셔 씨의 집의 토목공사와 지하실 굴착공사를 위한 ¥115.00을 승인할 것을 권고하였다. 채택되었다.

또한 빌링스의 집을 위한 토목공사 등을 승인할 것을 권고하였다. 채택되었다.

히치 씨가 외국인 교수 사택 3채의 건축을 진행하자고 동의하였다. 통과되었다.

이사회가 8시까지 휴회하였다.

이사회가 저녁 8시 15분 교장의 집에서 회의를 다시 시작하였다.

참석: 에비슨 박사, 맨스필드 의사, 반버스커크 의사, 히치 씨, 빌링스 씨, 피터스 씨, 겐소 씨, 아펜젤러 씨, 피셔 씨, 밀러 씨, 그리고 총무. 쿤스 씨가 나중에 왔다.*

교장이 기도하였다.

건축 프로그램이 다시 검토되었다.

반버스커크 의사가 과학관의 건축을 진행할 권한을 건축위원회와 실행위원회에 줄 것을 동의하였다. 통과되었다.

빌링스 씨가 그들을 위해 기숙사 4채와 중앙 식당의 총괄 계획을 승인하자고 동의하였고, 그중 한 곳의 건축을 시작하고 입주자들을 위한 임시 식당시설도 마련하도록 우리가 건축위원회에 지시하자고 동의하였다. 통과되었다.

반버스커크 의사가 한국인 교사들의 가옥 5,6채와 일본인 가옥 1,2채의 건축을 건축위

---

* 빌링스 이하의 참석자 명단이 이 문서에서는 보이지 않지만, 화질이 더 좋지 못한 연합감리회 소장문서에서는 그 명단을 볼 수 있다.

원회가 진행하는 것을 이사회의 의견으로 정하자고 동의하였다. 통과되었다.

빌링스 씨가 그 교사들의 가옥을 각자 자기 나라 양식으로 지을 수 있게 한국인과 일본인 이사들의 승인을 받은 후 가옥의 디자인을 채택하자고 동의하였다. 통과되었다.

언더우드관을 위한 건축계약을 자체 판단으로 체결할 권한을 실행위원회와 건축위원회에 주자고 빌링스 씨가 동의하고 히치 씨가 제청하였다. 통과되었다.

반버스커크 의사가 스팀슨관의 임시위생시설 문제를 건축위원회에 맡기고 권한을 주자고 동의하였다. 통과되었다.

반버스커크 의사가 현재 있는 사택 2채의 난방 설비 문제를 건축위원회에 맡기고 권한을 주자고 동의하였다. 통과되었다.

겐소 씨가 ¥24.00에 달하는 적은 필지들과 동양척식회사와 바꾼 땅들의 것만 빼고 모든 부동산의 소유권 증서들을 확보했다고 보고하였다.

임원 선출:

빌링스 씨의 동의로 에비슨 박사가 교장으로 재선출되었다.

히치 씨의 동의로 빌링스 씨가 부교장으로 재선출되었다.

오웬스(H. T. Owens) 씨와 겐소(J. F. Genso) 씨가 각각 총무와 회계로 재선출되었다.

실행위원회: 교장, 부교장, 와타나베 판사. 백상규 씨. 크램 박사. 맨스필드 의사.

남감리회 선교회가 완전 협력을 감당하고 있으므로 이사회에 보내는 대표를 4명으로 늘려야 한다는 점이 주목되었다.

또한 캐나다장로회 선교회가 기부금을 늘려서 이사를 2명 둘 권리를 가지게 된 점이 주목되었다.

3년 기한으로 다음의 이사회 이사들이 선출되었다. 맨스필드 의사, 빌링스 씨, 윤치호 씨, 가와에(Kawae) 씨.

한국인 협력 증진 위원회: 쿤스 씨, 노블 씨, 윤치호 씨, 신흥우 씨, 빌링스 씨, 백상규 씨, 양주삼 씨, 위원을 추가할 권한이 주어졌다. 박승봉 씨와 게일 씨를 추가하였다.

하기 수양회 준비 위원회: 로즈 씨.

도서관 위원회: 게일 박사와 윤치호 씨.

부지 · 지대 위원회: 밀러 씨, 로즈 씨, 임(H. R. Rim) 씨, 임용필 씨.

건축 · 자산 위원회: 에비슨 씨, 맨스필드 씨, 밀러 씨, 루카스 씨.

임야 기본재산 위원회: 에비슨 박사, 윤치호 씨. 가와에 씨.

추기 정례회의 일자가 9월 23일 오전 9시로 정해졌다.

이사회가 기도로 휴회하였다.

H. T. 오웬스, 총무.

출처: UMAC

TRANSFERRED

CHOSEN CHRISTIAN COLLEGE

Annual Meeting -- March 23, 1921.

- - - - - - - - - - - - -

Report of President.

The Vice President will doubtless report upon all matters of interest which have taken place on the field since the meeting of the Board in November last, so that my own report will be confined to occurrences in America after October 21, 1920, when Mr. Billings quoted from my letter of that date.

With regard to the building procedures: at a meeting of the Cooperating Board on January 21 I presented to that Board a review of the present building situation, when I outlined the order in which I thought the buildings ought to be undertaken. In view of the promise of the Canadian Presbyterian Board to increase their contribution to capital funds to $40,000 and to make it available for use between the spring of 1921 and the same period in 1922, out of which they would like to have $22,5000 used in building a dormitory and accompanying dining hall, $2,500 in residence for Korean professor and teacher, enough of balance for a foreign residence and any remainder to go towards the general fund I suggest that their desire be acceded to and the above buildings be started as soon as contracts can be made for them.

With regard to the sum of $40,000 being contributed by the Southern Methodist Mission, Dr. Rawlings assured us that we could depend upon receiving $23,000 between May 1st, 1921, and the same period of 1922, the balance of $17,000 to be paid over during the ensuing year. He also assured us that there would be no string on the use of these funds. The Field Board of Managers to be left free to use them for whatever purposes they deem most important. I therefore suggest that we proceed at once to the erection of at least one Japanese residence, several houses for Korean teachers and several student's residences in the Model Village. At the same time I feel it would be the part of wisdom to go on at once with the erection of the Science Building and the Underwood Hall because funds have been provided for those buildings which cannot be used elsewhere, and their erection will not in any way interfere with the carrying out of the preceding plans. I do not know how fast the funds for Science building will come in but we have $10,000 now in hand and I know that something like $9,000 are in the hands of Mr. Sutherland, the Treasurer of the Cooperating Board in New York, which can be sent out at any time. The Pittsfield Church is greatly interested in the erection of this building, and we cannot afford to risk the loss of this interest by delaying the erection of the building. The official Board of the Church passed a resolution in my presence last fall that when the building had been completed and paid for they would devote their foreign missionary contributions each year towards the support of the work to be carried on in the building. I think it would also be well to look forward to the erection of a second dormitory, if the funds already mentioned prove sufficient, but I think grants from those funds should be made for additional work in grading the main campus, and making certain other improvements on the site, such as improving the roadways and putting in permanent bridges.

-2-

3.23.21

Another very important need is the working out of a plan for transportation of teachers and others between the College and the city, and I recommend that a fund be set aside from the general funds for the purchase of an auto for this purpose, and that the proper committee should be directed to carry this out at the earliest possible moment. A residence for Mr. Fisher should be at once built, and this I think should be the first charge on the funds given by the Southern Methodist Board. Residences should also be built this summer for Professors Billings and Becker from the funds given by the Women's Board of the Presbyterian Church North.

In regard to the location of these buildings I would suggest that the Building Committee be asked to consider carefully the proposition made by Mr. Lucas, and that if the Property Committee and the Executive Committees can agree as to the acceptance or rejection of this plan the power to decide be lodged in those two committees combined. I would further suggest that plans for residences should be drawn up by the Building Committee which shall be good average houses without necessarily waiting for the approval of individual members of the staff who are likely to occupy them. I mention this particularly because one member of the staff who recently resigned was very anxious to have a residence which was so different in its design from those generally planned that it would not likely have suited anyone else. The fact that his resignation took place before the house could be built indicates the undesirability of endeavoring to follow too closely the desires of individuals, although of course these desires could not be entirely ignored. Although Mr. Billings will soon go on furlough and Mr. Becker will not be back until next fall, it is my opinion that we should proceed with these houses at once so that there may be as little delay as possible in getting teachers out to the site

The question of central heating light and power plant was discussed in America, especially between Mr. Underwood, Mr. Lucas and myself, and it was finally decided to consult an architect friend accustomed to the designing of large buildings in New York City and elsewhere, as to the best way to find out how to proceed in getting good advice on this subject. This architect Mr. Lucas and I had a conference with before I left New York on my return trip and by agreement with Mr. Underwood it was finally left to this architect to recommend a firm of heating engineers to go into the matter, and I received a letter from Mr. Lucas when I reached San Francisco stating that one of the best firms of heating engineers in New York had been selected who had agreed to lay out a plan for the whole site which would include heating, lighting and power, water supply, drainage and all mechanical equipment which might be needed, that their bill would be based upon a multiple of three times their actual outlay for drawing, blue-prints, specifications and all work actually done, but that it would be guaranteed that this bill would not exceed $3,000. I wrote to Mr. Lucas saying that Mr. Underwood had stated he would be willing to abide by the decision of this architect, and that he should now consult with Mr. Underwood and bring the matter to a conclusion. It was also thought that the best way to provide for this central plant would be to assess each building with its proportion of the expense and thus make it unnecessary to provide a special fund for this work. The matter of the budget for current expenses is very pressing because the Treasurer now reports a deficit of about ¥10,000 which has been borrowed from capital accounts, and it is impossible to carry on our work on a smaller budget than we now have, and indeed unless we decide to concentrate upon a smaller number of departments the present budget will have to be increased so that we must either increase our deficit and our borrowings from capital funds or else find some way of getting larger contributions for the budget. I succeeded in

3-23-21

getting a promise from one of the Trustees of the Hall Estate that they would contribute $50,000 towards an endowment fund provided we would secure an equal amount from some other source. This condition was made because they felt that the College was not yet providing as much for this purpose as it ought to do. I was unable before leaving America to secure any part of this $50,000 but if by any means it can be secured the $100,000 would produce an added income of not less than $5,000. As already reported the Cooperating Board asked the four Boards now interested in the institution to increase their contributions by the sum of $5,000, and if this could be done the College would have a total budget income of not less than $15,000. I present this matter to you as one of great urgency, and would ask you to consider some plan for realising it. In one of my letters from America I urged that something be done to interest Koreans in providing funds for the College, and I would like now to ask what your judgment would be upon the securing here of someone who would promote this interest by personal work amongst Koreans who might be able to donate funds for these purposes.

At the last meeting of the Cooperating Board the proposition was discussed for the employment in America of a promotional agent, and it was generally felt that it would be wise to secure such a man if the right type of man could be found. I am not sure but what it would be equally wise to have such a man in this country. Of course it would be necessary that he should be a Korean, a man of some influence and one interested in the education of the Korean people.

Referring again to the desirability or otherwise of reducing for the present the scope of our work I would ask you to consider whether we should not confine our efforts for the present to perhaps two departments instead of the six that we have had in hand.

I would like to ask you to give consideration to the question of registration of the College, whether we should continue as we are or proceed to unregister in view of the present status of the regulations for private schools. I brought the matter to the attention of the Cooperating Board. The matter was discused with considerable interest, but it was decided to express no opinion untill the Board here had acted and made some recommendation on the subject. I may say that all who took part in the discussion including members from all the different Boards said they felt it might be wise to go somewhat slowly in view of the transition stage through which the laws on education in this country are now going. I do not know that we can at this time formulate any wise recommendation on this very important subject. I am sure we all feel that we would like to get rid of all the restrictions upon religious teaching which hamper us, but at the same time it may be wise for us to waitand see what further changes will be proposed by the Investigating Commission which has been recently appointed. On my way through Japan I discussed this matter with Bishop Welch and he expressed this same opinion. I am aware that a considerable number of missionaries would like to see the College unregister and I greatly sympathize with this view, but it may be well for us to be patient a little longer lest we endanger the privileges we now have.

Before I left America I began the preparation of a publicity pamphlet, ~~and that it was~~ planned on the basis of a statement showing the very beginnings of educational mission work in the early days and the improvements made since then up to the establishment of the Chosen Christian College. Each phase of this work is illustrated by a photo, so that the interest of the reader will be thoroughly aroused in still further carrying on the development of education to its higher stages.

3.23.21

This method of preparing the pamphlet was strongly approved by the authorities in New York, and I had hoped to get it in good shape before I left but was compelled for lack of time to bring it with me unfinished, but I hope to complete it soon and would like to have it reviewed by a committee of the Board and such changes made as the collective wisdom of the Committee might determine. I have copies of pamphlets issued by several Mission colleges in China but no one of them have followed this method. They are all profusely illustrated but deal entirely with the situation of to-day so that they lack the advantage of comparison with meagre facilities of the earlier days and the stimulus that comes from observing the process of development.

Additional foreign teachers. You already know of the resignation of Mr. Jack. I made considerable effort to get an agricultural man in Canada it up to the time I left neither of two men who had been somewhat prominently before me had been actually secured. A young man in the University of British Columbia Agricultural Department is very anxious to come to us as soon as he completes his course and followed it up with special preparation along the line of his choice, namely animal husbandry. The young man belongs to a good family and is enthusiastic about his profession and in his desire to come to Korea, but we are not yet in aposition to begin on Animal Husbandry. However, by the time he is ready to come we may be in such a situation that we can ask him to come and spend a couple of years in preparation here by language study and study of the needs of the country so as to be fully prepared for his work when we are ready to open the department. In the meantime while the Canadian Presbyterian Board is looking for a successor to Mr. Jack they will pay to us the sum of $2,000 per year in lieu of his services. I have advised the Canadian Board that a teacher for the Commercial Department would be equally acceptable if they cannot secure an agricultural man. At the present time a great deal of emphasis is being laid upon agricultural missions and the Board of Missionary Preparation is taking much interest in this phase of work. While I was in New York a conference was held of all those who were interested in agricultural missions, which was very successful in its attendance and very interesting, and I trust that in due time we shall have a thoroughly practical department of agriculture, and that the demand for it on the part of students will steadily grow. Until we can equip it and man it better than it is at the present time I fear it is scarcely worth the cost we are putting into it.

We thought at one time that the Northern Methodist Board had secured a teacher of Mathematics, but the negotiations fell through. When I was leaving New York the Candidate Secretary of that Board told me they had about three different men in view and that he hoped they would soon have their third man on the staff. The Southern Methodist Board are prepared to appoint a second man as soon as one is found. Mr. Lucas expects to return here during the coming summer. His salary will be paid by Mr. Underwood, so will not be a tax on any of the Boards, not will it come out of the building funds as we had at one time thought. He is taking special courses in Columbia University and says that he is able to get exactly the kind of instruction that he needed.

Industrial Department. I see no way of even beginning this work until after Mr. Lucas's return when he hopes to study the situation still more carefully and introduce gradually such things as the conditions here most urgently call for. A good deal was said at the agricultural conference in favor of using the agricultural department as the basis for in-

3-23-21

dustrial education by introducing such types of industrial work as naturally are called for by the development of agriculture, such as blacksmithing, wagon-making and others which will suggest themselves to any one who knows anything about farm work.

While I was in America it was reported to me that the Executive Committee had recommended to the Board the establishment of a department for Women in connection with the College, but the report was not definite as to the form that this should take. I told Miss. Appenzeller of this recommendation and she seemed to be not averse to considering it. I shall be glad to hear more details concerning the plan that was in the mind of the members of the Executive Committee. Taking it for granted that the suggestion arose from the scheme previously conceived of having the Women's College on the hill near the C.C.C., I can think of two or three different ways in which effective cooperation could be carried out. We must naturally take it for granted that the disadvantages arising from cooperation under the conditions of life in Korea can be more than offset by the method if it is to be put into execution, and these advantages will be either on lines of financial economy or a better type of teaching. It would seem to me that in order to make the cooperation effective from the economical standpoint there must be a saving either in the purchase of the site, in the erection of school buildings and purchase of equipment or the employment of teachers. One plan might be to purchase the proposed site and erect buildings on it, and then try to utilize the same teaching staff to a considerable extent. Another plan would be to do away with the purchase of this site and erect dormitories on the C.C.C. site, using the same staff as much as possible. A third plan would be that of coeducation, the young women attending the same classes as the men but having their dormitories entirely separate and in different parts of the grounds. Each one of these plans might have certain advantages and certain disadvantages. As I said above I should be glad to know just what was in the minds of those who made the suggestions.

Other subjects than those I have mentioned will come before you under the reports of Committees and the Dean's report and the report of the Vice President. We seem to be at a somewhat critical stage but if we hold on persistently, believe in the institution with conviction, and work with enthusiasm, all difficulties can be overcome, as many have already been conquered. We shall miss from our Board meetings some familiar faces, that of Mr. Rhodes and that of Mr. Blair but we welcome their successors and I feel confident that you will all continue to work zealously for the success of the institution.

(Sgd) O. R. Avison
President.

1921.

CHOSEN CHRISTIAN COLLEGE

Minutes of Annual Meeting of Field Board of Managers.

March 23, 1921.

- - - - - - - - - - - - - - - - - -

After attending the graduating exercises at 10 a.m., and being photographed, the Board met with the members of the Faculty in conference at 12:15 noon.

Present: Dr. Avison (presiding), Messrs. Billings, Genso, Cram, Cynn, Mansfield and Owens. The following held proxies: Dr. Van Buskirk for Bishop Welch; Mr. Appenzeller for Dr. Noble and Mr. Fisher for Mr. Hitch. Dr. J. Z. Moore, and Messrs. Rhodes and E. H. Miller were also present.

After prayer by Mr. Billings, the members of the Board and Faculty were introduced and the Board heard the views of the Korean members of the Faculty and then adjourned to Mr. Miller's home for lunch.

The Board resumed in the Board Room of the College at 2:35 p.m.
Present: Drs. Avison, Cram, VanBuskirk and Mansfield and Messrs. Billings, Miller, Rhodes and Secretary. Judge Watanabe's written excuse was accepted.

The Secretary reported that the Secretary of the Presbyterian Association supporting the C.C.C. had notified the following nominations:

Dr. Gale to succeed himself
Mr. Genso succeeding Mr. Rhodes
Mr. Pieters succeeding Dr. Sharrocks
Mr. Koons succeeding Mr. H. E. Blair

Minutes of meetings held February 21, March 16 and November 27, 1920, having been circulated, were deemed approved.
Minutes of Cooperating Board's meetings of April 13, June 9, 1920, and January 21, 1921, having been circulated were taken as read.

A communication from the Canadian Presbyterian Mission was read as follows:

"Educational Committee Recommendation No. 6: We recommend that the Board of Directors of the Chosen Christian College make every effort to secure freedom of religious instruction even if if necessitates the surrender of the present Government permit."

The President read his report. (Appendix I.)
Mr. Billings, Vice President, reported verbally regarding the teaching appointments, and the actions of the Executive Committee re fees and the proposed establishment of a department for Women.
The Secretary reported having received from Mr. Blair, the minutes turned over to Mr. Blair by Dr. Rufus, that he had read them over, and that his recommendation would be to have a suitable tablet placed in Stimson Hall in recognition of the terms of that gift.
Moved by Dr. Cram, seconded by Mr. Billings, that such a tablet be authorised. Carried.

2.

3 Moved by Dr. VanBuskirk, That the Executive Committee be empowered to prepare the wording for and to order such a tablet. Carried.

The report of the Committee to increase the number of coopted members was given verbally.

Moved and Carried, That Mr. S. K. Paek be elected a coopted member.

Moved and Carried, that Rev. J. S. Ryang and Mr. Pak Seung Pong be elected coopted members, provided that after conference with the President they are willing to accept. (Both have since accepted)

The report of the Committee on securing Korean Cooperation prepared by Mr. Koons, was read by Mr. Billings, recommending the publishing of a quarterly informational Bulletin. (Appendix II.)

Moved by Dr. VanBuskirk and carried, that this report be approved and referred to the President, Vice President and Dean, in consultation, with the Faculty, for execution.

Further suggestions were made, that members of the Faculty should visit academies; promote athletic meets on the grounds, and hold summer normal schools.

Dr. Cram moved, That the present Committee on Developing Korean Cooperation be discharged, and that the President appoint a new Committee to take up the suggestions made during the discussion. Carried.

Mr. Miller read the report of the Property Committee and exhibited recent drawings. (Appendix III.)

Dr. Cram moved, That the roads and utilization of Sections 1 to 19 (except Nos. 1, 2, 4, 16 and 17) of the Model Village plan submitted be approved. Carried.

The Board adjourned to meet at the President's home at 8 p.m.

4 The Board met at the President's home at 8:30 p.m.

Present: Drs. Avison, VanBuskirk, Mansfield and Cram, and Messrs. Hitch, Billings, Appenzeller, Rhodes, Miller, Pieters, Genso and Secretary.

Consideration of report of Property Committee resumed.

Moved by Dr. Mansfield, that the Property Committee be authorized to make such purchases of land from the Treasury Department as it may be able to make anywhere within the contemplated Model Village section, bounded on the east by the stream and on the south by the railway. Carried.

Dr. Mansfield moved, That the Property Committee be empowered to purchase any of the lots authorized at the preceding annual meeting without reference to the order of preference then adopted on the as yet unacquired sections, with special reference to sections 85, 95, 84, 86, 97.1, and the original railway survey. Carried.

In view of the recommendation of Mr. Lucas, and a minority report of the Property Committee, to change the location of the foreign residence sites, a motion to reconsider the former action was passed.

After discussion the proposal to change the former action was not approved.

Mr. Rhodes read his report as Dean. (Appendix IV.)

Moved by Dr. VanBuskirk and Carried, That an expenditure of Y3,000 from capital funds be authorized for the purchase of an auto and erection of a garage, and that the purchase of the auto be left to the Executive Committee. (Sec. I., p. 4).

Moved by Mr. Hitch, seconded by Mr. Billings, That we reply to the communication of the Canadian Presbyterian Mission that we are in sympathy with their desire for freedom of religious instruction, but that we consider any move to revoke the charter premature at pres- [illegible]

3.

Dr. Cram excused.

Dr. Mansfield moved, That a formal letter, stating this Board's dissatisfaction with present conditions in regard to religious liberty and giving suggestions as to what measures would, in its opinion, give relief, be drafted, submitted to the Board for approval, and forwarded to the authorities. Carried.

Mr. Genso presented his report as Treasurer. (Appendix V.)

Messrs. McCaul and Owens were, on motion, requested to audit the Treasurer's accounts for the current year.

After prayer by the President, the Board adjourned until 9 a.m. March 24.

Thursday, March 24.

The Board met athth President's home at 9:15 a.m.

Present; Drs. Avison and Mansfield, Messrs. Hitch, Billings, Pieters, Koons, Rhodes, Miller and Secretary. Mr. Fisher was present as proxy for Dr.Cram. Dr. VanBuskirk and Mr. Ryang came in later.

Prayer by Messrs. Fisher and Pieters.

Consideration of the Dean's report was resumed.

On section 1 of Recommendations, page 5:

Mr. Rhodes recommended the nomination of Mr. Billings as head of the Literary Department. Moved and carried.

Mr. Rhodes nominated Asst. Prof. H. R. Rim as acting head of the Agricultural Dept. Carried.

Sections 2 and 3 of the Dean's report re a change of name for the Literary and Bible departments were discussed at length. No action

Mr. Ryang having come in was welcomed and introduced.

On sections 5 and 6 re student help and scholarships:

Mr. Fisher presented a report from the Faculty (Appendix VI.)

On motion of Mr. Hitch, section 1 -- re discontinuance of certain scholarship help for next fiscal year -- was adopted.

On motion of Mr. Hitch, section II. re the organization of a work department under Mr. Lucas's direction was approved with an amendment to paragraph 2.

A recommendation from the Faculty re funds for athletic purposes was presented.

Moved by Mr. Billings, That we authorize a grant of Y400.oo to the Students' Athletic Committee of the Faculty to be expended under the direction of the Dean. Carried.

On section 8 of Dean's report - re Bible study period for all students:

On motion of Mr. Hitch, this proposal was left to the discretion of the Faculty.

The current account budget for 1922-3 (Appendix VII.) was presented by the Dean, showing an estimated income and expenditure of Y35,820, leaving Y11,[illegible]0 to be secured from sources as yet unprovided, together with a statement showing what savings could be made if fewer departments were carried.

Dr. Mansfield moved, That we do not accept an entrance class in any department for the year 1921-2 unless at least ten students be accepted for admission in that department. Carried.

Adjourned until 4:30 P.M.

The Board convened at 4:30 p.m.

Present: Drs. Avison, Mansfield and VanBuskirk, Messrs. Billings, Pieters, Hitch, Koons, Fisher, Miller and Secretary.

6.

Mr. Fisher presented the report of the Faculty re suggested plan for scholarship fund. (Appendix VIII.)
Mr. Hitch moved the adoption of the report. Carried.
On motion the Secretary was instructed to prepare a synopsis of the Dean's report for the information of the Cooperating Boards.

Mr. Billings made a verbal report for the special committee on renting residences to teachers, stating that Koreans who were consulted expressed a preference for the method now practised by the government, large banks, etc., of paying a salary and either providing a house free or paying a rent allowance.
Mr. Hitch moved a reconsideration of our former action re renting residences to teachers. Carried.
Mr. Hitch moved, that we adopt the practice of furnishing houses to teachers as part of the salary remuneration and where we are unable to do so of providing a rent allowance. Carried.
Mr. Billings moved, that the recommendation of the Dean regarding grading the Faculty according to qualifications and term of service be referred to the Executive Committee with power. Carried.

Mr. Billings reported verbally for the Executive Committee mentioning the action taken re increase of salaries and fees, and the recommendations regarding the proposed Department for Women.
Mr. Hitch moved that the recommendation of the Executive Committee tabled at meeting of Nov. 27/20 be taken from the table. Carried.
Mr. Hitch moved, that we adopt the recommendation of the Executive Committee to ask the Cooperating Board to provide for the establishment of a Department for Women, and that along with the recommendation a covering letter be sent by the President. Carried.
(It is understood that the foregoing action is taken in order to hold the option on the property for the committee of ladies now promoting a union women's college.)

Mr. Miller presented the report of the Committee on Site and Rentals. (Appendix IX.)
Mr. Hitch moved, that the Committee appointed to secure title deeds be continued. Carried.
Mr. Hitch moved, That the committee on securing forest land for endowment be continued. Carried.

Consideration of budget was resumed.
Mr. Hitch moved the adoption of the budget in revised form and that the President write the Cooperating Board regarding the outstanding deficits. Carried.
Review of the Faculty.
Mr. Billings moved, seconded by Mr. Kobns, That this Board express our desire to have Prof. Pack come back into full relation with the College. Carried.
Consideration of the Building program;
Mr. Miller recommended that the excavation for Underwood Hall and grading around it and on the campus at Y650.oo be authorised. Adopted.
Also, that the grading of residence for Mr. Fisher and excavation for cellar at Y115.oo be authorised. Adopted.
Also, That the grading, etc., for Mr. Billings's residence be authorised. Adopted.
Moved by Mr. Hitch, That the construction of three foreign residences be proceeded with. Carried.
The Board adjourned until 8 Oclock.
The Board resumed at 8:15 P.M. at the President's home.
Present: Drs. Avison, Mansfield, VanBuskirk, Messrs. Hitch, Bil- [illegible] and Secretary.

Prayer by President.

Consideration of building program resumed.

Dr. VanBuskirk moved that authority to proceed with the erection of Science Hall be placed in the hands of the Building and Executive Committees with power. Carried.

Mr. Billings moved, that the general scheme for one group of our dormitories and a central dining hall for them be approved and that we instruct the Building Committee to proceed with the construction of one unit; also to make provision for temporary dining facilities for its occupants. Carried.

Dr. VanBuskirk moved, That it is the judgment of the Board that the Building Committee proceed with the building of five or six houses for Korean teachers, and one or two Japanese houses. Carried.

Mr. Billings moved, That the designs of the teachers' houses be adopted after approval by the Korean and Japanese members of the Board for their respective national types of houses. Carried.

Moved by Mr. Billings, seconded by Mr. Hitch, That the Executive and Building Committees be authorized to let the contract for Underwood Hall at their discretion. Carried.

Dr. VanBuskirk moved, That the matter of temporary sanitary arrangements for Stimson Hall be left to the Building Committee with power. Carried.

Moved by Dr. VanBuskirk, that the matter of heating equipment for the two present residences be referred to the Building Committee with power. Carried.

Mr. Genso reported that the title deeds have all been secured with the exception of one small piece of land costing Y24.oo and for the lands which have been traded with the Oriental Development Company.

Election of Officers:

On motion of Mr. Billings, Dr. O. R. Avison was re-elected President.

On motion of Mr. Hitch, Mr. Billings was re-elected VicePresident.

Mr. H. T. Owens and Mr. J. F. Genso were re-elected Secretary and Treasurer respectively.

Executive Committee: President, Vice President, Judge Watanabe, Mr. Paek, Dr. Cram and Dr. Mansfield

It was noted That the Southern Methodist Mission, having assumed full cooperation their representation on the Board should be increased to four members.

Also, that the CanadianPresbyterian Mission's increased contribution entitles it to two members.

The following were elected to the Board for three years: Dr. Mansfield, Messrs. Billings, Yun and Kawae.

Committee on Korean Cooperation: Messrs. Koons, Noble, Yun, Cynn, Billings, Paek and Ryang, with power to add. Add Park, Gale,

Committee on Summer Conferences: Mr. Rhodes.

Library Committee: Dr Gale and Mr. Yun.

Committee on Site and Rentals: Messrs. Miller, Rhodes, H.R. Rim, and Y. P. Rim.

Building and Property Committee: Messrs. Avison, Mansfield Miller and Lucas.

Committee on Forest Land Endowment: Dr. Avison, Mr. Yun and Mr. Kawae.

Date of Fall meeting was fixed for September 23 at 9 A.M.

The Board adjourned with prayer.

H. T. Owens,
Secretary.

103. 에비슨이 암스트롱에게

1921년 4월 4일

A. E. 암스트롱 목사,
선교부 총무,
캐나다장로회,
토론토, 온타리오 주, 캐나다.

친애하는 암스트롱 씨:

당신의 1월 27일 자와 2월 11일 자 편지들은 샌프란시스코에서 출항하기 전에 보았습니다.

미국에서 돌아온 후, 우리가 현지 이사회 연례회의를 열었는데, 상과에서 가르칠 사람이 매우 크게 필요합니다. 지금은 사실 농과에 올 사람보다 그곳에 올 사람이 훨씬 더 절실히 필요합니다. 당신이 1월 11일 자 편지에서 말한 그 신사와 만족스러운 협상을 하고 그를 임명하여 우리에게 배치할 것이란 말이 곧 들려올 것이라고 진심으로 믿습니다. 현재 우리 대학에서 가장 인기 있는 과정은 상과이지만, 우리에게는 이 과정에서 상업 과목들을 이끌 외국인 선생이 없습니다.

바이어스(W. M. Byers) 씨에게 보냈던 편지의 사본을 동봉해서 보냅니다. 그를 한국에 보내려 하는 당신의 노력이 성공하기를 희망합니다. 우리가 올해는 필요한 신청자들의 수를 채우지 못해 농과 수업을 개설하지 못할 듯합니다. 그러나 만일 이 과를 이끌 최고 수준의 인물을 얻게 된다면 이 일을[그의 영입을] 밀어붙일 수 있고, 그러면 틀림없이 머지않아 사람들을 얻게 될 것입니다. 만일 바이어스 씨가 이번 가을에 나와서 언어를 습득하고 한국의 농업 여건을 연구할 수 있다면, 지금부터 일 년 [후?] 수업을 멋지게 개설하게 될 것입니다.

맨스필드 의사가 우리와 함께 있는 것을 받아들이고 사임을 재고했다는 사실을 기쁜 마음으로 말씀드립니다. 그는 해부학 강의를 맡고 있고, 한국 의학 진료실도 이끌고 있습니다. 이 업무가 그를 매우 분주하게 만들 것이므로, 그 의사는 돌아다니면서 매우 행복한

표정을 지을 것입니다. 그가 우리와 오래도록 머물 곳을 찾아낼 것이라고 진심으로 믿습니다.

안녕히 계십시오.

O. R. 에비슨

출처: PCC & UCC

Chosen Christian College

OFFICE OF THE PRESIDENT

O. R. AVISON, M.D.

Seoul, Chosen

CO-OPERATING BOARDS
PRESBYTERIAN CHURCH IN THE U. S. A.
METHODIST EPISCOPAL CHURCH
METHODIST EPISCOPAL CHURCH, SOUTH
PRESBYTERIAN CHURCH IN CANADA

RECEIVED APR 23 1921 REC'D ... Foreign Mission Board

April 4, 1921.

Rev. A. E. Armstrong,
Secretary, Board of Foreign Missions,
Presbyterian Church in Canada,
Toronto, Ont., Canada.

Dear Mr. Armstrong:

Your letters of January 27th and February 11th were dealt with before sailing from San Francisco.

Since returning from America we have held the annual meeting of the Field Board of Managers, and we are very much in need of a man for the Commercial Department. In fact, we need him much worse at the present juncture than a man for Agriculture. I sincerely trust that your negotiations with the gentleman you referred to in your letter of January 11th have been satisfactory and that we may soon have word that he will be appointed and assigned to us. The most popular course in the College is Commerce at present, and we have no foreign teacher to handle commercial branches in this course.

I enclose copy of a letter to Mr. W. M. Byers, and hope that your efforts to havehim come to Korea are meeting with success. It is unlikely that we shall take in a class in Agriculture this year as the required number of applicants have not materialized, but if we can get a first class man to head up this Department, we can push it and, no doubt, get the men in time. If Mr. Byers could come out this fall, get into language study and study of the agricultural conditions of Korea, he would be in good shape to take in a class a year from now.

I am pleased to say that Dr. Mansfield has accepted a post with us, reconsidering his resignation. He is taking the teaching of Anatomy and also heading up the Korean Medical Clinic. Inasmuch as this work is keeping him very busy the Doctor is going around with a very happy expression, and I sincerely trust he will find a permanent berth with us.

Very sincerely,

O R Avison

104. 세의전 이사회 회의록

세브란스연합의학전문학교

한국, 서울

현지 이사회 연례회의 회의록

1921년 4월 14일

- - - - - - - - - - - - - -

오전 9시 40분 교장의 집에서 이사회가 모였다.

참석: 에비슨(Avison) 박사(사회), 앤더슨(Anderson) 의사, 허스트(Hirst) 의사, 오긍선(Oh) 의사, 노턴(Norton) 의사, 반버스커크(Vanbuskirk) 의사, 윌슨(Wilson) 의사, 리드(Reid) 의사, 맨스필드(Mansfield) 의사, 스미스(Smith) 의사, 브루엔(Bruen) 씨, 와타나베(Watanabe) 씨, 그리고 총무. 그 외 대리 참석: 로즈(Rhodes) 씨가 홀드크로프트(Holdcroft) 씨를 대리하여, 해리슨(Harrison) 씨가 리딩햄(Leadingham) 의사를 대리하여, 비거(Bigger) 의사가 러들로(Ludlow) 의사를 대리하여, 영(Young) 씨가 럽(Robb) 씨를 대리하여 참석하였다. 스타이스(Stites) 씨도 참석하였다.

휘트모어(Whittemore) 씨, 럽(Robb) 씨, 양주삼(Ryang) 씨의 불참 사유서가 받아들여졌다.

해리슨(W. B. Harrison) 목사가 기도를 인도하였다.

1920년 3월 6일 회의, 1921년 2월 16일 회의의 회의록들이 회람되었고, 낭독된 것으로 인정되었다.

이사회가 샤록스 부인에게 발송하도록 지시했던 그 편지의 사본을 노턴 의사가 보관하였다고 총무가 보고하였다.

협력이사회의 1920년 4월 13일 회의, 6월 9일 회의, 1921년 1월 21일 회의의 회의록들이 회람되었고, 낭독된 것으로 인정되었다.

총무가 회기들 사이에 실시된 투표 결과를 다음과 같이 보고하였다.

지난 연례회의 회의록을 확인하였다.

러들로 의사의 안식년을 1921년 6월에서 4월로 앞당기고, 반버스커크 의사의 안식년을

1923년에서 1921년 6월로 앞당긴다.

월버 에비슨(Wilbur Avison)* 씨를 학생체육 지도교사로 임명하자는 제안에 대해, 그가 Y.M.C.A.에서 임명받아 오는 것을 다수가 찬성하였다.

교장이 구두로 보고하였다. (첨부 문서 I. 참조) 보고서가 받아들여졌다.

1919~20년 회계연도가 끝났을 때 계정들을 신중히 조사한 후, 자본계정 전체를 재조정한 결과, 자산 항목에서 흑자가 부담금 ¥13,397.98을 상회하였고 전년도에 실제로는 없는 적자가 있다고 보고되었던 것은 그것이 전체 자본계정에 잘못 포함되었던 데서 비롯되었다는 사실을 우리가 보고해도 되는 것을 알게 되었다고 회계가 보고하였다. 단순하고 쉽게 계산하게 하기 위해 조정하는 작업을 마쳤고, 우리 기관이 방금 끝난 회계연도의 운영에서 흑자를 낼 것으로 기대하고 있다.

회계 감사들이 1919~20년도 계정들에 대한 서면 보고서를 내면 보관하자는 동의가 있었고, 통과되었다.

부츠(J. L. Boots) 의사와 더글라스 에비슨(D. B. Avison) 의사가 이사회에 소개되었다.

상여금 제도의 장점에 관한 토론이 벌어졌다.

학감인 반버스커크 의사가 구두로 보고하였다. (첨부 문서 II.)

리드 의사가 맨스필드(T. D. Mansfield) 의사를 해부학 교수로 임명하고 내과 조교수로 인정하라는 교수회의 권고안을 인정하자고 동의하여 인정되었다.

학감이 쉐플리 의사의 사임을 보고하였다.

허스트 의사가 부츠 의사를 치과 교수와 치과 과장으로 임명하자고 동의하여 통과되었다.

학감이 이사회는 북장로회 선교회에 더글라스 에비슨 의사를 세브란스 교수로 임명하도록 요청하라는 교수회의 결의안을 제출하였다.

본 이사회가 북장로회 선교회에 더글라스 에비슨 의사를 최대한 빨리 세브란스 의학교에 배치하여 소아과를 맡게 해주도록 요청하자고 리드 박사가 동의하여 통과되었다.

학감이 홉커크(C. C. Hopkirk) 의사가 한국으로 임명되었다고 보고하였다.

---

* Gordon Wilberforce Avison Sr.(1891~1967)는 에비슨의 둘째 아들로 캐나다 토론토에서 태어나 1893년 부모가 선교사로 내한함에 따라 서울에서 성장하였다. 미국에서 Western Reserve University를 졸업하고 YMCA 간사로 활동하다 1925년 YMCA 파송 선교사로 다시 내한하여 1938년까지 광주를 중심으로 호남 지방에서 농촌운동을 벌였고, 1933년 농업실습학교를 세웠다.

스미스 의사가 북장로회 선교회에 홉커크 의사를 최대한 빨리 세브란스에 배치하여 뢴트겐선과를 맡게 해주도록 요청하자고 동의하였다. 통과되었다.

오긍선(K. S. Roh) 의사를 소아과 조교수로 임명하자는 동의가 있었고, 통과되었다.

류전(Ryu Chon)의 물리학 · 화학 교사직 사임, 신(H. S. Shin) 의사의 내과 조교수직 사임, 오카(Oka) 의사의 이비인후과 조교수직 사임, 기쉬마 씨의 제약사직 사임이 보고되고 받아들여졌다. 학감이 또한 리딩햄 의사가 최근에 무기한 병가를 얻어 미국으로 떠난 사실을 알렸다.

(와타나베 판사가 이석하였다.)

20명의 입학생을 받아들여 등록 학생 수가 현재 62명이라고 학감이 보고하였다.

우리 졸업생들이 시험을 치지 않고 의료면허를 받는 문제에 관한 총독부와의 협상 상황이 보고되었다.

우리 졸업생들이 시험을 치지 않고 면허를 받도록 본 이사회가 총독부에 요청하자고 리드 의사가 동의하여 통과되었다.

학감의 보고서가 받아들여졌다.

이사회가 오후 2시 30분까지 휴회하였다.

이사회가 오후 2시 40분에 모였다.

참석: 에비슨 박사, 앤더슨 의사, 허스트 의사, 리드 의사, 윌슨 의사, 반버스커크 의사, 비거 의사, 스미스 의사, 오긍선 의사, 노턴 의사, 맨스필드 의사, 영 씨, 브루엔 씨, 해리슨 씨, 로즈 씨, 그리고 총무.

영 씨가 기도하였다.

회계가 더 보고하였다.

교장이 어떤 치과 지원자들에 관한 북장로회 선교부 리드(Reed) 박사의 편지를 제출하였다.

쉐플리 의사를 귀환시키고 톰슨 의사를 임명하며, 후자를 당장 파송해주고, 이들을 특별기금 아니면 이 의료기관의 예산을 위한 기금으로 후원해주도록 협력이사회에 전보를 쳐서 요청하는 일을 교장에게 위임하자고 반버스커크 의사가 동의하였다.

이사회에서 교장, 윌슨 의사. 해리슨 씨가 한 위원회를 이루어 네 번째 치과의사에 대한 후원을 협력하는 문제를 남장로회 선교회와 상의하자고 반버스커크 의사가 동의하였다. 통과되었다.

(위의 사항은 남장로회 선교회가 그들의 관할지역에서 사역할 치과의사를 임명하는 것을 고려하고 있다는 보고에 근거하였다.)

참고할 일로서, 총무가 남감리회 선교회에서 보내는 자본금에 관해 크램 의사와 통신했다고 보고하였고, 세브란스를 위해 몇 개 항목에서 총 $50,000가량이 책정되어 있었던 백주년기념행사의 첫 견적서가 파기되고 새로 만들어질 것이란 통지를 받았다고 보고하였다.

교장이 남감리회 선교부의 여자위원회 총무와 간호부양성소 지원금에 관해 협상한 일에 관해 보고하였다. 또한 서울에 있는 새 여자전도센터[태화여자관]의 아동복지 및 다른 의료사역과 본 병원 간의 협력안에 관해서도 보고하였다.

태화여자관(Woman's Evangelistic Center)에서 하는 아동복지 사역 및 다른 의료사역을, 브라운(Susan Willard Brown) 의사의 임명을 포함하여, 세브란스와 연계해서 해야 한다는 주장을 우리 이사회가 크게 바람직하게 여기고, 이 문제를 위한 협력안과 위원회 임명안을 이사회에 제출한 것을 우리가 환영한다고 하는 의견을 표명하자고 반버스커크 의사가 동의하였다. 통과되었다. 에비슨 박사, 허스트 의사와 앤더슨 의사가 위원들로 임명되었다.

교장과 각각의 선교회들을 대표하는 이사들에게 그들이 각 선교회에 자본금의 문제를 제기하고 긴급히 필요한 건물들을 지을 수 있게 최대한 빨리 도와달라는 요청을 하도록 부탁하자고 브루엔 씨가 동의하였다.

교수회에 대해 논의하였다. 논의 중에 교장이 홍석후 의사를 대학원 진학을 위해 미국으로 보내는 일이 잘 진전되었다고 언급하였다.

본 이사회는 우리 의료기관의 장래 효율성이 우리 한국인 졸업생들의 교육능력 배양에 크게 달려 있음을 느끼고, 다른 대학에 가서 대학원 전공 공부를 하고 돌아와 본 대학에서 높은 지위에 올라 무거운 책임을 이행하겠다는 뜻을 품고 우리 의료기관에서 그 길을 추구해온 이 사람들을 훈련하기 위해 내보내는 것의 중요성을 다시금 강조하자고 반버스커크 의사가 동의하였다. 통과되었다.

도쿠미츠(Tokumitsu) 의사가 6월에 사임할 것이고, 워싱턴 주 스포캔(Spokane)의 스티어

(Stier) 의사에게 병리학을 맡기기 위해 우리가 그와 협상하고 있다고 교장이 보고하였다.

교장을 재촉하여 그가 모든 노력을 다해 훌륭한 자격을 지닌 기독교인 일본인 의학교수들을 구하고 붙들게 하자고 해리슨 씨가 동의하였다. 통과되었다.

(앤더슨 의사가 이석하였다.)

오웬스 씨를 이 의료기관의 사업 매니저로 임명하자는 동의가 있었고, 통과되었다.

세브란스(J. L. Severance) 씨와 언더우드(J. T. Underwood) 씨가 또 다른 외국인 속기 타자수를 위해 후원금을 제공하겠다는 제안을 하였다고 교장이 보고하였다.

사업부 조수들을 위한 후원금과 숙소의 제공을 제안해준 언더우드 씨와 세브란스 씨의 친절에 감사하고 그들에게 감사를 표하자는 동의가 있었고, 통과되었다.

다음의 인사들이 선출직 이사로 선출되었다. 김유순, 신흥우, 남궁혁.

오긍선 의사와 반버스커크 의사가 선출직 이사의 수를 늘리기 위한 지명위원회에 임명되었다.

(윌슨 의사가 이석하였다.)

교장과 회계가 화재보험 문제를 조사하고 보고할 위원들로 임명되었다.

맥콜(J. G. McCaul) 씨와 코엔(R. C. Coen) 씨가 지난 회계연도 계정들의 감사들로 임명되었다.

본 이사회는 [호주장로회 선교회에서] 맥라렌(McLaren) 의사가 사역의 짐을 벗을 수 있게 되면 곧바로 그를 그들의 대표로 임명하여 신경정신과 교수로 임명하겠다고 [우리에게] 알려준 것을 환영하자고 반버스커크 의사가 동의하였다. 이사회는 맥라렌 의사가 봄학기에 강의하게 된 사실도 감사하게 알게 되었다. 통과되었다.

다음의 임원들이 재선출되었다.

교장, 에비슨(O. R. Avison) 박사, 부교장, 반버스커크(J. D. VanBuskirk) 의사, 총무 겸 회계, 오웬스(H. T. Owens).

맨스필드 의사가 다음의 결의안을 소개하였다.

> 캐나다장로회 선교부가 중국, 일본, 한국에서 사역하는 선교회들이 사용할 요양소를 동양의 어느 곳에 세울 계획을 세우고 이 일에 관한 그곳 선교회의 입장을 확인하려고 의사를 타진해온 사실에 비추어, 캐나다장로회 선교회의 선교사들이 비공식적인 회의에서 그 계획

을 승인했던 사실에 비추어, 그런 요양소가 한국에 있어야 하고 세브란스병원과 긴밀히 제휴해야 한다는 생각을 강력히 표출했던 사실에 비추어, 세브란스연합의학전문학교 이사회는 동양에 선교회들의 요양소를 설립하는 계획을 승인하면서, 우리가 그것의 설립에 자진해서 협력하기를 바라고 있음을 확언하기로 결의하였다.

맨스필드 의사, 스타이스 의사, 교장이 위의 결의안을 추진할 위원들로 임명되었다.

리딩햄(R. S. Leadingham) 의사가 무기한 병가를 받아 떠나는 것을 이사회가 안타까워하면서, 그를 위로하고 그가 끝내는 돌아오기를 희망한다는 뜻을 표명하자는 동의가 있었고, 통과되었다.

회계가 1921~22년도 예산서를 제출하였고, 개정된 후 채택되었다. (첨부 문서 III. 참조)

임기가 만료된 다음의 이사들이 재선출되었다. 브루엔, 휘트모어, 앤더슨, 반버스커크, 윌슨, 양주삼.

이사회가 비거 의사의 기도로 휴회하였다.

H. T. 오웬스

총무

출처: UMAC

SEVERANCE UNION MEDICAL COLLEGE
Seoul, Korea

Minutes of Annual Meeting of Field Board of Managers
April 14, 1921

- - - - - - - - - - - - - - -

The Board met at the President's home at 9:40 A.M.

Present: Drs. Avison (presiding), Anderson, Hirst, Oh, Norton, VanBuskirk, Wilson, Reid, Mansfield, Smith, and Messrs. Bruen, Watanabe and Secretary. Also proxies: Mr. Rhodes for Mr. Holdcroft; Mr. Harrison for Dr. Leadingham; Dr. [illegible] for Dr. Ludlow; and Mr. Young for Mr. Robb; also Dr. Stites.

Written excuses accepted from Mr. Whittemore, Mr. Robb & Mr. Ryang.

The devotions were led by Rev. W. B. Harrison.

Minutes of Meetings of March 6, 1920, and February 16, 1921, having been circulated, were taken as read.

Secretary reported that Dr. Norton had filed a copy of the letter ordered by the Board to be sent to Mrs. Sharrocks.

Minutes of meetings of Cooperating Board for April 13 and June 9, 1920, and January 21, 1921, having been circulated, were taken as read.

Secretary reported ad interim votes as follows:

Confirming minutes of last annual meeting.

Antedating furloughs of Dr. Ludlow from June to April, 1921, and of Dr. VanBuskirk from 1922 to June, 1921.

Re proposed appointment of Mr. Wilber Avison as Director of Student Athletics -- majority favoring his coming under Y.M.C.A. appointment.

The President reported verbally. (See Appendix I.) Report accepted.

The Treasurer reported that after a careful examination of the accounts at the close of 1919-20, resulting in a readjustment of the general Capital Account, it had been discovered that the institution could report a surplus of Assets over Liabilities of Y13,397.98, and that the Deficit which was reported the previous year did not really exist, having been due to wrong entries made in general Capital account. Changes aiming at simplifying and facilitate the accounting had been made, and it was expected that the institution would show a surplus on its operations for the fiscal year just closed.

It was moved and carried, that the Auditors' written report on the accounts for 1919-20 when received be placed on file.

Dr. J. L. Boots and Dr. D. B. Avison were introduced to the Board.

A discussion was held on the merits of the bonusing system.

The Dean, Dr. VanBuskirk, presented a verbal report. (Appendix II.)

Moved by Dr. Reid and Carried, that the Faculty's recommendation that Dr. T. D. Mansfield be appointed Professor of Anatomy and Associate in the Department of Internal Medicine is concurred in.

The Dean reported the resignation of Dr. Schifley.

On motion of Dr. Hirst it was moved that Dr. J. L. Boots be appointed Professor of Dentistry and Head of the Dental Department. Carried.

The Dean presented the resolution of the Faculty requesting the Board to ask the Northern Presbyterian Mission to assign Dr. D. B. Avison to the Severance Faculty.

On motion of Dr. Reid it was moved and carried, that this Board request the Northern Presbyterian Mission to assign Dr. D. B. Avison to Severance Medical College at the earliest possible moment for the Chair of Pediatrics.

The Dean reported the appointment of Dr. C. C. Hopkirk to Korea.

Dr. Smith moved, that the Northern Presbyterian Mission be requested to assign Dr. Hopkirk to Severance for the Chair of Roentgenology at the earliest possible moment. Carried.

Moved and Carried, to appoint Dr. K. S. Roh Assistant Prof. of Pediatrics.

The resignations of Ryu Chon as Teacher of Physics and Chemistry, of K. S. Shim, as Assoc. Prof. of Medicine; of Dr. Oka, Assoc. Prof. of

S.U.M.C.

4/14/21

Ear, Nose and Throat; of Mr. Kishima, Pharmacist, were reported and accepted. The Dean also announced the recent departure to America of Dr. Leadingham on indefinite sick leave.

(Judge Watanabe was excused).

The Dean reported that an entrance class of 20 students had been taken in and that the student enrolment was now 62.

A report on the status of negotiations with the government regarding granting of license to our graduates without examination was given.

Moved by Dr. Reid and Carried, that this Board request the Government to grant licenses to our graduates without examination.

The report of the Dean was accepted.

The Board adjourned until 2:30 p.m.

The Board met at 2:40 p.m.

Present: Drs. Avison, Anderson, Hirst, Reid, Wilson, VanBuskirk, Bigger Smith, Oh, Norton and Mansfield, and Messrs. Young, Bruen, Harrison, Rhodes and Secretary.

Prayer by Mr. Young.

The Treasurer made a further report.

The President presented a letter from Dr. Reed of the Northern Presbyterian Board re certain Dental candidates.

On motion of Dr. VanBuskirk, the President was authorized to cable the Cooperating Board to ask for the return of Dr. Scheifley and the appointment of Dr. Thompson, the latter to be sent out at once, their support to be on special funds or on the budget of the institution.

Dr. VanBuskirk moved, That the President, Dr. Wilson and Mr. Harrison be a committee of the Board to take up with the Southern Presbyterian Mission the question of cooperation in the support of a fourth dentist. Carried. (The foregoing is based on a report that the Southern Presbyterian Mission contemplates appointing a dentist for work within the bounds of that Mission.)

The Secretary reported for information the correspondence with Dr. Cram regarding capital funds from the Southern Methodist Mission, and the notification that the original Centenary estimates, in which Severance appeared for several items totalling about $50,000, had been set aside and that estimates would be made de novo.

The President reported upon the negotiations with the Secretary of the Women's Council of the Southern Methodist Board regarding a grant for the Nursing School, and also upon the proposal for cooperation between the Hospital and the Baby Welfare and other medical work of the new Women's Evangelistic Center in Seoul.

Moved by Dr. VanBuskirk, That this Board expresses its opinion that it is highly desirable that the Baby Welfare and other medical work in connection with the Women's Evangelistic Center should be connected with Severance, including the appointment of Dr. Susan Willard Brown, and that we welcome the proposed cooperation and appoint a committee to act for the Board in this matter. Carried. Drs. Avison, Hirst and Anderson were appointed a committee.

Moved by Mr. Bruen, that the President in conjunction with the representatives of each of the Missions be asked to present the matter of capital funds to each of the Missions with the request that they give aid at the earliest possible moment so that the buildings urgently needed may be proceeded with. Carried.

Review of the Faculty, in which the President mentioned that arrangements were well advanced to send Dr. Hong to America for postgraduate study.

Dr. VanBuskirk moved, that this Board feels that the future efficiency of our institution is very largely dependent upon the training of our Korean graduates for teaching service, and in order to train these men we again emphasize the importance of sending men who have been tried out in the instit-

-ation to other Colleges for postgraduate work in their special lines with the idea that they shall return to take higher positions and carry heavier responsibilities in the College. Carried.

The President reported that Dr. Tokumitsu would resign in June, and that we were negotiating with Dr. Baier, of Spokane, Wash., to take the chair of Pathology.

Mr. Harrison moved, that we urge the President to use his best efforts to secure and hold highly qualified Christian Japanese medical teachers. Carried. (Dr. Anderson excused).

Moved and Carried, that Mr. Owens be appointed Business Manager of the institution.

The President reported the offer of Mr. J. L. Severance and Mr. J. T. Underwood to provide the support of another foreign stenographer.

Moved and Carried, that the Board recognizes with gratitude the kindness of Messrs. Underwood and Severance in offering to provide funds for the support and housing of two business department assistants and expresses its thanks to them.

The following were elected coopted members: Messrs. Kim Yoo Soon, Hugh Cynn and Ham Kung Hyuk.

Drs. Oh and VanBuskirk were appointed a committee to make nominations to enlarge the number of coopted members. (Dr. Wilson excused).

The President and Treasurer were appointed a committee to investigate and report upon the question of fire insurance.

Messrs. J. G. McCaul and R. C. Coen were appointed auditors for the past fiscal year's accounts.

Moved by Dr. VanBuskirk, that the Board welcomes the intimation that the Australian Mission will appoint Dr. McLaren as its representative as soon as he can be released, and that he be appointed Professor of Neurology and Psychiatry. The Board also learns with gratification that Dr. McLaren will give lectures during the spring term. Carried.

The following officers were reelected: President, Dr. O. R. Avison; Vice President, Dr. J. D. VanBuskirk; Secretary-Treasurer, H. T. Owens.

Dr. Mansfield introduced the following resolution:

Whereas the Canadian Presbyterian Mission has been approached by the Foreign Mission Board of that Mission to ascertain its position regarding the establishment of a sanitarium somewhere in the Orient for use of Missions at work in China, Japan and Korea, and

Whereas at an informal meeting of the missionaries of the Canadian Presbyterian Mission the project was approved, and

Whereas the sentiment was strongly expressed that such a sanitarium should be located in Korea and should be closely affiliated with Severance Hospital,

Resolved, that the Board of Managers of Severance Union Medical College approves the project of establishing an inter-mission sanitarium in the Orient; and that we affirm our willingness and desire to cooperate in its establishment. Carried.

Drs. Mansfield, Stites and the President were appointed a committee to further the foregoing resolution.

Moved and Carried, That the Board regrets the departure of Dr. R. S. Leadingham on indefinite health leave, expresses its sympathy with him, and hopes for his eventual return.

The Treasurer presented the Budget for 1921-2, which was revised and adopted. (See Appendix III.)

The following members whose term has expired were re-elected: Rev. H. M. Bruen, Rev. N. C. Whittemore, Dr. A. G. Anderson, Dr. J. D. VanBuskirk, Dr. R. M. Wilson, Rev. J. S. Ryang.

The Board adjourned with prayer by Dr. Bigger.

H. T. Owens,
Secretary.

105. 에비슨이 가우처에게

1921년 4월 15일

존 F. 가우처 박사,

볼티모어, 메릴랜드 주, 미국.

친애하는 가우처 박사님:*

3월 23일 열린 현지 대학이사회 연례회의에서 다음의 결의안이 통과되었음을 보고드려야만 합니다.

> 우리는 조선 기독교 교육을 위한 협력이사회에 여자학과의 설립을 준비해주도록 요청하라는 실행위원회의 권고안을 채택하고, 교장은 이 권고안과 더불어 설명서를 보내도록 한다. (연합여자대학의 설립을 지금 추진 중인 여성위원회가 그 자산의 선택권을 갖게 하려고 이 결정이 채택된 것으로 이해할 수 있다.)

협력이사회의 총무인 스코트(Geo. T. Scott) 목사에게 편지를 써서, 그 계획이 이화여학교에서 수행되는 현재의 대학 준비사업을 선교부들과 선교회들의 연합사업으로 발전시키기 위해 제안되었다는 점을 설명하고, 이 일을 위해 $5,000짜리 기부금들이 몇 군데에서 올지를 당신이 알고 있음을 당신 자신이 밝혔었다는 점을 설명하려 합니다. 또한 내가 아는 바로 지금도 유효한 그 땅의 선택권을 당신이 이곳에 왔을 때 그 계획을 지지했던 여성분들이 확보했다는 점을 설명하려 합니다. 더 나아가 당신이 와타나베 판사 및 다른 사람들과 상의한 후에 연희전문학교의 실행위원회를 만났는데, 그 자리에서 연합여자대학을 조직하기 위한 협상을 연희전문학교의 설립허가 안에서 진행하면 일이 쉽게 풀릴 것이란 말이 있었다는 점을 설명하려 합니다. 그렇지 않고 통상적인 절차를 밟아 특정한 설립허가를 받으려면 오랫동안 지루하게 지연되는 것을 기다려야 할 것이기 때문입니다. 물

* 이 편지는 뒷장이 없이 앞장만 있어 발신인을 확증하기는 어렵지만, 연희전문 이사회의 3월 23일 자 회의록을 보면 에비슨이 이사회의 결정(24일 오후 회의 때 내려진 결정)을 좇아서 보낸 편지였음을 쉽게 판단할 수 있다.

론 나중에 별도의 설립허가를 얻는 것이 바람직할지라도, 이런 결정은 일의 추진을 방해하지 않을 것입니다.

당신은 또한 연희전문학교와 긴밀히 제휴하면 이점들이 있으리라는 점을 실행위원들에게 알렸습니다. 예를 들면, 연구소들을 중복하여 설치할 필요를 없앨 수 있기 때문이고, 컬럼비아와 바너드(Barnard)에서 또는 하버드와 래드클리프(Radcliff)에서 하는 것처럼* 두 대학이 전문적인 과목들을 가르칠 선생들을 더 많이 공유할 수 있기 때문입니다.

우리 현지 이사회는 선교회들 사이의 갖가지 협력 방안들을 기꺼이 성의를 다해 고려할 것이고, 설혹 현재의 토지 협상이 성공하지 않을지라도, 여자대학의 건물들을 대학부지 안에 둘 수 있지 않을지를 알아보는 것에 반대하지 않을 것입니다. 할 수만 있다면 땅을 더 늘리는 편이 더 낫기는 하겠지만 말입니다. 만일 여자대학이 우리 대학과의 연합사업으로 운영된다면, 우리 대학에 관심 있는 여성분들을 현지 이사회로 받아들이는 것에도 반대하지 않을 것이고, 여성분들로만 구성되거나 주로 여성분들로 구성된 별도의 현지 이사회와 사이좋게 일하는 것에도 반대하지 않을 것입니다. 달리 말하자면, 우리 현지 이사회는 그 계획이 성취되는 것을 보기를 간절히 원하고 있습니다. 그러므로 최선이라 생각되는 길을 따라 온 힘을 다해 그 일을 도울 것입니다.

출처: PHS

* Barnard College는 1889년 맨하탄에 세워진 여자대학이다. Radcliff College는 1879년 매사추세츠 주 케임브리지에 세워져 1977년 하버드에 합병되었다.

RECD. SCOTT

MAY 24 1921

Ansd.________

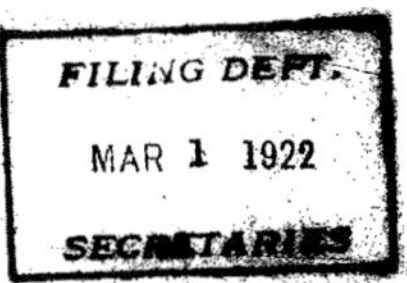

April 15, 1921.

Dr. John F. Goucher,
Baltimore, Md., U.S.A.

Dear Dr. Goucher:

I have to report that at the Annual Meeting of the Field Board of Managers held on March 23rd the following resolution was passed:

"That we adopt the recommendation of the Executive Committee to ask the Cooperating Board for Christian Education in Chosen to provide for the establishment of a Department for Women, and that along with the recommendation a covering letter be sent by the President. (It is understood that the foregoing action is taken in order to hold the option on the property for the committee of ladies now promoting a union Women's College.)"

I am writing Rev. Geo. T. Scott, Secretary of the Cooperating Board, explaining that it is proposed to develop the present College Preparatory work carried on at the Ewha Girls' School into a union enterprise between Boards and Missions, and that on that understanding you had intimated that you knew where several $5,000 gifts might be forthcoming. Also, that the ladies who were back of the scheme had secured an option on land while you were here which option I understand is still in effect. Furthermore, that after consultation with Judge Watanabe and others you had had a conference with the Executive Committee of the Chosen Christian College in which it was intimated that it might facilitate matters if negotiations to organize the union Women's College were to be proceeded with under the Charter of the Chosen Christian College, as otherwise it would involve protracted delays and tedious delays if they waited to secure a special charter in the usual way. Of course, if it were desired to secure a separate charter later this action would not tie the hands of the promoters.

You also intimated to the Executive Committee that a close affiliation with the Chosen Christian College might be advantageous as the necessity for duplicating laboratories, for example, could be obviated, and that teachers of the more technical subjects could be shared by the two Colleges, as was done between Columbia and Barnard or Harvard and Radcliffe.

Our Field Board is willing to give cordial consideration to this or any other type of cooperation as between Missions, and would not be averse, if the present land negotiations did not go through, to seeing whether the buildings of the Women's College could not be located on the College site proper, although it would be better to have the added land if feasible. It would not be averse to adding the ladies who are interested in the College to its Field Board if the Women's College were conducted as a joint enterprise with the College, or to working cordially with a separat Field Board composed altogether or largely of ladies. In other words, our Field Board is anxious to see the scheme consummated and will do all in its power to help it along in the way that is deemed best.

106. 에비슨이 북감리회 선교부에

<u>선교사 치과의사에 관해 - 한국</u>

<u>O. R. 에비슨 박사의 편지 사본</u>
<u>북감리회 선교부의 총무 후보에게 보낸 1921년 4월 16일 자 편지</u>

<u>아더 B. 모스(Arthur B. Moss) 씨에게 사본을 보내기 바람.</u>

친애하는 리드 박사님:

세브란스 의교기관의 이사회가 이번 주에 모여 한국인과 선교사들과 그 밖의 외국인들 모두에게 하는 치과 치료의 필요성에 관해 오랫동안 숙고한 후에 이 모든 필요에 응하기 위해 이 과를 조직해야 한다는 결론에 만장일치로 도달하였습니다.

어쩌면 모국에 있는 당신은 한국에 있는 모든 외국인의 필요에 부응할 책임이 여하튼 간에 우리에게 있는 것은 아니라고 생각할 것입니다. 그러나 우리는 그들과 매우 밀접하게 얽혀 있습니다. 아마도 다른 어느 나라의 선교사들보다도 더 그러할 것입니다. 그래서 우리는 힘이 닿는 대로, 그들을 도울 수 있기를 원합니다. 그 밖에도 한국인들을 위해 치과를 설립하는 일을 가능케 하는 동시에 모든 선교사를 돌볼 충분한 치과 인력을 선교부들이 기꺼이 후원해주려 하지 않을 때 우리가 이 전자의 사람들을 돌보도록 이 과의 재정을 충당할 수 있게 할 유일한 방법은 치료비를 잘 낼 외국인들을 진료하는 일이 될 것입니다.

부츠(Boots) 의사가 이사회에서 치과 교수와 치과 과장으로 임명되었습니다. 그는 의학생들에게 치의학을 가르치고 한국인 진료를 감독하는 데에 거의 모든 시간을 빼앗길 것이고, 나중에는 치의학 교육에 더 집중할 수 있을 것입니다.

선교사들을 돌보는 일은 치과의 다음번 관심사입니다. 우리는 모두 선교부들이 이 일에 많은 책임을 져야 한다고 느끼고 있습니다. 몇몇 선교부는 그들의 지방 선교지회 의료 선교사들에게 필요하다고 확인받은 [우리 병원의] 치과 치료에 대한 청구비의 절반을 기꺼이 내겠다는 뜻을 표현함으로써 이 책임을 일부라도 지고 있습니다. 이러한 치료비 부담은 여러 치료 사례들에서 실제로 이루어졌습니다. 우리 선교부의 전후 선교대회(Post-War Conference) 측이 이렇게 하도록 권고했는데, 그 대회에 참석한 선교부 총무들 전체의 투표로 그 권고가 결정되었던 것으로 나는 이해하고 있습니다. 그래서 우리는 이런 방식이 우리 선교부에서 승인되리라고 여기고 있습니다.

그러므로 만일 이곳 서울에서 우리가 선교사들의 필요를 충족시킬 치과의사들을 충분히 둘 수 있으려면, 선교부가 이 과를 위한 후원금의 적어도 절반을 기꺼이 부담해야 할 것으로 보입니다. 우리의 판단으로 전후 선교대회 측의 제안을 따라 위에서 말한 치과 치료 청구비의 절반을 부담해주거나 그 업무를 맡을 충분한 수의 치과의사를 그 과에 임명해주면, 선교부들이 선교적 차원에서 그 의사들의 봉급과 그 밖의 지출비들을 해결하게 될 것입니다.

이곳의 필요가 매우 긴박하고, 선교회가 부츠 의사에게 일 년간 거의 모든 시간을 언어 공부에 쓰도록 지시하였기 때문에, 이사회가 내게 지시하여 당신에게 전보를 쳐서 세브란스병원이 경비를 부담할 터이니 미혼인 오타와의 톰슨 의사를 당장 보내라고 요청하게 하였습니다. 그러면서 그의 경비는 선교사들이 아닌 외국인들의 치료비로 일부 충당하고, 선교사들의 적은 치료비로 일부 충당하며, 이미 말한 선교부들의 갖가지 기부금들로 일부 충당하는 방안을 제시하였습니다. 그래서 우리는 당신에게 다음과 같이 전보를 쳤습니다.

> Vaxocyeupr Thompson ijpyliweop McAnlis lypikoakihr
>
> 미혼인 톰슨을 지체없이 보내시오. 모든 경비는 여기에서 치릅니다. 맥안리스(McAnlis)를 붙잡으시오. 자세한 내용은 이후에 보낼 편지에서 설명합니다. 에비슨

그 위에 이사회는 쉐플리 의사가 한국으로 돌아와서 주로 선교사들을 위해 일하게 해 달라고—그는 이 일이 매우 필요해질 것이라고 느꼈습니다—한 제안을 강력히 찬성하며 수용하였습니다. 우리는 쉐플리 의사가 보낸 편지들을 받았는데, 그는 우리가 그를 원한다고 통지해주면 몇 달 내로 자기의 개인적인 의료사업을 처분하고 우리에게 돌아올 수 있다고 말하였습니다. 이곳에서는 모두가 그의 귀환을 바라고 있습니다. 그의 봉급에 관해 말하자면, 이제까지 그 돈을 세브란스 씨가 보내주었다는 사실을 나는 상기합니다. 부츠 의사의 봉급은 [아리조나 주] 비버폴스(Beavers Falls)에 있는 교회가 보내고 있으므로,

세브란스 씨에게 혹시 쉐플리 의사를 특별 기부금으로 계속 후원해줄 수 있는지를 문의해도 될 것입니다. 내가 세브란스 씨에게 편지를 써서 이렇게 해달라고 요청하겠습니다. 당신이 곧장 쉐플리 의사와 그 문제를 상의하여 그가 다음 몇 달 내로 파송될 수 있는지를 알아볼 것이라고 우리는 믿습니다.

맥안리스 의사에 관해 말하자면, 우리는 이곳의 모든 상황에 대응할 수 있도록 그 사람도 우리 치과 인력에 더해져야 한다고 생각합니다. 이곳의 남장로회 선교회는 한국에서 오직 자기 선교사들의 치아만 돌볼 목적으로 내쉬빌[선교본부 소재지]에 있는 실행위원회에 치과의사를 선교회로 임명해달라고 요청하였습니다. 우리 이사회의 남장로회 선교회 측 이사들은 그들의 위원회가 세브란스와 연대해서 일할 치과의사를 기꺼이 임명해줄 것인데, 그들의 선교사들의 상태를 지킬 필요가 생겼을 때 그 의사가 시간을 내어 그들의 선교지회들을 순회하고, 나머지 시간을 이 의료기관의 지시 아래 쓴다는 조건에서 임명할 것이라는 의견을 표명하였습니다. 이사회는 남장로회 소속 이사 2명과 나로 구성된 위원회를 만들고, 그런 내용의 계획을 세워서 6월에 열릴 그 선교회의 연례회의 때 그 선교회에 제출하라고 지시하였습니다. 우리가 이 일을 할 것이므로, 이 사실에 비추어 내가 당신에게 맥안리스를 붙잡고 그가 이 편지를 기다리게 하라고 전보로 요청하였습니다. 만일 내쉬빌 위원회에 대한 우리 요청이 남장로회 선교회의 지원을 받을 수 있다면, 맥안리스가 이 사역을 위해 그들에 의해 임명될 수도 있을 것입니다.

한국에서 사역하는 여러 선교부가 힘을 모아 내가 거명한 선교사 3명, 곧 톰슨, 쉐플리, 맥안리스를 선교적 측면에서 후원할 수 있다면, 우리가 재료비와 다른 경상비를 약간 채울만한 비용 외에는, 모든 선교사를 치료하는 일을 치료비의 청구 없이도 감당할 수 있을 것입니다. 이렇게 하면 매우 만족스럽게 조정될 것입니다. 선교사들이 아닌 외국인들을 치료해서 수익을 얻으면, 우리가 나머지 사역을 수행할 수 있게 될 것입니다. 그러나 설혹 선교부들과 그러한 조정을 할 수 없다고 할지라도, 선교부들이 자기 선교사들에 대한 치과 청구비의 절반을 지불하고 우리 과가 치과의사들의 업무 수행에 필요한 후원을 감당함으로써 사실상 동일한 결과를 얻을 수 있습니다.

이 문제들이 대부분 당신의 부서가 아닌 다른 부서들에 속한 것이기는 하지만, 나는 당신에게 이 모든 것을 설명하고 있습니다. 당신이 그것을 스코트 씨에게 전달하면 그가 한국을 위한 협력이사회 안의 직책을 활용하여 우리 선교부의 해당 부서들에는 물론 다른 선교부들의 해당 부서들에도 그것을 제기해줄 것이라고 믿습니다.

안녕히 계십시오.

(서명됨) O. R. 에비슨

출처: UMAC

RE. MISSIONARY DENTISTS — KOREA.

Copy of Letter From Dr. O. R. Avison to Candidate Secretary of Northern Presbyterian Board - April 16, 1921.

COPY FOR MR. ARTHUR B. MOSS.

809-1

"Dear Dr. Reed:-

The Board of Managers of the Severance Institution met this week and after long consideration of the dental needs of both the Korean people and the missionaries and other foreigners arrived at the unanimous conclusion that this Department should be organized so as to care for all these needs.

Perhaps you at home may feel that we are not in any way responsible for the needs of the general foreign community of Korea, but we are brought into very close touch with them, probably more so than are the missionaries of any other country, so that we want to be as helpful to them as we possibly can, and besides, unless the Boards are willing to support a sufficient dental force to care for all the missionaries as well as build up the department for the sake of the Korean people the only way we can finance the department so as to care for these latter groups will be to treat the members of the foreign community who will pay well for the work.

Dr. Boots was appointed by the Board as Professor Dentistry and head of the Dental Department, and most of his time will be taken up in teaching dentistry to the medical students, supervising the Korean clinic, and later on possibly organising for the fuller instruction of dentists.

The care of the missionary body is the next concern of the department, and we all feel that this is to a large extent the responsibility of the various Mission Boards, and several of the Boards have recognised this at least to a partial extent by expressing their willingness to pay one-half the cost of dental bills for work certified as necessary by the Station physicians, and these payments have actually been made in a number of cases. The Post-War Conference of our Board recommended this course, and I understand that that recommendation was voted for by all the Board Secretaries present at the conference, so that we take it such a course will meet with the approval of our Board.

It seems, therefore, that if we can get together here in Seoul a sufficient force of dentists to meet the needs of the missionaries the Boards will be willing to undertake at least one-half the support of the department. This in our judgment could be done either by following the suggestion of the Post-War Conference to meet half the dental bills as mentioned above, or by appointing a sufficient number of dentists to the department to do the work, their salaries and other expenses to be met by the Boards on a Missionary basis.

The need here being so urgent, and Dr. Boots having been directed by the Mission to spend most of his time for a year in language study, the Board of Managers directed me to cable you to send Dr. Thompson, of Ottawa, an unmarried man, out at once at the expense of the Severance Institution, expecting to meet his expenses partly by the fees from the treatment of non-missionary foreigners, partly by small fees from missionaries, and partly by contributions from the Boards along the lines already spoken of, so that we have cabled you as follows:-

"Vaxocyeupr Thompson ijpyliweop McAnlis lypikoakih"
"Send without delay unmarried Thompson; all expenses will be met here. Hold McAnlis; letter with full information follows. Avison."

In addition, the Board of Managers strongly favors the acceptance of Dr. Scheifley's offer to come back to Korea. mainly to do work for missionaries which he of letter from Dr. O. R. Avison to Candidate Secretary of Northern Presbyterian Board April 16th, 1921. (#2 sheet)

feels to be a great need. We have received letters from Dr. Scheifley saying he can, within a few months' time, after notification that we want him, dispose of his private practice and return to us. All here desire his return. As for his salary, I am reminded that it has been paid by Mr. Severance heretofore, and as Dr. Boots' salary is being paid by a church in Beavers Falls, Mr. Severance might be asked if he will continue the support of Dr. Scheifley as a special contribution. I myself will write Mr. Severance asking him to do this, and we trust you will take the matter up at once with Dr. Scheifley and see if he cannot be sent out within the next few months.

As for Dr. McAnlis, we feel that he ought also to be added to our dental force in order to make it possible for us to be able to cope with the whole situation here. I understand that the Southern Presbyterian Mission here have asked their Executive Committee in Nashville to appoint a dentist to their Mission for the sole purpose of taking care of the teeth of their missionaries in Korea. The Southern Presbyterian members on the Board of Managers expressed the opinion that their Committee might be willing to appoint a dentist to be connected with the Severance institution on condition that he would itinerate amongst their Stations for such part of the time as might be necessary to keep their members in condition, and spend the rest of the time under the direction of this institution. The Board of Managers appointed a committee consisting of the two Southern Presbyterian members on the Board and myself to formulate such a plan and present it to their Mission at its Annual Meeting in June. This we shall do and in view of this I asked you in the cable to hold McAnlis awaiting this letter. My idea is that if we can get the Southern Presbyterian Mission to back up our request to their Nashville Committee, McAnlis might be appointed by them for this work.

If the various Boards having work in Korea could unite in the support of the three missionaries whom I have named, namely, Thompson, Scheifley and McAnlis, on a missionary basis, then we could undertake to treat all missionaries without charge excepting enough to cover the cost of materials and other small overhead expenses, and this would be a very satisfactory arrangement, the profits on the treatment of foreigners other than missionaries enabling us to carry on the balance of the work. If, however, such an arrangement cannot be made with the Boards practically the same thing could be accomplished the Boards paying one-half the dental bills of their missionaries, and our department undertaking to support the dentists required to do the work.

I am writing all this to you, although most of the matter will pertain to departments other than your own. I trust that you will pass it on to Mr. Scott who can bring it before the proper departments not only in our own Board, but in other Boards also through his connection with the Cooperating Board for Korea.

Very sincerely,

(Signed) O. R. Avison."

107. 에비슨이 스코트에게

1921년 4월 16일

조지 T. 스코트 목사,

조선 기독교 교육을 위한 협력이사회, 총무,

156 5번가, 뉴욕 시, 뉴욕 주.

친애하는 스코트 씨:

대학이사회의 연례회의 회의록 사본을 현재까지 모은 보충 문서들과 함께 동봉하니 찾아보기 바랍니다. 회의록에서 거론된 학감의 보고서 요약문은 다음에 보내겠습니다.

[회의록에서] 언급된 그 졸업식 때 농과 학생 3명이 졸업증서를 받았고, 이미 일자리를 구했습니다. 다른 과들에서는 2년 전의 독립운동으로 수업에 지장이 초래된 까닭에 졸업생이 없었습니다.

당신이 보게 될 것처럼, 이사회는 이번 건축 시즌에 대규모 건축 프로그램을 실행하도록 승인하였습니다. 남감리회가 $23,000을 즉시 보내주었고 캐나다장로회가 이번 회계연도 동안 $40,000을 주기로 함으로써 이 일이 가능해졌습니다. 우리는 과학관과 언더우드관과 기숙사 한 채를 위한 건축계약을 속히 맺을 작정입니다. 또한 외국인 교수 사택 2채 또는 3채, 일본인 교수 사택 1채와 한국인 교수 사택 6채, 그리고 모범촌의 가옥 몇 채를 위해서도 계약할 작정입니다. 땅도 더 사고 부지도 조금 더 개발할 작정입니다.

예산에 대해 말하자면, 1921년 3월 31일에 끝난 회계연도의 회계 보고서는 몇 년 동안 누적되어온 경상 지출의 적자 ¥10,058.50이 자본금에서 충당된 것을 보여주고 있습니다. 1922~23년도의 예산은 총 ¥11,760이 아직 지급되지 못한 것을 보여줍니다. 우리가 방금 들어선 회계연도는 통상적인 수입원으로부터 얻는 금액보다 많은 돈을 삼킬 것입니다. 대학의 현재 발전 단계에서 자꾸 반복되는 이런 적자의 발생을 해결하기 위해서는 협력이사회 재정위원회의 진지한 연구가 필요합니다.

이사회가 여자학과의 설립에 찬성하는 결정을 내린 사실을 당신은 주목할 것입니다. 그 일에는 협력이사회의 승인이 필요합니다. 이 문제는 다음과 같은 상태에 있습니다. 현재 이화여학교(북감리회의 사업)가 대학 예과를 두고 90명의 여학생을 등록시킨 가운데 4년 과정으로 운영하고 있습니다. 대학부도 4년 과정으로 운영하고 있고, 9명의 여학생이 출석하고 있습니다. 전에 가우처 박사가 한국을 방문한 결과 이 여자대학을 여러 선교회의 연합사업으로 발전시키려는 운동이 시작되었습니다. 그래서 한 위원회가 부지용의 땅을 확보하는 문제를 조사하고 있습니다. 한 가지 선택이 가능한 일은 연희전문학교 근처의 바람직해 보이는 어떤 땅을 구하는 것이었습니다. 가우처 박사는 이 계획을 시작하는 데에 3명의 $5,000 기부자들을 확보할 수 있을 것으로 생각한다고 말하였습니다. 그러나 그가 생각하는 그 기부금들은 그 학교가 선교회들의 연합사업으로 조직될 때에만 나올 것입니다.

가우처 박사가 지난가을 서울에서 머물렀을 때, 연희전문학교 실행위원회가 함께 회의를 열어 그 계획을 더 깊이 논의하였습니다. 만일 여자대학을 연희전문 근처에 두게 해서 두 대학이 함께 일하게 하면, 연구소와 교육 인력 면에서 경제적인 효과가 큰 것으로 생각되었습니다. 가우처 박사는 이와 비슷한 관계를 맺은 사례가 뉴욕시의 컬럼비아대학과 바너드대학 사이에 그리고 보스턴의 하버드대학과 래드클리프대학 사이에 있다고 언급하였습니다.

가우처 박사와 실행위원회는 연희전문의 이사이자 실행위원인 와타나베 판사와 상의한 후 연전이 그들의 설립허가를 이용하여 그 땅을 구하고 연전 여자학과의 형태로 사전 조직을 만들면 일이 쉽게 진행될 것이라는 의견을 모았습니다. 만일 연합여자대학 추진위원회가 따로 일을 벌이면 총독부와의 협상이 지루해지고 크게 지연될 것입니다. 만일 나중에 여자대학을 자체적인 재단법인 아래에서 만들기를 원한다면 그렇게 할 수 있을 것입니다. 그러나 기존의 연희전문 재단법인 아래에서 추진하면 시작 단계에서 크게 지연되는 것을 피하게 될 것입니다. 당신이 보게 될 것처럼, 이사회는 여자학과의 설립을 승인해주기를 요청하고 여자대학 추진위원회가 연전의 재단법인을 활용하는 것을 허용함으로써 아주 기꺼이 그 프로젝트를 촉진하려 하고 있습니다.

현재 여자대학의 설립을 추진하는 것은 주로 여자선교부들이 주도하고 있는 문제입니다. 웰치 감독이 아마도 이제까지 현지에서 그 프로젝트를 추진해온 그 위원회에서 가장 영향력이 있는 인사일 것입니다. 여하튼 간에 가장 직접적인 관계자들은 연희전문과 연계하여 그 프로젝트를 추진하는 것을 우려하고 있지만, 아직 결정되지 않았습니다. 여자대학의 설립추진 책임자들의 한 명인 아펜젤러(Allice Appenzeller) 양은 지금 미국에 있습니다. 그러므로 당신이 북감리회 선교부의 여성과를 통해 그녀와 연락할 수 있습니다. 내가 그녀에게, 그리고 가우처 박사에게도, 우리 현지 이사회의 결정을 알리겠습니다. 이사회의 결정이 끼치는 직접적인 효과는 여자대학 추진자들이 연희전문의 설립 허가를 편리하게 이용하는 문제를 자신들이 원하는 바에 따라 스스로 결정하게 한 것입니다. 이화여학교가 대학 예과와 대학부를 지금 몇 년째 운영해오고 있고, 이미 몇 명의 대학 졸업생을 내어서 한국 여성을 위한 고등교육이 잘 수립되기 시작하였다는 사실을 더 지적하겠습니다. 예상부지에 건물들이 들어설 수 있게 되기까지는 몇 년이 소요될 것입니다. 그러나 연희전문 주변의 땅값이 꾸준히 상승하고 있으므로 지금이 그 땅을 얻을 가장 유리한 기회입니다.

최근의 보고서들은 연희전문에 지금 등록된 학생이 106명인 것을 알려주고 있습니다. 지금까지 57명의 신입생이 합격하여 4월 1일 시작하는 학기를 위해 등록하였습니다. 스팀슨관의 멋진 집회실이 학생들로 가득 채워진 모습을 보는 것은 즐거운 일입니다.

현지 이사회의 지침으로 교수회는 각 과에서 적어도 10명을 입학시키지 못하면 어느 과든 신입생을 받지 말라는 지시를 받았습니다. 그 결과 모든 과에서 지원자가 있었지만, 올해에는 세 과, 곧 문과, 상과, 화학과*만 개학하였습니다. 이 일은 교사 고용의 측면에서 경비를 확실히 절감시켜 우리가 세 과에 더 주력하게 하는 결과를 낼 것입니다. 며칠 전 총독부가 커리큘럼의 개정에 찬성하고, 지금까지 일본어 수업에 배정된 수업시수를 3시간 줄이고 영어의 수업시수를 같은 수로 늘리게 하였습니다. 이것은 이제 영어는 매주 8시간을 가르치고 일본어는 두세 시간 가르치는 것을 뜻합니다. 정규 커리큘럼에 채플 시간을 포함할 권한은 인정되지 않았지만, 당신이 알듯이, 우리는 매주 3일씩 정규 커리큘럼의 중간에 채플 시간을 두고, 매주 2일씩 채플 시간에 5개 반에서 성경 교육을 하도록 인가를 받았습니다.

우리가 '완전 협력'을 감당하는 선교회들의 대표들을 이사회에 추가하는 동시에 한국인 대표들을 추가함으로써 우리 이사회를 강화하고 있는 사실을 주목해주기를 바랍니다.

안녕히 계십시오.

---

* 바로 다음번 편지, 곧 에비슨이 암스트롱에게 보낸 1921년 4월 26일 자 편지를 참조하면, 여기에서 화학과는 수학 및 물리학과를 가리킨다.

O. R. 에비슨

웰치 감독에게 사본을 보내십시오.

존 T. 언더우드 씨에게도 사본을 보내십시오.

출처: PHS

O. R. Avison

Chosen Christian College

OFFICE OF THE PRESIDENT

Seoul, Chosen

FILING DEPT.
CO-OPERATING BOARDS 1922
PRESBYTERIAN CHURCH IN THE U. S. A.
METHODIST EPISCOPAL CHURCH
METHODIST EPISCOPAL CHURCH, SOUTH
PRESBYTERIAN CHURCH IN CANADA

GEO. T. SCOTT
MAY 24 1921

April 16, 1921.

Rev. Geo. T. Scott,
Secretary, Cooperating Board for Christian Education in Chosen,
156 Fifth Avenue, New York, N.Y.

Dear Mr. Scott:

Enclosed find copy of the Minutes of the Annual Meeting of the Field Board of Managers of the College with supporting documents so far as these are ready at the present time. The condensed report of the Dean referred to will follow later.

At the graduating exercises referred to, three men from the Agricultural course received their diplomas, and they already have positions. There were no graduates from the other courses, owing to the interruption of studies by the independence movement two years ago.

The Board, as you will note, has authorized a heavy building program for the coming season. This is made possible by the immediate release of $23,000 by the Southern Methodists, and the $40,000 to be received during the current fiscal year from the Canadian Presbyterians. We expect soon to let contracts for Science and Underwood Buildings, and for one dormitory unit; also for two or perhaps three foreign residences one Japanese and six Korean teachers' homes, and a few in the Model Village. We also expect to purchase more land and develop the site a little more.

With regard to the budget, the Treasurer's report for the fiscal year ending March 31, 1921, shows an uncovered deficit which has been accumulating for several years on current expenditure of Y10,058,60, which is being carried on capital funds. The budget for 1922-3 shows a total of Y11,760 unprovided for as yet, and the year on which we have just entered will absorb funds beyond our usual sources of income. The problem of meeting these recurring deficits at this stage of the development of the College is one that will require the earnest study of the Finance Committee of the Cooperating Board.

You will note the action of the Board favoring the establishment of a Department for Women, which requires the approval of the Cooperating Board. The status of this matter is as follows: At present the Ewha School (a Northern Methodist enterprise) has a College Preparatory Department with 90 girls enrolled, giving a four year course; also a College Department, with a four year course, with nine girls in attendance. As a result of Dr. Goucher's former visit to Korea, a movement was begun to make the development of this Women's College a union enterprise between Missions, and a committee looked into the question of securing land for a site. An option was secured on some desirable land near the Chosen Christian College site, and Dr. Goucher stated that he thought he could secure three $5,000 contributions towards starting the scheme. The gifts he had in mind, however, would be forthcoming only if the institution were organized as a union enterprise between Missions.

When Dr. Goucher passed through Seoul last autumn a meeting was held of the Executive Committee of the Chosen Christian College at which the scheme was further outlined. It was thought that if the Women's College were located near the Chosen Christian College there could be considerable economies effected in laboratories and teaching force if the two institutions worked together. Dr. Goucher mentioned that similar relations existed between Columbia and Barnard in New York City and between Harvard and Radcliffe in Boston.

Dr. Goucher and the Executive Committee, after consultation with Judge Watanabe who is a member of the Board of Managers and of the Executive Committee of the Chosen Christian College, decided that it might facilitate matters if the land were to be acquired by the Chosen Christian College under its charter and the preliminary organization were to proceed as a Department for Women of the Chosen Christian College. If the committee promoting the union Women's College were to proceed separately, there would be tedious negotiations with the Government and considerable delay. If it were desired later on to organize the Women's College under its own Zaidan Hojin it could be done, but in the initial stages much delay might be avoided. by working under the existing Hojin of the C.C.C. The Board, as you will see, is quite willing to further the project by asking for authorization to establish a department for women and to let the committee promoting the Women's College make use of its Hojin.

At present the promotion of the Women's College is mainly a matter for the Women's Boards, and Bishop Welch is probably the most influential member of the committee on the field which so far has had to do with the project. Whether or not it is desired by those most immediately concerned to push the project in connection with the Chosen Christian College has not yet been decided. Miss Alice Appenzeller, who is one of the responsible parties in the promotion of the Women's College is now in America, and you can get in touch with her through the Women's Department of the Northern Methodist Board. I shall myself communicate the action of our Field Board to her and also to Dr. Goucher. The immediate effect of the action of the Board is to place the facilities of the Chosen Christian College charter at the disposal of the Women's College promoters if they desire to use them. I might add that the Ewha School has had the College Preparatory and College Departments in operation now for several years, and already has several College graduates, so that higher education for Korean women is beginning to be well established. It may require several years' time before buildings can be provided on the proposed site, but now is the most favorable opportunity to get the land, because values are constantly increasing in the neighborhood of the Chosen Christian College.

Latest reports show that the registration of the Chosen Christian College is now 106 students. So far 57 new students have been accepted and registered for the term commencing April 1st. It is good to see the fine assembly hall in Stimson Building filling up with students.

By direction of the Field Board the Faculty was instructed not to accept a new class in any course unless at least ten men passed the entrance in such course. As a result, although there were applications for all the courses we have opened only three departments for the coming year -- Literary, Commerce and Chemistry. This will result in a distinct economy in the engagement of teachers and enable us to put more power into those three courses. Within the past few days the Government has assented to a revised

Rev. Geo. T. Scott   3.

curriculum, decreasing the hours hitherto allocated to study of Japanese language by three and increasing those alloted to English by the same number. This means that English is taught now eight hours per week and Japanese language two or three. The right to include Chapel in the official curriculum is not conceded, but as you know we have sanction to break the official curriculum so we have Chapel three days a week and on two days a week at the chapel hour there are five Bible classes taught.

You will note that we are strengthening our Board by the addition of representative Koreans as well as by increasing the representation of those Missions which are undertaking fuller cooperation.

Very sincerely,

O.R. Avison

Copy to Bishop Welch
" " Mr. John T. Underwood

108. 에비슨이 암스트롱에게

1921년 4월 26일

A. E. 암스트롱 목사,
선교부 총무,
캐나다장로회,
토론토, 온타리오 주.

친애하는 암스트롱 씨:

우리 현지 이사회의 연례회의 회의록 사본을 동봉하니 찾아보시기 바랍니다. 회계 보고서는 빼고 보충 서류들을 함께 보냅니다. 회계 보고서는 겐소 씨가 회계연도 전체를 집계하여 이달 초에 서덜랜드 씨에게 보냈습니다.

당신은 [회의록에서] 이사회가 과학관과 언더우드관, 기숙사 한 채, 외국인 교수 사택 두세 채, 본토인 교수 사택들, 그리고 모범촌의 학생 주택 몇 채를 아우르는 대규모 건축 프로그램을 승인한 것을 볼 것입니다. 이 프로그램은 당신의 선교부와 남감리회가 올해 용처를 확실하게 정하여 추가로 보낼 기금들로 인해 가능해졌습니다.

또 다른 중요한 사안은 연합여자대학 설립안 문제인데, 가우처(John F. Goucher) 박사와 그 밖의 사람들이 그 일을 추진하고 있습니다. 당신은 북감리회의 이화여학교에 대학부와 대학예과가 있고 100명 이상의 학생들이 있는 사실을 알고 있습니다. 그런데 이것을 핵심으로 하여 연합여자대학을 설립할 것이 제안되었습니다. 사실 그곳은 다른 선교회들 출신 여학생들이 등록하고 있어서 명목상으로만 아니라 실제로도 연합을 이루고 있는 것으로 생각되고 있습니다. 당신은 [연전의] 현지 이사회가 이 학교의 설립 허가 아래에서 그런 조직을 만드는 것을 기꺼이 허용하고 있는 것을 보게 될 것입니다.

현지 이사회 회의 후에 신입생들을 받았고, 그래서 우리 학생이 두 배로 늘어 100명 이상 등록한 사실을 기쁜 마음으로 보고합니다. 현지 이사회의 결정에 따라 충분한 수가 입학시험을 통과하지 않아서 세 과의 개학이 보장받지 못하였기 때문에, 우리는 세 과, 곧 문과, 상과, 수학 및 물리학과만 운영하고 있습니다.

학무국의 태도가 더 관대해져서, 개정된 커리큘럼을 최근에 승인하였습니다. 개정된 여러 사항 가운데, 일본어에 배정된 수업시수가 주당 두세 시간으로 줄고 영어가 주당 8시간으로 늘었습니다. 당신은 [회의록에서] 당신의 선교회가 종교의 자유를 더 많이 얻기 위해 학교 설립허가를 포기하라는 내용의 권고안을 보낸 것에 대해 [이사회가] 내린 결정을 볼 것입니다. 우리는 지금 그런 문제에 관해 협상하고 있고, 호의적인 결과를 얻기를 희망하고 있습니다.

당신들[캐나다장로회 측]의 협력이 증대되었기 때문에 당신의 선교회를 대표할 이사의 수를 늘릴 준비가 이루어졌습니다.

안녕히 계십시오.

O. R. 에비슨

출처: PCC & UCC

Chosen Christian College

Seoul, Chosen

OFFICE OF THE PRESIDENT
O. R. AVISON, M. D.

CO-OPERATING BOARDS
PRESBYTERIAN CHURCH IN THE U. S. A.
METHODIST EPISCOPAL CHURCH
METHODIST EPISCOPAL CHURCH, SOUTH
PRESBYTERIAN CHURCH IN CANADA

RECEIVED
MAY 25 1921

April 26, 1921.

ANS'D June 17
Presbyterian Mission Board

Rev. A. E. Armstrong,
Secretary, Board of Foreign Missions,
Canadian Presbyterian Church,
Toronto, Ont.

Dear Mr. Armstrong:

Enclosed find copy of the Minutes of the annual meeting of our Field Board of Manager , together with supporting documents except the Treasurer's report, which Mr. Genso sent to Mr. Sutherland for the full year early this month.

You will note that the Board has authorized a heavy building program, including Science and Underwood buildings, one dormitory, two or three foreign residences, homes for native teachers, and a few houses for students in the Model Village. This program is made possible by funds which will come to us this year from your Board and the Southern Methodist, in addition, of course, to those definitely earmarked.

Another matter of importance is the proposed Union Women's College, which is being promoted by Dr. John F. Goucher and others. You know that the Northern Methodist Ewha School has a College and a College Preparatory Department, with over 100 students, and it is proposed to establish a union women's college with this as a nucleus. In fact, girls from other Missions are enrolled and it is thought to make it union in name as well as in fact. You will note that the Field Board is willing to allow the organization to proceed under its charter.

Since the Field Board meeting I am pleased to report that we have taken in new entrance classes, and our student body has (113) doubled, having over 100 enrolled. In accordance with the decision of the Field Board as a sufficient number did not pass the examination to warrant opening three departments, we are only operating three, Literary Commercial, and Mathematics and Physics.

The attitude of the Educational Department is becoming more liberal, approval having recently been given to a revised curriculum in which, among other changes, the number of hours devoted to Japanese language is decreased to two and hours given to English increased to eight per week. You will note the action taken re the recommendation of your Mission as to surrendering the charter in order to have more religious freedom, and we are now negotiating on that point and hope for a favorable outcome.

Provision is made to increase the number of Mission representatives from your Mission owing to the increased cooperation.

Very sincerely,
O R Avison

109. 에비슨이 스코트에게

1921년 4월 26일

조지 T. 스코트 목사,

조선 기독교 교육을 위한 협력이사회, 총무,

뉴욕 시, 뉴욕 주.

친애하는 스코트 씨:

현지 이사회의 연례회의 회의록을 [이전 편지에] 동봉해서 보냈던 것에 이어, 지금은 나머지 첨부 문서들을 동봉해서 보냅니다. No. I의 교장 보고서는 회의록과 함께 당신에게 보냈습니다. No. 5의 겐소 씨 보고서는 회계연도가 끝났을 때 작성하여 서덜랜드 씨에게 보냈습니다.

당신의 3월 11일 자 편지를 받았습니다. 북장로회 선교부와 북감리회 선교부가 연례 기부금을 $3,000(금)로 올려, $2,000이 올랐습니다. 남감리회는 올해 $500에서 $2,000로 올렸는데, 이것은 [협력이사회] 정관에서 '완전 협력'의 조건으로 정해진 금액입니다. 그러므로 우리의 경상예산은 지금부터 $3,500가 이전보다 늘어날 것입니다. 올해는 우리가 6개 과가 아니라 3개 과만 운영하기 때문에 또한 얼마간 절약할 것입니다. 그래서 우리는 지금까지보다 형편이 나아진 것을 입증하기를 희망하고 있습니다.

이제 위에서 언급한, 첨부 문서로 제출된 예산과 관련하여, 우리는 그 예산에 대해 분명한 결정을 내려달라고 협력이사회에 요청합니다. 당신은 그것이 이번 회계연도의 개정 예산인 것을 볼 것입니다. 우리는 예산을 일 년 먼저 작성하라고 한 요구가 실행 불가능한 것을 깨달아가고 있습니다. 현재의 발전 단계에서 여건이 불안정하기 때문입니다. 우리는 가을 회의 때 1922~23년도 예산을 보낼 계획입니다.

경상예산을 위한 기부금과 늘어난 학비 수입을 합하면 이전의 총수입을 크게 넘어서므로, 이 사실로 인해 홀 재단(Hall Estate)의 집행인이 우리의 기부 신청을 더 기꺼이 고려하게 될 것 같습니다. 내가 그들에게 이 문제를 제기할 것이니 당신도 할 수 있는 모든 일을 다 해주기를 바랍니다.

대학 사무실의 보고에 따르면 등록된 학생 수는 지금 113명입니다.

안녕히 계십시오.

O. R. 에비슨

출처: PHS

P. SCOTT

O. R. Avison

MAY 23 1921

OFFICE OF THE PRESIDENT

O. R. AVISON, M. D.

Chosen Christian College

Seoul, Chosen

COOPERATING BOARDS
PRESBYTERIAN CHURCH IN THE U. S. A.
METHODIST EPISCOPAL CHURCH
METHODIST EPISCOPAL CHURCH, SOUTH
PRESBYTERIAN CHURCH IN CANADA

C.B

April 26, 1921.

Rev. Geo. T. Scott,
Secretary, Cooperating Board for Christian Education in Chosen,
New York, N.Y.

Dear Mr. Scott:

Folowing up the letter enclosing the minutes of the annual meeting of the Field Board of Managers, I now enclose the rest of the Appendices. No. 1, the President's report, was sent to you with the minutes. No. 5, Mr. Genso's report, has been made up to the end of the fiscal year and sent to Mr. Sutherland.

Your letter of March 11 is to hand. The Northern Presbyterian and Northern Methodist Boards have increased their annual contribution to $3,000 gold, an increase of $2,000. The Southern Methodistshave, this year, increased from $500 to $2,000 which is the amount stated in the charter for full cooperation. Our current budget from now on will therefore be $5500 better than before. This year, owing to our carrying three departments instead of six, we shall also make some savings, so we hope our showing will be better than heretofore.

[Canadian Bd can make no increase this year 1921]

In connection with the budget now submitted in the Appendices mentioned above we would ask the Board to take definite action on it. You will note it is a revised budget for the current year. We are finding that the request to make budgets a year in advance is impracticable, owing to instability of conditions at this stage of development. We shall plan to send the budget for 1922-3 at the Fall meeting.

The fact that the contributions for current budget together with increased receipts from fees are much in excess of previous revenue might make the executors of the Hall Estate more willing to consider our application for a grant. I shall take the matter up with them and hope you will do all possible from your end.

The registration from the College office report is now 113.

Very sincerely,

O.R. Avison

110. 에비슨이 서덜랜드에게

1921년 4월 26일

조지 F. 서덜랜드 씨,

회계,

조선 기독교 교육을 위한 협력이사회,

뉴욕 시, 뉴욕 주.

친애하는 서덜랜드 씨:

우리 현지 이사회의 연례회의 회의록 사본을 동봉하니 찾아보기 바랍니다. 보충 서류들도 함께 보내는데, 겐소 씨가 이미 당신에게 보냈던 회계 보고서는 빼고 보냅니다. 당신의 선교부에서 요청받은 어떤 실무적인 결정*을 내려야 하므로 당신이 이 문서들을 노스(North) 박사에게 친절히 전해주기 바랍니다.

우리 이사회는 언더우드관, 과학관, 기숙사 한 채, 외국인 교수 사택 두세 채의 건축을 위해 즉시 계약을 체결할 것을 승인하였습니다. 그 사택들에는 빌링스(B. W. Billings) 목사와 베커(A. L. Becker) 목사, 그리고 남감리회 선교회를 대표하는 피셔(Fisher) 씨가 입주할 예정입니다. 본토인 교사들을 위한 사택도 여러 채 지을 것이고, 모범촌의 주택들도 몇 채 지을 것입니다. 이 프로그램은 남감리교인들이 5월 1일 이후에 $23,000을 보내고 캐나다장로교인들이 이번 회계연도 중에 $40,000을 보내기로 함에 따라 실행될 수 있게 되었습니다. 다음 해에는 남감리교인들이 $40,000을 다 채울 것입니다.

과학관은 당신이 아는 바와 같이 매사추세츠 주의 피츠필드에 있는 감리교회가 제공합니다.

또 다른 중요한 문제는 연합여자대학 설립안인데, 지금 아펜젤러(Appenzeller) 양이 미국에서 당신들의 여자선교부와 연계하여 그 일을 추진하고 있습니다. 당신은 [회의록에서] 그들이 그렇게 하기를 원한다면, 우리 학교의 설립 허가 안에서 그 일을 조직하는 것

* 에비슨이 노스에게 보낸 1921년 4월 27일 자 편지(본 자료집 112번)를 참조하면, 이 결정은 치과 문제에 관한 것이었다고 생각된다.

을 현지 이사회가 기꺼이 허용하려 하는 것을 볼 것입니다. 우리는 스코트(Geo. T. Scott) 목사와 가우처(John F. Goucher) 박사에게 편지를 써서 그 문제를 충분히 설명하였습니다.

이사회 회의 후에, 우리는 신입생을 맞이하였습니다. 몇몇 과들은 지원생의 수가 모자라 개학을 보장하지 못하였습니다, 그래서 우리는 현지 이사회의 결정을 좇아 6개 과 대신 3개 과, 곧 문과, 상과, 수물과만 운영하고 있습니다. 학생들의 수는 지난해보다 두 배가 늘어 100명을 넘었습니다.

총독부 학무과의 태도가 좋아져서 개정된 커리큘럼을 승인하였습니다. 달라진 여러 가지 점들에서 일본어 수업을 위한 시간 수가 주당 두 시간으로 줄고, 영어 수업은 주당 8시간으로 늘었습니다.

안녕히 계십시오.

O. R. 에비슨

출처: UMAC

OFFICE OF THE PRESIDENT

O. R. AVISON, M.D.

TRANSFERRED

Chosen Christian College

Seoul, Chosen

CO-OPERATING BOARDS
PRESBYTERIAN CHURCH IN THE U. S. A.
METHODIST EPISCOPAL CHURCH
METHODIST EPISCOPAL CHURCH, SOUTH
PRESBYTERIAN CHURCH IN CANADA

April 26, 1921.

Mr. Geo. F. Sutherland,
Treasurer,
Cooperating Board for Christian Education in Chosen,
New York, N.Y.

Dear Mr. Sutherland:

Enclosed find copy of the minutes of the annual meeting of our Field Board of Managers, together with supporting documents, except the Treasurer's report which Mr. Genso has already forwarded to you. You will kindly pass these on to Dr. North for any executive action required by your Board.

The Board authorized letting contracts at once for Underwood Hall, Science Hall, one dormitory, two or three foreign residences, which will be occupied by Reb. B. W. Billings and Rev. A. L. Becker, and the representative of the Southern Methodist Mission, Mr. Fisher. A number of residences for native teachers will be erected, also some houses in the Model Village. This program is made possible by the release of $23,000 after May 1st by the Southern Methodists, and of $40,000 during the current fiscal year by the Canadian Presbyterians. The following year the Southern Methodists will complete their $40,000.

The Science Building as you know is being provided by the Methodist Church in Pittsfield, Mass.

Another matter of importance is the proposed Union Women's College, which Miss Appenzeller is now promoting in America in connection with your Woman's Board. You will note that the Field Board is willing to allow the organization to proceed under its charter if so desired. We have written to Rev. Geo. T. Scott and Dr. John F. Goucher fully in the matter.

Since the Board meeting we have taken in new classes. The number of applicants for several of the Departments did not warrant taking in a class, as per Field Board decision, so we are running three departments instead of six, i.e., Literary, Commercial and Physics and Mathematics. The Student body has doubled over last year, numbering over one hundred. (113)

The attitude of the Educational Department of the Government is improving, approval having been given to a revised curriculum in which among other changes, the number of hours devoted to Japanese language is decreased to two and hours devoted to English increased to eight per week.

Very sincerely,

O R Avison

111. 세의전 교장 보고서 개요서

[1921년 4월 26일]

세브란스연합의학전문학교
현지 이사회 제출된
교장 보고서의 요약본*

진료실의 통계는 지난해의 진료 건수를 다음과 같이 보여줍니다.

	유료	무료	수입(¥)
1919~20	33,828	18,296	18,610.15
1920~21	33,964	20,487	26,029.15
증가	136	2,171	7,419.00

병원의 통계는 다음과 같습니다.

	유료	무료	수입(¥)
1919~20	1,237	1,101	18,033.25
1920~21	1,299	520	24,132.95
증가	62		6,099.70
감소		581	

교장이 [미국으로] 떠나기 직전에 조직되었던 역원회(Council)**는 한 해 동안 잘 활동하면서 이 의료기관의 모든 근로자와 교사의 등급을 나누고, 봉급의 수준을 정하고, 경비 절약과 청구비의 문제 등을 다루었습니다. 거부권은 사용되지 않았습니다.

모화관 자산을 사기 위한 협상을 언더우드 씨와 벌였지만, 오긍선 의사의 한국인 고아원이 그 땅을 관리하게 하기로 결정되었습니다. 또한 [캠퍼스 부지의] 동남쪽 경계에 있고

* 4월 14일 세의전 이사회 회의 때 구두로 보고되고 나중에 문서로 첨부된 에비슨의 교장보고서(회의록 첨부문서 No. I.)였을 것으로 짐작된다. 회의 후에 에비슨이 뉴욕의 스코트 등에게 연례회의 회의록 사본들과 함께 보낸 보충 서류들에 포함되어 있었을 것으로 짐작된다. 이 번역문에서는 상단의 "4/26/21"이란 필기 표기를 따라 문서의 일자를 4월 26일로 정하였다.

** 역원회는 1920년 봄에 조직되었으며, 이 자료집 50번 글의 본문과 각주에서 설명되어 있다.

운동장과 에비슨 사택 부지의 뒤편에 있는 땅은 남만철도 측과의 협상을 아직 끝내지 못한 상태에 있습니다.

교장이 미국에 있는 동안 세브란스 씨가 약속한 기부금들의 일람표가 제공되었습니다. 그것들은 일꾼들과 조수들의 사택들의 건축비 $3,000, 미국에서 가격이 $3,500.00 정도인 대형 소독기를 위한 기부금, 침대 60개와 매트리스들을 위한 기부금, 우리가 팔려고 하는 X-레이 기계의 비용과 사려고 하는 더 큰 새 기계의 차액을 충분히 메꿔줄 기부금, 병원부지 안의 전체 외국인 사택들과 의료기관 건물들을 항구적인 손상으로부터 지키는 데에 당장 필요한 보수비를 산정하라는 제안, 그리고 지금 설치해서 사용 중인 세탁기를 위한 기부금입니다. 세브란스 씨와 언더우드 씨는 공동으로 비용을 지출하여 오웬스 씨와 다른 외국인 조력자를 후원하고 주택공급의 편의성을 높이도록 더블하우스 1채를 부지 안에 지어 이 두 집에 투숙시키기로 합의하였습니다.

교장은 구라선교회 미국위원회와 만났던 일들에 대해 보고하였습니다. 플레처(Fletcher) 의사를 즉시 대구로 돌려보내기로 한다는 최종 합의에 도달하는 한편, 구라선교회는 플레처 의사가 세브란스 나병 치료사역을 맡으려고 서울에 도착하여 있을 집을 충분히 지을 수 있도록 다음 2년간 매년 $5,000씩 우리 의료기관에 지급하기로 합의하였습니다. 그는 또한 그 일이 지연된 것은 구라선교회의 아시아 지역 신임 총무로 임명된 파울러(Fowler) 의사가, 한국이나 다른 나라에서 어떤 정책이 실행되기 전에, 2년간 상황을 조사하면서 계획을 세우기를 원했기 때문이라고 보고하였습니다. 교장은 대너(Danner) 부인이 그에게 나환자 연구사역을 위해 $1,000의 기부금을 주겠다는 통고를 하였다고 공지하였습니다.

교장은 교수들의 상황을 돌아보고 피셔(Fisher) 양과 페인(Payne) 양과 로렌스(Rawrence) 양이 간호부양성소에 오고 배틀즈(Battles) 양이 사임한 사실을 거론하였습니다. 그는 미국에서 지금 인턴쉽 과정을 마치고 있는 김유택(Kim You Taik) 의사가 교수로 오는 것에 동의했고, 또 다른 한국인 고(Koh) 의사도 올 가능성이 있다고 보고하였습니다. 이사회가 요구했던 대로 보우만(Bowman) 의사와도 연락했지만, 지금은 그가 돌아오고 싶어 하지 않는 것을 알게 되었다고 보고하였습니다.

교장이 치과에 올 사람을 얻기 위해 노력한 일을 거론하였고, 이사회가 지금 구할 수 있는 사람들에게 다가가 결정을 끌어내는 것이 바람직함을 거론하였습니다.

병원 안의 전도 활동상황에 대해서는, 교회가 지난가을에 청빙하였던 목사를 얻지 못하였고, 지도부가 개선되지 않으면 조금 염려스러운 형편에 처하게 될 것이라고 보고하였습니다.

※ 병원에서 무료 환자의 수가 감소한 것은 협의회에서 채택된 정책이 바뀌어 유료 환자에게 병상을 더 많이 배정하기로 하였던 데서 기인합니다.

출처: PHS

- 1 -

Severance Union Medical College

Synopsis of President's Report to Field Board of Managers.

1921

Dispensary statistics show that the number of treatments for the past year was as follows:

	Pay	Free	Receipts
1919-20	33828	18296	¥18610.15
1920-21	33964	20467	26029.15
Increase	136	2171	¥ 7419.00

Hospital Statistics show:

1919-20	1237	1101	¥18033.25
1920-21	1299	520	24132.95
Increase	62	------	6099.70
Decrease	-----	581	---------

*----------

The Council which was organized just prior to the departure of the President has worked well during the year, classifying all the workers and teachers of the institution, arranging grades of salary, dealing with questions of economy, rates of charges, etc. The veto power has not had to be used.

Negotiations fro the purchase of the Mohoakwan property were carried on with Mr. Underwood, but it has been decided to let the Korean Orphanage managed by Dr. Oh secure the land. Negotiations are still pending with the Southern Manchurian Railway forthe land on the south-eastern boundary, behind the playground and Avison residence.

A summary of the gifts promised by Mr. Severance while the President was in America was given: $3,000 for the erection of servants and helpers' residences; the gift of a large sterilising outfit costing possibly $3500.00 in America; the gift of funds for 60 beds and and mattresses; of sufficient to pay the difference between the cost of the X-Ray plant we are selling and the new larger outfit purchases; the offer to consider the cost of immediately necessary repairs on all the foreign residences and institutional building on the compound in order to preserve them from permanent injury and also the gift of the laundry machinery now installed and in pperation. Mr. Severance and Mr. Underwood had agreed to unite in the support of Mr. Owens and another foreign assistant, and to provide funds for the erection of a double house on the compound to increase housing facilities, so that these two might be accommodated.

The President reported upon his meetings with the American Committee of the Mission to Lepers and of the agreement finally arrived at by which Dr. Flethher returned at once to Taiku, while the Mission to Lepers agreed to pay the institution $5,000 a year for the next two years so that there would be sufficient to build a house for Dr. Flecher on his arrival in Seoul to take the Chair of Leprosy in

Severance. He also reported that the delay was due to the desire of Dr. Flowler, the newly appointed Secretary for Asia, of the Mission to Lepers, to have two years to study the situation and formulate plans before any policy for Korea or any other country was put into effect. The President announced that Mrs. Danner had advised him of a gift of $1,000 for leper research work.

The President reviewed the Faculty situtation, and refesred to the coming of Miss Fisher and Miss Payne and Miss Lawrence to the Nursing School and the resignation of Miss Battles. He reported upon the agreement of Dr. Kim You Taik, now completing his interneship in America, to come to the staff, and of another Korean possibiility, Dr. Koh. Also, that in pursuance to the request of the Board he had communicated with Dr. Bowman but found him unwilling to return at present.

The President referred to his efforts to secure dental candidates and referred the desirability of closing with men now available to the Board for decision.

Referring to the Evangelistic situation on the compound he reported that the church had been unable to keep the pastor it called last Fall and that the condition of the church was giving cause for some anxiety unless its leadership were improved.

*The decrease in the free patients in the hospital is due to the change of policy adopted by Council allotting more beds to pay patients.

112. 에비슨이 노스에게

1921년 4월 27일

프랭크 메이슨 노스 박사,
선교부 총무,
미국 북감리회,
뉴욕 시, 뉴욕 주.

친애하는 노스 박사님:

우리 현지 이사회의 연례회의 회의록 사본을 동봉하니 찾아보기 바랍니다.

스코트(Geo. T. Scott) 씨에게 치과 상황을 편지로 충분히 설명하였습니다. 그러므로 당신은 틀림없이 그에게서 그 조치가 건의된 것에 대해 들었을 것입니다.

당신은 [회의록에서] 캐나다장로회 선교부의 암스트롱(Armstrong) 씨가 그의 [한국] 선교회에 했던 제안에 대해 우리 현지 이사회가 어떤 결정을 내렸는지를 보았을 것입니다. 그 제안은 극동에서 활동을 펼치는 모든 선교부가 동양의 어느 곳에 선교사들을 위한 요양소를 세우자는 것이었습니다. 우리 의료기관은 그 제안에 아주 기꺼이 협력할 의향이 있습니다.

안녕히 계십시오.

O. R. 에비슨

출처: UMAC

SEVERANCE UNION MEDICAL COLLEGE
NURSES' TRAINING SCHOOL
SEVERANCE HOSPITAL
SEOUL, KOREA

OFFICE OF PRESIDENT
O. R. AVISON, M. D.

CO-OPERATING MISSIONS
PRESBYTERIAN CHURCH IN THE U. S. A.
METHODIST EPISCOPAL CHURCH
PRESBYTERIAN CHURCH IN THE U. S.
METHODIST EPISCOPAL CHURCH, SOUTH
PRESBYTERIAN CHURCH IN CANADA
PRESBYTERIAN CHURCH OF AUSTRALIA

TRANSFERRED

803

April 27, 1921.

Dr. Frank Mason North,
Secretary, Board of Foreign Missions,
Methodist Episcopal Church,
New York, N.Y.

Dear Dr. North:

Enclosed find copy of minutes of the annual meeting of our Field Board of Managers.

I have written Mr. Geo. T. Scott fully on the dental situation, and you will doubtless hear from him in regard to the action proposed.

You will note the action of our Field Board in regard to the proposition which Mr. Armstrong of the Canadian Presbyterian Board of Missions submitted to his Mission, of a sanitarium for missionaries to be established somewhere in the Orient by all of the Boards having work in the Far East. This institution is quite willing to co-operate in the proposal.

Very sincerely,

O R Avison

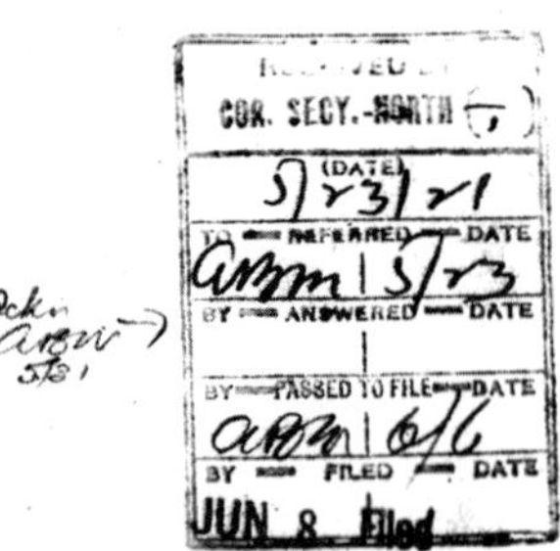

RECEIVED
COR. SECY.-NORTH
(DATE) 5/23/21
REFERRED DATE
BY ANSWERED DATE
BY PASSED TO FILE DATE
BY FILED DATE
JUN 8 Filed

113. 암스트롱이 에비슨에게

1921년 5월 10일

O. R. 에비슨 박사,
세브란스연합의학전문학교,
서울,
한국, 일본.

친애하는 에비슨 박사님:

오늘 스코필드가 찾아와서 한국에 갈 수 없다는 실망스러운 정보를 알렸다는 사실을 말해주기 위해 협력이사회와 다른 선교부들의 회의 참석차 뉴욕으로 떠나기에 앞서 짧게 글을 씁니다. 그는 모든 일이 해결되었으므로 돌아갈 수 있게 되었다고 생각하였습니다. 그 이유는 그가 이곳에 머물 수 없을 것만 같았고, 굳이 머무르지 않아도 될 만큼 아내가 나아진 듯했기 때문입니다. 그러나 지난 두 주 동안 아내와 있으면서 그녀가 매우 달라지고 심리상태가 그처럼 좋아진 것을 보면서 자기가 남는 것이 자신의 의무라고 느꼈다고 합니다. 당신이 알듯이, 그는 한국으로 돌아가기를 갈망하고 있고, 언젠가는 반드시 돌아갈 것이라고 여기고 있습니다.

그래서 오늘 당신에게 간략히 "스코필드 사임함"이란 전보를 쳤습니다. 당신은 거기에 그가 어쩔 수 없이 한국 사역을 사임하게 되었다는 뜻이 담겨 있음을 이해할 것입니다. 그는 캐나다에서 다른 일을 할 생각을 해야 하여 어떤 성경공부 과정을, 어쩌면 이곳에 있는 성경대학에서, 밟을 수 있게 되기를 바라고 있습니다. 그가 말했듯이, 캐나다에서 계속 살아야 할 것이 분명해지면, 목회할 생각으로 녹스 컬리지에 들어갈 준비를 하려 할 것입니다.

맨스필드가 세브란스에 있는 한은 당연히 우리는 우리 편의 사람 한 명을 교수로 바치고 있는 셈이 됩니다. 그러므로 약속을 지키지 않는다는 말을 들을 위치에 있지는 않습니다. 이는 연희전문학교와의 관계에서도 마찬가지입니다.

이제 편지를 마무리하겠습니다. 스코필드 의사가 파운드 박사와 인터뷰를 할 예정인데,

그는 당신이 이곳의 종합병원에서 만났던 사람입니다. 그가 우리 선교부에 신청서를 냈습니다. 그는 궁극적으로는 세브란스 의학교로 들어가겠다는 목적을 갖고 한국에 가기를 원합니다. 뉴욕에 가면, 그를 파송할 선교부들이 있는지를 알아보려 합니다. 우리는 그를 세브란스로 들여보내기 위해 한국에 임명하는 일을 물론 감당할 수 없기 때문입니다. 그러나 교수를 파송할 책임을 다하지 못한 어떤 선교부가 있다면 거기에서 보낼 수 있을 것입니다.

에비슨 부인과 당신께 안부 인사를 드립니다.

안녕히 계십시오.

AEA[A. E. Armstrong]

출처: PCC & UCC

May 10th, 1921.

Dr. O. R. Avison,
Severance Medical College,
Seoul,
Korea, Japan.

Dear Dr. Avison:

Just a note before I leave for New York to attend the meeting of the Chosen Board and other Boards, to say that Dr. Schofield called today with the depressing information that he is unable to return to Korea. He thought it was all settled that he could go back, for it seemed impossible for him to stay here, and seemed better for his wife that he should not stay. However, he has been with her for the last two weeks and finds her, he says, quite different and in such an improved state of mind that he feels it his duty to remain. He is longing to go back to Korea, as you know, and he feels that it must be that some day he will go back.

I am today therefore sending you the simple cablegram, "Schofield resigned", which you will understand to mean that he is obliged to resign from the work in Korea. He will consider taking up other work in Canada, and hopes to be able to take some Bible Study course, perhaps at the Bible College here, as he says if he finds he must stay in Canada permanently he would like to enter the ministry and make arrangements for the course in Knox College.

So long as Dr. Mansfield is in Severance we are, of course, contributing our one man to the staff, and are not in the position of defaulting as is the case with us in connection with Chosen Christian College.

I shall not write more now. Dr. Schofield is going to interview Dr. Found whom you met at the General Hospital here. He has made application to our Board. He wants to go to Korea with the object in view of ultimately entering Severance College. I am to see if some of the Boards in New York would send him out, for we cannot undertake of course to appoint him to Korea with a view to his entering Severance, but some other Board may be short of their share of the staff.

With kind regards and best wishes to Mrs Avison and yourself,

I am,
Very sincerely yours,

AEA/JB

114. 암스트롱이 에비슨에게 (1)

1921년 5월 20일

O. R. 에비슨 박사,
세브란스연합의학전문학교,
서울, 한국, 일본.

친애하는 에비슨 박사님:

당신의 4월 26일 자 편지를 오늘 받았습니다. 5월 26일에 출항하는 "러시아의 황후"(Empress of Russia) 호 편에 부치기 위해 곧바로 답장을 썼습니다. 당신의 말대로 더글라스가 "영국에 등록된 의사"라면, 그는 일본의 자격시험을 치를 필요가 없습니다. 일본과 영국이 호혜 관계에 있고 그에 따라 일본인 의사가 영국에서 진료할 수 있으며 영국 의사가 일본에서 진료할 수 있기 때문입니다. 그가 영국에 등록되어 있다면, 캐나다가 일본과 호혜 협정을 맺지 않은 사실은 문제가 안 됩니다.

노바스코샤는 캐나다에서 영국과 호혜 관계에 있는 유일한 주이고, 그러므로 노바스코샤 협회의 시험을 통과하여 자격을 보유한 사람은, 우리가 이해하기로, 일본제국에서 진료할 수 있습니다. 그러므로 머레이(florence Murray) 의사는 시험을 치를 필요가 없습니다. 만일 더글라스가 어려움을 겪는다면, 머레이 의사도 어려움을 겪을 것입니다. 더글라스가 영국에 등록된 사실을 당신이 [총독부] 당국에 제시한 일의 결과를 내게 알려주기를 바랍니다.

그러는 동안 나는 이곳에 있는 영연방 자치령 의료협회(Dominion Medical Council)에 당신이 제기한 문제를 제출하겠습니다. 브리티시콜럼비아가 일본과의 호혜 관계를 강력히 반대할 것이 아주 틀림없기는 하지만 말입니다. 이는 일본인 의사들이 브리티시컬럼비아에 정착하는 것을 그들이 원치 않을 것이기 때문입니다. 나는 그렇게 들었습니다.

에비슨 부인과 당신께 안부 인사를 드립니다.

안녕히 계십시오.

AEA[A. E. Armstrong]

출처: PCC & UCC

May 20, 1921.

Dr. O. R. Avison,

Severance Union Medical College,

Seoul, Korea, Japan.

Dear Dr. Avison:

I have your letter of April 26th today. I reply at once in order to catch the "Empress of Russia" sailing May 26th. If Douglas is a "registered British physician" as you state, he ought not to have to pass the Japanese examination, because there are reciprocal relations between Japan and Britain whereby a Japanese doctor can practise in Britain, and a British doctor in the Japanese Empire. The fact that Canada does not have reciprocal arrangement with Japan does not apply if his registration is British.

Nova Scotia is the only province in Canada that has reciprocal relations with Britain, and therefore anyone holding the N.S. Council examination can, we understand, practise in the Japanese Empire. Therefore Dr. Florence Murray will not have to pass the examination, but if Douglas had difficulty Dr. Murray may have difficulty, and I hope you will let me know the result of your taking up with the authorities Dr. Douglas' British registration.

In the meantime I shall take up with the Dominion Medical Council here the point you raise, though I am quite sure British Columbia would strongly object to reciprocal arraggements with Japan as they would not want Japanese doctors settling in B.C., so I have heard.

With kindest regards to Mrs. Avison and yourself, I am,

Yours sincerely,

AEA/MC

115. 암스트롱이 에비슨에게 (2)

1921년 5월 20일

O. R. 에비슨 박사,
서울, 한국, 일본.

친애하는 에비슨 박사님:

당신의 4월 4일 자 편지를 23일 받았습니다. 당신은 여기에 바이어스(W. N. Byers) 씨에게 보내는 편지를 동봉하였습니다. 나는 그가 연희전문에서 그 자리를 맡기에 적합한 사람이라고 생각되지 않기 때문에 이것을 그에게 보내지 않을 것입니다. 그의 교육 배경이 간과되었던 것 같습니다. 그는 몹시 가고 싶어 하지만, 그가 받은 교육이 자격 미달인 것을 알게 되었으므로, 지금은 그에게 권장하지 않을 생각입니다. 그는 사실 트루로(Truro)에서 농업과정*을 2년밖에 이수하지 않았습니다. 학사 과정을 내년 겨울에 윈저의 킹스 컬리지(King's College)에서 끝낼 예정인데, 그것은 3년 과정인 것 같습니다. 나는 그에게 내년 겨울에도 여전히 농업선교 사역을 하기를 원한다면 내게 알려주고, 특별히 그의 전체 학력을 어느 정도 알려달라고 말하였습니다. 그러면 그때 우리가 어떤 일을 할 수 있을지를 알아볼 것입니다.

상과에서 가르칠 사람이 당신에게 필요하다고 한 것을 주목하고 있습니다. 그래서 쇼 비즈니스 컬리지(Shaw Business College)의 쇼 씨에게 편지를 쓰고, 핼리팩스에 있는 연해주 비즈니스 컬리지(Maritime Business College)의 카울백(Kaulbach) 씨에게도 써서, 우리가 당신에게 한 사람을 보낼 수 있는지를 알아보려 합니다.

오웬스(Owens) 씨에게 내가 같은 날짜로 보낸 편지에서 스코트(Wm. Scott) 목사가 건강이 좋지 못해 간도의 이전 임지로 돌아가지 못할 가능성이 있다고 말한 것을 참고하기 바랍니다. 나는 [우리 한국] 선교회에 그를 서울로 임명하라고 강요하지 않을 것입니다. 내가 그들의 생각을 모르고 있고, 당신들에게 그가 있을 자리가 있을지도 모르기 때문입니

* 노바스코샤 주 트루로 근처에 있는 Agricultural College를 뜻하는 것으로 생각된다. 이 대학은 2012년 Dalhousie University에 합병되었다.

다. 그러나 우리 선교회와 대학이사회 간에 스코트 씨를 연희전문학교에 임명하려는 움직임이 있다면, 이곳에서 우리는 기쁘게 여길 것이고, 나는 그 일이 그에게 적합하리라고 생각합니다. 그가 대학 교수진의 유력한 일원으로 발전할 정신적 역량을 지니고 있다고 믿습니다. 그러나 우리는, 내가 말했듯이, 인력을 배치하는 문제를 반드시 그런 방향으로 따라야 한다고 선교회에 지시하고 싶은 마음이 조금도 없습니다.

안녕히 계십시오.

AEA[A. E. Armstrong]

출처: PCC & UCC

May 20, 1921.

Dr. O. R. Avison,

Seoul, Korea, Japan.

Dear Dr. Avison:

I received your letter of April 4th on the 23rd. You enclosed with it a letter for Mr. W.N. Byers. I am not sending it to him because I do not think he is the man for the position in C.C.C. His early educational training was neglected, I think. He is anxious to go, but I am holding off from encouraging him at present since I learned of his not having the educational qualifications. His agriculture course at Truro is, I believe, only a two year course. Next winter he will finish his B.A. course in King's College, Windsor, which I think is a three year course. I have told him if next winter he still wishes to go into agricultural missionary service to let me know, and especially to let me know something about his entire education and we shall see what can be done then.

I note your need for a man for the Commercial Department, and I shall write to Mr. Shaw of the Shaw Business Colleges, and also to Mr. Kaulbach of the Maritime Business College, Halifax, to see if we can locate a man for you.

Please refer to my letter of even date to Mr. Owens concerning my suggestion regarding Rev. Wm.Scott possibly not returning to his former field in Kando because of physical disability. I shall not press the Council to appoint him to Seoul, for I do not know their mind nor do I know whether you have a place for him, but if between our Mission Council and the College Board Mr. Scott is appointed to Chosen Christian College, we would be pleased here and I think it would suit him, and I believe he has the mental capacity to develop into a strong member of the College staff. However, as I say, we do not wish to do anything to dictate the course the Council should follow in the matter of allocation.

Yours sincerely,

AEA/MC

116. 에비슨이 대너에게

1921년 5월 31일

W. M. 대너 씨,
구라선교회 사무총장,
156 5번가,
뉴욕 시, 뉴욕 주.

친애하는 대너 씨:

당신의 4월 22일 자 편지를 앞에 두고 있습니다. 우리는 당신이 이 편지에서 플레처 의사의 주택과 대지 구입비로 책정된 연 $5,000 외에 플레처 의사가 서울에 오기 전까지의 사역 수행에 필요한 초과 지원금을 얼마나 신청할지를 묻고 있는 것으로 이해합니다.

오늘 플레처 의사가 회의에 참석하기 위해 서울에 왔습니다. 우리는 함께 상의한 후, 필리핀과 하와이 등에서 하는 나환자 치료사역을 다룬 갖가지 잡지들, 특별히 그 문제의 의료적 측면을 다룬 잡지들을 구독하기 위한 기금을 얻어야 한다는 데에 의견을 모았습니다.

더불어 큰 사역을 준비면서 홍보할 목적으로 기사들을 번역하는 일에 전임으로 종사할 한국인 간사를 후원하기 위해서도 기금을 얻어야 한다고 의견을 모았습니다. 그 일은 구라 사역을 발전시키고 장려하는 데에 가장 큰 역할을 할 것입니다.

우리가 최근 파울러(Henry Fowler)와 통신을 했는데, 그는 이번에는 부산으로 가지만 다른 나병원들도 방문하고 서울에 올 작정이라고 진술하였습니다.

위에서 설명한 프로그램에 드는 비용은 월 $60.00으로, 한국인 조수의 봉급, 잡지 구독료, 사무경비와 우편 요금에 쓰일 것입니다.

우리는 스코트(Geo. T. Scott) 씨로부터 이번 연도에 지원금을 얼마나 받을 수 있을지에 대해 아직 아무 말도 듣지 못하였습니다. 플레처 의사의 집을 위한 계약을 언제 준비할 수 있을지를 가능하면 빨리 알면 좋겠습니다.

안녕히 계십시오.

O. R. A.

출처: PTS

SEVERANCE UNION MEDICAL COLLEGE
NURSES' TRAINING SCHOOL
SEVERANCE HOSPITAL

SEOUL, KOREA

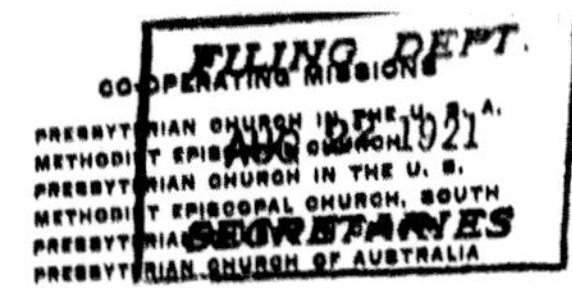

May 31, 1921.

Mr. W. M. Danner,
General Secretary, The Mission to Lepers,
156 Fifth Avenue,
New York, N.Y.

Dear Mr. Danner:

I have before me your letter of April 22nd, enquiring, as we understand, what extra appropriation over and above the $5,000 per annum to be applied towards the purchase of a lot and residence for Dr. Fletcher, is required to carry on the work in the meantime, before Dr. Fletcher comes to Seoul.

Dr. Fletcher is in Seoul to-day for a conference, and after discussion it is our opinion that we should have a fund for subscribing to the various magazines dealing with leper work in the Philippines, Hawaii, etc., particularly those dealing with the medical side of the problem.

Also, for the support of a Korean secretary who would give all of his time to translation of articles for publicity purposes in preparation for the larger work which will develop and to promoting the leper work to the greatest possible extent.

We had a recent communication from Dr. Henry Fowler stating that he expected to be in Fusan at this time and that he would visit the other leper hospitals and come on to Seoul.

The cost of the programme outlined above would be $60.oo per month, for salary of Korean assistant, subscriptions to magazines, office expenses and postage.

We have not had any word yet from Mr. Geo. T. Scott of any appropriation for the current year being available, and we would like to know as soon as possible when we can arrange about the contract for Dr. Fletcher's house.

Very sincerely,

ORA

117. 에비슨이 스코트에게

1921년 5월 31일

조지 T. 스코트 목사,
총무,
조선 기독교 교육을 위한 협력이사회,
뉴욕 시, 뉴욕 주.

친애하는 스코트 씨:

대너 씨에게 쓴 편지의 사본을 동봉했으니 찾아보기 바랍니다. 그 내용은 편지를 보면 알 것입니다.

플레처 의사와 나는 대너 씨와 브라운 박사의 합의로 연 $5,000의 지급이 결정되기를 간절히 바라고 있습니다. 그 돈은 플레처 의사가 세브란스에 와서 직책을 맡아 수행하게 될 때까지 미국 구라선교회가 지급하기로 한 것입니다. 그러나 그런 합의가 이루어진 지 거의 일 년이 되었는데도, 우리는 그 돈을 쓸 수 있게 되었다는 통고를 통상적인 연락통로를 통해 받지 못하였습니다.

협력이사회가 돈을 이미 전달받지 않았다고 할지라도, 첫해의 지원금을 언제 받을 수 있을지 예상 일자를 우리에게 알려주면 좋겠습니다.

안녕히 계십시오.

O. R. 에비슨

출처: PTS

O. R. Avison

OFFICE OF PRESIDENT

O. R. AVISON, M. D.

SEVERANCE UNION MEDICAL COLLEGE
NURSES' TRAINING SCHOOL
SEVERANCE HOSPITAL
SEOUL, KOREA

FILED
CO-OPERATING MISSIONS
PRESBYTERIAN CHURCH IN THE U. S. A.
METHODIST EPISCOPAL CHURCH
PRESBYTERIAN CHURCH IN THE U. S.
METHODIST EPISCOPAL CHURCH, SOUTH
PRESBYTERIAN CHURCH IN CANADA
PRESBYTERIAN CHURCH OF AUSTRALIA

1815

AUG 22 1921

GEO. SCOTT
JUN 20 1921

May 31, 1921.

Rev. Geo. T. Scott,
Secretary.
Cooperating Board for Christian Education in Chosen,
New York, N.Y.

Dear Mr. Scott:

Enclosed find copy of a letter to Mr. Danner which explains itself.

Dr. Fletcher and I are anxious that the arrangement concluded between Mr. Danner and Dr. Brown as to the $5,000 per annum which the American Mission to Lepers is to contribute until Dr. Fletcher comes to his post in Severance shall be carried out. It is nearly a year, however, since the arrangement was made, and we have had no advice through the usual channels of the appropriation being available.

We shall be glad to have word as to the probable date when the first year's appropriation will be available if it has not already been paid in to the Board.

Very sincerely,

O. R. Avison

118. 모스가 에비슨에게

1921년 5월 31일

O. R. 에비슨 박사,
세브란스연합의학전문학교,
서울, 한국.

친애하는 에비슨 박사님:

세의전 현지 이사회의 연례회의 회의록 사본이 동봉된 당신의 4월 27일 자 편지를 받은 사실을 노스 박사를 대신하여 내가 알리는 것을 양해해주기 바랍니다. 노스 박사가 틀림없이 당신에게 직접 편지를 쓸 것이고, 특별히 연합 요양소[교파 연합 선교사 요양소] 설립제안 문제에 관해 편지를 쓸 것입니다.

[세의전이] 훌륭한 신입생들을 받았고 자본계정의 적자가 실제로는 존재하지 않았음을 보게 되어 기쁩니다. 우리는 당신의 졸업생들이 무시험으로 완전한 자격인정을 받는 일이 신속히 실현되기를 간절히 희망합니다.

당신의 오랜 친구인 커크랜드(J. A. Kirkland) 의사가 안부 인사를 보냈습니다. 내가 인도에 가기에 앞서 뉴욕에서 목사로 일하고 있었을 때, 커크랜드 의사가 내 교회에서 가장 훌륭한 교인들의 한 명이었습니다.

성심을 다해 안부 인사를 드립니다.

안녕히 계십시오.

ABM[A. B. Moss]

출처: UMAC

803-1

TRANSFERRED

May Thirty-first
Nineteen Twenty-one.

Dr. O.R. Avison
Severance Union Medical College
Seoul, Korea.

Dear Dr. Avison:-

On Dr. North's behalf allow me to acknowledge your letter of April 27th enclosing a copy of the minutes of the Annual Meeting of the Field Board of Managers of Severance. Dr. North will doubtless write you personally, especially on the matter of the proposed union sanitarium.

It is gratifying to note the fine entering class, and that the deficit in Capital Account is really non-existent. We earnestly hope that full recognition of your graduates without the necessity of examination will speedily be an accomplished fact.

An old friend of yours, Dr. J.A. Kirkland, sends greetings. While I was a pastor in New York before going to India, Dr. Kirkland was one of the most loyal members of my Church.

With cordial greetings,

Faithfully yours,

ABM
GMT

119. 구라선교회 한국위원회 회의록

1921년 6월 5일 일요일 저녁, 구라선교회의 극동아시아 총무 파울러(Henry Fowler) 의사, 광주의 윌슨(R. M. Wilson) 의사, 부산의 맥켄지(F. Noble McKenzie) 목사,* 광주의 엉거(J. Kelly Unger) 목사,** 그리고 서울의 에비슨(O. R. Avison) 의사가 비공식적인 회의를 열었다.

1921년 6월 6일 월요일 오전

동일 인물들이 오늘 오전 9시에 모여 위의 명칭으로 연합회를 조직하였다.*** 플레처(A. G. Fletcher) 의사 오웬스(H. T. Owens) 씨가 오전 10시경에 도착하였다.

파울러 의사가 회장으로 임명되었다.

에비슨이 총무로 임명되었다.

파울러 의사가 토론할 주제들의 일람표를 다음과 같이 제시하였다.

1. 임무

a. 한국의 나환자 수 – 20,000명 정도로 추정된다.

b. 분포 - 북부 지방은 극히 적고, 대부분 서울 남쪽에 있다.

c. 경제 형편 - 대부분 극빈자이고, 부유한 사람도 약간 있다.

d. 나환자 사역에 대한 선교사들의 태도 - 사실상으로 모두 다 호의적이다.

e. 나환자 사역의 발전을 위한 인력과 자금이 요청되는 것에 대해 이 위원회는 현재의 사역자들과 기금들을 이미 수행 중인 사역으로부터 다른 데로 돌리지 않는다는 조건

---

* James N. McKenzie(1865~1956)는 1985년 호주장로회의 파송으로 식인종들이 여러 선교사를 살해한 적이 있던 바누아트 산토 섬에서 선교하다가 건강이 악화되어 1910년 한국으로 선교지를 옮겨 부산 상애원(1909년 구라선교회에서 설립)에서 1938년까지 나환자들을 돌보았다.

** James K. Unger(1883~1965)는 1921년 미국 남장로회 파송으로 광주 나병원, 여수 애양원에서 나환자들을 돌보았고, 순천 매산학교에서 교사로 활동하였다.

*** 이날 이 회의를 통해 구라선교회의 한국 지부인 한국위원회가 조직되었던 것으로 생각된다.

에서만 새로운 사역자들과 기금들을 받을 수 있다고 생각한다.

2. 임무 수행 방법

(1) 개별 나환자에 대한 대처

a. 수용소 나환자의 결혼 - 각 사람에게 나병균 없음이 확인될 때까지 중지시켜야 한다.

b. 기혼 나환자 대처법 - 남녀를 분리하면 성적 도덕성을 유지하기 어렵다. 현재 모든 곳에서 공통으로 은밀한 여자 숙소 방문, 남색 등의 위반사례가 보고되고 있다. 대구에서는 야간 감시자를 의무적으로 두고 있다. 그런 경험으로 부도덕한 행위가 마침내 줄어들었음이 입증되고 있다. 파울러 의사의 임상경험으로 제3기에서 남성 나환자는 생식능력이 없어지고 여성 나환자는 임신이 가능한 것이 입증되었다.

c. 나환자의 아내로서 나환자가 아닌 사람을 받아들여야 하는가? 윌슨 의사와 플레처 의사는 찬성하지 않는다.

d. 나병을 이혼 사유로 여겨야 하는가? 중국에서는 남편이 나병에 걸린 경우에만 아내가 이혼을 허락받는다 – 이 법은 3,000년 이상 오래되었다. 이 문제와 관련하여 중국인들, 일본인들, 한국인들에게 어떤 법률이나 강력한 견해가 있다면 설혹 우리 서구인의 견해와 반대된다고 하더라도 존중되어야 한다. 만일 이혼이 그들을 간음하게 만든다면, 우리는 남자와 아내를 격리하는 입법을 하기보다 결혼한 부부가 함께 살게 하는 인도의 독채 제도를 취하는 편이 나을 것이다. 그런 제도는 수용소의 도덕성 향상에 이바지할 것이다.

e. 현재 수용소들의 나환자 입소율은 얼마나 되는가? 많은 사람이 자발적인 격리에 동의하고 있다. 드물게 나환자가 아닌 사람이 와서 나환자인 배우자와 함께 입소하기를 요청하고 있다. 남편과 아내가 모두 나환자인 경우는 흔하지 않다.

(2) 나환자에 대한 집단적인 대처

수용소들의 위치와 운영:

현재 19,000명의 나환자가 돌봄을 받지 못하고 있다. 수용소들, 현행 병원들의 확충, 총독부와의 협력, 그밖에 다른 무엇이 있어야 하는가? 만일 총독부가 협력하려 하지 않고 책무를 이행하려 하지 않는다면, 각각 따로 계획을 세워서 이행하고 있는 선교회들을 구라선교회가 지원해줄 것인가?

파울러 의사: 현명한 계획을 세우면 대중에게 널리 좋은 인상을 끼쳐서 사람들에게 기금을 모금할 동기를 부여할 것입니다. 한국의 상황은 독특합니다. 삼면이 바다이고, 나환자들은 다루기 쉽습니다. 구라선교회 본부에 그 계획을 일임하면 안 되지만, 그곳은 내가 전심으로 추천할 수 있는 곳입니다. 당장은 내가 아무 돈도 약속할 수가 없습니다. 5년 동안 직무에 매달려서 잘 감당하기를 희망합니다. 한국은 다른 나라들과 함께 검토되어야 합니다. 중국은 4,000명이나 5,000명의 나환자를 수용하는 수용소를 섬에 만들 예정인데, 미국에서 자금을 댈 것입니다. 한국에서 제안한 것은 주로 영국에서 자금을 댈 것입니다. 내가 충분한 영향력을 그곳에 행사하여 모든 관점에서 상황을 몰아갈 수 있을 것입니다.

윌슨 의사: 구라선교회는 소규모의 나병원들을 장려하고 대규모의 계획은 억제하는 정책을 유지해왔습니다. 그 정책이 계속되면, 큰 계획을 세워도 쓸모없을 것입니다.

파울러 의사: 구라선교회가 바라는 것은 한국의 문제를 새롭게 토론하고 가장 잘할 수 있는 일을 알아보는 것입니다. 그들은 제안을 받을 준비가 아주 잘 되어있습니다.

맥켄지 씨: 선교회들에 속한 소규모 병원들의 정책은 선교사들이 그곳의 사역을 홍보했기 때문에 채택되었습니다.

파울러 의사: 맨 먼저 도움을 신청한 쪽은 선교사들이었습니다. 지금까지는 그 사역이 대부분 자발적으로 수행되어왔습니다. 그러나 중국에서 새로 신청한 사역은 한국에서 신청한 것만큼이나 대규모가 될 것입니다.

플레처 의사: 구라선교회는 아직 분명하게 세운 정책이 없다는 자세를 취하고 있습니다. 나는 미국위원회에 참석하여 나환자의 상황에 대해 말해주도록 초청받았습니다. 한국을 위해 분명한 정책을 세우겠다는 분명한 목표를 세우고 할 말을 준비하였습니다. 앤더슨 씨가 그 제안을 매우 우호적으로 검토하면서 그들에게 서면으로 제출하도록 요청하였고, 그 후 내게 나환자 사역을 전임으로 맡을지를 물었습니다. 그때 앤더슨 씨는 자기들에게 그런 사역을 시작할 충분한 돈이 있다고 말하였습니다. 그래서 나는 구라선교회가 사역의 미래를 위해 제안을 받는 것에 열린 자세를 갖고 있고, 미국

위원회가 의뢰인들의 흥미를 더 크게 북돋아 기부금을 더 많이 얻기 위해 그들에게 제시할 어떤 확실한 계획을 열심히 찾고 있다고 느꼈습니다.

파울러 의사: 플레처 의사의 언급은 기금이 없는 것으로 밝혀졌다는 한 가지 사실만 빼고는 아주 정확합니다.

플레처 의사: 그때는 기금이 있었지만, 얼마 후에 전쟁 등의 원인으로 세계 전역에서 증가한 사역비가 이런 여유자금을 삼킨 것으로 밝혀졌습니다.

파울러 의사: 구라선교회는 본국의 대중에게 널리 칭찬받을 정책을 세워 기금을 창출해야 합니다.

엉거 씨: 그 일에 대한 여론이 본국에서 무르익고 있습니다.

파울러 의사가 집단으로서의 한국 나환자들을 위해 해야 할 일이 무엇인지를 물었다. 에비슨 의사가 다음 내용을 동의하고 윌슨 의사가 제청하였다.

"우리는 총독부와 협력해서 하든지 그렇지 않든지 간에 한국에 있는 모든 나환자에게 다가가는 것을 목표로 삼아야 한다고 믿는다." 통과되었다.

에비슨 의사: 이제 문제는 두 부분으로 귀결되는데, 그것은 총독부와 협력하여 사역하는 것이 더 바람직한가, 아니면 독자적으로 계획을 이행하는 편을 택할 것인가 입니다.

파울러 의사: 구라선교회는 총독부로부터 최소한 무상보조금이라도 받기를 간절히 바라고 있습니다. 그들은 권력자들로부터 돈을 타내는 것을 거의 불가결한 일로 여길 것입니다. 우리도 최소한 그런 정도는 협력해야 할 것입니다. 여하튼 이 문제를 다루는 일은 총독부에 달렸습니다.

윌슨 의사: 총독부가 그들의 소록도 시설에서 벌이는 어떤 계획에 우리가 가담하면 언젠가는 그들이 모든 시설을 장악하고 선교회들을 외면할 수 있습니다. 우리가 총독부의 도움을 받아 큰 섬을 얻고, 그런 후에 우리의 자산으로 만들고, 그런 후에 돌보아야 하는 나환자들 각각에 대한 보조금을 얻는 것이 최선의 정책이 될 수 있습니다. 그렇게 하면 우리가 자산과 완전한 통솔권을 갖게 될 것입니다.

에비슨 의사: 총독부는 나환자들을 돕기 위해 우리에게 줄 수 있는 모든 돈과 노력은 기꺼이 주려 하지만 완전한 통솔권과 신용장은 기꺼이 주려 하지는 않습니다. 그것은

나병을 성공적으로 다 근절한 후에 주어질 것입니다.

윌슨 의사: 우사미 씨가 이곳에 있었을 때, 총독부가 우리에게 연 ¥20,000과 시설을 제공하는 데에 합의하였습니다. 유일하게 보류한 것들은 보건위생에 관해 제안할 권리와 통계를 얻을 권리였습니다. 현 정권은 아무 결정도 하지 않고 있습니다. 그 일은 우리가 교섭할 사람들과 그 방법에 달려 있습니다. 응한 사람들이 일부 있었지만, 선교회가 거절하였습니다.

파울러 의사: 신용장이 어디로 갈 것인가 하는 문제는 우리가 걱정할 일이 아닙니다. 우리는 선교사인 동시에 과학자로서 이곳에 왔고, 우리에게 허용된 자유 안에서 전파하고 가르칩니다.

윌슨 의사: 소록도의 절반의 땅에 우리가 시설을 짓는 것을 [총독부] 당국이 허용하여 처음에는 총독부와 선교회가 각자 자기 시설을 운영하고 나중에는 선교회가 총독부의 시설을 양도받는 것에 찬성하고 있는 듯하다는 말을 일본인 관리에게서 들었습니다.

플레처 의사: 우리는 나환자들의 상황에 대해 총독부가 자체적으로 어떤 계획을 세운 것이 있는지를 알아내야 합니다. 그렇지 않다면 무상보조금과 땅 등을 제공함으로써 선교회들과 함께 운영하자고 제안해야 합니다.

맥켄지 씨: 섬에서 총독부 시설과 나란히 일하는 데에는 어려운 점이 있습니다. 운영과 훈육의 규칙이 다를 것이고, 이 시설 아니면 저 시설에서 불만이 야기될 것입니다.

플레처 의사: 지금 대구에서 총독부의 의도를 시험해볼 기회가 있습니다. 경찰국장이 최근에 내게 내 시설을 확장해서 대구와 인근에 있는 100명의 나환자를 돌보도록 요청하였습니다. 우리가 이 100명의 나환자를 돌보기 위해 건물들을 마련하려 한다면 그들이 후원금을 제공할 것인지를 질문해도 될 것입니다.

파울러 의사: 중국에서는 영국 정부가 나환자들을 내 수용소로 보내고 후원하였습니다.

윌슨 의사: 일본 정부는 선교병원들에 있는 나환자들을 후원하고 있습니다.

파울러 의사: 일본은 기독교 병원이 극소수이지만, 다른 나라들이 하는 것에 크게 영향을 받고 있습니다. 인도에서는 정부가 모든 나병원에 정기적으로 지원금을 주고 땅 등을 쉽게 얻게 하고 있습니다. 그 대신 일 년에 한 번씩 반드시 의료검사를 받게 하여 그 병원이 요구조건들을 따르는지를 보고 있습니다. 인도에 있는 60개 이상의 병원들에서 그렇게 하고 있습니다. 인도에서 정부도 자체적으로 여러 병원을 두고 있지만,

선교사 단체들과 협력하는 것이 더 싸다는 것을 깨닫고 있습니다.

플레처 의사: 대구에 나환자 죄수가 있습니다. 당국은 사실상 강제로 그를 내게 떠맡겼지만, 그를 보살필 기부금은 조금도 주지 않았습니다. 이 일은 그들의 태도를 보여줍니다.

파울러 의사: 오늘 오후에 당국과 만나는 일의 근본 목적은 인사차 방문을 하고 차후의 일도 문의하기 위한 것입니다.

윌슨 의사: 우리가 먼저 질문을 받을 것입니다 – "여러분의 건의 사항은 무엇입니까?"

플레처 의사: 그 지역 당국의 책임자에게 총독부는 왜 나환자 시설을 확장하지 않느냐고 물었을 때, 그는 그들에게 아직 그런 계획이 없다고 내게 대답하였습니다. 그러나 그런 일을 결정하는 것은 지역 당국에 달려 있었습니다.

윌슨 의사: 소록도에서 총독부와 연대하는 것이 최선이라고 생각하십니까?

파울러 의사: 맥켄지 씨의 강한 반대가 예상됩니다.

에비슨 의사: 두 장소에 나란히 있으면 분열이 야기됩니다.

맥켄지 씨: 만일 우리가 어떤 섬을 가진다면, 그것은 그곳에 전임 사역자를 두는 것을 뜻할 것입니다. 만일 우리가 그곳을 우리 사역과 계속 연계시킨다면, 그곳은 별도의 활동거점이 될 것입니다. 커렐(Currell) 의사와 맥라렌(McLaren) 의사가 진주에 새 병원을 세우기를 요청하였습니다. 전쟁이 끝나자마자 영국의 한 여자분이 1,000파운드를 책임지겠다고 말하였습니다. 그 후에 그녀는 어떤 유산을 구라선교회에 맡겼습니다. 이곳의 당국자가 처음에는 그 병원이 섬에 있어야 한다고 말하였습니다. 나중에는 대구 병원의 건립을 허가하였습니다. 그러나 우리는 통영이 나환자 시설을 설치해서 일을 벌이기에 더 적합한 거점이 될 것으로 보았습니다. 거기에 섬과 땅이 많기 때문입니다. 그러나 호주장로회 선교회는 만일 이 회의에서 어떤 좋은 결정이 난다면 통영에 나환자 시설을 세우는 일을 보류할 준비가 되어있습니다.

파울러 의사: 우리는 총독부를 향해 이 질병의 위협이 커질 것이란 점을 지적하고 총독부에는 어떠한 계획이 있는지를 물어볼 수 있습니다. 만일 그런 것이 없다면, 그들은 우리가 무슨 제안을 하든지 기꺼이 들으려 할 것이고, 만일 그러하다면, 무상보조금을 주면서 전국을 떠돌며 계속해서 위협적인 요소가 되고 있는 빈궁한 나환자들을 후원하는 일을 기꺼이 협력하려 할 것입니다.

맥켄지 씨: 위협적인 요소의 하나는 나환자들이 우물들을 쓰는 것에 있습니다.

파울러 의사: 큰 위협의 하나는 수량(水量)이 한정된 곳에서 옷을 빠는 것입니다. 세균은 햇빛 아래에서 20분 내로 죽습니다. 죽은 세포조직에서는 그것이 성장하지 않습니다. 시장에서 몇몇 혈청들이 채취되고 있는데, 그것들은 장비 결함으로 인한 오류로 밝혀지고 있습니다. 내가 상해를 떠난 후, 그곳에서 유명한 나병학자들이 많이 활동해왔는데, 지금까지 매개체가 발견되지 않았습니다. 누가 나환자 집단을 다룰 것인지에 관해 총독부에 임시제안서를 제출할 준비를 오늘 오후에 마쳐도 문제 될 일이 없을 것입니다.

에비슨 의사: 파울러 의사가 분명히 무슨 생각을 하고 있습니다. 그의 제안을 듣고 싶습니다.

파울러 의사: 우리는 수용소의 관점에서 그 제안에 매달릴 수도 있을 것입니다. 나는 지금 우리에게 있는 병원들을 늘리도록 촉구해야 한다는 주장에 전혀 만족하지 않습니다. 호주장로회 선교회에서 어떤 제안을 하였습니다. 내가 보기에 바람직한 것은 이삼천 명의 나환자들을 받아들일 수 있을 만큼 큰 반도나 섬을 갖는 것입니다. 우리는 한국에서 그처럼 반응이 좋은 치료를 하게 되면 많은 환자를 가출소시켜줄 가능성이 있습니다. 만일 여러분에게 천 명의 환자들이 있다면, 그들을 아주 높은 비율로 가출소시켜줄 수 있을 것입니다. 만일 여러분이 2,000명을 돌보고 환자 치료에 늘 성공한다면, 일정한 시간 안에 그 일을 달성할 것입니다. 경험으로 아는 바와 같이, 여러분은 다른 어느 지역에서 또 다른 수용소를 시작하여 그 일을 할 수도 있습니다. 물론 다른 방법은 그 질병의 위험을 알릴 사람들을 교육하고 격리하는 법률을 만들게 하는 일일 것입니다. 그러면 총독부가 그 문제를 붙들지 않을 수 없게 되어, 나환자들을 격리하거나 격리할 준비를 할 것입니다. 세 번째 방법은 총독부가 그 일을 전적으로 맡으면서 우리는 신도, 불교, 그 밖의 종교들과 똑같은 포교의 기회를 부여받아 나환자들에게 단순히 전도만 하게 하는 일이 될 것입니다. 의학생들을 가르쳐서 어디에서든지 훈련받게 해야 한다는 제안이 있었는데, 좋은 제안입니다. 우리는 그 일의 장점을 고려해야 할 것입니다. 다만 그 일은 차후에 할 일입니다. 오늘 오전에는 우리가 나환자 집단을 다루는 문제에 더 특별히 관심을 가져야 합니다.

에비슨 의사: 나환자들이 있는 거점들을 순회하면서 진료소를 열어 약을 공급하고 그런

방면에서 매우 일반적으로 공략하는 방법을 쓰면 무엇을 이룰 수 있습니까? 우리는 한 수용소에 2,000명 정도의 나환자들을 격리하고 그들을 집중적으로 살피는 방식으로 일하고 있습니다. 정규적으로 순회하며 진료하여 간소한 비용으로 많은 환자에게 다가가는 방식으로 어떤 일을 이룰 수 있습니까? 그것은 그다지 효과적인 방법은 아닐 수 있지만, 많은 사람에게 다가가는 실제적인 방법입니다.

맥켄지 씨: 나환자들이 많이 흩어져 있어서, 그들을 그러한 거점들로 모으는 것은 어려울 것 같습니다.

윌슨 의사: 이번 가을에 시작하기를 희망하는 한 계획이 있습니다. 그것은 경찰과 협력하고 허락을 받아 나환자 두 명을 장터마다 보내어 치료법을 전하게 하고 스스로 돌보는 법을 가르치는 문서를 주게 하는 것입니다. 그러면서 할 수 있는 대로 기독교인들을 권장하여 걸인 나환자들을 돕게 하고, 그들을 한 장소에 모아 기독교를 가르치고 그들을 지도하는 것입니다. 나의 나환자들이 지금 모든 치료법을 전하고 있습니다.

에비슨 의사: 당신이 과연 현명한 정책을 출범시킨 것인지 그리고 비의료인을 보내 이런 일을 하게 하려는 것인지 의문이 듭니다.

윌슨 의사: 그들이 아무런 치료도 받지 않고 장터를 난잡하게 떠돌게 하는 것보다 낫지 않습니까?

에비슨 의사: 당신이 일단 사람들을 보내 치료행위를 하게 하면, 그들이 그런 특수한 일을 하는 훈련을 받았다고 하더라도, 당신은 모든 의료윤리에 반하는 의료정책을 펴기 시작한 것입니다. 그것은 의료 문제를 적절히 관리하기 위한 것으로 짐작되고, 의료적인 취지에서만 한 것은 아니라고 판단되지만, 그것은 지금 의료정책으로 족히 인정되고 있습니다.

파울러 의사: 현재 우리는 부산 병원에 의료인을 두고 있지 못하고 있습니다. 치료는 다소간에 경험이 필요한 일이지만, 우리에게는 잘 준수되는 공식이 있습니다. 그곳에서 당신이 하는 일들에는 의료윤리에 반하는 면이 있습니다. 순회 진료소에 관해서, 당신은 당신이 파송한 사람들에게 매우 소중한 약을 처분할 권한을 주었는데, 그들은 그 일에서 큰 수수료를 챙길 수 있습니다. 그 일은 매우 조심해서 시행되어야 합니다. 의료윤리와는 상관없이 행해질 수도 있습니다. 나는 어느 의사가 약을 관리해도 될 만큼 유능하고 충분히 정직하며 기독교인으로서 그것을 적절히 사용하는 직원들

을 두는 것을 상상해 볼 수 있습니다. 그와 동시에 당신은 의료인들의 우애가 소원해지는 어려움에 직면할 것입니다. 만일 당신이 이러한 세 가지 일을 극복할 수 있고, 의사가 자기 직원과 함께 순회 진료를 할 수 있다면, 이런 것으로 당신의 반론이 엄호되지 않겠습니까?

에비슨 의사: 우리는 지금 이곳에 의료 관례와 의료윤리를 세우고 있습니다. 그러면서 의료인인 우리가 태도를 일변하여 우리의 가르침을 무너뜨릴 경향이 있는, 정면으로 반대되는 정책을 지원하고 있습니다.

파울러 의사: 이것은 외국인 의사가 지도하면서 젊은 한국인 졸업생들과 함께 매우 크게 활용할 수 있는 어떤 것입니다. 순회 사역의 효용에 관해 의문이 있습니다. 중국에서 일하는 사역자로서 나의 경험을 여러분께 제시할 수 있습니다. 처음 8년 동안 나는 많은 순회사역을 하였습니다. 그 일이 병원에서 훨씬 더 잘할 일을 벌충해주지 않았다는 결론에 이르렀습니다. 시골에 한 번 가면 환자를 한 번 만나서 병증을 살피고 돌볼 수 있었습니다. 광동(Canton, 광저우)에서 캐드베리(Cadbury) 의사가 이런 나환자 치료에 흥미를 느끼고 있습니다. 그는 광동 사람들을 일주일에 한 번 외부 진료소에 오게 할 수 있다는 것을 깨달았습니다.

[6페이지는 유실]

파울러 의사: 80에서 100에이커면 2,000명의 환자를 후원할 것입니다.

에비슨 의사: 자신들에게 필요한 모든 것을 재배하게 할 뿐만 아니라 노동이 실로 가능한 사람은 반드시 일할 수 있게 할 정도의 농지가 있어야 합니다. 돈을 절약하기 위해서만 아니라 스스로 만족하고 지내게 하기 위해서입니다. 그들을 훈련하여 스스로 집을 짓고 자신들에게 필요한 가구를 만들게 해야 합니다. 만일 우리가 이런 일을 시작한다면, 그것은 시간문제입니다. 나환자들은 자기 방을 챙기는 것 말고는 아무 일도 하지 않고 나머지 시간에는 대부분 빈둥거린다고 하는 총독부의 견해를 우리는 따르지 말아야 합니다. 그들이 낫기를 원한다면, 일하는 동안 건강해지게 할 필요도 있습니다. 그들은 자기 옷과 신을 마련해야 하고, 자신의 먹을 것과 연료도 대부분 스스로 장만해야 합니다. 그런 계획을 위해서는 얼마나 많은 경작지가 필요하겠습니까?

파울러 의사: 자기들이 쓸 쌀과 야채를 스스로 마련하려 한다면 매우 많은 것이 필요할 것입니다.

에비슨 의사: 우리가 이러한 것들을 마련해주지 못하는 데도 우리의 의무를 이행하고 있는 것이 될까요?

파울러 의사: 중국에서 우리는 나환자를 환자로 여기고 경작을 허용하지 않습니다. 그러나 모든 사람에게 어떤 할 일이 있는데, 그들은 머리망 등을 만듭니다. 수용소에서 우리는 초기 증세의 환자들에게서 가장 좋은 결과를 얻을 것입니다.

에비슨 의사: 우리가 나병을 근절하는 난제를 공략하려 한다면, 위중한 환자들을 다루는 문제를 만나게 됩니다.

파울러 의사: 구라선교회는 의료적 관점에서 위중한 환자들만 다루어야 한다고 고집하는 것에서 크게 벗어나 있습니다. 만일 우리가 수용소에 산업적인 기능을 제공한다면 더 많은 공간이 필요할 것입니다.

에비슨 의사: 그러나 그것을 운영하는 데는 분명히 돈이 덜 들 것입니다.

맥켄지 씨: 그것은 한국인들을 이미 조성된 농지가 있는 섬으로 옮기는 것을 뜻합니다. 그것은 총독부만 할 수 있는 일입니다.

파울러 의사: 구라선교회는 그와 같은 계획을 위해 땅을 사는 것에는 자금을 지원할 수 없습니다.

윌슨 의사: 그 일의 일부는 총독부가 해야 합니다.

맥켄지 씨: 사람들이 이미 정착해서 살지 않는 곳에서는 얻을 땅이 없습니다.

에비슨 의사: 그들은 무슨 일을 하려고 하면 사람들을 어렵지 않게 치워냅니다.

엉거 씨: 머리망을 만들어 내보내면 병을 전염시킬 가능성이 있지 않습니까?

파울러 의사: 적절하게 검사하면 그렇지 않습니다. 일본에서는 목걸이 만들기를 시도하였습니다. 한 곳에서는 자전거 타이어를 만들고 있습니다. 우리는 우리 사람들이 사치품을 사도록 약간의 돈을 버는 것을 권장하기를 원합니다. 내가 있던 곳에서는, 그들이 번 돈을 나는 손대지 않습니다. 우리가 총독부의 후원을 받을 수 있다면, 우리는 부지 문제로 인해 불필요하게 염려할 필요가 없습니다. 만일 총독부가 말한다면, 우리는 절반을 낼 수 있고 동양의 우리 친구들은 나머지 절반을 낼 가능성이 있다고 할 것 같습니다. 경작지가 없는 수용소는 수용소가 아닙니다. 미국 정부는 그럴 수 없다

고 생각합니다.

플레처 의사: 우리는 가능한 한 알맞은 토지를 구할 생각을 해야 합니다. 그것으로 모든 수요를 채우지 못할 수도 있습니다. 모국에서 결핵을 치료해본 경험이 우리에게 좋은 안내가 되어줄 것입니다. 초기 단계에는 우리가 그들을 환자로 취급해야 하지만, 결핵에서 재활 단계라 부르는 단계에 이르면, 그들이 더 많은 활동을 하는 것을 기대할 수 있습니다. 설혹 우리가 한정된 인원만 수용하는 시설을 갖게 될지라도, 그들을 돌보는 동안 그들에게 치료의 혜택을 가장 크게 제공할 수 있기를 원하고 있습니다. 만일 우리가 최고의 결과를 얻기를 기대한다면, 반드시 그들의 마음을 사로잡아야 합니다. 그들이 실제로 많은 육체노동을 할 것을 기대해도 된다고는 믿지 않습니다.

윌슨 의사: 만일 그들이 우리가 부지를 확보하는 것을 돕고 우리가 받아들인 모든 나환자를 후원하도록 우리에게 예를 들어 1인당 연 ¥50.00를 준다면, 그 비용의 거의 절반에 달할 것입니다. 지난번에 우리는 나환자 1인당 ¥100.00을 요청하였습니다. 만일 ¥50을 요청한다면 나머지 ¥50을 우리가 제공해야 할 것입니다.

파울러 의사: 우리는 향후의 규칙을 정해야 합니다. 우리가 총독부에 1인당 액수를 정하여 한정된 금액을 요청하는 대신 4분의 2나 3까지 보조해주어야 한다고 제안하면 더 낫지 않겠습니까?

에비슨 의사: 다음으로 어려운 일은 실제로 얼마나 비용이 드는지를 그들이 납득하게 하는 것입니다. 그들은 아마도 우리의 지출을 통제할 필요가 있다고 생각할 것입니다.

윌슨 의사: 사람들에게 1인당 10전씩 과세하도록 총독부에 요청해보면 어떻겠습니까? 각 사람에게 10전씩 과세한다면, 우리가 전국의 모든 나환자를 돌볼 수 있을 것입니다.

파울러 의사: 나환자들이 조금이라도 후원비를 스스로 부담하여 유지비 같은 것을 어느 정도 담당한다면 본국 사람들이 자극을 받아 더 열심히 후원할 것입니다. 인도 정부는 땅을 쉽게 얻게 하고 있습니다. 그들은 도시에서 떨어진 어떤 장소로 가야 한다고 주장하며 그렇게 하고 있지만, 물을 얻을 수 있게 하고, 각각의 나환자에게 연례 지원금을 줍니다. 그 대신 매년 점검을 합니다.

에비슨 의사: 우리는 사람들이 계획의 진가를 이해하도록 공중 앞에 내어놓을 프로그램을 만들어야 합니다. 그런 다음 계속 진행하여 가능한 한 빨리 그 계획을 시작해야 합니다. 우리는 목표를 가시적으로 만들어야 합니다. 그것이 내가 수공 작업과 수용소 설

립 문제에 대해 말했던 이유입니다. 그것은 집중적인 치료의 문제가 아닐 것입니다. 우리는 지금 사용하는 것보다 훨씬 더 강력한 치료법을 발견할 수도 있을 것입니다. 일주일에 한 번 진료하다 보면 시간이 오래 걸릴 것입니다. 그것은 밀어붙일 일이 아닙니다. 그것은 치료하여 조만간 증세가 호전되게 하는 문제입니다. 만일 당신이 위중한 환자들을 받아들인다면, 그들을 치료하는 데에 시간이 매우 오래 걸릴 것이고, 그들의 다수는 결코 다시 오지 않을 것입니다. 그 일이 지닌 중대한 측면은 단순하게 적당히 시간이 지나면 치료받을 수 있는 환자를 치료할 병원을 세우는 것이 아니라, 이 환자들이 결국은 죽게 될 수용소를 세운다는 것입니다.

파울러 의사: 본국의 선교부들은 필요한 돈을 많이 모금하기 위해 한국을 주시하고 있습니다.

윌슨 의사: 우리는 이 사람들을 위해 무슨 일을 하도록 한국교회와 부유한 사람들을 가르쳐야 합니다.

에비슨 의사: 우리가 20만 명의 한국 기독교인들이 스스로 연 10전을 부담하기로 작정하고 이 계획이 이행되도록 매년 ¥20,000을 우리에게 주는 것을 기대할 수 있겠습니까?

파울러 의사: 나환자 주일을 두면 어떠하겠습니까?

에비슨 의사: 그것은 예수교서회 주일이나 성서공회 주일처럼 진행되어 아마도 5원이나 6원을 얻게 할 것입니다.

플레처 의사: 본국의 구라선교회가 했던 것처럼 몇 달 동안 나환자 모금을 하도록 정할 수도 있을 것입니다.

엉거 씨: 비가 오는 일요일에는 사람들이 모이기 어려울 것입니다. 또는 어떤 사람은 멀리 있으려 할 것입니다. 그것을 교회 예산 안에 포함하게 할 수도 있습니다.

에비슨 의사: 만일 여러분이 한국에서 나병을 근절할 방안을 제시한다면, 결과를 낼 것입니다. 그 일을 성취하기까지 얼마나 오랜 시간이 걸릴지를 상관하지 않는다면, 무언가를 얻을 것입니다. 만일 한국인들이 낸 연 10전으로 나병 근절에 어떤 효과를 낼 기금을 만들겠다고 하면, 그들은 그 일을 위해 분명히 10전을 낼 것입니다. 그밖에도 우리는 총독부의 허가를 받아 교회 외부 사람들에게 기부금을 약정해달라고 청원할 수도 있을 것입니다.

파울러 의사: 본토인에게 얻을 기금은 조금밖에 되지 않겠지만, 그래도 남에게 베푸는 정

신을 고무할 것입니다.

윌슨 의사: 언젠가는 1일당 1원이 될 것입니다. 우리는 신문을 이용해야 하고, 교회를 활용하여 교육해야 합니다.

파울러 의사: 중국에서 우리는 Y.M.C.A.와 연계하여 공중보건국을 두고, 피터스에게 책임을 맡겼습니다. 나는 그 협의회에 있었습니다. 그들이 어떤 뛰어난 문서를 만들었는데, 큰 효과를 냈습니다. 우리가 그것을 이곳에 보내면, 한국어로 번역해서 사용할 수 있을 것입니다.

에비슨 의사: 그 안에 맞지 않은 부분도 틀림없이 있겠지만, 사용될 수 있을 것입니다.

파울러 의사: 우리에게 어떤 간단한 일람표들이 있습니다. 내가 상해로 출발하기 이틀 전에 우리 협의회가 회의를 열었습니다. 나는 휴턴(Houghton) 의사에게 보건 홍보 분야 조성금의 일부를 한국에서 사용해도 되는지를 물었고, 그는 중국에서 하는 프로그램이 커서 그럴 수 없을 것 같다고 말하였습니다. 그러나 우리는 그 자금을 사용할 수 있었습니다. 번역작업에 드는 어떤 비용을 나환자 예산 안에 넣을 수도 있을 것입니다.

플레처 의사: 사회의 모든 계층에 대한 교육 캠페인을 한국교회와 재한 외국인들과 일본인들과 비기독교인 한국인들을 통해 진행하는 것이 내게는 당연히 할 일로 생각됩니다. 우리는 그곳에 당장 가동해야 할 큰 현장을 갖고 있습니다. 우리는 매우 적은 경비로 일을 시작할 수 있습니다. 이는 미래에 큰 보상을 줄 일입니다.

파울러 의사: 이 위원회에서 한 제안은 무엇이든 철저히 호의적으로 검토될 것임을 내가 여러분께 보장할 수 있습니다. 구라선교회는 기꺼이 어느 선교사를 문서작업을 할 한국 총무로 임명할 것입니다. 엉거 씨는 기금을 모으는 일의 중심인물이 될 수 있습니다.

에비슨 의사: 구라선교회가 그런 일에 적합한 외국인 사역자를 찾는다면 기꺼이 보내줄까요? 그는 당신이 내게 맡아달라고 요청했던 총무 사역도 할 수 있을 것입니다.

파울러 의사: 현재는 영국위원회가 그 제안을 거절하고 있습니다. 무상보조금을 주는 일은 그들이 기꺼이 할 것입니다. 나라면 수용소와 연계해서 이 일을 하는 편을 택할 것입니다. 구라선교회가 수용소를 위해서 한 사람을 후원해줄 것이라고 믿습니다. 그런 수용소를 맡을 사람은 홍보 업무도 맡을 수 있을 것으로 기대됩니다. 경세가다운 넓은 관점에서 생각하여 어떤 계획을 세우는 것은 여러분, 곧 우인들께 달렸습니다.

에비슨 의사: 우리는 선교사 한 명이 감당할 만한 정도의 사역으로 예수교서회를 운영하려고 노력하였습니다. 그 서회는 항상 빚을 졌고, 결코 책을 발행하지 못했으며, 본윅(Bonwick)* 씨가 전임 총무와 사업 매니저로 임명되기까지는 가장 약한 고리였습니다. [그 후] 그 일은 즉각 활기를 띠기 시작하여 효과적인 선교의 무기가 되었습니다. 만일 이곳의 교육 분야에서 적당한 기간 안에 무슨 일을 성취하려 한다면, 누군가는 그 일을 자기 직업으로 삼아야 합니다. 의장인 당신이 활동할 현장은 아시아 전체입니다. 이는 어느 특정 지역에 국한될 수 없는 큰 업무입니다. 당신이 일 년에 한 번 오거나 비상시에는 더 자주 와서 상당히 짧은 시간만 머문다고 해도, 이곳은 사역지 전체에 비교하여 작은 집단에 불과하고, 매우 조그만 귀퉁이에 불과합니다. 만일 당신이 일 년에 한 번 우리에게 오면, 우리가 매우 다행히도 그 기회를 놓치지 않게 되고, 당신은 우리가 구라선교회와 계속 접촉하게 해줄 것이고, 또한 당신의 풍부한 경험으로 정책들에 관해 조언할 수도 있을 것입니다. 당신이 할 수 있었던 모든 일을 해왔던 대로 말입니다. 당신은 조언자가 될 것이고, 자극하고 분발하게 하면서 우리를 이끌어 본부와 계속 직접 접촉하게 해줄 것이지만, 한국에서 할 일들에 집중하자면 누군가는 그 일을 해야 합니다. 20,000명의 나환자를 완치시키기 위해서나 다음 5년간 동양의 한 나라에서 일을 진행하기 위해 누군가 모든 에너지를 바쳐야 할 것입니다.

파울러 의사: 여러분이 수용소 계획을 세울 수 있고, 그곳에서 일할 사람을 두어 그 일을 실행하고 감독하며 그 일을 위한 다른 홍보 활동을 할 수 있다면, 우리 사람들을 감동하게 할 것입니다. 내가 아는 사람들의 마음이 참으로 그 일에 끌리게 될 것입니다. 이는 영국위원회에 매우 분별 있는 사람들이 있고, 훌륭한 선교정치가가 있기 때문입니다. 여러분, 친구들께 할 일을 명확하게 정해주기를 부탁하지 않을 수 없습니다. 최선의 유일한 접근법은 수용소를 통하는 길일 것이라고 믿습니다. 만일 여러분이 수용소 사역을 할 수 있다면, 그 일에 돈을 쓰는 것이 정당화될 것입니다.

에비슨 의사: 현재 나환자 사역을 하는 의료기관 외에서는 어떤 특별한 사역을 할 사람이 없을 것입니다.

* Gerald W. Bonwick(1872~1954)은 호주에서 태어나 영국 구세군 선교사로 1908년 내한하여 주로 충북 보은에서 활동하다 1910년 예수교서회 총무가 되어 문서사업을 발전시키고 1938년 귀국하였다.

파울러 의사: 만일 분명한 목표를 이룰 계획이 있다면 모두 관심을 가질 것입니다. 총독부를 떼어놓고는 우리가 그 계획을 이룰 수 없습니다.

에비슨 의사: 한국에 20,000명의 나환자가 있다고 가정해보십시오, 이 나환자들의 증가율은 매우 낮을 것입니다. 그러나 한국에 수십만 명의 결핵 환자가 있는데, 나병보다 열 배는 더 이 나라를 위협하고 있다고 생각됩니다. 콜레라, 천연두, 장티푸스, 말라리아가 공격하고 있습니다. 이것들은 소수의 나환자 치료에 집중하는 것보다 열 배는 더 많이 내 생각과 에너지와 시간을 빼앗고 있습니다. 이는 결핵 환자도 나환자만큼이나 중요한 존재이기 때문입니다. 내 목표는 한국에서 질병들로 고통받는 이 큰 무리를 치료할 의사들을 공급하는 것입니다. 내가 보기에 소수의 환자 치료를 시작하도록 의사들이나 의료활동을 공급하는 일은 개인적인 문제입니다. 그러나 만일 어떤 것을 근절하고 의료상황을 지휘할 어떤 장소를 얻을 계획을 준비한다면, 그 일은 내 마음을 끌 것입니다. 내가 의학교육을 강행하기를 열망하는 이유가 그것입니다. 그래서 혹시 오해를 사게 되지 않도록 당신의 면전에서 말하겠습니다. 한국에서 나병 근절사업을 벌이는 것 외에 소수의 나환자를 치료하는 일에 대해서는 그 모든 책임을 소수의 나환자 치료에 관심을 가진 누군가에게 기꺼이 넘기겠노라고 말입니다. 개인적으로 나는 다른 일을 하기에는 에너지가 딸립니다.

파울러 의사: 내가 내 삶의 남은 시간을 나환자 사역에 바치기 위해 이곳에서 당신이 하는 것보다 더 큰 내 병원 사역에서 떠났던 것은 오직 경세가다운 방식으로 어떤 일을 이룰 기회가 있음을 보았기 때문이었습니다. 나는 그것에서 어떤 길을 볼 수 있습니다. 만일 우리가 그처럼 눈부신 전망을 이곳에 제시하는 이런 새로운 치료 방안을 얻게 된다면, 다른 장소들에서도 이룰 수 있음을 입증해 보일 어떤 것을 이곳에서 얻을 수 있습니다. 그러나 우리는 본국에 있는 우리 사람들이 우리와 함께 가게 해야 합니다. 한국은 이미 세계의 다른 지역들보다 돈을 더 많이 할당받고 있습니다. 우리는 이곳에 세계적인 난제를 두고 있습니다. 우리는 한국보다 더 넓은 관점에서 그것을 보아야 합니다.

에비슨 의사: 당신이 만일 내게 나병의 근절을 시도하는 일에 참여하라고 요청한다면, 나병을 근절할 계획을 마련하도록 돕는 일은 내가 할 일입니다. 비용이 얼마나 드는가의 문제는 내게 아주 급하게 염려할 일이 아닙니다. 계획을 준비하는 일은 그 일을

하기 위한 계획을 준비하는 것입니다. 만일 구라선교회가 그런 결론을 사전에 내려두었다면, 나는 계획을 준비하는 일에 흥미를 잃을 수밖에 없습니다. 총독부가 빠지겠다거나 우리와 협력하지 않겠다고 할지라도 구라선교회가 한국에서 나병 근절계획을 이행하기를 원하는지 원치 않는지를 내가 맨 먼저 물었던 이유가 거기에 있습니다. 나는 당신에게 어떤 일을 따로 시도할 의향이 있는지를 물었고, 그 대답은 "예스"였습니다.

파울러 의사: 아닙니다.

에비슨 의사: 만일 총독부가 그 일에 일부 재정을 지원해준다면, 훨씬 짧은 시일 안에 그 일이 달성될 것입니다. 사적인 기금으로 달성하려 한다면, 모든 일이 훨씬 더 오래 걸릴 것입니다. 그러나 그 계획은 시작되어야 할 것이고, 우리가 취할 모든 조처는 우리의 목표를 이루기 위한 어떤 일의 향방을 따라갈 것이며, 그와 동시에 얼마만큼 나환자들을 구하게 될 것입니다.

파울러 의사: 나는 당신이 생각하는 방향에서 도움이 될 계획에 대해 생각하였습니다. 그 제안은 영국위원회에 처음 제기되었을 때, 소요 경비로 인해 거절되었습니다. 그 제안은 [발언이 끊김]

에비슨 의사: 거기에서 세브란스 부분은 빼도록 합시다. 그것은 부수적인 것에 불과하고, 목표가 아닙니다.

파울러 의사: 우리는 사안들을 동등하게 대해야 한다고 생각합니다. 우리는 의학생들을 훈련하여 나병을 식별하게 하고 그들에게 치료법을 보여주어야 합니다. 그런 일은 두 시간의 강의만으로도 충분할 것입니다. 그 시간은 영국이나 미국의 병원들에서 들이는 시간보다 더 많습니다. 필요한 경우에는 이 사람들이 병원들에서 그것을 직접 봄으로써 그 질병에 익숙해질 수 있습니다. 그 일이 과연 세브란스병원의 협력과 동의를 받아 우리 의사들 가운데 한 명에게 모든 회의에 참석하고 몇 차례 강의해달라고 요청할 만한 것인지 의문입니다. 당신에게 아주 솔직하게 말하겠습니다. 산둥(山東, Santung) 기독교대학의 학장인 발메(Balme) 박사가 본국에 왔을 때 구라선교회를 찾아와서 우리에게 피부과 의사의 봉급 지급을 승인해줄 수 있는지를 물었습니다. 그 자리에 올 사람을 구하고, 부수적으로—당연히 일로서—피부질병들 가운데 나병도 가르치기 위해서였습니다. 그것은 편파적인 협상이었고, 일방적인 거래였습니다.

그들이 "우리는 그런 일을 할 수 없지만, 당신의 대학 인근에 있는 어느 병원을 정하여 우리가 사람들에게 나병이 무엇인지를 알려줄 수 있게 한다면 당신을 도울 것입니다"라고 말하였습니다. 그는 그것이 합리적이라고 말하였습니다. 우리는 그 단체의 수장들과 병원 지도자들을 만나보았고, 가장 좋은 일은 나환자 요양소를 짓는 것이라고 결정하였습니다. 그 제안은 오래된 병원을 사용하여 나환자 요양소로 만들자는 것이었는데, 가장 최근에 지난푸(濟南府, Tsinanfu)에서 제안이 와서 그들이 그 병원을 대학에서 서너 시간가량 걸리는 더 가까운 곳에 두어야 한다고 하였습니다. 그런 것은 이곳 한국에서도 바람직할 것입니다. 만일 그렇게 하여 당신들이 스스로 계획을 세우고 지혜로운 계획임을 인정받는다면, 우리는 그것을 승인하고 아마도 통과시킬 것입니다. 구라선교회가 그 비용이 얼마나 들지를 불문하고 지급할 것으로 생각되며, 어쩌면 남쪽 지방의 그 기관들로 사람들이 내려가 자기 고향에서 나환자들을 살필 수 있게 해줄 것이라고 나는 믿습니다.

에비슨 의사: 우리 사람들 가운데 많은 이가 북부 지방 출신이므로 북부 지방으로 돌아갈 것이지만, 그곳은 나병이 별로 없습니다. 그 문제는 내가 다시 철저히 검토해야 할 일입니다. 나환자 요양소를 이 병원과 연계하여 이곳에 두는 일은 내가 특별히 다시 검토할 필요가 있을 것입니다. 그런 후에야 그 일을 바람직하다고 말할 수 있을 것입니다. 우리가 숙고했던 계획은 이곳에 적은 수의 나환자만 두고 그 일에 다른 기능을 더하는 것이었습니다. 그것은 우리가 교육의 관점에서 그 문제를 숙고하는 동안에 나왔습니다.

위원회가 점심 식사를 위해 휴회하였다.

나환자 회의 – 저녁 회의

위원회의 위원들이 오후 시간에 총독부 위생과의 무라타 박사와 인터뷰를 하였다. 파울러 의사는 또한 나환자 사역의 현장 실무를 위한 조직화에 관해 보고되었던 계획안들과 관련하여 구세군의 스티븐스 부장(Commissioner Stevens)을 만났다.

\- - - - - - - - - - - - -

저녁 회의가 8시경에 시작되었다.

파울러 의사가 한국의 각 병원에 지급한 금액을 다음과 같이 보고하였다.

부산	£ 3,000 영화
광주	$19,200
대구	$10,000

이것은 1인당 광주에서는 약 $53, 대구와 부산에서는 약 $62이 되는 것으로 계산되었다.

파울러 의사가 한국을 위한 예산안은 가능하면 한 해의 마지막 사분기 초에 보낼 필요가 있다고 진술하였다.

<u>자산 소유권</u>

파울러 의사: 한국에 있는 선교회들은 대부분 자산을 개별 선교사의 이름으로 보유하고 있는 것으로 보입니다. 런던에 있는 우리 이사회와 관련된 변호사들의 견해로는 소유권이 매우 불안정하다고 합니다. 그 단체의 사무 변호사들이 매우 간단한 문서를 작성하였는데, 그들은 그것이 그런 문제에서 지켜줄 것으로 생각하고 있습니다.

에비슨 의사: 소유권은 반드시 일본제국의 영내에 거주하는 단체가 보유해야 합니다. 그래서 런던에 본부를 둔 나환자 연합회는 여러분이 자산을 어떻게 정할지라도 직접 소유할 수 없습니다. 개인 명의든 재단이사회 명의든 간에 그것은 간접적인 소유권이 될 수밖에 없습니다. 여러분의 변호사들은 이곳에서 법적인 지위를 지닌 어떤 단체와 구라선교회 간에 협정과 같은 것을 맺어도 된다는 사실을 알고 있으리라고 짐작합니다.

파울러 의사: 그 문제에 관해 맥켄지 씨와 이야기를 하였습니다. 지금까지 한국에 있는 모든 자산은 구라선교회에 의해 구입되었고 신탁인들에게 속해 있다고 말할 수 있습니다. 그것은 여러 사람의 명의로 소유되어 있습니다. 나는 맥켄지 씨에게 가장 좋은

방법이 될 것을 제안해주도록 요청하였습니다. 우리는 그 문제를 이 회의에 올리기로 합의하였습니다.

에비슨 의사: 이것은 일본법입니다. 이곳의 법은 일본에 있었던 것과 똑같습니다. 그들이 전에는 이것을 이곳에 적용하지 않았지만, 간단히 일본법을 들여왔습니다. 여러분은 일본에서도 똑같은 방법을 쓰지 않고는 자산을 가질 수 없습니다. 그것은 반드시 그 장소에 거주하는 사람이 보유해야 합니다.

파울러 의사: 우리가 다음과 같은 양식으로 작성하면 구라선교회에 적합할 것입니다.

> 본 증서를 받는 모든 사람에게: 이로써 나는 구라선교회를 위해 이 명세서에서 위탁하도록 정해진 자산을 보유하고 있고, 그 자산은 전술한 선교회가 지시하는 대로 처분될 것이라고 선언한다.
>
> 이 문서에서 정한 증거로서 내가 여기에 손을 얹어 이를 증명한다. ……년 ……일.

맥켄지 씨: 앤더슨 씨에게 언젠가 특별히 편지를 써서 그에게 알렸습니다. 그것은 구라선교회가 한국에 있는 3개 보호시설의 관리자들로 구성될 여지가 있는 법인을 두는 대신, 그 시설이 있는 곳을 관할구역으로 삼고 있는 선교회에 소유권을 주고, 그 선교회는 구라선교회를 대신하여 그 자산을 보유하고 있다고 하는 보증서를 후자에게 주는 것이 좋으리라는 내용입니다. 그 자산과 관련하여 어떤 거래가 이루어졌는데 어느 때에 나환자 사역이 포기되어 선교회가 그것을 파는 것이 현명하다고 생각하는 경우에 우리가 방금 만든 이른바 이 연합회가 만일 법인이라면 이 연합회 총무를 불러내기가 매우 불편할 것입니다. 집단이 많을수록 여러분은 어려움을 더 많이 느낄 것입니다. 특별규칙들의 하나는 법인이 연례회의를 열어야 하고, 사무실(아마도 총무가 사는 지역)이 있어야 하고 총무가 회의를 소집해야 하며, 정족수를 채워야 한다는 것입니다. 법인으로서의 나환자 위원회는 구라선교회가 계속 활용하기를 원하는 어떤 자산을 대표해주기가 아마도 어려울 것입니다.

에비슨 의사: 그들이 특별한 규칙을 제정하지 않는다면, 여러분이 전임되더라도, 그것은 $3\frac{1}{2}$%입니다.

맥켄지 씨: 현재는 어느 소유자가 죽으면 그 자산이 타인에게 옮겨지지만, 만일 누가 선교

지를 떠나면, 소유권은 다시 변경되고, 그런 일은 무수히 계속됩니다. 이 계획은 종신 소유자를 인정하고 있습니다. 누가 사임하거나 죽거나 선교지를 떠난다면, 그의 선교회는 그 선교회를 대신하여 법인을 형성하는 재단이사회에 다른 사람을 임명합니다. 공의회 소속의 한 위원회—이들은 선교회들의 자산을 이전비 납부 없이 법인으로 이전하기 위한 협상을 하고 있습니다—의 밀러(Hugh Miller)와 또 다른 위원이 로마가톨릭 주교를 만났던 날이 바로 오늘입니다. 이 [가톨릭] 교회는 독립운동에 아무도 가담하지 않았던 까닭에 바로 지금 당국의 특별한 총애를 받고 있습니다. 그들이 재단법인을 만들기 시작하였습니다. 자산가격의 3½%를 반드시 이전비로 내야 한다는 법이 있습니다. 로마가톨릭 사람들은 재단법인을 만들고 시험 삼아 조그만 땅을 그곳으로 이전하였습니다. 그것은 완전히 그들에게 보유된 것인데, 이제까지 이전비를 내라는 요구를 받지 않았습니다. 우리는 그 정도까지 하지 않았지만, 모든 것을 준비해왔습니다. 만일 지금 그런 방식을 밀어붙인다면, 3½%를 내야 할 것입니다. 호주장로회 선교회의 자산은 아주 작은 것만 빼고 예전에 영국 영사관에 등록되어 있습니다. 그래서 그들은 조약에 따라 그것을 보유할 것이고, 특히 부산에 있는 우리 소유권도 유지될 것입니다－조약은 분명히 개항장에서는 자산보유가 가능하다고 되어있고, 부산은 개항장입니다. 엥겔(Engel) 씨가 본국 선교부의 명의로 된 옛 권리증서를 포기하였고, 새 소유권 증서를 받았습니다. 우리는 그 조약이 통과되었을 때 그것이 실효되면 우리가 고통을 당하지 않을 것이란 말을 들었습니다. 처음부터 우리는 당국을 향해 자산보유가 가능한 이런 집단을 가질 필요성이 있음을 강조해왔습니다. 그러나 그들에게는 그에 관한 법이 없다고 말하였습니다. 이제 마침내 법인 안에서 우리가 자산을 보유할 수 있게 하는 법이 그들에게 생겼습니다. 그러나 그들은 말합니다. "여러분은 반드시 3½%의 이전비를 내야 합니다." 우리는 대답합니다. "우리는 옛날부터 그 자산을 보유해왔습니다. 당신들은 그것을 우리 소유라고 말하는 것이 허구인 사실을 알고 있습니다. 그것은 본국 선교부들에 속해 있습니다. 그들이 동일 소유자입니다. 명의만 다릅니다."

파울러 의사: 세브란스는 어떻게 보유하고 있습니까?

에비슨 의사: 그것은 북장로회 선교부를 대리하여 겐소(John F. Genso)가 보유하고 있습니다. 그것이 그때부터 우리의 모든 자산을 등록해본 방식입니다. 우리는 연희전문학교

에 법인을 두었습니다. 세브란스에도 법인을 두었지만, [법인에] 소유권을 이전하지는 않았습니다.* 이 모든 자산은 북장로회 선교부가 소유하고 있습니다. 그들은 법인이 이곳에서 외국인의 의료 사역을 수행하는 한은 그것을 법인의 자산으로 만드는 것에 동의하고 있습니다.

파울러 의사: 대구와 광주는 입장이 똑같습니다. 그 시설들의 책임자들이 이런 것을 신고하게 하는 것은 간단한 일일 것이라고 짐작합니다.

에비슨 의사: 이 나라에서는 억지로 시키지 않습니다. 법원으로 가면 법원이 기각하거나 "그것이 당신들의 자산이 아니라면 당신들은 등록을 신청할 수 없습니다"라고 말합니다.

파울러 의사: 이 상황에 대처하기 위해 내가 제안했던 것 외에 여러분이 제안할 다른 어떤 것이 있습니까? 에비슨 의사가 그 일은 법원에서 법으로 지킬 일이 아니라고 옳게 말하였습니다. 이것보다 더 큰 구속력을 지닐 다른 어떤 장치가 있습니까?

에비슨 의사: 정확한 상태를 모두가 기억하게 해줄 이 같은 서면 보고서가 필요합니다.

<u>건물들, 시설들, 운영 – 다른 보호시설들과의 관계, 협업 노력</u>

파울러 의사: 이곳 한국에서 다양한 건물들을 보았습니다. 어떤 것은 다른 것보다 비용이 덜 들었지만 결국에는 더 많이 들게 될 것이라고 짐작합니다. 감히 말하건대, 한국인들은 한옥 가옥을 더 편하게 느낄 터이지만 그 집들은 전혀 위생적이 아니고 질병들을 없애기보다는 옮기고 있다고 생각됩니다. 극동에서 많은 경험을 한 결과로서 나는 윌슨 의사가 짓고 있는 위층을 둔 형태의 건물들이 나환자들에게 더 나으리라고 생각합니다. 여러분은 한국인들의 편견들에 맞서고 있습니다. 중국에서 우리는 침실에 불을 때지 않고, 바깥방들에도 하지 않습니다. 우리는 그들에게 두꺼운 누비이불을 줍니다.

기온에 관한 토론이 벌어졌는데, 추위가 부산에서는 6도가 일반적이고 대구에서는 때때로 0도가 된다.

---

* 연희전문의 경우와 달리, 세브란스의전에서는 기본재산의 증여를 북장로회 소속의 세브란스가 거의 전담해왔고 자산형성의 측면에서는 타 교단들의 기여가 거의 없었기 때문이었던 것으로 생각된다.

에비슨 의사: 한국식 마루의 사용에 어떤 감염의 위험이 있을 수 있다고 하더라도, 나환자들과 비나환자들의 접촉이 이루어지는 지방에서 감염의 위험이 있는 것은 사실입니다. 그런데 수용소의 나환자 집들에서 나병이 증가할 것이라고 하는 것은 어떤 이유에서입니까?

파울러 의사: 물론 그렇지는 않을 것입니다.

에비슨 의사: 환자의 위생에 관해 한 가지 의문이 더 있습니다－한국인들의 공통된 방식으로 살거나 외국식으로 사는 것에 따라 그 환자가 빨리 낫고 잘 치료되는 것이 좌우될 수 있는가 하는 의문입니다. 윌슨 의사는 두 경우를 다 활용하고 있습니다. 그가 이것과 저것 사이에서 어떤 차이를 알아냈는지를 알고 싶습니다.

윌슨 의사: 내 생각에 가장 큰 문제는 경제 문제입니다. 담요들을 사고 나면 남는 돈이 없습니다.

에비슨 의사: 그것들은 따뜻합니까?

윌슨 의사: 완전히 안락합니다. 그에 반해 일본 다다미는 한옥 바닥에서 그다지 위생적이지 않은 것 같습니다.

맥켄지 씨: 나도 그렇게 생각합니다.

파울러 의사: 이 기관들에서 일하는 사람들은 모두 소독하는 곳을 마련해야 하고, 여러분에게 고압 소독기가 필요한데, 그것으로 담요를 살균할 수 있습니다. 400명을 수용하는 기관에서 그런 것을 하나 두면 모든 유충을 죽일 수 있습니다. 상해에서 러시아인들이 가져온 어떤 것을 보았는데, 이와 유충을 간단히 없앴습니다. 그 열기가 강력하였고, 비용은 상대적으로 적었습니다. 그것은 러시아의 참호들에서 사용되어 수많은 생명을 발진티푸스로부터 구하였습니다. 지금은 내가 별로 많이 생각하고 있지 않지만, 일본이 이 제안을 붙잡으려 한다면, 아마도 이와 같은 것이 필요해질 것입니다.

에비슨 의사: 한국식 난방의 문제로 다시 돌아가서, 바닥을 덥히는 것을 가장 비싼 방법이라고 가정할 수도 있겠지만, 음식을 만들고 조리하는 데에 필요한 것을 초과한 열기를 흐르게 하여 난방한다면, 이것은 경제적인 난방법이 됩니다.

파울러 의사: 온종일 불을 피우게 할 필요가 있을까요?

윌슨 의사: 하루에 몇 차례 20분씩 불을 피웁니다. 보통의 가정을 한 달 동안 데우는 데는 소가 끄는 수레 하나에 실은 장작이 필요합니다.

파울러 의사: 나라면 더 나은 방법이 있는지 알아보고 시도해보라고 친구들에게 부탁하겠습니다.

윌슨 의사: 지금 내 건물은 남쪽에 유리창이 있고, 북쪽으로 열린 곳은 완전히 막았으며, 해가 온종일 방을 아주 따뜻하게 유지해줍니다. 밤에는 그들에게 담요를 넉넉히 주어서 아무 말썽이 없습니다.

파울러 의사: 내가 한 경험과 일치하고 있습니다. 우리 병실들에는 난로가 전혀 없습니다. 우리는 그들에게 쇠침대를 주고, 솜을 넣은 누비이불과 베개를 주는데, 그들이 완전히 만족하고 있습니다. 나병을 치료하는 가장 좋은 방법은 결핵에도 사용되는 것으로 공기를 통하게 하는 치료법이라고 나는 믿습니다. 결핵 환자와 나환자 간에 공통된 것이 매우 많습니다.

전국적인 조직화

파울러 의사: 오늘 오후 우리와 총독부의 대화는 조금 실망스러웠지만, 다음에 할 일은 총독부에 어떤 제안을 하는 일이라고 생각합니다. 이 순간에는 우리가 정확히 무엇을 제안할 것이라고 말할 수가 없고, 그저 총독부가 무슨 일을 할 준비가 되면 우리도 무슨 일을 할 준비가 될 것이란 말밖에 할 수 없습니다.

에비슨 의사: 총독부가 [나병] 근절 운동에 기부금을 낸다면 당신의 단체가 받을 만하다고 여길 최소 금액은 얼마이겠습니까?

파울러 의사: 그 점에 대해서는 내가 구라선교회에서 권한을 위임받지 않았습니다. 우리가 인도에서 얼마를 받았는지를 당신에게 은밀히 알려줄 수 있을 뿐입니다. 그것은 그 일에 드는 비용의 3/4 정도입니다. 구라선교회가 금액을 보충합니다. 만일 우리가 부지에 대한 도움을 얻고 나환자들을 위한 후원금으로, 이를테면, 1/2에서 3/4의 비용을 얻을 수 있다면, 그것은 우리가 사역할 수 있게 하는 최소한의 금액이 될 것으로 생각합니다. 나는 편견 없이 그리고 장담하지 않고 그 일을 할 것입니다.

에비슨 의사: 3/4이면 얼마나 되겠습니까?

파울러 의사: 나환자의 의복, 음식, 약품, 그리고 봉사를 위한 후원금으로 1년에 ¥100.00이 든다고 가정하여, 만일 우리가 1인당 연 ¥75를 받는다면, 우리는 나머지 25%를 큰 어려움을 겪지 않고 거의 틀림없이 모금할 수 있을 것입니다. 만일 부지를 얻게

된다면, 아마도 우리가 건물들을 제공해야 할 것입니다. 만일 그것이 합리적인 일이라면, 내게 있는 모든 힘을 다해 그 일을 지원하겠습니다.

에비슨 의사: 거기에 더하여 사역할 인력은 누가 제공할 것입니까?

파울러 의사: 당신에게 내가 없는 동안 최선을 다해 일 해달라고 부탁할 예정입니다.

에비슨 의사: 우리가 이 문제를 떠맡고 총독부가 한 개 이상 수용소 건립에 동의해준다고 생각되면, 구라선교회가 인건비를 내줄 수 없다고 생각하지 않겠습니까?

파울러 의사: 구라선교회는 지원금을 줄 것입니다. 우리는 두세 명의 의사를 더 지원하거나 외국인 조력자들을 지원하기를 원할 것입니다.

에비슨 의사: 경상비 안에 포함되지는 않겠지요?

파울러 의사: 확실하게 아니라고 말하겠습니다. 외국인 사역자의 봉급 모금은 구라선교회가 할 것입니다.

에비슨 의사: 그러나 이곳의 총독부는 아직 인도 정부가 하는 정도만큼 일하도록 계몽되어 있지 못하다고 생각됩니다. 그들은 "당신들이 건물들을 지으려 한다면 우리가 당신들을 위해 땅을 구해줄 것이고 나환자 1인당 유지비의 절반을 주겠습니다. 당신들의 단체가 그 제안을 기꺼이 고려하려 하겠습니까?"라고 말합니다.

파울러 의사: 그들이 그 일을 확실히 고려하기는 하겠지만, 그 일을 승인할 것이라고는 말할 수 없습니다. 그렇게 하면 본국 사람들에게 매우 강한 호소력을 발할 것이라고 믿습니다.

에비슨 의사: 무라타 박사는 오늘 오후에 우리에게 주었던 기사에서 나병 근절은 총독부가 할 일임을 믿는다고 하였습니다. 그는 만일 외국인들이 나선다면 "우리는 유지비의 절반을 담당하고 사업을 감독할 것입니다"라고 말하였습니다. 적은 비용으로 많은 일을 할 좋은 기회를 얻기 위해 총독부에 호소해야 합니다.

파울러 의사가 윌슨 의사의 1920년 11월 9일 자 편지를 인용하였다.

에비슨 의사: 나환자 1인당 후원금으로 ¥100을 준다면—.

파울러 의사: 만일 3,000명의 나환자가 있다고 한다면, 우리는 1,000명을 후원할 것이고, 총독부는 2,000명을 후원할 것입니다.

윌슨 의사가 자신의 경우에는 나환자 1인당 월 ¥8.00의 유지비가 든다고 진술하였다.

에비슨 의사: 구라선교회는 그 밖에 무슨 일을 하고 있습니까?

맥켄지 씨: 없습니다. 그러나 보수공사, 음식 교체 등의 일을 하고 있습니다.

파울러 의사: 큰 보수공사를 위해서는 그 선교회가 특별 지원금을 주기는 하겠지만, 그들은 그곳이 적당히 좋은 모양을 유지하기를 기대합니다.

맥켄지 씨: 우리는 시신 등을 화장해야 합니다. 1구당 ¥4.00이 듭니다.

플레처 의사: 대구에는 화장터가 없는데도, 시신들은 모두 화장됩니다.

파울러 의사: 만일 상황을 비관적으로 보고 우리가 바라는 일을 총독부가 하지 않으리라고 가정한다면, 우리는 어디로 가야 합니까?

플레처 의사: 우리는 총독부로부터 직접 구호비를 받을 기회를 별로 얻지 못하였습니다. 그들에게 나가서 먼저 땅을 부탁해봅시다. 그것이 우리가 합당하게 요청할 만한 것들 가운데 하나입니다. 그런 다음 사업의 유지를 위한 일정 금액을 요청하고, 그들로부터 더 고무적인 무언가를 얻기 전까지는 세부적인 데로 들어가지 맙니다.

에비슨 의사: 우리는 총독부에 이렇게 말할 수 있을 것입니다. 당신들이 만일 우리에게 연 ¥50이나 ¥75를 준다면, 우리가 시작할 것입니다. 지금은 천 명의 나환자를 돌보고 있지만, 일 년 안에 2천 명을 돌보고, 5년 안에 3, 4천 명을 돌보기를 희망합니다. 조만간 나병을 완전히 없애게 될 때까지 이런 바탕 위에서 진행할 계획을 세우고 있습니다. 그들은[총독부는] 이런 것을 나환자 1인당 치료비로 ¥200을 지급하는 것보다 훨씬 더 비싼 나병 근절방법이라 생각하지는 않겠지요?

맥켄지 씨: 그들은 불확실한 금액을 예산에 넣고 싶어 하지 않을 것입니다.

윌슨 의사: 그들의 입장은 이렇지 않을까요? 우리가 총독부에 '이 사역의 1/3을 후원할 많은 돈이 여기에 있고 세계가 이를 알고 있습니다'라고 말한다고 해봅니다. 그들이 그 제안을 거절할 수 있을까요?

파울러 의사: 곤란한 문제가 있습니다. 우리가 총독부의 도움을 받지 못한다면, 오늘날 극동에서 지고 있는 짐을 어떻게 계속 질 수 있을지 모르겠습니다. 한국은 이미 구라선교회의 기금을 비율상으로 더 많이 받고 있습니다. 우리가 접촉하는 전 세계의 다른 어느 곳보다 훨씬 많습니다. 이 계획을 밀고 나아가게 해줄 한 가지 요인은 총독부가

앞으로 나갈 준비가 되어있는 것입니다.

플레처 의사: 우리가 교육을 겸한 홍보 활동을 시작할 수는 없을까요?

파울러 의사: 집단으로서 나환자를 다루는 일은 우리가 앞으로 어떻게 할까요?

플레처 의사: 첫 번째 할 일은 총독부에 타진해보는 것입니다. 내 생각에는 총독부가 어떤 일을 할 것 같지 않습니다.

파울러 의사: 우리가 제안하려 했던 것은 약간의 땅과 일부 유지비를 요청하자는 것이었습니다.

플레처 의사: 그들에게 땅과 나환자 1인당 경비의 절반을 요청합시다.

파울러 의사: 그렇게 하는 편이 가장 좋겠다고 생각된다면, 그 일을 어떻게 해야 할까요? 세부적인 계획을 세우도록 여러분께 그 일을 맡길까요? 어떻게 하면 가장 좋을까요? 나는 여러분이 하나의 위원회로서 제안할 사항들을 정하고 단계별 계획들을 세우면 좋겠습니다. 그러면 본국의 선교부들에게 확신을 줄 것이고 이 프로그램을 더 발전시킬 것입니다. 거기에는 몇 가지 사항이 포함됩니다.

에비슨 의사: 여러분이 일정 금액의 유지비를 요청할 생각이라면, 나환자를 데리고 있기 위해 음식, 의복, 약품, 연료, 그 밖의 용도에 어떤 비용이 드는지를 설명하는 진술서를 만들 필요가 있을 것 같습니다. 여기에 관리자들을 위한 비용 일체, 간단히 말해서 실비는 포함되지 않을 것입니다. 그들은 나환자를 돌보는 데에 비용이 얼마나 드는지를 알고 있습니다. 현재 우리 기관들을 운영하는 데는 나환자 1인당 연 ¥100.00이 듭니다. 우리가 총독부에 말하려고 한다면 이렇게 말하는 것이 좋습니다. 우리가 만일 건물들을 사설 기관으로 세우게 되면 유지비를 25%밖에 공급할 수 없습니다. 그러므로 총독부가 유지비의 75%를 지급해주면 그 사역을 전담하여 들일 비용보다 훨씬 더 적은 비용으로 수행하게 되는 사실을 알게 되기를 우리는 희망합니다. 우리는 총독부가 이 사역에 찬성하여 기꺼이 이런 보조금을 지급해주기를 희망합니다.

맥켄지 씨: 한국이 다른 지역들보다 상대적으로 경비가 더 많은 이유는 이곳의 생활비가 더 많이 들기 때문입니다. 일본보다 더 많이 듭니다.

플레처 의사: 우리가 총독부와 협의하고 이런 제안을 총독부에 하기 위해 두세 명으로 위원회를 만들어야 할 것 같습니다.

파울러 의사: 나는 이 기관들에서 사역하는 분들이 에비슨 의사와 함께 활동할 것을 제안

합니다. 이 사역을 위해 어느 때에 서울에 올 필요가 생기면, 서울에 오는 경비가 해결될 것입니다. 나는 여러분의 계획이 무엇인지를 알아야 하므로 여러분과 계속 접촉하겠습니다.

윌슨 의사: 진술서를 준비하여 총독부에 보내야 하지 않겠습니까?

맥켄지 씨: 우리가 그것을 승인한 후에,

윌슨 의사: 우리는 그들의 협조 없이 그 일을 할 수 없습니다. 그들이 우리를 도와주면, 우리는 모든 노력을 다해 그 길을 갈 것입니다.

맥켄지 씨: 에비슨 의사가 그 글의 초안을 작성하고 우리에게 보내어 승인하는 서명을 받을 것을 제안합니다.

파울러 의사: 이 모든 계획이 이곳의 나환자 사역을 뒷받침할 수 있다면 본국에서 훨씬 영향력을 갖게 될 것입니다.

에비슨 의사: 우리가 준비하는 어떤 제안이 파울러 의사의 뒷받침을 받는다면, 설혹 그 제안을 간단하게 만들었다고 하더라도, 본국 담당자의 승인을 받는 일에 훨씬 더 자신감을 느끼게 됩니다.

파울러 의사: 중국에서 정부와 많은 경험을 쌓았는데, 그것은 조심할 필요가 있다는 것입니다. 여러분이 총독부와 협력하여 전국적인 조직을 구성하기 위한 어떤 협력안을 만들면 좋겠습니다. 아마도 외국인이 한 명 이상 봉사할 필요가 있을 것입니다. 그렇게 한다면, 우리는 본국에서 봉급을 얻어야 할 것입니다. 우리는 이 사람들이 할 임무를 정해야 하고, 나환자를 치료할 사람들을 준비시키기 위한 교육 활동과 수용소들의 직원 채용 및 경영 방법도 정해야 합니다. 만일 우리가 예전 방식으로 계속할 생각이라면, 지금 하는 일 외에 달리 할 일이 없습니다. 만일 총독부가 그 문제를 받아들일 준비가 되어있다면, 희망이 가득한 새로운 장이 열릴 것이고, 내가 보기에는 한국을 위해 가장 뜻깊은 일이 될 것입니다. 나는 이 위원들이 계속 서로 연락하기를 바랍니다. 여러분이 언제라도 고려해야 할 다른 일들이 있다면 잘 진행되도록 내가 할 수 있는 모든 일을 다 하겠습니다. 일본인들이 보일 태도에 많은 것이 달려 있을 것입니다. 우리가 대구의 보호시설 또는 호주장로회 선교회의 새 보호시설을 계속 발전시키지 않아야 할 이유는 없습니다.

엉거 씨: 우리의 현재 시설들에 투입할 모든 기금을 수용소에 투입하기 위해 그 기금의

투입을 기다리는 편이 현명하리라고 여러분은 생각하십니까?

플레처 의사: 그렇게 하기 전에 총독부의 태도를 알아보는 것이 좋으리라고 생각합니다. 지금 당장은 대구의 시설을 확장할 가능성이 보이지 않지만, 그렇게 하는 것이 현명하지는 않을지 의문입니다. 우리['북장로회'로 짐작됨] 선교회가 대구에 있는 선교사들을 활용하여 얼마나 많은 책임을 이행하려 할지 모르겠습니다.

에비슨 의사: 플레처 의사가 대구에 머물지 않게 되는 경우가 생기면 원치 않는 사람이 이 짐을 질 수도 있습니다.

맥켄지 씨: 대구 사람들이 그 일을 맡지 않으려 할 것으로 생각되지 않습니다.

에비슨 의사: 내가 비의료인들[비의료인 선교사들]과 지내본 경험에 의하면, 우리[북장로회] 선교회 안에서는 어느 지방 선교지회에서든 간에 전도사역자 또는 교육사역자로서 그 어떤 일이든 의료사역에 속하는 일을 위해서는 하루에 5분도 쓸 사람이 없습니다. 여러분이 그 일을 하려 하면, 모두 공감해주고 지지해주기는 하겠지만, 그 일에 직접 관여하지는 않을 것입니다.

파울러 의사: 우리에게는 거의 100개의 기관이 있습니다. 내 기억으로 구라선교회의 후원을 받는 곳은 두 곳 정도에 불과합니다. 나머지는 자체적으로 일을 하고 있고, 그런 곳의 85%를 성직자 선교사들이 운영하고 있습니다. 구라선교회의 정책은 기꺼이 일을 맡으려 하지 않는 선교회에는 결코 억지로 떠맡기지 않는 것입니다. 나환자들 사이에서 일해 본 경험으로 나는 그 일이 내 삶에서 가장 큰 기쁨이 되는 것을 깨달았습니다. 의료 사역을 수행하는 것이 매우 무거운 짐이 되어 매우 힘든 시절을 보냈습니다. 그렇지만 내 삶에서 누린 가장 큰 즐거움은 나환자 사역에서 왔습니다. 그 일을 짐으로 여길 사람들도 있을 것입니다. 그렇다면 그들은 그 일에서 벗어나야 합니다.

윌슨 의사: 내 경험은 다릅니다. 내가 안식년을 보낼 때는 스와인하트(Swinehart) 씨와 다른 사람들이 정성을 다해 그 일을 맡아주었습니다. 내 문제는 400명으로 멈추어야 하는가입니다.

파울러 의사: 여러분은 당국에 제출할 글을 준비할 예정입니다. 그런 다음에 우리는 기다리면서 그들이 무슨 일을 하는지를 볼 것입니다. 나중에 우리는 어떻게 했으면 가장 좋았었는지를 다시 돌아볼 수 있습니다. 그동안 여러분이 친절하게 함께 노력하여

이곳의 차후 나환자 사역을 위한 어떤 계획을 세워서 내게 알려준다면, 그것을 아주 신중하게 검토하겠습니다.

윌슨 의사: 총독부로부터 아무것도 얻지 못하게 된다면, 여러분은 우리가 어디까지 일을 진행하기를 원하십니까?

파울러 의사: 위원회의 일원으로서 나는 여러분이 더 할 수 있는 일은 없다고 생각합니다.

윌슨 의사: 우리가 그들로부터 호의적인 답변을 듣지 못한다면, 하던 일을 계속하는 것 외에 할 일이 없습니다.

파울러 의사: 그렇습니다. 여러분이 할 수 있는 모든 좋은 일을 하십시오. 그러나 그렇다고 하여 상황을 적절히 대처하게 되는 것은 물론 아닙니다.

<u>영적 사역</u>

맥켄지 씨: 모든 곳에 나환자교회가 조직되어 있습니다. 우리는 헌금을 모아 노회와 총회에 일정한 돈을 내고 있는데, 그들이 각자 헌금을 하고 있습니다.

에비슨 의사: 그들은 돈을 어디에서 구합니까?

맥켄지 씨: 부산에서는 그들이 노끈을 꼬아서 팝니다.

- - - - - - - - - - - - - -

구라선교회 미국위원회와 A. G. 플레처 의사

에비슨 의사: 플레처 의사가 현재 이곳에서 정확히 어떤 위치에 있는지를 이 위원회가 알 필요가 있는 것 같습니다. 오해가 생길 수 있으므로 그 문제를 여기에서 꺼내는 것이 더 좋을 것입니다. 이 위원회는 지금 이 나환자 문제가 전체적으로 어떤 상황에 있는지, 곧 뉴욕에 있는 사람들이 어떤 일을 감당해왔고 지금 어떤 생각을 하고 있는지를 정확히 알아야 합니다. 물론 지금 우리에게는 그들이 플레처 의사와 함께 일하기로 했던 생각을 바꾸었는지를 알 방법이 없습니다. 플레처 의사에게 내가 이 일을 하려 했다는 말을 한 적이 없지만, 우리가 협력해서 이 사역을 하려 한다면 테이블 위에 모든 카드를 올려놓고 모든 것을 드러내어 오해가 생기지 않게 하는 것이 다만 옳을

것입니다. 지금은 내가 이 문제를 제기하지 말아야 한다고 파울러 의사가 생각한다면, 내가 나중에 해도 되겠지만, 그 문제를 다루지 않은 채 파울러 의사가 떠나야 할 것으로 생각되지는 않습니다.

파울러 의사: 확실히 어딘가에서 오해가 생겼습니다. 대너(Danner) 씨가 지난여름 영국에 와서 본부 회의에 참석하고 한국과 플레처 의사에 관해 어떤 제안을 하였습니다. 그 제안은 우리가 재정을 지원할 수 없어서 거부당하였습니다. 그 일은 이처럼 미해결 상태로 남겨져 있습니다. 한국에 왔을 때 나는 상황이 어떠한지를 파악하여 본부에 보고하고 제안하게끔 되어있었습니다. 1월에 뉴욕에 들렀을 때 미국위원회를 만났는데, 그곳에서 내게 아무 말도 하지 않았습니다.

에비슨 의사: 대너 씨가 거기에 있었습니까?

파울러 의사: 오, 그렇습니다. 그때 플레처 의사의 역할에 관해 내게 아무 말이 없었습니다. 다른 주간에 대너 씨로부터 편지를 하나 받았는데, 대너가 플레처 의사에게 보냈던 편지가 동봉되어 있었습니다. 그것은 플레처 의사가 뉴욕을 떠난 후에 그로부터 아무 말도 듣지 못했음을 불평하고 그의 차후 계획이 무엇인지를 묻는 내용이었습니다. 이것이 내가 아는 모든 것입니다.

에비슨 의사가 자신의 미국 체류 중에 대너 씨의 사무실과 집과 다른 곳에서 후자와 미국위원회의 레블(Revell) 씨를 포함한 다른 위원들과 가졌던 회의에 관해 진술하였다. 그리고 미국위원회가 북장로회 선교부에 낼 임시 제안을 만들기 위해 이끌었던 회의와 협상에 대해 진술하였는데, 그 제안이 나중에 수정되어 플레처 의사가 서울에 와서 미국위원회로부터 봉급을 받으며 세브란스 나병과를 맡는다는 양해 아래 2년 기한으로 북장로회 선교부의 파송을 받아 한국에 나왔다고 진술하였다. 또한 서울에 플레처 의사가 쓸 수 있는 집을 마련하게 하여 사실상 구라선교회의 임명으로 나오게 하였으나, 그 선교회가 집을 마련할 기금을 즉시 주지 않았기 때문에, 플레처 의사의 봉급과 수당에 상응하는 돈을 지급하고 더불어 연 $5,000을 채울 기금을 추가하여 2년간 북장로회 선교부에 주기로 합의되었다고 진술하였다. 그 돈은 플레처 의사가 동의했던 2년 기한이 만료될 때 대구에서 거할 숙소를 마련하는 데에 사용될 것이었다. 에비슨 의사가 데너 씨, 레블 씨, 그리고 선교부와 주고받은 편지를 읽었다. 또한 그는 나병을 근절하는 프로그램에 관한 첫 제안을 구라선교회 총무인 앤더슨(Anderson) 씨로부터 받았다고 진술하였다. 그리고 윌슨 의사와 함께 소록도에 있는 총독부 시설을 방문했던 일과 그 후 윌슨 의사와 스와인하트 씨와 자기가 총독에게 제안서를 제출했던 일을 말하였다. 대너 씨가 영국에서 구라선교회 회의에 참석하고 돌아왔을 때, 그곳에서 도출된 결론에 전혀 만족하지 못하여 플레처 의사를 파송할 특별기금을 구라선교회의 미국위원회가 반드시 모금하게 하도록 제안하였다고 설명하였다.

에비슨 의사: 지금은 플레처 의사가 대너 씨에게 그동안의 일에 대해 특별히 쓸 것이 없습니다. 그가 구라선교회의 후원으로 [한국에] 나오지 않았고, 특별히 나환자 사역에 종사하고 있지도 않기 때문입니다. 나는 플레처 의사가 데너 씨와 상의할 특별한 용무가 없는데도 통신할 필요가 있다고 생각하였을 것으로 짐작하지 않습니다. 내가 [한국으로] 돌아온 후에 대너 부인이 보낸 편지를 받았는데, 그녀는 사역에 대해 언급하고 누군가 세브란스병원의 사역을 위해 $1,000을 기부하였다고 말하였습니다. 그 후에도 대너 씨가 보낸 편지를 받았는데, 거기에서 플레처 의사와의 합의가 어찌 되었는지에 대해 아무 말도 하지 않았지만, 그 사역을 위해 얼마의 돈이 매우 천천히 들어오고 있다고 진술하면서, 어떤 특별한 반대가 있었다고 해도, 우리에게는 적은 금액이 필요하다고 생각되므로 자기가 그런 적은 금액을 구하여 그 사역과 연계된 특정 용건들을 위해 보낼 수 있을 것을 확신한다고 진술하였습니다. 그 편지에 내가 답장하지는 않았지만, 윌슨 의사와 플레처 의사에게는 그것의 사본을 보내었습니다. 어떤 편지에서는 대너 씨에게 시간은 지나갔고 플레처 의사는 지금 여기에 와서 얼마 동안 있었다고 말하였습니다. 그가 [한국에] 나오게 만든 그 합의에 대해서는 아무 말을 하지 않았지만, 그들이 플레처를 파송하는 목표를 이행하는 데에 쓰려 했던 이 돈을 절약하고 있다고 추정하였습니다. 오늘날 나는 그 이유를 모르지만, 오늘 오전 회의 때 어떤 말을 듣고 파울러 의사가 이 합의에 대해 모르고 있는 것 같다는 생각을 하게 되었습니다. 그래서 낮에 파울러 의사에게 그 일에 대해 말해주는 것이 현명하리라고 생각하였고, 놀랍게도 파울러 의사가 이 합의에 대해 전혀 모르고 있는 것을 알게 되었습니다.

파울러 의사: 나중의 합의에 대해서는 모르지만, 처음 합의는 알고 있는데, 그것은 거부되

었습니다.

에비슨 의사: 내 말은 그가 지금 일하는 곳의 사람들에 의해 9월에 그 합의가 제안되었다는 것입니다. 내 마음에 곧바로 의문이 생깁니다. 이 일은 뉴욕의 그 [미국] 위원회가 [더블린] 본부와 연계해서 진행하는 사업 이외의 사업으로 벌이겠다고 나선 것이었습니까? 그 합의에 따라 이곳에 나와 있는 플레처 의사는 그리고 이 일은 정확히 어떤 상태에 있는 것입니까? 오늘 낮에 파울러 의사가 했던 설명대로, 그와 그 선교회는 지난 1월 그가 뉴욕에 있는 동안 그곳에서 한국 사역과 관련하여 각자 무슨 일을 맡아 경비를 어떻게 나눌지에 대해 합의하였습니다.

파울러 의사: 그 합의는 올해 1월 1일 시작하게 되어있었습니다.

에비슨 의사: 그들이 회의할 때 플레처 의사나 그를 이곳으로 나오게 만든 그 합의가 언급된 적은 없었습니다. 이것은 상당히 이상한 상황이고, 명확히 밝힐 필요가 있는 일입니다. 플레처 의사는 그런 설명을 하는 데에 어떤 어려움을 느낄 것 같으므로 내가 설명하여 이 상황과 이 일의 내막과 상황 해결을 위해 제기된 일부 견해들을 완전히 이해할 수 있게 하는 것이 좋을 것 같습니다.

파울러 의사: 내게 대너 씨가 작성한 문서가 있는데, 그때 그것의 일부를 내가 보았으나, 플레처 의사를 알지 못하였고, 그 일의 기본방침만 파악하였습니다. 세브란스에만 아니라 세계의 다른 어느 병원에도 나환자 사역에만 전적으로 헌신하여 일할 수 있으리라고 여길 사람은 없다는 점을 나는 강조하였습니다. 그 사람은 나환자 사역에만 계속 집중하지 못하고 자연스럽게 다른 과목들을 가르치게 될 것입니다. 만일 구라선교회가 그런 계획에 돈을 대려 했다면, 그 일은 일방적인 거래가 되었을 것입니다. 대너 씨가 뉴욕에서 건너와서 본국[영국]의 위원들을 만났습니다. 내가 아는 바로, 그는 만족해하지 않았지만, 그 계획이 앤더슨 씨가 예상했던 것보다 훨씬 더 많이 커졌던 까닭에 그 제안은 거절되었고, 그 선교회는 그 일에 자금을 공급할 수 없었습니다. 당신이 지금 내게 말했던 것에 대해서는 내가 아무것도 모르고 있었고, 그래서 완전히 놀랐습니다.

플레처 의사가 집을 마련할 수 없게 되지 않았더라면 자기는 지금 구라선교회의 봉급을 받고 서울에서 지내고 있을 것이라고 진술하였다. 계속해서 다음과 같이 진술하였다.

처음부터 그 일은 내게 그 제안을 했던 구라선교회의 문제였습니다. 내가 본국[미국]에 갔을 때는 한국으로 돌아와 나환자 사역을 맡을 생각이 없었습니다. 그들이 내게 그 일을 제안하였고, 그 일을 추진하면서 내게 확실한 일이라고 확신시켰습니다. 그들[미국위원회]이 이미 제안했던 것을 뒷받침하도록 자금 등을 받게 해주겠다는 분명한 보장을 영국위원회로부터 받기까지 하였습니다. 그 후 대너 씨가 건너가서 그 자금을 얻을 수 없음을 알게 되었을 때, 그는 체면을 잃게 되었고, 영국위원회가 미국위원회를 후원하기에는 그 방식이 명확하지 않다고 본 것에 크게 실망하였습니다. 그래서 그들은 내게 약속과 제안을 하기 곤란한 입장이 되었고, 지금은 그들에게 돈이 없음을 깨닫고 있습니다. 그리하여 그들은 이제 약속과 보장을 이행하기 위해 대신 제안할 것을 찾기 시작하였습니다. 돈이 덜 들고, 영국위원회와는 무관하게 자체적으로 자금을 댈 수 있게 하기 위해서였습니다. 그리하여 다른 여러 이유로 미국에 와 있던 에비슨 의사와 상의하여 마침내 만들어낸 방법이 그것이었습니다. 그들은 우리와 상의하면서 이렇게 수정된 예산안을 만들어냈습니다. 사실을 말하자면, 나는 미국을 떠나기 전에 몇 달 동안 구라선교회로부터 봉급을 받았고, 집을 구해준다는 그 제안 때문에 봉급을 받으며 남아 있었습니다. 그들은 집을 임대하도록 $50을 주겠다는 제안을 하고는 문제를 해결하였다고 생각하였습니다. 내가 보기에는 그 일이 실행 가능하지 않았습니다. 그래서 우리가 만났을 때 다른 제안들이 나왔습니다. 그 가운데 하나는 2년 동안 구라선교회에 집을 지을 기회를 주기 위해 내가 임시로 북장로회 선교부의 후원을 받아 대구로 가는 것이었습니다. 그렇게 하여 집이 확보되면 $5,000로 사역을 충분히 진행할 수 있었습니다. 지금은 우리가 그 문제에 대해 이러저러한 더 좋은 방안을 찾을 수 있을지 모르겠습니다.

파울러 의사: 레블 씨가 내게 편지를 보내어 미국위원회는 본국 위원회의 조언을 충실히 따를 것이고 더 진행하지 않을 것이라고 말하였습니다. …… 그들이 본부와 맺은 합의는 본부와 협력해서 하기 위한 것입니다. 영국 본부에 알리지 않고는 한국에서 아무 일도 벌일 수 없습니다. 차후의 사역에 관한 합의가 1월 1일 이루어졌는데, 그 사역은 이런 합의를 고려하지 않은 것입니다.

에비슨 의사: 내가 그곳에 있었고, 그날 후에 대너 씨를 만났습니다. 나는 1월 중순에 가든시티에서 뉴욕에 와 있는 파울러 의사를 만났습니다.

플레처 의사: 대너 씨에게만 책임을 지울 수 없습니다. 그 일은 쉬플렌(Scheifflen) 씨와 레블 씨가 상의하고 한 것이었습니다.

파울러 의사: 나에 관한 한, 나중에 이루어진 이 합의는 내게 완전히 새로운 것입니다. 이전 것에 대해서는 내가 알고 있습니다. 우리가 연구원과 연계한 수용소를 갖는다면, 그것이 그런 업무를 유일하게 정당화해줄 것이라고 나는 늘 말해왔습니다. 그러나 이곳 세브란스에서 일하는 것은 공정한 거래가 되지 않을 것입니다. 그것은 일방적인 합의가 될 것이라고 나는 말한 바가 있습니다. 그 방면에서 대상물을 찾을 수는 없습니다.

에비슨 의사: 그 편지는 미국위원회도 그것을 인정하고 합의했다는 사실을 입증합니다. 그 이유는 세브란스병원의 시설들이 구라선교회에 개방될 것이기 때문이고, 연구소들만 아니라 세균학자, 병리학자, 그 밖의 연구소 사역자들, 피부과 의사 등의 봉사까지 개방될 것이기 때문이었습니다. 그것이 대상물이 될 터인데, 그러면 그들의 그 대상물로서 플레처 의사가 이 병원과 연계하여 할 수 있을 듯하다고 여기는 다른 일을 하는 것이 허용되어야 하기 때문입니다. 그런 점이 이 편지에서 분명히 수락되었습니다.

파울러 의사: 플레처 의사가 어떤 자리에 있게 될지를 내가 알게 되면, 임명이 잘 된 것에 매우 기뻐하며 떠날 수 있을 것입니다.

플레처 의사: 미국위원회가 이 제안을 당신이 알지 못하게 만들었습니다. 뉴욕에 있는 그 위원회와 직접 통신해보면 그들을 어떻게 대할지가 분명해질 것입니다. 이 회의가 시작하기 전에는 미국위원회가 했던 그 합의를 파울러 의사가 모르고 있을 것을 상상도 하지 못하였습니다.

토론이 더 이어진 후, 파울러 의사는 플레처 의사와 미국위원회 간의 합의가 장애 요인이 되었으나 플레처 의사가 한국에서의 사역을 계속 발전시켜가기를 희망한다고 진술하였다. 그리고 자기가 한국을 일 년에 한 번씩 방문하여 이 위원회와 상의하겠다고 진술하였다. 또한 플레처 의사가 한국위원회의 총무를 맡는 것이 자연스러울 것이라고 진술하였다.

기도로 회의가 휴회하였다.

O. R. 에비슨

총무

H. T. 오웬스

보고자

주: 미국위원회에 관한 토론은 요약하여 대화의 요점만 제시한다. H. T. O.

출처: PTS

THE KOREAN COMMITTEE OF THE MISSION TO LEPERS

Informal meeting of Dr. Henry Fowler, Secretary for Far East of The Mission to Lepers, Dr. R. M. Wilson of Kwangju, Rev. F. Noble McKenzie of Fusan, Rev. J. Kelly Unger of Kwangju and Dr. O. R. Avison of Seoul was held Sunday Evening, June 5th, 1921.

Monday Morning June 6th, 1921

Same men met this morning at 9 and organized themselves as an Association with the above title. Dr. A.G.Fletcher and Mr.H.T.Owens arrived about 10 a.m.

Dr. Fowler elected Chairman
Dr. Avison " Secretary

Dr. Fowler presented a Synopsis of Subjects to be discussed as follows.

1. Task

a. Number of lepers in Korea - Estimated as perhaps 20,000.
b. Distribution - Only a few in the North, nearly all South of Seoul.
c. Economic Condition - Nearly all paupers, a few well-to-do.
d. Attitude of Missionaries to work for lepers - Practically unanimously favorable.
e. Committee considers that advance work for lepers calling for workers and funds could only be taken up on condition that new-workers and new-funds were secured so that it would not be necessary to divert present workers and funds from work already undertaken.

2. How to deal with the Task

(1) The Leper as an individual -

a. Marriage of leper inmates - should be discouraged until certain that lepra-bacillus is non-existent in the individuals.
b. How to deal with lepers already married - difficulty of maintaining sexual morality when sexes are segregated. All present reported infractions common, surreptitious visits to women's quarters, sodomy &c. Taiku keeps a night watchman on duty and experience shows that immoral conduct finally comes to light. Dr. Fowler's experience is that male lepers in tertiary stage cannot procreate, women in this stage can become pregnant.
c. Should non-leper wives of leper patients be admitted? Dr.Wilson and Dr. Fletcher both discourage.
d. Should leprosy be considered a ground for divorce? In China a wife can get a divorce only if her husband is leprous - this law 3000 years old. If the Chinese, Japanese or Koreans have any law or strong feeling on this question, although it goes contrary to our western ideas, it should be respected. If divorce would put them in position of adulterers or before we legislate to separate man and wife, the cottage system followed in India where married couples live together might be adopted. Such an arrangement would conduce to the morale of the proposed colonies.
e. What percentage of inmates of present asylums are lepers? A large number agree to be separated on their own initiative. Rarely has a non-leper come and asked for admission with leper partner. Not common to find man and wife both lepers.

(2) The Lepers in Mass -
Colonies - Their Location and Management:

For the 19,000 lepers not now cared for, should there be colonies, duplication of present institutions, cooperation with the Government or what? If the Government will not cooperate and will not itself cope with the task, would the mission to lepers back the missions in handling the scheme privately?

DR. FOWLER : A wise scheme would commend itself to the public and be an incentive to those who gather the money. The Korean situation is unique; surrounded on three sides by the sea, lepers can be handled well. Cannot commit the home Boards to the scheme, but it is one I can commend with all my heart. I could not pledge myself to any immediate sum of money. In five years could get in grips with the task and have it well on hand. Korea should be considered along with other countries. China expects to have an island colony of 4000 or 5000 lepers, which is to be financed by America. The Korean proposition would have to be financed largely by England. I think I have sufficient influence there to urge the situation from all points of view.

DR. WILSON : The policy of the mission to lepers has been to promote small leper hospitals and to discourage large schemes. If that policy continues, it would be useless to work out a large plan.

DR. FOWLER : The desire of the mission to lepers is to discuss the Korean question de novo and see what is best to be done; they are quite prepared for suggestions.

MR. McKENZIE : The policy of a number of small institutions connected with missions was adopted because the work was advertised by the missionaries.

DR. FOWLER : Applications for assistance have come in the first instance from missionaries. Most of the work has hitherto been done voluntarily. But in China the new work proposed would be on as large a scale as that proposed for Korea.

DR. FLETCHER : The Mission to lepers took the stand that they had no definite policy as yet formulated. I was invited to appear before the American Committee and tell them about the leper situation. I prepared my remarks with the definite aim of formulating a definite policy for Korea. Mr. Anderson considered the suggestions so favorably that he asked me to put them in writing and afterwards asked if I would give my whole time to leper work. At that time Mr. Anderson said they had quite a sum that they might use to initiate such a work. I feel, therefore, that the mission to lepers are open to suggestions regarding the future of the work, and the American Committee are eagerly looking for some definite scheme to put before their clientele so that they might get a greater interest and larger donations.

DR. FOWLER : Dr. Fletcher's remarks are quite correct except in one regard - it was found that there were no funds.

DR. FLETCHER : At that time there were funds, but a little later it was found that the increased cost of the world work due to the war, etc., had absorbed this surplus.

DR. FOWLER : The mission would have to create funds by formulating such a policy as would commend itself to the home public.

MR. UNGER : There is a sentiment at home ripe for it.

Dr. Fowler having asked what should be done for the Lepers in Mass in Korea, Dr. Avison moved, seconded by Dr. Wilson -

> That we believe we ought to aim at reaching the total number of lepers in Korea either in cooperation with the Government or without that cooperation. Carried.

DR. AVISON : The question now resolves itself into two parts -

whether it is more desirable to work in cooperation with the Government or whether we would prefer to handle the scheme alone.

DR. FOWLER : The Mission to Lepers is very desirous of having at least grants-in-aid from governments. They would feel it almost an essential to get money from the powers that be; we shall have to co-operate at least to that extent. After all it is up to the Government to deal with this problem.

DR. WILSON : If we joined in a scheme with the Government plant on Little Dear Island, they might some time take over the whole plant and leave the missions out. It might be the best policy to have the Government assist in getting a large island and then we would have our own property and then we might get a subsidy for every leper cared for. In that way we would have our property and full control.

DR. AVISON : The Government are willing for us to put all the money and effort possible into helping the lepers, but not willing to give us the full control and the credit that would come of the eradication were successfully accomplished.

DR. WILSON : When Mr. Usami was here, the Government had agreed to give us ¥20,000 a year and their plant, and the only reservations were the right to make hygienic suggestions and to get statistics. The present regime has not decided anything. It depends upon the men we approach and how it is done. One set of men accepted, but the mission turned it down.

DR. FOWLER : The matter of where the credit goes is not one we need bother about. We are here as scientists as well as missionaries so long as we have liberty to preach or teach.

DR. WILSON : I was told by a Japanese official that the authorities seemed favorable to allowing us to have half of Deer Island on which to erect a plant, that at first the Government and mission should each operate its own plant and later the mission take over the Government plant.

DR. FLETCHER : We should ascertain whether the Government itself has any plan for the leper situation; if not, to suggest that it co-operate with the missions by giving grants-in-aid, land, etc.

MR. McKENZIE : There will be a difficulty in working on an island side by side with a Government plant; rules, management and discipline would be different, resulting in discontent in one institution or the other.

DR. FLETCHER : There is an opportunity to test out the Government's intentions now in Taiku. The Chief of Police recently asked me to extend my facilities so as to care for 100 lepers in Taiku and vicinity. We might enquire whether if we provided the buildings to take care of these 100 lepers they would provide their support.

DR. FOWLER : In China the British Government has sent lepers to my colony and supports them.

DR. WILSON : The Japanese Government supports lepers in mission institutions.

DR. FOWLER : There are very few Christian institutions in Japan, but Japan is greatly influenced by what other nations are doing. In India the Government makes regular grants to every leper institution; makes it easy to acquire land, etc. As a quid proquo it requires a medical inspection once a year, to see that the institution is up to the requirements. It is doing that for over 60 institutions in India. The Government itself has a number of institutions in India, but finds it cheaper to cooperate with the missionary societies.

DR. FLETCHER : There was a leper prisoner in Taiku whom the authorities practically compelled me to admit, yet did not contribute at all to his support. It showed their attitude.

DR. FOWLER : What is the nature of the visit this afternoon with the authorities to be, a complimentary visit or to make enquiries with regard to future action?

DR. WILSON : We would first be asked- "What is your proposition?"

DR. FLETCHER : The head man of the local authorities told me in reply to the question why the Government did not enlarge its leper plant that they had no such plans as yet. The decision, however, rested with head quarters.

DR. WILSON : Would it be best to unite with the Government on Little Deer Island?

DR. FOWLER : I can see the force of Mr. McKenzie's objections.

DR. AVISON : Two places side by side would create friction.

MR. McKENZIE : If we have an island it means putting a full time man there. If we keep it in connection with our work it would be a separate station. Drs. Currell and McLaren asked to have a new institution located at Chinju. A lady in England said she would be responsible for a thousand pounds just as the war broke out. Since then she has left a legacy to the mission to Lepers. The authorities here said first that the institution must be on an island. Later permission was given for the Taiku institution to be built. We, however, saw that Tongyang would be a more suitable station for a leper plant to be worked from, as it has plenty of islands and land. The Australian Mission, however, is prepared to forego the scheme to establish a leper plant at Tongyang if this conference decided something better.

DR. FOWLER : We could point out to the Government that this menace is going to be an increasing one and ask whether they are going to do anything themselves. If not, would they be willing to listen to any proposal we may make, and if so would they be willing to cooperate by giving grants-in-aid to support pauper lepers, people who are wandering about the country, a continual menace.

MR. McKENZIE : One menace is in the use of wells by lepers.

DR. FOWLER : A great menace is in washing clothes in such a restricted amount of water. The bacillus dies in the presence of sunlight within twenty minutes. It will not grow on dead tissue. There have been several serums put on the market which have been found to be erroneous due to the apparatus being faulty. Up to the time of my leaving Shanghai there had been no medium discovered although there are a number of noted leprologists working. It would do no harm to be prepared to submit a tentative proposition to the Government this afternoon as to how to deal with lepers in the mass.

DR. AVISON : Dr. Fowler must have something in his mind. I would like to have his suggestion.

DR. FOWLER : We might tackle the proposition from the colony point of view. I am not at all satisfied that we should urge a multiplication of our present institutions. There is the suggestion coming from the Australian Mission. A desirable thing, it seems to me, would be to have a peninsula or island large enough to take in two or three thousand lepers. With the treatment we now have to which there is such a ready response in Korea, there is the possibility of putting a large number of patients on parole. If you have a thousand cases, you will be able to place on parole quite a large percentage. If you provide for 2000 you will compass the thing in a given time if you are always turning out successful cases. As experience is gained you might start another colony in another part and so deal with it. The other way, of course, will be to educate the people to show them the menace of the disease and create a law of segregation. Then the Government would have to take it up and either segregate the lepers or make provision for segregating. A third method would be for the Government to take it over entirely and allow us simply to evangelize the lepers, when we would have an equal chance with Shintoism, Buddhism and the rest. There was the proposition that the medical students should be taught wherever they are being trained which is a good suggestion. We will have to consider that on its merits. That would only operate through the years to come. We are more especially concerned this morning with the question of treating lepers in mass.

DR. AVISON : What could be done in the way of itinerating from centre to centre where there are lepers and holding clinics for administering medicines and making a pretty general attack from that side? Supposing we have 2000 lepers segregated in a colony and work with them in an intensive way, can anything be done by itinerating regularly and giving treatments and so reach a large number at a moderate expense? It may not be so effective a method but it is a practical way of reaching a lot of people.

MR. McKENZIE : The lepers are so scattered, it would be difficult to get them into centres like that.

DR. WILSON : I have a plan which I hope to start this fall to cooperate with the police and get permission to send two lepers to each market-place to administer treatment and to give literature instructing them how to take care of themselves and possibly encourage the Christians to get behind the beggar lepers, keep them in one place and teach them Christianity and instruct them; my lepers give all the treatment now.

DR. AVISON : I have my doubts whether you are inaugurating a wise policy and that is the sending out of non-medical men to do this.

DR. WILSON : Isn't that better than to let them have no treatment and wander in the markets promiscuously?

DR. AVISON : Once you undertake to send out men for the administration of treatment, while they are trained to do that particular thing, you are inaugurating a medical policy which is contrary to all medical ethics which are supposed to be for the proper government of medical matters and founded not simply upon a medical sentiment but what is now a well approved medical policy.

DR. FOWLER : At the present moment in connection with the Fusan institution we have no medical men. The treatment is more or less empirical, but we have a formula which is doing good. There you have a condition of things that is opposed to medical ethics. As for itinerating clinics you would place at the disposal of the men you send out a very valuable drug on which he could make a big squeeze. The thing would have to be very carefully worked out. It could be done apart from medical ethics. I can conceive of a doctor having a staff of workers competent enough to administer the drug and honest enough and Christian enough to use it properly. At the same time you would be up against the difficulty of alienating the sentiment of the medical fraternity. If you can overcome these three things and a doctor can take itinerating trips with his staff, would that cover your objection?

DR. AVISON : We are here now establishing medical practice and medical ethics and then for us as medical men to turn around and support a directly opposite policy would tend to destroy our teaching.

DR. FOWLER : This is something that could be very largely run under a foreign doctor with young Korean graduates. There is a question as to the value of itinerating work. I can give you my experience as a worker in China. For my first eight years, I did a lot of itinerating work. I came to the conclusion that it did not pay that I did far better work in the hospital. I could see my cases and watch them whereas if I paid a visit to the country I saw my patient once. In Canton Dr. Cadbury is interested in this leper cure. He found he could get the Cantonese to come to his out-patient clinic once a week

[6쪽. 누락]

DR. FOWLER : Eighty to 100 acres will support 2000 patients.

DR. AVISON : It should have agricultural land enough to enable them not only to raise all they need but we believe all who are able to work should work, not only for the sake of saving the money but to keep them contented. We should train them to do their own building and make what furniture they need. If we are going into this thing, it is a matter of years and we should not undertake it on the Government idea which is that the lepers have not anything to do except take care of their rooms and during the rest of the time largely be idle. If they are going to get well, they also need to get well while they are working. They should make their own clothing and shoes, provide largely their own food and fuel. How large a tract of land would be required for such a scheme?

DR. FOWLER : It would need to be very large if you are going to provide your own rice and vegetables.

DR. AVISON : Are we doing our duty if we fail to provide these things?

DR. FOWLER : In China we have regarded the leper as a sick man and have not allowed him to do agricultural work. But every man has something to do; they make hair-nets, etc. In colonies we shall get our best results with the early cases.

DR. Avison : If we are going to attack the problem of eradication, it is a question of getting hold of the dangerous cases.

DR. FOWLER : The Mission to Lepers has been quite off the line from the medical point of view in insisting that we should deal only with the worst cases. If we provide for industrial features in a colony it will require more space.

DR. AVISON : But evidently less money to run it.

MR. McKENZIE : It means putting Koreans off on an island with land already in shape for cultivation. It can only be done by the Government.

DR. FOWLER : The Mission to Lepers could not possibly finance the purchasing for a scheme like that.

DR. WILSON : The Government ought to do that part of it.

MR. McKENZIE : They have no land except where people are already settled on it.

DR. AVISON : When they want to do anything they have no difficulty in getting rid of the people.

MR. UNGER : Are the making and sending out of hair-nets a possible source of infection?

DR. FOWLER : Not if it is properly looked after. In Japan they have attempted to make beads. In one place they have made bicycle tires. We want to encourage our people to earn a little to buy their own luxuries. In my own place I never take a cash of what they earn. So long as we can get Government support, we do not need to be unnecessarily alarmed about the site. If the Government say : We can give half, I think it possible that our friends of the Orient will give the other half. A colony is not a colony unless it is an agricultural colony. The American Government does not feel that.

DR. FLETCHER : We should have in mind the securing of a tract of land as suitable as possible. It may not meet all of the demands. The experience at home in the care of tuberculosis would be as good a guide as we can get. In the early stages we ought to treat them as patients, but when they get to the stage called rehabilitation in tuberculosis we can expect them to do more. If we are going to have an institution that will only accommodate a limited number, while we have them under our care we want to give them the greatest advantage possible of treatment. We must keep them mentally occupied if we expect to get the best results. I do not believe we can expect them to do a great deal of real manual labor.

DR. WILSON : If they will help us to secure the site and give us for instance ¥50.00 a year towards the support of every leper we take in, that would be nearly half the cost. The last time we asked for ¥100.00 per leper. If we ask for ¥50 that will leave us the other ¥50 to provide.

DR. FOWLER : We should legislate for the future. Would it not be better to propose that the Government should subsidize to the extent of half or three -quarters of the cost instead of limiting our request to any fixed sum per capita.

DR. AVISON : The difficulty then is to get them to be satisfied as to what is the actual cost. They would probably consider it necessary to control our expenditures.

DR. WILSON : Why not ask the Government to tax the people ten sen apiece. If every person were taxed ten sen, we could take care of every leper in the country.

DR. FOWLER : What would excite the support of the home people would be the securing of a proportion perhaps of the upkeep, at any rate the support of the leper himself. The Indian Government makes it easy to get land. They insist upon your going to certain places away from cities and so on, but they make it possible for you to get water, and they give you an annual grant for each leper. As a quid pro quo they make an annual inspection.

DR. AVISON : We should formulate a program that we can lay before a public that will appreciate a plan. Then we should go on and make a beginning on that plan as soon as possible. We should have an aim in view. That is why I spoke as I did on the question of industrial work and of establishing colonies. It will not be a question of intensive treatment. We may find a remedy which can be used much more intensively than the present one. It takes a long time at one treatment a week. You cannot push the thing. It is a question of giving the treatment and in time of turning the improved cases out. If you have taken in bad cases, the treatment of those covers a very long time and a large proportion of them do not ever come out. The thing in its big aspect is not simply the establishment of a hospital for the curing of cases that could be cured within a reasonable limit of time, but it is the establishment of a colony in which these patients will ultimately die out.

DR. FOWLER : The Boards at home are looking to Korea to raise a considerable part of the money required.

DR. WILSON : We should teach the Korean church and wealthy men to do something for these people.

DR. AVISON : Could we look forward to 200,000 Korean Christians assessing themselves 10 sen a year, which would give us ¥20,000 annually towards this scheme?

DR. FOWLER : How would a Leper Sunday do?

DR. AVISON : If it is going to be like a Tract Society or Bible Society Sunday, the proceeds would probably be five or six Yen.

DR. FLETCHER : Certain months might be allotted to Leper Collections as is the practice with the Mission to Lepers at home.

MR. UNGER : A rainy Sunday would keep people away. Or some would stay away. It might be included in the church budget.

DR. AVISON : If you put up the proposition of the eradication of leprosy from Korea, it will bring results. No matter how long it takes to accomplish it, then you have something. If 10 sen a year from the Koreans will produce a fund that will have any effect upon the eradication of leprosy, then surely he will give ten sen towards it. In addition to that, we might get permission from the Government to solicit subscriptions outside of the church.

DR. FOWLER : The fund realized from native sources would be only a fleabite, but it would encourage the spirit of giving.

DR. WILSON : Someday it may be a Yen apiece. We should use the papers and use the church for education.

DR. FOWLER : In China we have a public health bureau in connection with the Y.M.C.A. headed by Dr. Peters. I am on that council. They have been producing some splendid literature which has had a great effect. If we sent that over here, it could be translated into Korean and made use of.

DR. AVISON : No doubt part of it would not fit, but it could be used.

(have) DR. FOWLER : We had some simple diagrams. We had a meeting of the Council two days before I left Shanghai. I asked Dr. Houghton whether any grants along that line of health propaganda could be used in Korea, and he said he thought not, because they had a big enough program in China. But we can make use of their material. Any expense in connection with translation work could be put on the leper budget.

DR. FLETCHER : It seems to me the natural thing is to proceed with an educational campaign to all classes of society, through the Korean church, through the foreigners resident in Korea, through the Japanese, through the non-Christian Koreans. We have a large field there in which we ought to start operations at once. We can initiate work at a very small expense. It is something which will yield big returns in the future.

DR. FOWLER : Any practical suggestion brought forward in this committee will be thoroughly and sympathetically considered, I can assure you. The Mission to Lepers would be willing to give any missionary a Korean secretary to get literature out. Mr. Unger could be the centre for collecting funds.

DR. AVISON : Would the Mission to Lepers be willing to supply that type of foreign worker if he could be found? He could also do the work which you asked me to do, secretarial work.

DR. FOWLER : The English Committee have turned down that proposition for the present. They would be willing to give a grant-in-aid. I would prefer myself to run this thing in connection with the colony. I believe the Mission to Lepers would finance a man for the colony. It is expected that a man in charge of such a colony could undertake the propaganda side as well. It is up to you, friends, to think the thing out from the broad statesmanlike point of view and formulate some plans.

DR. AVISON : We tried to run our Christian Literature Society through the work a missionary could give it. The society was always in debt, never published books, it was the weakest sort of thing until Mr. Bonwick was appointed its full-time Secretary and Business Manager. Immediately the thing began to take on life and it has become an effective missionary arm. If you are going to accomplish anything here within a reasonable length of time in the educational line, someone will have to have it as his job. Your field, Mr. Chairman, is all Asia; it is a big job which cannot be localized in any particular field. If you come here once a year or oftener in case of urgency for a comparatively short time, this is only a small community in comparison with the entire field, a very little corner; if you give us one visit a year we would be very fortunate in getting that. You would keep us in touch with the Mission to Lepers and also from your broad experience be able to [illegible] lines of policy, but when you have done that you have done all you can. You will be the adviser, stimulating, inspiring and keeping us in direct contact with the head society, but when it comes down to getting things done in Korea, somebody has to do that. To get rid of 20,000 lepers, or to get the thing going in the next five years in an Oriental country, will tax the entire energies of one man.

DR. FOWLER : It would carry our people if you could work out a colony scheme, and could have your agent there working that out and superintending it and carrying on this other propaganda work. I believe that it would commend itself to the men I know, because there are very level-headed men in the English committee, keen missionary statesmen. I shall have to ask you, friends, to formulate the thing. I believe the best and only method of approach will be through a colony. If you could get a colony working, it would justify the expenditure.

DR. AVISON : Outside of the institutions at present engaged in leper work, nobody will have any special work.

DR. FOWLER : If there is a scheme for accomplishing a definite aim, everybody will be interested. We cannot accomplish the scheme apart from the Government.

DR. AVISON : Suppose there are 20,000 lepers in Korea. The rate of increase in these lepers would still be very small. But there are in Korea hundreds of thousands of tubercular cases which to my mind is a greater menace to this country ten times over than leprosy. There are the attacks of cholera, of small-pox, typhus fever and malaria. These things would take my thought and energy ten times over rather than simply working with a few lepers, because I think that a man with tuberculosis is as great an asset as a man with leprosy. My aim would be to provide doctors for the treatment of this great seething mass of diseases in Korea. To me the provision of doctors or of medical work that attacks the treatment of a few sick people, that is a personal matter. But if the provision of a plan that will eradicate something but gets somewhere in the handling of the medical situation, that is the thing that appeals to me. That is why I am anxious to push the medical teaching end, so I would say right before you in order that I might not be misunderstood that outside of the eradication of leprosy from Korea I would be ready to pass over all responsibility for the care of a few lepers to somebody who is interested in the care of a few lepers. Personally I would be wanting to devote my energies in another direction.

DR. FOWLER : It was only because I saw a chance of something being done in a statesmanlike way that I left my hospital work which is a bigger work than yours here to devote the remaining years of my life to leper work. I can see a way out of it. If we get this new line of treatment which offers such a splendid outlook here, we can get something here which can illustrate to other places what can be done. But we have to carry our people at home with us. Already Korea is taking more money in proportion than other parts of the world. We have a world problem here; we have to view it from a broader point of view than Korea.

DR. AVISON : If you ask me to take part in an attempt to eradicate leprosy, it is up to me to help provide a plan for the eradication of leprosy. The question of what it will cost does not concern me so immediately. The provision of a plan is the provision of a plan for doing the job. If the mission to Lepers beforehand concludes that, it cannot do a certain thing than I am not interested in providing a plan. That is why I asked in the first place whether the Mission to Lepers wanted to undertake a plan in Korea looking to the eradication of leprosy even though the Government should fall down or not cooperate with us. I asked, would you be willing to attempt something separately and the answer was "Yes".

DR. FOWLER : No.

DR. AVISON : If the Government will partially finance it, then the thing could be compassed within a much smaller number of years. If it is to be done through private funds, the whole thing will take a greater number of years. But the plan would have to be launched and every move we took would be along the line of leading to something to accomplish our aim and at the same time giving relief to a certain number of lepers.

DR. FOWLER : I have thought of a plan which would help along the line that is in your mind. When the proposition was first brought before the British Committee, it was turned down on account of the expense. The suggestion ——

DR. AVISON : Let us drop the Severance part of it. That is a mere incident, not the end.

DR. FOWLER : I think we must do the things pari passu. We must train the students to recognize leprosy and show them the methods of treatment. A couple of lectures would suffice for that, which is more than you get in any hospital in England or America. In case of need these men could be made familiar with the disease by seeing it in institutions. I was wondering whether it would be worth while to ask one of our medicals, with the cooperation and consent of the Severance Hospital to come up every session and deliver a few lectures? I will be absolutely frank with you and say that Dr. Balme, Dean of the Shantung Christian University, approached the Mission to Lepers while he was at home and asked whether we would consent to pay the salary of a dermatologist in order that that chair would be filled and incidentally, of course, leprosy would be taught among the skin diseases. It was a lopsided kind of arrangement, a one-sided bargain. They said we cannot do that, but we will help you if we can to give the men an illustration of what leprosy is by putting up an institution near your University. He said : That is a reasonable thing. We saw the heads of the Society and the Hospital Directors and decided that the best thing to do was to put up a leper home. The suggestion was we should make use of an old hospital and make that into a leper home, but the latest proposition comes from Tsinanfu that they should have the hospital nearer to the University which is about three or four hours' journey away. Such a thing might be desirable here in Korea. If so, if you formulate your scheme and it is a wise thing, we would endorse it and perhaps get it through. I believe the Mission to Lepers would pay whatever expenses are involved and perhaps enabling the men to go down to the institutions down south and see the lepers in their homes.

DR. AVISON : A lot of our men are from the north and will go back to the north where leprosy does not exist to any extent. That is a thing I would have to think through again. The putting of a home for lepers here in connection with this institution is something that would require special consideration again from me before I would be able to say it is a desirable thing. The scheme we did have contemplated only a small number of lepers to be kept here and had other features in addition to that. It was from the instructional point of view we were considering the question.

The Committee adjourned for lunch.

Leper Conference -- Evening Session

The Members of the Committee interviewed Dr. Murata of the Government General Sanitary Bureau during the afternoon.

Dr. Fowler also had a conference with Commissioner Stevens of the Salvation Army regarding the reported plans of that organization to enter the field with work for lepers.

- - - - - - - - - - - -

The evening session began about 8 o'clock.

Dr. Fowler reported the grants to each of the Hospitals in Korea as follows:

Fusan	3,000 pounds sterling
Kwangju	$19,200
Taiku	$10,000

This figured out at about $53 per capita at Kwangju and $62 at Taiku and Fusan.

Dr. Fowler stated that the budget for Korea is required as early in the last quarter of the year as possible.

Title to Property.

Dr. FOWLER: Most of the Mission property ~~held~~ in Korea seems to be held in the names of individual missionaries. In the opinion of the lawyers on our Board of Directors in London that title is very casual, and the solicitors of the Society have drawn up a very simple document which they think will safeguard that point.

Dr. AVISON: The title must be held by a company resident within the bounds of the Japanese Empire, so that you, as a a Leper Association with headquarters in London, cannot own the property directly no matter how you fix it, whether in the name of an individual or of a trustee board. It has to be an indirect ownership. I suppose if your lawyers understand that they can fix some sort of an agreement between some company which which has a legal status here and the Mission to Lepers.

Dr. FOWLER: I talked the matter over with Mr. McKenzie. I may say that practically all of the property in Korea was bought by the Mission to Lepers and belongs to the Trustees ~~up until now~~. It is in various people's names. I asked Mr. McKenzie what he suggested as the best thing to do. ~~They only can hold it~~. We agreed to refer the matter to this conference.

Dr. AVISON: This is Japanese law, the same law here as it was in Japan. They did not have this formerly here, but they have simply brought in the Japanese law. You cannot hold property in Japan except in the same way. It must be held by people who reside in the place.

Dr. FOWLER: It would suit the Mission to Lepers if we have the following form executed:

"To All to Whom these Presents may come: I hereby declare that I "hold the property set out in the schedule hereto in trust for the Mission to Lepers, and to be disposed of as the said Mission shall direct.

"In witness whereof I have hereunto set my hand and seal this ..... day of ......19...."

Mr. McKENZIE: I wrote Mr. Anderson specially some time ago advising him that instead of having a juridical person composed probably of the superintendents of the three asylums in Korea, it would be better for the Mission to Lepers to vest the ownership in the Mission in whose territory the plant may happen to be, under its juridical person, the Mission giving a guarantee to the Mission to Lepers that they were holding the property for the latter. It there is any transaction in connection with the property, if at any time the le er work is given up and the Mission considers it wise to sell it, it would be very inconvenient to call up, say, the secretary of this Association we have just formed if the Association were the juridical person. The more bodies you have the more difficult it would be. One of the special rules is that there must be an annual meeting of a juridical person, and an office (probably where the Secretary lives) and the Secretary would have to call a meeting, and there would have to be a quorum. It would probably be difficult for the Leper Committee to meet as a juridical person on behalf of any property that the Mission to Lepers wanted to work on. Probably there will be a small fee to pay.

Dr. AVISON: Unless they make special legislation it is 3½% if you get a transfer.

Mr. McKENZIE: At present, if an owner should die, the property would be transferred to someone else, and if that one leaves the field, the ownership has again to be changed and so it goes on ad infinitum. In this plan there is a perpetual owner. When anyone resigns or dies or leaves the field theMission appoints another man on the Board of Trustees which forms the juridical person for the Mission. It is only to-day that Mr. Hugh Miller and the other members of the Federal Council's committee -- who are negotiating regarding the transfer of the property of the various Missions to a juridical person without payment of fees -- saw the Roman Catholic Bishop. This Church is in special favor with the authorities just just now because none of them was mixed up with the independence movement. They have begun to form a Zaidan Hojin (juridical person). There is a law that 3½% of the value of the property must be paid as transfer fees. The Roman Catholics, having formed a Zaidan Hojin, have transferred to it asmall piece of land as a test case. That is all they hold, and they have not been asked to pay any transfer fees so far. We have not gone that length but we have everything prepared. If we were to press it now, we would have to pay 3½%. The Australian Mission property was registered in the old days, except a very small bit, in the British Consulate, and according to the treaty that will hold, and especially in Fusan our title will hold -- it is clearly in the treaty that property can be held in open ports, and Fusan is an open port. Mr. Engel gave up the old deed in the name of the home Board and got a new title deed. We were told when the treaty was passed that we would not suffer by its going into effect. From the beginning we have urged upon the authorities the necessity of having a body like this that could hold property, but they said they had no legislation for it. Now, at last, they have the legislation under which we can hold property in a juridical person, but they say: You must pay 3½% transfer fees. We reply: We have held that property from of old; you know it is a fiction to say that it belongs to us; it belongs to the home Boards. It is the same owner. Only the name is different."

Dr. FOWLER: How is Severance College held?

Dr. AVISON: It was held by John F. Genso, agent of the Board of Foreign Missions. That is the way all our property has been registered since then. We have a juridical person for the Chosen Christian College. We also have a juridical person for Severance, but the ownership has never been transferred. All this property is owned by the Board of Foreign Missions. They have agreed that it shall be the property of the Hojin as long as the Hojin carries on foreign medical work here.

Dr. FOWLER: Taiku and Kwangju are in the same position. I presume it would be a simple thing for those in charge of the plants to make this declaration.

Dr. AVISON: It has no force in this country. If it came before the court the court would throw it out, or say, "If that is not your property you have no business to claim registration on it."

Dr. FOWLER: Have you any suggestions to make beyond what I have suggested to meet the situation? Dr. Avison rightly says it would not hold in a court of law. Is there any other arrangement that is more binding than this?

Dr. AVISON: There needs to be a written statement such as this that will remind everybody of the exact status.

Buildings, Equipment, Management -- Relation to other Asylums and Co-operation of Effort.

Dr. FOWLER: I have seen a variety of buildings here in Korea. Some cost less than others, but I imagine in the long run they will be more costly. I dare say the Koreans feel more comfortable in these Korean-built houses, but I think they are not at all hygienic, that they rather carry the disease than get rid of it. I should think myself, as the result of much experience in the Far East, that the type of buildings Dr. Wilson is building, with a storey above, would be better for the lepers. You have the prejudices of the Koreans to meet. We do not heat the bedrooms, nor the outside rooms in China; we give them a heavy quilt.

A discussion of temperatures brought out that in Fusan six degrees of frost is common and in Taiku the temperature sometimes goes to zero.

Dr. AVISON: Whatever may be the danger of infection from the use of the Korean type of floor, it is true that out in the country where lepers come into contact with non-lepers there is the risk of contagion. But in leper homes in colonies, how is that going to increase the amount of leprosy?

Dr. FOWLER: It won't, of course.

Dr. AVISON: It is more a question of hygiene for the patient -- whether he will be able to get well as quickly and be as amenable to treatment living as a Korean commonly does or living according to the foreign method. Dr. Wilson is using both kinds. I would like to know

If he notices any difference in either one or the other?

Dr. WILSON: To my mind the great question is the economy. There is no cost after you buy your blankets.

Dr. AVISON: Do they keep warm?

Dr. WILSON: Perfectly comfortable. On the other hand, I think the Japanese tattomi is not so hygienic as a Korean floor.

Mr. MCKENZIE: I think so, too.

Dr. FOWLER: Everyone of these institutions ought to have a place for disinfecting; you need a high pressure disinfector, where the blankets could be disinfected. It ought to be possible to get one of those in an institution of 400 and destroy all the nits. I saw something in Shanghai, brought in by Russians, which in a very simple way got rid of both lice and nits. The heat was intense and the cost comparatively little. It was used in the Russian trenches and saved thousands of lives from typhus fever. I am not thinking of the present so much, but if Japan is going to take hold of this proposition, something of this sort will probably be wanted.

Dr. AVISON: Referring again to the question of heating rooms by the Korean method; suppose the heating of the floor is the most expensive method there is, if you are using the fire to do the cooking and heat the floor by the overflow heat beyond what is required to do the cooking, this becomes an economical method of heating.

Dr. FOWLER: Do you require to keep the fires burning all day?

Dr. WILSON: The fire is on for twenty minutes several times a day. It requires an oxload of wood to heat the average home for half a month.

Dr. FOWLER: I would ask the friends to see if there is a better way and try it.

Dr. WILSON: In my building now I have a southern exposure with glass windows, and the northern exposure completely closed off and the sun will keep the rooms quite warm all the day. At night give them plenty of blankets and there is no trouble.

Dr. FOWLER: That coincides with my own experience. We have no fireplace at all in the wards. We give them iron beds, padded quilts and pillows, and they are absolutely satisfied. I believe myself that the best method of treating leprosy is that used in tuberculosis, viz., open air treatment. There is a great deal in common between the tubercular patient and the leper.

National Organization

Dr. FOWLER: Our talk this afternoon with the government was a little disappointing, but I think the next step is to make some suggestion to the government. I cannot exactly at this moment say what we should suggest except that if the government is prepared to do something, we are prepared to do something.

Dr. AVISON: What would be the minimum contribution from the government that your Society would consider acceptable in a movement towards eradication?

Dr. FOWLER: I am not authorized to commit the Mission to Lepers in any sense on that point. I can only give you in confidence what we get from India. It is about three-fourths of what it costs. The Mission to Lepers makes up the amount. If we could get help with the site, and could get say from one-half to three-fourths the support of the lepers, I think that is the minimum on which we could work. I do that without prejudice and without committing myself.

Dr. AVISON: What would be three-fourths?

Dr. FOWLER: Suppose it costs ¥100.00 a year to support a leper - clothing, food, medicine and service - if we get ¥75 per head per annum, we could raise in all probability the other 25% without much difficulty. We would probably have to supply the buildings, if we can get the site. If it is a reasonable thing, I would support it with all the weight I have.

Dr. AVISON: In addition to that, who would supply the working force?

Dr. FOWLER: I am going to ask you in my absence to work out what had best be done.

Dr. AVISON: Suppose the government consents to our taking this matter in hand and establishing one or more colonies, and the Mission thought it could not afford to pay a man?

Dr. FOWLER: The Mission to Lepers might give a grant in aid. We would want two or three more doctors or foreign helpers.

Dr. AVISON: That would not be put in as part of the overhead expense?

Dr. FOWLER: I should say certainly not. It might be the work of The Mission to Lepers to raise the foreigners' salary.

Dr. AVISON: Supposing, however, that the government here is not as yet sufficiently enlightened to do as the Indian government does, and says: We will secure the land for you if you put up the buildings and we will give you half the cost of the upkeep per leper, would your Society be willing to consider that proposition?

Dr. FOWLER: They would certainly consider it, but whether they would approve of it, I cannot say. I believe that would make a very strong appeal to the people at home.

Dr. AVISON: Dr. Murata, in the article he gave us this afternoon, believes it is the business of the government to eradicate leprosy. If foreigners come in and say: We will undertake half of the upkeep and the business supervision; it ought to appeal to the government as a fine opportunity to get a big piece of work done at little cost.

Dr. Fowler quoted Dr. Wilson's letter of November 9, 1920.

PM

Dr. AVISON: If the government would pay ¥100 towards each leper's support --

Dr. FOWLER: If there were 3000 lepers, we might support one thousand and they would support 2000.

Dr. Wilson stated that it cost him ¥8.00 per month to maintain one leper.

Dr. AVISON: Over and above what the Mission to Lepers is doing?

Mr. McKENZIE: No. But there are repairs and replacing dishes, etc.

Dr. FOWLER: The Mission would make a special grant for big repairs, but it expects the place to be kept in reasonably fair shape.

Mr. McKENZIE: We have to burn dead bodies, etc. It costs ¥4.00 per body.

Dr. FLETCHER: At Taiku we have no crematory, but the bodies are all cremated.

Dr. FOWLER: Suppose we take a pessimistic view of the situation:- suppose the government does not do what we hope, where are we?

Dr. FLETCHER: We haven't a very big chance of getting immediate relief from the government. Let us go ahead and ask them first for land. That is one of the things we could reasonably ask for. Then ask for a certain amount towards maintenance without going into the thing in detail until we get something more encouraging from them.

Dr. AVISON: We might say to the government: If you will give us ¥50 or ¥75 a year we will start in, and whereas now there are a thousand lepers under care inside of a year we hope to have 2,000 and inside of five years we might have three or four thousand; we plan to go ahead on this basis until we can get rid of leprosy altogether in the course of time. Wouldn't they consider that a much more expensive method of getting rid of leprosy than that they should be paying out ¥200 per head per leper treated?

Mr. McKENZIE: They would not like to have an uncertain amount to put in the budget.

Dr. WILSON: Is the position not this? We say to the government: Here is that much money to support one-third of this work and the world know it. Could they afford to turn that proposition down?

Dr. FOWLER: There is the problem. I do not see how we can possibly carry the burden we have in the Far East today, if we do not get help from the governments. Korea is already taking morethan its proportion of the funds of The Mission to Lepers. It has much more than in any other part of the world that we touch. The one thing that will get this scheme pushed ahead is the fact that the government itself is prepared to go ahead.

Dr. FLETCHER: Can we not start an educational propaganda?

DR. FOWLER: How will that get us ahead in dealing with the leper en masse?

DR. FLETCHER: The first thing is to try out the government. I myself have no thought of the government doing anything.

DR. FOWLER: Our suggestion was that we ask for some land and a proportion of the upkeep.

DR. FLETCHER: Ask them for land and one-half the expense per leper.

DR. FOWLER: If that seems to be the best thing to do, how shall we do it? Shall we leave it to you as a Committee to work out the detail? What would be the best thing? I, myself, would like if you would as a committee formulate your own suggestions and work out a plan or series of plans, step by step, which would convince the Boards at home and which would further this program. That might involve several things.

DR. AVISON: I think if you are going to ask for an amount of money for upkeep it would be necessary to make a statement of what it costs to keep a leper, so much for food, clothing, medicine, fuel and sundries. This would show that we are not including anything for supervisors, simply the actual cost. They know themselves what it costs tocare for a leper. It is costing at present ¥100.00 a year per leper to run our institutions. If we say to the government: If we put up the buildings as a private institution we can only afford at the rate of 25 per cent. of the upkeep cost, so that we hope the government would feel that in granting 75 per cent. of the upkeep cost it would be getting the work done at a very much smaller cost possibly than it would have to pay out if undertook the work itself. We would hope that the government would be willing to make such a grant as this in favor of the work.

MR. McKENZIE: The reason why Korea is proportionately higher than other parts is that living is higher here. It is higher than in Japan.

DR. FLETCHER: Perhaps we should appoint a committee of two or three to confer with the government and put this proposition before the government.

DR. FOWLER: My suggestion is that the men working in these institutions act with Dr. Avison. If it is necessary to come to Seoul at any time in the interest of this work, the expense to Seoul will be met. I should like to know what your plans are so that I shall be kept in touch with you.

DR. WILSON: Why not prepare a statement and send it in to the government?

MR. McKENZIE: After we approve of it.

DR. WILSON: We cannot do it without their cooperation. If they will help us we will build all our efforts that way.

MR. McKENZIE: I suggest that Dr. Avison draft the letter and send it to us for approval or signature.

DR. FOWLER: It would carry more weight at home if all those in leper work here could back those things.

Dr. AVISON: When any proposition we prepare has the backing of Dr. Fowler we can feel a good deal more confidence in its meeting with the approval of the home authorities than if we simply made it.

Dr. FOWLER: I have had much experience with the government in China, and it is necessary to be cautious. I would like you to formulate some plans for co-ordination in cooperation with the government so as to form a national organization. It will probably require the services of more than one foreigner; in that case, we shall have to get the salaries from home. We have to define what the duties of these men would be; in connection with teaching to prepare men for treating lepers, and the staffing and managing of these colonies. If we are going on in the old way, there is nothing to do but what we are doing. If the government is prepared to take the matter up, it opens up a new field which is full of hope and which will mean everything, it seems to me, for Korea. This committee, I hope, will keep in touch with each other. If there are any other items that have to be thought out whenever you like I will do all I possibly can to make things go well. A great deal will depend upon what the attitude of the Japanese will be. There is no reason why we should not go on with the development of Taiku, or the new home in the Australian Mission.

Mr. UNGER: Do you think it is wise to put all of the funds in our present plants to wait to invest them in the colony?

Dr. FLETCHER: I think it would be well to ascertain the attitude of the government before doing that. There is no immediate prospect of enlarging Taiku, but I dbout whether that would be the wise thing or not. I do not know how much our Mission, through its missionaries located in Taiku, would assume responsibility for.

Dr. AVISON: In case Dr. Fletcher should not remain in Taiku this burden would fall on unwilling shoulders perhaps.

Mr. McKENZIE: I do not believe that the Taiku men are unwilling to take up the work.

Dr. AVISON: My experience is with nonmedical men, there is not an evangelistic or educational worker in any Station of our Mission who will give five minutes a day towards anything within the medical work. That is, they will give you all sympathy and all backing if youdo it, but they won't give it personal attention.

Dr. FOWLER: We have nearly a hundred institutions. So far as I remember, there are only about two supported by the Mission to Lepers. The rest is voluntary work; in 85% of the cases, they are managed by clerical missionaries. The policy of The Mission to Lepers is never to thrust a burden upon any Mission that is not willing to undertake it. So far as my experience of work among the lepers is concerned, I have found it the greatest joy of my life. I have had very heavy burdens to carry in connection with medical work and have lived a very strenuous life, but the greatest pleasure I have had in my life has been in leper work. Some may feel it a burden; if so, they should be religed of it.

Dr. WILSON: My experience is the other way. When I go on furlough

Mr. Swinehart and others take hold of it heartily. My problem is, Should I stop at 400?

Dr. FOWLER: You will prepare the memorandum for presentation to the authorities. We will then mark time and see what they will do. Later, we can again consider what had best be done. Meantime, if you will kindly act together and formulate some plan for the future of the leper work here and let me have it, it will be most carefully considered.

Dr. WILSON: To what extent would you want us to proceed if there is nothing forthcoming from the government?

Dr. FOWLER: As a committee, I think you can do nothing more.

Dr. WILSON: If we do not get a favorable reply from them there is nothing to do but continue as we are?

Dr. FOWLER: Yes, do all the good you can, but, of course, it does not meet the situation adequately.

Spiritual Work

Mr. McKENZIE: Every leper church is organized. We have collections and pay our rates to Presbytery and Assembly, and they give their contributions.

Dr. AVISON: Where do they get the money?

Mr. McKENZIE: At Fusan they make string that they sell

- -

THE AMERICAN COMMITTEE OF THE MISSION TO LEPERS AND DR. A. G. FLETCHER.

Dr. AVISON: I think it is necessary for this Committee to know the exact standing which Dr. Fletcher has here at the present time. It would probably be better to have the matter referred to here in case there may be misunderstandings, and the Committee ought to know exactly how this whole matter of the leper situation now stands, that is, the undertakings that have been entered into by the people in New York and the present ideas of the people in New York. Of course, we have no means of knowing at this time whether they have changed their minds with regard to the undertakings they made with Dr. Fletcher. I have not told Dr. Fletcher that I was going to do this, but it is only right if we are going to cooperate in this work to have all of the cards on the table and have nothing hidden or misunderstood. If Dr. Fowler thinks I should not go on with this matter now I can refer to it at a later time, butI do not think Dr. Fowler should leave without taking it up.

Dr. FOWLER: There is certainly a misunderstanding somewhere. Mr. Danner came to Great Britain last summer to meet the home Board, and had a certain proposition which he brought forward regarding Korea and Dr. Fletcher which was turned down because we could not finance it. The thing was left open to this extent, that when I came out to Korea, I was to report on conditions as I found them and make suggestions to the home

Board. When I passed through New York in January, I met the American Committee, and nothing was said to me there.

Dr. AVISON: Including Mr. Danner?

Dr. FOWLER: Oh, yes. Nothing was said to me then as to Dr. Fletcher's position at all. I got a letter from Mr. Danner the other week, enclosing a letter he had sent to Dr. Fletcher, complaining that he had had no word at all from Dr. Fletcher since he left New York, and asking him what his plans for the future were. That is as far as my information is.

Dr. AVISON made a statement regarding the meetings he had had while in America with Mr. Danner at the latter's office, home and else where and with other members of the American Committee, including Mr. Revell, and of the conferences and negotiations which led the American Committee to make tentative propositions to the Board of Foreign Missions of the Presbyterian Church in the U.S.A., which were later modified, and under which Dr. Fletcher came out to Korea under the Northern Presbyterian Board for two years with the understanding that he would come to Seoul for the chair of Leprology at Severance under salary from the American Committee. Also that had there been a house available for Dr. Fletcher in Seoul he would have come out actually under appointment by the Mission to Lepers, but as that Mission had not the funds to provide a house at once it had agreed to pay the equivalent of the salary and allowances of Dr. Fletcher together with enough additional to make up a sum of $5,000 annually for two years to the Northern Presbyterian Board which was to be used for the purpose of housing Dr. Fletcher when the two years he had agreed to stay at Taiku had expired. Dr. Avison read the correspondence with Mr. Danner, Mr. Revell and the Board. Also stated that the first proposal concerning the eradication program came from Mr. Anderson, Secretary of the Mission to Lepers, to him, and told of his visit with Dr. Wilson to the government plant at Little Deer Island, of the proposition subsequently laid before the Governor General by Dr. Wilson, Mr. Swinehart and himself. That when Mr. Danner returned from attendance at the meeting of the Mission to Lepers in Great Britain he was far from satisfied with the decision arrived at there, and suggested that the American Committee of the Mission to Lepers should raise special funds for sending Dr. Fletcher out.

Dr. AVISON:(continuing) Now there was nothing particular for Dr. Fletcher to write Mr. Danner about in the meantime as he was not out under the Mission to Lepers and he was not particularly engaged in leper work. Unless Dr. Fletcher had some special thing to confer about with Mr. Danner I do not suppose he felt there was necessity for correspondence. I received a letter since I came back from Mrs. Danner speaking of the work and saying that one person had made a contribution of $1,000 towards the work at the Severance institution. Later on I received a letter from Mr. Danner in which he made no reference whatever to the arrangement Dr. Fletcher was under, but stated that there was some money coming in very slowly for the work but that he felt if there was any particular objects for which we needed small sums of money he felt sure that he could secure such small sums of money and send them out for special things connected with the work. I did not reply to that letter, but sent a copy of it to Dr. Wilson and Dr. Fletcher. I did say to Mr. Danner in a letter that time was passing, and that Dr. Fletcher had been out here now some time, and that no reference had been made to the arrangement under which he had come, and I presumed they were saving up this money to carry out the purpose for which they had sent Dr. Fletcher out. To-day I do not know why, but something in the conference this morning led me to think that Dr. Fowler might not be aware of this arrangement. So at noon I thought it was wise to speak to Dr. Fowler about it and I found to my surprise that Dr. Fowler knew nothing whatever about this arrangement.

Dr. FOWLER: Not the latter arrangement, but of the first, which was turned down.

Dr. AVISON: I mean the arrangement come to by the parties in September under which he is now working. The question immediately comes up in my mind: Is this something that the committee in New York have undertaken to do as something over and above what they are doing in connection with the home board; and what is the exact status of the thing and Dr. Fletcher being out here under that arrangement. As Dr. Fowler explained at noon to-day, while he was in New York last January he and the Mission in New York came to an understanding as to what each would do in relation to the work in Korea in sharing the proportion of expense.

Dr. FOWLER: That arrangement was to begin on the first of January this year.

Dr. AVISON: Their conference never mentioned Dr. Fletcher or the understanding under which he had come out here. It is a rather peculiar situation and one which needs to be cleared up. I felt that as Dr. Fletcher would find some difficulty in making such a statement it would be well for me to do so that there might be a full understanding of the situation and of its inwardness and some views given as to how to meet the situation.

Dr. FOWLER: I have Mr. Danner's memorandum, part of which I took exception to at the time, not knowing Dr. Fletcher, but simply on the principle of the thing. I urged that no man could find enough to do at Severance or any other hospital in the world to devote himself entirely to leper work. He could not consistently confine himself to leper work all the time and would naturally be teaching in other subjects. If The Mission to Lepers were to finance such a scheme, it would be a one-sided bargain. Mr. Danner came over from New York to meet the home committee. I know he was not satisfied, but the proposition was turned down because the scheme had developed much morethan Mr. Anderson had anticipated, and the Mission could not finance it. I previously knew nothing whatsoever about what you have now told me, so that I am utterly astonished.

Dr. FLETCHER stated that had it not been for the housing difficulty he would have been in Seoul now under salary from the Mission to Lepers and continued: From the beginning it was a matter of the Mission to Lepers putting up the proposition to me. When I went home I had no idea of returning to Korea to take leper work. They put the proposition up to me and went ahead with the thing assuring me of certain things before they themselves (the American Committee) had definite assurance from the British Committee that the finances, etc., would be available to back up what they had already proposed. Then when Mr. Danner went across and found out that the finances were not available, he sort of lost face and felt greatly disappointed that the British Committee did not see its way clear to back the American Committee up, and they were in the difficult position of having made pledgesand propositions to me and now finding themselves without finances. So in order that they might then make good their pledges and assurances they then began to search for substitute propositions, which would take less money, and something they themselves could finance independently of the British Committee, and that is how the thing was finally worked out in consultation with Dr. Avison who was in America for other reasons. In consultation with us they worked out this modified budget. As a matter of fact, I was on salary with the Mission to Lepers for a few months before leaving America, and the house proposition was the only thing that prevented my remaining on salary. When they offered to put up $50 for rent they thought they had solved the problem. That did not seem to me feasible, so when we had our conference other propositions were made. One was that I would go to Taiku temporarily under support of the Presbyterian Board in order to give the Mission to Lepers a chance to build a house during the two years, then a house being secured $5000 would be sufficient to carry on. Now I do not know that we can throw more light on the matter one way or the other.

Dr. FOWLER: I have a letter from Mr. Revell, saying that the American Committee would be loyal to the advice of the home committee and would not proceed further .... Their agreement with the parent body is to work in cooperation with the parent body and no work is to be undertaken in Korea without the cognizance of the British body. There was an agreement on the first of January regarding future work which does not take into consideration this arrangement.

Dr. AVISON: I was there and had conferences with Mr. Danner after that date. I met Dr. Fowler in New York in the middle of January at Garden City.

Dr. FLETCHER: You cannot charge it to Mr. Danner alone. It was done in consultation with Mr. Scheifflen and Mr. Revell.

Dr. FOWLER: So far as I am concerned, this later arrangement is absolutely new to me. The former I knew about. I said all along that the only justification for such an office would be if we had a colony with which the Research man would be connected, but working here in Severance would not be a square deal; I said it would be a lop-sided arrangement; you could not give a quid pro quo along that line.

Dr. AVISON: The correspondence shows that the American Committee recognized also and agreed that because the facilities of the Severance Institution would be open to the Mission to Lepers, not only the laboratories but the services of the bacteriologist, pathologist or any other laboratory worker, dermatologist, etc., that would be a quid pro quo, and as their quid pro quo Dr. Fletcher should be allowed to do other work that he might feel he was able to do in connection with the work of the institution. That is definitely accepted in this letter.

Dr. FOWLER: If I might know what position Dr. Fletcher was to fill, I could go away feeling quite happy that the appointment was a good one.

Dr. FLETCHER: The American Committee have kept you in the dark in regard to this proposition. I feel that your attitude toward the committee in New York could be cleared up through direct correspondence with them. I did not dream before the conference commenced that Dr.

Fowler was not acquainted with the arrangement made by the American Committee.

After further discussion, Dr. Fowler stated that he realized that Dr. Fletcher's arrangement with the American Committee was a binding one and hoped that Dr. Fletcher would keep him in touch with developments in Korea, and that he would visit Korea once a year to confer with the Committee. Also that it would be the natural thing for Dr. Fletcher to be the Secretary of the Korean Committee.

The meeting then adjourned with prayer.

O. R. Avison,
Secretary,

H. T. Owens,
Reporter.

Note: The discussion regarding the American Committee is summarized giving the essential matter of the conversation. H.T.O.

120. 에비슨이 암스트롱에게

1921년 6월 8일

A. E. 암스트롱 목사,
선교부 총무,
토론토, 온타리오 주.

친애하는 암스트롱 씨:

스코필드 의사의 사임을 알린 당신의 5월 10일 자 편지를 방금 받았습니다. 당신이 이 문제로 인해 전보를 보냈다고 말했지만, 우리는 그것을 받지 못하였습니다. 당신이 이 일을 점검해보아도 좋을 것입니다.

우리는 스코필드 의사가 돌아올 수 없다는 사실을 알고 당연히 몹시 실망하였습니다. 우리는 그의 가족 문제가 아주 개선되기를 희망하고, 그가 언젠가는 이곳으로 돌아와서 일하기를 바라는 마음이 자기 안에 있음을 깨닫기를 희망합니다.

우리는 그가 가을에 돌아올 것을 전제하고 수업일정표를 작성하였으며, 이미 몇몇 학년들에서 그의 강의가 배정되었습니다. 우리가 9월까지는 이곳에 세균학자를 구해야 합니다. 반버스커크 의사와 나는 일본인 세균학자를 찾으려고 일본의 주요 중심지들을 모두 가보았으나 성공하지 못하였습니다.

파운드(Found) 의사가 선교부들의 한 곳, 남장로회나 남감리회에서 파송 받아 나오기를 희망합니다. 당신이 우리를 위해 이 문제를 가능한 한 많이 압박해줄 것이라고 믿어도 되겠습니까? 이 일이 극히 중요하기 때문입니다. 우리는 스코필드 의사의 귀환을 희망하고 있었기 때문에 미국에 있는 다른 사람들과 연락하려고 애쓰지 않았습니다. 우리는 반드시 후임자를 속히 찾아야 합니다.

맨스필드 의사가 매우 바쁘고, 방금 교수들의 회장으로 선출되었습니다. 그 일은 그가 자신의 능력을 널리 발휘할 수 있게 할 것입니다.

당신은 연희전문학교의 빌링스 씨를 기억할 것입니다. 그의 6세가량 되는 큰딸이 수암(水癌)이라 불리는 성홍열의 악화로 두세 시간 전에 죽었습니다.

에비슨 부인과 함께 안부 인사를 드립니다.

안녕히 계십시오.

O. R. 에비슨

블랙(Black) 의사를 방문해보기 바랍니다. 전에 그에 대해 세균학 교수로 올 가능성이 있다고 말한 적이 있습니다. 그는 뉴욕 북감리회 선교부에서 후원을 받을 수도 있습니다. 브라운(Chester Brown) 의사도 있습니다.

출처: PCC & UCC

SEVERANCE UNION MEDICAL COLLEGE
NURSES' TRAINING SCHOOL
SEVERANCE HOSPITAL

SEOUL, KOREA

OFFICE OF PRESIDENT

O. R. AVISON, M. D.

CO-OPERATING MISSIONS
PRESBYTERIAN CHURCH IN THE U. S. A.
METHODIST EPISCOPAL CHURCH
PRESBYTERIAN CHURCH IN THE U. S.
METHODIST EPISCOPAL CHURCH, SOUTH
PRESBYTERIAN CHURCH IN CANADA
PRESBYTERIAN CHURCH OF AUSTRALIA

RECEIVE
JUL 4 1921
-15

June 8, 1921.

Rev. A. E. Armstrong,
Secretary, Board of Foreign Missions,
Toronto, Ont.

Dear Mr. Armstrong:

Your letter of May 10th announcing the resignation of Dr. Schofield is just to hand. You refer to a cablegram sent on this subject, but it never reached us. You might check this up.

Naturally we are keenly disappointed to learn that Dr. Schofield cannot return, and we hope that the improvement in his family affairs will be permanent and that he may some day realize his desire to return and work here.

We have been making our schedules of teaching based upon his return in the autumn, and the lectures in his subjects are overdue to some of the classes. We must have a Bacteriologist here by September. Dr. VanBuskirk and I visited all the leading centres in Japan to fine a Japanese bacteriologist without success.

I hope that Dr. Found can be sent out by one of the Boards, either the Southern Presbyterian or Southern Methodist. Can we depend upon you to press this matter for us as much as possible for it is very vital. Basing our hopes upon Dr. Schofield's return we have not tried to get in touch with others in America, and we must find a successor in short order.

Dr. Mansfield is very busy, and has just been elected Chief of Staff, which will afford him great scope for his organizing ability.

You will remember Mr. Billings of the Chosen Christian College. His oldest daughter, about 6 years, died two or three hours ago due to a complication of scarlet fever called noma.

With kind regards, in which Mrs. Avison joins,

Very sincerely,

O. R. Avison

Please look up Dr. Black of whom I spoke before as a possible Bacteriologist. He might well be supported by the N. Meth Board of New York. Also there is Dr Chester Brown.

121. 에비슨이 암스트롱에게 (1)

1921년 6월 13일

A. E. 암스트롱 목사,
선교부 총무,
캐나다장로회,
토론토, 온타리오 주, 캐나다.

친애하는 암스트롱 씨:

당신이 오웬스 씨와 내게 보낸 5월 20일 자 편지들을 받았습니다. 바이어스(Byers) 씨의 대학 부임 자격에 관한 당신의 견해에 주목합니다. 맥콘키(McConkey) 씨는 어떤 결정을 내렸는지를 당신은 아십니까?

쇼 상업대학(Shaw Business College) 또는 마리타임 실업대학(Maritime Business College)이 우리 대학에서 교수가 되기에 충분한 학문적인 자격을 갖춘 졸업생들을 배출하였을지에 대해 약간의 의문이 있습니다. 그곳의 커리큘럼을 본 지 몇 년이 지났지만, 전공 과정이 종합대학 차원에서만 아니라 상과 차원에서도 흡족하지 않다는 인상을 받았습니다. 그들의 목표는 속기사, 부기 계원, 특별히 사무원을 배출하는 데에 있습니다. 이곳의 우리 상과 과정에는 경제학과 정치경제학이 포함되어 있어 일반 실업대학보다 교육 수준이 더 높습니다. 스코트 씨가 이 과정을 맡기에 적합하다고 할 수 있습니까?

스코트(William Scott) 목사에 대해 말하자면, 그가 비어 있는 어느 자리를 채울 수 있게 되면 이사회와 교수회가 환영하리라고 생각합니다. 상과에 교수 한 명, 수물과에 한 명, 농과에 한 명의 자리들이 비어 있습니다. 우리는 스코트 씨가 전에 어떤 수련이나 전공 공부를 했는지를 모르기 때문에, 이 자리들 가운데 어느 곳이 적합하리라고 말하기 어렵습니다. 만일 우리 대학에 진짜 신과가 있다면, 스코트 씨가 그곳에서 재능을 널리 발휘할 수 있을 것입니다. 그가 우리에게 오지 못하게 된다면, 그가 할 수 있을 만한 그런 외부 사역을 하도록 [캐나다장로회] 선교회가 그를 평양 장로회신학교로 보내는 편을 좋게 여기지 않겠습니까?

대학의 자본금에 관해 말하자면, 금년에 $15,000을 받을 수 있고, 이듬해에 나머지 $25,000을 받는 것으로 나는 이해하였습니다. "금년"은 1921년을 뜻하고, "금년"에는 우리에게 그 돈이 모두 필요하지 않을 것이기 때문에, 이렇게 하면 잘 될 것이라고 기대합니다. 과학관, 언더우드관, 기숙사 1채, 외국인 교수 사택 2채, 한국인 교수 사택 몇 채를 위한 계약이 체결되었습니다.

당신은 잭(Jack) 씨가 봉사하지 않는 대신에 내는 $2,000(금)을 임시로 대신 봉사할 사람을 찾을 경우에만 지급할 수 있는 것으로 받아들이는 듯합니다. 협력이사회의 규칙에 따르면, 이것은 빈자리가 채워지지 않는 한은 어떤 상황에서든지 지급될 수 있습니다. 만일 외국인 교수가 공급되지 못한다면 반드시 다른 ___이 그의 자리를 대신 맡아야 하고 비용이 지급되어야 합니다. 예를 들면, 세브란스에서는 밀즈(Mills) 의사가 봉사하지 않는 대신 북장로회 선교부가 $2,000을 내고 있습니다. 그 자리는 높은 봉급을 받는 일본인 병리학자가 채우고 있습니다. 남장로회 사람들은 리딩햄(Leadingham) 의사가 다니엘(Daniel) 의사를 대신하여 그의 후임으로 올 때까지 $2,000을 우리에게 지급합니다. 간단히 말하자면, 실제로는 사람을 보내는 편을 선호하지만 그럴 수 없을 때 사람 대신 돈을 보내는 것입니다. 협력 선교부들은 제각기 일정한 인원을 공급하고 더 나아가 경상예산의 일정 비용을 지급하는 일에 스스로 속박되고 있습니다. 만일 선교부가 그들 몫의 인원 공급에 실패하게 되면 그에 상응하는 자금을 지급합니다. 그런 것이 모든 관계자에게 공정한 일로 여겨지고 있습니다.

스코트 씨가 우리에게 올 수 있다는 결론이 날 것이라고 진심으로 믿습니다.

안녕히 계십시오.

O. R. 에비슨

스코트 씨에 관해서는, 우리가 교수들과 그 문제를 주의 깊게 검토하고 나서 다시 편지를 쓰겠습니다.

ORA

출처: PCC & UCC

Chosen Christian College

OFFICE OF THE PRESIDENT

O. R. A[VISON], M. D.

Seoul, Chosen

CO-OPERATING BOARDS
PRESBYTERIAN CHURCH IN THE U. S. A.
METHODIST EPISCOPAL CHURCH
METHODIST EPISCOPAL CHURCH, SOUTH
PRESBYTERIAN CHURCH IN CANADA

June 13, 1921.

Rev. A. E. Armstrong,
Secretary, Board of Foreign Missions,
Presbyterian Church in Canada,
Toronto, Ont., Canada.

Dear Mr. Armstrong:

Your letters of May20th to Mr. Owens and myself are at hand. I note your opinion as to Mr. Byers's qualifications for a position in the College. Do you know what decision Mr. Mc Conkey has come to ?

I am somewhat in doubt as to whether the Shaw Business College or the Maritime Business College turn out graduates with sufficient academic standing to be teachers in our College. I have not seen their curriculum for some years, but have the impression that their courses do not cover the commercial field as well as those of the universities. They aim to turn out stenographers, book-keepers and clerks especially. Our Commercial course here includes Economics and Political Economy, a higher type of work than the ordinary business college. Could Mr. Scott qualify for this Chair ?

With regard to Rev. William Scott, I feel that the Board of Managers and Faculty would welcome him to the College provided he can fill any of the positions that are vacant. The vacancies are for a Professor in the Commercial Department, one for mathematics, one for Agriculture. Not knowing Mr. Scott's former training or specialized work, we cannot say whether he would be fitted for any of these positions. If our College had a real theological department we feel that Mr. Scott would have ample scope for his talents there. If he cannot come to us, would the Council not favor sending him to the Pyengyang seminary with such work outside as he could do ?

Regarding the capital funds for the College, it was my understanding that $15,000 would be available this year and the balance of $25,000 the following year. I presume that this will work out all right as "this year" refers to 1921 and we shall not need it all "this year." Contracts have been let for Science Hall, Underwood Hall, a dormitory, two foreign residences and a number of Korean teachers' houses.

You seem to be under the impression that the $2,000 gold in lieu of Mr. Jack's services is payable only if a substitute can be found temporarily. According to the ruling of the Cooperating Board this is payable under any circumstances, so long as the vacancy is unfilled. If the foreign teacher is not furnished others must be engaged to take his place and expense is incurred. In Severance, for example, the Presbyterian Board has been paying $2,000 in lieu of the services of Dr. Mills, whose

2.

place is being filled by a high-salaried Japanese Pathologist. The Southern Presbyterians have been paying us $2,000 in lieu of Dr. Daniel until Dr. Leadingham came as his successor. The practice is, in brief, ~~thus~~ to supply the man preferably, and if not the money in lieu of him. Each Coöperating Board binds itself to furnish a certain personnel plus a certain grant to current budget. If the Board fails to furnish its share of the personnel a financial equivalent is paid, which seems to be fair to all concerned.

Sincerely trusting that it will turn out that Mr. Scott can come to us,

Very sincerely,

O. R. Avison

Re Mr Scott, - We will go over the matter carefully with the Faculty & then write again.

ORA

122. 에비슨이 암스트롱에게 (2)

1921년 6월 13일

A. E. 암스트롱 목사,
선교부 총무,
캐나다장로회,
토론토, 온타리오 주, 캐나다.

친애하는 암스트롱 씨:

당신의 5월 20일 자 편지에 답장하여 말하자면, 영국에 등록하는 문제와 관련하여 우리가 경험한 어려움은 등록 문제에 있지 않고 캐나다 국적 문제에 있습니다. 더글라스(Douglas)에게 내려진 그 결정은, 그가 영국[의사로] 등록되어 있다고 하더라도, 캐나다가 영국과 똑같이 일본 의사에게 호혜주의를 적용해주지 않고 있는 까닭에, 그의 영국 등록을 근거로 그들이[일본이] 자격시험을 보지 않고 의료행위를 하는 것을 허용할 수 없다는 것입니다. 이런 것은 자치령 의료협회가 그런 어려움을 해결하지 않는 한 틀림없이 머레이(Murray)에게도 적용될 것입니다.

당신은 오웬스에게 보낸 편지에서 웰치 감독의 인터뷰와 요시노(Yoshino) 교수의 도쿄 언어학교 강연에 대해 거론하였습니다. 전자는 서울프레스 신문에서 다시 보도되었고, 요시노 박사의 강연은 내가 미국에서 돌아오는 길에 그 일부에 대해서만 들었습니다. 요시노 박사는 일본에 있는 '땅 위의 소금'의 한 명입니다. 만일 고위 인사들 안에 그 같은 사람이 더 많다면, 일본은 주변 국가들에 아무 염려도 끼치지 않을 것입니다.

당신이 말한 협력이사회의 연례회의 보고서는 아직 도착하지 않았습니다. 만족스러운 회의였다고 하니 기쁩니다.

동봉해서 보낸 세금 통지서를 스코필드 의사가 받았는지 당신이 확인해주시겠습니까?

안부 인사를 드리며,

안녕히 계십시오.

O. R. 에비슨

추신.

캐나다인이 이곳에서 등록하는 문제에 관해,

일본인은 영국에서 등록하고 의료행위를 할 수 있지만, 캐나다에서는 등록하고 의료행위를 할 권리를 얻지 못합니다.

∴ 캐나다인은 영국에서 등록하고 의료행위를 해도, 일본에서는 등록하고 의료행위를 하지 못합니다.

이것은 전적으로 상호주의의 문제입니다.

ORA

출처: PCC & UCC

OFFICE OF PRESIDENT

O. R. AVISON, M. D.

SEVERANCE UNION MEDICAL COLLEGE
NURSES' TRAINING SCHOOL
SEVERANCE HOSPITAL

SEOUL, KOREA

CO-OPERATING MISSIONS
PRESBYTERIAN CHURCH IN THE U. S. A.
METHODIST EPISCOPAL CHURCH
PRESBYTERIAN CHURCH IN THE U. S.
METHODIST EPISCOPAL CHURCH, SOUTH
PRESBYTERIAN CHURCH IN CANADA
PRESBYTERIAN CHURCH OF AUSTRALIA

JUL 6 1921
REC'D ..15
Presbyterian Foreign Mission Board

June 13, 1921.

Rev. A. E. Armstrong,
Secretary, Board of Foreign Missions,
Presbyterian Church in Canada,
Toronto, Ont., Canada.

Dear Mr. Armstrong:

Replying to your letters of May 20th, would say that the difficulty we are experiencing in regard to British registration is not in regard to the registration but in regard to Canadian nationality. The decision handed down in Douglas's case is that although he has British registration Canada does not grant reciprocity to Japanese doctors in the same way as Great Britain does, and that for that reason they cannot allow him to practice without examination under his British registration. Undoubtedly this will apply to Dr. Murray unless the Dominion Medical Association can overcome the difficulty.

In your letter to Mr. Owens you refer to Bishop Welch's interview and to Prof. Yoshino's address at the Tokyo Language School. The former was republished in the Seoul Press, and I heard part of Dr. Yoshino's address on my way back from America. Dr. Yoshino is one of the salt of the earth in Japan: if there were more like him in high places Japan would not cause any of her neighbors any worry.

The report of the annual meeting of the Cooperating Board to which you refer has not yet come to hand. I am glad to know it was a satisfactory meeting.

Will you kindly see that Dr. Schofield gets the enclosed tax notice.

With kind regards,

Very sincerely,

O R Avison

P.S. Re registration here of Canadians,
A Japanese can register in Gt. Britain and practise there but that does not entitle him to register and practise in Canada.
∴ A Canadian, altho he may register in Gt. Britain and practise there, may not register and practise in Japan.
It is entirely a case of reciprocity.
DRA

123. 에비슨이 서덜랜드에게

1921년 6월 13일

G. F. 서덜랜드 씨,

조선 기독교 교육을 위한 협력이사회 회계,

뉴욕.

친애하는 서덜랜드 씨:

상해에서 했던 스팀슨관 설계도의 추가 작업에 대한 머피 앤 다나(Murphy & Dana) 건축회사의 1921년 1월 18일 자 청구서와 관련하여, 연희전문학교 건축위원회 위원장인 밀러(E. H. Miller) 목사의 편지 사본을 동봉합니다. 내가 그에게 그 청구서를 주어 검토하게 하였습니다.

나의 판단으로는 우리가 받아본 적이 없고 지붕을 올릴 때가 되어 스스로 마련해야 했던 일부 세목들에서 비용을 차감해야 합니다. 시방서에 있는 집회실 지붕의 철제 트러스 작업 부분에 대한 이야기입니다.

이런 설명과 함께 협력이사회의 실행위원회에 청구서의 문제를 공정하게 그리고 그 건축가들이 가급적 만족할 수 있게 해결해주도록 맡깁니다.

안녕히 계십시오.

O. R. 에비슨

출처: UMAC

(Copy to Murphy & Dana 10/28/21)

Chosen Christian College

OFFICE OF THE PRESIDENT

O. R. AVISON, M. D.

Seoul, Chosen

CO-OPERATING BOARDS
PRESBYTERIAN CHURCH IN THE U. S. A.
METHODIST EPISCOPAL CHURCH
METHODIST EPISCOPAL CHURCH, SOUTH
PRESBYTERIAN CHURCH IN CANADA

TRANSFERRED

June 13th, 1921.

Mr. G. F. Sutherland,
Treasurer of Cooperating Board for -
Christian Education in Chosen,
New York.

Dear Mr. Sutherland,

Re bill of Messrs. Murphy & Dana of January 18th 1921 for additional work on the Stimson Building plans done in Shanghai, I enclose a copy of a letter from Rev. E. H. Miller, Chairman of the C.C.C. Building Committee, to whom I submitted the Account for consideration.

My own judgement is that a deduction should be made for that part of the detail specifications which did not reach us and which we had to provide ourselves when the time came to construct the roof. I refer to the Specification for the iron truss work of the roof over the Assembly Hall.

With these explanations we must leave it to the Executive Committee, of the Cooperating Board, to settle the bill equitably and if possible, to the satisfaction of the architects.

Very sincerely,

O R Avison

RECEIVED BY
ASST TREASURER ( )
(DATE)
9-28-21
TO — REFERRED — DATE
BY — ANSWERED — DATE
Murphy & Dana, 10/28
BY — PASSED TO FILE — DATE
GBS 10/29
BY — FILED — DATE
NOV 1 Filed

124. 암스트롱이 에비슨에게

1921년 6월 16일

O. R. 에비슨 박사,

세브란스연합의학전문학교,

서울, 한국, 일본.

친애하는 에비슨 박사님:

당신의 4월 26일 자 편지를 5월 25일에 받았습니다. 연희전문에 100명 이상의 학생들이 등록한 사실을 알게 되어 기쁩니다.

내가 전에 보냈던 편지에 대해 말하자면, 당신이 그[스코트]를 분명히 원하고 [한국] 선교회가 잭 씨를 대신하여 스코트 씨를 간도에서 서울로 옮기기로 7월에 분명히 합의한다면, 당신이 선교회가 내린 결정을 곧바로 내게 전해주고, 당신은 그에게 무슨 과목을 맡기기를 원하고 우리가 그를 몇 달 동안, 이를테면 연말이 되기 전까지, 뉴욕이나 시카고 등지에 머물러 어떠한 전공공부를 하게 하는 것이 좋을지 그렇지 않을지를 설명해주면 좋겠습니다.

선교회가 결정을 내리는 데에 있어서 나는 어떤 식으로든 우리의 의향을 암시하고 지시하는 일을 하고 싶지 않습니다. 그런 것은 우리의 사고방식과는 아주 거리가 멉니다. 그러나 스코트 씨가 연희전문학교에 임명된다면, 선교회 회의가 끝나자마자 소식을 전하여, 우리가 우편물을 받아보고 그가 가을 동안 어떤 학업 과정을 밟을지 아니면 말지를 알 수 있게 할 필요가 있음을 당신은 인정할 것입니다. 만일 그가 그렇게 하지 않게 될 경우에는 우리가 그 사실을 알게 되자마자, 그는 뱅쿠버로 가서 나머지 안식년을 보내게 될 것입니다. 그는 뱅쿠버의 챌머스 교회(Chalmer's Church)에서 후원받을 예정입니다.

연전 이사회가 3월 23일에 내린 결정(2페이지)을 알리기 위해 당신이 우리 [한국] 선교회에 보냈던 통신문의 사본을 우리가 받으면 좋겠습니다. 종교교육의 자유의 문제는 가장 큰 관심사의 하나입니다.

스코필드 의사에 관해서는 전해줄 새 소식이 없습니다. 그는 현재 토론토 종합병원에서 어떤 일을 하고 있습니다. 선교부는 그가 유급으로 근무하기 시작했을 때부터 그의 안식년을 연장하고 무급으로 돌렸습니다.

당신이 치과의사 문제로 리드(Reed) 의사에게 보낸 편지의 사본이 내게 왔습니다. 그러나 거기에 설명문이 없어서, 스코트에게 그 문제에 관해, 특별히 톰슨(Thompson) 의사에 관해 내게 무엇을 해주기를 기대하는 것이 있는지 알아봐달라고 부탁하였습니다. 뉴욕에서 5월 11일 열린 연례회의 때 톰슨의 임명이 합의되었고, 그의 생활비는 현지에서 충당하기로 합의되었습니다.

당신이 도서관-신학과에 비치할 영어 서적을 얻도록 우리가 어떤 도움을 줄 수 있으리라고 생각하고 있는지 모르겠습니다. 그 가운데 스코트가 우리에게 제공한 목록에는 우리 선교회와 본국의 어느 지역들로 들어가면 말썽을 일으킬 것이라고 예상할만한 책들이 있습니다. 그러나 나는 그것이 어느 출판사의 카탈로그에서 수집한 것이고 특별히 그 내용을 보고 수집한 것은 아니었을 것이라고 짐작합니다.

안부 인사를 드립니다.

안녕히 계십시오.

AEA[A. E. Armstrong]

추신. 당신이 이전 편지에서 일본법을 거론한 것과 관련하여 카메론(Cameron) 박사가 보낸 글을 동봉해서 보냅니다. 당신의 생각에 더 해야 할 일이 있으면 알려주기 바랍니다. 내가 그것을 머레이(Florence Murray) 의사에게 보내겠고, 마틴(Martin) 의사와 그리어슨(Grierson) 의사에게도 보내겠습니다. 당신이 맨스필드(Mansfield) 의사에게 그것을 보여주어도 좋을 것입니다.

출처: PCC & UCC

June 16th, 1921.

Dr. O.R.Avison,

Severance Medical College,

Seoul, Korea, Japan.

Dear Dr.Avison:

I received your letter of April 26th on May 25th. I am glad to know that you have over 100 enrolled in C.C.C.

Referring to my former letter, should you desire him, and should the Council agree in July to transfer Mr. Scott from Kando to Seoul to replace Mr. Jack, it would be well for you to send me word at once the Council has decided stating just what you would wish him to undertake and whether or not we should detain him for a few months, say until the end of the year, for some special course in possibly New York or Chicago.

I would not like in any way to indicate our desire to direct Council in its decision, which is far from our thought, but if Mr. Scott is appointed to C.C.C., you will recognize how necessary it is that we should receive, as soon after Council meeting as a mail can reach us, information as to whether or not he should take some course during the autumn. If he is not to do that, he will as soon as we know the fact, move to Vancouver for the balance of his furlough. He is to be supported by Chalmer's Church, Vancouver.

We shall be interested in receiving a copy of the communication you sent to our Council as per action of the C.C.C. Field Board, March 23rd, page 2. The subject of freedom of religious instruction is one of great interest.

There is nothing new to report concerning Dr. Schofield. He is at present doing some work in Toronto General Hospital. The Board has put him on extended furlough without salary dating from the time he begins remunerative work.

Copy of your letter to Dr.Reed, regarding dentists, was sent to me, but no covering letter with it, so I have written Scott to ascertain if I am expected to do anything in the matter, especially with reference to Dr.Thompson. The annual meeting, May 11th, in New York, agreed to Dr.Thompson's appointment, his maintenance to be met from funds on the field.

I do not know whether you think we can get anything

-2-

to help you get books in English for the Library - Theological department. The list furnished us by Mr. Scott has in it some books which might I fancy cause trouble in our Council and in some quarters at home if the list got into their hands. I suppose, however, it was compiled from some publisher's catalogues, and without special reference to their nature.

With kind regards, I am,

Very sincerely yours,

ABA-JS.

P.S. With reference to your former letter concerning regulations in Japan I send the enclosed note from Dr. Cameron and will be glad to know if you think anything further should be done. I am sending it to Dr. Florence Murray, also as well as to Dr. Martin and Dr. Grierson. You might show it to Dr. Mansfield.

125. 서덜랜드가 에비슨에게

1921년 6월 30일

O. R. 에비슨 씨,
연희전문학교,
서울, 한국.

나의 친애하는 에비슨 박사님:

얼마 전 당신은 [이사회에서] 위임을 받아 건물들에 대해 말해주는 편지를 친절하게 보내주었고, 회의록 사본과 당신 자신의 보고서 사본과 학감 및 위원회들 등의 보고서 사본들을 함께 보내주었습니다. 이 모든 것을 큰 흥미 속에서 읽었습니다. 방금 내가 겐소(Genso) 씨에게 편지를 썼듯이, 이것으로 대학의 상황을 맨 처음 두루 파악하게 되었습니다. 이로써 그곳의 상황을 있는 그대로 잘 이해하게 되어 기쁩니다.

당신의 편지는 남감리회의 기부금에 관해 설명해준 점에서 특별히 소중하였습니다. 1, 2주일 전에 내가 그들로부터 $18,000을 내게 보내겠다고 하는 편지를 받았는데, 거기에서 그것은 롤링스(Rawlings) 씨가 당신에게 보냈던 편지에 의거하여 보내는 것이라고 말하였습니다. 내가 프랑스에 있는 롤링스 박사에게 그가 당신에게 썼던 편지의 사본을 달라고 요청하였는데, 그 편지에서도 그 일은 당신과의 대화에 따른 것이었다고 진술되어 있었습니다. 그래서 이쪽에 있는 나는 이 돈이 보내진 목적을 알 수 없었습니다.

이 $18,000.00 가운데 $10,000.00을 겐소 씨에게 송금할 터인데, 환전 문제로 인해 캐나다장로회 선교부가 직접 송금할 것임을 유의하도록 그에게 요청할 예정입니다. $8,000.00은 남감리교인들과 캐나다장로교인들의 기부로 건축될 건물들을 위해 이곳 미국에서 자재를 구입할 필요가 있을 것에 대비하여 송금을 보류해야 한다고 생각됩니다. [당신이] 이 일에 만족하실 것이라고 믿습니다.

우리의 좋은 친구인 루카스(Lucas) 씨가 태평양 연안을 향해 출발했으므로, 곧 한국으로 출항할 것입니다. 그가 그곳에 가면 당신이 틀림없이 매우 기뻐할 것입니다. 그가 종합대학의 수립을 위해 매우 소중한 역할을 할 사람이라는 인상이 내 안에서 점점 더 커지고 있습니다.

안녕히 계십시오.

GFS[G. F. Sutherland]

출처: UMAC

TRANSFERRED

June 30, 1921.

Mr. O. R. Avison,
Chosen Christian College,
Seoul, Korea.

My dear Dr. Avison:-

Sometime ago you were good enough to send me a letter telling of the buildings which you had authorized, together with copies of minutes, copy of your own report, reports of deans, committees, etc., all of which I have read with a great deal of interest. As I have just written Mr. Genso, this is the first comprehensive view that I have had of the College situation and I am glad to be put thus in close touch with the situation as it stands.

Your letter was especially valuable in its reference to the gift of the Southern Methodists. I had a letter from them a week or two ago sending me $18,000., saying that it was in accordance with Dr. Rawlings' letter to you. Dr. Rawlings being in France I asked for a copy of his letter to you and the letter states that it was in accordance with a conversation with you, so that from this end of the line I could get no light on the purpose for which this money was forth coming.

I am remitting to Mr. Genso $10,000.00 of this $18,000.00 calling his attention to the fact that the Canadian Presbyterian Board will remit direct because of exchange and that I felt I ought to withhold $8,000.00 which might be needed for purchase of materials here in the States, both for the buildings to be erected by the Southern Methodists and those by the Canadian Presbyterians. I trust that this will be satisfactory.

Our good friend Mr. Lucas has left for the Pacific Coast and will be soon sailing for Korea, where you will doubtless be very glad to have him. I am more and more impressed that he is a very valuable man for the University.

Sincerely yours,

GFS
FS

126. 암스트롱이 에비슨에게

1921년 7월 15일

O. R. 에비슨 박사,

세브란스연합의학전문학교,

서울, 한국.

친애하는 에비슨 박사님:

당신의 6월 8일 자와 13일 자 그리고 7월 4일 자 편지들을 받았습니다. 전자에서 당신은 스코필드의 사임에 대해 거론하였고, 파운드(Found) 씨가 세브란스를 위해 "발굴되기"(found)를 희망하였습니다. 당신은 또한 블랙(Black) 의사와 브라운(Chester Brown) 의사를 알아보라고 내게 요청하였습니다.

스코필드의 문제는 달라진 것이 없습니다. 그들은 여름을 [온타리오 주] 무스코카(Muskoka)의 산채에서 보냅니다. 그는 한국에 돌아가기를 간절히 희망하지만, 그 시기를 예견할 수는 없습니다.

파운드 의사는 우리 선교부의 후원으로 세브란스에 갈 수도 있지만, 우리는 맨스필드 의사를 교수로 파송함으로써 책임을 이행하였습니다. 따라서 나는 조선 기독교 교육을 위한 협력이사회의 연례회의 때 그[파운드]를 임명하도록 제안하였고, 북감리회 선교부의 모스(Moss) 씨가 즉각적으로 호응하여 자기들이 그를 고려해보겠다고 말하였습니다.

모스 씨는 최근에 보낸 편지에서 그들이 7월 21일 뉴욕 선교부 사무실에서 파운드 의사를 만나기로 일정을 잡았다고 설명하였습니다. 그가 임명되지 않는다면 내가 놀랄 것입니다.

블랙 의사와 브라운 의사에 관해서는, 내가 그들의 주소를 갖고 있지 않아 그들 대신 스코필드에게 편지를 써서 그들과 연락할 것이고, 만일 두 사람과 연락이 닿으면 남장로회 선교회와 남감리회 선교부에 편지를 쓰겠습니다. 당신이 교수를 얻을 수 있도록 모든 면에서 돕기를 희망하고 있습니다. 그러나 당신은 세균학자 외에 어떤 자리를 채우기를 원하는지를 정확히 말해주고 있지 않습니다.

빌링스가 [큰딸을] 잃게 되어 유감입니다. 당신이 그들을 보고 생각이 나거든 나의 깊은 애도를 전해주기 바랍니다.

맨스필드가 교수회의 회장이 된 사실을 알게 되어 좋습니다. 당신의 말대로 그는 조직화하는 능력을 발휘할 수 있습니다.

캐나다인 의사가 영국에 등록된 사실이 일본 당국을 만족시키기에 충분치 않은 사실을 당신이 설명해주어서 감사합니다. 브리티시콜럼비아가 이 문제에서 일본의 상호주의 적용을 불가능하게 만들었을 것으로 예상합니다.

당신의 편지 내용을 머레이(Florence Murray) 의사와 우리 선교부의 심사부원들 가운데 한 명인 카메론(M. H. Cameron) 의사에게 말해줄 생각입니다. 그리고 카메론 의사에게 자치령 의료협회를 통해서 할 수 있는 일이 있는지를 물어보려고 합니다.

요시노(Yoshino) 교수에 관한 당신의 호의적인 의견을 즐거운 마음으로 읽었습니다. 나는 그의 강연을 매우 중요한 시대적 징조로 간주합니다. 당신이 그 강연의 일부를 들었다는 사실을 알게 되어 흥미롭습니다.

일본 정부로서는 하딩(Harding) 대통령의 극동문제에 관한 워싱턴 회의 초청을 온 마음으로 수락하기가 쉽지 않은 것이 분명합니다. 현재 그들은 그것의 수락과 관련하여 군비축소 문제만 거론하고 있습니다. 시베리아 문제와 중국 문제와 같이 그 회의순서에 오르게 될 다른 많은 중요한 쟁점들에 대해서는 아무 말도 하지 않고 있습니다. 지난 며칠간은 온통 요시노 같은 사람들과 그들이 대표하는 민주주의의 대의를 돕는 방향으로 상황이 전개되고 있습니다.

당신은 맥콘키(McConkey)에 대해 질의하였습니다. 그와는 더 이상 그 문제를 다루고 싶지 않습니다. 그의 능력에는 의문이 없지만, 그의 태도가 마음에 들지 않습니다.

그 실업대학이 연희전문 상과에서 가르칠만한 실력을 지닌 사람들을 배출하고 있지 않다고 한 당신이 옳다고 생각합니다. 이곳에 있는 쇼(Shaw) 씨의 통신학교들이 당신에게 필요한 사람을 우리에게 지목해줄 수 있을 것이고, 우리 교회의 가장 귀한 장로들 가운데 한 명이자 평신도 지도자인 핼리팩스 매리타임대학의 카울백(Kaulbach) 씨가 도와줄 수도 있을 것입니다. 내가 이 두 사람에게 편지를 쓰겠습니다.

스코트 씨에 관해서는, 우리는 지금 선교회가 언제라도 그를 연희전문으로 임명했다는 전보를 받기를 기대하고 있습니다. 그러나 당신의 편지를 보면 그들이 그를 서울로 보내기가 어려울 듯하다고 믿게 됩니다. 그 이유는 그가 어느 곳이든 빈자리들을 채울만한 특별한 자격을 갖추지 않은 것이 분명하기 때문입니다. 그는 퀸스(Queens)에서 공부할 때 정치경제 분야를 조금 접한 적이 있습니다. 그 과목은 일본인이 가르칠 것으로 짐작됩니다. 그는 상과를 맡을 수도 없고, 농과도 맡을 수 없고, 수물과도 맡을 수 없는 것이 거의 확실합니다. 신과의 교수로는 눈부신 역할을 하겠지만, 평양신학교에서 우리 선교회를 대표해서 가르쳐야 할 듯합니다.

[캐나다장로회의] 전진운동 수입에서 선교지로 보내는 모든 돈은 현지[한국] 선교회가 보낸 견적서를 따라 책정되고 있습니다. 따라서 연희전문학교에 $40,000의 일부 또는 전액을 지급해야 하는 문제는 [한국] 선교회와 상의하라고 당신에게 제안하고 싶습니다. $40,000은 물론 우리 전진운동 모금액의 목표치인 총 $4,000,000을 우리가 받는 것에 좌우됩니다. [모금운동의] 약정금을 내는 기한은 다음 8월이지만, 자연스럽게 내년이 되기 전에는 많이 받지 못할 것입니다. 그래도 $5,000,000 이상이 약정되면, 최소한 $4,000,000은 우리가 얻을 것이라고 예상합니다. 25% 이상은 줄어들지 않지만 거의 틀림없이 10% 이상은 줄어들 것이라고 생각합니다. 만일 우리의 농작물의 작황이 좋고 산업이 향상된다면 말입니다.

잭 씨가 [연희전문에서] 근무하지 않는 대신 $2,000을 보내는 문제에 대해 말하자면, 당신은 그가 우리의 봉급 목록에서 삭제되는 때인 1921년 4월 30일부터 받을 수 있을 것이라고 여겨도 됩니다. 이를테면 올해 계정에는 그 $2,000의 2/3를 넣을 수 있을 것이라고 여겨도 됩니다. 당신이 이렇게 알고 있으리라고 짐작합니다. 그는 물론 안식년 급여를 받을 권리를 갖고 있었습니다.

당신이 스코트 씨의 문제를 교수회로 가져가려 하는 점을 주목합니다. 그가 뛰어난 사람이기는 하지만, 그 자신도 만족하고 대학에도 명예롭게 할 수 있을 그런 자리를 그에게 찾아주기가 어렵다는 것을 나는 알고 있습니다.

당신이 최소한 몇 사람만이라도 우리 선교회 회원들의 생각을 알고자 주의를 기울이도록, 그리고 당신이 원하는 대로 견해를 밝힐 수 있도록, 당신의 관심을 일깨워야 한다고 생각하는 또 다른 문제가 있습니다. 그것에 대해 내 의견을 밝히지는 않겠지만, 최근에 우리 선교사 한 명으로부터 받은 당신의 편지를 짧게 인용합니다.* 내 편지에 대한 답장

* 바로 다음 문장에서 인용된 것은 이 편지의 발신자인 암스트롱의 발언이다. 에비슨의 편지 인용문은 일부가 발췌되어 이 편지에 첨부되었으나, 여기에서는 보이지 않고 있다.

으로 온 것인데, 내 편지에서 나는 선교회가 전적으로 책임지는 기관들 못지않게 협력하는 기관도 우리 선교사역의 한 부분으로 여겨야 한다고 생각한다고 진술하였습니다.

더 나아가 나는 우리 선교회가 가능한 한 많은 학생을 세브란스와 연희전문에 보내야 한다고 생각한다고 진술하였습니다. 당신이 알듯이, 우리가 많은 학생을 평양 숭실대에 보내고 있는 까닭에 내 편지에서 이렇게 언급하였습니다. 서울에 있는 학교들을 우리가 적절히 후원하는 것이 간섭받지 않는 한 나는 그런 것에 반대하지 않습니다. 우리가 다른 선교부들과 그곳에 대한 책임을 공유하고 있기 때문입니다.

그 편지의 발췌문을 첨부해서 보냅니다. 당신이 원치 않는다면 그것이 이 편지의 일부로서 당신의 파일 안에 포함되지 않게 하기 위해서입니다. 당신이 그 말을 우정어린 비판으로 이해할 것이라 확신합니다. 우리는 그런 종류의 비판을 모두 환영합니다.

한국으로 임명된 우리의 세 여성, 머레이 의사와 로즈(Rose) 양과 커리(Currie) 양이 일본 황후(Empress of Japan) 호로 8월 26일 고베에 도착합니다. 맥밀란(Kate McMillan) 의사가 그들을 맞이하리라고 생각합니다. 베시(Vesey) 가족은 8월에 영국을 떠나 10월 전에는 한국에 도착하리라고 짐작합니다. 한국에 가서 언어공부를 한 후에 세브란스병원으로 갈 사람을 얻기 위해 맥켄지(McKenzie) 부인이 어떤 사람과 통신하고 있다고 내게 알려주었습니다.

에비슨 부인과 더글라스 부부와 당신께 안부 인사를 드리고 행복을 빕니다.

안녕히 계십시오.

AEA[A. E. Armstrong]

추신. 동봉된 편지를 오웬스에게 전해주기 바랍니다.

출처: PCC & UCC

July 15, 1921.

Dr. O. R. Avison,
Severance Union Medical College,
Seoul, Korea.

Dear Dr. Avison,

I received your letters of June 8 and 13th on July 4th. In the former you refer to Dr. Schofield's resignation and expressed the hope that Dr. Found may be "found" for Severance. You also ask me to look up Dr. Black and Dr. Chester Brown.

Nothing new has developed in Schofield's case. They have a cottage in Muskoka for the summer. He is keen and hopeful about returning to Korea, but when he cannot predict.

Dr. Found would have gone to Severance under our Board, but our responsibility is met by having Dr. Mansfield on the Staff. Accordingly I suggested his name at the Annual meeting of the Chosen Co-operative Board, and Mr. Moss of the M.E. Board N. immediately said they would consider him.

A recent letter from Mr. Moss states they have arranged for Dr. Found to meet their Board in New York on July 21st. I shall be surprised if he is not appointed.

As for Dr. Black and Dr. Brown, I have not got their addresses, but shall write Schofield for them, and will get in touch with them and if either is available I shall then write the Southern Presbyterian and Southern Methodist Boards. I am anxious to help you in every way possible to secure staff, though you did not mention just what chairs you wish filled apart from bacteriologist.

I am sorry for the bereavement that has come to the Billings. If you see them and you think of it, please convey my sincere sympathy.

It is good to know that Dr. Mansfield is Chief of Staff where, as you say, he can use his ability in organization.

Thank you for your explanation concerning British registration of Canadian doctors as not being sufficient to satisfy the Japanese authorities. I anticipate that B. C. will make it impossible for reciprocity with Japan in this matter.

I am quoting your letter to Dr. Florence Murray, and to Dr. M. H. W. Cameron, one of our Board examiners, and may ask

Dr. Cameron if anything can be done through the Dominion Medical Association.

I was glad to read your favorable comment of Professor Yoshino. I regard his address as a very important sign of the times. It is interesting to know that you heard part of it.

Apparently it is not easy for the Japanese Government to accept whole-heartedly President Harding's invitation to the Washington Conference on Far Eastern matters. At present their acceptance refers to discussion of disarmament only, and makes no reference to the many other important issues that will be on the programme, such as Siberia and China. The developement of the last few days are all tending to help men like Yoshino, and the cause of democracy which they represent.

You ask about McKenkey. I do not intend to take the matter up with him anymore. I wrote him twice and got no reply. I have no doubt of his ability, but I do not like his attitude.

I think you are right that the Business Colleges do not turn out men of sufficient education for the Commercial Dept. at Chosen College. Mr. Shaw of the Correspondence Schools here might be able to direct us to such a man as you need, or Mr. Kaulbach of the Maritime College, Halifax, one of the best elders and leading layman of our Church, may be able to help. I shall write them both.

As to Mr. Scott, we are expecting any day now a cablegram in case the Council appoint him to Chosen. Your letter however, leads me to believe that they will have difficulty in sending him to Seoul because apparently he has not the special qualifications for any of the positions that are vacant. He has been dabbling in political economy somewhat in his study at Queens'. I had supposed that subject would be taught by a Japanese. He cannot take charge of the Commercial Department, nor that of Agriculture, and I am almost sure he could not take the Mathematics. He would make a splendid Professor in theology, and it may be that he ought to represent our Mission at Pyengyang Seminary.

All Forward Movement payments to the field are made on the estimates sent forward by the field Council. Accordingly I would suggest that you take up with the Council the question of what part or all of the balance on $40,000 for Chosen Christian College should be paid. The $40,000 of course conditioned upon our receiving the total $4,000,000 which was the objective of our Forward Movement. The final payments on the subscriptions is due next autumn, but naturally much will not be paid until next year. I anticipate however, that we shall get at least $4,000,000 inasmuch as more than $5,000,000 was subscribed, and there would hardly be shrinkage of more than 25 percent, and probably I should think, not more than 10 percent, if we have good crops and industry improves.

Regarding the $2,000 in lieu of Mr. Jack's services, you may count on it being available from the time he was dropped from

-3-

our salary list, April 30, 1921, that is to say, two-thirds of $2,000 would be available on this years account. I presume this is what you understand. He of course, was entitled to furlough allowance.

I note that you are going into the matter of Mr. Scott with the Faculty. He is a choice man, but I understand the difficulty of finding a position for him which he could fill with satisfaction to himself and credit to the College.

There is another matter that I feel I ought to bring to your attention in order that you may know the mind of at least certain members of our Mission, and be able to make such comment as you desire. I shall not make any comment on it myself, but simply quote your letter recently received from one of our missionaries in answer to one of mine in which I had stated that I thought the Mission should consider any institution in which we are co-operating as much a part of our missionary work as any institution for which we are entirely responsible.

I further stated that I thought our Mission should send as many students as possible to Severance and Chosen Colleges. I mentioned this in my letter because, as you know, we are sending many students to the Union College Pyengyang. I personally have no objection to that so long as it does not interfer with our proper patronage of the institutions in Seoul for which we share responsibility with other Boards.

The extract from the letter I attach, in order that it may not go on your files as part of this letter unless you wish it. I am sure you will understand it to be a friendly criticism, which kind of criticism we all welcome.

Our three ladies under appointment to Korea, Dr. Murray, Misses Rose and Currie, are due in Korea on the Empress of Japan on August 26th. I think Dr. Kate MacMillan is to meet them. The Veseys leave England in August, and will, I suppose, not reach Korea until October. Mrs. MacKenzie informs me that she is in correspondence with a [illegible] hopes to secure for Korea with a view of her going to Severance Hospital after language study.

With kind regards and best wishes to Mrs. Avison, Douglas and his wife and yourself, I am,

Very sincerely yours,

AEA/ECB

P. S. Will you please hand enclosed to Mr. Owens.

127. 에비슨이 굴릭에게

1921년 7월 19일

시드니 L. 굴릭 목사·명예신학박사,
동양관계위원회 총무,
뉴욕 시, 뉴욕 주.

친애하는 굴릭 박사님:

당신의 요구에 응하여 당신의 위원회가 9월 회의 때 활용하도록 다음의 내용을 보고합니다. 이 정보는 부분적으로는 평양에서 열린 연례회의에 참석한 선교사들로부터 수집하였고, 원산 해변, 하기 휴양지들의 한 곳, 캐나다장로회 [한국] 선교회의 연례회의에서도 수집하였습니다.

전반적으로는 상황이 조용합니다. 일반적으로 말하자면, 한국인들이 독립할 뜻을 포기하지는 않았지만, 2년 전보다는 그 일의 신속한 실현을 추구하지 않고 있다고 할 수 있습니다. 그리고 상해의 임시정부가 선전 활동 이상의 일을 하기는 어렵다는 사실을 깨닫기 시작하였습니다. 그 결과 관심을 교육 방면에 돌리고, 그들에게 주어진 매우 제한적인 지방자치 방법에 참여하며, 또한 얼마 전 서울프레스 지의 지적처럼 기존 교육법에서 요망하는 개혁들에 관한 교육조사회(Educational Investigating Commission)*란 위원단에 대표들을 보내어, 자구책을 구하고 있습니다. 완전한 협력의 가장 큰 장애물은 영향력 있는 많은 사람이 느끼는 일본의 진정한 의도에 대한 불신입니다.

중국 국경 지역의 상황은 아직 아주 비정상적입니다. 내가 들은 한 소식에 의하면, 올봄에 압록강의 얼음이 녹았을 때 시체가 아주 많이 떠내려와서 겨울 동안 변방의 경계가 엄중하였음을 입증하였다고 합니다. 동쪽 국경에서 온 또 다른 소식으로는 게릴라 부대들이 한국 본토에 자주 들어와서 독립군을 위한 자금을 요구하고 있는데, 그것을 받지 못하

* 1921년 설치된 교육조사회의 위원들은 '教授 上 용어 문제', '조선역사 교수 문제', '조선인 교장 문제', '의무교육 준비 문제', '사립학교 장려 문제', '교과서 내용 문제', '사범학교 문제', '대학 문제', '기타 폐단'을 조사하여 근본적인 개선을 이루기를 희망하였다. 教育調査委員 高元勳, 「今日의 問題: 教育問題의 一端」, 『동아일보』, 1921년 2월 21일, 2면.

면 그 일행이 요구 대상을 힘들게 하고, 만일 누가 돈을 주고 경찰에 즉시 신고하지 않았다가 그 소식이 새어나가면 재빨리 이동한다고 합니다. 간도라 불리는 만주 쪽에서는 군대가 철수하고 헌병경찰이 뒤이어 들어오고 있습니다. 일본은 중국 영토에 있는 한국인 학교들을 검열할 권리를 주장하고 있습니다. 불안한 상황이 만연한 곳은 먼 북쪽 지방뿐입니다. 지난해의 군사작전으로 인해 서만주의 한국교회가 크게 위축되었고, 전에 목사를 부양할 수 있었던 많은 교회의 교인들이 지금은 그러기에는 너무나 가난해졌습니다.

전반적으로 총독부 관리들이 선교사들에게 더 호의를 나타내고 있음을 입증하게 되어 기쁩니다. 내가 3월에 미국에서 돌아온 후, 총독 사이토 남작이 필자와 다른 선교사들을 자기 집으로 몇 번 초대하였습니다. 서울프레스 지는 경찰력 안의 바람직하지 않은 요소들을 제거하는 정책이 진행되고 있다고 공고하였습니다. 선천과 원산의 경찰서장들이 징계를 받은 것 정도는 우리가 알고 있습니다. 전자의 장소에서는 선교사들이 그들의 처사를 신랄하게 불평한 후에 책임자가 교체되었습니다. 몇몇 선교사들이 말하기를, 자신들이 관리들에게 불만을 토로한 결과로써 그들이 해임되었는데, 특별히 대구 지역에서 그러하였다고 하였습니다. 서울프레스의 보도는 그 정책이 매우 만족스러움을 확증해주고 있습니다. 총독부도 히라이(Hirai) 씨를 평양이 위치한 도[평안남도]의 학무·종교과 과장으로 임명한 일로 인해 칭찬을 받아야 합니다. 당신도 틀림없이 알고 있듯이, 한국에서 기독교의 큰 중심지인 평양에 히라이 씨와 같은 기독교인을 임명한 것은 정치적 수완을 제대로 보여준 행위입니다. 히라이 씨는 북장로회 선교회의 연례회의에 도지사를 대신하여 참석하였습니다. 그 회의에서 뛰어난 영어로 길게 연설하였는데, 그의 말의 진정성과 공감력과 통찰력이 그의 화법보다 나았습니다. 그는 자기가 있는 도의 행정부는 선교사 단체의 친절한 조언을 언제든지 환영하며 협력을 지향할 것이라고 말하였습니다. 또한 도내의 모든 경찰이 기독교를 연구하여 기독교가 무엇인지를 알게 하도록 신약성경을 호주머니에 이미 지니게 했거나 지니게 할 예정이라고 말하였습니다. 그는 또한 최근에 지방에 다니면서 한국인들을 만났는데, 그들이 히라이 씨를 "선교사"라고 말하였고, 그 별명이 자랑스럽다고 언급하였습니다.

이전 보고서들에서 내가 언급했던, 서울에 있는 북감리회 소속의 큰 남학교[배재학교] 교장직을 박탈당한 아펜젤러(H. D. Appenzeller) 목사의 사건은 그가 경찰의 지시를 따르기를 거절하고 그들에게 정치적 사건으로 보일 행동을 했기 때문에 발생하였습니다. 아펜젤러 씨는 3개월 전에 교장직을 회복하였습니다. 내가 전에 "동아일보"가 정간되었다고 말한 적이 분명히 있었는데, 그 신문이 아주 규칙적으로 발행되고 있다는 소식을 전합니다.

지난 몇 달 동안 여러 관립학교와 미션계 학교에서 동맹휴학이 벌어졌습니다. 가장 중요한 것은 아마도 관립 경성의학전문학교에서 일어난 일일 것입니다. 그곳에서 일본인 해부학 교수가 강의 시간에 한국인의 두개골을 조사하면 일본인보다 더 낮은 인종에 속한 것이 입증된다고 주장한 것으로 인해 한국인 학생들이 동맹휴학을 벌였습니다. 다른 관립학교의 동맹휴학은 일본인 학생과 한국인 학생 간의 차별 때문에 벌어졌다고 주장되고 있는데, 서울프레스는 이를 부인하였습니다. 대구 미션계 학교의 동맹휴학은 학교 당국이 두 명의 이북 지방 교사들을 해고하도록 요구받은 일로 야기되었습니다. 그 일이 그처럼 오래 끌었던 이유는 이 학교가 비기독교인 학생들을 비교적 많이 입학시켰던 것으로 설명될 수 있을 것입니다.

[일본 경찰의] 고문에 대한 소식들은 이전처럼 일상적으로 들려오고 있지는 않지만, 예비심문 과정에서 그런 것이 여전히 자행되고 있는 증거가 있습니다. 지난 3월 서울 이탈리아 영사관 근처에 있는 교회의 교인들이 체포되었는데, 기도회에서 한 사람이 불법적인 일들을 위해 기도하게 한 혐의 때문이었습니다. 세 명만 빼고는 모두 풀려났습니다. 이들 가운데 한 명은 나중에 풀려났는데, 그의 교회를 담임하는 선교사에게 보고하면서 몸에 있는 고문받은 흔적을 보여주었습니다. 이 선교사는 이 사람을 총독부 경무과로 데려가서 관리들에게 이 사건을 조사하게 하였습니다. 그 결과 그 사람이 두 번 교외에 있는 경찰서로 불려가 재조사를 받았고, 나중에 한 경찰이 그의 집을 찾아가 사과했으며, 화해의 선물로 10원짜리 지폐를 주었습니다. 다른 두 명은 고문을 받지 않았습니다.

평양에서 연례회에 참석하는 동안 나는 평양 서문교회의 조사와 그의 아내가 조금 전에 체포되었다는 소식을 들었습니다. 그들은 강서 감옥에 갇혔습니다. 이 감옥에서 남자 수감자들이 매질을 당했다는 소식을 들었습니다.* 그의 아내는 남자 수감자들과 한 방에 갇혔습니다. 평양 선교지회에 속한 전도부인이 체포되어 쇠가죽 채찍으로 세 번 매질을 당하였습니다. 강동학교 출신의 남학생 두 명도 매질을 당하였습니다. 필자는 이런 일을

---

* 조선총독부는 1920년 4월 1일부로 태형을 폐지한다고 공포하였으나(「笞刑을 僅廢」, 『동아일보』, 1920년 4월 1일, 3면), 이 진술은 태형이 여전히 자행되고 있었음을 입증한다.

겪은 몇 사람의 집에 가서 살펴달라는 부탁을 받았지만, 그의 선교사가 들려주는 말로 아주 충분하였습니다.

남감리회 선교지회가 있는 다른 도의 철원에서 지난 6주 동안 20세와 30세 사이의 청년들이 경찰서로 불려가 손가락 사이에 끼운 나무로 고문을 당하였습니다. 그 심문의 목적은 그곳에서 주재하고 최근에 안식년으로 떠난 앤더슨(E. W. Anderson) 목사 · 의사가 독립운동 문서를 배포했는지를 알아보기 위해서였습니다.*

당국은 틀림없이 이 사건을 인지하게 될 것이고, 새로운 통치 정신을 아직 습득하지 못한 것으로 보이는 경찰 내의 바람직하지 않은 요소들을 없애는 좋은 일을 계속할 것입니다.

요약하면, 나라는 대체로 평소 상태로 돌아가고 있습니다. 총독부가 계속해서 좋은 일을 하여 경찰제도의 남용을 제거하고, 지방의회에 더 많은 권한과 최소한 일본에서 비슷한 단체들이 회의를 여는 빈도로 자주 회의할 권리를 주고, 총독부의 여러 직무에 한국인들을 되도록 많이 고용할 것으로 크게 기대되고 있습니다. 교육조사회와 같은 중요한 단체들에서 한국의 주요 기독교인들이 얼마나 인정받는지를 보는 것도 지혜로운 일에 속하리라고 생각됩니다.

안녕히 계십시오.

[서명됨] O. R. 에비슨

출처: PCC & UCC

* 철원의 1919년 3월 만세시위 때 남감리회 관할 미션학교인 정의학교와 철원읍교회가 그 중심에 있었다. 앤더슨(1879~?) 선교사는 1914년 내한하여 서울, 철원, 원산에서 활동하였으며, 1933~41년에는 세의전 이비인후과 교수와 이사로 활동하였다.

Rev W Elvimeltrog

5 white
1 yellow

July 19, 1921.

Rev. Sidney L. Gulick, D.D.,
Secretary, Commission on Relations with the Orient,
New York, N.Y.

Dear Dr. Gulick:

Complying with your request I send the following report for the use of your Commission at its September meeting. The information has been gathered in part from missionaries in annual session at Pyengyang also at Wonsan Beach, one of the summer resorts and where the Canadians have their annual council.

Conditions on the whole are quiet. In a general way it may be said that while the Koreans have not given up the idea of independence they do not look for it so soon as they did a couple of years ago, and they are beginning to realize the fact that the provisional government at Shanghai can do little more than propaganda. They are consequently trying to work out their own salvation by turning their attention to education, to participating in the rather limited measure of local self-government granted to them, and also, as the Seoul Press pointed out not long ago, to making representations to such a Commission as the Educational Investigating Commission as to reforms desired in the existing educational law. The chief obstacle to fuller cooperation is the distrust of the bona fide intentions of the Japanese felt by many influential people.

The situation on the Chinese boundary is not quite normal yet. From one informant I learn that when the ice broke up on the Yalu river this spring a great number of corpses floated down, testifying to the strictness with which the frontier was guarded during the winter. From another in the eastern part of the boundary I learn that members of guerrila bands often get into Korea proper and demand money for the independence army If it is not given it may go hard with the party on whom the demand is made, and if he gives money and does not report it to the police at once he is given short shrift once the news leaks out. In the part of Manchuria called Kando, the military have been withdrawn and have been succeeded by gendarmes. The Japanese claim the right and do inspect the Korean schools in this part of Chinese territory. It is only in the extreme north that the conditions of unrest obtain. Owing to the military operations last year the Korean church in Western Manchuria has been much weakened, many congregations which formerly were able to support a pastor being now too poor to do so.

It is a pleasure to testify to the more cordial feeling shown by the government officials as a whole towards the missionary body. The Governor General, Baron Saito, has invited the writer and other missionaries to his home several times since I returned from America in March. The Seoul Press announced that the policy of weeding out undesirable elements in the police force was being carried out, and we do know that the chiefs of police in Syenchun and Wonsan at least have been changed. At the former place the missionaries had complained bitterly of their treatment before the change was made. Several missionaries report that as a result of complaints laid by them against ~~the conduct of~~ officials dismissals have been made, especially in the Taiku district. This corroborative evidence of what the Seoul Press says is the policy is very gratifying. The government is also to be congratulated upon its appointment of Mr. Hirai as head of the department of Education and Religion for the province in which Pyengyang is located. Pyengyang, as you doubtless know, is a large centre of Christianity in Korea, and the appointment of a Christian like Mr. Hirai is a piece of real statesmanship. Mr. Hirai represented the Governor of the Province before the annual meeting of the Northern Presbyterian Mission. He addressed the meeting at length in splendid English, and the cordiality, sympathy and insight of his words were finer even than his diction. He stated that the provincial government of which he is a member welcomed at all times the kind advice of the missionary body and aimed to cooperate with it. He also said that he already had, or was aiming to, put a New Testament in the pocket of every policeman in the province, in order that the police might study Christianity and know what it is. He also remarked that he had recently taken a country trip and had met Koreans, who had said that Mr. Hirai was a "sun kiosa" (missionary), a nickname of which he was proud.

In previous reports I have mentioned the case of Rev. H. D. Appenseller, who was deprived of his permit as Principal of the large Methodist Boys Academy in Seoul because he declined to obey the orders of the police and act for them in a political episode. Mr. Appenseller has been restored to the principalship during the last three months. I am not sure that I reported before that the ban has been taken off the "Dong-A" newspaper, and my information is that the paper is coming out quite regularly.

There have been strikes in a number of the government and mission academies during the past few months. The most important, possibly, was that in the Government Medical College, Seoul, where the Korean students went on strike because the Japanese professor of Anatomy, during a lecture, is alleged to have stated that an examination of the skull of a Korean proved that it belonged to a lower race than the Japanese. At another government school the alleged reason for the strike was discrimination between Japanese and Korean students, which was denied in the Seoul Press. The strike at the Mission Academy in Taiku was caused by the demand that the school authorities dismiss two northern teachers, and the probable explanation of why it was carried to such length is that this school had admitted a large proportion of nonchristian students.

While reports of torture are not as common as heretofore, there is evidence that it is still being used in preliminary examinations. In March last, the congregation of a church near the Italian Consulate in Seoul were arrested because a man in prayermeeting was alleged to have prayed for unlawful things. All were released but three men. One of these was later released, and he reported to the missionary in charge of his church, showing marks of torture on his body. This missionary took this man up to the office of the Chief of Police in the Government General, let the officials there see the case themselves, with the result that the man was recalled twice to the suburban police station for re-examination, and later a policeman called at his home and apologised, and left a 10-yen bill as a peace offering. The other two men were not tortured ~~apparently~~.

At Pyengyang, during annual meeting, (June 26-July 4) I was informed that the helper at the West Gate Church in Pyengyang and his wife had both been arrested a short time before. They were confined in the jail. At this jail it is reported that the men prisoners were beaten. The wife was confined in a room with men prisoners. A Bible woman connected with Pyengyang Station wasarrested and beaten three times with cow thongs. Two boys from Kangdong Academy were also beaten. The writer was invited to visit the homes of several of these cases and see for himself, but was quite content to take the word of his missionary informant.

At Chulwon, a Southern Methodist Station, in another province within the past six weeks the young men between 20 and 30 years of age were called to the police stations and were tortured with wood between their fingers. The aim of the questioning seemed to be to ascertain whether the Rev. E. W. Anderson, M.D., who is stationed there, and had recently left on furlough, had distributed independence literature.

The authorities will, no doubt, take cognizance of these cases and continue the good work of weeding out the undesirable elements in the police who do not yet seem to have grasped the spirit of the new administration.

Summing up, the country in general is getting back to normal. It is much to be hoped that the government will continue its good work in removing abuses in the police system, in giving the municipal councils more power and the right to meet at least as frequently as similar bodies do in Japan, and in giving employment to as many Koreans as possible in the various government services. I believe it would also be the part of wisdom to see that on important bodies like the Educational Investigating Commission some recognition is given to the important Christian constituency in Korea.

Very sincerely

(Sgd) O R Avison

128. 에비슨이 암스트롱에게

1921년 8월 16일

친애하는 암스트롱 씨:

당신의 7월 15일 자 편지를 받았는데, 그것의 답장은 소래 해변에서 돌아오는 대로 쓰겠습니다. 이번 달에 그곳에서 얼마 동안을 보낼 예정입니다.

블랙(Black) 의사는 토론토 서쪽 외곽의 어느 곳에서 살면서 개업의로 활동하고 있습니다. 그러므로 당신은 그와 쉽게 접촉할 수 있습니다. 그는 감독교인이지만, 자원해서 [선교사로] 가겠다고 결심한다면, 그런 것[교파의 차이] 때문에 선교지를 거부하지는 않을 것입니다. 그는 특별히 세브란스의 세균학 부서로 오는 데에 관심을 두고 있습니다.

우리는 현재 미시간 주 디트로이트의 브러포프(Wm. C. Bruffof) 의사와 통신하면서, 그가 남감리회 선교부의 후원 아래 세균학 교수로 나오기를 기대하고 있습니다.

어제 일본에서 웰치 감독이 보낸 전보를 받았는데, 그가 노스(North) 박사로부터 전보를 받은 사실을 알려주었습니다. 그 전보에서 노스 박사는 파운드(Found) 의사가 그들[북감리회]의 후원 아래 기꺼이 한국에 와서 나중에는 반드시 세브란스로 간다는 약속 아래 지방 선교지회에서 한동안 봉사하기로 하였다는 사실을 말해주었습니다. 웰치 감독이 전보로 내 의견을 물어, 나는 그 합의를 지지한다고 대답하고, 그렇지만 북감리회 선교부가 그들의 두 번째 교수를 세브란스에 속히 파송하여 파운드가 우리에게 올 때가 되면 그를 세 번째 교수로 삼기를 희망한다고 말하였습니다.

세브란스에서 지금 비어 있는 곳은 세균학, 병리학, 해부학, 조직학, 생물학(맨스필드 의사는 이 과목을 전혀 맡고 싶어 하지 않습니다), 조제술, 약물학, 약리학, 그리고 이비인후과입니다. 당신이 우리를 도와 이 자리들을 좋은 사람으로 채우게 해주면 우리가 크게 감사할 것입니다.

당신의 조문 메시지를 빌링스 씨에게 기꺼이 전하겠습니다.

당신이 연희전문에서 당신들을 대표할 어떤 사람을 우리에게 빨리 얻어줄 수 있게 되기를 희망합니다. 내가 말했듯이, 현재 가장 필요한 사람은 상과의 과장입니다. 캐나다는 분명히 그런 사람을 공급할 수 있습니다.

당신의 선교회에서 한 회원이 했던 비판이 매우 흥미롭습니다. 그런데 대학이 잘 되기를 그처럼 명확하게 바라는 분이 실제 상황이라고 본인이 말한 그 실상을 우리에게 알리는 것은 바람직하지 않게 여긴다고 하여 많이 놀랐습니다.

그 문제들이 학감의 감독권과 더 직접 관계된 일들이어서 나 자신은 그것이 무엇인지를 알지 못하지만, 만일 몇몇 학생들이 특정한 이유로 자진해서 떠나야만 했을 만큼 어떤 심각한 일이 발생하였다면, 거의 틀림없이 내게도 보고되었을 것입니다. 베커(Becker) 씨(지금은 박사)가 부재한 2년 동안 학감으로 활동했던 로즈(Rhodes) 씨가 이곳 소래에 있으므로, 내가 그에게 당신의 편지를 보여주고 그 일에 대해 아는 것이 있느냐고 물어보았습니다. 그는 그러한 이탈이 일어났는지를 기억하지는 못하지만, 9월 첫 주에 서울로 돌아가면 모든 기록을 살펴보고 알아낸 것을 내게 알려주겠다고 대답하였습니다. 그런데 캐나다 관할구역에서 온 몇몇 지원생이 준비 부족으로 입학하지 못했던 일을 기억하고 있다고 말하고, 그들 중 몇 명이 돌아가서 학교 수업이 충분하지 못했음을 알게 되었다고 보고했을 가능성이 있다고 하였습니다. 또한 달리 설명할 가능성이 있다면, 그것은 현지 이사회가 후원이 적거나 저평가받는 과들에 교수들을 공급하기에는 경비가 너무 많이 들고 일부 지원생들이 그런 상태 아래에서 곤란해질 수 있음을 깨달았기 때문에 어느 과든지 간에 입학생이 10명 미만이면 운영을 중단하기로 결정을 내린 것입니다.

우리가 6개 과를 운영하는 것은 우리의 현재 교수진으로 인해 가능하지 않고, 우리가 관리하는 연례 수입액으로 그처럼 많은 교수에게 봉급을 주는 것은 가능하지 않습니다.

그러므로 우리는 설치 허가를 받았다고 처음에 공지했던 과들에서 몇 개를 줄여 그들을 적절히 가르칠 수 있는 과들만 빠르게 발전시키지 않을 수 없게 되었습니다. 그래서 어떤 이들은 그런 일로 실망할 가능성이 큽니다.

그러나 이 설명은 그 비판에 답변하기 위한 것이 아닙니다. 더 확실한 정보를 얻어서 답을 찾을 때까지 그 문제를 미루어두어야 하기 때문입니다.

그러는 동안 비판을 환영하며, 특별히 우리가 고칠 수 있는 약점들을 발견하도록 도움을 주는 비판을 더욱 환영합니다. 우리가 해명할 수 있게 하거나 잘못된 방식을 고칠 수 있게 해주는 비판을 각별히 환영할 것입니다.

당신이 그 일을 알린 사람에게 제안하여 그가 나나 대학 학감과 직접 소통하면서 자신이 언급했던 청년들의 명단을 제공하여 구제할 만하면 바꾸도록 해줄 수 있지 않을지 의문입니다.

우리는 끊임없이 제기되는 끔찍한 반대 속에서 학교를 세워야 하였고, 연례 수입이 거의 없는 채로 그 일을 해야 하였습니다. 우리 가운데 어떤 이들이 얼마나 자주 거의 낙담하였는지를 열거하는 것은 쑥스러운 일입니다. 그러나 나는 우리가 성공하리라고 확신하면서, 당신의 통신원이 부담감을 갖고 본인이 매우 열렬히 바라는 유효한 지점에 이를 만큼 대학이 성장하는 것을 도와줌으로써 매우 크게 요망되는 그 위치에 훨씬 빨리 도달할 수 있게 하여 완전한 대학의 수립을 계획해온 모든 과에 충분히 봉사할 수 있게 되기만을 바랄 따름입니다.

완벽한 기계를 이용하기는 좋아해도 그 기계를 만들기 위해 무슨 일이든 할 준비가 된 사람은 많지 않습니다.

친절한 편지와 그 비판을 내게 알려준 일로 인해 당신께 매우 크게 감사합니다.

당신의 선교회가 회의를 여는 기간에 원산에서 스티븐슨(Stephenson) 의사 부부와 3일을 보냈습니다. 내가 받은 인상은 휴가가 끝난 후에 당신에게 편지로 알리고 싶습니다.

안녕히 계십시오.

O. R. 에비슨

출처: PCC & UCC

Chosen Christian College

OFFICE OF THE PRESIDENT

O. R. AVISON, M. D.

Seoul, Chosen

CO-OPERATING BOARDS
PRESBYTERIAN CHURCH IN THE U. S. A.
METHODIST EPISCOPAL CHURCH
METHODIST EPISCOPAL CHURCH, SOUTH
PRESBYTERIAN CHURCH IN CANADA

RECEIVED
SEP 10 1921

Aug. 16th, 1921.

Dear Mr. Armstrong,
Presbyterian Foreign Mission Board

I am in receipt of your letter of July 15th and will answer it as far as I can from Sorai Beach where I am spending part of this month.

Dr. Black lives and practises medicine in Toronto somewhere in the West end of the city so that you should be able to get into touch with him easily. He is an Episcopalian but would not let that keep him f from the field if he should decide to volunteer. He was especially interested in coming to Severance and in the Bacteriological Dept.

We are at present in correspondence with a Dr. Wm.C.Bruffof Detroit, Mich., with a view to his coming out for Bacteriology under the Southern Methodist Board.

A cable reached me yesterday from Bishop Welch who is in Japan, announcing that he had received a cable from Dr. North saying Dr. Found was willing to come to Korea under their auspices and serve some time in an outside station with the promise that he should come to Severanc e later on. Bishop Welch cabled me for my opinion and I have replied in favor of the arrangement but saying I hoped the Methodist Board would send their second man to Severance quickly and let Found be their third man when the time should arrive for him to come to us.

The Chairs now vacant at Severance are Bacteriology, Pathology, Anatomy and Histology with Biology, (Dr. Mansfield does not want to take this dept. permanently), Pharmacyand Materia Medica with Pharmacology, and Eye, Ear, Nose and Throat. We shall greatly appreciate any help you can render us in getting these filled with good men.

I shall be glad to convey to Mr. Billings your message of sympathy.

I hope you will soon be able to get us a man to represent you in the C C C and as I said the most needed man for the present is the ~~xxxxxx~~ Head of the Commercial Faculty. Canada ought to be able to supply such a man.

I am much interested in the criticism of a member of your mission and rather surprised that such an evident well wisher of the College did not find it a desirable thing to acquaint us also with the state of things which he says exists.

I have no personal knowledge of such matters as they come more ~~directly under the supervision of~~ the Dean but if anything so serious as the voluntary withdrawal of several students for the reasons specifie should occur it would be very likely to be reported to me. However as Mr. Rhodes who has been acting Dean for two years during the absence of Mr.(now Dr.) Becker is here at Sorai I showed him your letter and a asked him what he knew about it. He replied that he had no recollection of any such withdrawals but he would look up all his records w when he returned to Seoul during the first week in Sept. and let me k

2

what he found. He said that he did remember, however, that several applicants from the Canadian territory had been unable to enter throu insufficient preparation and possibly some of these had gone back and reported that they found the courses insufficient. Another possible explanation is that the Field Board decided it would not carry any department in which less than ten matriculated because it was found to be too expensive to provide teachers for such poorly supported or appreciated departments and possibly some applicants had been caught in such condition of affairs.

It is not possible for us to carry six departments as yet with the staff of teachers we now have and it is not possible for us to pay for so many teachers with the amount of annual revenue at ~~xit~~ our disposal. We are therefore compelled to cut out some of the departments that it was at first announced we had secured a charter for and develop them only as fast as we can teach them properly so it is quite possible that some may have suffered such disappointment.

However this is not intended to be an answer to the criticism as I must leave that till I have more definite information to ~~xx~~ work from. In the meantime criticisms are welcomed especially if they are of a kind that will help us see weaknesses that we can correct, and especially will they be welcomed if they are made to us so that either explanations can be made or mistakes in our methods rectified.

I am wondering whether you may not be able to suggest to ~~x~~ your correspondent that he communicate directly either with me or with the Dean of the College giving a list of the young men to whom he refers so that whatever is remediable may be changed.

We have had to establish the institution with a terrible opposition constantly exercised and we have had to do it with almost no annual income and how often some of us have nearly broken I am ashamed to recount but I am sure we are going to succeed and I can only wish that your correspondent would get under the burden and help build up to that point of efficiency which he so ardently desires the college would attain so that it might all the sooner reach that position so greatly to be desira where it can minister sufficiently in all the departments that have been planned for the complete college.

There are many people glad to utilize a perfected machine who are not ready to put forth any effort to build up the machine.

I thank you very much for your kind letter and for letting me have the criticism.

I spent three days in Wonsan during the meeting of your Mission Council with Dr. and Mrs. Stephenson and I hope after vacation to write you my impressions.

Very sincerely

O.R. Avison

129. 에비슨이 스코트에게

1921년 9월 9일

조지 T. 스코트 목사,
조선 기독교 교육을 위한 협력이사회 총무,
뉴욕, 뉴욕 주.

친애하는 스코트 씨:

세브란스와 관련된 여러 문제를 다룬 당신의 6월 24일 자 편지를 제시간에 받았습니다. 맥안리스(McAnlis) 의사 부부가 어제 요코하마에 도착할 예정이었으므로, 서울에는 며칠 내로 도착할 것 같습니다. 러들로(Ludlow) 의사가 우리에게 편지를 보내어 쉐플리(Scheifley) 의사 부부가 특정한 조건 밑에서는 돌아올 의향이 있다고 알려주었습니다. 이는 그들이 우리 선교부에서 임명받는 것과 세브란스 구내의 집에서 살기를 원하고 있다는 것을 명확하게 알려줍니다. 나는 오늘 러들로 의사와 쉐플리 의사에게 편지를 써서 이런 조건에 당장 응하기는 어려울 것이라고 말할 생각입니다. 그리고 쉐플리 의사를 어느 선교부의 후원으로 나오게 할, 우리가 아는 유일한 길은 남장로회에 신청하는 것임을 그들에게 알릴 생각입니다. 우리는 그들[남장로회 선교사들]이 그들의 선교지회들을 순회하면서 선교사들의 치아를 돌보고 나머지 시간을 세브란스 치과에서 쓸 사람을 임명할 생각을 하고 있는 것으로 알고 있습니다. 맥안리스 의사가 도착하면, 부츠(Boots) 의사와 그가 오타와의 톰슨(Thompson) 의사에게 그 과[세브란스병원 치과]의 경비 지출로 [한국에] 나오도록 부탁해야 할지 말지를 결정할 수 있을 것입니다.

나병과에 관해서는, 플레처(Fletcher) 의사가 한국으로 돌아오는 조건을 거론한 대너(Danner) 씨와 나의 편지들을 동봉해서 보냅니다. 그리고 이 긴 편지를 보면 설명이 되기 때문에 여기에서는 더 거론할 필요가 없습니다. 당신의 편지를 보고 [북장로회] 선교부에서 플레처 의사의 선교지 파송을 결정하게 할 근거 자료를 구라선교회가 당신에게 전혀 제공해주지 않은 사실을 알게 되어 놀랐습니다. 레블(Revell) 씨가 내게 보낸 8월 16일 자 (사본이 동봉되어 왔습니다)는 그 계획의 진행 과정을 잘 입증하고 있습니다. 대너 씨는 내게 보낸 1921년 7월 20일 자 편지에서 당신을 만난 후에 다시 내게 편지를 쓰겠다고 말하였고, 8월 4일 자 편지에서는 이 면담에 대해 이렇게만 말하였습니다. "스코트 박사가 그의 사무실로 돌아가서 우리가 방금 짧은 면담을 끝냈는데, 그 면담에서 그의 기억이 내 기억과 일치하는 것을 확인하였습니다." 대너 씨의 기억은 그 문서들과 대조해보면 매우 불완전하므로 나는 당신이 이를 확인해주기를 기다리도록 하겠습니다. 만일 당신이 선교부 편지 548호의 사본을 그때 구라선교회 사무실에 보냈고, 그들에게서 아무 항의도 제기되지 않았다면, 플레처 의사를 출항시킨 그 합의의 유효성은 논쟁의 여지가 없게 됩니다. 플레처 의사의 임명이 한국에서 파울러(Fowler) 의사와 의논한 후에 결정되었다는 주장은 입증될 수 없는 것이 확실합니다.

파울러 의사와 한국 내 나환자 사역 관계자들이 가진 회의의 보고서를 또한 동봉합니다. 당신은 저녁 회의의 보고서에서 파울러 의사가 참여한 가운데 플레처 의사와 그 사역의 관계에 관한 토론이 벌어진 것을 볼 것입니다. 오전 회의의 보고서도 동봉합니다. 당신이 대너 씨에게 그것을 건네주어도 괜찮습니다. 우리는 다시 타이프를 쳐서 최종 사본을 미국에 보내 보관하게 하기 전에 오전 회의 보고서에 대한 파울러 의사의 교정본을 기다리고 있습니다. 저녁 회의의 보고서는 파울러 의사가 교열하였고, 다른 관계자들도 그것을 교열하였지만, 오전 회의의 보고서는 사무 착오로 인해 다른 것을 그에게 보낼 때 함께 발송되지 않았습니다.

안녕히 계십시오.

O. R. 에비슨

추신. 연희전문학교 문제들에 관한 당신의 6월 24일 자 편지가 이달 23일 열리는 현지 이사회 회의 때 제출될 것입니다.

출처: PTS

O. R. Avison

SEVERANCE UNION MEDICAL COLLEGE
NURSES' TRAINING SCHOOL
SEVERANCE HOSPITAL

SEOUL, KOREA

OFFICE OF PRESIDENT

O. R. AVISON, M. D.

September 9, 1921.

Rev. Geo. T. Scott,
Secretary, Cooperating Board for Christian Education in Chosen,
New York, N.Y.

Dear Mr. Scott:

I duly received your letter of June 24th regarding various matters concerning Severance.

Dr. and Mrs. McAnlis were due in Yokohama yesterday and will likely arrive in Seoul in a few days. Dr. Ludlow has written us that Dr. and Mrs. Scheifley are willing to return under certain specified conditions, which mean apparently that they wish reappointment under our Board and a house on the Severance Compound. I am writing to Dr. Ludlow and Dr. Scheifley to-day that it will not be possible to comply with these conditions immediately, and informing them that the only way we know of that Dr. Scheifley could come out under a Board would be to apply to the Southern Presbyterians. We understand they would appoint a man who would itinerate among their Stations and look after the teeth of their missionaries, and give the balance of his time to the Severance dental department. When Dr. McAnlis arrives, Dr. Boots and he will be able to come to a decision as to whether or not we should ask Dr. Thompson, of Ottawa, to come out under the expense of the department.

With regard to the Department of Leprology, I am enclosing a batch of correspondence with Mr. Danner regarding the terms under which Dr. Fletcher returned to Korea, and as this lengthy letter is self-explanatory it does not require any further reference here. I am surprised to see in your letter that the Mission to Lepers has nothing on file with you as the basis for the Board's action in sending Dr. Fletcher to the field. Mr. Revell's letter to me of August 16th (copy enclosed) is good authority for proceeding with the scheme. In Mr. Danner's letter of July 30, 1921, to me he says he will write me again after he has seen you; and in his letter of August 4th, he merely says of this interview: "Doctor Scott has returned to the office and we have just finished a brief interview in which I find that his memory agrees with mine." Mr. Danner's memory, when measured against the documents, is so defective that I prefer to await confirmation from you on this point. If you filed a copy of Board Letter 548 with the Mission to Lepers office at the time, without any protest from them, there can be no disputing the validity of the arrangement under which Dr. Fletcher sailed. Certainly the allegation that Dr. Fletcher's appointment was to be determined after conference with Dr. Fowler in Korea cannot be proved.

Rev. Geo. T. Scott 2.

I am enclosing also the report of the conference held with Dr. Fowler and those connected with leper work in Korea, and you will note in the report of the evening session the discussion that took place with Dr. Fowler regarding Dr. Fletcher's relation to the work. I enclose a report of the morning conference, which you can pass on to Mr. Danner. We are awaiting Dr. Fowler's revision of the morning session before retyping and sending final copies to America for file. Dr. Fowler has revised the report of the evening session, as have the others concerned, but owing to a clerical misunderstanding the report of the morning conference was not sent to him at the same time as the other.

Very sincerely,

O.R. Avison

P.S. Your letter of June 24th re Chosen Christian College matters will be presented to the meeting of the Field Board on the 23rd instant.

130. 노스가 에비슨에게

FNMN[F. -------------M. North]

1921년 9월 9일

O. R. 에비슨 명예신학박사,

서울, 한국.

나의 친애하는 에비슨 박사님:

며칠 전 내 사무실에서 벙커(D. A. Bunker) 부인과 면담하는 동안 한국 선교지로 갈 선교사를 모집하는 일이 논의되었습니다. 적절한 보강 인력을 확보하는 것은 우리에게 늘 힘든 일이었습니다. 벙커 부인이 실제로 이렇게 진술하였는데, 어느 날 그녀와 다른 선교사들이 식탁에서 담소를 나누고 있던 자리에서 당신이 먼저 북감리회의 한국 선교회가 보강되지 않은 이유는 노스가 이 선교회를 반대하기 때문이라는 말을 하였다는 것입니다. 나는 그 문제에 있어서 그녀가 이렇게 진술했던 것만큼이나 완강하지는 않았던 것 같습니다.

당신의 그런 진술이 타당한지를 따지지는 않겠지만, 어쨌든 그런 진술이 행해졌다는 사실에는 아주 깜짝 놀랐다는 말을 하고 싶습니다. 내 쪽에서 그런 인상을 심겨준 어떤 일이 있었거나 어떤 발언을 한 일이 있었다면, 내게 그 근거를 즉시 제시해주기를 당신에게 요청합니다. 첫째로 그 말은 사실관계로나 느낌상으로나 결단코 정당성을 입증받지 못합니다. 둘째로 선교부가 틀림없이 그렇게 말했을 것이라는 잘못된 인상이 우리 선교사들의 마음에 심긴 것을 논박하러 나서기에 앞서, 나는 그 진술이 행해진 현장에 있었거나 그 진술에서 영향을 받았을 어떤 그룹들을 향해 그 진술은 사실상 근거가 없다고 부인할 권한을 당신에게 부여하는 것을 당신이 받아들이기를 요청합니다.

모든 선교부의 선교사들과 선교 행정가들을 오랫동안 경험해온 나는 이런 진술에 연루되는 이 같은 상황에 봉착한 적이 결코 없습니다. 나는 이 문제를 당신에게 알리겠다고 벙커 부인에게 통지하였습니다. 물론 그녀가 그런 종류의 진술을 하면서 착오를 일으켰을 수도 있지만, 그렇지 않다고 내게 장담하였으므로, 그 문제는 당연히 보류될 것입니다.

안녕히 계십시오.

출처: UMAC

803-1

FMN:T

September
Ninth
1921.

The Rev. O. R. Avison, D.D.,
Seoul, Korea.

My dear Dr. Avison:

Several days ago in my office, in an interview with Mrs. D. A. Bunker, there was some reference to the recruiting of missionaries for the Korea field. It has been difficult for us to secure the proper reenforcements. Mrs. Bunker said in effect that at some social occasion, at a table with herself and other missionaries, you volunteered the statement that the reason why the Methodist Episcopal Mission was not reenforced was because Dr. North was opposed to the Korea Mission. I think I put the matter less strongly than she stated it.

I beg to say that, refraining from comment on the propriety of such a statement on your part, I am astounded that the statement was made at all. I now ask that you promptly furnish me with the grounds, either in fact or in utterance on my part, for such an impression. First, it is absolutely without warrant either in fact or feeling. Second, before proceeding to counteract the false impression upon the minds of the missionaries of our Board that such a statement has undoubtedly made, I ask you to accept the privilege of denying in any circles where the statement may have been made or its influence may have extended that there is ground in fact for the statement.

May I add that in a long experience with missionaries and missionary administrators of all Boards I have never encountered just such a situation as seems to me to be involved in this statement, if made. I have advised Mrs. Bunker that I would thus present the matter to you. Of course, if she has been mistaken, as she assures me she is not, in the character of the statement, the matter may of course rest.

Cordially yours,

131. 연전 이사회 회의록

연희전문학교

현지 이사회 회의, 1921년 9월 23일

- - - - - - - - - - - - - -

이사회가 오전 10시 30분 대학 이사회실에서 모였다.

참석: 빌링스(Billings) 씨(사회), 와타나베(Watanabe) 씨, 맨스필드(Mansfield) 씨, 쿤스(Koons) 씨, 웰치(Welch) 씨, 영(Young) 씨, 겐소(Genso) 씨. 양주삼(Ryang) 씨, 피셔(Fisher) 씨, 백상규(Pack) 씨, 그리고 총무. 교수회의 밀러(E. H. Miller) 씨, 루카스(Lucas) 씨, 로즈(Rhodes) 씨, 그리고 앤드류(Andrew) 씨, 그리고 밀러(Hugh Miller)* 씨도 참석하였다.

웰치 감독이 기도를 하였다.

부교장 빌링스 씨가 예배를 간단히 인도하며 골로새서 1장을 읽었고, 기도로 마쳤다.

캐나다장로회 선교회가 영(L. L. Young) 목사를 지명하였고, 남감리회 선교회가 피셔(J. E. Fisher) 씨를 히치(Hitch) 씨 대신 지명하였음을 총무가 보고하였다. 영 씨와 피셔 씨가 이사로 선출되었다.

앤드류(Thurman Andrew) 씨가 북감리회 선교회를 세 번째로 대표하는 교수가 되어 수물과에 배정되었음을 부교장이 소개하였다.

부교장이 안식년을 보내고 돌아온 루카스를 환영하였다.

동의에 의해 연례회의 회의록이 낭독된 것으로 받아들여졌다.

조선 기독교 교육을 위한 협력이사회의 1921년 5월 11일 자 회의록이 낭독되었다.

총무가 스코트(Geo. T. Scott) 목사의 5월 18일 자와 6월 24일 자 편지를 읽었다.

부교장이 그의 보고서를 읽었다. (첨부 문서 I. 참조)

회계 겐소 씨가 그의 보고서를 읽었다. (첨부 문서 II. 참조)

밀러(Hugh Miller) 씨가 소개된 후 공의회의 요구사항을 제출하였다. 그것은 로즈 씨에게 주간 한글 신문인『기독신보』의 편집을 일 년간 맡겨서 그의 시간의 절반가량을 쓰도

* 휴 밀러(1872~1957)는 캐나다인으로 1899년 내한하여 언더우드의 서기, 재한 영국성서공회 총무, 한국복음주의선교회 연합공의회 회장 등으로 활동하며 문서사업에 주력하다가 1937년 은퇴하였다.

록 [이사회가] 허락해달라는 것이었다.

공의회의 요청에 따라 로즈가 그 교파연합 신문을 위해 그의 시간의 절반가량을 쓰는 것을 허락하자고 쿤스가 동의하여 통과되었다.

회계가 북장로회 선교부의 기부금이 자본금이 아닌 경상예산에 충당되었다고 진술하였다.

맨스필드가 그렇게 자본금으로 사용되었던 계정을 회복시키는 일과 적자계정을 필요한 대로 조정하는 일을 회계에게 위임하자고 동의하였다.

학감이 그의 보고서를 읽었다. (첨부 문서 III. 참조)

1922년 4월부터 학비가 학기 당 ¥15.00이 인상되는 사실을 모든 관계자에게 통지하도록 교수회에 지시하자고 맨스필드가 동의하였다.

웰치 감독이 학비를 학기 당 ¥12.00로 하는 수정안을 동의하였다. 수정안이 통과되었다.

밀러 씨가 구두로 건축과 자산 위원회를 대표하여 보고하였다.

이전 소유자가 권리증서를 넘기지 않은 필지 한 곳에 대한 권리를 생성하기 위해 법적인 절차를 밟는 문제를 학교 이사회를 대표하여 회계와 백상규 씨에게 위임하자는 안이 동의 되고 통과되었다.

루카스 씨가 안식년 동안의 활동에 대해 보고하였다.

동의에 의해 앤드류 씨가 건축과 자산 위원회에 추가되었다.

웰치 감독의 동의로, 본관 건물들에 외장으로 붙인 화강암에서 발생할 부식을 방지하는 문제를 건축위원회에 해결할 권한을 주었다.

윤치호(T. H. Yun)를 교수들의 사택에 사용될 한옥 양식에 관한 자문위원으로 임명하잔는 안이 동의 되고 통과되었다.

루카스가 컬럼비아대학에서 공부하는 소중한 기회를 얻은 것이 언더우드(John T. Underwood) 씨의 관대한 기부 덕분에 가능하였고, 또한 맥켄지(McKenzie) 씨가 그에게 이 대학의 건축과 시설에 관련된 문제들에 관해 도움과 조언을 주었다는 보고를 한 후, 다음의 내용이 동의 되고, 통과되었다.

언더우드 씨와 맥켄지 씨가 루카스 씨에게 친절을 베풀어 대학에 도움을 준 것에 대해 그들에게 감사와 사의의 편지를 쓰도록 총무에게 지시한다.

총무가 연합여자대학 설립안에 관한 캐나다장로회 선교회의 다음과 같은 결정문을 읽었다.

"서울에 연합여자대학을 설립하자는 제안에 관한 결정을 연기하는 것에 찬성한다. 이는 규모가 큰 선교회들이 아직 결정을 내리지 않았고 공의회가 그 문제에 어떤 태도를 보일지가 아직 알려지지 않은 사실을 고려하여 이루어졌다."

피셔 씨가 남감리회 선교회에서 여자대학의 설립을 지지하지만, 연희전문학교의 연구실들과 교수들을 활용하는 것은 바람직하게 여길 만해도 여자대학을 이 대학의 한 과로 두는 것은 바람직하게 생각하지 않는다고 결정하였음을 구두로 보고하였다.

(주: 북감리회 선교회는 아직 연례회의를 갖지 않아 보고할 수 있는 것이 없다.)

언더우드관과 과학관의 정초식 일정이 논의되었고, 빌링스 씨와 백상규 씨와 오웬스 씨가 10월 5일에 여는 그 행사를 기획할 위원들로 지명되었으며, 필요한 경우에 날짜를 바꿀 권한을 받았다.

양주삼 씨의 기도로 휴회하였다.

H. T. 오웬스

총무

휴회 후에 이사회가 기숙사, 과학관, 언더우드관, 그리고 피셔와 빌링스의 사택들의 건축공사를 시찰하였다. 그런 후에 밀러(E. H. Miller)의 집에서 점심을 먹었다.

출처: UMAC

TRANSFERRED

Mr Sutherland 9-23-21

CHOSEN CHRISTIAN COLLEGE

MEETING OF FIELD BOARD OF MANAGERS SEPTEMBER 23, 1921.

The Board met in the Board Room of the College at 10.30 A.M.

Present: Messrs. Billings (presiding), Watanabe, Mansfield, Koons, Welch, Young, Genso, Ryang, Fisher, Pack and Secretary. Messrs. E. H. Miller, Lucas, Rhodes and Andrew of the Faculty, and Mr. Hugh Miller, were also present.

Invocation by Bishop Welch.

The Vice President, Mr. Billings, presided and conducted the devotional exercises, reading from Col. I. and closing with prayer.

The Secretary reported the nomination of Rev. L. L. Young by the Canadian Presbyterian Mission, and of Mr. J. E. Fisher by the Southern Methodist Mission in lieu of Mr. Hitch. Messrs. Young and Fisher were elected to the Board.

The Vice President introduced Mr. Thurman Andrew, the third representative on the Faculty of the Northern Methodist Mission, assigned to the chair of Mathematics.

The Vice President welcomed Mr. Lucas back from furlough.

On motion the Minutes of the Annual Meeting were taken as read.

The Minutes of the meeting of the Cooperating Board for Christian Education in Chosen dated May 11, 1921, were read.

The Secretary read communications from Rev. Geo. T. Scott dated May 18 and June 24.

The Vice President read his report. (See Appendix I.)

The Treasurer, Mr. Genso, read his report. (See Appendix II.)

Mr. Hugh Miller was introduced and presented a request from the Federal Council that Mr. Rhodes be granted permission to devote approximately half his time for one year to the editorship of the vernacular weekly, the "Christian Messenger."

Moved by Mr. Koons and Carried, That in accordance with the request of the Federal Council Mr. Rhodes be permitted to give approximately half his time to the union newspaper.

The Treasurer made a statement regarding the contributions by the Northern Presbyterian Board which had been applied to current budget instead of to capital funds.

On motion of Dr. Mansfield, the Treasurer was authorised to restore the amounts so used to capital funds and to make such adjustments in the deficit account as are necessary.

The Dean read his report. (See Appendix III.)

Dr. Mansfield moved, that the Faculty be instructed to give notice to all interested that from April, 1922, tuition fees will be increased to ¥15.oo per term.

Bishop Welch moved in amendment, that the fees be ¥12.oo per term. The amendment carried.

Mr. Miller reported verbally for the Building and Property Committee.

Moved and Carried, that the Treasurer and Mr. Pack be authorized on behalf of the Board to institute legal proceedings for the production of a deed for one piece of property for which the former owner has not delivered the deed.

Mr. Lucas reported upon his activities during furlough.

On motion, Mr. Andrew was added to the Building and Property Committee.

On motion of Bishop Welch, the matter of protecting the granite trim of the main buildings against rust was referred to the Building Committee with power.

Moved and carried, that Mr. T. H. Yun be appointed to the advisory committee as to the style of Korean architecture to be used for teachers' residences.

9.23.21

2.

After hearing Mr. Lucas's report of the valuable opportunities for study at Columbia University, made possible by Mr. John T. Underwood's generosity, and also his report of assistance and advice rendered to him by Mr. Mackenzie in matters relating to building and equipment of this College, it was moved and carried,

That the Secretary be instructed to write a letter of thanks and appreciation to Mr. Underwood and Mr. Mackenzie for the help given to the College through their kindness to Mr. Lucas.

The Secretary read the following action of the Canadian Mission regarding the proposed Union Women's College:

> "It was agreed to defer action on the suggestion to establish a Women's College, union, in Seoul. This was done in consideration of the fact that as yet none of the larger Missions have taken action, and it was not known what attitude the Federal Council would take on the subject."

Mr. Fisher reported verbally the action taken by the Southern Methodist Mission, namely, that they favored the establishment of a Women's College, but while it might be considered desirable to use the laboratories and teachers of the Chosen Christian College it was not thought advisable to have the Women's College a department of this College.

(Note: The Northern Methodist Mission not having had its annual meeting as yet no report could be given.)

The arrangements for the laying of the corner stone of Underwood Hall and Science Hall were discussed, and Messrs. Billings, Rack and Owens were named a committee to make plans for the function on October 5th, with power to change the date if necessary.

The meeting adjourned with prayer by Mr. Ryang.

H. T. Owens,
Secretary.

After adjournment the Board inspected the building operations at the Dormitory, Science Hall, Underwood Hall and at the Fisher and Billings residences, and then lunched at the home of Mr. E. H. Miller.

132. 에비슨이 노스에게

1921년 10월 4일

프랭크 메이슨 노스 박사,
선교부 총무,
미국 북감리회,
뉴욕 시, 뉴욕 주, 미국.

나의 친애하는 노스 박사님:

당신의 9월 9일 자 편지를 어제 받았습니다. 그런 편지를 받는 사람은 당연히 충격을 받겠지만, 당신이 그 문제를 내게 신속히 알려주어서 기쁩니다.

당신이 당신의 느낌을 스스로 판단한 일에서 나를 공정하게 대해주리라고 생각합니다. 그것은 어느 선교회나 선교회의 어느 편에 반대하는 속마음을 드러내었다고 내가 진술했다는 것은 전혀 있을 법하지 않다고 느끼는 일에 관한 것입니다. 설혹 벙커 부인이 내게서 들었던 어떤 말을 그러한 위력을 지닌 진술로 해석했다고 하더라도, 나는 당신에 대해 그런 생각을 해본 적이 결코 없었고 따라서 의식적으로라도 그런 발언을 할 수가 없었다고 말할 수밖에 없습니다.

벙커 부인이 어쩌면 언젠가 한국에서 장로교회와 감리교회의 교세를 비교하는 토론이 열렸던 일을 거론하였을 수도 있습니다. 이런 문제는 여러 곳에서 한 번 이상 토론되었고, 내 기억으로는 장 · 감 선교부들이 한국, 중국, 그 밖의 선교지들에서의 사역에 역점을 두는 것이 상대적으로 다르다는 말을 한 적이 있습니다. 나는 내 판단에 북감리회 선교부는 한국과 한국의 필요 및 기회보다 중국과 중국의 필요와 중국에서의 기회에 더 크게 역점을 두고 있으므로 한국에서는 선교사들이 바라는 만큼 선교 인력을 유지할 수 없게 되더라도 중국에서는 선교 인력을 반드시 유지할 것으로 생각된다고 말하였습니다. 그런 토론을 할 때 내가 당신의 이름을 직접 언급하였던 기억이 없고, 내 생각—이는 당신의 선교회 사람들의 생각이라고 할 수도 있습니다—을 표현하는 동안 그 선교부의 최고 대표자인 당신이나 당신의 선교부가 지닌 좋은 판단이나 의도를 어떤 식으로든 헐뜯고 있었다고 생각되지도 않습니다.

모든 문제는 서로 다른 두 선교사역의 상대적인 중요성에 대한 사람들의 판단이 서로 다른 데에서 비롯된 것에 불과합니다. 그러므로 무엇이든 당신 자신이나 당신의 선교부 사람들에 대해 어떤 반대 의사가 제기되었음을 시사하는 것으로 해석되면 안 됩니다. 파송한 선교사들의 수와 지급한 금액에서 드러나는 것과 같이, 이 나라나 저 나라의 사역에 역점을 두는 것의 상대적인 차이로 어느 선교부를 판단하여 그 선교부의 비슷한 특징들은 논하는 일에는 어느 선교사든지 분명히 부담감을 느끼지 않을 것입니다.

그러나 이러한 판단도 최종적인 것은 아닙니다. 당신의 선교부나 다른 선교부의 유사성을 판단하는 것은 사실상 두 나라를 의식적으로 구별한 것이기 때문입니다. 또한 이런 의식적인 구별이 선교부 사람들의 좋은 판단이나 좋은 의도를 비난할 거리로 삼아야 할 것을 암시하지도 않기 때문입니다.

이제 당신이 편지에서 진술한 것을 살펴보자면, 나는 지난 일에서 다른 근거를 댈 여지를 모두 지운 채, 당신의 재한 선교사들 한두 명에게 한 나의 진술이 그런 보고를 벙커 부인이 당신에게 하는 근거가 되었을 수도 있겠다는 말만 하겠습니다. 비록 그 말 자체에서도 그리고 나의 의도 상으로도 당신이나 당신의 좋은 판단에 관해 말을 꺼낸 적이 없었고, 그 진술에서 거론된 특정 선교사역을 당신이 반대하고 있음을 밝히려 한 적도 없었지만 말입니다.

세브란스 의료기관에서 당신의 선교부가 이행할 사역의 책임을 논의하는 가운데, 나는 나의 어느 미국 방문 기간에 당신이 내게 말했던 것을 반버스커크 의사에게, 어쩌면 웰치 감독과 내가 기억하지 못하는 다른 사람에게 말한 적이 있습니다. 그때 나는 당신에게 세브란스연합의학전문학교와 병원 사역에 대한 당신들의 기부금을 늘려주도록 요청하였습니다. 당신은 자신이 연희전문학교에 보여주었던 것만큼의 책임감을 세브란스에는 보이지 않았다는 것을 반드시 기억해야 합니다. 그때 나는 당신이 그 분야의 교육을 발전시킬 필요성을 느끼고 있음을 내가 깨달았다고 웃으며 대답하였습니다.

내가 앞에서 말했듯이, 나는 당신을 공개 비판할 마음이 없었고, 두 기관이 당신의 마음에서 차지하는 중요성을 비교하는 진술만 하였습니다. 위에서 말한 사람들에게 이런 진술을 하면서, 우리가 세브란스에 매우 중요한 필수항목이라고 생각하는 것을 당신의 선교부가 상대적으로 더 느리게 공급하고 있다는 사실만 설명하였습니다. 당신의 편지는 어쩌면 이런 제2의 진술까지 요청한 것은 아니었겠지만, 이것이 내가 생각할 수 있는 오해의 근거가 될만했던 유일한 다른 경우이기 때문에, 이런 것을 언급함으로써 오해가 더 커질 가능성을 없애는 것이 더 낫다고 생각됩니다. 그리고 이 일을 특별히 언급하는 것은 벙커 부인이 당신에게 내가 당신의 이름을 거론했다고 말했을 것 같기 때문입니다. 이 두 번째 경우에는 그랬지만, 첫 번째 경우에는 그렇지 않았습니다.

노스 박사님, 선교를 위한 모든 노력을 완벽히 이해하는 데서 나온 당신의 견해와 자신의 판단에 저촉되는 일을 실행하는 데서 나타나는 당신의 훌륭한 판단력과 성실함을 사실은 나도 기쁘게 받아들이고 있습니다. 그런데 벙커 부인이 당신에게 보고했다고 당신이 말한 것과 같이 나의 어떤 진술이 해석될 수 있었다는 것은 크게 유감입니다.

이번에 또 다른 어느 재한 선교사가 그런 인상을 받았는지 모르겠지만, 내가 알 수 있는 누군가가 그런 인상을 받았다면, 그에게도 비슷하게 매우 기꺼이 어떻게든 해명할 것입니다. 그리고 벙커 부인이 자기가 받았던 인상을 고칠 수 있도록, 벙커 부인에게 당신의 편지 사본과 내 답장을 보내주기를 당신에게 제안합니다.

안녕히 계십시오.

O. R. 에비슨

출처: UMAC

OFFICE OF PRESIDENT

O. R. AVISON, M. D.

SEVERANCE UNION MEDICAL COLLEGE
NURSES' TRAINING SCHOOL
SEVERANCE HOSPITAL

SEOUL, KOREA

CO-OPERATING MISSIONS
PRESBYTERIAN CHURCH IN THE U. S. A.
METHODIST EPISCOPAL CHURCH
PRESBYTERIAN CHURCH IN THE U. S.
METHODIST EPISCOPAL CHURCH, SOUTH
PRESBYTERIAN CHURCH IN CANADA
PRESBYTERIAN CHURCH OF AUSTRALIA

TRANSFERRED

October 4, 1921.

Dr. Frank Mason North,
Secretary, Board of Foreign Missions,
Methodist Episcopal Church,
New York, N.Y., U.S.A.

My dear Dr. North:

Your favor of September 9 received yesterday and although it is naturally a shock to one to receive such a communication I am glad you referred the matter to me promptly.

I think you will do me the justice in your own thinking to feel that it is most improbable that I would make any statement which would indicate opposition in your mind towards any mission or any part of any Mission, and if Mrs. Bunker interpreted anything she heard me say to have the force of such a statement I can only say that I never had such a thought towards you and so could not consciously have given utterance to it.

Possibly Mrs. Bunker may refer to some occasion on which a discussion was held as to the comparative strength of the Presbyterian and Methodist forces in Korea. This has been discussed more than once on different occasions, and I have in my own mind a recollection of having said that the Methodist and Presbyterian Boards differed in their relative emphasis which they place upon the work in Korea and China and other fields. I have said that in my judgment the Methodist Board placed greater emphasis upon China and China's needs and the opportunities in China than on Korea and its needs and opportunities and therefore felt they must keep up their forces in China even though their forces in Korea could not be maintained where the Korea missionaries desired them to be. I have no recollection of having used your name personally in such a discussion, nor do I feel that in giving expression to my thought which also seemed to be the thought of members of your own Mission that I was in any way reflecting on either the good judgment or good intentions either of your Board or yourself as the chief representative of that Board.

The whole question is simply a question of different men's judgment as to the relative importance of two separate pieces of work and ought not to have been interpreted as indicating any opposition whatsoever in the mind either of yourself or of any member of your Board. Any missionary would I am sure feel free to say anything of a similar character concerning any Mission Board merely judging that Board by the proportionate emphasis which it placed upon the work in one country or another as shown by the number of missionaries it sent and the amount of money it appropriated.

Dr. North 2.

But even this is not conclusive as showing that your Board or any other Board being similarly judged has in fact consciously discriminated between two given countries, nor does it indicate that even such conscious discrimination should be considered as casting any reproach on the good judgment or good intentions of those in the Board.

Now, having dealt with the statement made in your letter, I will clear away any chance of a comeback on any other ground, by saying that a statement which I have made to one or two of your own missionaries in Korea may have formed a basis for such a report as Mrs. Bunker made to you, although it also did not carry in itself or by any intention of mine any approach whatever on you or your good judgment or show any opposition on your part to the particular piece of mission work to which the statement refers.

In discussing the question of your Board's responsibility for the conduct of work in the Severance institution, I said to Dr. VanBuskirk possibly to Bishop Welch and although I do not remember possibly to some-one else, that you said to me on one of my visits to America when I was asking you to increase your contributions to the work of the Severance Union Medical College and Hospital that I must ~~xxxxx~~ remember that you did not feel the same degree of responsibility for the Severance institution that you did for the Chosen Christian College, at which time I laughingly replied that I realized that and felt that you needed further education along that line.

As I said above this in my mind did not render you open to any criticism but was simply a statement of the relative importance which the two institutions bore in your mind, and in making ~~xxxxx~~ this statement to the parties mentioned above it was simply an explanation of the comparative slowness of your Board in providing for what we consider the very important needs of the Severance institution. Perhaps your letter did not call for this second statement, but as it is the only other thing that I can think of that might have formed a foundation for misinterpretation I feel it better to mention it and so clear away any possibility of a further misunderstanding, and especially do I refer to it because Mrs. Bunker seems to have said to you that I used your name, which I did in this second case though not in the first.

The facts are, Dr. North, that I entertain too good an opinion of your complete interest in all missionary efforts and of your good judgment and your sincerity in carrying out what your judgment recommends to ever consciously say anything to the contrary and I greatly regret that any statement of mine could have been interpreted as you say Mrs. Bunker seems to have reported to you.

I shall be very glad to make any similar explanation to any one that I can learn has received such an impression though at this time I do not know of any other missionary in Korea who has done so, and I suggest that you send to Mrs. Bunker a copy of your letter and my reply in order that she may have her impression set right.

Very sincerely,

O.R. Avison

NOV 11 MR

133. 언더우드관과 아펜젤러관 정초식

연희전문학교 정초식 보고서,
한국, 서울, 1921년 10월 5일

이 행사의 날짜는 9월 23일 이사회 회의에서 정해졌다. 1919년 스팀슨관의 머릿돌을 놓았을 때는, 정세가 혼란하여 광고를 거의 하지 못했기 때문에, 참석자들이 대부분 외국인이었다. 그리하여 현재의 정세 덕분에 처음으로 널리 광고하기 좋은 기회를 맞이하였다. 이는 지역사회에 이 학교를 최대한 많이 알리기 위함이었다.

약 300장의 특별 초대장을 한국인과 일본인, 기독교인과 비기독교인 중의 주요 인사들에게 발송하였고, 특별히 교육 및 종교 사역 관련자들을 여기에 포함하였다. 교회들에 이 행사를 교회에서 광고하고 대표로 참석할 사람들을 보내도록 요청하였고, 서울의 모든 미션계 학교에 6명의 대표를 이사회의 손님으로 보내도록 요청하였다. 총독 사이토 남작에게 참석해서 연설해달라고 초청하였다. 그는 몸이 아파서 참석하지 못하였고, 회복할 때까지 초청받은 사실을 알지 못하였다. 그가 간곡히 감사하고 행운을 기원하는 편지를 대학에 보냈을 때는 그 행사가 끝난 후였다. 신문에 광고할 내용을 게재하여 효과적으로 잘 활용하였다.

군중을 그 부지로 데려가는 문제는 이렇게 해결하였다. 특별 기차를 신청해서 운행하는 데는 ¥240.00의 비용이 드는 것을 알게 되었다. 이런 경비를 감수하는 것이 현명하지 않다고 생각되어, 우리는 서울에서 출발하는 시간이 다소 애매해도 정규 기차 운행표를 이용하기로 결정하였다. 철도 당국은 우리를 매우 공정하게 대하였다. 그들은 300명의 하객을 위해 일등칸과 이등칸을 제공하였고, 우리가 그들에게 계산했을 때 청구비는 ¥33.06에 불과하였다. 우리는 낮 12시 20분에 서울에서 출발하였고, 부지까지 걸어가면서 좋은 시간을 보내고 잘 준비하여 오후 1시 30분에 식이 시작되었다.

청중이 스팀슨관을 향해 앉았고, 그 앞에 연사들을 위해 채플의 강단이 놓였다. 강단 왼쪽에 있는 좌석들은 외국인 내빈들이 채웠는데, 사실상으로 모든 외교관이 그들 가운데 있었다. 오른편에는 주로 일본인과 한국인 내빈들이 앉았다. 강단 전면에는 일반 청중이 앉았는데, 700명가량이 되었다. 200명가량은 경신학교에서 온 학생들이었다.

진행 순서는 다음과 같았다.

찬송

성경봉독: 차재명 목사 (서대문 장로교회)

기도: 양주삼 목사 (남감리회)

의장의 소견 발표: 교장 에비슨 (서울프레스 지에 축약해서 게재됨)

연설: 오다(S. Oda) 씨, 총독부 대표

연설: 이상재 씨, Y.M.C.A. 종교부 총무, 전에 워싱턴 한국공사관 근무, 한국의 "대 원로", 매우 인기 있는 연사.

연설: 크램(W. G. Cram), 명예신학박사, 남감리회 선교회 총무 (한국어 연설)

음악단: 본 대학 학생들

행사의 이 단계에서 청중이 과학관으로 건너갔다. 그곳에서 북감리회의 웰치(Herbert Welch) 감독이 머릿돌을 놓았고, 그런 다음 청중이 언더우드관으로 갔다. 그곳에서는 건축을 앞둔 이 건물이 기념하고자 하는 원두우(H. G. Underwood)의 아들 원한경(Horace H. Underwood)이 머릿돌을 놓았다. 그것은 중앙 타워 부분에 있게 될 것이다. 여기에서 성공회 선교회를 대표하여 한국 주교 프롤로페(Mark Anthony Trollope)가 축도를 하였다.

그런 다음 연사들과 여러 귀빈이 밀러(E. H. Miller) 부부의 집으로 갔고, 그곳에서 대학의 여성분들이 맞이하였다. 나머지 청중은 스팀슨관의 여러 방에 들어가 보고, 케이크와 차를 나누었다. 일본인 케이터들이 박스에 든 케이크를 공급하였고, 손님들이 각자 한 상자씩을 받았다. 이것은 한국인들이 필요하다고 생각하는 교제 순서로서, 이와 비슷한 행사 때마다 일정한 규칙으로 행해지는 것이었다.

케익들이 도착했을 때(그것은 손님들이 탄 기차와 같은 차로 운반되었다) 한 사건이 발생해 흥겨움을 주었다. 포장된 상자들을 실은 카트가 캠퍼스에 도착했을 때, 상자에 "삿포로 맥주"라는 라벨이 붙어 있었다. 그러나 그 내용물은 금주법을 위반하지 않는 것으로 판명되었다.

그 후 손님들이 도시로 가는 3시 50분 기차를 타기 위해 기차역으로 갔다. 날씨가 행사를 거행하기에 이상적이었다. 때마침 철도 당국이 한국에서 가장 작은 기차역들 가운데 하나를 신촌(Sinchon, New Village)에 세워서, 본 대학이 방문자들의 메카가 될 것을 분명히 실감하게 하였다. 역사에는 시멘트 치장벽토가 칠해지고 붉은 기와로 지붕을 하여 주변환경과 아주 잘 어울렸다.

H. T. O.[Owens]

출처: PHS

SCOTT RECD memo

NOV 7 1921

Ans'd

CHRISTIAN DEPT. MAR 1 1922 SECRETARIES

REPORT OF CORNERSTONE LAYING CEREMONY AT CHOSEN CHRISTIAN COLLEGE, SEOUL, KOREA, OCTOBER 5, 1921.

The date for this ceremony was set by the Board of Managers at ~~its meeting~~ on September 23rd. When the cornerstone of Stimson Hall was laid in 1919, the audience consisted mainly of foreigners ~~as owing to the~~ disturbed conditions very little advertising could be done. The present occasion, therefore, afforded the first favorable opportunity to do some advertising on an extensive scale, so as to bring the institution before the community as much as possible.

About 300 special invitations were sent out to leading Koreans and Japanese, Christian and non-Christian, including those especially connected with educational and religious work. The churches were asked to announce the ceremony and to send representatives and all of the missionary educational institutions in Seoul were requested to send six delegates as guests of the Board of Managers. The Governor General, Baron Saito, was invited to attend and deliver an address. Owing to an illness which developed he was not able to be present, and did not know of the invitation until after his recovery, which was after the event, when he sent a cordial letter of appreciation and good wishes for the College. The press was supplied with information and used it to good effect.

The problem of taking the crowd to the site was solved in this way: On application we learned that it would cost ¥240.00 to run a special train. Not deeming it wise to incur this expense, we decided to make use of the regular train schedule although the hour for leaving Seoul was rather awkward. The railway authorities treated us very fairly. ~~12:20 noon,~~ They provided four first and second class coaches for the 300 guests, and when we came to reckon up with them the bill was only ¥33.06. We left Seoul at 12:20 noon, and had nice time to walk up to the site and get ready for the ceremony which began at 1:30 P.M.

The crowd was seated facing Stimson Hall, in front of which the chapel platform had been placed for the speakers. On the left of the platform were the seats occupied by the foreign guests, which included practically all of the consular body, and on the right were seated the principal Japanese and Korean guests. In front of the platform the general audience was seated, numbering about 700. About 200 were students from the John D. Wells Training School.

The program was as follows:

Hymn
Scripture by Rev. Cha Chai Myung (of West Gate Presby. Church)
Prayer by Rev. J. S. Ryang (of Southern Methodist Church)
Chairman's Remarks: President O.R.Avison (printed verbatim in Seoul Press)
Address: Mr. S. Oda, representative of Government General
Address: Mr. Yi Sang Chai, Religious Work Director of Y.M.C.A., and formerly connected with the Korean Legation in Washington, Korea's "Grand Old Man", a very popular speaker.
Address: Rev. W. G. Cram, D.D., Field Secretary, Southern Methodist Mission (in Korean)
Musical Number: Students of the College

At this stage in the proceedings, the audience crossed over to

2.

Science Hall, where Bishop Herbert Welch of the Northern Methodist Church laid the cornerstone; and then the assemblage went to Underwood Hall, where Mr. Horace H. Underwood, son of Dr. H.G.Underwood, to whose memory the building is being erected, laid the cornerstone which will be part of the central tower. Here the benediction was pronounced by Rt. Rev. Mark Anthony Trollope, Bishop of Korea, representing the Anglican Mission.

The speakers and a number of prominent guests then went to the home of Mr. and Mrs. E. H. Miller, where the ladies of the College received. The remainder of the audience entered the various rooms of Stimson Hall, and partook of cakes and tea. Two Japanese caterers supplied the cakes in boxes, each guest receiving one box. This was a touch considered necessary by the Koreans, something of the kind being the invariable rule at similar functions.

One incident in connection with the arrival of the cakes (which came out on the same train as the guests) caused some merriment. When the cart with the packing cases arrived on the campus the cases bore labels "Sapporo Beer". The contents, however, proved to be not in contravention of the Prohibition Law.

The guests wended their way afterwards to the railway station to catch the 3:50 train for the city. The weather was ideal for the ceremony. Incidentally, the railway authorities have built one of the prettiest little stations in Korea at Sinchon (New Village), evidently realizing that the College will be a Mecca for visitors. The station buildings are of cement stucco, with red tile-roofs and are quite in keeping with the surroundings.

H. T. O.

134. 이하영이 에비슨에게

1921년 10월 10일

친애하는 에비슨 박사님:

동봉된 글을 읽어주시기를 부탁드립니다. 거기에 어떤 번역문이 들어 있습니다.

이것은 이 대학의 머릿돌이 놓이는 날에 당신의 훌륭한 사역과 고 언더우드 박사와 우리의 옛 우정에 대한 애정에 찬 감정으로 약간의 말씀을 드리기 위해 쓴 인사말입니다. 그러나 또 다른 일정이 있어서 서둘러 돌아가지 않으면 안 되었기에 나의 요망을 이루지 못하였습니다.

당신이 나를 기억해주기를 바라고, 언더우드 부인을 언제 만나게 되면 부인께 이런 사정을 말해주기를 바랍니다.

당신과 당신의 가족께 안부 인사를 드리며,

안녕히 계십시오.

(자작) 이하영

과학관과 고 H. G. 언더우드 기념관을 위해 머릿돌들이 놓이는 이 연희전문학교에 초청받은 것은 내게 영광이지만, 그분이 1885년 한국으로 건너온 이래 30년간 본토인을 위해 복음전도와 교육에 모든 힘과 역량을 쏟다가 갑자기 이 세상을 떠나서 슬픈 마음을 가눌 수가 없습니다. 그를 생각하면 눈에서 한 줌의 눈물을 흘리지 않을 사람이 어디 있겠습니까? 나 자신은 그가 도착한 이후로 따뜻한 친구로서 자주 연락을 주고받았습니다. 또한 내가 얼마 전(1887) 외교 업무 차 미국에서 거주하는 동안 브루클린*을 방문한 적이 있었는데, 그의 형제와 자매가 나를 특별히 환영해주었습니다. 지난 시간을 회상하면 그의 영이 이곳에 내려와 나와 함께 우리의 따뜻한 우정에 관해 이야기하는 것만 같아서 슬

* 원문에서 표기된 'Brocklain'은 Brooklyn의 오기인 것으로 보인다. 그곳에서 언더우드의 형 존 T. 언더우드가 살았다.

픈 마음을 다 말할 수 없습니다.

또한 에비슨 박사께도 감사의 말씀과 축하를 드립니다. 언더우드 박사의 후임자로서 본토인 사회를 위해 열정을 품고 교육 사역을 확대하여 화려한 건물들이 대학에 건축되게 하고 있고, 그가 세상을 떠난 후에 그를 영광스럽게 하고 있습니다.

이제 이 인사의 말씀을 학생들에게도 동시에 드리고자 합니다. 그들은 본토인의 계몽과 지식을 향해 나아가기 위해 진력해야 할 것이고, 타의 모범으로서 고 H. G. 언더우드 박사의 명성이 영원히 널리 알려지게 해야 할 것이며, 에비슨 박사의 열정이 최대한 많이 보상받게 해야 할 것입니다.

출처: PHS

Seoul October 10, 1921.

Ans'd

Dear Dr. O. R. Avison,

Will you kindly read the enclosed paper in which some translation is contained.

This is an address what I composed to speak little with my hearty feeling for your honest work and our old friendship of Late Dr. Underwood on the day of the Cornerstones laid for the College but I could not succeed my wishes because the time of my another engagement had compelled me to return hurryup.

I expect you to remember me and talk to Mrs. Underwood about it whenever you meet her.

With a best regard to you and your family,

Sincerely yours,

(Viscount) Ye Ha Yung.

- -

It is glorious to me that I have been invited to this C.C.C. where the Corner Stones are laid for the halls of Science and remembrance of Late H. G. Underwood, but it is not bearable for sorrowfulness because he had exerted all his strength and ability for the evangelistic and education for the natives during 30 years of his life since he had crossed over to Korea on the year 1885, but he had left suddenly from this world. Is there any one who do not have a handful of tears from eyes for him? As for me had communicated with each other frequently as a warmer friend since his arrival. Also I had visited Brocklain where his brethren and sisters who weloomed me specially while I was residing in U.S. with diplomatic affairs some time ago (1887). It is impossible to explain my sorrow feelings in a reflection of the time past that it is to me as if his spirit has descended here and talk with me about our hearty friendship.

Also I congratulate with an appreciation to Dr. Avison who extended an educational work that luxurious buildings are constructed for the College with an effect of his enthusiasm for the native society as the successor of Dr. Underwood and glorify him after his departure from this world.

Now the address is given in the same time again to the students that they shall have to exert themselves to advance forward the enlightenment and knowledge of the natives, as a sample of others that the renowned name of Late Dr. H. G. Underwood should be propagated upto eternity and enthusiasm of Dr. Avison is repaid as much as they own.

135. 밀러가 에비슨에게

(머피 앤 다나 회사에 보낸 사본, 1921년 10월 28일)

(사본)

O. R. 에비슨 의사,
연희전문학교 교장,
서울, 한국,

친애하는 에비슨 박사님:

이 대학을 위해 상해에서 했던 작업에 대한 지난 1월 18일 자 머피 앤 다나(Murphy & Dana) 회사의 청구서에 관해 말하자면, 참으로 내게는 판단의 근거가 되는 정보가 없습니다.* 그 일은 다음과 같을 것 같습니다. 머피 앤 다나의 1919년 7월 14일 자 청구서는 그가 서울에 두 번 온 사실을 반영하고 있고, 1919년 3월 5일 자 편지는 스팀슨관의 외벽을 석재로 다시 다자인한 것이 거기에 포함된 사실을 보여주고 있습니다. 그런데 "우리 상해 사무소가 그때 석재를 분리하는(detaching) 작업을 하였습니다"는 무엇을 가리키는지요? 아마도 "세부 설계"(detailing)를 뜻하는 것일 듯합니다. 스팀슨관의 건축을 위한 세부작업을 위해서는, 출입문과 창문을 위해 뚫어놓은 곳들과 코니스 등의 실물 크기 도면을 받아 사용하였고, 그 가운데 일부는 이곳의 화강암이 정밀한 가공을 견디지 못할 것이므로 단순화해야 하였습니다.

집회실 지붕의 트러스들을 위한 세부 설계는 전혀 받지 않았고, 설혹 그것들이 작성되었을지라도, 우리는 이곳에서 다른 정보를 구해서 그것들을 디자인하는 것 외에 선택의 여지가 없었습니다.

그 청구서가 불명확하므로 나는 그것이 우리를 위한 작업에 들인 시간에 합당하게 부과되었는지에 대해 말할 수 없고, 간접비도 우리의 일에 청구한 것인지 아니면 우리가 사용한 적이 없는 사무실의 유지비로 청구한 것인지에 대해 말할 수 없습니다. 모든 구성이

* 발신인인 밀러(E. H. Miller)는 연전 수물과의 화학 담당 교수로서 연전의 건축위원장을 맡고 있었다.

내게 옳게 보이지 않고, 내가 결정할 수 없는 것입니다.

벽의 세부 사항들에 대한 큰 도면, 머피 씨가 서울에 있는 동안(1918년 가을) 다시 디자인했다고 말한 설계도들의 사본, 그리고 단 두 장에 걸친 전체 세부 사항 설명을 고려하면, 전에 '뉴욕–상해'의 건축가와 함께 일 해본 경험이 없는 사람에게는 그 청구비가 과도해 보입니다.

안녕히 계십시오.

(서명됨) E. H. 밀러

출처: UMAC

(Copy to Murphy & Dana 10/28/21)
(C o p y)

O.R.Avison, M.D.,

President, Chosen Christian College,

Seoul, Korea.

Dear Doctor Avison: -

Re the bill of Murphy & Dana of Jan.18th. last, for workdone in Shanghai on account of the College, I really have no data on which to base a decision. The case seems to be as follows: M.& D.'s bill of July 14, 1919 covers the two trips to Seoul, and their letter of Mar. 5, 1919 shows that it included the re-designing of the facade of Stimson Hall for stone, and " our Shanghai Office was then engaged in detaching the stonework" ? "detailing" is probably meant. As to the details for the erection of Stimson, full scale drawings for door and window openings, cornice &c were received and used, tho some of them had to be simplified as the Granite here would not stand the minute cutting planned.

The details for the trusses of the roof over the Assembly room were never received, and tho they were written for we had no choice but to design them from other information here available.

The bill is so indefinite that I cannot say whether it represents a proper charge for the time given to our work, nor whether the overhead was for us or for the up keep of office which we did not use. The whole system does not appeal to me as right, but that's not for me to decide.

For the large scale drawing of wall details, for the copies of the plans which Mr. Murphy says he re-designed while in Seoul (Fall of '18) and for the full details, two sheets only, the bill seems excessive to one who has not had experience with a New York - Shanghai Architect before.

Sincerely,

(Signed) E. H. Miller

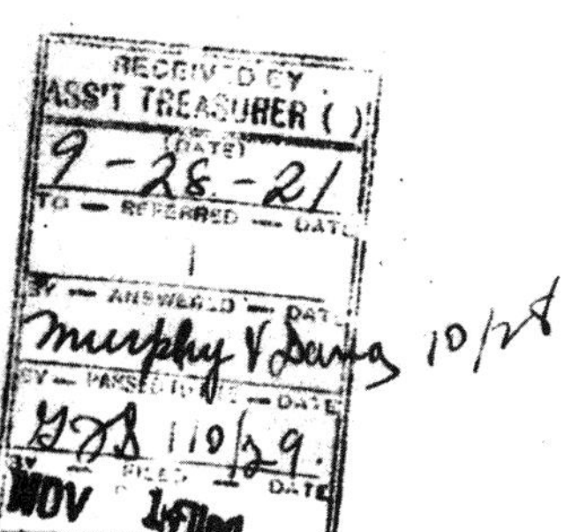

136. 노스가 에비슨에게

1921년 11월 4일

O. R. 에비슨 박사,

서울, 한국.

친애하는 에비슨 박사님:

당신의 10월 4일 자 편지를 받았음을 삼가 알리면서, 최근에 내가 당신에게 썼던 편지에서 거론된 그 문제를 밝히기 위해 당신이 힘들게 노력해준 데 대해 진심으로 감사합니다. 이는 나의 버릇인데, 내가 당신에게 물어본 것처럼 의문이 생기면 그 근거를 진술하고, 그 문제를 관련자들에게 솔직히 알려 생각하게 한 후에, 그 문제를 더 생각하지 않게 하는 것이 옳다고 믿습니다. 당신이 말했거나 어쩌면 의도치 않은 부분을 강조했을 수 있다는 것에 관해 벙커 부인 편에서 어떤 오해가 있었던 것 같습니다. 그런 것은 있을 법하지는 않지만 아주 가능한 일입니다.

당신은 물론 그 문제에 내포된 진정한 본질을 오해하지는 않을 것입니다. 그것은 사역의 어느 부분과 관련하여 또는 사역의 다른 면보다 그것을 더 중시하는 선교부의 태도를 해석하는 것과 관련하여, 어느 정책이 다른 정책에 반하여 채택되었다고 하거나 채택되어야 했다고 할 문제가 전혀 아닙니다. 내가 당신에게 생각해보라고 요청했던 문제는 당신이 과연 나를 개인적으로나 공식적으로 북감리회 선교지로서의 한국에 무관심하거나 적대적인 태도를 보였다고 비난했는가 하는 것입니다. 나는 우리 선교부의 정책을 증거로 삼아 자기 의견을 형성할 당신의 모든 권리에 의문을 제기하지 않습니다. 여기에서 겉으로 드러나는 사실은 [선교] 행정과 관련된 문제들을 정확하고 자세하게 모르는 관찰자를 오해하게 이끌 소지가 확실히 있습니다. 그러나 내가 당신에게 관심을 가지라고 요청한 것은 그 문제가 아닙니다. 그것은 완전히 부정확할 뿐만 아니라 일말의 근거도 없는 개인적인 태도와 관련된 것에 지나지 않습니다. 나는 당신이 가리킨 그 대화에서 내 이름을 언급했던 기억이 없다고 말한 것을 이해합니다. 물론 이제는 내가 그 문제를 더 다루지 않을 것입니다. 어쩌면 벙커 부인과 대화하면서 해결될 수도 있을 것입니다.

당신이 이 일과 연계해서 제기한 다른 문제에 대해 말하자면, 나는 모든 문제에서 장점을 찾으며 토론하는 것을 실로 매우 좋아합니다. 지금은 그런 토론을 할 때가 아닌 것 같지만 말입니다. 세브란스의전과 연희전문이 나와 우리 선교부의 생각에서 차지하는 비중을 비교했던 나의 진술에 대한 당신의 기억은 완벽하게 옳습니다. 두 학교의 역사는 나의 이런 생각을 완전히 정당화합니다. 연희전문에 대한 협력은 현지에서 정하고 우리가 승인한 프로그램에 근거하여 우리 선교부가 신중히 검토함으로써 채택되었습니다. 그 역사를 아는 사람이면 누구나 잘 아는 바와 같이, 다른 기관과의 관계를 규정하는 선교회의 결정이 연희전문에도 미쳐서 일을 주도하지 않고 제휴하게 되었습니다. 우리는 분명히 그 대학에 대해 의무를 지기로 하였습니다. 우리가 세브란스를 도울 수 있을 만큼 돕기를 바라고 있는 것은 참으로 분명합니다.

우리의 한정된 교육 프로그램 기금 안에서는 우리가 세브란스의전을 그 대학과 동일선상에 올릴 수가 없었습니다. 그러므로 동등하게 대하지 않는 것이 분명하고, 우리 프로그램에서 전자와의 관계만큼 동등한 관계를 후자와 맺지 않고 있는 것이 분명합니다. 이런 점에서 당신이 옳습니다. 세브란스의전의 중요성을 감안하여 내가 교육에 더 힘쓸 필요가 있다고 생각하지는 않습니다. 지난 역사를 생각하거나 우리 선교회가 세브란스의전과 연희전문을 같은 조건으로 대하기로 했던 책임을 생각하여 그렇게 할 이유가 있음을 더 선전하고 입증할 필요는 내게 확실히 있습니다. 나는 선교지의 우리 선교회가 자산보유, 역사적으로 발전시켜갈 책임, 또는 책임의 우선성의 측면에서 연전과 관계를 맺고 있는 것과 똑같은 정도와 똑같은 의미로 세브란스의전과도 관계를 맺고 있다고 생각하고 있는지를 알아보아야 하겠습니다.

당신과 우리 교회 선교부의 대표 사이에서 행위나 원칙을 둘러싸고 쟁점화될 성싶은 일이 어쩌다 실제로나 상상 속에서 일어나서 매우 깊이 유감입니다. 그러나 벙커 부인이 그런 의견을 갖게 했을 만한 근거에 관해 당신이 정중한 글을 쓰거나 그 근거를 해석하려고 그 문제를 더 깊이 생각하지는 않았으면 좋겠습니다.

안녕히 계십시오.

FMN[F. M. North]

출처: UMAC

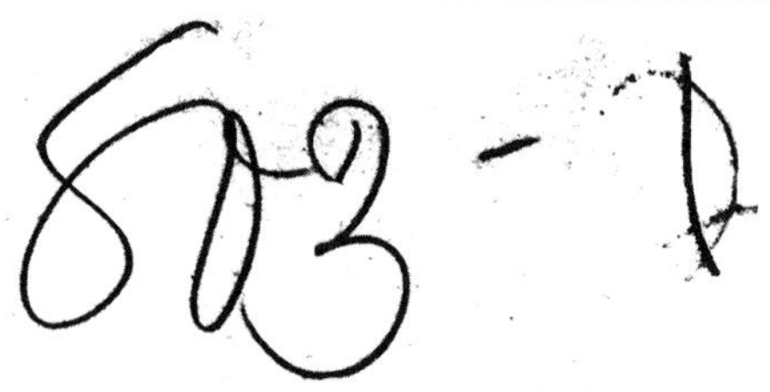

November fourth
1921

Dr. O. R. Avison,
Seoul, Korea.

Dear Doctor Avison:

I beg to acknowledge your favor of October 4th and I thank you heartily for your painstaking effort to make clear the matter concerning which I recently wrote you. After having stated the basis on which a question such as I have asked you has arisen and having frankly put the matter into the minds of those who are concerned, it is my habit, and I trust this is justified, to eliminate the matter from further thought. That there may have been a misunderstandin on Mrs. Bunker's part of some reference which you made or that possibly you may have seemed to place an emphasis where you did not intend to, is quite possible if not probable. You will, of course, not misunderstand the real essence of the question involved. It was not at all whether one policy was adopted or should be adopted as against another in regard to a piece of work or the interpretation of the attitude of a Board as to the relative importance to it of different pieces of work. The one matter to which I asked your consideration was whether you imputed, either personally or officially, an attitude of indifference or hostility to Korea as a mission field for the Methodist Episcopal Church. I have not questioned your entire right to form your own opinion from evidence as to the policy of our Board, though here the facts upon the surface may lead to definite misunderstanding on the part of the observer who may not know the exact and intimate questions involved in the administration, but it is not to that I have called your attention. It was simply to the implication of a personal attitude which was not only absolutely incorrect but for which there is not the slightest ground. I understand you to say that you have no recollection of the use of my name in connection with the discussion to which you refer. I can, of course, go no further with the matter at this point. Possibly in conversation with Mrs. Bunker added light may come to you.

Referring to the other matter which you introduce in this connection, I should be very glad indeed to have the whole matter discussed on its merits though I do not think that this probably is the time for such a discussion. You are perfectly correct in your recollection of my statement concerning the relative positions of the Severance institution and the Chosen College in my own thinking and in that of our Board. The history of the two institutions justifies this in my mind, fully. The cooperation of the Chosen Christian College was deliberately considered and taken up by our Board on the basis of a program set up in the field and endorsed by us. There was a Mission action touching the other institution which, as is well known by everyone familiar with the history, came into connection with the Chosen College not in the initial undertaking but as an associate piece of work. Our commitment was definitely to the College. Our desire to help as help could be secured in the Severance institution has been plain, I am sure.

We have been unable to place the medical institution upon the same basis as the College within the limitations of our funds for our educational program and it is clear that we do not hold either in equity or in our program the same relation to the former that we have to the latter. In this you are correct. I do not think I need further education as to the importance of the Severance institution. I certainly do require to have some additional demonstration and proof that there is reason in the history or in the obligations accepted by our Board for dealing with the Severance institution and the Chosen College in the same terms. I should be interested to know whether our Mission on the field regards itself as related to the Severance institution in the same degree and in the same sense as it is related to the Chosen Christian College either as to the holding of property, the responsibility for the historical developments or the primacy of responsibility.

I very deeply regret that there has been any occasion, real or fancied, for the raising of what seems to be an issue of fact or a principle between yourself and the representative of the Foreign Mission Board of our Church. I shall be glad, however, to give the matter no further thought in view of your courteous note and your interpretation of the possible ground upon which Mrs. Bunker may have formed her opinion.

With best wishes,

Yours cordially,

FMN
JL

137. 에비슨이 서덜랜드에게

1921년 11월 20일

조지 F. 서덜랜드 씨,

조선 기독교 교육을 위한 협력이사회 회계,

150 5번가,

뉴욕 시, 뉴욕 주.

친애하는 서덜랜드 씨:

우리는 10월 3일, 세브란스 의료기관의 1920~21년도 예산서의 사본을 협력이사회의 총무 대행인 브라운 박사에게 보냈습니다. 이제는 당신이 참고하도록 그것의 사본을 현지 이사회의 지난 9월 30일 회의 회의록과 함께 동봉해서 보냅니다.

그와 동시에 우리는 브라운 박사에게 1917~18년 회계연도에 ￥8,976.90의 적자가 났고 지난 3월 31일에 끝난 회계연도에 ￥3,472.42의 적자가 났음을 새로 발견했다는 사실을 알렸습니다. 이 두 적자의 총액은 ￥12,449.32이고 달러로는 $6,000(금)이 약간 넘습니다. 우리는 협력이사회가 우리를 이 문제로부터 빨리 구해주게 되기를 바랍니다. 경상 수입은 현행 지출을 따라가기에 충분하지 않고, 이런 사실이 더해져서, 거기에서 언급된, 신용을 완전히 잃은 채 운영해가야 하는 적자의 악몽이 뚜렷해지고 있습니다.

10월에 열릴 예정이었다고 우리가 알고 있는 협력이사회 회의에서 이 문제가 다뤄지지 않았다면, 당신이 빨리 협력이사회의 재정위원회와 상의하여 이 적자들을 해소하는 조치가 이루어지게 해주기를 바랍니다. 우리는 이곳에서 수입을 늘리고 지출을 줄이기 위해 할 수 있는 모든 일을 다 하고 있습니다. 그러나 우리 예산서에 제시된 프로그램을 이행하기 위해서는 협력하는 선교부들의 더 많은 충당금이 필요할 것입니다.

안녕히 계십시오.

(서명됨) O. R. 에비슨

출처: PHS

C O P Y

November 20th, 1919.

Mr. George F. Sutherland,
Treasurer, Co-operating Board for Christian
Education in Chosen,
150 Fifth Avenue,
New York City, N. Y.

Dear Mr. Sutherland:

On October 3rd we sent to Dr. Brown as Acting Secretary of the Co-operating Board a copy of the 1920-21 budget for the Severance Institution, and we now enclose a copy of the same for your information, together with the Minutes of the Field Board meeting of September 30 last.

At the same time we informed Dr. Brown that we were carrying an uncovered deficit for the fiscal year 1917-18 of Y 8976.90 and an uncovered deficit of Y 3472.42 for the fiscal year ending March 31st last. These two deficits total Y 12,449.32, or something over $6,000 gold. We hope that the Cooperating Board will be able to come to our relief quickly in this matter. Current income is not sufficient to keep pace with current expenditure, and when this fact is added the incubus of the deficits referred to it is evident that we must be operating with impaired credit.

I trust that if this matter was not dealt with at the meeting of the Co-operating Board which we understand was scheduled for October, you will consult the Finance Committee of the Board at an early date so that steps can be taken to wipe out these deficits. We are doing everything possible here to increase income and reduce expenditure, but we shall need larger appropriations from the co-operating Boards to carry out the program represented in our budgets.

Very sincerely,

(Signed) O. R. Avison.

138. 에비슨이 서덜랜드에게

1921년 11월 22일

조지 F. 서덜랜드 씨,

회계

조선 기독교 교육을 위한 협력이사회,

뉴욕 시, 뉴욕 주.

친애하는 서덜랜드 씨:

오늘 오전 겐소(Genso) 씨와 함께 [연전] 대학의 재정 문제를 살펴보았습니다. 우리는 대학건물 3개, 외국인 교수 사택 2채, 한국인 교수 사택 몇 채를 짓고 있고, 지출이 막대합니다. 올해의 건축공사가 끝날 때까지는 필요한 곳에 사용할 충분한 돈을 현지에서 우리가 가지고 있습니다. 그러므로 우리가 염려하는 것은 내년의 재정 문제입니다.

당신에게 9월 현지 이사회에 제출된 겐소 씨의 보고서 사본을 보냈는데, 그 수입액의 경우는 달라진 점이 없습니다. 어떤 경우에는 기한이 지나서 건축업자에게 지급되었습니다.

당신이 회계를 맡은 후에 어떤 기금을 받았고 거기에서 어떤 지출을 했는지를 알려주는 명세서를 내게 보내주겠습니까? 우리가 돈을 여기에 두면 7~7½%의 은행 이자를 받을 수 있는 까닭에 시설비로 쓸 돈을 뉴욕에 너무 많이 남겨두고 있지는 않은가 하는 의문이 있어서 알아보고 싶습니다. 스코트(Scott) 씨가 그 기금들을 언제 당신에게 넘겼는지를 내게 설명해주었습니다. 그러므로 당신의 명세서를 보면 지금까지 처리된 내용을 알게 될 것입니다.

과학관을 위해서는 우리가 지금까지 $10,000밖에 받지 않았습니다. 기초공사는 모두 끝났고, 봄이 되면 공사가 빠르게 진행될 것입니다. 내년에는 피츠필드 교회(Pittsfield Church)에서 얼마를 받게 될지를 친절하게 알려주십시오. 이 건물에 대해 계약한 금액은 비품, 난방, 배관, 전선, 강화철과 건축가 사례비를 제외하고 ¥49,500입니다.

$15,000의 즉시 인출이 가능하다는 승인을 캐나다장로회 선교부로부터 받은 것에 근거

하여 이곳의 회계에게 그렇게 하라고 요청할 생각입니다.

자본금으로 충당하고 있는 우리 경상계정 예산의 적자는 지금 ¥16,000.00 이상입니다. 만일 이 적자를 채울 어떤 방법이 마련될 수 있다면 건축 프로그램에 훨씬 더 많은 돈을 돌릴 수 있을 것입니다. 우리는 협력이사회의 재정위원회가 머지않아 이 적자를 해소할 어떤 수단을 마련하기를 바라고 있습니다.

안녕히 계십시오.

O. R. 에비슨

출처: UMAC

OFFICE OF THE PRESIDENT

O. R. AVISON, M.D.

Chosen Christian College

Seoul, Chosen

CO-OPERATING BOARDS
PRESBYTERIAN CHURCH IN THE U. S. A.
METHODIST EPISCOPAL CHURCH
METHODIST EPISCOPAL CHURCH, SOUTH
PRESBYTERIAN CHURCH IN CANADA

November 22, 1921.

Mr. Geo. F. Sutherland,
Treasurer,
Cooperating Board for Christian Education in Chosen,
New York, N.Y.

Dear Mr. Sutherland:

I went over the finances of the College this morning with Mr. Genso. We have three school buildings under way, two foreign residences and some Korean teachers' houses, so that our expenditures are quite heavy. We have enough money on the field to cover what is needed until the close of building operations this year, and our anxiety is in regard to next year's finances.

You have received a copy of Mr. Genso's report submitted to the meeting of the Field Board of Managers in September, and so far as receipts are concerned there is no change. Some payments have been made since that date to the contractors.

Would you kindly send me a statement as to what funds have come into your hands since you assumed the Treasurership, and what expenditures have been made therefrom? I want to study the question of whether we are leaving too much money in New York for equipment when we could have it on hand here drawing from 7 to 7½ per cent. bank interest. Mr. Scott made a statement to me when he turned the funds over to you. Your statement will, therfore, bring the account up to date.

We have received only $10,000 so far for the Science Building. The foundation work is all completed, and when spring opens the work will go rapidly forward. Kindly let me know the prospects for receipts from the Pittsfield Church during the next year. The contract price of this building is ¥49,500 exclusive of equipment, heating, plumbing, wiring, reinforcing steel and architect's fees.

On the understanding that the $15,000 authorized by the Canadian Board can be drawn immediately I am applying to the local Field Treasurer for same.

Our deficit on current account budget which is being carried on capital funds is now over ¥16,000.00, and if some way could be devised to pay this deficit it would release that much more money for the building program. We hope the Finance Committee of the Board will develop some means of wiping out this deficit in the near future.

Very sincerely,

O. R. Avison

139. 에비슨이 노스에게

1921년 11월 28일

프랭크 메이슨 노스 목사·명예신학박사,

선교부 총무,

150 5번가,

뉴욕 시, 뉴욕 주.

친애하는 노스 박사님:

당신의 11월 4일 자 편지를 방금 받고, 논란이 된 그 문제에 대해 그런 태도를 보여주신 당신께 감사합니다.

당신의 선교부가 세브란스 의료기관의 운영에 참여하는 문제에 대해 말하자면, 우리는 당신의 선교회가 이미 현재 인력을 증강하도록 권고하는 결정을 내렸던 것을 알고 있습니다. 그러므로 그 문제는 현재 상태대로 놔두어도 됩니다. 그 선교회는 선교부와 선교회의 재정이 허락하는 대로 세브란스와 신속히 더 많이 협력하기를 바라고 있습니다.

안녕히 계십시오.

O. R. 에비슨

출처: UMAC

OFFICE OF PRESIDENT

O. R. AVISON, M. D.

TRANSFERRED

SEVERANCE UNION MEDICAL COLLEGE
NURSES' TRAINING SCHOOL
SEVERANCE HOSPITAL
SEOUL, KOREA

CO-OPERATING MISSIONS
PRESBYTERIAN CHURCH IN THE U. S. A.
METHODIST EPISCOPAL CHURCH
PRESBYTERIAN CHURCH IN THE U. S.
METHODIST EPISCOPAL CHURCH, SOUTH
PRESBYTERIAN CHURCH IN CANADA
PRESBYTERIAN CHURCH OF AUSTRALIA

603

Fr North

November 28, 1921.

Rev. Frank Mason North, D.D.,
Secretary, Board of Foreign Missions,
150 Fifth Avenue,
New York, N.Y.

Dear Dr. North:

Your letter of November 4th has just come to hand, and I thank you for the attitude you have taken towards the matter in question.

With reference to the participation of your Board in the Severance institution, we understand that your Mission has already taken action recommending the increasing of the present personnel, and the matter can be allowed to rest as it is at present. The Mission desires fuller cooperation with Severance as quickly as the finances of the Board and Mission will permit.

With best wishes,

Very sincerely,

O.R. Avison

▮찾 아 보 기▮

ㄱ

가와에(H. Kawae) 158, 168, 169, 485, 486
가우처(J. F. Goucher) 50, 160, 169, 509, 519, 525
게일(J. S. Gale) 158, 168, 174, 349, 355, 478, 485
겐소(John F. Genso) 74, 175, 222, 230, 244, 374, 398, 463, 478, 480, 481, 484, 485, 525, 528, 574, 629, 657, 684
결핵 58, 96, 97, 121, 351, 565, 569, 577
경신학교 171
고든(C. W. Gordon) 303
과학관[아펜젤러관] 45, 46, 47, 54, 86, 144, 173, 175, 182, 249, 250, 365, 374, 376, 379, 385, 471, 484, 518, 525, 531, 617, 659, 668, 684
구라선교회 203, 204, 257, 316, 317, 318, 323, 324, 327, 328, 329, 330, 549, 555, 557, 558, 564, 566, 567, 568, 570, 572, 573, 577, 578, 579, 582, 584, 585, 586, 587, 588, 651, 652
—— 구라선교회 미국위원회 535, 557, 583, 584, 585, 587, 588
굴릭(S. L. Gulick) 81, 103, 107, 110, 135, 639
그리스월드(H. D. Griswold) 46, 50, 52, 54, 65, 168
그리어슨(R. G. Grierson) 312, 338, 456, 457, 469, 626
김유택 535
김재련 170

ㄴ

나병 58, 91, 189, 203, 317, 318, 327, 328, 535, 556, 564, 566, 569, 570, 571, 578, 579, 584
나병과 318, 323, 324, 327, 329, 584, 651
남감리회 70, 155, 161, 162, 168, 204, 205, 207, 228, 337, 471, 485, 503, 518, 528, 629, 657, 668
남장로회 70, 155, 160, 204, 207, 327, 503,

617, 651
노블(N. A. Noble) 158, 168, 170, 172, 174, 478, 485
노스(Eric North) 411
노스(F. M. North) 94, 240, 365, 367, 430, 531, 539, 553, 646, 655, 662, 664, 679, 687
노턴(A. H. Norton) 203, 204, 205, 206, 207, 500, 502
농업관 45, 159, 382

ㄷ

다니엘(T. H. Daniel) 617
다카다 회사(Takata & Co.) 54
대구 서문교회 108
대너(W. M. Danner) 189, 257, 258, 316, 319, 324, 327, 328, 535, 549, 551, 584, 585, 586, 587, 588, 651
데스 모이네스 학생자원운동대회 (Des Moines Student Volunteer Convention) 91
도위(K. E. Dowie) 161, 174, 181, 182, 266, 285
도쿠미츠(Y. Tokumitsu) 96, 293, 295, 503
동양관계위원회 103, 135, 639
동양척식주식회사 159

ㄹ

라이너(E. M. Reiner) 97, 148, 150, 217
라이올(D. M. Lyall) 68, 106, 135
러들로(A. I. Ludlow) 96, 150, 205, 292, 404, 463, 500, 651
럽(A. F. Robb) 205, 500
레러(J. M. Rehrer) 216
레블(F. H. Revell) 319, 323, 324, 584, 651
로렌스(Rawrence) 535
로즈(H. A. Rhodes) 51, 53, 143, 158, 168, 169, 170, 171, 172, 174, 175, 251, 463, 478, 480, 481, 482, 485, 500, 502, 647, 657, 658
롤링스(E. H. Rawlings) 46, 155, 162, 337, 471, 629
루이스(M. L. Lewis) 229
루카스(A. E. Lucas) 50, 51, 119, 161, 168, 170, 174, 181, 271, 472, 473, 476, 480, 482, 486, 657, 658
루퍼스(W. C. Rufus) 169, 479
리드(Orville Reed) 255, 260, 262, 263, 442, 444, 501, 502, 512, 626
리드(W. T. Reid) 463, 500
리딩햄(R. S. Leadingham) 406, 463, 500, 502, 505, 617

ㅁ

마틴(S. H. Martin) 270, 308, 311, 338

맥라렌(C. I. Mclaren) 67, 68, 204, 463, 504, 560
맥밀란(Kate McMillan) 205, 338, 424, 635
맥안리스(J. A. McAnlis) 513, 514, 651
맥케이(R. P. Mackay) 88, 92, 131, 132, 160, 181, 197, 213, 225, 242, 266, 267, 285, 303, 304, 356, 422, 469
맥켄지(F. F. McKenzie) 130, 161, 174, 197, 285
맥켄지(F. N. McKenzie) 555, 557, 559, 560, 561, 562, 564, 572, 573, 576, 579, 580, 581, 582, 583
맥콘키(A. O. McConkey) 362
맥콜(J. Gordon McCaul) 266, 481, 504
맨스필드(T. D. Mansfield) 70, 139, 172, 203, 204, 205, 212, 217, 238, 242, 270, 306, 311, 312, 338, 391, 393, 400, 404, 405, 406, 414, 424, 463, 478, 480, 481, 482, 484, 485, 486, 497, 500, 501, 502, 504, 505, 541, 613, 626, 632, 633, 657, 658
머레이(Florence J. Murray) 371, 379, 544, 626, 633, 635
머피 앤 다나(Murphy & Dana) 46, 170, 171, 175, 182, 192, 193, 222, 623, 675, 676
모범촌 144, 159, 173, 342, 382, 451, 480, 518
모스(Arthur B. Moss) 367, 376, 512, 553, 632
모화관 534
무어(J. E. Moore) 478
미즈노(水野錬太郎) 257, 275, 276, 277, 278, 279, 280, 285
밀러(E. H. Miller) 51, 143, 144, 168, 170, 172, 175, 251, 271, 478, 480, 481, 482, 483, 484, 486, 623, 657, 658, 659, 668, 676
밀러(Hugh Miller) 657
밀즈(R. G. Mills) 75, 96, 206, 291, 617

ㅂ

박승봉 479, 485
박태원 170
반버스커크(J. D. Vanbuskirk) 96, 203, 205, 207, 293, 294, 295, 335, 404, 424, 463, 465, 469, 478, 479, 480, 481, 482, 484, 485, 500, 501, 502, 503, 504, 505, 613, 663
배재학교 171
배틀즈(D. M. Battles) 97, 148, 150, 217, 270, 406, 535
백상규 162, 170, 175, 479, 484, 485, 657, 659
벙커(D. A. Bunker) 부인 655, 662, 663, 664, 678, 679
베커(A. L. Becker) 144, 170, 175, 472, 531, 647
보건(J. G. Vaughan) 347, 389, 411
본윅(G. W. Bonwick) 568
부츠(J. L. Boots) 465, 501, 512, 513, 651
북감리회 70, 155, 162, 207, 228, 341, 352, 376, 411, 430, 539, 640, 655, 657, 659, 662, 668, 678

북장로회 70, 83, 136, 175, 189, 203, 205, 207, 216, 227, 244, 255, 300, 316, 317, 319, 328, 329, 365, 370, 472, 528, 584, 658
브라운(A. J. Brown) 45, 75, 83, 86, 189, 216, 227, 244, 285, 551, 682
브라운(Chester Brown) 358
브라운(Susan Willard Brown) 503
브루엔(H. M. Bruen) 109, 203, 205, 206, 463, 500, 502, 505
블레어(H. E. Blair) 109, 168, 169, 170, 171, 478, 479
비거(J. D. Bigger) 216, 500, 502, 505
빈튼(C. C. Vinton) 318
빌링스(B. W. Billings) 168, 175, 170, 172, 174, 175, 471, 472, 478, 479, 480, 481, 482, 483, 484, 485, 531, 613, 632, 657, 659

ㅅ

사카이데(坂出鳴海) 158, 168
새시대운동(New Era movement) 155
샤록스(A. H. Sharrocks) 158, 172, 203, 207, 478, 500
서덜랜드(G. F. Sutherland) 45, 50, 65, 145, 156, 200, 222, 240, 374, 428, 472, 531, 623, 682, 684
선교백주년기념대회 155
성공회 207
세계교회협력운동(Interchurch World Movement) 70, 88, 159, 162, 189, 300, 335
세계주일학교대회 81
세브란스
—— 세브란스(John L. Severance) 55, 56, 76, 89, 119, 122, 190, 200, 205, 206, 504, 514, 535
—— 세브란스(L. H. Severance) 57, 120
세이지 유산(Sage Legacy) 53
소록도 나환자수용소 203, 558, 559, 560, 585
쉐플리(W. J. Scheifley) 96, 206, 207, 212, 213, 217, 263, 465, 501, 502, 513, 514, 651
쉐핑(E. J. Shepping) 204, 205
쉴즈(E. L. Shields) 97, 217
스미스(F. H. Smith) 106
스미스(R. K. Smith) 203, 463, 500, 502
스와인하트(M. L. Swinehart) 306, 582, 585
스코트(George T. Scott) 47, 50, 53, 55, 76, 80, 84, 94, 119, 135, 143, 155, 160, 186, 192, 195, 200, 218, 228, 237, 248, 258, 263, 267, 275, 300, 306, 319, 327, 349, 391, 400, 402, 434, 438, 448, 461, 509, 528, 532, 539, 549, 551, 626, 651, 652, 657, 684
스코트(William Scott) 546, 547, 616, 617, 625, 633, 634
스코필드(F. W. Schofield) 96, 107, 195, 212, 217, 238, 242, 263, 285, 293, 303, 309, 312, 358, 359, 400, 432, 434, 448, 454, 456, 469, 541, 613, 620, 625, 632
스타이스(F. M. Stites) 96, 404, 500, 505

스팀슨관 45, 50, 143, 160, 172, 192, 249, 479, 485, 520, 667, 668, 675
신흥우 168, 170, 478, 485
심호섭 292

ㅇ

아담스(J. E. Adams) 300
아카이케(赤池濃) 111, 127, 128
아펜젤러
—— 앨리스 아펜젤러(Allice Appenzeller) 476, 520, 531
—— 헨리 D. 아펜젤러(H. D. Appenzeller) 172, 480, 484, 640
암스트롱(A. E. Armstrong) 80, 89, 153, 160, 212, 213, 263, 267, 270, 271, 285, 303, 306, 308, 337, 349, 355, 356, 371, 378, 381, 400, 404, 414, 418, 432, 436, 438, 440, 442, 445, 449, 454, 458, 469, 497, 525, 539, 547, 613, 616, 620, 626, 635, 646
앤더슨(E. W. Anderson) 463, 500, 502, 503, 504, 505, 642
앤더슨(W. H. P. Anderson) 257, 327, 328, 557, 573, 585, 586
앤드류(Thurman Andrew) 657, 658
양주삼 463, 479, 481, 482, 485, 500, 505, 657, 659, 668
어드만(W. C. Erdman) 111
언더우드
—— 호러스 G. 언더우드(H. G. Underwood) 57, 75, 668, 673
—— 언더우드 부인(Mrs. H. G. Underwood) 56, 57, 672
—— 호러스 H. 언더우드(H. H. Underwood, 원한경) 162, 169, 204, 237, 534, 668
—— 존 T. 언더우드(John T. Underwood) 50, 56, 58, 73, 145, 159, 200, 248, 340, 371, 381, 398, 407, 424, 473, 476, 504, 521, 658
언더우드관 56, 86, 173, 175, 249, 250, 340, 374, 379, 385, 471, 484, 485, 518, 525, 531, 617, 659, 668, 672
엉거(J. Kelly Unger) 555, 558, 564, 566, 567, 581
에드거튼(S. T. Edgerton) 335
에비슨
—— 더글라스 B. 에비슨(D. B. Avison) 136, 195, 255, 440, 418, 438, 457, 469, 501, 544, 635
—— 에드워드 에비슨 (Edward S. Avison) 81, 136, 153, 217, 271
—— 윌버 G. 에비슨(Wilbur G. Avison) 501
에스텝(K. M. Esteb) 97, 150, 270, 406, 438
엥겔(G. O. Engel) 574
여자대학(연합여자대학) 477, 509, 510, 519, 520, 525, 531, 659
여자학과 476, 483, 509, 518
역원회(Worker's Council) 275, 534

연구부(세브란스의전 연구부) 74, 75, 190, 206, 290, 295
영(L. L. Young) 500, 502, 657
영(Mabel Young) 444
오긍선 96, 502, 205, 293, 463, 500, 504, 534
오다(S. Oda) 668
오슬러(William Osler) 291
오웬스(H. T. Owens) 81, 103, 135, 153, 175, 203, 205, 207, 263, 267, 271, 273, 276, 308, 312, 404, 405, 425, 478, 481, 485, 486, 504, 505, 546, 555, 589, 620, 659
오카(Oka) 502
와타나베(Watanabe) 158, 168, 172, 174, 175, 205, 463, 464, 478, 485, 500, 502, 509, 519, 657
웰치(Herbert Welch) 168, 169, 365, 366, 478, 519, 521, 620, 657, 658, 663, 668
윈(George Winn) 216
윌슨(R. M. Wilson) 203, 327, 328, 500, 502, 505, 555, 557, 558, 559, 560, 562, 564, 565, 566, 567, 576, 577, 579, 581, 582, 583, 585
윤치호 172, 175, 485, 486, 658
이상재 668
이치지마(Ichijima) 160, 175
이하영 672
이화여학교 519, 525
일본 의학협회(Medical Association in Japan) 293
임용필 485

ㅈ

잭(Milton Jack) 81, 88, 161, 168, 170, 172, 175, 197, 267, 285, 448, 475, 617, 625, 634
정신여학교 227, 300
정재순 108
조선예수교장감연합협의회(Federal Council) 244
중국 박의회(博醫會, China Medical Missionary Association) 291
중국의료선교사협회(C.M.M.A.: China Medical Missionary Association) 292, 293, 294

ㅊ

차재명 668
체스터(S. H. Chester) 160, 306

ㅋ

캐나다장로회 70, 80, 88, 131, 132, 155, 160, 161, 162, 174, 181, 197, 205, 207, 212, 225, 238, 242, 255, 270, 337, 340, 362, 381, 434, 469, 471, 475, 479, 481, 485, 497, 504, 518, 525, 539, 616, 620, 639, 657, 659, 684
캠벨(A. Campbell) 216
케네디(F. J. Kennedy) 365, 366
코엔(R. C. Coen) 504
쿤스(E. W. Koons) 168, 169, 170, 171, 172,

174, 463, 464, 465, 478, 481, 482, 484, 657, 658
크램(W. G. Cram) 174, 478, 479, 480, 481, 485, 668
크로웰(Henry J. Crowell) 81

ㅌ

태화여자관(Woman's Evangelistic Center) 503
테이트(L. B. Tate) 463, 465
테일러(Cowin Taylor) 170

ㅍ

파울러(Henry Fowler) 328, 535, 549, 555, 556, 557, 558, 559, 560, 561, 562, 564, 565, 566, 567, 568, 569, 570, 572, 573, 574, 575, 576, 577, 578, 579, 580, 581, 582, 583, 584, 585, 586, 587, 588, 652
파이팅(H. Whiting) 300
퍼펙트(A. H. Perfect) 351, 371
페인(D. T. Payne) 535
폴웰(E. D. Follwell) 347
푸트(W. R. Foote) 457
프렌티스 부인 75, 190, 205, 206
프롤로페(Mark Anthony Trollope) 668
플레처(A. G. Fletcher) 73, 189, 203, 204, 275, 316, 319, 323, 324, 327, 329, 330, 535, 549, 551, 555, 557, 558, 559, 560, 565, 566, 567, 579, 580, 582, 583, 584, 585, 586, 588, 651, 652
피셔(Faye Fisher) 465
피셔(J. E. Fisher) 161, 162, 225, 472, 478, 481, 482, 484, 531, 657, 659
피츠필드 제일감리교회 46, 374, 376, 378, 381, 472, 531, 684
피터스(A. A. Pieters) 478, 480, 481, 482, 484

ㅎ

하디(R. A. Hardie) 463
해리슨(W. B. Harrison) 500, 502, 504
허스트(J. W. Hirst) 83, 84, 96, 97, 203, 206, 212, 217, 462, 463, 465, 500, 501, 502, 503
협력이사회 45, 50, 52, 54, 75, 86, 94, 119, 122, 143, 155, 159, 160, 168, 172, 186, 190, 192, 198, 216, 218, 200, 222, 237, 240, 248, 273, 275, 309, 316, 328, 371, 398, 451, 471, 472, 474, 484, 500, 509, 514, 518, 528, 531, 541, 551, 617, 620 623, 632, 651, 657, 682, 684
호주장로회 67, 70, 106, 204, 205, 207, 561, 574
홀 재단(Hall Estate) 473, 528
홀드크로프트(Holdcroft) 463, 500
홍석후 503
화이트로(J. D. G. Whitelaw) 97, 148, 212, 217, 270, 308, 311

휘트모어(N. C. Whittemore) 84, 203, 463, 500, 505
흐르들리카(Hrdlicka) 291
히치(J. W. Hitch) 158, 161, 168, 170, 171, 172, 173, 175, 478, 480, 481, 482, 483, 484, 485, 657

편찬자 소개

▌연세대학교 국학연구원 연세학풍연구소

연세학풍연구소는 연세 역사 속에서 축적된 연세정신, 연세 학풍, 학문적 성과 등을 정리하고, 한국의 근대 학술, 고등교육의 역사와 성격을 살펴보기 위해 설립되었다. 일제 강점하 민족교육을 통해 천명된 "동서고근 사상의 화충(和衷)"의 학풍을 계승, 재창조하는 "연세학"의 정립을 지향한다. 〈연세학풍연구총서〉, 〈연세사료총서〉를 간행하고 있다.

▌번역 | 문백란

전남대학교 사학과, 연세대학교 대학원(문학박사)에서 수학하였으며, 현재 연세학풍연구소 전문연구원으로 활동하고 있다. 「언더우드와 에비슨의 신앙관 비교」 등의 논문들을 썼고, 본 연구소에서 간행한 『연·세전 교장 에비슨 자료집』(Ⅰ)과 (Ⅲ)을 번역하였다.

▌감수 | 김도형

서울대학교 국사학과, 연세대학교 대학원(문학박사)에서 수학하였으며, 현재 동북아역사재단 이사장이다. 연세대학교 교수, 한국사연구회 회장, 한국사연구단체협의회 회장, 한국대학박물관협회 회장 등을 역임하였다. 『민족문화와 대학: 연희전문학교의 학풍과 학문』과 『근대한국의 문명전환과 개혁론: 유교비판과 변통』을 비롯한 다수의 논저가 있다.

▌자료수집 | 최재건

연세대학교 신과대학, Yale University의 Graduate School과 Divinity School, Harvard University의 The Graduate School of Arts & Science(문학박사)에서 수학하였고, 본 연구소 전문연구원으로 활동하였다. 『언더우드의 대학설립』과 『한국교회사론』을 비롯한 다수의 국·영문 저서 및 역서가 있다.